全 世 界 无 产 者 ， 联 合 起 来 ！

列 宁 全 集

第二版增订版

第四十四卷

1893—1904年

中共中央 马克思　恩格斯　著作编译局编译
列　宁　斯大林

人民出版社

《列宁全集》第二版是根据中国共产党中央委员会的决定，由中共中央马克思恩格斯列宁斯大林著作编译局编译的。

凡　　例

1. 书信卷正文和附录中的文献分别按篇或组的写作或签发时间编排并加编号。

2. 在正文中，文献标题下括号内的日期是编者加的，文献本身在开头已注明日期的，标题下不另列日期。

3. 1918 年 2 月 14 日以前，在俄国写的书信的日期为俄历，在国外写的书信则为公历；从 1918 年 2 月 14 日起，所有书信的日期都为公历。

4. 目录中标题编号左上方标有星花 * 的书信，是《列宁全集》第 1 版刊载过的。

5. 在正文中，凡文献原有的或该文献在列宁生前发表时使用过的标题，其左上方标有五角星☆。

6. 未说明是编者加的脚注为写信人的原注。

7. 著作卷《凡例》中适用于书信卷的条文不再在此列出。

目　　录

1902 年

1903 年

附　　录

插　　图

前　言

　　本卷是书信卷部分的首卷,收载列宁在 1893 年 12 月至 1904 年 12 月约 11 年期间的书信。这一时期的列宁著作编入本版全集第 1—8 卷和第 9 卷的前一部分。

　　列宁在彼得堡时期和流放时期的书信,除家书外,留下的不多,本卷共收 13 封。本卷开头的三封信是 1893 年和 1894 年从彼得堡写给俄国社会民主主义者彼·巴·马斯洛夫的。同马斯洛夫的通信说明列宁投身革命活动时就非常重视理论工作。列宁在通信中同马斯洛夫共同探讨俄国的经济问题,尤其是农民问题,希望他对自己评论弗·叶·波斯特尼柯夫《南俄农民经济》一书的文章《农民生活中新的经济变动》(见本版全集第 1 卷)提出看法。列宁在信中指出俄国经济的一个基本事实是小生产者即农民和手工业者的分化。他认为这一事实说明:当时俄国的农民经济结构也是资产阶级性质的,俄国农村中资本主义的发展同城市大资本主义一样,只不过受到封建桎梏的束缚更为严重;农村中的所谓"工人"并不是一小部分处于特殊地位的人,而只是已经主要不是靠自己经营,而是靠出卖劳动力为生的广大农民群众中的上层。列宁认为俄国的经济制度实质上与西欧并无区别。他提到 1861 年的农民改革时说,那次改革是商品经济发展的产物,改革的全部意义在于它摧毁了对商品经济发展的限制和束缚。这几封信说明,研究资本主义在俄国发展,尤其是在俄国农村发展的问题是列宁早年革命活动的一个重要组成部分,列宁在此后的书信中提到了他为此于 1895 年底至 1899 年 1 月在流放中专门写作《俄国资本主义的发展》一书(见本版全集第 3 卷)的情况。

1895 年和 1897 年给帕·波·阿克雪里罗得的三封信,有两封写于彼得堡,一封写于流放地。阿克雪里罗得是俄国第一个马克思主义团体劳动解放社的创建人之一,列宁 1895 年 4 月底至 9 月初在国外作短暂停留时曾到瑞士拜访他和劳动解放社的另外两位主要成员格·瓦·普列汉诺夫、维·伊·查苏利奇,商谈建立经常联系和在国外出版刊物等问题。本卷所载的这三封信表现了列宁回国后所进行的这种联系。列宁在信中介绍了俄国工人运动的现状。谈到自己的写作情况时,列宁说,他最希望和幻想得最多的就是能够为工人写作。

1898 年和 1899 年给亚·尼·波特列索夫的四封信都写于流放地。波特列索夫是列宁组建的彼得堡工人阶级解放斗争协会的参加者。他和列宁因斗争协会的活动均被流放。两人在不同的流放地进行的通信有着丰富的内容,涉及有关革命斗争的一些重要理论问题。这些信件说明列宁密切注视着当时社会主义运动中以爱·伯恩施坦为代表的修正主义派别的出现。列宁注意到了 1898 年德国社会民主党斯图加特代表大会关于伯恩施坦修正主义的辩论。他对俄国马克思主义者普列汉诺夫首先奋起批判伯恩施坦修正主义的勇敢做法予以充分肯定,急切地希望读到普列汉诺夫为此写给德国社会民主党理论杂志《新时代》的主编卡·考茨基的公开信。列宁说,普列汉诺夫同伯恩施坦和康拉德·施米特的辩论引起了他的极大兴趣。伯恩施坦、施米特等人宣扬新康德主义，以此来修正马克思的哲学学说，列宁认为要认真地加以对待，并同意必须同他们（特别是关于伯恩施坦）进行严肃的斗争。对新康德主义的批判促使列宁去钻研哲学问题。列宁自认为自己的哲学修养差，打算系统阅读这方面的书籍，"先从霍尔巴赫和爱尔维修研究起，然后准备转到康德"（见本卷第32页）。列宁还指出，在俄国，彼·伯·司徒卢威、谢·尼·布尔加柯夫、米·伊·杜冈-巴拉诺夫斯基等人所迷恋的马克思主义中的这股"新的批评的潮流"根本不具积极意义。使列宁愤怒的是，修正主义者"对马克思的学说不进行任何历史研究，不作任何新的分析，只根据图式中的错误（任意修改剩余价值率），把极个别的现象作为一般的规律"，以此来提出"新理论"，"宣布马克思错了，要求进行改造"（见本卷第30页）。列宁认为，在批判修正主义的同时，还必须大力消除俄国民粹主义的影响。列宁赞赏劳动解放社成员在这方面所进行的工作，特别向波特列索夫介绍阿克雪里罗得写的批判民粹主义的文章。列宁1897年底在流放中曾写《我们拒绝什么遗产？》一文（见本版全集第2卷）来批判自由主义民粹派。他在同波特列索夫的通信中谈到如何继承思想遗产的问题时表示同意关于俄国的思想遗产不是一个统一的东西的说法。列宁明确提到，俄国社会民主党人要继承的不是斯卡尔金的遗产，而是车尔尼雪夫斯基的遗产，后者才是俄国60年代革命民主主义者思想遗产的主要代表。

　　本卷所载的绝大部分书信是列宁在1900年8月至1904年12月期间写的。1900年7月列宁出国。这是列宁第一次侨居国外。鉴于俄国的社会民主主义运动仍处于严重的涣散和动摇之中，列宁认为，必须创办一份能对运动起组织、领导作用的全俄政治报纸,作为实现建党计划的重要步骤。早在流放中列宁就考虑了在国外出版这样一份报纸的计划(由于俄国专制制度的迫害,在国内无法出版革命报纸)。流放期满后,1900年2月列宁在彼得堡同查苏利奇商谈了关于劳动解放社参加出版这一报纸的问题;同年4月彼得堡工人阶级解放斗争协会的成员列宁、尔·马尔托夫、波特列索夫、斯·伊·拉德琴柯和合法马克思主义者司徒卢威、杜冈-巴拉诺夫斯基在普斯科夫举行会议,讨论了报纸的纲领。列宁出国后,又于同年8月和波特列索夫在瑞士同劳动解放社成员就报纸的任务、撰稿人、编辑人员、编辑部所在地等问题进行协商。《火星报》创刊号于同年12月在国外出版。1900年后几个月列宁的书信说明列宁为筹备出版《火星报》进行了多么紧张而艰巨的活动。在9月5日的一封信(收信人未查明)中列宁谈到《火星报》的工作时这样说过,"目前我们的全部奶汁都要用来哺养我们即将出生的婴儿"(见本卷第44页)。

《火星报》筹备和出版期间,列宁先后随编辑部住在慕尼黑、伦敦和日内瓦,主持编辑工作并撰稿。列宁在此期间的大量书信都是从这三个地方发出的。因《火星报》以及由《火星报》编辑部出版的科学政治杂志《曙光》的组稿和发稿事宜同阿克雪里罗得、普列汉诺夫通信最为频繁。后二人都参加《火星报》的编辑工作,当时分别住在苏黎世和日内瓦。列宁在通信中就编辑工作中的各种问题同他们交换意见。列宁希望他们为报纸写稿,认为报纸要发表的有分量的文章由他们来写最为合适。列宁也事先把自己要在报纸上发表的一些文章让他们过目,采纳他们提出的修改意见。当然,在《火星报》的工作问题上,列宁同他们也存在着分歧。例如,1902年5月14日列宁曾写信给普列汉诺夫,对他不能为报纸的共同工作而很好合作的做法提出了意见。

列宁在此期间为筹措《火星报》及时出版所需的经费、保证报纸有充足的稿源,分别同在国内和国外活动的俄国社会民主党人如维·巴·诺根、斯·伊·拉德琴柯、伊·伊·拉德琴柯、达·波·梁赞诺夫、米·格·韦切斯洛夫、尼·埃·鲍曼、加·达·莱特伊仁、列·伊·戈尔德曼、弗·威·林格尼克、柳·伊·阿克雪里罗得、格·马·克尔日扎诺夫斯基、叶·德·斯塔索娃、伊·瓦·巴布什金等通过通信进行联系。具有同样内容的信件还写给了国内外某些俄国社会民主党组织。《火星报》是秘密报纸,《火星报》编辑部所刊印的其他一些书刊也是违禁出版物,列宁为解决如何秘密投寄稿件、安排发行和运输工作的问题投入了极大的精力。这在这个时期他的书信中有大量具体反映。

《火星报》创刊后,列宁利用这一报纸在1901—1902年同俄国的"经济派"进行斗争。经济主义的拥护者只号召工人进行经济斗争,反对在俄国建立独立的无产阶级政党。从本卷所载列宁19世纪90年代末所写的信件可以看出,列宁较早就注意到,必须批判经济主义。出国后他写给娜·康·克鲁普斯卡娅的信(1900年8月24日以前)和写给阿·亚·雅库波娃的信(同年10月26日)都着重谈到了经济主义对俄国社会民主主义运动的危害。1901年7月下半月写给谢·奥·策杰尔包姆的信在提到俄国社会民主主义运动中的手工业方式时说,经济主义最深远、最主要的根源恰恰就是手工业方式。这种手工业方式未被克服,政治性的运动(即能够直接对政府施加影响并能准备总攻击的运动)就绝不会产生。为此,列宁于1901年秋至1902年2月写《怎么办?》一书(见本版全集第6卷),从理论上对经济主义进行系统批判。列宁这一时期的书信谈到了有关该书写作和出版的情况。

上述1898年、1899年给波特列索夫的信件说明，列宁在流放中认真阅读了德国社会民主党人考茨基的名著《土地问题。现代农业趋势和社会民主党的土地政策概述》。列宁称赞考茨基的这一著作，驳斥合法马克思主义者布尔加柯夫对考茨基著作的贬低。列宁在信中述说了他是如何撰写《农业中的资本主义（论考茨基的著作和布尔加柯夫先生的文章）》这一长文（见本版全集第4卷）来维护考茨基的正确的马克思主义观点的。列宁主持《火星报》工作期间进一步研究了土地问题。这一时期他的书信提到的他先后写下的关于土地问题的主要著作有《土地问题和"马克思的批评家"》、《俄国社会民主党的土地纲领》、《告贫苦农民》（见本版全集第5、6、7卷）等。他在1901年7月25日给普列汉诺夫的信中谈到他潜心写作第一篇著作的情况时说，他差不多完全陷到那篇文章里去了。列宁在此期间的书信也涉及《火星报》批判社会革命党的小资产阶级观点的土地纲领的问题。

1901年下半年和1902年上半年列宁和普列汉诺夫、阿克雪里罗得的通信反映了《火星报》编辑部草拟俄国社会民主工党纲领的过程。到那时为止，俄国社会民主工党还没有党纲，列宁早就认为必须为党制定出一个包括土地纲领在内的完整的正式纲领。1901年7月9日他给阿克雪里罗得的信把制定党纲作为一个特别紧迫的问题提了出来。他说："发表纲领草案**十分**必要，也会有重大的意义。但是，除了您和格·瓦·以外，谁也不能担负这个工作，因为这个工作要求专心致志和深思熟虑地进行。"（见本卷第138页）党纲草案首先由普列汉诺夫执笔写出初稿，在修改中多次吸收列宁以及《火星报》编辑部其他委员的重要补充和修正意见，于1902年4月由编辑部会议定稿，公布于同年6月1日《火星报》第21号，在1903年7—8月间举行的俄国社会民主工党第二次代表大会上略加修改后通过。

1902年春至1903年夏的一些书信反映了《火星报》编辑部筹备俄国社会民主工党第二次代表大会的情况。这个期间列宁写给克尔日扎诺夫斯基、林格尼克和伊·伊·拉德琴柯等人以及国内的一些社会民主党组织的信件，说明列宁在联合俄国社会民主党人、统一党的力量、团结火星派分子方面做了大量工作。在1902年5月6日给克尔日扎诺夫斯基的信中，列宁认为筹备召开第二次代表大会是当时的主要任务。1903年3月5日或6日，他草拟给筹备召开代表大会的组织委员会的信稿，建议加紧筹备代表大会。在谈到确定参加代表大会的代表时，他提出，要"保证有充分的信心使坚定的火星派赢得不容争辩的多数"（见本卷第331页）。

1903年9月至1904年12月的大量书信展现了俄国社会民主工党第二次代表大会后尖锐、复杂的党内斗争。俄国社会民主工党在第二次代表大会上分裂为多数派（布尔什维克）和少数派（孟什维克）。此后，两派之间的斗争一直没有停息。为协调在国外的中央机关报和在国内的中央委员会的工作而设立的党总委员会由五人组成，其中普列汉诺夫是党的第二次代表大会指派的委员。普列汉诺夫倒向少数派，于1903年11月使中央机关报落入少数派之手，从而也使党总委员会被少数派所控制。列宁最初代表中央机关报参加总委员会，退出《火星报》编辑部后代表中央委员会参加。争夺中央委员会的斗争十分激烈。列宁在给普列汉诺夫以及少数派领袖人物马尔托夫和新《火星报》编辑部的信中，同少数派进行了直接的斗争。而列宁这一时期的寄往国内给中央委员会和一些地方委员会及其领导人的大量书信，则说明了第二次代表大会上的斗争情况，揭露了少数派分裂党、争夺党的领导权的行为。列宁寻求旧《火星报》拥护者对布尔什维克的支持，争取地方委员会站到布尔什维克方面来。列宁的这些书信提到了他此时所写的《进一步，退两步》一书（见本版全集第 8 卷），介绍了书中所阐述的少数派和多数派在组织问题上的原则分歧。列宁 1904 年夏以后的书信还反映了他同中央委员会中调和派分子分裂的事实。

列宁在此期间的书信提出了召开党的第三次代表大会的要求。列宁认为，只有召开第三次代表大会才能使党内的思想斗争比较正常地进行，才能按党的原则解决冲突。少数派、调和派反对召开第三次代表大会，列宁与之进行了针锋相对的斗争。经过 1904 年 9 月至 12 月的酝酿，中央委员会南方局与北方局和高加索局一起建立了全俄多数派委员会常务局，常务局为筹备第三次代表大会进行了实际工作。

《火星报》落入少数派之手后，列宁深感多数派有建立自己的机关报的必要。他在 1904 年 12 月 3 日给亚·亚·波格丹诺夫、罗·萨·捷姆利雅奇卡和马·马·李维诺夫的信中写道："目前整个的关键在于这一机关报，没有它，我们就会走向不光彩的、必然的死亡。"（见本卷第 500 — 501 页）在列宁的不懈努力下，多数派的秘密报纸《前进报》于 1904 年年底（俄历）问世。12 月 24 日，列宁怀着激动的心情在信中告诉玛·莫·埃森："现在我们情绪高涨，大家都拼命干。昨天发表了我们《前进报》出版的广告。所有的多数派都空前地欢欣鼓舞……　多数派的委员会正在联合起来，已经选出了常务局，现在机关报将它们完全联合在一起。乌拉！不要泄气，现在我们会愈来愈有生气。"（见本卷第 519 页）《前进报》的创刊迎来了 1905 年俄国革命的开始。

　　在《列宁全集》第 2 版中，本卷编入书信 326 件，其中的 132 件是《列宁全集》第 1 版所未收载的。《附录》中编有列宁参加起草的《给俄国革命社会民主党人国外同盟成员的公开信》以及两件列宁传记材料《弗·伊·乌里扬诺夫（列宁）在彼得堡监狱期间受审笔录》（1895—1896 年）和《弗·伊·乌里扬诺夫（列宁）的申请书》（1896—1900 年）。

弗·伊·列宁

（1897 年）

1893 年

1

致彼·巴·马斯洛夫

（12 月下半月）

前天收到您的来信①，昨天我就写信告诉您，论农民改革的几篇文章**1**已给您寄去。请告诉我，评波斯特尼柯夫那本书的文章**2**是否在您那里？如果在您那里，望尽快把它寄给尼·叶·，并请他阅后立即寄还给我，因为我要用这篇文章。

非常遗憾，您在萨马拉没有碰上我②。您是否打算到首都来过节？如果来的话，我们就能见面了。

我期待着您对评波斯特尼柯夫那本书的文章作出尽可能详细的分析和评论，因为我想您已经看到，文中阐述的论点，可以成为我作出一些比这篇文章中已提出的结论重要得多、意义深远得多的结论的依据。我国小生产者（农民和手工业者）的分化，在我看来是一个基本的和主要的事实，这一事实说明了我国的城市大资本主义，粉碎了农民经济结构特殊的神话（这同样是资产阶级的结构，所不同的只是它受到封建桎梏的束缚要严重得多），它也使人

---

① 我的地址您可以通过这里的律师公会打听到。
② 也未能在那里同我的朋友们相识。

们看到,所谓的"工人"并不是一小部分处于特殊地位的人,而只是现在已经主要不是靠自己经营,而是靠出卖自己劳动力为生的广大农民群众中的上层。我之所以对波斯特尼柯夫的书评价很高,正是因为这本书为精确地分析上述情况提供了材料,它在实际上证明关于我国"村社"农村的那些流行观念是荒谬的,表明我国的制度实质上与西欧并无区别。

我把这篇文章投给了《俄国思想》杂志[3],但它不愿刊登。我在考虑,待稍加补充和改动后以小册子的形式出版,不知是否合适?

很希望知道您对这件事的看法,我想这完全可以用通信解决。

我对那几篇论改革的文章所提的意见,是从下述基本论点出发的:这次改革是商品经济发展的产物,改革的全部意义和作用在于,那些限制和束缚这种制度发展的桎梏被摧毁了。我们还可以就这一问题更详细地谈谈,也许能把我寄给作者的意见直接转给您,这样最为简便。

请尽快甚至立即回信,否则信到的时候,我可能已不在这里了。

从彼得堡发往萨马拉

载于 1940 年《列宁文集》俄文版
第 33 卷

译自《列宁全集》俄文第 5 版
第 46 卷第 1—2 页

1894 年

2

致彼·巴·马斯洛夫

1894 年 5 月 30 日

前天收到您的来信。我确实把我们之间的通信和书评的事几乎全都忘记了,不过就这篇书评所引起的问题和其他问题而恢复通信,我当然是很高兴的。

有一点使我感到奇怪,您为什么要"找"我呢?难道 H.M.A. 从圣彼得堡回到梯弗利斯后没有见到您,因而没有转告您(我曾托他转告),至少在冬天,我有一个固定地址,即:律师公会交助理律师恩·恩·收。

对于您的意见①,我提出以下看法。首先,说到结论过于谨慎的问题,那么,应当注意到,这一缺点 我完全同意,这确实是一个 缺点 是由于我打算在自由派的杂志上发表这篇文章而产生的。我甚至天真地把它寄给了《俄国思想》杂志,在那里当然遭到了拒绝,直到我在《俄国思想》杂志第 2 期上读了"我们有名的"自由派庸人瓦·沃·先生评波斯特尼柯夫那本书的文章以后,对这一点才完全清楚了。原来真要有一套把绝好的材料弄得面目全非和用

---

① 见上一号文献。——编者注

连篇空话来掩饰全部事实的本领才行!

事实上,我根据这些材料得出了几个重大的结论。这就是,在我看来,这些材料证明了农民中经济关系的资产阶级性质。材料明显地揭示了这类"村社"农民中的对抗**阶级**,而且只是资本主义社会经济组织所特有的那样一些阶级。这是一个最重要的结论,这个结论完全适用于所有其余的俄国农民。另一个结论是,农民的大量粮食(大概不是一半以下,而是一半以上)现在已经进入市场,而这部分粮食的主要生产者是现代农村的上等户,即农民资产阶级。①

其次,我认为波斯特尼柯夫所证明的一条关系到全俄国的规律十分重要,那就是上等农户的劳动生产率要高出一倍到一倍半。这个规律连同农户**商业**面积的划分(这一点对俄国的独特论者来说十分危险,所以我完全懂得瓦·沃·先生为什么小心翼翼地回避了这个问题),在理论上是具有重大意义的。

再说您的第二条意见——关于自然经济的标准问题。说实在的,在这方面我没有完全弄懂您的意思。

"标准"问题,依我看只有在下述含义上才有意义:重要的是弄清楚,一个农民(中等的)的农业经济应该有多大规模,才能满足他的全部需要(包括生产的需要和个人的需要),使他不必外出谋生。

弄清楚这一点之所以重要,是因为所有下等农户直接属于劳动力出卖者之列,而经营的规模可以相当准确地表明,这种收入来源的意义有多大。上等农户则直接属于地地道道的小资产阶级农户。

---

① 所以,古尔维奇说**未来的**俄国将是一个农民资产阶级国家,这话白说了,因为现在就已如此。

　　1892年纽约出版的**古尔维奇**的《俄国农村的经济状况》是一本很好的书。

至于经济的"自然性"问题,我是这样看的:最大的自然性始终表现在中等农户身上,但即使在他们那里,也绝对不可能没有相当部分的商品经济(货币形式的收支约占全部收支的40％左右)。下等户和上等户总是具有更大的商品性,因为前者出卖劳动力,后者则出售多余的粮食。

在评波斯特尼柯夫那本书的文章中,也就是按照上述观点对各种农户进行分析的。

您把"自然经济的标准"和"商品经济的标准"分开来谈了。如果我对您的意思理解得正确的话,那么,后一个标准也就是我所说的中等标准根据波斯特尼柯夫的资料,耕地面积为17—18俄亩,当然,在这个标准中划分并准确计算出实物部分和货币部分是重要的。至于什么叫做独立的"自然经济的标准",我就不懂了,因为我国现代的农民经济,不论规模大小,都不可能是纯粹的自然经济。

不过,在这方面还有待您作更详细的说明。

————

至于说那篇批判尼·康·米海洛夫斯基的文章,我也认为,任何一个编辑部都是不会采用的,这与其说是由于书报检查的关系(传说在《俄国财富》杂志⁴掀起一场风波之后,书报检查机关要取缔俄国的马克思主义),倒不如说是由于他们不同意您的看法,也不敢去触犯这位厚颜无耻而又狂妄自大的"大人物"。我在这方面是有些经验的。而且我也并不认为在我们的刊物上有可能和有必要去回答他。如能收到您的回信,我将十分高兴。

————

我大概将在这里住到6月12日,也可能更久一些。离开这里时,我会把新地址告诉您的。如在12日以后来信,暂时可以寄交玛·格·霍·转,由她那里转比较近便。

从彼得堡发往萨马拉

载于1940年《列宁文集》俄文版
第33卷

译自《列宁全集》俄文第5版
第46卷第3—5页

3

致彼·巴·马斯洛夫

1894年5月31日

您的第二封信刚收到,现在赶紧作复。如果您能抓紧,也许我还能在这里收到您的回信(6月12日以前我肯定还在这里)。

您的建议**在原则上**我很赞成,但我没有读过您的文章,当然不可能评论其中细节。至于我自己的那篇文章,说实话,我并不认为像现在这个样子(单纯评弗·叶·波斯特尼柯夫的书)是值得出版的①。

(至于出版费用,我想,一本篇幅不太大的书可能便宜得多。)

总之,看来这件事只好推延到秋天②了,因为即使您能及时把文章寄来,离书的出版还远着呢。还需要通过通信详尽地讨论。

---

① 关于这个问题我们再进一步细谈。
② 这个期限并不算长。

能面谈则更好。① 如果您有出版的资金(和愿望),也愿意写,如果我们的意见一致,那么,就可以并应当把事情办得……②

从彼得堡发往萨马拉　　　　　　　　译自《列宁全集》俄文第5版
　　　　　　　　　　　　　　　　　　第46卷第6页

4

致柳·费·米洛维多娃

(7月21日)

收到《住宅》③就开始工作。问题在于您没有把这件事办完就扔下了。拿起"誊清"本一看,发现错误成堆(我深信,连图表也乱得一塌糊涂)。我们共同的熟人看了以后也反映这本东西搞得很糟。因此,尽管它使我极其厌烦,我还是不得不坐下来重作修改。结果誊清本变成了草稿。**5**

能否给我寄一本恩格斯的附有1894年跋的……④**仍可以用这个办法寄来。6**大约在8月15日以前用原来的地址,这以后则用冬季的地址。**7**

您在来信中没有把那些德国人同那个德国人⑤完全区别开

---

① 因为根据经验,信件往返实在太慢。
② 手稿到此中断。——俄文版编者注
③ 恩格斯《论住宅问题》(见《马克思恩格斯文集》第3卷第235—334页)。——编者注
④ 打字稿有遗漏。——俄文版编者注
⑤ 格·瓦·普列汉诺夫。——编者注

来。前者缺乏"理论兴趣"我可以理解(虽然感到痛心),但对后者难道也可以这样说吗? 既然对问题提出了一定的看法,那就不能避而不作分析。的确,不久以前我曾经看到,有人甚至不能理解这是什么问题和问题的重要性在哪里,但我不愿相信,那里也会出现这种情况。

从下诺夫哥罗德发往瑞士

载于 1961 年《苏联历史》杂志
第 2 期

译自《列宁全集》俄文第 5 版
第 46 卷第 6—7 页

1895 年

5

致帕·波·阿克雪里罗得

（11 月初）

您大概骂我信回得迟了。不过我有些正当理由。

让我依次来谈吧。我先是到维尔诺①去了。就文集**9**的事情同大家交换了意见。大多数人都认为必须出版这个文集并答应给予支持和提供材料。但是他们一般都心存疑虑（我想起了您说的关于 пал.②各省的话）：他们说，这是不是符合宣传鼓动的策略和经济斗争的策略，还得看一看。我再三强调，这取决于我们。

后来，是我到莫斯科去了。谁也没有找到，因为"生活的教师"③杳无音信。他安然无恙吗？ 如果您知道他的消息并且有他的地址，请写信给他，让他把地址寄给我们，不然我们在那里不可能找到关系。那里曾发生过巨大暴行**10**，看来还有人留下来，工作也没有停止。我们从那儿得到了一些描写几次罢工的材料。如果您没有收到，请来信告知，我们寄给您。

---

① 用我们过去用的密匙。**8**
② "пал."这个缩写词的词义无法确定。——俄文版编者注
③ 叶·伊·斯庞季。——编者注

再后来,我到奥列霍沃-祖耶沃去了。这些地方非常独特,在中部工业区常常可以见到这样的地方:纯粹的工业城市,几万居民专靠工厂为生。工厂的管理机构就是唯一的行政机关。工厂的办事处"管理"着城市。居民分为工人和资产者,界限分明。因而工人都具有很大的对立情绪,但是经过不久前的大暴行,那里剩下的人是这么少,而且又被注意,以致联系都很困难。不过,我们还是能够设法把书刊送到那里。

还有,迟延的原因是地方工作不顺利。这也是寄去材料很少的原因。

我不喜欢苏黎世的地址。您是否能弄到别的地址(不要瑞士的,而要德国的)? 这样要好得多和安全得多。

还有,给我们回信的时候——**寄工艺学的书**,地址是:彼得堡亚历山德罗夫铸铁厂化学实验室卢钦斯基先生,——如果能装得下,请再附寄另外的材料:日内瓦出版的小册子,以及《前进报》[11]的值得注意的剪报等。请把文集的事情写得详细些:已经有了哪些材料,预计还有哪些材料,什么时候出版第1辑,第2辑还缺少什么。款子,我们大概就可以寄去,不过要晚一些。**请尽速**答复,让我们知道,这个方法是否可用。

请把个人的接头地点转告波兰人。希望快点,因为我们需要运输。地址:还是那个城市,工艺学院大学生米哈伊尔·列昂季耶维奇·扎克拉德内,问交伊万诺夫。——出版他的《……历史》俄译本的经费已经答应了。

此外,还有一个请求:我们极需油墨,什么样的油墨,您问一下默格利就可以知道,他那里有。能不能弄到一点? 有没有机会? 这件事请考虑一下或者委托您的"实践家们"考虑一下。顺便提一下,您请求直接去找他们联系,那么请您告诉我:(1)他们知不知道我们的方法和密匙;(2)他们知不知道这些信是谁寄的。

现在寄去(1)关于驱逐反仪式派的信徒的报道[12];(2)关于南方农业工人情况的介绍;(3)托伦顿工厂纪事——目前只寄去开头部分,约为全文的$\frac{1}{4}$。

必须用中国**墨**写。如能加一小块结晶的**重铬酸钾**($K_2Cr_2O_7$),当然更好,那样就洗不掉了。**请用薄一点的**纸。握手!

向同志问候!

您的……

从彼得堡发往苏黎世

载于1923年《俄共中央列宁研究院公报》第1号(非全文)

全文载于1924年《列宁文集》俄文第1版第1卷

译自《列宁全集》俄文第5版第46卷第8—10页

6

致帕·波·阿克雪里罗得

(11月中旬)

我们收到了布雷斯劳的报告[13]。花了好大的力气才把它拆开,而且很多都撕坏了(信因为用的是好纸,还完整)。显然,您还没有收到第二封信。必须用很稀的糨糊,一杯水顶多用一茶匙淀粉(而且要马铃薯粉,不要小麦粉,小麦粉太粘了)。只有封面纸和彩色纸才需要普通的（好的）糨糊，而即使用最稀的糨糊，经过压力机一压，纸也会粘得很牢。总之这种方法是可用的，应当采用。

现在寄去托伦顿的最后一部分。我们这里还有下列一些罢工材料：（1）托伦顿的，（2）拉费尔姆的，（3）关于伊万诺沃-沃兹涅先斯克的罢工，（4）关于雅罗斯拉夫尔的罢工（是工人的来信，很有意思），以及彼得堡机器制鞋厂的罢工。[14]我没有把这些材料寄出去，因为没有时间转抄而且未必能赶上文集第1辑的出版。——我们同民意党人的印刷厂[15]建立了联系，这个印刷厂已经出版了3种东西（不是我们的），现在正在给我们印一种①。我们准备出版报纸[16]，这也需要材料。这件事大概要一个半月到两个月才能最后明确。如果您认为材料赶得上第1期的出版，请立即告知。

您的　伊林

我们的包裹容易拆开吗？应共同改进方法。

从彼得堡发往苏黎世

载于1923年《俄共中央列宁研究院公报》第1号

译自《列宁全集》俄文第5版第46卷第10—11页

---

①　请寄给我们一些编印工人小册子的材料，如果有的话。他们很愿意印。

1897 年

7

致帕·波·阿克雪里罗得

（8 月 16 日）

　　亲爱的帕维尔·波里索维奇：我高兴极了，终于收到了您的信（是昨天，8 月 15 日收到的）和您与格·瓦·的消息。您和他对我的习作[17]（为工人写的）所下的评语，给了我很大的鼓舞。我最大的希望和幻想得最多的就是能够为工人写作。但是从这个地方怎样来做到这一点呢？非常困难，不过在我看来，并不是不可能的。维·伊万·身体好吗？

　　方法我知道只有一个，——就是我写这封信的方法[18]。问题在于能不能找到一个抄写员，他要负担很重的工作。您大概认为这是无法办到的，这个方法是根本不适当的。我不知道有别的方法……这多么遗憾，但是我绝不失望，因为即使现在办不到，将来总会办到的。目前即使您有时用和您的"老朋友"[19]通信的方法来写信也是可以的。这样我们就不会失掉联系，这是最主要的。

　　关于我的情况，他们当然已经给您谈过很多了，所以没有什么可以再谈的。我单独一个人住在这里。身体十分好，有时给杂志[20]写点东西，有时写自己的长篇著作[21]。

紧握您的手。向维·伊万·和格·瓦·致衷心的敬意。我已经一个多月没有见到赖钦了。我希望不久到米努辛斯克去看看他。

您的 弗·乌·

8 月 16 日

从舒申斯克村发往苏黎世

载于 1924 年《列宁文集》俄文版第 1 卷

译自《列宁全集》俄文第 5 版第 46 卷第 12—13 页

1898 年

8

致谢·米·阿尔卡诺夫

1898 年 5 月 10 日

谢苗·米赫耶维奇阁下：

已同您要委托办事的人商谈，现依照以前的诺言立即将商谈结果通知您。不出我所料，此人也同样地拒绝了这项委托，因此您只好另找他人了。

愿为您效劳的

弗拉基米尔·乌里扬诺夫

附言：您来舒申斯克村时，如有便能来我家做客，我将十分高兴。

从舒申斯克村发往叶尔马科夫 斯克村

载于 1929 年《无产阶级革命》 杂志第 1 期

译自《列宁全集》俄文第 5 版 第 46 卷第 14 页

9

致亚·尼·波特列索夫

1898 年 9 月 2 日

昨天收到您 8 月 11 日的一封附有书单的信和印刷品——《文库》[22]。"卓越的政治经济学家"的文章非常有意思，而且写得很好。显然，作者掌握着幸运地落到他手里的极丰富的材料。一般说来，他是一个政论方面几乎高于纯粹经济方面的优秀作家。总的来看，《文库》是一本很有意思的杂志，明年我一定订一份。另外我还想订一种英文期刊：杂志或报纸（周报）；您能否告诉我选哪一种。我根本不知道哪一种英文刊物最有意思，而在俄国又可以订到。

关于司徒卢威的文章[23]，我们对它的评价是不一致的，当然，应当说单凭一篇文章是无法确切地评论作者的观点的。例如我过去和现在一直认为，正是他给自己规定了"总的分类任务"（单是一个标题就可以说明这一点），而您却认为"绝没有规定"……　至于说"要使我们的手工业摆脱所谓人民生产"，这一点我当然是无条件地完全同意的，而且我认为这个任务还摆在我们的"学生们"[24]面前没有解决。在司徒卢威的文章中我看到了解决这一任务的**提纲**。

您在《俄国财富》杂志（最近两期）上注意到**恩·格·**反对《唯物主义和辩证逻辑》的文章没有？从反面看这些文章是很有趣的。我应当承认，对于作者所提出的问题我是外行，但使我大吃一惊的

列宁为首的彼得堡工人阶级解放斗争协会的领导成员

（1897 年 2 月）

是,为什么《唯物主义史论丛》的作者[25]过去不在俄国书刊中反对新康德主义,现在也不坚决反对它,却容许司徒卢威、布尔加柯夫去争论这种哲学的枝节问题[26],似乎这种哲学已成为俄国学生们的观点的一部分了。这类哲学文章肯定不单是在我们的杂志上可以登载,而且书籍也可以通行无阻。他同伯恩施坦和康拉德·施米特的辩论引起我极大的兴趣,但是非常遗憾,我无论怎样也弄不到《新时代》杂志。[27]如果您在这方面能帮我的忙,当万分感激。当然,只要把这个报纸借用一个短时期就足够了。您有没有载有(几年前)同一位作者写的一篇关于黑格尔的文章(大概是黑格尔逝世三十周年之类的文章)[28]的那一期《新时代》杂志?虽然彼得堡方面答应寄《新时代》杂志来,但是我和此地的同志没有一个人收到!让所有这些空口许愿的人都见鬼去吧!

《俄国财富》杂志(7月)上拉特涅尔的一篇关于《资本论》的文章也很有趣。这类中庸的爱好者最使我气愤,他们不敢直接反对自己所不喜欢的理论,支支吾吾,提出“修正”,回避主要论点(如阶级斗争学说),而在一些枝节问题上绕来绕去。

《新时代》杂志上另一位作者的关于俄国社会流派的文章看来也是极有趣的[29],您提起这些文章,把我的欲望完全刺激起来了。“看着眼馋,可是……” 假使我是正确地了解您的话,那么这位作者现在发表的是他在别的地方已经谈过的思想(关于俄国无产阶级政治上的孤立的危险)。我以为,“与社会隔绝”决不一定就是这种“孤立”①,因为有各种各样的社会,学生们既同民粹派及其所有后裔作斗争,从而就会同左派中的一些人接近,因为这些人有意同

---

① 决不允许有这种“孤立”,我认为作者在这方面完全正确,万分正确,特别是在反对狭隘的“经济主义”拥护者方面。

民粹派**坚决**断绝关系并**始终不渝地**坚持自己的观点。学生们未必一定要躲避**这种人**。倒不如说正相反。依我看,他们和这些人的"调和的"(或者最好说结盟的)关系,与他们反对民粹派及其一切表现的斗争是完全一致的。

请来信,握手!

弗·乌里扬诺夫

还有,你们那样闹,使别人都害怕起来,因为你们竟动起棍棒来了! 幸好,东西伯利亚的好战稍逊于维亚特卡省。[30]

从舒申斯克村发往维亚特卡省
奥尔洛夫

载于1925年《列宁文集》俄文版
第4卷

译自《列宁全集》俄文第5版
第46卷第14—17页

1899 年

10

致亚·尼·波特列索夫

1899 年 1 月 26 日

您 12 月 24 日的来信收到。非常高兴，您终于摆脱了病魔的纠缠。您病的消息也已经传到我们这里了，我还在米努辛斯克过节时就听说过，我一直犹豫不决，该到什么地方去打听和怎样去打听。（我觉得直接写信给您不妥当，因为听说您病得很厉害。）现在您的健康已在恢复，恰好有一个刊物也在恢复。您一定已经知道，《开端》杂志[31] 在 2 月中就要与读者见面。从上次来信到现在已经过去一个月了，希望您现在已经完全康复，并且可以工作。看来，在书籍采购方面您的情况还不错，一些主要的新书您都订购了吗？如果您在订购书籍的费用方面不很困难，我认为就是在偏僻地方您也能工作，——至少根据我自己的情况同我在萨马拉的生活相比，可以这样说。7 年前在萨马拉时我读的差不多都是别人的书，现在我已开始养成订购书籍的习惯了。

关于《遗产》，我同意您的意见，把它看做一个统一的东西是糟糕的(80)年代的糟糕传统。的确，我也许不应该搞这类历史文学的题目…… 我要申辩的只有一点，就是我没有在任何地方提出过要继承斯卡尔金的遗产。必须继承另一些人的遗产,这是无可争论的。我认为第237页上的注释³²将会为我辩解(使我免受反对者的可能的攻击);在这个注释里,我指的恰恰是车尔尼雪夫斯基,而且还说明为什么拿他来作比较是不方便的。在同一个注释里我还认为斯卡尔金是温和的保守分子,认为他"不是"60年代的"典型",认为举"典型"作家"是不方便的";我过去没有车尔尼雪夫斯基的文章,现在也没有,而且其中一些主要的文章也没有再版,同时我也未必能绕过这些暗礁。其次,我还打算用我所理解的、现在所谈的"遗产"的确切定义来辩解。当然,如果文章仍然给人这样的印象,似乎作者提出的正是要继承斯卡尔金的遗产,那么无论怎样这个缺点也更正不过来了。我几乎忘记了自己的主要"辩护理由":如果说斯卡尔金是"稀有的东西",那么,多少比民粹主义彻底一些和纯粹一些的资产阶级自由主义就不是稀有的东西,而是60年代和70年代流行很广的一股风气。您不同意:"从一致到继承有着很大一段距离。"但是,要知道文章的中心点恰恰在于要求必须把资产阶级自由主义中的民粹主义清除出去。如果这是正确的,**如果这是办得到的**(特别重要的条件!),那么,清除的结果,清除后剩下的东西恰恰就是资产阶级自由主义;这种自由主义不仅和斯卡尔金的自由主义是一致的,而且是从他那里继承的。所以,如果有谁揭发我,说**我**继承斯卡尔金的遗产,我就有权这样回答,我仅仅负有**清除**他的杂质的责任,我自己还是站在一旁,而且除了打扫各种奥吉亚斯的牛圈³³外,我还有更愉快的更有意义的工作…… 好了,我似乎已扯得太远了,真的把自己想象成一个"辩护者"了!

我们已经很久没有通信了,老实说我已忘记,我最后一次写信

跟您谈《历史合理性》的文章是什么时候。好像是在收到这些文章
以前？① 现在我读过了这些文章，发现作者的基本思想完全值得
采纳（特别是结尾关于两个极端或必须避开的暗礁的看法**34**）。在
论证里，作者所谈的那个运动的阶级性，的确应该提得明确一些
（他谈到这一点，但只是顺便地极简单地谈到**35**），而且不应当那样
垂青于满腹牢骚的大地主党，因为他们的自由主义对于 61 年②的
牢骚和"怨恨"多于对国家"迅速工业化"的期望。只要提一下他们
对外出做零工、对移民等的态度就行了。作者应当更确切地表达
下列任务：把一切进步派别从民粹主义和农民主义的垃圾里解脱
出来，并利用这些经过清洗过的派别。依我看，"利用"一词要比支
持和结盟确切得多，合适得多。结盟表示这些同盟者是平等的，其
实它们只能当尾巴（关于这一点我完全同意您的意见），即使它们
有时"非常不愿意"；由于它们胆怯、分散等等原因，它们根本没有
达到过平等的地步，而且永远也达不到。而支持绝不仅来自知识
分子和进步的土地占有者，而且还来自其他许多人：闪米特人、进
步的工商业者（作者根本不应当回避他们，因为他们在自己人中间
所占的百分比是否少于在土地占有者中间所占的百分比，还是问
题）和趋向于代表本阶级的理智而不是偏见、代表未来而不是过去
的农民，以及其他许多人。作者在两方面走了极端：第一，他反对
经济派，却忽略了对产业工人、手工业者、农业工人等等说来是重
要的、实际的、最切身的要求；第二，他反对用抽象的、轻视的态度
对待温和进步的分子（这一点是公正的，决不应该轻视他们，应当
利用他们），但是他似乎以此掩盖了以他为代表的运动所持的独立

---

① 见上一号文献。——编者注
② 指 1861 年。——编者注

的更为果断的主张。从历史哲学的角度来看,他所提出的论点(以前伊诺罗泽夫在《社会实践》杂志[36]中就提出过)是无可争论的,在我们现在的同志中间确实有不少乔装的自由主义者。拿德国同英国比较,在某种程度上也可以这样说。这可以说是我们的幸运,使我们能有一个较容易的迅速的开端,也使人不得不正好利用这些乔装的自由主义者。作者的表述从一方面看可能引起某种曲解(一位顽固的保守分子对我说,这简直是卑躬屈膝和丧失个性……),而在同志中间则引起某种怀疑和不安的感觉。依我看,伊诺罗泽夫在这方面也表述得不成功。

但是事实上,我认为这里同作者的意见没有什么分歧。

关于帕尔乌斯,我一点也不了解他的个性,也绝不否认他很有才能。遗憾的是他的著作我读得很少。

您是否想得到不久前出版的考茨基的《土地问题》?

关于韦尔特、叶夫根·索洛维约夫和米·菲力波夫,应当说明一下,第一位我完全不了解,后两位的著作我读得也很少。"风化现象"现在有,将来还会有,我对此没有任何怀疑。所以,现在特别需要的不仅仅是乔装的书刊……

握手!

弗·乌·

从舒申斯克村发往维亚特卡省
奥尔洛夫

载于1925年《列宁文集》俄文版
第4卷

译自《列宁全集》俄文第5版
第46卷第18—22页

11

致亚·尼·波特列索夫

1899年4月27日

亚·尼·:接到您3月27日来信非常高兴,因为它终于打破了您长久执拗的沉默。要谈的问题的确积了一大堆,但是一些主要是论著性质的问题要在这里细谈是做不到的。而现在又有了一个杂志[37]。如果不与同仁们谈谈,在写作时就会觉得太脱离实际了。这里只有一个尤利**主动地**对此表示十分关切,但是可恶的"遥远的距离"妨碍我们充分地详谈。

从现在最使我注意的和最使我激动的问题谈起,即从《开端》杂志第1—2期合刊和第3期上布尔加柯夫的文章谈起。读完您对它的评论,我说不出地高兴,因为在一个最主要的问题上我得到了同情,——尤其高兴的是,这种同情来自编辑部,而从编辑部获得同情显然一般是不大可能的……如果说,布尔加柯夫的文章使您产生了"可厌"和"可鄙"的印象,那么,它简直使我气愤。到目前为止,不管我怎样反复阅读布尔加柯夫的文章,始终不能理解,他怎么能写出这样满篇妄言、口吻极为低劣的文章,编辑部又怎么能丝毫不表示自己不赞同对考茨基的那种"严厉斥责"。我也和您一样,"深信读者会完全〈的确!〉被弄得困惑不解和莫名其妙"。事实上读者又怎能不莫名其妙呢,因为有人代表"现代科学"(第3期第34页)向他们宣布,考茨基的一切都是不正确的、任意捏造的,都是社会的怪异现象,"既无真正的农艺学,也无真正的经济学"

(第1—2期合刊)等等,而且考茨基的看法不是被说明了,**而简直是被歪曲了**,同时布尔加柯夫本人的见解也根本看不出是一种前后稍微一致的体系。如果一个人有一点党性,对所有的同志,对他们的纲领和实际活动有一点责任感的话,他就不至于那么狂妄地"找碴了"(按照您的正确说法),自己什么也不写,而只是许愿要写……关于"易北河以东地区"的学术著作!!显然,他自认为是一个对同志不负任何义务和责任的"自由的"、单独的、教授式科学的代表。当然,我不会忘记,在俄国的条件下不能要求杂志容忍一些同志,排斥另一些同志,但是像《开端》这样的杂志毕竟不是(类似《世间》杂志[38]、《科学评论》杂志[39]等等)那种认为马克思主义已经不时髦的文集,而是一个派别的机关刊物。因此对于这样的杂志说来,必须对那些学术上的狂妄分子和一切"局外人"给以一定的约束。《新言论》杂志所以获得巨大的成就,就正是由于编辑部把它当做派别的机关刊物,而不是当做文集出版的。

我读考茨基的书的时候布尔加柯夫的文章还未发表,在他的文章里我没有看到对考茨基的**任何一点**有根据的反驳,而只看到对考茨基的思想和主题的大量的**歪曲**。例如,布尔加柯夫武断地说什么考茨基把技术同经济混淆起来了,说什么他证明了"农业的衰亡"(第3期第31页,考茨基说的**恰恰**相反:第289页),说什么他否定了农业发展的趋势(第3期第34页)等等,这些话是多么荒谬啊!

我已写好《农业中的资本主义(论考茨基的著作和布尔加柯夫先生的文章)》的第一篇文章并在两个星期前寄给编辑部了,现在正动手写论布尔加柯夫文章结束部分的第二篇文章①。我很担

---

① 见本版全集第4卷第85—134页。——编者注

心,彼·伯·会借口篇幅太大而拒绝接受(它比布尔加柯夫的文章长,第一,因为我必须举出理由驳倒那些毫无根据的、不加思索就作出的判断,如他说,马克思关于农业中可变资本和不变资本比例在缩小的说法是错误的。第二,因为**必须说明一下**考茨基的观点),或者借口不愿意进行论战而加以拒绝(我当然在文章中没有用任何谩骂的句子,像上面说的那样,同时也极力避免掺杂任何一点个人反对布尔加柯夫的东西。一般来说丝毫不比我在批驳杜冈-巴拉诺夫斯基关于市场理论的那篇文章①中的口气更尖锐)。我很希望听到您在读完考茨基的书和布尔加柯夫的文章之后的意见:您认为布尔加柯夫在什么地方是"正确的"? 您是否认为在杂志中可以不去回答他的文章?

我觉得司徒卢威和布尔加柯夫所迷恋的马克思主义中的这股"新的批评的潮流"(彼·伯·肯定是**赞成**布尔加柯夫的)极为可疑,因为"批判""教条"等等高调根本不会有什么积极的批判效果。可是要写像布尔加柯夫的这样的文章,除了要具有"批判主义"和对教授式的"现代科学"的同情外,还需要那种无以复加的笨拙。

对于司徒卢威论市场的文章我已把答复[40]寄给他了。姐姐[41]来信告诉我,这个答复将刊登在《科学评论》杂志上,并且彼·伯·也准备在这个杂志上作答。我不能同意您的这种说法:"问题的重心在于抽象思维的原理不能符合具体现象",而我对彼·伯·一奇的主要反驳恰恰就在于,他把抽象的理论问题和具体的历史问题混为一谈。不仅马克思提出的实现论"不能符合具体现象",就是他所提出的地租,他所提出的平均利润和工资与劳动力价值相等

---

① 见本版全集第4卷第40—50页。——编者注

以及许多其他的东西也"不能符合具体现象"。但是不可能**纯粹地**实现绝不能作为反驳的理由。我无论如何也看不出我在《评论集》[42]和《科学评论》杂志中的论断之间有矛盾，也看不出有司徒卢威曾经用以恫吓读者的那种"资产阶级辩护论"。在他的文章中我特别不满意的，是他不适当地把批判哲学同妄言马克思的价值和利润学说"无可争论地有矛盾"的说法胡乱扯在一起。其实彼·伯·明明知道，这是**有争论的**，何必使公众摸不清头脑呢？公众直到现在还**没有**从"新的批评的潮流"的任何一个代表那里**获得**对这个矛盾的系统论证和对它的纠正。

好一个布尔加柯夫反对崩溃理论的狂妄行为（第3期第34页注）!! ——对伯恩施坦只字不提而且还带着不容反驳的"科学"法规的口吻![43]我知道伯恩施坦的新著作[44]就要出版，我已经订购了，但是能否给我寄来还成问题。看了《法兰克福报》[45]和《生活》杂志[46]（是一本很不错的杂志！文章写得很好，甚至比所有的杂志都好!）中介绍这本书的文章，我完全相信我对伯恩施坦的某些片断文章理解得并不正确，完全相信他夸张得确实太厉害了，确实像《唯物主义史论丛》的作者在给考茨基的公开信上所说的那样，应当把他**埋葬掉**。我所知道的伯恩施坦对唯物主义历史观等的新的反驳[①]（根据《生活》杂志）是极其软弱无力的。如果彼·伯·真是这样一位热心为伯恩施坦辩护的人，为了他几乎要"骂街"，这就太可悲了，因为他的反对崩溃的"理论"对西欧来说是过分狭隘的，对

---

① 顺便提一下，您可记得我们的一位"在美丽的远方"的共同的朋友[47]因我把唯物主义历史观称之为"方法"而恶毒地嘲笑我，把我批评得体无完肤吗？原来考茨基也用了"方法"这个词，也犯了同样严重的过失（1月《生活》杂志第2期第53页）。您听到过这位朋友的消息没有？他身体好些没有？他能不能写作呢？

俄国来说又是完全无益的和**危险的**。您是否知道我们的"青年派"（超经济派）已经在利用这个理论了？他们在一个刊物上**这样**来介绍斯图加特的争论[48]，说他们的伯恩施坦、波伊斯等人是"经济的，而不是政治的"捍卫者。关于这类"同盟者"彼·伯·怎样看呢？您认为沃尔金和他的最亲近的同志的退出是超经济派的胜利，这我是了解的[49]，这使我十分惊奇，同时我现在也摸不透那边的情况怎样，将来可能发生什么事情。我看，同超经济派的这场争论没有**全部**刊登出来是很有害的。因为这是阐明问题，确立一定的正确的原则立场的唯一重要的方法。可是现在却完全弄混乱了！

我那本书[50]已经出版，并已托人寄给您一本（我自己还没有收到）。听说序言中的附言没有赶上排印，大概书刊预检时"遭到了麻烦"。我很希望能听到您的意见。

我已订购到卡列林的小册子，在收到您寄来的以前我就已经读了。我很喜欢这本小册子，就是被删削得太厉害了，真令人遗憾！您是否给这本小册子写一篇评论？

有一位朋友已把**亚·波·**的《杂志短评》（关于"遗产"和"继承人"）寄给我。很想知道，是否打算在续文里同我进一步争论？亚·波·的文章我非常满意；把它撤下来使这期杂志大受损失。老实说，我看不出我们之间有分歧，因为您说的是**另外一个**问题，不是学生们如何对待俄国民主主义、他们是否拒绝它的问题（我只**是谈了这一点**[①]），而是很久以前的各种民主主义者之间的关系如何的问题。我所关心的只是米海洛夫斯基所犯的错误，即似乎我们拒绝一切民主主义，——而您说的是**他的另外一个错误**，即"模

_____

① 见本版全集第2卷第386—427页。——编者注

糊了""遗产"的重要的本质差别。《科学评论》杂志第3期上马斯洛夫针对我作的那个注释[51]我已看过,但是,老实说它并没有引起我的注意。顺便说一句,撤下来的亚·波·的文章已证明我的意见是正确的,即拿比斯卡尔金更明显的被继承人来谈是"不妥当"的(可悲的证明!!)。总之,依我看,这个杂志的语气是"临终前的"声调。如果是这样,结束和死亡只是时间问题。这不过是利用某个部门的那种软弱无力和因循习惯来进行投机。守口如瓶可能于事无损,也并非无益。如果拿现在的声调来比较,我们的《资料》[52]确实可以算是"温和"和"稳健"的典型……

握手!

弗·乌·

如不嫌麻烦,请常来信,否则我完全无从了解杂志的消息。

我已把《历史合理性》一书用挂号邮件给您寄去。请不要认为我没有按时把这本书退还给您,因为您没有写明期限,所以我也没有拒绝同志们要读此书的请求。如能把卡列林文章的结尾部分寄来将很感激。

您有没有什么德文的评论考茨基的文章? 我只在《法兰克福报》上读到过,都是像布尔加柯夫写的那种怒气冲冲、空洞无物的评论。

这几期杂志[53]总的来说我很满意。编得很好。您看过格沃兹杰夫的书没有? 您认为这本书如何?

从舒申斯克村发往维亚特卡省
奥尔洛夫

载于1925年《布尔什维克》杂志
第16期

译自《列宁全集》俄文第5版
第46卷第22—28页

12

致亚·尼·波特列索夫

1899年6月27日

上星期五(18日)收到您6月2日的信,您说给我寄来了梅林和卡列林的著作,可是都**没有收到**。起初我在等,以为邮局积压了,但是现在推想,这邮件要不是丢失了,就是您推延寄发了。如果是头一个原因,请您立即写个声明查询一下。

您对我的书[54]的评语使我很高兴。不过我总认为,您要翻译这本书,未免对它评价过高了。我怀疑德国人会读这种充满纯地方性的、可以说是细枝末节的东西。不错,尼·—逊的著作[55]已译出(这是因为他大概得到过恩格斯的赞誉和介绍,虽然一元论者①说恩格斯打算斥责他的著作)。您在德文书刊中看到过关于这本书的评论吗? 如果我没有弄错的话,这本书也已译成了法文。您说您"终于弄到了"我的书,这句话使我有些诧异…… 难道您还没有收到从莫斯科或彼得堡寄的书吗? 我曾请他们寄一本给您,就像寄给我所有其他朋友一样,而他们都收到这本书了。如果您还没有收到,请来信告知,我再写信给莫斯科。到目前为止我还没有在报刊上看到对该书的评论,在入秋前我已不指望看到,——不过,我读的只是一种报纸——继续"谨守缄默"的《俄罗斯新闻》[56]……

《文库》中的布尔加柯夫的文章我已读过。目前我还不打算回

---

① 格·瓦·普列汉诺夫。——编者注

答他和为德国读者写东西,因为,首先我不会用德文写;第二,也是主要的,即使能找到俄译德的翻译,像我为俄国读者写的、详细叙述考茨基著作的这种文章也完全不适于德国人读。我不能回答布尔加柯夫特别指出的地方(根据德国的统计材料),因为我没有材料。我也不准备为德国人论述他的总的观点(康德的和……伯恩施坦的,如果可以这样说的话)。我认为,改正德国人对于俄国学生们的看法也确实是必要的,为此(如果没有人另写文章),只要等我的反驳布尔加柯夫的文章[57]在俄国杂志上登出来时,给这篇文章写个短评也就够了。如果这篇文章……由于《开端》杂志的停刊,《生活》杂志或书报检查机关的拒绝而根本无法刊登出来……　那当然又另当别论了。

对于俄国学生们的那些"惊人发现"以及他们的新康德主义,我愈来愈感到愤怒。《科学评论》杂志第5期上杜冈-巴拉诺夫斯基的文章我已看过……　鬼晓得他怎么说出这样愚蠢和自命不凡的废话!对马克思的学说不进行任何历史研究,不作任何新的分析,只根据图式中的错误(任意修改剩余价值率),把极个别的现象作为一般的规律(提高劳动生产率而不降低产品价值。仅拿这一点作为一般现象,简直是荒谬),根据这一点来提出"新理论",宣布马克思错了,要求进行改造……[58]　您说杜冈-巴拉诺夫斯基愈来愈成为同志了,不,我不能相信您的这个说法。米海洛夫斯基说他是个"知识浅薄的人"是正确的,因为《世间》杂志上他的那篇小文章(在1895年,"关于别尔托夫",记得吗?)和这篇文章都已证实了这位偏颇不公的批评家的尖刻评语,这也证实了我从您和娜嘉那里听到的关于他的个人品质的话。当然,单凭这些来作最后结论显然是不够的,我很可能会弄错。很想知道您对他的文章的意见。

　　至于司徒卢威所提出的(《科学评论》杂志第 1 期)、帕·别尔林(《生活》杂志)和杜冈-巴拉诺夫斯基一再重复的区分"社会学"范畴和"经济学"范畴的这一思想,我看,除了玩弄一些极其空洞烦琐的定义,即被康德主义者称为"概念批判"或者甚至"认识论"等好听的名词外,再没有别的什么东西了。我根本不懂这种区分会有什么**意义**?? 怎么会有超社会的经济事物呢??

　　顺便谈谈新康德主义。您站在哪一边? 我非常满意地一再阅读了《唯物主义史论丛》,读了这位作者发表在《新时代》杂志上的那些反对伯恩施坦和康拉德·施米特的文章(1898—1899 年《新时代》杂志第 5 期,以后各期没有见到),读了我们的康德主义者(彼·司徒卢威和布尔加柯夫)所称赞的施塔姆勒的著作(《经济和法》),我坚决地站在一元论者这边。施塔姆勒特别使我愤怒,在他那里我根本看不到丝毫新颖的有内容的东西…… 十足的认识论的经院哲学! 这是最平庸的最糟糕的法学家的拙劣的"定义"以及由此得出的同样拙劣的"结论"。在读了施塔姆勒的著作以后,我读了《新言论》杂志上司徒卢威和布尔加柯夫的文章,发现的确需要认真地对待新康德主义。我已经忍不住了,所以对新康德主义发表了意见,进行了抨击,以此回击司徒卢威(针对他发表在《科学评论》杂志上的那篇文章[①]。是谁和为什么要阻挠刊登这个答复,——我真不懂。据说将在《科学评论》杂志第 6 期上发表,但是没有登出。而且我的沉默已经使我碰到难堪的情况,如《生活》杂志第 4 期上涅日丹诺夫的文章)和回击布尔加柯夫。我说"忍不住了",因为我很清楚地意识到自己的哲学修养差,在我没有多学习

　　[①]　见本版全集第 4 卷第 60—78 页。——编者注

些以前，我不打算就这些题目写文章。现在我正在这样做，我先从霍尔巴赫和爱尔维修研究起，然后准备转到康德。我已弄到了最主要的哲学名家的最主要的著作，但没有新康德主义的作品(我只订购了朗格的著作)。请告诉我，您和您的同志们是否有这类书，能否借给我用一下。

正是在那个问题上，《开端》杂志第5期(5月那一期像患了三期肺病一样)评论波格丹诺夫著作的文章使我极感兴趣。我不明白，我怎么会把这本书的出版广告忽略了。现在才去订购这本书。波格丹诺夫的第一本书已使我对一元论者产生了怀疑，第二本书的题目和目录加深了我的怀疑。[59]这篇书评真是空洞得不成样子和傲慢得不成样子啊！没有说一句实质性的话……就谴责轻视康德主义，虽然从评论者本人的话中可以看出，波格丹诺夫不是**轻视**而是**抛弃**了康德主义，他抱的是另外一种哲学观点……　我想(如果我对波格丹诺夫的看法没有错的话)，这篇书评不会不遭到回击。只有一点我不明白，卡缅斯基怎么**能**对《新言论》杂志上司徒卢威和布尔加柯夫反对恩格斯的文章不予回击！您能给我解释这一点吗？

您说彼得堡开始出现反马克思主义的反动势力，这个消息对我说来是件新闻。我不了解，"反动势力"是不是指马克思主义者中间的？究竟是什么样的？是不是那个彼·伯·？是不是他和他的伙伴们在促进同自由派结合的趋势??我迫不及待地等着您的解释。说"批评家们"**没有提出任何论据**，而只是在迷惑读者，这我完全同意；同样我也同意必须同他们(特别是关于伯恩施坦)进行严肃的斗争(不过是不是将进行？ 在什么地方进行……?)。如果彼·伯·"真的不再是同志"，那对他更不利。当然，这对所有的同志说来都是一个很大的损失，因为他是一个有才能有学问的人，但是，毕竟"交情是交情，公事是公事"，因此斗争的必要性并没有消失。我完全理解而且在分担着您的"愤怒"（由于用了"极恶劣的"（原文如此！！！）这个词来形容一元论者所引起的愤怒——为了什么？为了《新时代》杂志上的文章？为了给考茨基的谁埋葬谁的公开信?），我很想知道他怎样回答您这封发泄愤怒的信。（伯恩施坦的书我还没有看到。）彻底划清界限当然需要，然而像这类文章怕不会在《开端》杂志或《生活》杂志上登出来，也不可能登出来，因为能够登的只是针对批评马克思主义的"批评家们"的一部分文章。为了彻底划清界限需要的正是第三种作品[60]和纲领之类的东西（如果我没有误解您的意思的话）。最后，只有这样，同志们才会同那些"局外的""狂妄分子"划清界限，只有这样，任何个人的奇想和理论上的"惊人发现"才不致引起纷争和混乱。这些都该归咎于可诅咒的俄国的无组织状态！

您的论遗产的文章（我只看了第一部分）是怎样反驳彼得堡派的，这我还不明白。《最迫切的问题》这篇文章我没有看过，请寄来。

很想和您较详细地认真地谈谈避雷针。看来这只有另找时间了。1900 年 1 月 29 日我的期限将满。只希望不要再延长，延长期限是被流放到东西伯利亚的人常遭到的最大的不幸。我向往的是普斯可夫。您呢？

娜嘉向您问候！

紧紧握手！

弗·乌·

附言：我刚刚重读完我反驳布尔加柯夫的文章的草稿结尾部

分……觉得我的口吻是和解的：……据说我是"批评家们"的"正统的"坚决的对手（这一点我已公开谈过），**但是**不该在共同的敌人面前夸大这些分歧 像布尔加柯夫先生所做的 那样 。如果在行文中间使用像……"极恶劣的"这样的字眼，如果"批评家们"要使人彻底划清界限，那么这种"和解的"口吻 我尽 量口气温和，力求同志式地辩论 问题 很可能是不适宜的，甚至是可笑的了。如果这样，我就会成为"无辜的罪人"[61]了，因为我处在"相当远的地方"，没有看过伯恩施坦的著作，不了解"批评家们"的**全部**观点，我还是 在我写这篇文章的 时候 完全用"老眼光"看问题，只不过是《开端》杂志的一个撰稿人……　我断言阶级斗争的学说还不曾遭到"批评"，可能说得不对？[62]

从舒申斯克村发往维亚特卡省　　　　译自《列宁全集》俄文第 5 版
奥尔洛夫　　　　　　　　　　　　　　第 46 卷第 28—33 页

载于 1925 年《列宁文集》俄文版
第 4 卷

13

致谢·米·阿尔卡诺夫

1899 年 10 月 31 日

尊敬的大夫先生：

　　如果您的公务许可，是否劳驾今晚来看一看我的一位生病的同志——奥斯卡尔·亚历山德罗维奇·恩格贝格（他住在伊万·

索西帕托夫·叶尔莫拉耶夫家里)。他卧病在床已经是第三天了，腹痛如绞，上吐下泻，因而我们想这是不是中毒了？

　　请您相信我对您的真诚的敬意！

弗拉基米尔·乌里扬诺夫

从舒申斯克村发往叶尔马科夫
斯克村

载于 1929 年《无产阶级革命》
杂志第 1 期

译自《列宁全集》俄文第 5 版
第 46 卷第 33 页

1900 年

14

致娜·康·克鲁普斯卡娅

（8 月 24 日以前）

　　早就打算给你写信谈些问题,但是总有种种事情打扰。我的生活相当忙乱,甚至非常忙乱,尽管我已采取非常措施来防止这种情况(注意)! 可以说,我几乎过的是孤独的生活,但这种忙乱现象却丝毫未减! 假如这种忙乱现象在任何新的情况下都是必然的、难以避免的,也用不着抱怨上帝,幸好我根本不像我们的亲爱的书商[63]那样神经质,他已经被这种忙乱弄得忧郁不振,一下子心灰意懒了。除了忙乱以外,还有许多好事情! 好,现在就谈谈国外"俄国社会民主党人联合会"的问题,根据事实和**另一**方面的叙述来谈谈……

　　首先,在《工人事业》杂志[64]拥护者的流言蜚语影响下,在俄国对《指南》[65]造成了一种完全错误的印象。听听他们说的吧:这完全是人身攻击,完全是摆官架子的行为和侮辱人格的吹毛求疵,所使用的手段是完全"不能容忍的",等等。可是实际上,在这件事情中**占主要地位的**,占非常主要地位的是**原则**方面,而人身攻击,只不过是副产品,是在"青年派"竭力制造复杂而极紧张关系的情况下难以避免的副产品。指南——这是呼号,真正是反对庸俗的经济主义、反对社会民主党的"羞愧和耻辱"的呼号。普列汉诺夫在他发表的文件的序言的末尾慨叹地写道:"我从没有想到我注定要蒙受这样的耻辱。""我们无论如何要摆脱这种混乱而可耻的局面。党忍受这种混乱状态真是不幸!"要反驳别人对普列汉诺夫的任何指责,必须首先肯定他的小册子的**全部实质**是向"信条主义"和"库斯柯娃主义"的"可耻的"原则宣战,是原则上的分裂,而"联合会"中的分裂和"打架"只不过是这种原则上的争论的**副产品**。

原则上的分裂之所以同"打架"联结在一起(在国外"俄国社会民主党人联合会"1900年四月代表大会上,**确实**打起来了,会上乱喊乱叫,致使普列汉诺夫退出了会场),事情之所以闹成这个样子,完全是**青年派**的过错。在1898年青年派就根据经济主义的观点对"劳动解放社"进行了不断的、顽固的、不正直的斗争,——说它是"不正直的",是因为他们没有**公开地**打出自己的旗帜,他们不分青红皂白地把一切都归咎于"俄国"(他们故意不提反"经济主义的"俄国社会民主党),他们利用自己的关系,采用各种实际办法来排斥"劳动解放社",把它不能容忍"可耻的"思想和可耻的轻率行为说成不能容忍一切"青年力量"。这种反对"劳动解放社"的斗争,这种排斥它的行动,是偷偷地进行的,是采用"私人"活动的方式、借助"私人"信件和"私人"谈话进行的,——直截了当地说:就是采用**阴谋手腕**进行的,因为关于"劳动解放社"在俄国社会民主主义运动中的作用问题过去不是,将来不是,而且永远也不可能是**私人**的事情。**青年派**宣布了反对老年派的"新"观点,但是他们又如此巧妙地狡猾地把这些观点隐匿起来(他们把观点问题当成**私人**的事情就证明了这一点),以致**老年派**不得不对争论加以**说明**。普列汉诺夫写道:"我们已经把我们同青年派的争论的说明寄到圣彼得堡去了。"（《指南》第 XLVII 页）可见早在 1898 年，"劳动解放社"就**已表明**，在它看来，全部问题就在于可能堕落到完全否定社会主义的青年派在原则上的动摇，——早在 1898 年，"劳动解放社"就**号召**俄国社会民主党反对思想动摇[66]，但是，这个号召成了旷野里的呼声，因为在 1898 年夏季遭受挫败以后，党的所有卓越活动家都在战场上被扫荡殆尽，回答这个号召的只是一些"**经济派**"的声音。

无怪乎"劳动解放社"在这以后便退出了编辑部，无怪乎反"经济主义"的公开斗争愈来愈迫切和不可避免。但是，马上就有人（他们由于对"劳动解放社"怀有旧仇，而和经济派联合起来）出来支持"经济"派，这些人继续企图纵容"经济主义"，掩盖内幕，使"经济主义"得以更方便地在社会民主主义的旗帜下，在两面讨好的新编辑部的含糊其词的声明掩饰下，继续施展其"私下"宣传自己的思想的伎俩。

新编辑部在《工人事业》杂志第 1 期上就声明说，它"不知道帕·波·阿克雪里罗得"反对"经济派"时"所说的究竟是哪些年轻的同志"；——虽然最近几年国外联合会的全部历史就是同"青年派"作斗争，虽然甚至在《工人事业》杂志的编辑人员中就有**本身就支持**"经济"派的人（弗·伊—申先生），可是它却这样声明。为什么《工人事业》杂志编辑部的这样一个短短的、（**看来是**）顺便加上的按语（"我们不知道帕·波·阿克雪里罗得所说的究竟是哪些年轻的同志"）竟会成为一个火星引起一场燎原之火，引起一场非常激烈的论战，而且结果竟导致国外联合会的分裂和瓦解，这在局外人看来，在没有仔细地考虑过最近几年俄国社会民主党和国外社会民主党人联合会的历史的人看来，可能是完全不可理解的和非常奇怪的。然而,在这种看来很奇怪的事情中,并没有什么可奇怪的。《工人事业》杂志编辑部对它所刊载的弗·伊—申先生的文章所加的这个短短的按语,非常清楚地表明了**对俄国社会民主主义运动的当前任务和迫切要求的两种根本不同的看法**。第一种看法可以说是对"经济主义"的自由放任,这是同它调和的策略,掩盖经济主义的"极端观点"的策略,是维护经济主义使其不受直接攻击的策略,是"自由批评",即各种公开的和伪装的资产阶级思想家自由批评马克思主义的策略。另一种看法则要求坚决同经济主义斗争,公开反对把马克思主义庸俗化和缩小马克思主义范围的危险做法,毅然同资产阶级的"批评"决裂。

从瑞士发往乌法

载于 1924 年《列宁文集》俄文版
第 1 卷

译自《列宁全集》俄文第 5 版
第 46 卷第 34—37 页

15

致尤·米·斯切克洛夫[67]

(不晚于 9 月 4 日)

给纳哈姆基斯的信

1. 刊登。

2. 文章的＋＋。关于群众运动和社会民主主义的群众运动、关于社会民主党人片刻都不能放弃自己的严格的社会民主主义原则、关于宣传和鼓动以及关于政治权利和政治自由的相互关系等等的意见。关于不能缩小五一节的意义等等 。

3.文章的一,最好能作些不大的修改,修改方案我们提出,希望经过共同讨论,使我们取得完全一致意见。

第一,必须将所谈的总结一下,进行归纳,作出结论。关于这一点,您自己也已指出。第二,同时最好将文章的其余部分作些删节(如下列各处可节略:第3页(注意2)、第39页(注意16)以及其他一些地方;全文**不应超过1个印张**),某些地方还要修改。我们认为应该修改的是:文章的整个形式带有一种挑战性质("公开信",称呼用"您",等等),而这未必恰当。您本人已经指出目前论战的某些极端现象("格里申先生的喽罗"**68**等等),**您是完全正确的**。既有极端现象,我们现在就应更加慎重。这不是说,不妨放弃一点原则;而是说,**没有必要**就不必惹怒那些依照他们自己的见解为社会民主党工作的人。对《工人事业》杂志的纲领进行批评时,用第三人称来谈他们,在这方面也许更好一些?

根据同样的理由,对《工人事业》杂志的纲领的形式方面"宽容"一些比较恰当,因为它不是党的纲领,甚至不是党的纲领草案,所以拿它来同法国和德国的社会民主党的纲领作对比是不正确的(至少是如此,因为您在第42页(注意17)上作这样对比时,并没有作附带说明)。对纲领**形式**方面的批评可以压缩一些(您本人也表示希望(第2页)对形式上的缺点"撇开不谈"),把形式上的缺点作为**局部**缺点归结为纲领的**一般**原则性的缺陷。我们认为,对第45页(注意20)、第39页(注意16)、第20页(注意9)、第6页(注意6)上的批评意见,最好也作类似的修改。如果用尖锐的说法,像某些地方的批评意见那样,就可能使人有所借口,说我们是在吹毛求疵(而这样说并不是完全没有理由的)。① 从严格的理论观点来说,关于必须考虑地方条件等等的提法是多余的,这可能不是由于编辑部没有领会科学的社会主义,而是由于它想强调这种不言而喻的事情;它所以在现在来强调,是因为它认为有强调的必要。难道不言而喻的事情有时就没有强调的必要吗? 我们**毫不否认**,在目前情况下,这种"必要"有**四分之三**是向《工人思想报》讨好的"必要",但仅仅是¾。如果忘掉其余的¼,我们就会给人以口实来责难我们是在吹毛求疵。如把这些形式上的缺点**作为局部缺点**,归结为一般原则性的缺陷,我们就会减少我们意见中吹毛求疵的成分,而加强我们的论据。

再次,是一些比较个别的意见:

第 17 页(注意 8)注 1。"这种梦呓意味着什么?"——这一意见不明确。

第 24 页(注意 11)。决不能说,社会民主党"很少关心达到自己要求的可能性"。我们了解并且同意您的意思,但是应当把它表达得更确切,更慎重:"不能把直接达到的可能性当做最高标准",要用这些要求指出**应**走的道路,而不是指出最近取得实际成就的可能性之类的东西。

第 32 页(注意 13)——"按照它本来的说法"——这样讲是不是太重?

第 33 页(注意 14)——"夺取森林"——"夺取"这个字眼用词不恰当、不慎重。

第 35 页(末尾的注释)。(注意 15。)

---

① 手稿上,以下至这一段结尾的话已被列宁勾掉。——俄文版编者注

"宪兵"等等。把这些字眼去掉或者改一下，不是更好吗？

第 43 页（注意 18）。太重了。**摒弃**"农民"这个词**不行**。

第 44 页（注意 19）。太尖锐，太直率了。关于农民能够给予什么的问题，俄国社会民主党人还远没有解决（参看 1885 年"劳动解放社"纲领的注释**69**），而且从农民的政治作用等于**零**这个意义上看，未必能解决得了。（参看：《雾月十八日》①）

希望能收到您对此的回信，而且不单是一封信，还有文章（最好不迟于 2 个星期，最迟也不超过 3 个星期）。

格·瓦·已经看过这篇文章，也表示**赞同**，只是提到第 24 页有个地方值得斟酌（关于达到的可能性）。

附言：这封信中的"我们"，都是同您在伯勒里夫一起商谈的人**70**。我们**暂时还不打算代表整个编辑部发表完全肯定的意见**，但是我们希望，不要因此而使我们或您感到不愉快。

从纽伦堡发往巴黎

载于 1930 年《列宁文集》俄文版
第 13 卷

译自《列宁全集》俄文第 5 版
第 46 卷第 38—40 页

16

致 某 人

1900 年 9 月 5 日于纽伦堡

尊敬的同志：看来，我们一定不能会面了，因为美因茨、巴黎我

---

① 马克思《路易·波拿巴的雾月十八日》（见《马克思恩格斯文集》第 2 卷第 461—578 页）。——编者注

们都不打算去，明天就离开这里**71**。这很遗憾，但只好作罢，只好通过写信来交谈了。

　　首先我得赶紧对您的头一封信的一条意见提出更正，并希望您把这个更正**也**转告**那个**曾经告诉您说我似乎"答应会面"的**人**。**这话不确实**。我没有答应会面，而是说我们到国外时将**正式**（即代表我们的小组**72**）同联合会①接洽，**如果有这个必要的话**。格·偏偏忘记了这个条件，并且忘记告诉您，我是以个人名义同他说的，因此在我们的小组作出决定之前，我**不能**肯定地作出什么许诺。我们在这里听取了另一方**73**的意见，知道了有关代表大会和分裂的情况后，认为现在已没有正式接洽的必要。情况就是这样。所以联合会**根本**没有**任何**理由"指责"我，我倒有理由指责这样的行为：格·虽然**正式**答应我，在我们小组同联合会接洽之前，**除了被捕的人外**不得把我们的谈话告诉**任何人**，但是，他却告诉了别人。您既然把他的意见告诉了我，希望您在巴黎时能把我的这一意见也告诉他。要是"传闻广为扩散"**74**，这只能是格·的过错。②

　　其次，谈谈事情的实质。合并**不可能**。联盟也不可能，如果把联盟这个词的真正含义理解为达成一定的协议、协定、互相承担一些义务等等。"彼此力求给予力所能及的帮助"——这一点我认为同联盟没有关系，没有联盟也能做到，这一点一般是能做到的，虽然我不知道这是否容易实现。要是联合会真正有诚意这样做，恐怕不会一开始就向我们提出最后通牒和用抵制来要挟我们了（替

---

　　① 指"国外俄国社会民主党人联合会"。——编者注
　　② 其次还有一点不是实质性的小意见：格·（**有几天我见过他**）和另一方的意见我都听过。而您只听联合会的人的一面之词，另一方很有威望的人的意见您却不听。因此我认为，倒不如说是您破坏了"也应听取另一方的意见"这一原则。

您送信的人说话的意思就是这样的），因为这种做法并不能改善关系。

我们是一个独立的著作家小组。我们要保持独立。我们并不认为，没有像普列汉诺夫和"劳动解放社"这样的力量，工作可以进行，但是**谁也无权**由此**得出结论**说，我们**会失去一点独立性**。我们现在可以告诉那些希望首先知道我们对"劳动解放社"的态度的人的**就是这些话**。要是谁还不大满意，我们只能这样对他说：要是你们不相信我们的话，就看我们的行动吧。如果说的不是**目前**，而是比较近的**将来**，我们当然也不拒绝把有关我们和"劳动解放社"之间关系的**形式**的比较详尽的材料告诉那些将同我们有密切关系的人。

您问：我们同联合会将会有何种关系？**暂时不会有什么关系**，所以不会，是因为保持小组的独立以及同"劳动解放社"实行最密切的合作，是我们**坚定不移**的决定，可是这个决定引起联合会的不信任，它担心我们不能保持自己的完全独立，担心我们陷入"令人难堪的"（您这样说）论战。如果我们的活动能消除联合会的这种不信任，我们就能建立良好关系；不然就不可能。这就是我们的全部看法。您写道："联合会期望着你们"；显然我们能帮助联合会的只是在写作方面，可是目前我们的全部奶汁都要用来哺养我们即将出生的婴儿[75]，而不能喂别人的孩子，这也是同样明显的事情。

您写道：（1）原则的分歧是没有的；（2）联合会准备实际证明自己同"经济派"斗争的决心。我们**确信**，在这两点上**您都错了**。我们的看法是以这样一些**文献**为根据的："反信条"的**编后记**，对《指南》的**答复**，《工人事业》杂志**第6期**，小册子《犹太工人运动的转折点》的**序言**等等[76]。我们打算在**刊物上发表文章**来反驳认为没有原则分歧的意见(因此我们同联合会**某些**关系将是辩论者之间的关系)。

　　现在谈谈最后的**也是主要的一点**:我们认为您的"观点转变得非常突然",这种看法对不对? 我们可以回忆俄国当时的情形。您**知道**我们想创办一个**独立的**刊物;您知道我们是拥护普列汉诺夫的。可见您**全都**知道,您不仅没有拒绝参加这个工作,相反地还说过"**我们的**"刊物这样的话(您还记得我们三个人在您家里的最后一次谈话吗?),这样才使我们认为可以期待您的**密切**合作。而现在您**闭口不谈**合作,却向我们提出一项"无论如何要调解国外纠纷"的"任务",即提出一项我们过去没有承担,**现在也没有承担的**任务。当然,我们对于在"劳动解放社"的合作下创办一个**独立的**刊物能够建立调解纠纷的基础并没有丧失希望。现在您大概在怀疑我们的小组要创办一个**独立刊物**是否恰当,因为您写道:存在两个组织,"各凭己见,随心所欲"对事业是有害的。我们觉得您的观点确实突然改变了。我们现在开诚布公地把我们的情况告诉了您,如果我们就"有关当前任务"交换意见时不限于这些,那我们是会很高兴的。

　　地址:纽伦堡　菲·勒格纳

载于1924年《列宁文集》俄文版
第1卷

译自《列宁全集》俄文第5版
第46卷第41—44页

17

致 某 人

（9月7日和14日之间）

尊敬的同志：您的来信我们已经收到，现在就写回信。

如果您把向格—伊转达我的话当做一种"惩罚"，当做一种不愉快的义务，我当然只好收回我的请求。如果对您并非不快，希望得便在谈话时，不用要求而用更正的方式将我的话转达一下。不过不管怎样，请注意：**我并不坚持**。

我们不会用"'社会民主党人'革命组织"**77**的名义来**活动**，我们曾给您写信强调指出，我们要创办一个独立的刊物①。

我们会不会发生"不得了的"争论，这个问题我们在前信中已经谈过。

我们决不想拒绝同联合会某某会员的个人结识，但是我们认为，在著作家小组和联合会之间建立特殊关系，在目前并无好处，因为联合会对我们的不信任——我再重复一遍——只能用出版物来消除，任何事先的交谈都是无益的。

过去和现在都根本不存在要"您必须遵照""著作家小组对联合会的态度"行事。

既然谈不上您拒绝参加，我们是非常高兴的，这说明我们对您理解得不完全正确，因此立即把地址给您寄去，凡是国内的材料都

---

① 见上一号文献。——编者注

可按这个地址寄(给您写的勒格纳这个地址,只能在国外用,请不要把这个地址告诉别人)。请告诉我们,您想为杂志和报纸写些什么? 您是否有些什么已经写好了的? 如果没有,您想在什么时候写好?

写于慕尼黑

载于1924年《列宁文集》俄文版第1卷

译自《列宁全集》俄文第5版第46卷第44—45页

18

致尤·米·斯切克洛夫

(9月25日)

致纳哈姆基斯

对您的几个问题答复如下:(1)我对"我们"和"编辑部"所作的说明,仅仅是就评《**工人事业**》杂志纲领的那篇文章而言的①。(2)在伯勒里夫一起商谈的人指的是我们**两个**:波特列索夫和我,都是您新认识的。(3)如果我以前曾向您说过您是错误的,后来又写信强调指出您是正确的,这就是说,我的观点改变了,和您的观点接近了。

我们希望,在不太久的将来可以把我们(在伯勒里夫一起商谈

---

① 见本卷第15号文献。——编者注

的两个人＋国内的一个)和"劳动解放社"之间的(编辑事务上的)关系的确定形式告诉您和戈尔登达赫(我们对你们两位经常撰稿寄予很大的希望)。

谢谢您寄来《俄国社会民主党在历史上的准备》一文。我们将非常乐于采用这篇文章,并且相信,如果我们的杂志[78]能更经常地刊登这样的文章,将会增色不少。这篇文章还要转寄给"劳动解放社",因而有可能拖延时间,请不要见怪。

我的同事提了一个实质性的意见:最先同工人联系的功绩,不属于您所指出的那些团体,而属于柴可夫斯基小组[79]。

从慕尼黑发往巴黎

载于1930年《列宁文集》俄文版
第13卷

译自《列宁全集》俄文第5版
第46卷第45—46页

19

致达·波·梁赞诺夫

(9月25日)

致戈尔登达赫

您这样快就打算把文章寄来,我们非常高兴。您对我们意见的答复使我们感到十分满意,这表明在所有实质性的问题上我们的看法完全一致,因此我们更加希望同您建立更为密切的关系,更加希望您能经常为我们撰稿。

紧紧握手！我本人并代表波特列索夫向您致以同志的敬礼！

彼得罗夫

从慕尼黑发往巴黎

载于1930年《列宁文集》俄文版
第13卷

译自《列宁全集》俄文第5版
第46卷第46页

20

致帕·波·阿克雪里罗得

1900年10月10日

亲爱的帕·波·：您的来信和附件已经收到，谢谢。

关于那本英文杂志（其中有两篇通讯），姐姐说她不记得叫什么名字了，好像是一种类似《家庭画报》[80]的东西，封面是黄色的，上面有红色的图画；杂志里有插图，开本比《新时代》杂志大一些，约有10个印张的样子。她说她已经把这本杂志交给您转给我了，当时您妻子也在场。

阿列克谢很好，他正在写作，忙于建立联系。[81]大约过一个半月到两个月才能抽出身来，恐怕不会再早。兄弟①还在这里，行期一拖再拖。

声明[82]日内即可写好，我当然要寄给您看。给报纸准备的通讯稿件已经很多，可惜大多数只是关于工人问题的，除了罢工还是罢工，再不然就是描写工人的生活状况。关于一般国内问题一点也没有。

---

① 亚·尼·波特列索夫。——编者注

狄茨负责给我们出版杂志。铅字已经购妥，但责任编辑还没有找到；一个打算已经落空了，不过还有别的办法可想。如果找不到责任编辑，我们就把印刷所搬到别处去。[83]

您的身体怎样？能工作吗？想必巴黎把您害苦了吧？给杂志和**报纸**写的关于李卜克内西的文章[84]，写得怎样，打算何时脱手？望告。

紧紧握手！祝您完全康复，并希望多多休息！

您的　**彼得罗夫**

来信最好寄：

慕尼黑　加贝尔斯贝格尔街20a号

卡尔·列曼医学博士先生

用两个信封，在里面的信封上写：转彼得罗夫。

（写得很潦草，请原谅！）

附言：刚刚收到纳哈姆基斯的信，看来，对写巴黎代表大会[85]问题一事发生了误解。您建议给古列维奇写封信，这当然很好。柯尔佐夫写信对我们说，他准备写的也是这个题目；他甚至告诉纳哈姆基斯说，是我们"委托"他写的，其实并没有这回事。您能不能写信给柯尔佐夫，让他最好写别的题目？请您一定写信给他，因为他现在住在什么地方，我们不太清楚。我们写信给纳哈姆基斯，让他和古列维奇分担这个工作。

从慕尼黑发往苏黎世

载于1925年《列宁文集》俄文版
第3卷

译自《列宁全集》俄文第5版
　　第46卷第46—48页

21

致维·巴·诺根

1900 年 10 月 10 日

亲爱的瓦西里·彼得罗维奇:我昨天才从帕·波·(阿克雪里罗得)那里得到您的地址和反对《信条》的 23 人决议[86]。阿列克谢早就写信告诉我,说您要到国外来,但我却未能找到您(他真是个怪人,竟没有把我的通信地址给您!)。请即回信,并较为详细地谈一谈近况如何;到伦敦是否已经很久了,您在做些什么,伦敦的人们怎么样,您有些什么打算,准备什么时候离开? 为什么您选择了伦敦?

暗号没有约定,我现在用个什么来代替暗号(因为您不是不认识我吗? 阿列克谢在您面前是怎样称呼我的? 听了他的介绍,您对我们的工作是否有了足够的了解?)。好吧,我就用给阿列克谢转信人姓名的第一个字母来代替暗号。阿列克谢写信告诉我:要是看不懂地址,可去问诺沃谢洛夫。转信人姓名的第一个字母是:К.А.Г.Г.,请您把其余字母填上,我和您就"联系上"了。

紧紧握手!

彼得罗夫

回信请寄:

纽伦堡 新巷 雪茄烟店 菲力浦·勒格纳先生
用两个信封,在里面的信封上写:转彼得罗夫。

附言:请提供两三个完全可靠的人(要局外人,不是革命者)的地址,以便到波尔塔瓦去找他们,并打听阿列克谢的情况。

从慕尼黑发往伦敦

载于1928年《列宁文集》俄文版
第8卷

译自《列宁全集》俄文第5版
第46卷第48—49页

22

致尤·米·斯切克洛夫[①]

(10月10日)

(1)**纳哈姆基斯。** 关于国际代表大会+法国全国代表大会的文章,将近6 000个字母,供报纸用。

(2)**供杂志用:** 以便把纳哈姆基斯和古列维奇分开。

何处接货?

何时来取?(邮包)

发货地点在这里。

他们需要的是仓库吗?(他们有没有仓库?)让他们写得明确些。[87]

我们希望在国内物色到一些人,但不能离国境线太近。(能否在里加或普斯科夫接货?)

---

① 这是信的提纲,用铅笔写在尤·米·斯切克洛夫来信的空页上;在斯切克洛夫信的上方不知谁写了几个字:“10月10日收到,10月10日作复,提纲已退还。”——俄文版编者注

如事情**完全安排妥当**,我们就交代运往国内的**明确**任务。

退回短文。

载于 1930 年《列宁文集》俄文版
第 13 卷

译自《列宁全集》俄文第 5 版
第 46 卷第 49 页

23

致帕·波·阿克雪里罗得

1900 年 10 月 18 日

亲爱的帕·波·:您 10 月 15 日写来的亲切的长信昨天收到了,很感谢。得知您的身体较前好转,并且可以工作,我们非常高兴。给报纸写的文章甚至已经在抄写了!您赶到我们头里去了,我们现在还安排不了人抄写需要寄出的东西。扎戈尔斯卡娅老是不动身,而要抄写的东西愈积愈多。我有时感到疲惫不堪,而且对自己本来的工作完全生疏了。

您暗示说,我们将同巴黎人[88]发生"纠葛",这我还不完全明白。当然,要什么都写,这对您是很困难的,但是关键何在,也许您可以让维拉·伊万诺夫娜转达?我们希望她能很快到这里来。

我们这里现在还没有责任编辑……　声明已经写好寄往俄国(很快就给您寄去),报纸不久即可付排。我们想把长篇通讯《哈尔科夫的五月》[89](约 50 000 个字母)出一本小册子,而在报纸上只登简短的摘要,总不能让一篇东西占了³⁄₄印张!(报纸每版有 3 栏,每栏约 6 000 个字母,更正确些说,有 6 000 个"位置"。)(我们想把创刊号出 2 个印张共 8 版,好吗?)您以为如何?

谢谢您关于通讯稿的意见,我们一定尽量利用,因为这对报纸的版面当然只会有好处。[90]

您对兄弟[①]此行的看法,我完全同意。对他有什么办法呢?我们从各地收到很多警告:从巴黎来的警告说,从俄国来的人能叫出所有 3 个人的名字;从俄国来的警告说,在到这儿来的路上有人跟踪我,而且在一个县城里把一个完全无辜的、**没有见过我的**远房亲戚抓了起来,还问他我给过他什么委托!! 所以我尽力说服兄弟不要走,或者在两个星期之内速去速回。[91] 我劝他,讥笑他,骂他(我从来没有跟他这样吵骂过),但是毫无效果,他还是说:回家,就是要回家! 现在他竟把声明寄到俄国去了,这就等于(一旦这个声明寄到,而这是肯定的)把一个新的刊物公开说出来了。现在大概要不了多久,阿列克谢就会来了吧? 我的"论敌"马上就要来了,我要让他读一读这些东西,让他"推翻"好了,只要他问心无愧的话!

我们俩身体都很好,但是神经实在受不了,主要是这种令人苦恼的悬而未决的状态[92],这些该死的德国人总是答应明天办,明天办,——唉! 我真想把他们……

对啦,还忘了一点!(信写得很匆忙,请多多原谅!)——已同布赫霍尔茨谈过,他拒绝了,直截了当地拒绝了。他只作我们的中介人,不管你同意不同意!

紧握您的手,并向您全家问好!

　　　　　　　　　　　　　　　　您的　**彼得罗夫**

---

① 亚·尼·波特列索夫。——编者注

扎戈尔斯卡娅现在已经到了。明天我会见到她。

从慕尼黑发往苏黎世

载于 1925 年《列宁文集》俄文版
第 3 卷

译自《列宁全集》俄文第 5 版
第 46 卷第 50—51 页

24

致帕·波·阿克雪里罗得

10 月 19 日

亲爱的帕·波·：对昨天那封信我要补充几句，免得您去回答那已经解决的问题。

刚才我们收到了巴黎人的来信，因此，我昨天给您的信中所说的不完全明白的那回事①立刻就明白了，明白了您为什么警告我们要"灵巧像蛇"（说起来容易！）并且避开"侨民"93。他们信中的那种腔调正是对您的意见的一个很好的说明，现在我完全明白您的意思了。

　　　　　　　　　　您的　　**彼得罗夫**

从慕尼黑发往苏黎世

载于 1925 年《列宁文集》俄文版
第 3 卷

译自《列宁全集》俄文第 5 版
第 46 卷第 51—52 页

---

① 见上一号文献。——编者注

25

致帕·波·阿克雪里罗得

1900 年 10 月 21 日

亲爱的帕·波·:昨天才见到扎戈尔斯卡娅,她把您托她带来的东西交给我了。

那篇文章(关于李卜克内西的)一抄好就请寄来。从扎戈尔斯卡娅的话里,我无法准确地知道文章究竟有多长,但是问题不在长短,我们总可以给您的文章腾出地方,而且不论什么时候都乐意这样做。

至于那位巴黎人,过一个月她要到俄国南方去,并且希望给她介绍一下。我想,最好这样办:把她介绍给姐姐,姐姐现在还在巴黎,至少还要在那里待三个星期左右。如果您同意这样做,请把这位巴黎人的姓名和地址告诉我,还请用您的名义随便写个同她接头的便条(如果需要的话),寄给我或姐姐(巴黎 格拉斯耶尔街103 号卢卡舍维奇小姐交布兰克)。

听说您把靠垫和英国杂志寄来了。写的是什么地址? 如果是留局待领,那写的是谁的名字? 扎戈尔斯卡娅没法回答这一点。

紧紧握手!

您的　**彼得罗夫**

附言:寄上一份我们的声明,是给美国的[94]。我们**不想在此地散发**,至少在俄国没有大量散发以前(还没有接到俄国关于这个问题的消息),我们决不这样做。因此,目前我们只想把声明寄给您和格·瓦·，可是如果您认为**必须**寄往美国而不必等俄国的消息，那您当然也可以寄去。

　　　　　　　　　您的　**彼得罗夫**

从慕尼黑发往苏黎世

载于 1925 年《列宁文集》俄文版
第 3 卷

译自《列宁全集》俄文第 5 版
第 46 卷第 52—53 页

26

致阿·亚·雅库波娃

10 月 26 日

　　昨天收到您 10 月 24 日的来信。依照您的请求，我马上回答您。

　　我现在不能把信转去，因为按我现有的地址，我不能用夹带的方法，而只能用化学方法写信，但是我没有时间用这种方法把信转抄一遍。昨天我已把信的要点写信告诉了收信人[95]，希望不久就把信的全文通知他。或者您把信用化学方法抄在未装订的书里，那我就可以马上寄去。

　　我将把地址通知姐姐，因为她 9 月间没在巴黎，所以你们未必能同时在那里。我想您已按照我给您的地址给她写过一封短信了。

　　现在来谈正事。

　　您的来信给了我一个奇怪的印象。除了通知地址和叫我转交东西以外，信里就只剩下了责备，——实际上纯粹是不加任何解释的责备。您的这种责备几乎到了挖苦人的程度（"您认为这样做是有利于俄国工人运动呢,还是有利于普列汉诺夫?"),不过,我当然不打算和您互相挖苦。

您责备我"劝阻了"他。[96]您把我的话表达得极不确切。我记得很清楚,我并没有写得这样绝对和肯定。我写道:"目前我们难于提出意见。"也就是说,我们必须预先把事情弄清楚,才能作出决定。应该弄清楚什么,我的信里说得很明白:我们必须完全弄清楚《工人思想报》是否真正有了"转变"(像通知我们的那样,像我们有权根据你们建议普列汉诺夫参加这一点所推论的那样)和究竟是怎样的转变。

对于这个基本的和主要的问题,您却只字未提。

我们认为《工人思想报》是一个同我们有严重分歧的特殊派别的机关报,这您是早就知道的。几个月以前,我和您的那封重要信件的收信人就直截了当地拒绝参加这个派别的机关报工作;很明显,既然我们自己都这样做,自然我们不能不建议别人也这样做。

但是,《工人思想报》"转变"的消息使我们很"为难"。**真的**转变了就能大大地改变事情的面貌。因此,很自然,我在信中**首先**就希望了解**转变**的详细情况,而您对这一点却只字未提。

也许是您认为在您给朋友[97]的信中已经答复了我提出的关于转变的问题?也许是您认为,既然给普列汉诺夫的信是您代表《工人思想报》编辑部写的,您给朋友的信也可看做是编辑部的看法的正确反映? 如果是**这样**,那么我就要作出这样的结论:一点转变也没有。如果我错了,请指出我的错误。前几天,又有一位普列汉诺夫的积极支持者来信谈到《工人思想报》的转变。但是,在我同您通信的情况下,没有得到您的证实,我当然不会听信这些有关转变的"传闻"。

我还是马上坦白地说了吧(尽管有惹起新的责备的危险)。我完全支持我的朋友(您写信给他的那个人),我也同意他的这种说法：如果没有转变，"我们不得不和你们斗争"，假若有，就必须认真地弄清楚，究竟是怎样的转变。

您给朋友的信上说："如果问心无愧，就请斗争吧！"他自己当然会回答您，但是我也以个人的名义请求允许我回答这一点。既然事情已经发展到在最基本的问题上产生了分歧，互不了解、互不信任、互不协调（我说的**不只是**《工人思想报》；我说的**主要不是**在这里，而是在家里所看到和听到的一切）的气氛已经形成，既然在这个基础上**已经出现了**一系列的"分裂"，——进行斗争就完全问心无愧。为了摆脱这种令人难受的郁闷的气氛，可以（而且应该）欢迎一场猛烈的风暴，而不仅仅是一场笔战。

用不着那样特别害怕斗争：斗争可能激怒某些**人**，但它却能够澄清空气，确切地直接地确定关系，——确定哪些分歧是主要的，哪些是次要的，哪些是真正走完全另外一条道路的人，哪些是在细节上有分歧的党内同志。

您来信说，《工人思想报》犯了错误。当然，我们所有的人都会犯错误。但是，不经过斗争怎样能把这些局部的错误同在《工人思想报》上显露出来的、在《信条》中达到极点的**倾向**分别开来。① 没

---

① **附注**：例如，在您给朋友的信中就有误解和"经济主义的"倾向。您强调必须进行经济斗争，必须善于利用合法团体，需要听各方面的反应，不应背向社会等等，这都是对的。这一切都是合理的和正确的。如果您认为革命者的看法相反，那是误解。革命者只是说，必须尽一切努力，使合法团体等不要**把**工人运动同社会民主主义运动和革命的政治斗争**分开**，相反，要尽量紧密地把它们联结在一起。在您的信中，不仅没有使它们联结在一起的意图，反而有使它们分开的意图，也就是说，其中包含着"经济主义"或"伯恩施坦主义"，例如：《工人思想报》第一次提出了俄国现实的工人问题"这一声明，关于立法斗争的议论等，就是如此。

如果我引用您给朋友的信使您不高兴，就请原谅，我不过是想说明我的想法罢了。

有斗争，就不可能把情况弄清楚，不把情况弄清楚，就不可能顺利前进，就不可能有**巩固的统一**。目前正在进行斗争的人决不是在**破坏统一**。统一已经没有了，它已经被破坏了，被全面地破坏了。俄国的马克思主义和俄国的社会民主主义运动是支离破碎的建筑物，公开的、直接的斗争是**恢复统一**的一个必要条件。

是的，要**恢复统一**！但是如果我们把"经济主义的"文件像不可告人的疾病那样对同志们隐瞒起来，如果我们抱怨公布在社会民主主义旗号下宣传的观点，那么这种"统一"就是分文不值的，这种"统一"就真正是虚假的，它只能加重病情，使它转为恶性的痼疾。而公开的、直接的、正直的斗争却能治愈这种疾病，能建立起真正统一的、朝气蓬勃的和强有力的社会民主党，对此我丝毫也不怀疑。

恰好在**给您**的信里不得不常常谈到斗争（笔头上的），这也许很不合适。但是我认为，我们昔日的友谊使我不能不采取这种**完全直率**的态度。

握手！

彼得罗夫

附言：两星期后我的地址将改为：纽伦堡　新巷　雪茄烟店菲力浦·勒格纳先生（只为寄信用，并且还是要用两个信封）。请您在信中不要写任何父名和本名的首字母，——天知道，这里的邮局是否完全可靠。

从慕尼黑发往伦敦

载于 1930 年《列宁文集》俄文版
第 13 卷

译自《列宁全集》俄文第 5 版
第 46 卷第 53—57 页

27

致阿·亚·雅库波娃①

（10 月 26 日）

　　就在您给朋友的信中,我也清楚地看到两种倾向:一种倾向是完全合理地强调需要进行经济斗争,也应当善于利用工人的合法团体,必须"对工人的日常迫切需要作出种种反应"等等。这一切都是合理的和正确的。如果您以为革命者"对合法团体持否定态度",他们对合法团体"深恶痛绝",他们"背向社会"等等,那是误解。革命者也承认必须进行经济斗争,对日常的迫切需要也必须作出反应,还必须善于学会利用合法团体。革命者不仅在任何地方、任何时候都没有**主张**背向社会,而是相反,强调社会民主党必须**站在**社会运动的**前列**并在革命的社会民主党的领导下,把所有民主主义分子联合起来。然而,必须注意的是,使合法团体和纯经济的组织**不要把**工人运动同社会民主主义运动和革命的政治斗争**分开**,相反,**要尽量紧密地把它们联结在一起**。而在您的信中,也有这样的另一种(有害的,根据我的看法是极端反动的)倾向,即**把工人运动同社会民主主义运动和革命的政治斗争分开**的倾向,——把政治任务撇在一边,用"立法斗争"的概念代替"政治斗争"的概念等等②。

---

　　① 这是信的一部分的异文。——俄文版编者注
　　② 关于这一点,见上一号文献(第59页附注)。——编者注

如何划清健康的、有益的倾向与有害的倾向之间的界限呢？局限于口头上的争论是不行的，这一点，对您这样一位已经尝到过"国外会议"滋味的人，我认为是用不着解释的。在通信中和讨论会上反正早已对问题展开争论，害怕在报刊上分析探讨，岂不可笑吗？为什么在会议上争论和写信是可以的，而在刊物上澄清争论的问题却是一种"最恶劣的行径，只能〈???〉使仇者快"呢？这一点我不懂。只有在报刊上进行论战，才能准确地划清我所说的那条界限，因为个别人在这方面往往难免要走极端。当然，在报刊上进行斗争，会招致新的埋怨，引来不少打击，但我们可不是那种害怕打击的脆弱的人！希望不受打击的斗争，希望没有斗争的分歧，那是幼稚天真的想法；如果斗争是**公开**进行的话，那么，它要比国外和俄国国内的"古巴廖夫作风"**98**强一百倍，我再说一遍，它将快一百倍地促成巩固的**统一**。

载于1930年《列宁文集》俄文版第13卷   译自《列宁全集》俄文第5版第46卷第57—58页

28

致维·巴·诺根

1900年11月2日

亲爱的诺沃谢洛夫：请原谅，您10月17日的来信，我迟迟未复，真不像话，都是被这里的"小"事和琐碎工作缠住了，再说，也在等阿列克谢的回信。等回信是必要的，为的是弄清关于我们编辑部的声明的问题。阿列克谢决定暂时不散发声明。因此,我给您寄去一份,**请您务必**保守秘密,不要给**任何人**看(也许只有您在信中提到的您那位全权代表圣彼得堡社的密友[99]除外),千万不要交到别人手中。我们本来就决定在俄国还没有散发这个东西之前不在国外散发,既然阿列克谢在那里也把它暂时藏起来,那我们在这里特别重要的就是不要把它散发出去。由于您参加我们的工作,同我们关系密切,我决定破例给您一份。读的时候请注意,我们原来要出版报纸和**杂志**(或**文集**),但是由于某种同杂志出版计划有关的特殊原因[100],声明中没有提杂志。因此,声明中某些地方**不仅**是对报纸而言的。

您和您的朋友对声明的印象如何,请来信告知。

“工人旗帜”社的成员(是您谈到他们的吗?)想要出版哪一类“鼓动杂志”? 什么性质? 都有哪些撰稿人?

至于运到俄国去要通过国境线的问题,我想总是容易解决的,因为我们同几个负责运送的小组有联系,此外,不久以前有人答应过(从各方面看,是可靠的)我们小组的一个人,说他们能护送任何没有护照的人进入俄国。我想这方面很好办。

至于俄国护照,情况不很妙。暂时还毫无结果,“前途”不得而知,也许春天以前可以办妥。

我大概还要在此地待相当长的一个时期,因此,我们通信没有什么不方便。

您问我们想请您担负什么工作,我认为对于我们特别重要的将是(春天或秋天,您打算动身的时候)这些工作:(1)把书刊运过国境线;(2)在俄国分送;(3)组织工人小组来散发报纸和了解情况等等。总之,就是组织报纸的散发工作并使报纸同各委员会和小组建立密切的正常联系。我们对您的合作寄予很大的希望,特别是在同各地工人建立直接联系方面。您喜欢做这样的工作吗?您不讨厌东奔西跑吗?做这种工作大概经常要在外面跑。

您的朋友能全权代表的那个圣彼得堡社现在还存在吗?如果存在,他能不能告诉我们在彼得堡的接头地点和暗号,好让我们把声明寄给他们。他们同一般工人,特别是同"圣彼得堡工人组织"[101]有没有联系?

紧握您的手!希望您尽快地、较容易地度过在国外的隔离生活。

您的   **彼得罗夫**

附言:我写的地址对吗?

收到此信后请来信。

从慕尼黑发往伦敦

载于1928年《列宁文集》俄文版
第8卷

译自《列宁全集》俄文第5版
第46卷第58—60页

29

致帕·波·阿克雪里罗得

11月3日

亲爱的帕·波·:昨天收到您的来信,今天就给姐姐寄去了便函。给维·伊·的信尚未转交。

为了不忘记：请告诉我，您寄靠垫和英文书来的时候，写的是**谁的名字**。**我一直还没有收到这些东西**。如果是留局待领，又是怎样写的，只写留局待领或交车站邮政分局待领，还是别的？维·伊·无法给我回答，因此我总在等您的信，但信中对这件事只字未提。不知道写的是谁的名字，也就无法查询。请您让维拉·巴甫洛夫娜给我简短地写一下。原谅我老是拿这些小事情来麻烦您。

那篇关于李卜克内西的文章，我们真不知道怎么办才好。从您那篇文章的长短来看，**给杂志用**合适：据维·伊·说，按《前夕》杂志[102]上的那种小号字（即每页将近 8 000 个字母）来算，8页就有 64 000 个字母了，即使按《前夕》杂志上的大号字来算，**也将近有 50 000 个字母**！我们的报纸版面同《前进报》的版面一样大，也分 3 栏。每栏约 6 000 个字母，就是说，您的**半篇**文章就要占报纸一整版再加一栏！这对报纸来说是非常为难的，更不用说把您关于李卜克内西这样的文章分开来登是多么不妥当了。

收到您的文章时，我还要更准确地通盘算一算。我们要想尽一切办法在报纸上刊登，如果登不下，您是否容许我们把它印成小册子作为报纸的附刊（如果您给杂志另写关于李卜克内西的文章的话）？现在正在排印小册子《哈尔科夫的五月》（50 000个字母），其次排印报纸，然后才是您的关于李卜克内西的小册子，如有必要，报纸可刊登根据小册子编写的悼念文章。您的意见怎样？

再说一遍：所有这一切仅仅是初步的想法，必须准确地算一算，等您的文章寄来，算好之后我立刻写信告诉您。

　　紧紧握手! 切望您尽快完全恢复健康。热切地向您全家问好!

您的　**彼得罗夫**

从慕尼黑发往苏黎世

载于1925年《列宁文集》俄文版
第3卷

译自《列宁全集》俄文第5版
第46卷第60—61页

30

致帕·波·阿克雪里罗得

11月8日

　　亲爱的帕·波·:您5日的来信和文章[103]收到,非常感谢。看来改写花了您不少力气,给您带来了更多麻烦,因为压缩这种题目的文章,确是十分乏味的事情。您能亲自担负起这项工作,这在我们看来就更加难能可贵。请您原谅,我们不把那些文章寄给您看了,因为很遗憾,我们的"秘书"的家务太重了,抄写很困难。寄上《俄国无产阶级的新朋友》[104]一文,我们打算登在创刊号的小品文栏内。请提出您的意见,可以用铅笔写在稿子上,然后请寄给格·瓦—奇。

　　关于那些巴黎人,我们已决定坚持您所提出的策略,就是说,一方面是"不挑战",另一方面是"克制"。当然,他们对我们的克制是不满的,在不久前,我们已经(迫于需要)对他们的不满言论进行了反击,这使我们有点怕他们会"冷淡起来"(说有点怕是不妥当的,因为我们已经打定主意进行反击,哪怕这样做必然要引起决裂)。昨天收到了他们在巴黎建立的团体[105]的"秘书"的回答;根据这个回答看来,我们的反击并没有造成有害的后果,"一切都非常正常"。希望今后也会这样。今后大概要考虑一下您谈到的"章程"以及其他颇有意思的东西,这完全正确,但是您打算大概要过半年再开始,这也非常对。现在工作还没有"完全就绪",谈这些还为时过早,我们完全同意您的意见。

但是关于在这里开始公开活动的问题,我不能同意您的意见。说"合法活动的机会已经失去",这一点我还不能设想。我认为,**目前**这种机会还没有失去,而且可能还会延续几个月,在这段时间里许多问题可能会有些眉目。(兄弟已经到了俄国,目前一切平安无事。旅行家[106]目前也在一帆风顺地漫游着。)甚至在合法活动的机会彻底丧失的情况下,也可以找到有力的理由反对公开活动(例如回家)。因此,在头几号还没有出版,在我们大家(还有阿列克谢和兄弟)还没有聚在一起以前,我无论如何将继续隐蔽。如果工作能有进展,那时候可以立即改变这个决定,不过我先前对这里的条件所抱的"乐观态度",已经被"生活的平庸"大大动摇了。

关于杂志,大概很快就会弄清楚,我们是在这里搞,还是到其他国家去找避难所。一弄清楚,就通知您。

给美国写东西在我是非常不方便的,因为我一个人也不认识,也没有人认识我,反正必须请您帮忙,是否最好直接由您写一封信把声明寄去,说明这个声明是俄国的一个团体发表的,您同这个团体的关系如何,现在那个印刷所正在排印小册子《哈尔科夫的五月》,随后就要排印报纸,声明没有提杂志(或文集)是由于保密工作的技术性原因,在创刊号上准备(或已准备好)发表的有格·瓦·和您的以及考茨基的文章(《回忆录》——一篇很有意思的小文章,已经由维·伊·动手翻译)等等。我认为,您在信中提到的所有目的,通过您这封信,将会更加直接和更加完满地达到,由您把声明寄往美国,现在已经不会(我以为)引起令人担心的泄密,尤其是只寄去一份,供那里的协会书记在协会的会议上宣读。

　　紧紧握手!

　　　　　　　　　　　　　　您的　　彼得罗夫

附言:靠垫和书都收到了。

从慕尼黑发往苏黎世

载于 1925 年《列宁文集》俄文版
第 3 卷

译自《列宁全集》俄文第 5 版
第 46 卷第 62—64 页

31

致格·瓦·普列汉诺夫

11 月 9 日

　　亲爱的格奥尔吉·瓦连廷诺维奇:今天收到您的信。刚才已把几篇文章作为挂号印刷品寄给您,这几篇文章是:(1)普特曼的《发生了什么事情?》,(2)过来人的一篇,(3)德·柯尔佐夫的论巴黎代表大会[107]。

最后这篇文章,维·伊·认为根本不合用,我也完全同意她的看法,因为文章十分枯燥,根本不适于登在杂志上(何况关于米勒兰您还要写一篇文章[108]),而登在报纸上又嫌太长。该文共有22 000—27 000个字母,而报纸需要的是6 000—9 000个字母左右或略多一些的短文。因此,我们想是否可请拉柯夫斯基替报纸写一篇这样的短文章,而不发表柯尔佐夫的文章。我们决定把文章给您寄去,况且,您也已经准备答复拉柯夫斯基了。您认为怎样更恰当,就怎样处理——或者是不发表柯尔佐夫的文章,约拉柯夫斯基写一篇,或者是让柯尔佐夫在您的指导下把文章改写和压缩。我们想,您大概会选择前一种办法,如果是这样,那您当然可以对柯尔佐夫说这是我们的主意,而我们一接到您的回信,就可以自己给他去一封信。

寄上过来人的文章,是为了让您在原来画过的地方进行修饰和作某些修改。修改当然是可以的——每篇文章都请修改吧,或者用铅笔直接写在稿子上,或者写在另外的纸上。只要您愿意,关于修改的事以后可由我来同过来人通信商量,大概他不会固执己见的,如果他坚持,那就要讨论一下再作决定,或者原封不动地采用,或者不采用。只是我无论如何不能同意您要删掉对巴哈列夫的小册子的评语的建议,这主要不是因为这样做会使作者感到极大的不痛快,而是因为我也认为巴哈列夫的小册子是一本有益的书(虽然也有缺点),它提出了一个真正重要的问题,并且整个说来正确地解决了这个问题。过来人不仅追溯了过去,而且还谈到现在。如果说70年代的严肃的革命者不需要这种小册子,那么现在我们无疑是需要这种小册子的,因此我们决意要就这本小册子发表(可能在报纸上,但是不会在创刊号上)一篇批评性的然而是肯定的短评。卷到群众运动中来的完全是青年工人和青年知识分子，他们几乎完全忘记了或者根本不了解早年的情景和事情，而"老练的"革命者还没有组织起来，这就使得出版一些论述社会主义者行动准则的小册子成为十分必要。波兰人有这种小册子，内容看来比巴哈列夫的小册子要丰富得多。维拉·伊万诺夫娜同意不应当把关于巴哈列夫的评语删掉。在一定的条件下，在杂志上讨论一下这种小册子可能产生的影响问题（如果您认为有好处的话），也许不能说是不恰当的吧？

我们准备在杂志上而不是在报纸上发表过来人的文章。维拉·伊万诺夫娜说，我们的报纸按预计的读者水平来说，可能比您设想的要低。维拉·伊万诺夫娜对整个报纸的确相当不满，她说报纸是《工人事业》杂志型的，只不过语言比较合乎规范，读起来略微顺畅一些…… 我给帕维尔·波里索维奇寄去一篇文章，请他转寄给您。关于考茨基的决议案问题，要压缩和删节成适合报纸用的文章，是非常难办的，因此我们想在杂志上登载您针对这个问题写的文章或短评。或许您只打算谈很少很少的几个问题吧？看来，即使写一篇这方面的短评也要将近10个印刷页即将近20 000个字母吧？

关于索洛维约夫，说真的，我原来以为您是想写一篇短评。普特曼未必会承担下来，我将给他写封信，但希望不大。

关于十二月党人，维拉·伊万诺夫娜打算写一篇文章[109]，但是材料从哪儿来呢？我们马上就写信约人把可能弄到的东西寄来。也许您也可以提一下，要完成这项工作最重要的是掌握哪些材料？大概最重要的是历史杂志，而这些东西这里是弄不到的。

古列维奇在为杂志写一篇关于法国情况的长文，并且在为报纸写一篇关于全国代表大会的文章。关于国际代表大会,戈尔登达赫或纳哈姆基斯要写一篇文章,但是还没有动笔。

请把您的《社会主义与政治斗争》一文寄来(可以挂号印刷品寄到**列曼的原来地址**),我并不认为阿列克谢由于遭到同志的批评就不喜欢这篇文章,我记得他曾经对我说过,他承认帕维尔·波里索维奇反驳的意见是对的。

单张的稿子我们可以编上页码(如果没有编页码的话),排字工人未必会把它们弄丢,他们一直就是和这种单张的东西打交道,而且我们也是一直这样排印报纸的,但是从来还没丢过。关于"责任编辑"问题,大概明后天就可以得到解决,而且看来会很顺利(今天接到消息说两个人都同意了,明天会有重要消息),我们认为,无论如何少不了布柳缅费尔德的帮助(至少在最初),狄茨已同意接受他做排字工人,他会**把我们的工作搞起来**,并且教给德国人等等。一切都彻底弄清楚以后,我马上就给他去信或去电报。您的文章《再论……》①望尽快寄来,马上就要付排。

为了驳斥《工人思想报》(其实,只是驳斥《附刊》上的《我国的实际情况》一文),我在一年前写了一篇文章:《俄国社会民主党中的倒退倾向》②;现在他们把这篇文章寄到我这里来了,我想修改一下给杂志用,并补充一些驳斥《工人事业》杂志的内容。

我还没有完全弄明白,您所说的《工人思想报》的"最近一号"究竟指哪一号?该报最近一号是第8号——("从第5页起"由新编辑部编辑),上面附带刊载一个声明:**删去**《附刊》上论车尔尼雪夫斯基一文末尾所作的引人注意的**对比**。莫非您指的是这一

---

① 格·瓦·普列汉诺夫《再论社会主义与政治斗争》。——编者注
② 见本版全集第4卷第209—238页。——编者注

点吗？

　　我认为短评《荒谬到了什么地步？》**110** 是有用处的，虽然**现在**我怀疑《工人思想报》是不是真是"好战的"，因为他们毕竟是想"向我们"靠拢几步（请原谅我这样说），因此应当尽可能把他们看成是可以改正的。但是攻击当然还是**应当**攻击，不攻击他们就不会改正。不久前，我跟我的协会**111** 中的老同志韦特林斯卡娅通过信，告诉她我也赞成阿列克谢的说法："我们不得不和你们斗争"。韦特林斯卡娅回答阿列克谢说：如果问心无愧，就请斗争吧！我在信中说，我觉得完全问心无愧。①

　　还想和您谈谈阿列克谢的经济倾向和某些观点，只是时间已经太晚了，就简单谈几句吧。经济**倾向**当然在任何时候都是错误的，但是这种倾向毕竟时间还不长，而且**醉心于"经济"鼓动**的现象在这种倾向没有形成的时候就有过（**并且现在在某些地方还有**），这是80年代末和90年代初我们的运动**在俄国所处的**环境下**前进时**必然产生的合乎规律的派生现象。当时的环境非常坏，这一点您大概也是没有想到的，所以决不能责备那些为摆脱这种环境而几乎摔了跤的人。为了摆脱这种环境，产生某种狭隘观点原是必然的和合乎规律的，——**这在过去是这样**，但是当人们要把这种观点推崇为理论并且同伯恩施坦主义联系起来，情况当然就完全不同了。记得，您在1896年写的《新进攻》一文里，也承认醉心于"经济"鼓动和为"群众"运动服务的想法是很自然的，当时维尔纳的经济主义已经出现，而彼得堡的经济主义正在产生和成长。

---

　　① 见本卷第26号文献。——编者注

紧紧握手! 信写得很乱,请别见怪。

您的　**彼得罗夫**

从慕尼黑发往日内瓦

载于 1956 年《共产党人》杂志
第 16 期

译自《列宁全集》俄文第 5 版
第 46 卷第 64—68 页

32

致帕·波·阿克雪里罗得

11 月 16 日

　　亲爱的帕·波·:刚才收到了您对《迫切任务》这篇文章①的意见。非常感谢。您是不是认为这篇文章不通俗? 这篇文章是不是与其他文章有些不协调?

　　寄上《哈尔科夫的五月》小册子序言②(在给您的手稿上作了一些小修改)。请谈谈您对这篇文章的看法,不客气地用钢笔或铅笔把您的意见写在上面。

　　另将俄国寄来的关于圣彼得堡工人组织同"斗争协会"合并的文件[112]寄上。据说,彼得堡人对这件事非常热心,基辅似乎也已经通过了这个纲领。有必要就这个纲领写点东西。您有没有这样的兴致呢?(读完这个"文件"即兄弟说的"东西"之后,如果您不需要,请把它寄给格·瓦·。)

----

①　见本版全集第 4 卷第 333—338 页。——编者注

②　同上书,第 324—332 页。——编者注

我们终于找到了一个责任编辑，厄廷格尔总算答应在两期上署名，放弃了对"笔调"等等的所有要求，但是在这两期出版后，她要在报刊上发表声明，说她不同意其中的内容等等。可以预计，她是会按照这个条件去做的(她竭诚要求，一定不要在出书之前把这事告诉任何人)——在这个时间内，或者我们能够找到另外的人，或者另作安排。同厄廷格尔的商谈是我通过布赫霍尔茨的关系亲自进行的。这位布赫霍尔茨为了采取某些调和性质的步骤而**退出了协会**。关于这些步骤我以后会更详细地写信告诉您，不过，其中有意思的东西很少。

现在预计日内就能开始排字。

紧紧握手！

您的　**彼得罗夫**

从慕尼黑发往苏黎世

载于1925年《列宁文集》俄文版
第3卷

译自《列宁全集》俄文第5版
第46卷第68—69页

33

致帕·波·阿克雪里罗得

1900年11月19日

亲爱的帕·波·：11月17日的来信现已收到，我对您的意见感到莫大的兴趣。当然，我们一定要设法尽量多给您寄些文章，这样做从各方面来说，对出版物都是有好处的，更不用说您本身的兴趣了。只可惜我们那位秘书过于劳累，不过情况毕竟会迅速改变的,因为照顾小孩的问题将会有一个重大的改革[113]。

达涅维奇给报纸寄来了一篇关于法国全国代表大会的短评,约有12 000个字母,我不敢说这篇东西是不是完全合适。很可能,有了您的纪事,我们不要这篇东西也行,现在我们焦急地等待您的纪事。达涅维奇正在给杂志写一篇谈法国事态的长文章[114]。

附上的信是给罗劳的,我的同事给他写的是我们那件有关"茶叶"的事,因为我们猜想,我的通讯员斯库比克不在城里。[115]费神把这封信交给罗劳并请他立刻给我们回信(对不起,给您添麻烦了,我想,您也可以委托古列维奇去办这件事)。如果罗劳不在城里,那就请您读一下给他的这封信,把信的内容告诉斯库比克的妻子也行,问题是我们要尽快得到肯定的答复,如果罗劳和斯库比克都不在,那您只好亲自找他们这批人中间的哪一个谈一谈,别无他法。

至于柳·阿克雪里罗得的文章,我完全同意您的意见,应该先把它寄给格·瓦·。

紧紧握手! 信写得太匆忙,请原谅。

您的　彼得罗夫

从慕尼黑发往苏黎世

载于1925年《列宁文集》俄文版
第3卷

译自《列宁全集》俄文第5版
第46卷第69—70页

34

致帕·波·阿克雪里罗得

1900 年 11 月 26 日

亲爱的帕·波·：

现在我们大家的朋友[116]来信了，他说一切都安排就绪。工作终于要"扎实地"开始了！他恳请您把努斯佩尔利（或胡斯佩尔利？不清楚，但您当然是知道的）的护照①尽快地寄出（给我）。

明天，11 月 27 日，他将开始排字，因此可以预计，约两星期以后（或稍多一些时候），一切都会准备就绪。因此，很重要的一点就是，一星期后全部材料都要收齐，其中也包括您的国外纪事。希望这个期限不致使您打断其他工作，大概您剩下的也不多了吧。维·伊·今天写了信给格·瓦·，让他催一下写巴黎代表大会文章的作者[117]。当然，在收到他的文章之前，您也完全可以提他的文章（如果您要这样做的话）。

紧紧握手并祝身体健康！

您的　彼得罗夫

附言：今天给狄茨寄去了手稿（格·瓦·的）[118]。想必那里的

---

① 他写道："我在这儿申请后立即把它寄回。"

工作也在积极进行。再见！

从慕尼黑发往苏黎世

载于1925年《列宁文集》俄文版
第3卷

译自《列宁全集》俄文第5版
第46卷第70—71页

35

致帕·波·阿克雪里罗得

1900年12月7日

亲爱的帕·波·：因为身体不太好，未能在给巴伊诺娃的信中回答您的问题，请原谅。但现在，同维·伊·商量之后，看到情况十分严重：国外纪事一栏非有不可，报纸的第一印张已付印，第二印张除纪事一栏外也已准备就绪。纪事一栏篇幅预定26 000个字母左右①。不得已时将抽掉其他稿子。

因此，请您将现有的和可寄的文章**马上寄来**。急等回音。

地址是：

慕尼黑　凯撒街53.0号

格奥尔格·里特迈耶尔先生（内写：转迈耶尔）。

紧紧握手！

您的　彼得罗夫

这样一再麻烦您，很抱歉。但有什么办法呢？希望您像处理

---

① 包括拉柯夫斯基写的那篇约10 000个字母的文章在内。

关于李卜克内西的文章那样,也把这件事处理一下。

从慕尼黑发往苏黎世

载于1925年《列宁文集》俄文版
第3卷

译自《列宁全集》俄文第5版
第46卷第71—72页

36

致帕·波·阿克雪里罗得

12月11日

亲爱的帕·波·:

您这样快就寄来了关于分裂的短评的意见[119],非常感谢。我按您的意见作了修改,只是不能把有关《工人事业》杂志的功绩的话完全删去,我觉得那样对我们的反对者是不公平的,这些人对于社会民主党并非只有过失可言。

波列塔耶夫告诉了我一个使我非常高兴的消息,说您现在可以少管些酸牛奶的事并且有可能到我们这儿来住一住。这真是太好了! 安置方面,我想不会有什么困难,可以找到按周计租的房间。瑞士公民的身份证您是有的。我一直在等(说一直在等是因为老也没等来)两位朋友快点来。阿列克谢说"非常想来",但各种原因使他要拖延一些时候。另一位朋友不知为什么很久没有来信,但是我并不认为发生了什么不妙的事。他们来的时候,大概《火星报》(过一两个星期)和《曙光》杂志都要出版了(狄茨雇了第二个排字工人,又来催我们、逼我们了。顺便问一下,您有没有什么东西可以给这期杂志?①);等运送(唉,是个困难问题!)和材料问题都有了些眉目,最好能开一个全体会议。我非常希望能这样。

小阿德勒的文章**120**怎样了?他写了没有?什么时候写好?请您写信去催催他,如果通信给您添麻烦,如果慕尼黑—苏黎世—维也纳这样来回转一圈会造成时间上的很大浪费,那就请您把列曼的地址(慕尼黑　加贝尔斯贝格尔街**20a号**医学博士卡尔·列曼先生。在里面的信封上写转迈耶尔)告诉他,而把他的地址告诉我们,这样我们也可以去问他了。

《曙光》杂志我们想给国内印1 000份,给国外印500份。

极盼把纪事寄来,还盼能见面!

您的　彼得罗夫

转古列维奇:

请费心办一件事:在苏黎世搞到一个适当的地址,即中转地址,使叶菲莫夫(狄茨的排字工人)可以同日内瓦通信。能搞到的话,请尽快告知,总之立等回信,一两句话也好。

紧紧握手并向维拉·巴甫洛夫娜问好!

您的　彼得罗夫

从慕尼黑发往苏黎世

载于1925年《列宁文集》俄文版
第3卷

译自《列宁全集》俄文第5版
　第46卷第72—73页

---

① 或许把您写的关于李卜克内西的文章中被报纸删掉的某些东西整理出来。

37

致帕·波·阿克雪里罗得

1900 年 12 月 14 日深夜 12 时

亲爱的帕·波·:请原谅,我真不该发电报打扰您。早上还没有接到文章,我想准是出了什么事(收到您昨天的电报以后),特别是印刷所来信催得很紧,因此决定发电报问一问。但是过了几个小时您的文章就来了! 我赶紧通知您,因为您要我一收到文章马上就告诉您。再一次请原谅我给您发电报。

我非常非常高兴,我们不久就要见面了;"兄弟"大概也在这几天来,——两三个星期以后,也许阿列克谢也会来。

巴黎方面仍旧没有寄来有关国际代表大会的文章——今天发去了电报。

也许在报纸出版以前,我得去一段时间,以便调整一些小东西(我们多算了好几千个字母,现在要删去许多东西!),但这只要花三四天的工夫。

请来信告诉我,给您租房子呢,还是最好只先看一看。我向维·伊·了解一下您的要求,就开始去找。

我很疲倦,又得赶写此信,因此写得很简短,请原谅。

紧紧握手!

您的　**彼得罗夫**

从慕尼黑发往苏黎世

载于 1925 年《列宁文集》俄文版
第 3 卷

译自《列宁全集》俄文第 5 版
第 46 卷第 74 页

38

致帕·波·阿克雪里罗得

1900年12月24日

亲爱的帕·波·:

昨天我刚从外地办事回来[121]就收到了您的信。报纸应该今天印好,我一拿到就给您寄去,如果您自己还没有来的话。

兄弟今晚将到。

阿列克谢在俄历12月20日以后才能抽身到这里来。

校样**无论如何**没法寄给您,——连我自己也没有弄到。为了调整第8版,还得跑一趟。尽管多么令人不愉快,您的文章[122]还得分期刊登,后一部分只好放到下一期去了,否则,由于用大号字而不用小号字排版(由于技术原因),必要的东西就登不下了。

那么,瓦西里耶夫和阿德勒什么也没寄来吗?您的信中没有提到阿德勒。

杂志的工作有进展:格·瓦·寄来了论司徒卢威的文章[123]——总共收到了6篇文章。

紧紧握手!衷心希望您的流行性感冒早日痊愈,今年这种病到处流行。

您的 **彼得罗夫**

附言:刚才从古列维奇的信中知道,您收到了关于奥地利的文章。这太好了。您那里有确实好的翻译吗?如果没有,请把文章寄来,由我们这里译。

致古列维奇

谢谢您把消息告诉我。当然,我想知道那位里加同志的详细情况:他希望担任和能够担任哪一类工作? 他有多少空闲时间,费用有保障吗? 等等。

请转告斯库比克,我已收到他的信,因为不在家,所以没有回信,而现在只能告诉他,**我们的人已经在"那里"**,地址也有,因此,我同斯库比克通信中谈的问题已解决了。

紧紧握手!

彼得罗夫

从慕尼黑发往苏黎世

载于1925年《列宁文集》俄文版
第3卷

译自《列宁全集》俄文第5版
第46卷第74—75页

1901 年

39

致维·巴·诺根

1901 年 1 月 3 日

亲爱的同志：您寄来的小册子《革命和反革命》[124]已经收到，非常感谢。关于运送，目前我们还不能承担任何固定的义务。路线我们正在安排，看来，会安排好的，但是，究竟效果怎样，还不能肯定。大概顶多过两三个星期就能给您完全肯定的答复，如果可能的话，我们很乐意把您的小册子运过去。我们一点也不了解麦克斯·缅库斯的情况，因此没有通过他来办事。您的信件和通讯稿都已收到。有几篇已经给报纸用了。顺便提一下，创刊号日内就要出版，到时候我会寄给您的。不久，我们的波尔塔瓦之友就要到这里来。祝一切都好！对了，还有一件事——《工人旗帜报》的一个成员，知道我们有考茨基的《伯恩施坦与社会民主党的纲领》一书的现成译稿[125]，在国内向我们小组的一位同志提过要把它出版。但是我们想用我们的名义自己出版。因此，不知道他们会不会同意给我们出版该书的经费，哪怕给一部分。请告诉我，您有没有可能并且是否愿意负责就这个问题同他们联系一下。

您的   彼得罗夫①

我们想很快就登海德门的文章,并加注:"该文原稿是我们**通过圣彼得堡《工人旗帜报》的一个成员**得到的。"**126** 如果您对用黑体标出的地方有什么意见,请立刻告诉我们。

紧紧握手!

彼得罗夫

从慕尼黑发往伦敦

载于1928年《列宁文集》俄文版
第8卷

译自《列宁全集》俄文第5版
第46卷第76—77页

40

致维·巴·诺根

1901年1月24日

亲爱的同志:

收到了您那封谈到护照的信,我已经给我的朋友(此地的)去信了,在这方面,我也许能从他那里得到帮助,现在我正在等他的回信。我想,外国护照(进入俄国国境用)可以得到(保加利亚的或德国的),至于俄国护照,即使只是一份没有填写的空白护照本,也

---

①   有人在下面写上:"地址:纽伦堡   新巷   雪茄烟店   菲力浦·勒格纳先生"。——俄文版编者注

不能指望。当然，也许可以弄到，不过我还是劝您马上想办法去弄张外国护照，否则就有两头落空的危险。俄国护照如果能够弄到，那也等到了俄国再解决较好。

如果在注中不提《工人旗帜报》，您能不能想出其他的说法呢？譬如说从（通过）一位1897年在圣彼得堡工作的《工人旗帜报》的成员那里得到，或者类似的说法。我认为，最好还是说明一下这篇文章是从谁那里得到的，当然，如果您有不同的意见，我们在发表文章时也可以根本不提文章是从谁那里得到的。

有人把那位（在一个相当偏僻的省份）建议出版考茨基著作译本的彼得堡人的姓告诉我了。我不敢在邮件上写出他的姓，——不过，我可以用下面的办法告诉您这个姓：请把阿列克谢的名字、父名（按俄国格式）和姓写出来，并请将这所有23个字母依次以数字标明。这位彼得堡人的姓就是由以下这些字母组成的：第6、22、11、22（用字母表中该字母的下一个字母来代替它）、5、10、13个字母。[127]

关于出售小册子《革命和反革命》的问题，我们将征求那些同我们有联系的国外组织的意见。

现在我们的全部问题都在于运送工作，这是一件新的工作，因而需要大量的钱。因此，关于资助造假护照的事，在还不知道造假护照需要多少钱和有多大把握以前，我们不能肯定地答复您，至于为此所必需的其余的一切（除钱以外）都是具备的。阿列克谢早在春天（确实如此！）就把钱交给了一个有影响的组织去买（他们答应了的）空白护照本，但是直到现在还毫无结果。

您是否同意不久以后担任固定的运送职务，即住在国境线附近，经常来回跑跑，同走私者取得联系等等？您懂不懂德文和除俄文以外其他的什么外文?①

　　紧紧握手!

您的　彼得罗夫

报纸寄上:除了您的朋友以外,请不要给任何人看,并且把您的意见告诉我。第2号正在付印。

　　来信请寄:

　　　　慕尼黑　凯撒街53　I号

　　　　格奥尔格·里特迈耶尔先生

(如果是用俄文写的信,不必写转交。)

从慕尼黑发往伦敦

载于1928年《列宁文集》俄文版
第8卷

译自《列宁全集》俄文第5版
第46卷第77—79页

41

致格·瓦·普列汉诺夫

1901年1月30日

　　亲爱的格·瓦·:我刚结束了和犹大的"最后"谈判[128]回来,就收到您的来信。事情已经谈妥,不过我非常不满意这样的安排。趁记忆犹新,我赶紧写信给您。

---

① 您心目中有没有一位能干这个工作并且懂得依地文的同志? 还有:有没有一个十分可靠的排字工人同志?

关于"民主反对派"的提法,犹大没有争论;他不是浪漫主义者,用话吓不倒他。至于"第7条"(《火星报》利用《时评》的材料),他却狡猾地欺骗了我们的所有的人(包括帕·波·在内),他们都起来拥护他,反对我。您要知道,犹大预料《火星报》将会成为销路更广的更加是"工人自己的"报纸;他认为,我们自由利用《时评》的材料会造成和他竞争的局面······ 他提出,《火星报》必须**取得**《时评》代表的**同意**,才能利用它的材料,——只有无法和这位代表取得联系时,才无须征求他的同意,——显然,这种情况是很少有的,因为犹大直率地说过,他主张让代表或者住在国外("离慕尼黑不超过12小时路程"),或者极准时地通信。他想要**每月**出版**5**印张——也就是大约20万个字母,——刚好等于《火星报》2印张的容量。至于他能否**提供**这么多材料,这点无须怀疑,因为他有充分保障,他写了很多东西,他有广泛的联系。显然,他要竞争的对象与其说是《曙光》杂志,倒不如说是《火星报》,因为《火星报》同样是政治性材料占多数的报纸性质的刊物,刊登时事**述评**、短文(犹大很知轻重,他认为经常出版载有短文的小册子具有重大意义)。他们将把这类材料压在我们头上,使我们为执行犹大的使命而奔走;犹大将凭他在《时评》中左右一切的地位(显然他将是《时评》的主人、全权的主人,因为他有钱,有99%的材料,而我们只能偶尔提供一点材料)来干他美妙的自由主义的营生,不仅想把有分量的《曙光》杂志排挤掉,而且还想把《火星报》排挤掉。我们东奔西跑,忙忙碌碌,又要校对,又要运送,结果使犹大大人成为最有影响的(在广大的所谓"舆论"界)杂志的总编辑。对这些虔诚的信仰者,可以给予"浪漫主义的"安慰:就让他们把《时评》叫做《社会民主党〈曙光〉杂志附刊》吧,就让他们用一些空话来安慰自己吧,我现在却要把最主要的东西抓到手里。试问,在这种情况下社会民主党的赫赫有名的"领导权"不是完全成了假话了吗?除了《社会民主党杂志附刊》这样一个称号外,"领导权"还体现在什么地方呢?他的材料无疑会把我们压得喘不过气来,使我们连给《曙光》杂志和《火星报》写文章的时间都没有。

二者必居其一:要么是《时评》作为《曙光》**杂志**的**附刊**(像谈妥的那样),那么它出版的次数就不应该比《曙光》杂志多,让《火星报》**完全**自由地选用它的材料;要么就是为了一碗红豆汤而出卖了自己的长子权[129],听任犹大花言巧语的愚弄。

我们只有依靠政治报纸(有学术刊物支持的),才能取得真正的领导权;要是有人蛮横无理地向我们说,我们报纸的政治栏不应同自由派先生们的政治报刊竞争,那么很明显,我们的作用就很微小了。

我把这封信另抄了一份,作为我的抗议和"保留意见"附在今天的会议《记录》上,我希望您也举起义旗[130]。宁肯决裂,也不要一方面高喊反对信条主义,一方面又实际上服从信条纲领。

如果多数人同意,我当然服从,不过要事先声明这件事与我无关。

从慕尼黑发往日内瓦

载于1925年《列宁文集》俄文版
第3卷

译自《列宁全集》俄文第5版
第46卷第79—81页

42

致"斗争"社

1901年2月3日

亲爱的同志们:

　　你们拒绝参加撰稿工作的信,使我们非常难受。我们给涅夫佐罗夫的信(信中附有专门给你们的《声明》①、《火星报》创刊号和梁赞诺夫文章的校样)和你们表示拒绝的信正好是同时寄发的。

　　你们由此可以看到,我们决没有排斥你们的意思。信发晚了,这的确是我们的过错,请你们原谅,但是请别忘记,我们为"关系不明确"而苦恼也不亚于你们。我们严格地遵守了我们几个人的决定:在俄国国内还没有散发报纸时,不在国外散发,只是对最亲密的人其中也包括你们作了例外。直到最近,我们还完全没有把握,不知报纸究竟能不能在俄国国内散发(就是现在也还不能**打包票**),——由于某些新的谈判(同自由派民主主义者——这暂且还是个**很大的秘密!**)而为这件事奔波,占去了我们的全部时间,因此,两星期左右以前作出的寄送《火星报》给你们的决定,没有按期执行。

　　我们的声明在俄国国内还没有散发,只是**给几个人看过**。

　　再说一遍,过去发生的事情决不是重视不够的结果,而是由于关系不明确和工作忙乱所致,这种状况我们自己至今还没有摆脱。如果由此产生的误会能够消除,而你们仍像过去那样对待我们的

---

① 指关于《火星报》出版的编辑部声明。——编者注

共同事业,那我们会非常高兴的。

　　致同志的敬礼!

彼得罗夫

从慕尼黑发往巴黎

载于1930年《列宁文集》俄文版
第13卷

译自《列宁全集》俄文第5版
第46卷第81—82页

43

致达·波·梁赞诺夫

1901年2月5日

　　亲爱的同志:您的文章我们已经看过校样,现在大概已经印好,因此已经不能再作修改。至于说到删节,那是我们作的。当然,对于作者的实质性的重要观点,事前如不征得他的同意,我们并不认为有权作任何改动。但这次所作的压缩,完全是出于编辑工作的技术性原因。任何一个编辑部都是不会放弃作这类压缩的权利的。我们完全相信,您自己也会承认,我们所作的压缩,既丝毫没有改变作者的思路,也丝毫没有改变作者论据的分量。我们非常希望您不要往坏处想,而能继续为我们撰稿,我们对这一点十分珍视。

　　我们在上次给你们的信中①曾经提到的同自由派的谈判已达成了协议。我们还准备出版一份《曙光》杂志的一般政治性附刊,我们的一部分时事材料也将刊登在这个附刊上。我们希望您的

---

① 见上一号文献。——编者注

社[131]也能对附刊给予协助。出版附刊的预告不久即可寄上。

关于基辅事件[132]，您是否听到什么消息？据说那里有18人被打死。请把您知道的情况告诉我们。

紧紧握手！

彼得罗夫

从慕尼黑发往巴黎

载于1930年《列宁文集》俄文版
第13卷

译自《列宁全集》俄文第5版
第46卷第82—83页

44

致维·巴·诺根

1901年2月5日

谢谢您的来信和对《火星报》所作的详细分析。您提出了详尽细致、持之有据的意见，同时指出了(在这种困难工作中不可避免的)缺点，这是难能可贵的，值得备加重视。您对《火星报》的关心，增强了我对我们将共同为这份报纸工作的期望。

说国内评论栏内容贫乏，我完全同意。第2号上这一栏要丰富些，但仍然显得贫乏。这是最难办好的专栏之一，只能逐步地把它办得令人满意。

您对几篇通讯的意见，依我看并不完全正确。与《工人思想报》第10号 顺便提一句，这号报纸我没有看到，请寄一份来 雷同，这并没有使我感到不安。

　　它证明我们同圣彼得堡联合会[133]也有联系，而这是非常好的。

　　您对关于危机的短评[134]中提出的"要慎重"的号召所作的解释，我看是不正确的和牵强附会的。从上下文可以清楚地看到，这只是对罢工提出了告诫，因为下面就接着说，罢工不是唯一的斗争手段，正是需要利用这艰难的时刻来采取其他的斗争手段：宣传（"作解释"）和鼓动（"为进行更坚决的——注意——斗争作准备"），所以我坚决反对把"要慎重"的号召与工人思想派的观点相提并论。对罢工"要慎重"和为进行更坚决的斗争作准备的劝告，是与《工人思想报》直接对立的。您对游行示威的意见完全正确，但是，第一，它恰恰符合"更坚决的斗争"这一更广泛的概念；第二，在缺乏直接理由和无法具体估计整个形势的情况下，把这一号召提得更具体、更明确看来是不妥当的。在第2号上，我们试图就一次罢工和《南方工人报》[135]的短评把问题说得更明确些。

　　您说国家的失业保险本是一种振奋人心的要求，这我不能同意。我怀疑这在原则上是否正确，因为在有阶级的国家里，失业保险除了是骗局之外不可能是别的东西。从策略上说，这在我们俄国尤其不妥，因为我们的国家喜欢各种"国家化"的实验，喜欢宣扬这类实验的"共同利益"；所以我们应该坚决地反对扩大现在的国家的职能，争取更大地发挥社会的主动精神。争取给失业者提供救济金和补助金——这是对的，但是争取"国家保险"——？

　　您指出那篇关于祖巴托夫的文章结尾不够完整，看来是正确的。[136]

　　关于十二月党人起义七十五周年——确实是个缺陷。[137]

―――――

如果您要的话,我能给您弄到一张保加利亚的护照。**请来信告知是否需要**,如果需要,请把特征告诉我。

我们的运送情况已有好转,也许,即使不另外找人帮忙,也能对付得了。

请将《工人思想报》,以及《往事》杂志[138]和伦敦的其他出版物寄来。我还想要一份"费边社"和其他社会主义书局出版物的目录。您认为订哪一种英国报纸好? 能否寄几份报纸来作为样品? 我曾订过《正义报》[139],但不满意。

您要4份《火星报》,现在没有。不久就会有的。顺便问一句,您要它干什么? 您可要注意,**无论如何不能**在国外传播。上次寄上的一份,**只供您和您的朋友**[140]看,总之,目前应严格保密。

紧紧握手!

彼得罗夫

还寄上我们的一本小册子[141]。目前也**只供您一个人看,要保密**。

请把您的印象都告诉我们。

您打算什么时候去俄国? 到那时我们一定得见见面。您能否顺路来这里待上个把星期?[142]您的工资和总的经济情况怎样?

再一次紧紧握手!

您的　**彼得罗夫**

从慕尼黑发往伦敦

载于1958年《苏共历史问题》杂志
第3期

译自《列宁全集》俄文第5版
第46卷第83—85页

45

致"斗争"社

1901年2月21日

亲爱的同志们:

　　你们坚持要"明确关系",这使我们很吃惊,我们深为抱歉,在这方面我们不能满足你们的要求。我们的工作还刚刚开始,机器刚慢慢开动起来,而它能不能正常运转,正取决于我们积极的普遍合作——但是忽然间,竟要放下急迫的工作,而去斤斤计较"明确关系"!我们认为,亲密无间的经常的合作(这已表现在你们寄来的两篇稿子上,我们希望今后仍能继续合作下去)就是一种很明确的关系了,这种关系显然使撰稿人有权代表出版物说话,吸收力量,建立联系,筹集经费,预约稿件等等。而这种吸收工作也自然会使被吸收者同编辑部接近起来,至于达成最后协议(关于某种事情或管理这个或那个部门,担任这个或那个职务),则要求编辑部同这些被吸收者直接打交道,——这当然也是由亲近的撰稿人同编辑部的关系的实质来决定的。

　　我们希望,我们的关系能从简单的合作形式逐渐变为合作机构,在这个合作机构里分设一定的部门,并定期举行全体编辑会议。

　　其次,我们当然决不否认,国外组织的工作要求(经过3—6个月)建立新的形式、机构、职能,在这方面,我们也是指靠你们的,但是,当《曙光》杂志和《火星报》还根本没有站稳脚跟的时候,我们不能立刻着手办这一切事情。

希望你们也设身处地考虑一下并同意这种看法,进一步"明确关系"现在还不可能。

握手!①

从慕尼黑发往巴黎

载于1930年《列宁文集》俄文版
第13卷

译自《列宁全集》俄文第5版
第46卷第86—87页

46

致维·巴·诺根

1901年2月21日

谢谢您寄来报纸。日内即可将《火星报》第2号给您寄去,仍须**绝对**保密。

您能否到《前夕》杂志去问一下。早在**10月**31日就已经(用卡·列曼博士的名义)把钱和三张邮票寄去,请他们寄报纸来,但到现在什么消息也没有!

反对把大学生送去当兵的抗议书抄件请即寄来。把它同《火星报》第2号上关于这一事件的文章**143**对照一下是很有意思的。

阿列克谢答应马上来。

您的　**彼得罗夫**

---

①　初稿是这样写的:"致同志的敬礼! **彼得罗夫**"。——俄文版编者注

因琐事缠身，信写得很简短，请原谅。

从慕尼黑发往伦敦

载于1928年《列宁文集》俄文版
第8卷

译自《列宁全集》俄文第5版
第46卷第87页

47

致帕·波·阿克雪里罗得

1901年2月27日

亲爱的帕·波·：您的两封信都收到了，意大利的来信已转交维·伊·。这封信的内容我还不知道，因为我是让布柳缅费尔德转交的。明天我和布柳缅费尔德一起动身：他取道维也纳，我则经维也纳到布拉格去办一件私事[144]。由于有约会和收拾行装，信写得很简短，请原谅。

狄茨有信来，说他**不刊印**声明（关于同自由派联合的声明），因为有危险（"联合"、结盟等等），他还说，一般说来秘密印刷所不是对我们更好一些吗?! 狄茨这个古怪的白痴的通知使我们非常惊讶。我们（临时）决定《曙光》杂志**暂时**不动（暂时!），——其余的在日内瓦刊印。

看来，同巴黎人的外交关系正在恢复。

莫洛托夫论财政的文章[145]**已经**写好了（给《火星报》第3号）。他还答应写国外评论。

《火星报》第3号的材料还嫌少了些。

犹大(牛犊)还没走。大概这几天内总会走的,谢天谢地。同他的关系"平安无事"。

祖国的来信谈的总是学潮的事。兄弟来信说他很快就要来了。

俄国国内还没有第2号①。

紧紧握手! 等我回来(过4—7天)并走上常轨后,当马上写信详告。

您的　彼得罗夫

从慕尼黑发往苏黎世

载于1925年《列宁文集》俄文版
第3卷

译自《列宁全集》俄文第5版
第46卷第88页

48

致帕·波·阿克雪里罗得

1901年3月11日

亲爱的帕·波·:今天收到您的来信(附有巴黎人的过分夸奖的评语抄件一份[146]),现在赶紧把另一份第2号②寄给您。我怎么没有注意到,给您寄去的那一份竟如此糟糕? 不过,当时我根本没有**挑选**的余地。

莱特伊仁的文章,在我看来不完全…… 不过,似乎还是可以

---

① 《火星报》第2号。——编者注
② 《火星报》第2号。——编者注

采用。大概其他人对这篇文章的反应要比我好些。

对绍埃尔我一点也不了解,准备去问问别人。

寄上我手头有的几号《世界政策》[147]。如果您每号都要的话,大概只好向那位又一次预先周到地印出自己地址的作者本人去要了。

《曙光》杂志的最后一个印张已经校好。不久……

阿列克谢打算写一篇关于 3 月 1 日事件[148]二十周年的文章。他是否写了,我不知道。我正在急切地等着他。

紧紧握手!

您的　　**彼得罗夫**

从慕尼黑发往苏黎世

载于 1925 年《列宁文集》俄文版
第 3 卷

译自《列宁全集》俄文第 5 版
第 46 卷第 89 页

49

致帕·波·阿克雪里罗得

1901 年 3 月 20 日

亲爱的帕·波·:您的所有来信都收到了;我已经把从大婶①的老朋友[149]那里得到的消息转告大婶了。您担心地址会有什么变动,这完全不必。我还住在那里,来信仍按下面地址:

慕尼黑　凯撒街 53/0 号　格奥尔格·里特迈耶尔先生。内

---

①　维·伊·查苏利奇。——编者注

写:转迈耶尔。

我的妻子还不会很快来到:星期日她才满期,然后,她还要到什么地方去一趟,所以在4月的下半月以前她未必会来到。就是她来了,还是可以把信写给里特迈耶尔,因为他能随时把信转给我,我也会及时把地址的变动通知他。

《曙光》杂志出现了伤脑筋的事。这位任性的狄茨老爷拒不采用编辑部送去的您的那篇文章,他害怕引用《火星报》的东西,说嗅到了"派别"气味等,并且借口说连倍倍尔和辛格尔(他的有限公司[150]的股东)也有点害怕等等。非常遗憾,我们不得不放弃您的文章,另登几句"告读者"的话。这种新的书报检查真可恶!连封面也遭了殃,甚至"几个俄国社会民主党人"的字样也被删掉了。[151]我们何时才能摆脱这些糟糕的同志的"监护"呢?!

牛犊(犹大)也有令人不愉快的事:他的朋友(=假想的钱袋子=金臭虫①)来了一封信,非常生气,说什么我寄**给**《**时评**》200(二百!)卢布,请您注意,这**不是**给你们的刊物的,而是给这个刊物的。我们大家都非常气愤,决定:(1)不发表关于联合的声明,(2)向牛犊和"朋友"提出**最后通牒**,如果不经常给**我们的**刊物拨款,我们就同他们断绝关系,(3)停止刊印维特记事[152]。

你看,我们不是又一次受了犹大的愚弄了吗??

可以自慰的只有一件事:《火星报》第2号顺利地运进了俄国国内,它得到了成功,信件大量涌来。天晓得俄国国内在干些什么:圣彼得堡、莫斯科、哈尔科夫、喀山爆发了游行示威;莫斯科已宣布戒严(顺便提一下,那里把我的妹妹和甚至从来什么也没有参

---

① "金臭虫"是茹柯夫斯基的笔名。——编者注

加过的姐夫都抓起来了!)，接着是血腥屠杀，监狱人满为患等等。

这几天，我们正等候动身前来的(终于出发了!)兄弟①和我们大家的朋友——顺利地(**迄今**)执行了一切委托的费尔德。

我们现在正在印五月传单②，下一步就是编《火星报》第 3 号，也可能同时编第 4 号——材料很多。

据说，《曙光》杂志将于星期六出版，出版后将从斯图加特直接寄给您。

我们的经济**十分**拮据。因此**暂时**一定要停止聘用人员(您打算聘用的那个运送工人)的任何开支。

紧紧握手!

您的   迈耶尔

从慕尼黑发往苏黎世

载于 1925 年《列宁文集》俄文版
第 3 卷

译自《列宁全集》俄文第 5 版
第 46 卷第 89—91 页

50

致费·伊·唐恩

1901 年 3 月 22 日

多谢您 3 月 2 日寄给里特迈耶尔的信。我们非常高兴，我们之间终于建立了通信联系(我在 **7 月** 15 日给您的信中就已经提到

---

① 尔·马尔托夫。——编者注
② 1901 年 4 月《火星报》刊印的传单《五一节》。——编者注

这点!!)。请把这种联系正常地保持下去吧。这样,在发生任何重要事情时,我们随时都知道会有信来的。您最近一次写的地址是一个较好的地址,请继续使用。

请筹集一些钱。我们现在几乎到了一文不名的地步,然而我们却万分需要得到一大笔钱。日内我们将寄上《曙光》杂志。总之,请尽力解决财务问题①。

医生那伙的情况怎么样?从他们的一位代表在夏天的表现来看,好像已经破裂(他向我们提出了一些愚蠢的要求),——但是后来,他们那一伙中有一个人同我们驻柏林的代表153恢复了交往。请弄清楚,他们是否同意帮我们的忙?

请告诉交箱子154以及比较稳妥的寄信和寄书的地址。

您的　**老头**

芬兰的路线怎样?如何走法?155关于这点我们什么也不知道并且也没有收到过您一封信。请再说一遍。

如果运送箱子的人没有组织交给的信件,**千万别向他们泄露任何事情**。

从慕尼黑发往柏林

载于1928年《列宁文集》俄文版第8卷

译自《列宁全集》俄文第5版第46卷第91—92页

---

① 钱可以开支票由银行用挂号信寄来,信上写加贝尔斯贝格尔街20a号。医学博士Carl Lehmann(卡尔·列曼。——编者注)(第三个字母是德文的"h"),请注意,用这个地址寄钱、寄信、寄书均可。

51

致维·巴·诺根

1901 年 3 月 23 日

现给您寄去《火星报》第 2 号 5 份,供散发和出售。如果能用它来募集一些经费,我们将十分感谢您。我们非常需要钱。您或许通过伦敦也能采取某些发行和筹款的措施吧?

这两天我在等阿列克谢。他收到了护照,应该在上星期末就动身了。

《曙光》杂志将在日内由斯图加特寄给您。

紧紧握手!

您的……

从慕尼黑发往伦敦

载于 1928 年《列宁文集》俄文版
第 8 卷

译自《列宁全集》俄文第 5 版
第 46 卷第 92—93 页

52

致维·巴·诺根

1901 年 4 月 6 日

我和阿列克谢刚才收到了您的关于《曙光》杂志的信。多谢您提出详细的坦率的意见,这种意见难能可贵,因而对我们更加珍贵。您指出《曙光》杂志上的政治评论和论文少了些，这完全正确。我们充分认识到这个缺点，将尽力克服。

握手！

您的……

从慕尼黑发往伦敦

载于 1928 年《列宁文集》俄文版
第 8 卷

译自《列宁全集》俄文第 5 版
第 46 卷第 93 页

53

致格·瓦·普列汉诺夫[①]

（不晚于 4 月 15 日）

我收到了一本纪念米海洛夫斯基的文集《**在光荣的岗位上**》[156]。必须在《曙光》杂志第 2 期上加以痛斥：我来对付切尔诺夫，他仿效布尔加柯夫经常攻击考茨基。假若由您去对付拉法伊洛夫、尤沙柯夫和其他"社会学家"，那就好了。这将是对米海洛夫斯基的报复。

您的　**彼得罗夫**

从慕尼黑发往日内瓦

载于 1956 年 9 月 7 日《接班人报》
（列宁格勒）第 210 号

译自《列宁全集》俄文第 5 版
第 46 卷第 93 页

---

① 这封信是写在尤·奥·马尔托夫信上的附笔。——俄文版编者注

54

致卡·亚·布兰亭

1901年4月19日

尊敬的同志:

我们一位在柏林的同志已经根据我们的委托写信给您,说明我们很想同瑞典同志和芬兰同志建立比较密切的联系。

现在,我以俄国社会民主党的《曙光》杂志(斯图加特约·亨·威·狄茨出版社出版)编辑部的名义向您提出下列请求。

我们认为,向俄国人特别是俄国工人介绍芬兰的政治情况和芬兰受压迫的情况,以及芬兰人反专制制度的顽强斗争,具有十分重大的意义。因此,如果您能把我们希望在这方面得到支持的迫切要求转告您所熟悉的所有芬兰同志,我们将不胜感激。

当然,对我们来说,最好能找到一个固定的芬兰撰稿人,第一,他每月寄给我们一些短评(4 000—8 000印刷符号),第二,有时也寄些长篇文章和评论。后者供我们的《曙光》杂志用,前者供俄国的秘密报纸《火星报》用,该报编辑部曾向我们提出这种请求。

如果您认为用得着,我可以寄给您《曙光》杂志和两号《火星报》。

文章也可以用瑞典文或芬兰文写,我们能找到翻译。

请您务必告诉我,您能不能答应我们的请求。

致社会民主党的敬礼!

伊·彼得罗夫

附言：我的德文很蹩脚，请原谅。

我的地址：

斯图加特

富尔特巴赫街12号

约·亨·威·狄茨先生出版社

里面的信封上写：

《曙光》杂志编辑部转彼得罗夫先生

从慕尼黑发往斯德哥尔摩
原文是德文

载于1955年3月8日《晨报》
（瑞典文）第65号

译自《列宁全集》俄文第5版
第46卷第94—95页

55

致格·瓦·普列汉诺夫

1901年4月21日

亲爱的格·瓦·：

您平安渡过风险[157]，我们感到非常非常高兴。我们都等着您，有很多话要谈：关于写作问题和组织问题，关于《火星报》（第3号应在5月1日以前准备好，紧接着要印第4号）和《曙光》杂志。碰头的地址您那里有，就是维里卡·德米特里耶夫娜的地址。另一个地址（阿列克谢的）可以防备万一：施瓦宾区　奥卡姆街1aⅢ号克拉弗特夫人家的右边，问韦尔内特先生，不过用这个地址时最好事先写信通知你来的时间，否则很容易找不到人。

寄上《工业界报》[158]第1—11号。弗兰克的书我们有，如果您在动身以前还需要这本书的话，就给您寄去。

《在光荣的岗位上》这里只有一本，我们还要订购一本，因为很需要它。

关于目前时期组织工作重于鼓动工作这一点，我和您的看法完全一致。《〈火星报〉传单》在直接号召方面够谨慎了，您是不是认为仍然危险呢[159]？

盼早日见面！

您的　**彼得罗夫**

请把《国民经济》杂志[160]寄来或带来。

从慕尼黑发往日内瓦

载于1928年《"劳动解放社"文集》
第6辑

译自《列宁全集》俄文第5版
第46卷第95—96页

56

致米·格·韦切斯洛夫[①]

4月22日

致尤里耶夫

红色传单要运到彼得堡去，所以装这些传单的箱子应当送往

---

① 这封信是同娜·康·克鲁普斯卡娅合写的。——俄文版编者注

那个方向(送往普斯科夫,而不是送往斯摩棱斯克或波尔塔瓦)。

现寄上**借给柏林小组**[161]的 100 马克。最好能在当地筹集运送箱子的款项,使《火星报》能免除这项开支。请采取各种措施筹集运费,因为我们的经费很紧。

关于您退出中立小组[162]的问题,您自己更清楚应该怎么办。鉴于有可能争取些人到我们这边来,恐怕还是暂缓退出比较好。

图章已去刻制。请把上次寄来的维也纳的地址再写一遍,因为看起来有点怪。

至于通过波兰社会民主党的一个党员运送书刊的问题,您可以接受他的建议,并望尽量设法,尽快地给他一两普特书刊试运。您那里有多少书刊可供试运?我们将把不足的部分——《曙光》杂志和(5月1日后)《火星报》第3号寄上。

您还是没写清楚,究竟您收到过多少公开的书刊。请寄一个详细的清单来。

从慕尼黑发往柏林

载于 1928 年《列宁文集》俄文版
第 8 卷

译自《列宁全集》俄文第 5 版
第 46 卷第 96—97 页

57

致帕·波·阿克雪里罗得

1901 年 4 月 25 日

亲爱的帕·波·:很久没有和您交谈了,一直抽不出身来,而且一切事情阿列克谢已经写信给您谈过了①，——但是要谈的话仍然很多，因此我决定不再拖下去。我想和您商量一下关于巴黎人和苏黎世人**163**的事情，并且谈谈其他问题。

您知道吗，巴黎人"解散了〈早就解散了，在两三个星期以前〉《火星报》协助小组"，并且再次拒绝合作，理由是我们"破坏了""组织上的中立"(原文如此！对待联合会②不公平，无缘无故地在《曙光》杂志上攻击联合会)。这是《评〈工人事业〉杂志纲领》的作者**164**所写的，同时他还作了非常明确的暗示，指出《工人事业》杂志正在改进(依我们看来，在《附刊》**165**第6期上，它甚至改得过头了！)，因而……因而……　过些时候就会见分晓——这位"亲爱的同志"这样结束了自己的话。显然，他是想(像格·瓦·所说的某些"青年力量"那样)在《工人事业》杂志中得到一个更好的位置。这种卑鄙行为使我们非常气愤，以致我们什么也没有回答他们。我们打算在《火星报》第4号上(第3号已答应于5月1日出版。我们想马上动手准备第4号)严厉地批评《工人事业》杂志的随风转舵行为。

现在我还不知道，是彻底唾弃这些阴谋家呢，还是……再试一试。他们无疑是些能干的人，他们写了文章，送去了(两份)材料(达涅维奇也是这样)，巧妙地弄到了钱(整整350法郎：在国外还从来没有在什么地方给《火星报》募集过这么多的钱)。而我们在他们面前其实也并不是没有过错的：没有给予足够的重视，没有寄过一篇文章让他们审阅并提出"同志式的建议"，没有委托过他们负责任何一"栏"(哪怕是《火星报》的国外评论或社会新闻中有关

----

①　我在这里患了一星期左右的流行性感冒。

②　国外俄国社会民主党人联合会。——编者注

一些问题的简讯）。看来，在国外关系中不应该，绝对**不应该**没有这种委托。例如柏林人[166]（阿尔先耶夫不久前到过那里）也想得到一定的地位：他们说，仅仅帮助《火星报》，这对大学生来说是够了，而**对于我们**或者**对于德文斯卡娅**（她和丈夫退出了联合会；在联合会征求会员意见时，只有三个人——**包括格里申在内**！——赞成代表会议。格·同志万岁！）来说，就需要有某种那样的东西，您知道……

真糟糕！必须"臆造"一种组织，——不这样事情就无法进行。

我有一个想法，能不能试行一下如下的组织计划：把"社会民主党人"组织、《曙光》杂志编辑部和某些小组（例如，柏林人，——**可能的话**，还有巴黎人等等）或某些个人联合成一个，比如说，**同盟**。[167]书刊出版工作由三个组织主持："劳动解放社"有自己的印刷所，《曙光》杂志也有自己的印刷所，而**选出的**书刊出版委员会是最亲密的助手，它参加定期举行的全编辑部的会议，并且在"**社会民主党人**"和《**曙光**》杂志的印刷所——或许在**同盟**的印刷所成立（有这样的前景）起来以后，也在这个印刷所——刊印（由书刊出版委员会署名）小册子等等。同盟中书刊出版问题的**最后决定权**属于"劳动解放社"、《曙光》杂志和书刊出版委员会这**三个成员的代表会议**。管理机关是共同的、经选举产生的。

我的计划的要点就是这样（《火星报》作为一个俄国出版物当然在形式上**不参加**同盟）。这里的人在原则上都同意这个计划。大姐①也同意。我觉得这样的"结构"（"奥地利式的"，阿列克谢这

――――――――
① 维·伊·查苏利奇。——编者注

样开玩笑地说）对我们丝毫也不可怕，而且一定需要有类似这样的组织，否则大家就会普遍感到不满，因而散伙。这样做，我们就可以完全摆脱纠纷和争吵，同时还可以使自己的印刷所和编辑部全部保存下来，但是要给大家必要的自由活动的余地，否则他们就不同意进行帮助。

请来信告知您对这个想法的态度，并且同格·瓦·谈谈这件事（我不给他写信了，因为他不久要到这里来，而顺路当然会去看您）。细节我没有拟定，因为细节问题好解决。如果我们大家（即整个"社会民主党人"组织）都同意这样做，那么很可能柏林人（他们有印刷所，并且迫切希望以一定的"地位"来进行"工作"）也会同意，那时我们就可以用广泛开展活动的统一的"同盟"去和联合会相对抗了。

经过选举产生的管理机构并没有什么可怕，因为它将只管运送和在国外筹集经费，把经费按一定比例分配给"社会民主党人"组织、《曙光》杂志及其他组织而管不着《火星报》；《火星报》将非正式地拥护《曙光》杂志，和《曙光》杂志站在一起。可以正式宣布同盟是我们已经建立的俄国《火星报》组织的国外同盟军。

书刊中那些蠢话也没有什么可怕，因为（1）可以用章程限制书刊出版委员会任意出版；（2）书刊出版委员会印行书刊要由自己署名，"劳动解放社"和《曙光》杂志不会同它搅混在一起；（3）书刊出版委员会里可能也有我们的人；（4）书刊出版委员会要服从代表会议，而在代表会议中我们占多数。

当然，我不知道巴黎人会不会满意：他们实在太骄傲了。因此我们找他们谈有些不方便。如果您同意这个计划，是否可以给他们写信试探一下；他们不是在巴黎时就向您谈过自己的悲惨处境吗？所以您可以向他们提出这条出路。如果您同意这个想法，我们就去征求柯尔佐夫的意见，并请他拟定"同盟"章程草案。①

现在谈谈苏黎世的拉脱维亚人的事。不知道您是否已经听说，他们帮助建立起来的运输完全**垮了**：3 000 份《火星报》(创刊号)**落到了**警察局的**手里**，警察局还抓去了一个走私者。后来，他们之中的一个人还给我们写信要运费。我们回答说，如果还走这条路我们就不能给了，我们对我们的组织负不起这个责任，而如果他愿意专门运一普特(像他在同我谈话时所说的那样)，那就让他来取吧。

毫无音信。您知道不知道他们是否见怪了？他们的情况和计划如何？如果见到他们的人，请谈一谈，以便把情况弄清楚。

我们开始考虑《曙光》杂志第 2 期，——是时候了。维特记事快要刊印完了，大约再过两三个星期(狄茨不知为什么把这件事拖得很久，至今只搞好 9 印张)。目前，除了您已经知道的涅夫佐罗夫所写的关于俄国社会民主党在历史上的准备一文以外，还**没有**材料。我们正在期待格·瓦·的关于新事件的社论、他的反驳司徒卢威的文章和您的文章(编辑部短评)，——不是这样吗？卢森堡答应写一篇文章(她的论文集《法国的社会主义危机》的新引言，我们想把她这几篇论文翻译过来)，考茨基答应写一篇关于学院派和无产者的短文。

没有国外评论。"奥地利的"论文怎样了？从美国和瑞士不能收到什么吗？据说，达涅维奇病了。关于德国的情况，找不到人写

---

① 最好现在就公开提出"社会民主党人"和《曙光》杂志的共同草案。

东西——只有帕尔乌斯能写，他已经答应（？）写一篇国外评论，但这不是所要的。

在《火星报》第4号上打算登一篇论恐怖的文章（阿列克谢的），还有：《专制制度和地方自治机关》（续）、《专制制度和财政》（帕尔乌斯的），有些是社会新闻（有关于游行示威的补充材料）和工人运动方面的。我们打算第4号出一印张（第3号篇幅太大了，达2印张8页（7页已经准备好了），和创刊号一样，——即使这样还是删掉了一部分！）。必须尽一切努力加快《火星报》的出版，使它成为月刊。

再见。紧紧握手并向你们所有的人问好！我的妻子也向你们问好！

您的　彼得罗夫

附言：给我的信请寄到里特迈耶尔处

还有：大姐委托我通知您，250法郎已经收到。关于这笔钱的账目刊登在《火星报》第3号上（"经阿克雪里罗得由美国寄来"）。经斯图加特寄上《曙光》杂志10份，请寄给英格尔曼、莫克里耶奇等。大姐正在给德国人写关于游行示威的文章。

从慕尼黑发往苏黎世

载于1925年《列宁文集》俄文版
第3卷

译自《列宁全集》俄文第5版
第46卷第97—101页

58

致米·格·韦切斯洛夫

致尤里耶夫

4月25日

来信收到。

请赶快给我们寄一份精确的报告,写明你们有多少只箱子,都是什么样的,运走多少,剩下多少。我们写报告和造财务预算都需要这个材料。关于书刊问题,我也早已请您写明:您收到了多少,收到了哪些,用到哪里去了,怎样用的。

我们**没有**五月传单(注意)。

钱(100马克)已寄出;再次请求您在柏林和其他地方加紧筹集运箱子的钱,这就是您对我们的最大的和最必要的帮助。您那里的会计处存有多少钱?普通月份(和本月份)的周转额是多少?

尽快地把《哈尔科夫的五月》寄到南方是非常重要的,他们那里很需要。

关于通报的问题,我还不完全明白您的意思。(1)是"《火星报》协助小组",还是"中立小组"想出版通报?[168](2)这种通报是过去那样的,还是别的样式?我们认为,把经费用去办旧式的通报是极不合理的,并且从自己方面说,我们也很难答应供给原始材料,原因是目前正在加紧使《火星报》成为月刊的工作[169],我们也没有时间和经费来复制和发送原始材料。我们应该考虑的不是把现有材料分散使用在通报上,并且在国外传播这种原始材料,从而削弱它的意义,冲淡它给人们的印象;相反,应该考虑把全部材料集中在《火星报》上,使《火星报》很快地登载这些经过加工和阐明的原始材料。别的办法只能说明不是反对目前思想上的动摇和涣散,而是助长它们。

人员组成和纲领都是很荒谬的,"中立小组"出版这种通报是不足为奇的,但是我们希望"《火星报》协助小组"能够做一些同我们比较协调一致的合理的工作。请设法把这些看法转告(不是照本宣读,因为我只是给您写的)您的小组并加以说服,并请将小组的决定告诉我。

至于国外报刊评论俄国的通报,那是另一回事。这样的通报当然有益处。请把俄国报纸剪报寄来。是不是也可以把您在柏林读过的俄国杂志寄给《火星报》编辑部呢?如果可能,请告诉我,我们可以指望得到哪些杂志(我们这里也有一些,但是很少)。

从慕尼黑发往柏林

载于 1928 年《列宁文集》俄文版
第 8 卷

译自《列宁全集》俄文第 5 版
第 46 卷第 101—103 页

59

致斯·伊·拉德琴柯

(5月2日以前)

来信收到。我们完全同意您的散发书刊的方法,并建议您严格按照这个方法去做,无论是善言规劝和恶语中伤,您都别理睬。

只希望您稍微关心一些"社会主义者"社[170],必要时给予可能的优待(譬如贷款),因为他们正在设法更加靠拢我们并且答应替我们宣传。他们建议用他们自己收入中的一定份额来代替书刊费,我们**委托您全权**来处理接受这个建议的事情,如果**您**认为这样做在财政方面**不无好处**的话。(为什么"社会主义者"社**埋怨您不给**他们书刊呢?)

总之不要白给,为了钱应**尽快**散发。

不要把钱给格里戈里耶夫,把全部款子都寄给我们。格里戈里耶夫应当从自己的书刊得到钱,他那里的书刊很多。

第 3 号正在印刷,紧接着是第 4 号。五月传单和《火星报》专页已经印好了。[171]

请您尽一切力量派人**到柏林去**取箱子(**地址**)①……暗号是:**彼得罗夫派来的**。

《哈尔科夫的五月》如果还剩下 100—200 册左右,请立即派人送到下述**地址**①……

请同普斯科夫取得联系。我们把箱子送到勒柏辛斯基那里,您到他那里去取。

从慕尼黑发往彼得堡

载于 1928 年《列宁文集》俄文版
第 8 卷

译自《列宁全集》俄文第 5 版
第 46 卷第 103—104 页

---

① 手稿上空出了写地址的地方。——俄文版编者注

60

致"斗争"社

1901 年 5 月 12 日

尊敬的同志们:

我们一如既往,坚持原则,维护统一。现再一次表示同意恢复关于统一的谈判,并怀着感激的心情接受由"斗争"社发起并在谈判的准备阶段充当调解人的建议。我们同意参加你们称之为社会民主党组织的预备会议。

我们认为有必要补充一句,由我们发起的与《工人事业》杂志之间的原则性论战,我们当然是不能停止的。

代表《火星报》小组致以敬意……

请尽快写回信告诉我们,是否所有的组织都同意参加代表会议。[172] 五月份我们毫无疑问可以参加这次会议,如果再迟的话,对我们来说将会有些困难。

从慕尼黑发往巴黎

载于 1930 年《列宁文集》俄文版
第 13 卷

译自《列宁全集》俄文第 5 版
第 46 卷第 104 页

61

致米·格·韦切斯洛夫

1901年5月18日信的草稿

对您提出的现在就开始出版通报的计划,我们当然是同意的。不过这个计划还需要从组织工作方面仔细研究,也就是说,要解决一些必然会产生的先决问题。比如说,负责通报的出版和编辑工作的,是整个柏林《火星报》协助小组(如果我没有弄错的话,我们的组织计划是暂时不打算告诉这个小组的全体成员的),还是只是小组的部分成员,或者只是几个人? 通报的名称是否要表示出它与《火星报》的关系? 同时最好是通报的纲领能符合我们在我们的草案中拟定的纲领,最好编辑部能考虑到在《火星报》同情者和支持者之间分别设立专栏(波兰、芬兰和其他书刊的翻译)的问题。最后,必须明确作出决定(这一决定当然不应公布),出版和编辑通报的小组负责这项工作是临时性的,一俟我们拟议中的《火星报》国外组织公开成立,就把它移交给选出的书刊出版委员会。还有另外一些问题,当您从组织工作方面最后把计划确定下来并形成文件时,您自己当然也会看到并加以解决的。

从我们方面来说,我们将从手头现有的材料中挑选一部分寄给您。请告诉我们,第一期准备在什么时候出版? 准备出版的通报(在式样和篇幅方面)是跟以前一样,还是有所不同?

从慕尼黑发往柏林

载于1928年《列宁文集》俄文版
第8卷

译自《列宁全集》俄文第5版
第46卷第105页

62

致《火星报》印刷所

(5月22日和28日之间)

我们必须对文章的排列次序作一些变动。

趁现在有铅字,请排起来,**保留活字版**。

我们希望能在明后天把文章寄出。

现寄上:

  (1)校样

  (2)哈尔科夫

  (3)科夫诺的和其他的

  (4)萨马拉

  (5)暴乱等等

  (6)诗二首

  (7)下诺夫哥罗德。

请寄一些印刷油墨来,我们不知道怎样可以弄到。

你们的 **列宁**

写于慕尼黑(本埠信件)

载于1931年5月5日《真理报》
第122号

译自《列宁全集》俄文第5版
第46卷第106页

63

致尼·埃·鲍曼

1901年5月24日

收到了您的来信和1、2、3、4月份的报告。多谢您这份详尽而又清楚的收支清单。但是,关于您的一般工作情况,我们就不清楚了:工作究竟进行得怎样,成绩如何。您写道,您忙得不得了,又没有人代替您,但是您还是没有履行您谈工作情况的诺言。您的工作是不是仅限于把书刊转送到报告中提到的地点? 或是您正忙于组织一个小组或者几个小组? 如果是这样,那么在什么地方? 什么样的小组? 已经做了些什么? 这些小组的目的是什么? 是为了进行地方工作还是派到我们这里来取书刊,或者是为了什么其他目的?

我们问这件事,是因为这个问题非常重要。我们的情况不太好。财政状况很糟糕,国内几乎一个钱也不给。运送还是根本没有安排好,还是偶然性的。在这种情况下,我们的全部"策略"应该**完全**是为了:(1)把以《火星报》名义在俄国国内募集到的钱尽可能全部寄到这里,把地方开支缩减到最低限度;(2)把钱几乎全部用在**运送**上,因为我们在普斯科夫和波尔塔瓦已经有相当便宜的、不致加重财政负担的代办员进行接收工作。

好好想想这个问题吧。我们勉强赖以维生的必不可少的东西,仍然只是几只箱子。我们为了运两只箱子大约要花100卢布,而且是偶然托人代运,也造成了运输上无限的拖延、疏忽、丢失等等。从里加派遣运箱子的人的事（无论拉兹诺茨韦托夫还是恩斯特都说是可能的），还没有什么进展。列奥波德①一点消息也没有。芬兰什么也没有搞好，虽然各方面都肯定说，有可能搞好。在这种情况下，在4个月内把400卢布花在地方接收和转运书刊的事情上，这样做合理吗？

我们认为，您应该搬到②紧靠边境的地方，以便自己每月至少可以把2—4个箱子和10—20俄磅运过去。

从慕尼黑发往莫斯科

载于1928年《列宁文集》俄文版
第8卷

译自《列宁全集》俄文第5版
第46卷第106—107页

64

致加·达·莱特伊仁

1901年5月24日

亲爱的莱特伊仁：关于"音乐家"，我们认为，既然他听从我们的安排，本身又是一个精明强干的人，那当然应该马上设法派他到**紧靠**边界的地方去，让他亲自直接主管运送工作，不仅主管，而且

---

① "列奥波德"是谁的笔名，尚未查明。看来这是与尼·埃·鲍曼有联系的整个运输小组的代号。——俄文版编者注
② 手稿最初是这样写的："在此以前您尝试过两个工作计划：（1）搞好一个大的边境或几个边境的大批量的运送。没有成功；（2）搞好一个特定地区的书刊散发和资金筹集的工作。结果花钱花力，又是得不偿失。是否改用第三个计划：搬家。"——俄文版编者注

亲自运送或携带(也就是与走私者一起越境)。

要是他同意这样做,应当给他200法郎(就是您信里提到的100＋100),而且看来应当让他**到我们这里**来一趟。我们一直拿不定主意,是应当让他到这里来呢,还是只让他到柏林去跟我们的代表商谈,但后来得出的结论是:不到这里来是不行的,因为我们在边界和边界附近有许多比较固定的关系,不同要派去的人当面进行全面的商谈,我们就无法决定他究竟该到哪里去,用什么"借口"进行工作。

钱我们现在很少,必须大大节省开支,除运送费用之外,什么钱都不能花。但如果音乐家用这200法郎能到达目的地并能靠这些钱在那里生活一段时间,那么,在我们那些关系的帮助之下,他大概立即就能开始运送了。

紧紧握手!

您的　**列宁**

附言:梁赞诺夫现在在这里,我们和他讨论了我们组织的方案。起初他十分坚决而且"生气地"否定了我们的方案,但后来,在加上了一个前提,说明这**是临时性的**以一年为期之后,**在这个前提下**,他代表他自己表示同意,但他肯定说涅夫佐罗夫是**怎么也**不会同意的(?)。为了防备万一,还拟定了另一个草案:"**社会民主党人**"、《**曙光**》杂志和"**斗争**"社之间结成联盟,不过"斗争"社只出版小册子(不是机关报),作为有**发言权**的成员参加《曙光》杂志和《火星报》,同联盟其他成员一样,把一定数量的收入交给联盟会计处,单独组织晚会筹集经费等等。您对上述这个方案是怎样看的? 在我看来,这个方案是不公正的——给"斗争"社的权利太多了,因此我不认为它能为大家所接受。

总之,我们认为,跟"斗争"社也有可能达成协议:我觉得,他们如果看到我们不打算放弃自己的立场,也是会作出让步的。

您的   列宁

从慕尼黑发往巴黎　　　　　　　　　译自《列宁全集》俄文第5版
　　　　　　　　　　　　　　　　　第46卷第108—109页

65

致帕·波·阿克雪里罗得

1901年5月25日

亲爱的帕·波·:您一定已经听格·瓦·谈过我们的组织计划以及涅夫佐罗夫、达涅维奇和梁赞诺夫(他们已经称做"斗争"社)的新的"调解"办法。对于他们的询问(我们是否同意举行"社会民主党人"、联合会和《曙光》杂志三方面的,也就是它们的代表的预备会议),我们回答表示**同意**。格·瓦·在这里说过当然应该同意,并说他已经给您写信谈过这件事。今天梁赞诺夫(他来这里已经两天左右了)告诉我,他收到了古列维奇的信,古列维奇通知他,说只得到了我们的正式同意,"劳动解放社"至今还杳无音信;说他看到了克里切夫斯基和伊万申,并且几乎确信他们是同意代表会议的;说会议准备在布鲁塞尔召开,日期是6月4日左右,又说崩得的国外组织也要求参加代表会议。

请**尽快**写信告诉他们,"劳动解放社"(作为"社会民主党人"

的代表)**正式**同意举行代表会议,以及您对地点和时间的意见。①
关于前一个问题,我们已经去信说,我们主张在苏黎世或离苏黎
世最近的地方(当然,瑞士对"劳动解放社"来说也是最方便的),
并希望如果能够在5月举行代表会议的话,就早点举行,因为到
6月我们就不能那么自由地支配自己的时间了。(我们希望早
点举行代表会议,实际上是因为这样更便于我们尽快地解脱出
来,以便能快点着手进行自己的组织工作,腾出时间来准备一旦
决裂时同联合会进行坚决的斗争。这场斗争到夏天大概就要转
移到俄国国内去。)

　　请支持我们希望早点举行代表会议②的意见(随便提出一个
理由)和指定瑞士为开会地点的要求。我觉得,他们很难反对在瑞
士举行:(1)四方面有两方面(《曙光》杂志和"社会民主党人"赞成,
联合会和"斗争"社反对)主张在瑞士;(2)对于瑞士、德国和法国的
小组的代表来说,开会的地点自然应该在瑞士。或许,比如说,可
以不同意在苏黎世,而同意在巴塞尔? 请通知我,您是否已经去信
表示正式同意。

　　现在同您谈谈梁赞诺夫的事。关于**我们的**组织(《火星报》的
国外组织)问题,当他知道我们根本不打算增加编辑部的成员,并
且建议他们只作为有发言权的人参加编辑部时,起初他大发雷霆。
他慷慨激昂地说,涅夫佐罗夫过去做过很多工作,很有功绩(和去
年夏天涅夫佐罗夫对梁赞诺夫的评价一模一样!),他非常气愤,说
了些讽刺话,等等。但是过了不久,当他看到这一切对我们丝毫不

---

① 再写一遍古列维奇的地址以防万一:**巴黎**　加桑迪街38a号　埃·古列维奇
　　先生。
② 据说,他们想在6月10日左右举行。这样也可以。

起作用时,便开始让步,声明他可能也同意我们的计划("涅夫佐罗夫是怎么也不会同意的"),不过最好是"社会民主党人"、《曙光》杂志和"斗争"社之间结成联盟,又说"斗争"社准备放弃出版自己的机关报(我们从来也没有相信过他们能出自己的机关报),只出版一套小册子。

总之,看来是可以同他们一道工作的;他们固执一会儿,以后总会同意的。

至于同联合会接近的问题,梁赞诺夫起初声明,他对代表会议绝对不抱任何希望,说只有古列维奇才有那样的想法,等等。可是当他知道我们并没有把消灭联合会当做必须履行的条件,而是准备允许给工人看的通俗文集或杂志(《工人事业》杂志)同学术刊物(《曙光》杂志)和政治报纸(《火星报》)同时存在的时候,他便断然改变方针,声明他早就向克里切夫斯基谈过这一点,他认为这是内部纠纷的自然结局,他本人现在就准备为实现这个计划而努力。——就让他努力吧! 或许在这个基础上真能实现联合**或联盟**,——这将是前进一大步。

补充一下,我们主张在苏黎世,当然还因为阿列克谢很想有更多一些时间和您谈谈各方面的问题。

如果向"社会民主党人"全体成员征询意见(为了给"斗争"社以正式答复)需要许多时间,那么,假如可能的话,就请尽量缩短这个时间。绝不要拖延代表会议的召开。

关于崩得的国外组织参加代表会议的问题,我们想根据1898年俄国社会民主工党代表大会决定第一条予以拒绝(但绝不要因此而造成进行斗争的借口)。(由于这条的规定,崩得只有在纯粹有关犹太无产阶级的问题上才有自主权,因此,在谈判中它不能成为独立的一方。)

您给《火星报》写的文章怎样了? 您是否打算给《曙光》杂志第2期(格·瓦·当然已经向您谈过了)写点什么?

紧紧握手,并代表大家热切地向您问好!

您的　彼得罗夫

从慕尼黑发往苏黎世

载于1925年《列宁文集》俄文版
第3卷

译自《列宁全集》俄文第5版
第46卷第109—112页

66

致莉·米·克尼波维奇①

(5月28日)

您打算怎样在俄国印刷《火星报》? 在秘密印刷所还是在合法的印刷所? 如果是后者,请即速函告,有没有一定的计划;我们准备全力以赴抓这个计划(有人向我们保证说,这在高加索是可行的计划),它所要求的资金不会很多②。如果是前者,那就请您注意,我们的一个印张(4页)有将近10万个字母 而且是一个月!,秘密印刷所能承担起这种工作吗?? 它会不会造成浪费许多金钱和人力的极大危险?? 把这些钱和人力用在运输上不更好吗? 因为

---

① 这封信是写在娜·康·克鲁普斯卡娅信上的附笔。——俄文版编者注

② 如果同合法的印刷所的联系还不坏,请一定同他们商谈一下这件事情,并告诉我们,因为我们在这方面已经有了自己的非常实际的(很可靠的)计划[173]。

反正俄国离了运输是不行的。

从慕尼黑发往阿斯特拉罕

载于 1928 年《列宁文集》俄文版
第 8 卷

译自《列宁全集》俄文第 5 版
第 46 卷第 112 页

67

致罗·爱·克拉松①

（5 月 28 日）

　　出版、编辑《火星报》和《曙光》杂志的小组，请求您——同我们一起参加过初期的一项马克思主义的出版工作[174]，并对社会民主党的政治活动一贯表示同情的人——对事业提供经济援助。现在，整个事业的命运在**很大**程度上取决于这一援助，因为最初的基金已全部用于创办，而要使刊物能够收回成本，至少还需要全力以赴地工作一年。去年（1900 年）春天，我们中间有人曾经同您的一位朋友[175]（您现在大概是常常跟他见面的）谈过话，他也表示确信您不会拒绝帮助。我们那时就希望，您能通过您各方面的关系一次筹集到一大笔款子，但除此之外，我们的组织当然也需要定期的进款。

从慕尼黑发往巴库

载于 1928 年《列宁文集》俄文版
第 8 卷

译自《列宁全集》俄文第 5 版
第 46 卷第 113 页

---

　　①　这封信是 1901 年 5 月 28 日信（见上一号文献）的附笔。——俄文版编者注

68

致潘·尼·勒柏辛斯基和
彼·阿·克拉西科夫

致 2a 36—拉——

1901 年 6 月 1 日

如果能同—拉——在一起工作,我们将非常高兴①。目前群众动摇不定,特别是有人在国外搞种种阴谋活动,这时候—拉——就更加有用。可惜我们的财政状况非常不妙,实在没有能力供给他路费和生活费。这里谋生也极困难(我们不是指法国和瑞士的法语区,我们不了解那里的情况。关于这点,—拉——本人比我们清楚得多)。如果—拉——决定到国外来,在此地搞一张法国护照,凭这张护照从不同的地方穿越国境线两三趟,每趟运两只箱子,只有这样我们才能在钱上给予支持。这笔运费我们反正是要花的,同某个局外人比较起来,我们当然更愿意把这笔钱给—拉——。凭他的语言知识和机智,他一定能胜任,路上还可能找到人来做这个工作。如果他同意,让他马上写封信来(您把这封信从头至尾给他念一遍),并且详细说明他自己的特征。那时我们立即根据这些特征申请法国护照,护照一到手,我们就会通知他出国。总之,现在问题的关键就是运送,运送和运送。谁想帮助我

---

　① 见本卷第 64 号文献。——编者注

们,就请他对这项工作**全力**以赴。

现在来谈谈那 125 卢布。我们已经多次因贷款给别的组织而陷入窘境:钱花了一大笔而收效甚微,**几乎等于零**。因此我们很怕先给钱。其次,对我们来说更重要的是能及时送到不大的数量(即使**每月**$\frac{1}{2}$普特),而不是每三四个月送到 10—20 普特,因为对我们来说,每月出版和发送《火星报》是首要的事。目前我们赖以维生的差不多只是几只箱子了。因此,请你们仔细商量一下:建议可靠不可靠,是哪个组织提出的,运送方式如何,我们可不可以派人监督和参加,商讨后请通知我们。如果同意先不领经费试一试,那就请您自行处理。如果要我们马上拿出一大笔钱来,那我们还得对**一切**条件全面权衡和讨论一下。

从慕尼黑发往普斯科夫

载于 1928 年《列宁文集》俄文版
第 8 卷

译自《列宁全集》俄文第 5 版
第 46 卷第 115—116 页

69

致帕·波·阿克雪里罗得

1901 年 6 月 1 日

亲爱的帕·波·:刚刚收到您的来信和随信附寄的材料以及杰博·的信①,非常感谢。材料需要研究一下。

---

① 他的信我们当然要保存起来。**176**

关于杰博·的建议，当然，我们同意给他300份抽印本，并希望他的附带条件丝毫不致妨碍我们刊登回忆录。最晚必须在一个月内寄给《曙光》杂志第2期，就是说，不得迟于7月1日。篇幅最多只能给2个印张，最大限度2½印张。我们希望他把自己的4—5个印张按章节分开，以便在《曙光》杂志第2期和第3期上发表。

关于代表会议还没有听到任何消息。请劝说柯尔佐夫以及"社会民主党人"里别的什么人，要他们答应下来。这不会有什么责任，反而会免除非难我们不愿停止纷争的罪名。老实说，不论是对"斗争"社，还是对《工人事业》杂志(它的《附刊》第7期很差劲！现在我们甚至在技术方面即按发表消息的速度来说也赶过了它)，我们并不想作什么重大的让步。

《火星报》第5号正在印刷中。社论是《论无谓的幻想》(斯塔罗韦尔的)。另外还有格·瓦·的一篇谈论社会革命党人的宣言和他们转向社会民主党人的小品文:《旧皮囊里装新酒》。再就是一篇(或者甚至是两篇)关于圣彼得堡5月4—7日流血战斗(在维堡区和奥布霍夫工厂)的小文章。社会新闻、工人运动以及"俄国的五一节"等栏也都有了材料——例如，彼得堡一个女工生动地描写5月4日涅瓦大街示威群众中一个工人(她的亲属)遇害情况的来信。还有我们的好朋友——伊万诺沃-沃兹涅先斯克的一个工人写的一封信，他谈到了当地的人民情绪、庆祝五一节活动的安排和《火星报》受欢迎的情况。[177]

只是财政状况很糟糕，其他一切都很顺利，未来是大有希望的。

您的身体怎样？目前谋生是不是轻松些了？休息得够吗？想

怎样度夏?

　　紧紧握手并向你们大家问好!

您的　**彼得罗夫**

从慕尼黑发往苏黎世

载于 1925 年《列宁文集》俄文版
第 3 卷

译自《列宁全集》俄文第 5 版
第 46 卷第 113—114 页

70

致 B.C.克列斯托夫^①

(6 月 5 日)

　　医师**178**应该搬到边境去住,例如搬到波兰根那里去(我们在那些地方同国外有联系,也有自己的库房),研究当地的情况(在那里应该懂得拉脱维亚语和德语,但是不懂可能也过得去),尽量给自己找一个体面差事(据说,在那里私人开业也可以维持生活),同当地的小官吏搞好关系,使他们对经常出入国境习以为常。在那里出入国境不是凭身份证,而是凭国境出入证(期限 28 天)。这样经常穿越国境,就可以带过去(带在身上或按我们的办法放在箱子里,为此需要一个装医疗器械的小箱子)少量的、几俄磅的书刊。我们觉得特别重要的是,能够定期地和经常地把书刊带过去,哪怕每次带的不多。如果有人来搞这件事,并且是**亲自工作**,**亲自运输**,我们将给

---

①　这封信是写在娜·康·克鲁普斯卡娅信上的附笔。——俄文版编者注

他旅费和一两个月的生活费，直到他熟悉情况时为止。

从慕尼黑发往斯摩棱斯克

载于1928年《列宁文集》俄文版
第8卷

译自《列宁全集》俄文第5版
第46卷第116—117页

71

致格·瓦·普列汉诺夫

1901年6月12日

亲爱的格·瓦·：我写这封短信，是要告诉您，正统派①驳斥别尔嘉耶夫的文章今天已送到印刷所去了。这篇文章排在**第二**，也就是放在您那篇社论的后面。**请尽快**给文章定个**标题寄来**，否则文章就完全是"无头的"了。

我跟阿尔先耶夫和维里卡对这篇文章有过一番小小的争论……　他们认为，对基斯嘉科夫斯基($2\times2=5$)的抨击和关于别尔嘉耶夫"资产阶级性"的结尾部分是拙劣的……

握手！

您的　**彼得罗夫**

从慕尼黑发往日内瓦

载于1925年《列宁文集》俄文版
第3卷

译自《列宁全集》俄文第5版
第46卷第117页

---

① 柳·伊·阿克雪里罗得的笔名。——编者注

72

致米·格·韦切斯洛夫

1901年6月17日

您要我们寄100马克的信收到了。很遗憾,在没有收到您答应给的"最近消息"以前,不能满足这个要求。我根本不能作出拨这笔款子的决定(一方面是形式上的原因,因为这得由委员会来决定;另一方面是我和您会面时曾经说明的那些原因),而现在又无法召开委员会,因为有几个委员已经外出。我再一次请您慷慨一些,先把最近的最详细的消息寄来,否则我们的关系**永远**也搞不好。像"暂时一切顺利"之类的消息,只能使我们的决定问题的委员会更加反感。我很明白,就是十分积极努力,也往往会由于客观情况而毫无成果,因此,对失败加以指责是没有道理的。但是您也要懂得,如果我们没有最详细的和精确的消息,不了解作了哪些努力,办到了(或者没有办到)哪些事情,原因是什么,目前的情况和计划怎样,那我们就**不能**继续采取步骤,并使我们的委托人继续受到损失,对此**我们**是要负责的。

从慕尼黑发往柏林

载于1928年《列宁文集》俄文版第8卷

译自《列宁全集》俄文第5版第46卷第117—118页

73

致列·叶·加尔佩林

（6月18日和22日之间）

致 ъ/₃

不久前还经过维也纳向波斯寄送东西，因此说失败还为时尚早。也许能够成功。请通知大不里士的收件人，他应当收到柏林寄出的书籍，并请来信告知几时收到。

关于在高加索印《**火星报**》的问题，我们已经写信向 **X** 详细了解①，目前尚无答复。我们必须确切地知道，计划如何（秘密印刷还是公开印刷），它是否已"接近实现"，预计需要多少材料（能否按月印《**火星报**》?），一次需要多少钱，每月需要多少钱。现在我们的经济状况很不好，因此没有极其详细的报告就不能应允。请立即把报告寄来。

请尽一切力量弄钱。关于这一点，我们已经通过 **X** 写信给您的一位朋友②，望您请 **ZZ** 也张罗一下这件事；《**火星报**》小组的一个成员**179**在去年年初同他谈过钱的事（请他回想一下在一个首都剧院里的谈话**180**）。

至于黑海东岸，请务必设法找线索。特别要尽力同法国轮船

---

① 见本卷第66号文献。——编者注
② 见本卷第67号文献。——编者注

取得联系,我们相信从这里可以找到同它们联系的门路。

从慕尼黑发往巴库

载于1928年《列宁文集》俄文版
第8卷

译自《列宁全集》俄文第5版
第46卷第118—119页

74

致尼·埃·鲍曼

（6月25日或26日）

致格拉奇

　　刚刚收到尼古拉（＝恩斯特）来的消息,说已有$4\frac{1}{2}$普特运到他那里,放在可靠的地方,这是第一。第二,他**随时**都有可能使我们的人同走私者一道越过国境,这样的人很需要。因此我们建议您立即动身,带着您的一个身份证到梅梅尔找尼古拉,向他把一切了解清楚,然后凭国境出入证或同走私者一道越过国境,把放在这边（即俄国国内）的书刊取出,送到各地。显然,为了事情能顺利进行,还**需要**国内方面有一个人帮助尼古拉,监督他的工作;这个人要随时准备秘密越过国境,主要的工作是在俄国接收书刊和把书刊送往普斯科夫、斯摩棱斯克、维尔诺和波尔塔瓦。我们对尼古拉和他这一流人已经完全失去信任,**决定不再给他们分文**,只有当真正是我们的人直接参加运送工作时,才能指望利用这条路线。您做这件事比较合适,因为（1）已经到尼古拉那里去过一次,（2）有两个身份证。事情是艰巨的,需要更换住地,但这件事对于我们非常重要。请好好考虑一下,并立刻回答,一天也不要耽搁。如果您不接受这个委托,我们要马上委托别人。因此再一次恳求立即答复。

从慕尼黑发往莫斯科

载于1928年《列宁文集》俄文版
第8卷

译自《列宁全集》俄文第5版
第46卷第119—120页

75

致格·瓦·普列汉诺夫

1901年7月7日

　　亲爱的格·瓦·:您的工作进展得怎样? 我一直没有工夫写信同您谈谈正统派的那篇文章的最后一部分,即后来寄来的关于别尔嘉耶夫在《世间》杂志第6期上发表的那篇文章的补充[181]。我们的亲司徒卢威派[182]以 $2\frac{3}{4}$ 票对 $1\frac{1}{4}$ 票(因为阿列克谢的一票"分成"了 $\frac{3}{4}$ 和 $\frac{1}{4}$)的多数**否决了**这一部分,我的"**赞成票**"成了少数。他们不喜欢关于浪漫主义恋爱的注解和这个补充的一般性质。而我以为这个补充简洁、有力、明确地击中这位先生的要害,尤其是结尾的那首诗非常好!

　　俄国又有人写信告诉我们说,正在准备召开俄国社会民主工党代表大会,甚至有一个城市已经接到了邀请书。最重要的就是赶紧草拟好纲领。请来信告诉我们,您愿不愿意和能不能够担负这项工作。除了您和帕·波·之外实在没有其他人可以做这项工作，因为这要求非常慎重地考虑提法，而像我这里这样吵吵闹闹就根本无法聚精会神地认真思考。那些旧的纲领草案和文章（即一个草案和一篇文章[183]）曾由阿列克谢给您带去，可是他却无缘无故地又拿了回来。这些旧草案未必会有太多用处吧？您以为如何？如果您需要，我们马上给您寄去。

我已订购了沙霍夫斯科伊和捷贾科夫的著作。您起草纲领为什么需要这两本书呢？难道您想根据这两本书来拟定有利于农业工人的要求？您对有利于农民的要求有什么看法？您认为在俄国社会民主党的纲领中一般来说是否可以提出这种要求呢？

您的文章的校样还没有来。《曙光》杂志第2期的内容有：斯塔罗韦尔关于《俄国财富》杂志的文章，维·伊·关于别尔嘉耶夫的文章，我写了一篇有关维特记事的文章[184]，并把序言狠狠批评了一通（我想把稿子寄给您，请您提些意见，但不知道时间来不来得及），还有阿列克谢的文章《社会主义知识分子的任务》。您不是看过这篇东西吗，您认为怎样？我还要写一篇反驳切尔诺夫的文章[185]。您能为文集《在光荣的岗位上》写一篇书评吗？

我们希望您为《火星报》（第6号正在排印，7月出版，第7号应于8月出版）写一篇关于一个工人的来信和关于《俄国革命主义的复活》一文[186]的文章。

帕尔乌斯仍然拥护自己的"组织"！！

考茨基曾经路过这里。他是去休息的，因此他现在什么也不肯写。

涅夫佐罗夫给《火星报》送来一篇"卑鄙的"（维·伊·和普特曼的评语）反驳《从何着手？》一文的文章[187]，把各委员会捧了一番，为《工人事业》杂志进行辩护（转弯抹角地），等等。我们要把它退给作者（我们将留一份抄件，如果您愿意看，我们给您寄去）。

还有，关于联盟的方案或同联合会合并的方案问题，我想您已看见我们的反草案了吧？如果还没见到，您让柯尔佐夫到德文斯卡娅那里去拿。这一切未必会有什么结果。

紧紧握手！

您的……

还有，关于比利时人给我们运动的捐款问题。我认为可以拨$\frac{1}{3}$给《工人事业》杂志，犯不着为了50—100法郎惹人说闲话。

从慕尼黑发往日内瓦

载于1926年《"劳动解放社"文集》
第4辑

译自《列宁全集》俄文第5版
第46卷第120—122页

76

致帕·波·阿克雪里罗得

1901年7月9日

亲爱的帕·波·：现将涅夫佐罗夫那篇遭到我们反驳的文章寄上。请您看一看这篇东西吧（听说您对它很感兴趣），读完之后，请马上寄给格·瓦—奇，他对巴黎人也很感兴趣。我们认为，把抄件当做文件保存起来是必要的。

我们正在排印《火星报》第6号，大概有6版，因为社会新闻和工人运动方面的材料相当多。给《曙光》杂志第2期寄去的有：(1)格·瓦·写的社论《今后怎样？》和(2)柳·伊·的文章《为什么我们不想后退？》(署名：正统派)。接着有阿尔先耶夫和维里卡·德米特里耶夫娜写的东西，还有阿列克谢的一篇文章(您觉得这篇文章怎样？维里卡·德米特里耶夫娜是不满意的)。我写了一篇谈论维特记事及其序言的短文，当然把尔·恩·斯·先生狠狠批评了一通①。维里卡·德米特里耶夫娜很不满意，因此只得把文章寄给格·瓦·等人，尔·恩·斯·这位先生真叫人伤脑筋！

　　您的工作进行得怎样？身体好吗？今年空闲时间多不多？准备上哪儿去休养？我倒是非常希望您能来这里看看和谈谈各种各样的问题，只怕这会使您不但得不到休养，反而使您的神经得不到安宁。如果您没有这种顾虑，说实在的，那就请来吧。

　　国内来信说，关于代表大会的议论愈来愈多。这就一再使我们考虑到纲领的问题。发表纲领草案**十分**必要，也会有重大的意义。**188**但是，除了您和格·瓦·以外，谁也不能担负这个工作，因为这个工作要求专心致志和深思熟虑地进行。请您来帮助我们，如果您的工作和健康情况都许可的话。也许您会见到格·瓦·，并且同他在一起待一段时间，那么这段时间是不是可以利用一下？

　　考茨基曾路过这里(他是去蒂罗尔休养的)，但我们忘记同他谈爱尔福特纲领(阿列克谢现在正在看)。他是不是答应过专门写一篇序言？

　　您把寄来的书交给阿列克谢的妹妹②，都是些什么书？

　　关于给《曙光》杂志写国外评论的问题，我们不能抱什么希望，

---

① 见上一号文献。——编者注
② 莉·奥·坎采尔(策杰尔包姆)。——编者注

因为帕尔乌斯总喜欢写有关组织方面的东西,卢森堡和达涅维奇将报道(可能)法国情况,别的**什么也没有**,没有德国的,也没有奥地利的……　真糟糕!

好,再见! 请原谅我不常写信,因为这里人来人往,没有时间写信。伦敦人[189]现在在这里,我很喜欢他们。您呢?

紧紧握手并向你们大家问好!

　　　　　　　　　　　　您的……

莱特伊仁的地址:**巴黎**　唐普尔区 52 号　　**古曼先生**;里面的信封上写:交巴季尔先生转。

关于《火星报》创刊号的再版问题,暂时要等一等,因为保存下来的 **1 000** 份《火星报》创刊号以及现在设法运送这 1 000 份的问题,很快就会有头绪。

关于阿德勒的短评,如果在一星期之内寄来,还来得及在《火星报》第 6 号上发表。[190]

关于同联合会达成协议的草案问题,我就不写了,因为没有什么新情况,而过去的情况,您当然可以从阿列克谢的妹妹那里知道。

从慕尼黑发往苏黎世

载于 1925 年《列宁文集》俄文版
第 3 卷

译自《列宁全集》俄文第 5 版
　第 46 卷第 122—124 页

77

致格·瓦·普列汉诺夫

1901 年 7 月 13 日

11 日的来信收到了。关于正统派的附言，阿列克谢今天就会把多数人的意见告诉您。我不同意这种意见，而我（个人）却很想知道您对这个附言的看法。比如有人认为，虽然整篇文章可以采用，但附言由于有"写法上的缺点"，似乎可以不予刊登，您的看法怎样？要做到您信中说的"拯救"附言，只有帕维尔·波里索维奇坚决表示**赞成**的时候才有可能，而且也不一定，因为阿列克谢现在大概会完全反对，表决结果可能各占半数。

总之，我认为，在任何问题上，只要这个问题稍微触及"争论"点，您都不妨直接问一问我们的亲司徒卢威派提出自己意见的理由。您可以写信问，用列曼的地址（现在一般都应当写**列曼收**），再写上转迈耶尔和"转普特曼"。否则，我决不转述他们的看法。比如，对我那篇反驳尔·恩·斯·的文章也是如此。

您想把反驳切尔诺夫的材料寄来，非常感谢。我正在研究这些材料，大概有关法国和比利时的东西（切尔诺夫引用的王德威尔得和德斯特雷著的《比利时的社会主义》，以及王德威尔得的新著[191]）对我都适用。不过，只有当您不需要并且能给我用几个星期时，才请寄来。我很需要李卜克内西的《论土地问题》，这里无论在帕尔乌斯处或在图书馆中都找不到。如果您有的话，请寄来给我用一个短时期。

切尔诺夫引用了那个直接同马克思主义者打笔仗的杰罗拉莫·加蒂的《土地问题和社会主义。农业上的新流派》（1900 年米兰—巴勒莫版）。您知道不知道，这个家伙是什么人，值不值得一读？有没有法文译本？（我不懂意大利文——也许只有姐姐能帮忙）。

紧紧握手！对我的文章有何意见，请来信告知。

　　　　　　　　　　　您的　　**彼得罗夫**

从慕尼黑发往日内瓦

载于 1956 年《共产党人》杂志
第 16 期

译自《列宁全集》俄文第 5 版
第 46 卷第 124—125 页

78

致奥·亚·恩格贝格①

7 月 18 日

来信收到。请告诉我们究竟什么时候，要明确提出日期，您可以亲自或派人去取箱子（到科尼斯堡或柏林）。那时得把取到的书刊运往某地，地址是……②　您是否稍许懂得一点德语，因为要跟一个德国人打交道。请计算一下，每去一次科尼斯堡要花多少钱，并告诉我们，隔多久能去一次。有机会去柏林时，这

---

① 这封信是同娜·康·克鲁普斯卡娅合写的。——俄文版编者注
② 手稿上空出了写地址的地方。——俄文版编者注

就是取箱子的接头地点(和暗号)。① 必须准备一些东西把箱子装满。

从慕尼黑发往维堡

载于 1928 年《列宁文集》俄文版
第 8 卷

译自《列宁全集》俄文第 5 版
第 46 卷第 125—126 页

79

致柳·尼·拉德琴柯

(不早于 7 月 18 日)

帕沙：为什么好久不写信来？**技术**问题解决得怎么样了？为什么一次也没有把通讯稿寄来？请注意，您很快将收到一封由雅布洛奇科夫署名的信，密匙是"海湾上有一棵绿橡树"(或"小学生")。这个人也可能到您那里去。他完全是我们的人。请设法把在……②的工人和知识分子的那些关系交给他。③

我们曾经收到过不知是您还是鲁勉采夫④托人带来的一张附有地址的便条。我们按这个地址给您寄了一封信，用化学方法把我们的通知写在信里了。没有回音。您大概没有收到吧？望尽快答复这封信，并同我们建立通信联系。这是给您的地址⑤。

---

① 手稿上没有写明接头地点和暗号。——俄文版编者注
② 手稿上勾去的一个词无法辨认。——俄文版编者注
③ 这一段是娜·康·克鲁普斯卡娅写的。——俄文版编者注
④ 手稿上勾去鲁勉采夫这个姓。——俄文版编者注
⑤ 手稿上没有写出地址。——俄文版编者注

您的地址是否可用？（请重写一下）。①

从慕尼黑发往哈尔科夫

载于1928年《列宁文集》俄文版
第8卷

译自《列宁全集》俄文第5版
第46卷第126页

80

致帕·波·阿克雪里罗得

1901年7月21日

亲爱的帕·波·:我总想回您的信,但一直拖到收到了这篇文章才动笔。既然这使您感到吃力,那就不必特别赶着读它,甚至可以根本不读它,以便好好休息一下,治一治病。格·瓦·已经相当详细地把他认为要作适当修改的地方写信告诉了我,当然,我会尽力修改**所有**这些地方**192**(只是关于改变**口吻**这一点……还不知道能不能办到。我未必能用外交口吻来描述那位使我非常激动的先生。格·瓦·以为读者不会理解我的"憎恨心情",这也不见得完全正确:我们不妨拿帕尔乌斯为例,他并不知道作者是谁,但是读了序言之后,也对这个"笨蛋"——用他的话来说,但这是带引号的——产生了敌意)。我很不乐意在您去治病和休养的时候,我们还叫您担负这两项工作(读我的和正统派的文章)。最好想办法好好利用时间安心治病,无论如何不要因为审稿而增加负担。

---

① 手稿上括号中的字已被勾掉。——俄文版编者注

来信（和寄手稿等等）请只写这个地址：

慕尼黑　加贝尔斯贝格尔街20　a/II号

卡尔·列曼医学博士先生（内写**交迈耶尔**）。

里特迈耶尔的地址**不再用了**（但是，如果您在收到这封信以前，已经寄了什么到里特迈耶尔那里，我们还是可以收到的）。

您有没有李卜克内西的《论土地问题》（1876年莱比锡版）一书？或者苏黎世的哪位同志有这本书？为了写一篇反驳切尔诺夫的文章，我**很需要**这本书，在这里，无论图书馆，或帕尔乌斯、列曼那里都没有。

好，再见！紧握您的手，祝您好好休养并祝**彻底**康复！

　　　　　　　　　　您的　彼得罗夫

附言：还有一个请求：您（或者格罗伊利希）有没有**国际代表大会的记录**或《**先驱**》杂志[193]（好像那上面有确切的报告）？这位切尔诺夫不让我安静一下，——显然，他这个坏蛋**在歪曲**事情的真相，引用国际代表大会记录，甚至把"同道者的村社"也归罪于"教条式的马克思主义"（里廷豪森语）[194]。如果您能帮我找到这些材料，我将非常感激您。

如果您为了这些事情需要到处奔波，那**请不要找了**，我是可以对付过去的。

再有一个请求。（我觉得太对不起您，对您提出的请求太多了，但是已经开了头，就很难收住了。**不过说实在的**，如果需要您奔波，比如外出找书等等，那就算了，把我的所有请求都放下"不管"好了,我是可以对付过去的。无论如何我总要把切尔诺夫痛斥一顿。)事情是这样的。切尔诺夫这个畜生引用了恩格斯的《德国农民》一文(在1900年《俄国财富》杂志第1期上。)我找到这篇文章看了,它是恩格斯的《马尔克》一文[①](《社会主义从空想到科学的发展》这本小册子的附录)的译文(我这里只有这本小册子的1891年第4版)。但在这个译本的末尾增加的**两段俄文在原文里没有**,而且有些地方十分令人怀疑:"恢复〈原文如此!〉马尔克"等等。

这是什么?《**俄国财富**》杂志的篡改? 如是这样,就应当好好地痛斥他们一番。不过首先尽量研究一下:俄译文按语中说,恩格斯的文章"于80年代发表在一本德国杂志上,文章上没有署名。但是,恩格斯在寄给他的一个朋友的校样上签上了自己的姓名的第一个字母"。您是否知道,(1)这是一本什么"德国杂志"? 是《**新时代**》杂志吗?(2)你那里是否有一本最初几版的有附录《**马尔克**》的《社会主义从空想到科学的发展》小册子。必须对照一下,在最初几版的小册子中,是否有第4版所没有的那些段落?(虽然这是不大可能的。)

其次,为了对照,需要威·沃尔弗的《西里西亚的十亿》[195]这本小册子,这本书我在这里的图书馆找不到,"前进"书店里也没有,已经卖完了。

从慕尼黑发往苏黎世　　　　　　　译自《列宁全集》俄文第5版

载于1925年《列宁文集》俄文版　　　第46卷第127—129页

第3卷(非全文)

---

① 参看《马克思恩格斯全集》第1版第19卷第351—369页。——编者注

81

致格·瓦·普列汉诺夫

1901 年 7 月 25 日

亲爱的格·瓦·:关于土地问题的书籍昨天已经收到了,谢谢。我差不多完全陷到我那篇反驳切尔诺夫(在一定程度上也反驳赫茨和布尔加柯夫)的关于"土地问题"的文章里去了。我认为应当把这位切尔诺夫**狠狠地**痛斥一顿。

维里卡刚才在这里,她念了几段您给她的信。关于校对问题我们已经做了"力所能及的一切",也就是说已经把修改的地方通知狄茨了,如果还来得及就修改正文;如果来不及,我们**一定**把更正附在书后面;因此,保证不会出什么大乱子。校对是由我的妻子担任的,她根据手稿校对过(您注明"我没有这样写!"的地方大概是笔误,因为我现在发现手稿中写的确实是"五月起义"。这个地方我们也改正了)。由于校对员的错误是不可避免的,所以我们从现在起将切实采用您提出的"策略":把**一校样**(送二校样就晚了)送给作者看,作者**只要**校正那些**影响原意**的漏句、漏字或调换个别词,而不必去校正个别的字母和标点符号,因为这可以由校对员来做,并且这也是无关紧要的。

我已经收到了帕·波·寄来的我的文章[196]和他的信。帕·波·也赞成口气缓和一些。不用说,您和帕·波·具体指出的应该缓和口气的地方我**已经都修改了**。至于改变整篇文章的口吻或者把所有的抨击都改成一种傲慢的挖苦的教训,我虽然很喜欢您的设想，但是我怀疑我是不是**能够**做到这一点。如果我不是对作者感到"气愤"，我就不会这样写了。既然"气愤"（不仅我们能够理解这一点，而且每一个读过序言的社会民主主义的读者都能够理解这一点），我就不想掩饰，也就用不着转弯抹角。我愿意力求缓和语气，力求不把话说死，这也许会收到一些效果。

您对阿列克谢的文章的意见（他已经焦急地等了好久）我将转告他。阿列克谢大概忘记告诉您，**他自己**已经把关于米海洛夫斯基的题目告诉梁赞诺夫了（这个题目将由梁赞诺夫来写）。**我想您正在为我们寄给您的《在光荣的岗位上》一书写评论。**

紧紧握手！

您的……

如果您看见柯尔佐夫，请告诉他，我非常感谢他给我寄来了《自由言论》杂志[197]。

我差一点忘记一件事。我还想向您请教一个问题。切尔诺夫这个畜生在1900年《俄国财富》杂志第1期上引用了弗·恩格斯的《德国农民》一文，**在**引文的**末尾**恩格斯说，应当"恢复马尔克"。我已经找到这篇文章。原来就是《社会主义从空想到科学的发展》的《附录》——《马尔克》①的译文，**其中《俄国财富》杂志在末尾增加的两段话**（18行）**在原文里没有**。全部译文我已逐段校对过，不知这两段是从哪里弄来的。必须揭露这种极端卑鄙的手法，不过……这会不会有什么误会呢？恩格斯的这篇文章有没有**另一种文本**呢？《俄国财富》杂志编辑部在俄译本上加的按语说：

---

① 参看《马克思恩格斯全集》第1版第19卷第351—369页。——编者注

"他〈恩格斯〉这篇文章于 80 年代" 是 1882 年吗?《社会主义从空想到科学的发展》的序言上的日期是 1882 年 9 月 21 日 "发表在一本德国杂志上" ?? 是《新时代》杂志吗? 或者是《苏黎世社会民主党人报》**198**? 您知不知道? "文章上没有署名" ??? 。"但是,恩格斯在寄给他的一个朋友的校样上" 原文如此!! 是丹尼尔逊吗? 关于这个问题您听恩格斯说过吗? "签上了自己的姓名的第一个字母"。同时,这篇文章的历史部分同《西里西亚的十亿》的序言和《新莱茵报》(**1849 年 3 — 4 月**)上的一篇文章完全相同。

您能帮助我弄清楚这个问题吗? 在《新莱茵报》或其他什么地方,《马尔克》这篇文章会不会有**另外一种文本**呢? 会不会是恩格斯**后来**删掉了末尾关于"恢复马尔克"的两段呢??

从慕尼黑发往日内瓦

载于 1925 年《列宁文集》俄文版
第 3 卷

译自《列宁全集》俄文第 5 版
第 46 卷第 129 — 131 页

82

致帕·波·阿克雪里罗得

1901 年 7 月 26 日

亲爱的帕·波·:您的来信已收到,并已仔细读过了(阿列克谢也看了)。您这样详细地提出意见**199**,我非常高兴。只不过您

认为我过分("相当地")"固执",这是不公正的。**凡是**您认为语气
应当缓和的地方(以及格·瓦·的所有意见)我都考虑了,就是说,
语气都改得缓和了。"每个卢布工资增加一戈比"的口号将能够团
结所有的工人,我在这句话后面加了一个括号,注明"按经济派的
意见"。"限制专制制度"照您的意见改成了"消灭"。从我们要利
用自由派的意图来看,第82—83页是不够审慎的(即意思的表达
方式不够审慎),这两页我已根据您的意见,完全**删掉了**。我增加
了一个注释,其中提到了您的小册子《历史地位》,并指出我谈得不
够的问题您已经作了详细的解释。我还加了几句话,说我们很高
兴自由派(以尔·恩·斯·为代表)更加理解工人运动了。对于维
特记事附有这样一篇序言表示"遗憾"的话也都删掉了。还删掉了
文章的前一半和后一半中的一些尖锐的词句。总之,关于在枝节
问题上放缓和一些,我并不那么固执己见。但在原则上我绝不能
放弃我们痛斥尔·恩·斯·的政客作风的权利(也是我们的义
务)。我在反复地阅读了序言以后,深信他的确是一个政客,我在
文章中对近几个月来我们看到的(即同"牛犊"的交易和订立协议
的尝试等等①)都进行了批评,可以说是同这个家伙开诚布公,算
总账。我认为整篇文章的重点是说明地方自治机关的宪法地位问
题。"地方自治机关的"自由主义对社会的影响和经济主义对工人
的影响是一样的。我们对这两种狭隘性都必须予以抨击。

　　我们大概明天就能**决定**文章的问题了。如果这篇文章能够
立即付印,我将设法寄一份一校样给您。或许您还可以指出哪
些地方不恰当,我们还来得及改正(因为一校样和二校样仍然可

---

① 见本卷第41号文献。——编者注

以修改）。

　　紧紧握手！祝您好好休养并早日康复！为了您的健康,也许最好暂时什么东西都不要寄给您？不使您的休息和治疗受到影响？

您的　彼得罗夫

来信请寄:慕尼黑　加贝尔斯贝格尔街20a/II号

卡尔·列曼医学博士先生(内写**交迈耶尔**)

从慕尼黑发往苏黎世

载于1925年《列宁文集》俄文版
第3卷

译自《列宁全集》俄文第5版
第46卷第131—133页

83

致帕·波·阿克雪里罗得

1901年7月30日

亲爱的帕·波·:

　　收到了您寄来的李卜克内西的著作和《先驱》杂志。非常非常感谢！

　　首先简单地谈一件特殊的事情。我们决定与《俄国革命主义的复活》的作者安排一次会见,但无论如何不能在慕尼黑。我们确定在苏黎世,以便使我们的代表去的时候(初步考虑由我去)也能与您会面。这次会见定在公历8月**8—10**日(12日以前)。

　　请写信告诉我,您是否同意把您的住所用做会见地点,在这期间您能否在苏黎世,以便我和您见面(或者,更确切地说,我能否到您那里去,因为既然您在进行治疗,又何必让您来呢? 而对我来说,当然是不成问题的)。

　　这位先生将到您的住所去(如果您没有不同的意见,我们现在就写信给在日内瓦的阿列克谢的妹妹,由她转告这位先生),他将**自称索柯洛夫斯基**,向您(或您的妻子)要求会见《火星报》的代表。阿列克谢的妹妹将把这位先生出发的消息发电报通知我,我将及时赶到苏黎世,但不让他知道(我们不敢对他过于坦率!)我的住地。

　　民意党的杂志《俄国革命通报》[200]我们已经看到了(梁赞诺夫给我们看过一份),但自己还没有收到,尽管他们是答应给的。我只看过社论和对《火星报》的评论(是好评,但**赞成**恐怖行动)。我们和您大概很快都会收到。

　　考茨基写的序言我们收到了。在今天收到的您给姐姐的信中,您对我的文章[201]提出的意见,使我对您的态度有了很多的了解。希望就这一问题再谈一谈。好吧,再见!

　　　　　　　　　　　　　　　您的　**彼得罗夫**

　　格·瓦·来信说,您将到他那里去。您打算什么时候去? 如果您很快就要去,我们可以提前来苏黎世与索柯洛夫斯基会见。

从慕尼黑发往尼德尔浴场(瑞士)

载于1925年《列宁文集》俄文版
第3卷

译自《列宁全集》俄文第5版
第46卷第133—134页

84

致格·瓦·普列汉诺夫

1901年7月30日

亲爱的格·瓦·:您从别墅寄来的信和新书(《总结报告》①,布隆代、王德威尔得和德斯特雷)都已收到了,非常感谢。

没有收到捷贾科夫的著作,**大概也不会收到了**,因为这本书是向卡尔梅柯娃的书店[202]订购的,而卡尔梅柯娃**已被驱逐出**彼得堡,**期限是三年,她关闭了书店**(这是完全可靠的最新消息!)。

库列曼的著作今天我就寄给您。

关于《俄国财富》杂志伪造恩格斯的话的问题②,我正在尽力采取一切措施。

关于书评的问题我们还没有眉目。现在大家都忙于写自己的文章(维里卡写批评别尔嘉耶夫的文章,普特曼写批评《俄国财富》杂志的短评,我写土地问题的文章等等)。不过书评还来得及写。

我那篇反驳尔·恩·斯·的文章已经付印,许多措辞激烈的地方已改缓和了。我又写了一段补充说明,其中把德拉哥马诺夫的文章(《你们叩门,门就会开》)和尔·恩·斯·的文章作了对比,肯定了前者。[203]其中的一些措辞(由于维里卡的坚持)也要改缓和些。但是我批判的整个口吻已经不能作根本的改变。

国内来信说大家都被**别尔嘉耶夫**迷住了。可见对这样的人应

① 《农业衰落问题女王陛下调查委员会总结报告附录》。——编者注
② 见本卷第81号文献。——编者注

该**不只是**在纯哲学的范围内加以痛斥！好在维里卡正在写一篇评论，批评他最近在《世间》杂志上发表的文章。

知道您将和帕·波·会面并着手起草纲领，我非常高兴。如果我们能向大家提出一个由您和帕·波·起草的纲领草案，这将是向前迈进一大步。而这是一件最迫切的工作。

紧紧握手！

您的　**彼得罗夫**

从慕尼黑发往沃州(瑞士)

载于1925年《列宁文集》俄文版
第3卷

译自《列宁全集》俄文第5版
第46卷第134—135页

85

致列·叶·加尔佩林①

(7月31日和8月12日之间)

我们发去了一份电报，电报的意思是清楚的：同意。不过要注意，用电报联系十分危险，因为电报是要留底的。请尽量只用邮件联系。来这里洽谈细节没有必要。一切都可以在信中商量。您那里是否有有经验的印刷工人？要是有的话，就可以利用容易寄递(夹在杂志里等等)的纸型。这种方法的优点是：(1)不需要有铅字；(1a)要快得多；(2)用人比较少——这在秘密工作中意味着比

---

① 这封信是同娜·康·克鲁普斯卡娅合写的。——俄文版编者注

较安全;(3)报纸看上去是国外的,这从秘密工作角度来看也方便得多。作为试验,日内我们将用 K.……的地址把纸型装在硬封皮里寄给您。打开时要小心些,请用各种方法试印,并尽快把结果告诉我们。用纸型铸版所必需的"万能铅印机"约 300 马克一台,但不知在俄国是否能随便买到。请告诉我们,你们的机器是什么规格的？ 能否印我们《火星报》这样大的开本？ 总之,请尽快把你们印好的随便什么样本寄来看看。

如果你们的技术问题解决了,就请尽快地印出哪怕一号完整的《火星报》来也好(如果像第 6 号那样印 8 版有困难,那就照第 5 号那样印也行,它是 4 版)。对我们来说极为重要的是,在这里的代表大会[204]召开之前,也就是过一个月(至多一个半月),能拿到一份国内版的《火星报》。

800 卢布的债务是从什么时候算起的？ 我们现在经费很拮据,只有在你们的技术设备确实能每月至少印出 3 000—5 000 份《火星报》(4—8 版)的情况下,这笔债务才有可能偿还。但如果你们能够做到这一点,那么当然是会有收入的。

你们把收到的那些邮包寄到哪里去了？ 为什么要给埃及寄去 5 普特？ 第一次寄,我们不打算超过 1—2 普特,宁可多花些邮费。[205]能否在寄往埃及时注明"书籍"？ 多少时间才能收到？ 这是十分重要的。写地址时,请把一个个词分开来写,否则就弄不清楚,哪里是姓名,哪里是城市和街道。

从慕尼黑发往巴库

载于 1928 年《列宁文集》俄文版
第 8 卷

译自《列宁全集》俄文第 5 版
第 46 卷第 136—137 页

86

致列·伊·戈尔德曼

(7月31日和8月12日之间)

致阿基姆

亲爱的同志:您寄来的邮包可使我们高兴了! 干得真出色,甚至连茨韦托夫也这样说。您误会了我们的意思。我们一点也不反对在俄国国内出版《火星报》,相反,我们完全承认,这将对工作十分有利,我们一直希望能做到这一点,不过,说实在的,我们过去不太相信这件事能办成。现在您促使我们相信这一点。现给您寄上 X 的一篇文章,这是准备刊登在《曙光》杂志第 2 期上的,但我们认为出版单行本很有好处。您读过以后,大概是会同意我们的意见的。请把它印 1 000 份。材料以后不会再耽搁了,望提出下一本小册子的材料需要寄到的日期。以后,我们就要给报纸寄材料了。① 再说一遍,您使我们感到非常高兴。

针对有关否决的谣言将在第 7 号上刊登一条简讯,——那纯粹是一派胡说。

您来信说《火星报》应当建立组织,这是完全正确的。只是您说离开时要留个组织在俄国国内,这就不对了。

要说在事先就做到这一点,那是难以想象的,只有在工作进行过程中,才能弄清楚,组织应当怎样建立。您说得对,现在情况很混乱(部分是由于递送方式引起的),我们的大多数代表都来信谈到了这一点。我们打算这么办:把我们拟定的组织草案寄给国内的两三个人讨论,在他们的帮助下订立组织章程。敖德萨的传单我们手头没有。请寄来。

在这里见到过您的一个新朋友以他个人的名义为这一成就

---

① 对我们来说极为重要的是能尽快拿到俄国版的《火星报》。如果不行的话,请把《火星报》的单篇文章印出来。

向您三呼乌拉$\boxed{!!!}$　①

从慕尼黑发往基什尼奥夫

载于1928年《列宁文集》俄文版
第8卷

译自《列宁全集》俄文第5版
第46卷第137—138页

87

致谢·奥·策杰尔包姆

（7月下半月）

　　刚刚接到附有帕霍米的兄弟②、雅布洛奇科夫和布鲁斯科夫的计划的来信。坦白地说,我们不仅不能同意这个计划的任何部分(虽然第一部分还有争论的余地),而且简直感到惊奇,尤其是第二部分:(1)全部迁到彼得堡去;(2)建立《火星报》国内组织的地区机关报。这太令我们吃惊了,所以预先说明,如果在后面谈这个问题时措辞过分尖锐,请您不要见怪。

　　这简直是不可思议的! 为了实现这个巨大而又极为迫切的任务,忙了整整一年,费了九牛二虎之力,好容易才在俄国国内组成了一个领导者和组织者的参谋部(这个参谋部还非常小,除了上面提到的那三个人之外,另外还有两三个人,而要办一个全俄机关报需要数十个这样的**不仅**有词章修养的精力充沛的工作人员),现在

----

　　① 这是写在娜·康·克鲁普斯卡娅信上的附笔。——俄文版编者注

　　② 谢·奥·策杰尔包姆。——编者注

突然又要把已经建立起来的东西毁掉，恢复过去的手工业方式！我简直不能想象，对《火星报》说来还有什么比这更严重的自杀策略了！建立类似现在《南方工人报》那样的地区机关报，这就意味着又要花一大笔钱，抽一大批人力来搞编辑、技术、发行等工作，这是为了什么呢？为了一年半出5号报纸！何况现在一年半无论如何也出不了这么多报，因为《南方工人报》有有利条件，它是由一个工作开展得最好的、已经成熟了的委员会，即由一个完整的组织所创办的。而你们目前只有三个人。不去反对那种使彼得堡人忘记莫斯科，莫斯科人忘记彼得堡，基辅人只知道基辅的狭隘性，不去培养人们学会管理全俄事业（如果我们想建立一个名副其实的政党，就必须年复一年地教会人们这样做），反而去鼓励用手工业方式进行工作，鼓励地方狭隘性，不去鼓励发展全俄社会民主党，反而去鼓励发展波舍霍尼耶式的社会民主党，这样做的结果只会产生波舍霍尼耶遗风[206]，不可能是别的。经验证明，对于建立一个真正的政治性机关报来说，我们的力量还很不够，我们还缺乏撰稿人和采访员，缺乏有政治联系的人，也缺乏技术工作人员和发行工作人员。

整个俄国都**缺乏**这种人才，可是我们却要分散使用他们，为了另建新的地方性刊物，而抛弃已经开始进行而正需要各种支持的全俄性的刊物。这个新计划即使能取得辉煌的成就，也会降低俄国社会民主党的水平，降低它的政治作用，因为不可能有"地方性的"政治报纸，因为地方性机关报往往办不好一般政治栏。你们来信说要搞"群众性的"机关报。我们根本不想理解你们所说的是个什么怪物。难道连帕霍米的兄弟也已经认为：必须降低水平，必须从先进分子降低到群众，必须写得简单些，更接近生活些吗？？难道我们的目的是向"群众"看齐,而不是把已经有所行动的群众提高到有组织的政治运动的水平吗? 难道我们缺少的是工厂来信,而不是政治性的揭露、政治知识和政治性的**概括**吗? 可是为了推广和深化我们的政治性的**概括**,却要把总的事业拆成各个地区性的事业! 他们的地区机关报计划除了会降低政治水平以外,也必然会降低技术工作的水平。只要一切力量都**联合起来**办《火星报》,我们每月就可以出版一份刊有真正的政治材料的报纸(一年来的经验已经**证明了**这一点),而地区机关报现在连每年出4号都是不可能的。只要我们不是性急地今天搞一个计划明天又去搞另一个计划,不因暂时的失利和全俄事业进展缓慢而急躁不安,再过一年半载我们就完全可以出版双周刊(我们早就坚决主张这样做)。当然,我们的前提是,帕霍米的兄弟、雅布洛奇科夫和布鲁斯科夫仍旧和过去一样,同意《火星报》的方针和组织计划,如果他们改变了对这些问题的看法,那就另当别论了。总之,我们一点也不理解,这些人为什么这么快就对这个计划失去了信心?(因为他们不会看不到,新计划会破坏旧计划。)是因为运输问题吗? 但是,到目前为止他们仅仅作了**一次**安排自己的路线的尝试,而这次尝试也还没有完全失败,我们就是**失败**两三次也不应该就不干了。是不是这些人已经不再赞成在国外出版,而赞成在国内出版呢? 但是他们明明知道,我们已为在国内出版想尽了**一切办法**,并且几乎花了1 000卢布,但是直到现在还没有成效。老实说,我们认为,任何想由《火星报》俄国组织出版不管什么样的地区机关报和地方性机关报的计划,都是绝对错误和有害的。《火星报》组织的存在是为了支持和发展《火星报》,是为了实现党的**统一**,而不是为了**分散**那些在没有这个组织以前就非常分散的力量。关于全部迁往彼得堡的问题，我们只谈一点：像帕·波·和帕霍米的兄弟这样的工作人员我们很缺少，必须爱护他们。如果集中在一个地方，那么，全部垮台的危险性就要大一百倍。如果他们认为那里一个人太少（这只有他们最清楚），那就让秋天被释放的那个人（帕霍米的兄弟）去帮助他，但是不要去两个人。其次，为了他们的安全，也是为了统一的工作，必须提醒他们，绝不要忘记经常变换住地。最后，如果彼得堡的委员会被争取过来了，那当然要让它全力以赴地从事《火星报》的工作，努力使《火星报》多出版，反对任何新的手工业方式的活动。手工业方式是一个比"经济主义"凶恶得多的敌人，因为我们深信，经济主义最深远、**最主要的**根源恰恰就是手工业方式。只要我们还没有克服这种手工业方式，还没有使它声誉扫地，政治性的（不仅在口头上，而且在实际上是政治性的，即能够直接影响政府，并能够准备总攻击的）运动就绝不会产生。《南方工人报》在圣彼得堡销售了400份，而"社会主义者"社则预定推销1 000份《火星报》。只要能够推销这么多份报纸，只要在报纸上增加一个内容丰富的彼得堡栏（必要时可以出一个附刊），那时就可以完成你们所面临的任务，使其他一切争取彼得堡的任务都相形见绌。我们认为必须提醒你们，所有的"实际工作者"都承认，《南方工人报》不如《火星报》容易为工人接受，因此，这种理由也是不能成立的。《火星报》现在没有钱，任何一个在俄国的代办员都没有给它一分钱，可是每个人又都想花一笔资金去搞一个新刊物，这种分散使用力量和资金的做法是愚蠢的犯罪的行为。所有这一切都说明人们缺乏坚韧性。应当更有耐心一点。依靠我们的计划，我们的目标是可以达到的，虽然来得慢一点，而实现你们提出的计划将会有什么结果呢,《工人旗帜报》[207]的可悲下场就是一个例子。我们的朋友们迫不及待地各自开始实行自己的计划了,雅布洛奇科夫违反了规定,他撇下敖德萨不管(那里必须要有一个我们的代办员),跑到彼得堡去了。我们要求他们放弃新计划。如果他们认为我们的理由不充分,那就请他们先不要执行任何新计划,等我们设法把工作安排好以后,在必要的情况下召开代表大会来解决。至于通俗读物的问题,我们本来就打算要多出一些通俗的小册子。这封信不仅代表我们小组的意见,而且也代表"劳动解放社"的意见。

从慕尼黑发往维尔诺

载于1925年《红色史料》杂志
第4期

译自《列宁全集》俄文第5版
第46卷第138—142页

88

致帕·波·阿克雪里罗得

1901年8月4日

亲爱的帕·波·:我们收到了您30日的来信,今天又收到了您从尼德尔浴场寄来的信,得知我们可以在您那里安排会见。这使我感到很高兴。希望我们在这星期就能见面畅谈,因此现在我只给您写封短信"谈一件正经事"。

就在今天我**经由斯图加特**给苏黎世一个姓芬的人寄出了一封信:这封信是介绍他去找您的。我的妻子和我的姐姐在国内时对于这位芬(**他被捕前**)有所了解(**不多**)。他给人的印象是浅薄,但没有根据怀疑他不诚实。他因莫斯科事件[208]同臭名昭著的叛徒**鲁马**一起被捕,后来被流放到阿斯特拉罕。阿斯特拉罕的流放者(我们十分熟悉的那些人)也并不怀疑他的诚实,何况芬是**最早**识破鲁马叛变行为的**人之一**。

芬在流放期满来到国外后,曾在柏林住过一段时间,在那里,开始时我们的代表大概跟他处得还融洽,但后来就不再来往了。**昨天**突然收到了柏林人寄来的一封出乎意料的信,信中说芬"不遵守党的行动准则";"他给人的印象极为恶劣";他"知道鲁马跟祖巴托夫的关系";还说他们虽不认为他——芬——是奸细,但建议我们要小心。

这封信使我们大吃一惊,因此我们小心到了这样的程度,以致我竟**没有**同芬**见面**①(阿列克谢只跟他讲了会见的地点,甚至没有透露自己跟这事有什么关系),只有我妻子同他见了面,对他说,我**住在斯图加特**,现在还在那里。

这就是为什么我经由斯图加特给他写信,现在又请您使他相信这一点的原因。

芬能写点东西。我想,我和阿列克谢没有同他见面,也没有亲自认真分析,弄清事实,是犯了一个错误。看来,芬之所以同柏林人不再来往,是因为他拒绝满足他们的要求:为《火星报》把鲁马案件的**来龙去脉**写出来。这就引起了他们的怀疑。芬对我妻子说,他之所以不能这样做,是因为鲁马会因此而直接了解到他——芬——同秘密报纸有联系。芬没有这样做,而是交给了

---

① (我从来不认识芬,也没有见到过他)。

我妻子一张几行字的便条，扼要地说明**鲁马跟祖巴托夫有确凿无疑的关系**。

现在为了更好地把这件事全部搞清楚，我马上就写信给姐姐，她在芬被捕前就知道他并在莫斯科见过他。我将请姐姐写回信给我，**也直接写信给您**。至于您，请同芬谈一谈并试探他一下，同时，如果没有什么不方便的**话**，请留他在苏黎世多住几天，以便我也能同他见面（这要比在这里合适得多），尽力纠正自己由于受柏林人那封令人吃惊的信的影响而造成的错误。

芬还要到格·瓦·那里去，请您为他给格·瓦·写一封短信，同时请把我的这封信转寄给格·瓦·，让格·瓦·知道这件事。

再说一遍：再见！

您的　**彼得罗夫**

从慕尼黑发往苏黎世

载于1925年《列宁文集》俄文版
第3卷

译自《列宁全集》俄文第5版
第46卷第142—143页

89

致帕·波·阿克雪里罗得

1901年8月24日

亲爱的帕·波·：寄上涅夫佐罗夫改写的文章。对于这篇文章我们有两种解决办法：或者在《**曙光**》杂志上发表，或者干脆不发表。表决结果，人数各占一半（阿列克谢和阿尔先耶夫**赞成**，维里卡·德米特里耶夫娜和我反对）。请您也表示自己的态度吧。我必须指出，特别使我生气的是，大家（连阿尔先耶夫也在内！）都说文章是"卑鄙的"、"变节的"（格·瓦·也这么说），可是又老谈发表的问题！依我看，这是最坏的纵容姑息的策略。他们替这篇文章辩护，说"这是撰稿人给编辑部的信。不刊登**不恰当**"。我认为，既然撰稿人采取**这种**做法，我们就应该加以制止。他要拿到《工人事业》杂志去发表，就随他的便吧（涅夫佐罗夫甚至给我们来信，问我们是不是不反对这样做!!? 原文如此！）——这比起在我们的《曙光》杂志上发表，能更好地"有根据地证明"他的面目，并且骂起他来也更自由。（**赞成**的理由之一是：发表它就有理由反驳流行的论据。）

总之，请您来决定吧！

芬的文章怎么样？如果讲得好（像您所说的那样），是不是可以登在《**曙光**》杂志上？能不能寄来看看？

身体好吗？听说您离图恩不远，希望他们把信转给您。

您想什么时候到格·瓦·那里去？关于纲领，我们对您抱着很大的希望。

好，再见！祝您早日康复！紧紧握手！

您的　**彼得罗夫**

《火星报》第7号日内即可出版。格·瓦·的文章（第二篇反驳司徒卢威的）已送给《曙光》杂志了。以后还要送去涅夫佐罗夫、阿列克谢、维里卡·德米特里耶夫娜、阿尔先耶夫等人的文章，以及我的论土地问题和格·瓦·反驳伯恩施坦的文章（对他的著作的俄译本的评论）。没有国外评论。达涅维奇是不是要写？他已经给《火星报》寄来了第二封信(将登在第8号上)。

从慕尼黑发往海利根施文迪(瑞士)

载于1925年《列宁文集》俄文版
第3卷

译自《列宁全集》俄文第5版
第46卷第144—145页

90

致帕·波·阿克雪里罗得

1901年8月30日

亲爱的帕·波·:今天收到了您的信,立即把我的文章[209]的校样给狄茨寄去了。您指出的要修正的地方——在文章末尾把自由派同革命派分开,只有"我们"才称得上是革命派——我已经修改了。关于"命中注定的失言",再没有办法更动了,因为要修改这一处,就要改动很多地方,况且文章的整个精神也不容许作这样的修改来消除"片面性"(您认为说明上带有"片面性",这当然是对的,在这篇专门进攻我们对手的一个侧翼的论战性文章中,怎能保持全面性呢!就是说,我想说的是,这个**缺点**太大了,局部的改动是消除不了这个缺点的,——而决不是说,我不认为这是缺点)。

您的来信我们都收到了。我不知道姐姐的情况怎样,因为好久没有得到她的什么消息了。

您想必已经接到阿列克谢叙述代表大会[210]遇到障碍的信了?我们想知道一下,您和达涅维奇将怎样解决这个问题。

第7号①出版了,当然已经给您寄去了。第8号登有梁赞诺

---

① 《火星报》第7号。——编者注

夫的文章《沙皇的酒吧间》(谈酒类专卖权问题),另外预定发表一篇文章谈谈把西伯利亚的土地拨给贵族的新法令(6月8日)①。在社会新闻栏内登有自由派召开代表大会②、西伯利亚流放者遭到无理对待、库尔斯克这样的穷乡僻壤表现出深刻的不满情绪、教会中学和普通中学学生的骚动等消息。此外还收到一个工人写的非常有趣的文章——是反驳达多诺夫的。**211**这个达多诺夫曾经在《俄国财富》杂志上破口大骂伊万诺沃-沃兹涅先斯克的工人。据说(我还没有读到)这篇文章写得非常好,弄得我们不知登在哪儿才好,是登在《火星报》上呢,还是登在《曙光》杂志上。《火星报》第8号还有达涅维奇从法国写来的一封信。

而在《曙光》杂志上就是没有国外评论!甚至连内政评论也未必有!**212**真糟糕!这期《曙光》杂志太臃肿了。现在已经有6个印张,另外还要+4个印张(普列汉诺夫的《批判》)+2个印张(普列汉诺夫反驳伯恩施坦)+2个印张(涅夫佐罗夫+阿列克谢的)+2—3个印张(维里卡·德米特里耶夫娜和斯塔罗韦尔的)……　而我完全陷在土地问题上面了。

好吧,也许马上就要见面了。

紧紧握手!

　　　　　　　　　　　您的　**彼得罗夫**

从慕尼黑发往海利根施文迪(瑞士)

载于1925年《列宁文集》俄文版
第3卷

译自《列宁全集》俄文第5版
第46卷第145—146页

---

① 见《农奴主在活动》(本版全集第5卷第77—81页)。——编者注
② 见列宁《地方自治人士代表大会》(本版全集第5卷第82—83页)。——编者注

91

致格·瓦·普列汉诺夫

1901 年 9 月 18 日

亲爱的格·瓦·：

我刚才已经把您要求补充的内容补充到您那篇反驳伯恩施坦的文章中去了，我还把文章分了章节。很担心章节分得不恰当（也担心关于考茨基的注释加得不恰当）。不过这一点您很容易**在校样上**改正。

还要请您注意我在原稿第 77 页（反面）和（在第 78 页）勾去的地方所作的补充。也许要把所有这些地方总的修饰一下吧？

您反驳伯恩施坦的文章现已付排。校样将和原稿一起寄给您，好让您能够看到我作了哪些补充。

附上一封交拉钦斯基的信。

好久没有得到您的消息了。身体好吗？是否打算去看看帕维尔·波里索维奇？什么时候去？

我正在十分专心地写"土地问题"的文章，这篇文章实在拉得太长了。

紧紧握手！

您的　**彼得罗夫**

从慕尼黑发往日内瓦

载于 1926 年《"劳动解放社"文集》第 4 辑

译自《列宁全集》俄文第 5 版第 46 卷第 146—147 页

92

致柳·伊·阿克雪里罗得

(10月5日或6日)

尊敬的柳·伊·:请您派人**立即**把我们代表大会的主要文件抄写出来,并马上按下列地址寄给我们:

慕尼黑

加贝耳斯贝格尔街20a号

卡尔·列曼医学博士先生。

我们**目前**极需这些文件,因为要给最近即将返回俄国的朋友们看一看。因此,务必请您赶快派两三个姑娘把下列文件抄写出来:

(1)日内瓦决议。

(2)弗雷发言中提出的两个问题。

(3)联合会关于崩得的声明和我们的回答:承认崩得但"不涉及"其他问题。

(4)联合会对日内瓦决议所作的修正。

(5)"斗争"社的声明。

(6)**我们退出代表大会的声明。**

总而言之,就是所有提交主席团的那些文件。

请您赶快写回信到慕尼黑(我们即将离开这里)。

紧紧握手!

弗　雷

写于苏黎世(本埠信件)

载于1929年《列宁文集》俄文版
第11卷

译自《列宁全集》俄文第5版
第46卷第147—148页

93

致彼得堡火星派小组①

（10月15日以后）

你们务必向我们报告,而且要定期报告,在整个圣彼得堡协会中,特别是在它的核心中,有哪些倾向以及这些倾向具有多大的代表性,是否有积极肯干和享有威信的人等等。我们必须十分确切地经常了解圣彼得堡协会的情况。**213**

从慕尼黑发出

载于1928年《列宁文集》俄文版
第8卷

译自《列宁全集》俄文第5版
第46卷第148页

---

①　这封信是写在尤·奥·马尔托夫信上的附笔。——俄文版编者注

94

致格·瓦·普列汉诺夫

1901年10月21日

　　亲爱的格·瓦·：前几天曾给您寄去一份《新时代》杂志第1期，上面刊有恩格斯的一篇关于纲领问题的文章[214]。我想这对您的工作，即起草纲领草案的工作不无帮助。其次，校样今天已给您寄出，看过以后请您迅速直接寄给狄茨，并写上"付印"。

　　我收集了一点写内政评论①的材料，日内我将集中精力写这篇东西(目前我不大舒服，好像是旅行[215]后患了流行性感冒)。这件工作结束后，需要给《火星报》写文章，然后继续写那本已经延搁了好久的小册子[216]，所以我实在没有时间参加起草纲领的工作，只有把希望寄托在您身上。

　　您能够给我们推荐一个法国人写法国通讯吗？(达涅维奇大概不会同意)

　　紧紧握手！

您的　列宁

从慕尼黑发往日内瓦

载于1925年《列宁文集》俄文版
第3卷

译自《列宁全集》俄文第5版
第46卷第148—149页

---

　　①　见本版全集第5卷第268—312页。——编者注

95

致柳·伊·阿克雪里罗得

1901 年 10 月 22 日

尊敬的柳·伊·:

我没有马上给您回信,现在这封信又写得很简短,请原谅,因为我又病了,好像是流行性感冒,脑子一点也不管用。依我看,如果不能写出关于代表大会的报告,那么就得这样办:把在大会期间提交给主席团的所有文件和声明(日内瓦^①决议、对决议所作的修正、联合会的声明和我们关于崩得的声明、我们退出代表大会的声明等)按顺序翻印出来。对**任何**发言都不要加以阐述(不仅不要详细地转述,而且根本不要加以阐述),而只要用几句话**把**这些文件**连接**起来。我认为,这些文件很有说服力,本身就十分清楚地说明了问题,因此把它们翻印出来就足够了(只要指出,这些文件是怎样、按什么顺序和由于什么原因提交或宣读的),——在所有明白事理的人看来,这也就是我们退出代表大会的完整的说明。**217**

如果弗雷提出的问题您那里没有,请向莱特伊仁和唐恩去要,他们那里也许会有。

请您试试只把文件作一番对比,并尽快把搞好的东西寄往日内瓦,那里会印出来的,如果需要的话,可能要作一些小的修改。

---

① 手稿上误写为"伦敦"。——俄文版编者注

握手！

您的……

从慕尼黑发往伯尔尼

载于1929年《列宁文集》俄文版
第11卷

译自《列宁全集》俄文第5版
第46卷第149—150页

96

致格·瓦·普列汉诺夫

11月2日

　　亲爱的格·瓦·:来信收到了。您的文章我们打算在《火星报》第10号上发表。第9号日内就要出版,由于篇幅增为8版,所以出晚了。

　　《新时代》杂志第1期和第3期您收到了吗(用完以后请**寄还**)?那上面有恩格斯和考茨基写的关于纲领问题的文章,这可能对您有些用处,所以我就寄给您了。您打算什么时候结束起草纲领的工作呢?

　　关于为马克思文集[218]写书评的问题您只字未提。我们认为您终究会把它寄来的,《曙光》杂志第2—3期合刊上非常需要这篇评论。第4卷是拉萨尔给马克思的信,将于11月4日出版,这一卷用不着写书评了,免得耽误出版。

　　内政评论①我已经写好。阿列克谢写了一篇关于吕贝克的文

----

　　①　见本卷第94号文献。——编者注

章。书评有:您的关于弗兰克的评论,阿列克谢的3篇+您的一篇关于马克思文集的评论,可能还+维里卡·德米特里耶夫娜的关于《自由》杂志的评论。这就足够了。

总之,《曙光》杂志第2—3期合刊已编好,就等着印刷了,11月中旬大概可以印好。

紧紧握手!

您的……

附言:我对起草纲领的工作问得这么勤,是因为我要知道,《曙光》杂志第2—3期合刊出版后,第4期的材料是不是立即就能准备好,以便送去排字。为了这件事,狄茨老是缠着我。

如果梁赞诺夫的文章您还没有寄出,请**立即**寄来,否则他要把阿列克谢唠叨死了。梁赞诺夫(帕尔乌斯同他一道,并支持他)因为文章延期发表,非常抱怨,似乎想不干了。帕尔乌斯对我们说:"你们不会当编辑!"

如何?

从慕尼黑发往日内瓦

载于1926年《"劳动解放社"文集》第4辑

译自《列宁全集》俄文第5版
第46卷第150—151页

97

致埃·李·古列维奇

1901年11月3日

亲爱的同志:您临走以前我们在此地交谈时,您曾对我们说过,不管我们的关系怎样,即使有分歧也罢,您反正仍然是我们刊物的撰稿人。此后,就在我们组织之间的谈判不欢而散的时候,我们彼此还再三强调,我们毫无"互相宣战"的意思,尽管暂时有分歧,我们仍然是政治盟友。

因此,我们希望您仍旧从法国给《火星报》来信。可惜,关于这个问题我们不能从驻在此地的贵社成员那里得到肯定的答复。请告诉我,今后您是不是还打算给我们撰稿。

当然,您知道我们多么珍视您为我们撰稿,现在,在"同盟"①成立之后,我们同贵社的组织关系复杂化了,可是从我们方面来说,今后写作上的密切交往在任何情况下也不会有什么障碍。我们希望保持这种密切交往。

致同志的敬礼!……

附言:从梁赞诺夫的话里可以推论,我所说的关于我们的分歧可能影响到写作协议的话被误解了。我指的仅仅是关于小册子的合同("同盟"成立了专门的小册子编辑部),"同盟"的成立

---

① 俄国革命社会民主党人国外同盟。——编者注

并不涉及《曙光》杂志和《火星报》的编辑部同撰稿人的纯写作关系。

从慕尼黑发往巴黎

载于1930年《列宁文集》俄文版
第13卷

译自《列宁全集》俄文第5版
第46卷第151—152页

98

致格·瓦·普列汉诺夫

1901年11月3日

　　亲爱的格·瓦·:今天维里卡·德米·带着一项"外交"任务"神态异常地"来到我们这里。我们不禁感到惊讶,因为事情**本身是很清楚的**,在这方面当然谈不上什么外交不外交——这是她在开玩笑。现在给您寄上50卢布。如果这些钱加上您那里剩余的292法郎还不够用,那您就一定要尽快来信,我们再给您寄,因为我们的财务现已"整顿就绪"。(我不知道是否有人对您说过或写信告诉过您,我们现在总的说来比较有希望定期获得可观的收入——就像最近收到的1 000卢布那样[219]——因此,加上从俄国寄来的几笔款子,我们估计至少可以维持两三年,尽管支出普遍增加。)需要时请随时来信,不必客气。

　　昨天就几件小事写了一封信给您。① 收到了吗?

---

　　①　见本卷第96号文献。——编者注

紧紧握手!

您的　**彼得罗夫**

从慕尼黑发往日内瓦

载于1925年《列宁文集》俄文版
第3卷

译自《列宁全集》俄文第5版
第46卷第152—153页

99

致加·达·莱特伊仁

1901年11月10日

　　亲爱的莱特伊仁:我同那位您向他泄露了同盟内部机密的先生[1]见过面了。他正在吵吵闹闹。

　　我不能不说,您犯了一个相当大的错误。

　　第一,为什么您把关于这位先生[1]的事情告诉非同盟成员莱博夫和瓦塞贝格?? 先生对这一点抱怨得特别厉害。而他是对的。同盟对第三者的态度应该**只**让同盟成员知道。我认为,您应该把莱博夫和瓦塞贝格这两个人狠狠训斥一顿,并在今后不要再这样信任他们了:既然您认为可以告诉他们,那么他们就该无条件地保持缄默。

　　第二,为什么您不立即了结这件事情,以**防止**这位先生到格·瓦·那里去和到我们这里来?? 要知道您是有正式职务的人,是管理机关成员。因此,应该由您来**接受**这位先生的这种或那种申诉,

────────────

　　① 指亚·尤·芬-叶诺塔耶夫斯基。——编者注

经集体讨论他的申诉后,给他一个相应的集体的答复。您应该告诉这位先生,他**只能**通过您与同盟进行联系,因此,他对整个同盟或对同盟某一成员的**任何**意见,都应当向您提出,而没有权利为这件事去找不应当找的人(找格·瓦·或找我们)。

在我看来,您没有按照章程办事(章程直接规定一切意见归管理机关处理),因此,您除不谨慎外,还有不行使职权的过错。

好吧。请您不要因我直言不讳而生气。现在这一事件已告结束。我们对这位先生自然是这样说的:我们不主张您向同盟探问您自己的事(即同盟是否相信您等等)。这样做是没有道理的。同盟没有义务回答您。而您应该做的是:采取**一切**措施搞清楚鲁马案件(**它的一切**细节),收集**一切**证明材料,提请同盟审查这个案件,并公布审查结果(就是说对鲁马提出控诉和在必要时说明其他人无罪)。

他承认这是唯一可行的办法,并已开始写**自己的**证明材料。如果您知道还有证人的话,哪怕一个也好,请您自己也采取措施取得证明材料。

总之,我们现在的策略是:在同盟内部,暂时对"先生"持**保留**态度。**但**对同盟外部**也好**,**甚至**对关系疏远的同盟成员**也好**,关于这件事**都要只字不提**。您以为如何?

您的　**弗雷**

从慕尼黑发往巴黎

译自《列宁全集》俄文第5版
第46卷第153—154页

100

致格·瓦·普列汉诺夫

1901 年 11 月 11 日

亲爱的格·瓦·:我们收到了您寄给《火星报》的校样,它**正好**在最后的时刻寄到。第 10 号将在一星期后出版。

邦契-布鲁耶维奇通过狄茨给我们寄来了一封信,信中写道,他曾把《俄国沙皇制度的牺牲品》一文**交给了您**;还写道,您说过,这篇文章已转寄给我们了。

这是怎么回事? 我简直**一点**也不记得了。

关于这件事,阿列克谢**一年前曾听到过一些**,但他说,我们没有收到这篇文章。

请**尽快**回信告诉我是怎么回事。**最好立即把文章退回**,邦契-布鲁耶维奇要得很紧。

您的　**列宁**

附言:我们在等评论文章。

从慕尼黑发往日内瓦

载于 1926 年《"劳动解放社"文集》
第 4 辑

译自《列宁全集》俄文第 5 版
第 46 卷第 155 页

101

致加·达·莱特伊仁

1901 年 11 月 14 日

亲爱的莱特伊仁：刚才收到您的来信，立即抓紧作复。

说实在的，您对这一"事件"的态度是不完全……公正的。如果您对不完全可靠的人泄露了内部的机密，那么显然是有些不谨慎的。自然，任何人都可能发生这种情况，我再次提出这一点是为了彻底了结这一事件，请您不要以为除此以外还有别的什么用意。然而您毕竟要承认，我们曾被迫经历过一段**极不愉快的**时刻，被迫对不是自己造成的过错作出解释，因为毕竟不是我们对莱博……说了那些不能不使"先生"大为恼火的话。

下面谈谈事情的实质。既然"先生"了解到（不管通过什么方式）同盟作出了不利于他的决定（或者了解到同盟的某一成员提出了必须对他，对这位"先生"持保留态度的意见①，其结果是一样的），那么，**同盟就已经卷入了**这一事件。这已经是无法挽回的了，就像说出的话无法收回一样。

请您千万不要错上加错：**现在**请您不要说"同盟与此无关"了！

同盟已经卷入了，因而问题**只**能是怎样使它解脱出来。

这位"先生"要到同盟去探问**他**自己的事（在这一点上您大概没有完全弄懂我的意思吧？），也就是说去探问，同盟的成员凭什么

---

① 见本卷第 99 号文献。——编者注

对他进行中伤？

我们使他相信,谁也没有对他进行"中伤",至于同盟持保留态度的问题,则同盟没有义务答复。

关于这位"先生"的**个人**问题就谈到这里。但是还有一个关于鲁马案件的舆论上的问题,关于这一案件,早就有人写信给我们,说必须把它搞清楚。

对这位"先生"持保留态度,正是由于他与这一案件有"牵连"。

因此,不能不劝告这位"先生"着手"调查和侦查"鲁马案件的一切细节。

既然这位"先生"同意了这一点,那么我们就有责任帮助他:第一,因为从各方面搞清楚奸细鲁马的各种手法和花招对**运动**的利益来说是必要的;第二,因为同盟使这位"先生"遭受到**也许是他所不完全应当遭受**的莫大的烦恼,而我们同盟成员在这个问题上是有些过错的。

您应当同意,我们有权利和义务对 X.Y.Z. 持保留态度,但我们不应当把自己的保留态度告诉这些人。要知道,既然有了"过错",那就得"分担这一过错"。

不要错上加错,在我们自己把家丑外扬……之后,**现在**还说什么"我们与此无关"。

您的　**弗雷**

附言:向叶弗龙问好! 他是否对代表大会的结果和同盟的安排感到满意?

从慕尼黑发往巴黎　　　　　　　译自《列宁全集》俄文第5版
　　　　　　　　　　　　　　　　　第46卷第155—157页

102

致格·瓦·普列汉诺夫

1901年11月19日

亲爱的格·瓦·:恐怕我一封又一封的信搞得您不得安宁了吧。我好像**天天**都在打扰您。

我已把《现代工业危机》一文**220**给您寄去了。依我看,这篇文章还过得去,稍作修改后可以刊登在《曙光》杂志第4期上。请您**尽快**抽空看一看,并表示一下意见。如果您同意采用,我们就**很快**(约一个半星期后)付排,使狄茨的印刷所不至于闲着。如果有必要的话,柯尔佐夫大概不会拒绝帮助修改这篇文章吧?

对刊印代表大会文件的问题,多数人已表示**赞成**立即付印(维里卡·德米·、布柳缅费尔德、两名柏林成员和我,即我们9人——6名编辑和3名管理人员——中的5人)。这就是说,问题已经决定了。让波·阿布拉·尽可能抓紧一点。

您那里是否有多余的俄国版的《今后怎样?》,我们这里一本也没有。请寄一本来。

您的　**弗雷**

从慕尼黑发往日内瓦

载于1925年《列宁文集》俄文版
第3卷

译自《列宁全集》俄文第5版
第46卷第157页

103
致柳·伊·阿克雪里罗得

1901年11月27日

尊敬的柳·伊·:维·伊万·已经把您的书[221]给我了,谢谢。非常抱歉,我还来不及阅读:第一,近来我在写一本小册子[222](反驳《工人事业》杂志),忙得很;第二,"莫明其妙的"病又复发了。工作停下了,还不知道是否很快就能够重新坐下来工作!可是工作又亟待完成……

至于向波波娃推荐您的书,我十分抱歉,这件事我完全无能为力。我个人并不认识而且从来就不认识波波娃。**只是通过司徒卢威**同她打过交道(您明白,要请他推荐您的书那是连想也不用想的。要知道,他就是波波娃出版社的编辑部主任!!)。因此,我去找波波娃,怕只会把事情搞糟了。

这还不算。不久(一个月或一个半月)以前,我给波波娃写了一封信,**第一次**请求她给我寄一本韦伯的第2卷译本,该书译本是我校订的,并且刚刚出版不久。[223]直到现在,她既不回信又不寄书!

我和沃多沃佐娃之间也一度有过可说是"友好的"通信。但是她对我最后给她的(春天写的!)那封信(**谈工作的**)**根本不作答复**。可见,这种事我是完全无能为力的。

要么您去找一位同著作界和出版界关系较好的人,要么直接跟某些出版家联系并把您的书一并寄去。也许菲力波夫能帮助您? 您毕竟在他那里印过书! 我和他已经断绝来往。

贝尔格会写信给您,或者亲自同您谈谈:他很快就要动身了。

紧紧握手!

您的　弗雷

从慕尼黑发往伯尔尼

载于1929年《列宁文集》俄文版
第11卷

译自《列宁全集》俄文第5版
第46卷第158页

104

致格·瓦·普列汉诺夫

1901年12月1日

亲爱的格·瓦·:您谈论芬的文章的信已经读过。您要求太严格了。我觉得文章还过得去。但是您的道理使我完全信服,我也同意删掉一些。我已经跟作者说过有些地方必须修改和压缩。他没有十分坚持,但是"希望"不要删得太厉害,不然,他就要把文章拿到别处去发表。

我们不妨写信告诉作者,因为地址是有的,不过写信不太方便。

我不能负责修改这篇文章。如果决定采用,这件事还得由您来做。

紧紧握手!

您的　弗雷

　　您对芬的文章的批评，再次使我想起《火星报》经济栏太贫乏了，这一点您在苏黎世也曾经谈过。为什么您不给这一栏寄点什么东西呢？从占½栏（约 4 000 个字母，等于您的 4—6 页）的时事短评，如合作社代表大会、关于辛迪加的新材料、《经济学家》杂志[224]上的经济评论、大罢工、新的统计材料等等，直到占 1½—2 栏的论文，或者 20 000—25 000 个字母以内（即您的 30 页以内）的小品文，所有这些都很重要！！您本来就比大家更留心经济方面的书刊，而且您写（虽然偶尔）这样的短评比大家更容易些！真的，试一试吧，给我们帮帮忙，否则《火星报》太单调了。当然，我的意思不是要打断您起草纲领的工作，纲领是我们最**迫切**需要的，但是，还可以抽出时间写点有关新出版的经济书刊等方面的短评和小文章。

　　《火星报》的历史栏也很差劲，叙述欧洲革命等等的小品文就很差。我想，在这一栏里也可以译载一些东西。有合适的材料就请寄来，您有一次说过，您手头有什么现成的东西。

您的　**弗雷**

　　我常常闹点小毛病，并且因为写反驳《**工人事业**》杂志的小册子而感到"劳累"，写这本小册子就像蜗牛爬行一样。

从慕尼黑发往日内瓦

载于 1925 年《列宁文集》俄文版
第 3 卷

译自《列宁全集》俄文第 5 版
第 46 卷第 159—160 页

105

致柳·伊·阿克雪里罗得

1901年12月17日

　　尊敬的柳·伊·：您的三封来信都收到了，现在一并作答。我是绝对去不了的[225]，因为现在报纸的全部工作都压在我身上，而且，由于运送遇到阻碍和俄国国内的混乱，管理事务变得复杂起来，我的小册子还搁在那儿哩。我实在拖得太久了！而且我也完全没有准备，甚至连《火星报》第13号的短评也是请贝尔格写的，因为我好长时间没有看过任何有关我国革命运动史的材料了。您认为由于群众的情绪您不合适，在我看来，这样想是没有必要的。普列汉诺夫的纪念日从表面上看是一种**特定的**庆祝活动，因此，大概只有那些具有特定倾向和情绪的人才会去参加。

　　茨韦托夫(布柳缅费尔德)的通信地址是：

　　　　慕尼黑

　　　　施万塔勒街44号

　　　　迪特里希·布赫宾德尔先生。

　　我告诉您这个地址，是因为您写给他的信由我转交可能耽误**整整**两昼夜！他住在本市的另一头，我们很少见面。

　　那封打听德·夫人消息的"怪"信不应寄给布柳缅费尔德，而应按那封信里所附的地址寄出。

握手！

您的　**弗雷**

从慕尼黑发往伯尔尼

载于1929年《列宁文集》俄文版
第11卷

译自《列宁全集》俄文第5版
第46卷第160—161页

106

致火星派国内组织

(12月18日以前)

(1)雅柯夫

(2)莫斯科委员会

(3)圣彼得堡＋下诺夫哥罗德

(4)巴枯宁？

(5)《给俄国社会民主党机关刊物的一封信》。[226]

我们刚刚知道,联合会会员正在安排一个各主要委员会的代表会议,来解决国外的冲突问题[227]。

必须尽**一切**努力在尽量多的委员会和小组里采取下列措施:

(1)一定要使代表会议至少推迟到春天(推迟到复活节等等)举行。理由是:(a)**无论是**《**火星报**》**或**国外同盟都必须派代表参加会议,而这就需要时间和经费。没有《**火星报**》和同盟的代表出席的代表会议是非法的,并且也没有意义。(b)必须等待双方说明分歧实质的小册子出版。在这种小册子出版以前,代表会议无法根据事实辨别是非,因此它的会议将落空。《火星报》第 12 号(1901 年 12 月 5 日出版)肯定地预告,这本小册子很快就会出版(过一个半月)。这本小册子将非常详细地分析一切分歧。我们将在这本小册子中指出"**工人事业**"派的**全部危害**,彻底揭露他们面对伯恩施坦主义和经济主义可耻地摇摆不定和束手无策。这本小册子有一部分已经写好了,很快就会全部写成。其次,现在(公历 12 月中旬)国外正在作两个关于分歧的报告,一个是"工人事业"派的代表作的,另一个是同盟的代表作的。这两个专题报告很快也会出版。不等它们出版就召开代表会议,等于白白地糟蹋金钱和忍受牺牲。

(2)如果代表会议召开,我们将派一个**特派**代表参加会议。因此,**一定**要将下列事项立即告诉我们:(a)是否已决定举行代表会议;(b)地址;(c)日期;(d)出席会议的暗号和接头地点。必须**正式**要求各委员会和小组将这些事项发出通知,否则就宣布这个会议为非法,并立即发表声明,指出他们不听取双方的意见就想决定问题。

(3)如果各委员会或小组拟选举的代表会议代表都是倾向于《工人事业》杂志,必须立即**正式**提出抗议,并要求代表中**既**要有《工人事业》杂志的拥护者,**也**要有《**火星报**》的拥护者(就是说:既要有多数派的代表,也要有少数派的代表)。

(4)如果代表会议反对《**火星报**》,就必须**退出**不同意公开提出抗议的委员会和小组,并立即在《**火星报**》上公开声明和申述理由。自己人之间现在就应当开始商量这个步骤。

(5)立即把结果告诉我们,**一切**步骤都要随时告诉我们。尽一

切努力使各地的《火星报》拥护者在言论和行动方面完全协同一致。

从慕尼黑发出

载于 1928 年《列宁文集》俄文版
第 8 卷

译自《列宁全集》俄文第 5 版
第 46 卷第 161—163 页

107

致因·格·斯米多维奇

(12 月 18 日)

　　我们得到阿基姆在印刷《前进报》[228]的消息。我们不相信这个消息,因此,请说明这是不是由于误会。我们不能相信,曾用《火星报》的名义为《火星报》的印刷所筹集了几百几千卢布,并建立了《火星报》俄国组织的人,却偷偷地去另搞一套,而且正是在我们处于紧要关头的时候,在运输已经停顿,整个北部地区和中部地区(还有南部地区!!)都对我们抱怨看不到《火星报》,而把一切希望都寄托于在国内翻印《火星报》上的时候;我们不能相信,他们竟会采取这种欺骗手段,因为阿基姆曾写信告诉我们正在印刷第 10 号报纸,我们对这点曾是深信不疑的,美男子对于自己的宏伟计划也只字未提;我们不相信竟会有这种不仅违背了一切组织准则,而且也违背了某些最普通的准则的行为。

　　如果这个令人难以相信的消息竟是真实的,我们**要求**立即会面处理这种前所未闻的放肆行为。我们恳请雅柯夫和奥尔沙用一切办法搞些旅费，立即按计划到这里来。

从慕尼黑发往基辅

载于 1928 年《列宁文集》俄文版
第 8 卷

译自《列宁全集》俄文第 5 版
第 46 卷第 163 页

108

致格·瓦·普列汉诺夫

1901 年 12 月 19 日

亲爱的格·瓦·：

刚刚收到您 17 日的来信，马上就给您写回信。到布鲁塞尔去的问题[229]，我在**一个多星期**以前就给您作了答复，那封长信是寄给帕·波·的（因为信上有《曙光》杂志第 4 期的计划），并且请他**立刻**转给您。如果信没有收到，那真糟糕，准是他压下了！！ 我马上写信去问。

我同意阿列克谢的意见，您应当去。克里切夫斯基会带来很多害处，——而在现在开始同他进行**决定性的**斗争时，应该特别警惕。我们是无法同他们相处的。

寄上 230 马克，80 马克（＝100 法郎）交给国际局，150 马克作路费。少不少？

搞一张路过慕尼黑的**环行票**（期限两个月。如果您在日内瓦做这件事有风险的话，那就在苏黎世订购）。到了苏黎世，请您劝说帕·波·也来吧。那我们在 1 月初就可以会齐，**把纲领**（这很重要)和《曙光》杂志第 4 期等工作**都搞完**。

《曙光》杂志一两天内我就可以看到。该杂志的目录我已在那封信里给帕·波—奇寄去了。

请给《火星报》写一篇关于国际书记处会议的简讯或短评吧。

紧紧握手!

您的　**弗雷**

您是否到我们这里来,请回信告知。

从慕尼黑发往日内瓦

载于 1925 年《列宁文集》俄文版
第 3 卷

译自《列宁全集》俄文第 5 版
第 46 卷第 164 页

109

致帕·波·阿克雪里罗得

1901 年 12 月 19 日

亲爱的帕·波·:刚才收到格·瓦·的来信。约在一星期前(也可能更早一些)我**寄到您处**给您和他的一封**长信他没有收到**,难道信丢失了吗??①

信上写了《曙光》杂志第 4 期的计划和其他许多事情!

请立即回信。

您的　**弗雷**

---

① 如果是这样,那就得向邮局提出责问!

格·瓦·在 29 日前去布鲁塞尔。我们请他顺便到我们这里来一趟。您也来吧! 那我们就能把纲领和《曙光》杂志第 4 期的工作搞完。说真的,来吧!

紧紧握手!

您的……

从慕尼黑发往苏黎世

载于 1925 年《列宁文集》俄文版
第 3 卷

译自《列宁全集》俄文第 5 版
第 46 卷第 165 页

110

致格·瓦·普列汉诺夫

1901 年 12 月 20 日

亲爱的格·瓦·:忘了托您办一件事:请在您那里找一找我妻子寄给您的那封关于《工人政党和农民》一文①的信(3 张或 4 张信纸,字写得很密,没有抬头和署名)。

您对是否可以把这封信刊登在《曙光》杂志上没有表态。我提醒您一下,希望您不要忘了这封信,并**一定要在动身前**把它寄给我们(或随身带来)。

请来信告诉我们,您最后决定什么时候动身,预计什么时候可以到达我们这里。

听说贝尔格在巴黎取得了成绩。而联合会会员在俄国国内却

① 见本版全集第 4 卷第 379—386 页。——编者注

一无所获！我们必须现在，正是现在就打垮他们！

我正在写反驳他们的小册子，愈写愈气愤。只是我的小册子写得太长了，真糟糕！

　　　　　　　您的　弗雷

从慕尼黑发往日内瓦

载于1926年《"劳动解放社"文集》
第4辑

译自《列宁全集》俄文第5版
第46卷第165—166页

111

致帕·波·阿克雪里罗得

1901年12月23日

亲爱的帕·波·：

大约是两星期以前，我没用挂号给您寄了一封信。[1] 请尽量设法向邮局查询一下，如果会有用处的话，不妨附上一个有我的笔迹的信封。

当然，格·瓦·最好在返回途中顺便来一趟。我已把路费寄给他了。《曙光》杂志想必已收到了吧？

您现在是否能把我那本反驳经济派的小册子(或者说"书")看一遍？如果可能的话，我就在日内或下星期初寄一半给您，因为我想听听您的意见。请给我简单写几句。

---

[1] 列宁在1901年12月19日写给帕·波·阿克雪里罗得的信中提到了这封信(见本卷第109号文献)。——编者注

盼早日见面！

您的　弗雷

从慕尼黑发往苏黎世

载于 1925 年《列宁文集》俄文版
第 3 卷

译自《列宁全集》俄文第 5 版
第 46 卷第 166 页

1902 年

112

致列·伊·戈尔德曼

（1月3日以前）

…… 我常常说,分工正在自然而然地明确起来:在这里出版书刊和给报纸写文章等等。在国内分配书刊和建立联系。书刊由专人负责运送,这些人要得到我们这边和他们那边都同意才能确定,并且同双方取得联系。这就是我们的理想……

…… 我们早就发愁,国内的组织工作(头等重要的工作)进展缓慢,而我们——您记得吗?——在夏天就把"计划"给您寄去了[230](可惜,阐明这个"计划"的那封信,我们没有留底),但是您回答说:"没有人手"。现在,想必您会认为可以着手搞了,当然,我们总是愿意帮助你们大家的,如果这取决于我们的话。不过,我们在这里起的完全是辅助作用。您同 X.Y.Z. 有联系[231],也就是说,所有的书刊"来源"都汇集到您那里。请您从中进行联系并且掌握这些来源:如果您找到适合担任这种工作的人而且这些人值得您完全信任,那么经过大家一致同意,就可以由他们组成一个管理委员会,我们当然会尽量给所有的人去信,要他们服从这个委员会。只是管理委员会一定要想到整个俄国,而决不能只想到一个地区,因为《火星报》的整个前途如何,就要看它能不能克服地方手工业习气和地区隔绝状态,能不能**真正**成为全俄的报纸……

从慕尼黑发往基什尼奥夫

载于1928年《无产阶级革命》杂志
第1期

译自《列宁全集》俄文第5版
第46卷第167页

113

致列·伊·戈尔德曼

(1月3日)

对于《火星报》在**俄**国有一个印刷所这件事,您认为有必要保守秘密吗?① 就是说,您反对我们在国外让很多人看到国内版的报纸吗?**232**

据不久前曾看到过您的一个人**233**说,您对我们工作中普遍的混乱现象非常不满,对于这一点我们也无能为力。《火星报》组织的国内成员必须建立一个巩固的核心,力求做到在**全**俄国正常地散发《火星报》。这完全是国内组织的事。如果我们能做到这点,事情就有保证。否则混乱现象是不可避免的②。为了正常地散发和**保持威信**,非常需要每隔两三号选一号较有经久意义的《火星报》在国内翻印。比如第13号**234**或许就应该翻印。

既然你们已经在翻印,那就索性**多多**印一些,力求使它**布满**全

---

① 这句话是克鲁普斯卡娅写的。——俄文版编者注
② 您认为,杰缅季耶夫能够担负散发工作吗?

俄国,哪怕只是一次也好。您还记得吗,您曾经埋怨传播不广?

　　再一次表示热切的敬意,并祝成功!!

从慕尼黑发往基什尼奥夫

载于1928年《列宁文集》俄文版
第8卷

译自《列宁全集》俄文第5版
第46卷第168页

114

致维·尼·克罗赫马尔

1月3日

　　我们收到了一篇从基辅寄来的批评委员会行动的通讯稿。通讯稿中指出:(1)委员会没有充分掌握情况(12月1—2日晨发生了几起逮捕,而委员会不能查明在什么人中间、由于什么原因进行逮捕),而且行动缓慢。(2)应该印发一份给工人的传单,报道学潮的情况并说明工人应该持什么态度。委员会当时也同意,说这样的传单是需要的,但没有及时印发。我们准备把这篇通讯稿刊登在10天后将要出版的第14号上。因此,在收到这封信后,请**立即**答复:您对上述两个事实是否有不同意见,或者请您写一份与这两个事实有关的情况报告寄来。总的说来,这篇通讯稿是值得注意的,但是,在没有听到友好的委员会的意见之前,我们不想刊登对它的行动的批评。**恳请赶紧回信。**①

从慕尼黑发往基辅

载于1928年《列宁文集》俄文版
第8卷

译自《列宁全集》俄文第5版
第46卷第169页

---

　　① 这是写在娜·康·克鲁普斯卡娅信上的附笔。——俄文版编者注

115

致格·瓦·普列汉诺夫

1902年2月7日

亲爱的格·瓦·：现在我把由贝尔格修改过的纲领草案①寄给您。请您来信告诉我，您将进行修改还是提出完整的反草案。我还想知道，哪些地方不能使您满意。

关于宗教问题，我在卡·马克思关于哥达纲领的信中看到了对要求信仰自由的严厉批判和主张社会民主党人应当直截了当地表明自己同宗教的妖术作斗争的论点[235]。您是否认为可以采取某种类似的措施，用什么形式？要知道，我们这里对宗教，也像对"共和制"一样，小心谨慎的考虑要比德国人少。

请让柯尔佐夫照您那一份抄一下，这花不了很多时间。

您的工作进行得如何（我们推测您在给《曙光》杂志写文章）？您打算什么时候写完？

《新时代》杂志（第1期和第3期）和**关于土地纲领的信**您一直没有给我寄来!! 请您给我寄来或者告诉我迟寄的原因。

我给您订购了1902年的《康拉德年鉴》[236]。据说，1901年的《经济纪事》将于2月出版，出版以后就给您寄去。您订了《工商报》[237]吗，是否已经收到？

您是否听到关于工人事业派的新情况？我们这里毫无消息。

我的小册子[238]正在排版。

---

① 见本版全集第6卷第192—198页。——编者注

《前进报》甚至拒绝登载简略的回答,问题已转到中央执行委员会①那里去了。据说倍倍尔赞成我们。等着瞧吧。

紧紧握手!

您的　**弗雷**

从慕尼黑发往日内瓦

载于1928年《"劳动解放社"文集》
第6辑

译自《列宁全集》俄文第5版
第46卷第169—170页

116

致柳·伊·阿克雪里罗得

1902年2月18日

尊敬的柳·伊·:我赶紧写回信告诉您,司徒卢威和布尔加柯夫的文章都发表在**1897**年**5**月《新言论》杂志(特刊第8期)上了[239]。

听说您的文章很快就能脱稿,我们都很高兴。请把司徒卢威和布尔加柯夫的文章同这篇文章一并寄来。

您是否利用了维·切尔诺夫在《俄国财富》杂志最近几期上发表的谈论主观方法、谈论别尔嘉耶夫等人的文章? 哎,如果能写篇东西,哪怕几行,把这个空谈家痛骂一顿,该多么好啊!《社会主义月刊》[240]第2期(2月号)上一个叫洛津斯基的写了一篇文章,他也抛弃唯物主义,赞扬别尔嘉耶夫。

沃洛格达(别尔嘉耶夫和波格丹诺夫此刻住在那里)方面有消

---

①　德国社会民主党中央执行委员会。——编者注

息说,在那里,流放者正热烈争论哲学问题,看来,别尔嘉耶夫作为一个最有学识的人,是会"取得胜利"的。

紧紧握手!

您的……

从慕尼黑发往伯尔尼

载于1929年《列宁文集》俄文版
第11卷

译自《列宁全集》俄文第5版
第46卷第170—171页

117

致帕·波·阿克雪里罗得

1902年3月3日

亲爱的帕·波·:

贝尔格写给您一份我们集体读过的事务性函件。我只是要补充一点,即我对自己的草案①作了以下的修改(参照格·瓦·意见作的修改):——请看下页②。从这些修改中您将会看到,未必谈得上有"原则性的"分歧吧。

紧紧握手!

您的 **列宁**

从慕尼黑发往苏黎世

译自《列宁全集》俄文第5版
第46卷第171页

---

① 见本版全集第6卷第192—198页。——编者注
② 见本版全集第6卷第199页。——编者注

118

致帕·波·阿克雪里罗得

1902年3月22日

亲爱的帕·波·：

旅行归来以后,身体好吗？经过漫游生活和您离开这里时所预期的"反应"以后,身体康复了没有？

维里卡·德米特里耶夫娜已经把格·瓦·起草的纲领和我们那个通过某种仲裁委员会来"协商调处"的草案**241**都给您寄去了。**看来**,这个草案会由于得不到格·瓦·的同意而落空,但是我还不能十分肯定。我很想知道,您对格·瓦·的新草案印象如何,两个草案中,您现在赞成哪一个？

您的小册子**242**直到现在才开始抄写,因为在此以前,抄写员忙于为《火星报》抄写(茨韦托夫走后,那里的——《火星报》的——[工作]①进度很慢,3月份只能出一号)。看来,您的小册子在这里势必要晚一点出版,如果您的确不想推迟,请来信告知,我们可以寄到日内瓦去。如果您认为不必着急,那么,一俟抄写完毕以及等茨韦托夫回来之后,小册子即可付排。

再谈一谈纲领。把纲领提交**整个**同盟(而不仅仅是编辑部)表决,或者在报刊上展开辩论,我们认为都是极不妥当的(尽管这在

---

① [工作]一词是根据意思加上的。——俄文版编者注

试图协商未能成功时难以避免）。您的意见怎样？

紧握您的手并祝身体健康！

您的……

从慕尼黑发往苏黎世

载于 1924 年《列宁文集》俄文版
第 2 卷

译自《列宁全集》俄文第 5 版
第 46 卷第 172 页

119

致加·达·莱特伊仁

（3 月 23 日以前）

再谈谈克里切夫斯基的问题（Zur Frage）。格·瓦·说，在巴黎侨民区人们**坚持说**，这位波里斯·克里切夫斯基曾经收到过米勒兰的一封**感谢**信（感谢他为《前进报》写的几篇通讯），当时他似乎还以此**炫耀自己**。那么，既然现在《前进报》和《曙光》杂志之间的论战[243]激烈起来了，而且直截了当地提出了问题，就必须**立即**尽**一切**努力对这件事进行最严密的（"追根究底"的）调查。请您马上把这项任务承担起来。要把**那些**或是看到过，或是**听到过**有关这件事的所有证人提供的材料都收集起来，收集好之后，就写信把所有这些证人以及他们提供的材料一一告诉我们。在万不得已时，要去问问 Petit，但最好不要"打草惊蛇"，而要在他们还没有预料到进攻之前就把他们捉住。

就这样，行动起来吧！全力以赴！

等候回信！

您的　**弗雷**

从慕尼黑发往巴黎

译自《列宁全集》俄文第5版
第46卷第173页

120

致帕·波·阿克雪里罗得

1902年3月27日

亲爱的帕·波·：刚刚收到您的来信，就赶紧写回信。您主张把文章登在《曙光》杂志上，而不出小册子（作为《火星报》的附刊），这正合我的意思，特别是因为我们计划迁往伦敦（这一点叶夫根尼会写信告诉您）[244]。您的文章已经抄写了将近一半，一俟抄写完毕就马上寄给您，现在抄写速度很快。把适于杂志用的文章登到《曙光》杂志上是最好不过的了。如果需要的话，把《给〈火星报〉》的信的上款改一改，也没有多大关系。

据我所知，对《革命前夜》[245]的评论还没有人开始写，也没有人打算写。因此，请您务必写一篇，《曙光》杂志恰恰缺少评论。

至于纲领，日内就把我对格·瓦·的草案的意见①寄上（手稿现在在一位患病的朋友[246]那里），我已经把意见给此地的朋友看过，他们劝我不要寄给格·瓦·，因为有成立"仲裁或协商"委员会

---

① 指《对普列汉诺夫的第二个纲领草案的意见》（见本版全集第6卷）。——编者注

的打算。但是,我很乐意把它寄给您个人,好让您了解我在那上面系统叙述的看法。关于代表大会**247**,我不认为它**现在**就能使问题得到圆满的解决。我不知道整个编委会将怎样决定(今天我们将向编委会介绍您的计划),但是我非常担心,如果没有准备好第三个草案,**如果没有新的表决者参加**,如果对怎样表决、谁来表决以及**付表决有什么意义**等问题没有达成**不可动摇的**协议,那么我们的苏黎世代表大会又会一事无成。至于出版纲领的重要意义,您提得**万分**正确。

看到“斗争”社的《历书》①没有?喜欢吗?

《革命俄国报》**248**第 4 号已经出版,真干起来了!!

信写得简短而匆忙,**请原谅**。我很忙。

您的……

从慕尼黑发往苏黎世

载于 1924 年《列宁文集》俄文版
第 2 卷

译自《列宁全集》俄文第 5 版
第 46 卷第 173—174 页

121

致亚·亚·波格丹诺夫

(3 月 28 日和 4 月 19 日之间)

亲爱的同志们:你们建议出版小册子,这使我们很高兴。现在

---

① 《社会民主党 1902 年历书》。——编者注

正好缺少一些小册子,所以我们想出版多少册都不成问题。(关于运输问题,现在不能**担保**大批量都能送到无误,但愿这一切将会安排得愈来愈妥善。)但是我们请求你们不要坚持这样的条件:小册子不作任何局部修改,要全部接受下来或者退回。这种条件很不合适,并且很妨碍整个工作。例如,给我们寄来的第一篇关于组织问题(关于组织的技术性的任务)的文章。根据编辑部的一致意见,这篇文章(本身是值得注意的和有价值的)**不能照原样拿出去**,因为其中有些十分不恰当和不合分寸的地方(像"一人包办"和"委员会的一人专政"等等),还有个别的毛病也需要改正。其实,在那些从作者看来并不是特别重大的(但是绝对必要的)改动上取得一致,是毫不困难的。请好好想一想,不要为了对我们提出特别使人为难的条件而误了大事。

再说一遍:文章总的说来写得不错并且有价值;一般说来,我们**也同意**文章不作局部修改而全部接受下来或者退回。但是按照这种条件,您的第一篇文章我们**只好**退回了,而这样做对事业是有害的。不过,关于**局部修改**问题,大概可以同作者取得一致。请允许我们试着(哪怕是示范性的)修改一下这篇文章。如果您愿意,我们就写信详细说明必须作哪些改动。

从伦敦发往沃洛格达

载于1930年《列宁文集》俄文版
第13卷

译自《列宁全集》俄文第5版
第46卷第175页

122

致格·瓦·普列汉诺夫

1902年4月4日

亲爱的格·瓦·：现寄上我关于割地的文章[249]。看完以后，请把文章连同这封信一起寄给帕·波·，因为**如果**您同意保留我最初主张的那个计划（就是说，使这篇文章可以成为我们共同草案的共同主张），那就必须一起商量进行必要的修改。如果您不同意这个计划，那就得设法另作安排了。

我在一些地方引用了自己所起草的纲领草案的总则（原则性的说明）：自然，如果我的草案被否决，那么这些引文就得修改。（如果您没有什么反对的意见，我可以引用爱尔福特纲领[250]中的一些话。）

维里卡·德米特里耶夫娜在页边有些地方写下了自己的意见，但不全是提出明确的修改。请告诉我，您对这些条文的意见。我想就其中的一条为自己申辩几句。维里卡·德米特里耶夫娜提议删去第79—82页①——，当然，我并不想特别坚持保留它们。但是她还认为这几页"支持卑鄙的手段"，理由是：在草案中没有特别优待小佃户（国有土地），而**在**执行土地法和（注意）合理照料土地和牲畜的**条件下**对大小佃户却同等看待。

她反对说：这是"暴行"，因为"富人会夺去一切"，而改良的耕

---

① 见本版全集第6卷第311—320页。——编者注

作方法会使⁹/₁₀的工人丧失工作,任何土地法都不能帮助他们。

　　我以为,这种反对理由是不正确的,因为(1)这里是以已经很发达的资产阶级社会为前提,而在这个社会中很少有农民不雇用工人;(2)"富人"只有在技术和经济上把大农庄"安排妥当"的情况下才能得到土地,但是这一点并不能立刻做到,因此不可能采取使维里卡·德米特里耶夫娜感到害怕的那种突然转变的方式;(3)工人受机器的排挤当然是大生产的必然结果,但是要知道,我们并不把希望寄托在制止资本主义矛盾的发展上,而是寄托在充分扩大这种矛盾上;改良的土地耕作方法的前提是工业的巨大发展和加速使居民离开土地;(4)这种措施不仅不能帮助任何"坏人",相反,它在资产阶级社会中是制止"暴行"的**唯一可行的措施**,因为这种措施直接限制**对劳动者的剥削、对土地的掠夺**和牲畜的减少。正是资产阶级社会中的小生产者**特别浪费**人力、地力和畜力。

　　如果您也赞成删去第79—82页,那么请您想个办法,如何修改第92页的注释①。

　　在发表全部纲领以前,一般说来能不能先单独发表纲领的土地部分(及其注释),您的意见怎样?

　　昨天收到维·伊·文章的校样,并已寄给了狄茨。昨天我已把她的文章的校样的续篇寄往您处。(为了快一点,她可以把修改过的校样直接寄给狄茨。)

　　已经3个星期没有得到可怜的茨韦托夫的消息了。也许是死了。这对我们来说将是很大的损失!

---

① 见本版全集第6卷第315页。——编者注

紧紧握手！

您的　**弗雷**

4 月 5 日　附言：方才收到您的来信。我已把它转交给大家了。日内给您回信。

请把贝尔格的草案（您称之为委员会的草案）**立刻**寄往：**施劳多尔夫街** 29 Ⅲ 1 号　陶雷尔处　**基罗夫夫人收**。**请赶快寄去**，因为他们**没有抄件**，而且他们不了解您的意见。（我个人宁愿发表大家所提出的"第三种"形式的两个草案，但是看来，大多数人现在又有另外的打算了。）我将把关于土地问题的著作寄给您。看来，维里卡·德米特里耶夫娜准备缓和对合法马克思主义者的"指责"。

从慕尼黑发往日内瓦

载于 1928 年《"劳动解放社"文集》
第 6 辑

译自《列宁全集》俄文第 5 版
第 46 卷第 176—178 页

123

致格·瓦·普列汉诺夫

1902 年 4 月 17 日

亲爱的格·瓦·：

我对您还有个请求。请您给奎尔奇写一封短信，让他帮我们办一件事，为这件事我的朋友（带着维里卡·德米·的信）已经去找过他，今天我也去找了他。您对他说，请他尽力做到他所能做到的一切，并对他说，这是十分重要的。给他的信也可以用法文写。这样一封信将大大减轻我在安排上的困难，事情的安排已经上了轨道，只是需要把它进行到底。

我把他的地址写在下面以备万一：

伦敦　东中央区

克勒肯韦尔草坪 37A 号

哈·奎尔奇先生。

暂时请您用阿列克谢耶夫的地址给我写信，他住处离我很近。我希望过一星期就能完全安排好。

紧紧握手！

您的……

附言：维里·德米·完全正确：伦敦这个城市第一眼就给人以恶劣的印象！！

您的排字工人是否准备好来我们这里了？

您是否知道，贝尔格和维里·德米·现在在哪里，前者什么时候动身？

我托维里·德米特里·带给您的几本关于土地问题的书收到了吗？

从伦敦发往日内瓦

载于 1925 年《列宁文集》俄文版
第 3 卷

译自《列宁全集》俄文第 5 版
第 46 卷第 178—179 页

124

致帕·波·阿克雪里罗得

1902 年 4 月 18 日

亲爱的帕·波·:

我趁此机会给您简单地写几句:必须把刚刚收到的给波·尼—奇的几封信尽快转交给他。如果他不在您那里,就请您赶紧转寄。

如果贝尔格在您那里,请让他给我简单写几句,谈谈他的打算:什么时候走,上哪里去,去多少天。而主要的是:他是否收到了我在星期六(12 日)早晨寄给他的两封本市信件?

我们正忙于安排,事情很多。您给我的信暂时请寄到阿列克谢耶夫处——我会马上收到的(伦敦　西中央区　格雷旅馆路弗雷德里克街 14 号　阿列克谢耶夫先生)。我从科隆寄出的信,您该收到了吧?[251]

您的文章怎么样了?

紧紧握手!

您的……

(伦敦给我的第一印象是恶劣的。而且什么都很贵!)

从伦敦发往苏黎世

载于 1925 年《列宁文集》俄文版
第 3 卷

译自《列宁全集》俄文第 5 版
第 46 卷第 179 页

125

致帕·波·阿克雪里罗得

1902年4月23日

亲爱的帕·波·：这是给您的新地址（这个地址务请不要告诉任何人，甚至不要告诉同盟的成员，除了像列·格里·或波·尼·这样一些最亲近的人。让其他的人仍使用阿列克谢耶夫的地址，而外人则使用狄茨的地址。如果可能的话，在谈话中也要尽量始终如一地用慕尼黑以表示伦敦，用慕尼黑人以表示伦敦人）：

伦敦　西中央区　彭顿维尔　霍尔福广场30号
雅科布·**里希特**先生（霍尔福）。

贝尔格大概已经走了吧，今天我收到了他的信，信中说他星期四动身。如果他还在您那里，就请转告他，他要是碰不上阿列克谢耶夫，可以去找里希特——只几步路。

如果那位"原经济学家"（您过去欣赏的那位女士）在您那里，就请问一问她，或者，甚至不是一般地问一问，而是要寻根究底地追问：1902年4月11日在慕尼黑交给她邮寄的那些挂号信，她**是否已经寄出了**？如果寄出了，要她立即把收据寄给我们。如果没有寄出，那就得好好训她一顿，问她这些信究竟在哪里，或者，最好让她写信告诉我们（寄到阿列克谢耶夫处）。

今天我就要按印刷品邮件（不挂号）寄上一份将使列·格里·很感兴趣的材料，希望他特别注意。

格·瓦·答应给《火星报》第20号写的一篇社论写好没有？如果写好了，是否已经把它送到印刷所去了？从您那里是否还给印刷所送去了一些什么？如果没有写好，那么社论的事怎么办？难道你们大家就让问题留着不解决吗？关于这件事，贝尔格来信时竟一句话也不提!?!?

紧紧握手！

您的……

从伦敦发往苏黎世

载于1925年《列宁文集》俄文版
第3卷

译自《列宁全集》俄文第5版
第46卷第180页

126

致帕·波·阿克雪里罗得

1902年5月3日

亲爱的帕·波·：前几天我把"给K.的信"寄给您了，由于实在没有空，我一句话也没有补充。我想，这一点您能原谅我？

现在我想和您稍微谈谈关于割地的文章。我考虑了权威编委会的一切意见和要求，把文章修改了一下。现在把它寄给格·瓦·，由他转给您。如果他拖延的话，请不要忘记催促他（不然狄茨的印刷所就没有事情干了！）。贝尔格对我的修改表示满意，但是他告诉我说，您很不同意这篇文章。如果不太打扰您的工作的话，请您告诉我，您不满的原因是什么。我很想知道这一点。（如果您在写文章，那就请您不要中断，因为这里完全不是"正式工作上的"交谈，而在很大程度上是节后闲谈的事情。）

比如说，我不大了解您添进去的话"……使农民遭受沉重的压迫的"（农奴制残余）[252]。第一，这种补充是多余的，丝毫没有增加**内容**。第二，这种补充是不确切的（农奴制残余不仅沉重地压迫农民，它的危害不仅在于"压迫"这个或那个社会阶层）。

纲领已经送去抄写了，它将作为社论登载在《火星报》第21号上。关于我是否写评论（已得到权威编委会的允许）的问题，我还没有决定，因为我想再"静心地"仔细读一下印出来的纲领，而现在还没有完全从伦敦的迷糊状态中清醒过来。

列·格里·和波里斯·尼古拉耶维奇的近况如何？前者的工作如何？后者的健康如何？**我们希望他很快就能工作**（定会如此），因此愿他很快能完全康复。

紧紧握手并祝身体康复！

您的……

附言：请转告波·尼·，在沃罗涅日有40人被逮捕（据说），而且今天的信指出了姓名："卡尔波夫、柳比莫夫、科罗斯捷廖夫、卡尔达舍夫、布特科夫斯基、马赫诺韦茨和古巴列娃，后面4人未经审问就被释放。在乌法进行了8次搜查，有两个大学生被逮捕：博伊科夫和萨宗诺夫"。沃罗涅日人遭到逮捕（4月1日）似乎是"根据彼得堡—基辅的命令"（原文如此！）。这就是**直接**寄给我们的一封信的**全部**内容。

总之，很多人被逮捕了！您在苏黎世和在我们这里相识的我们一个亲近的人**几乎可以肯定**也被逮捕了，——一点不错，确实是他！这真不幸！

注意：希望列·格里·把您所收到的《第聂伯河沿岸边疆区报》[253]开天窗的那一号立刻寄来。

从伦敦发往苏黎世

载于1925年《列宁文集》俄文版
第3卷

译自《列宁全集》俄文第5版
第46卷第181——182页

127

致亚·约·克列梅尔

致亚历山大

1902年5月4日

尊敬的同志：我们有充分的理由担心，我们的代表(参加代表会议的)在会后不久就被捕了[254]，没有来得及移交自己的工作。因此请您通知我们：(1)除了我们的代表以外，还有谁被选为筹备委员会(或组织委员会等)的委员？(2)我们应该怎样同这些人进行联系(地址、密匙、暗号等)？

您给我们的通知可以用化学方法和密码写，如果需要的话，则把密匙交给送信人本人。一般说来，通过送信人进行联系是比较方便的，他在紧急情况下既能拍发电报，甚至也能由他本人作出某些特别紧急和迫切的决定。

从伦敦发往巴黎

载于1930年《列宁文集》俄文版
第13卷

译自《列宁全集》俄文第5版
第46卷第182—183页

128

致国外俄国社会民主党人联合会

致联合会

1902年5月4日

　　由于对我们说来完全突然和无法预料的情况,我们直到昨天才收到你们的来信,因此未能早作答复。我们没有从自己的代表那里得到关于"约定地点"的任何消息。因此,如果你们直接采取措施把传单**255**送交各委员会,那将比较合适。大概我们中间有人被捕了。关于比亚韦斯托克逮捕事件的消息我们暂不刊登。为了快,在**重要**问题上,务请把一切情况都通过那位巴黎同志(莱特伊仁)通知我们,与此同时,或者把交给那位巴黎人的通知的抄件,或者把这些通知的内容提要寄给我们(地址是:纽伦堡　新巷44号雪茄烟店　菲力浦·勒格纳先生)。

代表《火星报》编辑部　　**弗雷**

从伦敦发往巴黎

载于1930年《列宁文集》俄文版
第13卷

译自《列宁全集》俄文第5版
第46卷第183页

129

致加·达·莱特伊仁

1902年5月5日

　　亲爱的莱特伊仁:刚刚收到您的一封信,说您要来。赶紧写信告诉您,**昨天**按蒙帕纳斯130号(您收)的地址给您寄去一封**非常重要的**信。**一定**要想一切办法拿到这封信,并执行信中谈到的一项极其紧急的任务。前些时候还有一封信寄到同一地址,那封信您也一定要拿到。

　　下星期我们当然是在这里的,您来我们非常高兴。请尽量乘早晨的火车,到给您转信的那位先生(同志)那里。关于不买往返票的问题,我不能向您提出肯定的意见,因为**目前**还看不到有什么特殊需要会使我们把您留在这里。

　　您是否需要供旅途和初步了解伦敦用的指南和资料?

　　盼早日见面!

您的　列宁

从伦敦发往巴黎

译自《列宁全集》俄文第5版
第46卷第184页

130

致潘·尼·勒柏辛斯基和
伊·伊·拉德琴柯①

（5月5日）

统计资料收到。非常感谢。还请把1901年版的弗拉基米尔省土地估价材料第5卷第3编（戈罗霍韦茨县）寄来，也请把其他各卷寄来。

从伦敦发往普斯科夫

载于1928年《列宁文集》俄文版
第8卷

译自《列宁全集》俄文第5版
第46卷第184页

131

致格·马·克尔日扎诺夫斯基

5月6日

来信收到。看来，木头已被逮捕了。克莱尔必须摆脱危险，为此应当立刻转入地下。同萨沙②（还是木头给我们来信谈到她的）

---

① 这封信是写在娜·康·克鲁普斯卡娅信上的附笔。——俄文版编者注
② 萨沙是俄国社会民主工党各委员会在比亚韦斯托克举行的代表会议的代号。——编者注

会晤的结果是,委派了筹备5个月后召开代表大会的委员会。

现在我们的**主要**任务是为这一点作好准备,就是说,使**完全**是自己人的人能进入尽可能多的委员会,并竭力破坏南方委员会的南方中央委员会(=傀儡)。被同志(有人甚至指控他有奸细行为,这点还没有查明)任意操纵的这个"傀儡"是主要的障碍(还有彼得堡)。因此当前的任务是:使库尔茨+幼芽两人立刻参加委员会。然后克莱尔和流浪汉要用某种形式来仿效他们的榜样。这是主要的任务,因为不这样的话我们必然会被排挤掉:一切其他的事情必须服从这个任务,要记住第二次代表大会最重要的意义! 要使……①适应这一点,请好好考虑一下对中部地区、伊万诺沃和其他地区以及对乌拉尔和南方的攻击。现在形式方面具有特别的意义。

流浪汉怀疑有奸细。在这里不可能有奸细,因为我们已经在伦敦了。很可能,许多线索是从我们某些被捕者那里得到的——一切都说明这一点。为了"主要的任务"[256],你们保护自己要甚于保护眼珠。如果我们(就是说**你们**)不完成这个任务,那就太糟了。

把这封信立刻转给流浪汉,并告诉他,务必常常给我们来信,他的所有来信都已安全寄到了。

如果木头的死讯得到证实,那么我们就必须同克莱尔或流浪汉尽速会面,或者如果有把萨沙的**一切**详细情况寄给您的可靠地址(?),就详细函告(请尽速把能寄硬皮书的地址寄给我)。

护照要你们自己想办法,不要指望我们。如果克莱尔已经被大家知道了的话,是不是和流浪汉对调一下?

谁将是莫斯科的代表? 是不是绝对可靠? 是不是有合适的继

---

① 手稿上勾去的一个词无法辨认。——俄文版编者注

承人选? 总之,再说一次:务必参加委员会。下诺夫哥罗德是否可靠?

从伦敦发往萨马拉

载于 1928 年《列宁文集》俄文版
第 8 卷

译自《列宁全集》俄文第 5 版
第 46 卷第 185—186 页

132

致格·瓦·普列汉诺夫

(5 月 14 日)

收到了附有您的意见的文章[257]。您对编辑部的同事们的态度真不坏! 您甚至不惜选用最轻蔑的言词,至于要"表决"您还没有花费力量来起草的那些建议,甚至还要"表决"修辞问题,那就不必说了。我很想知道,如果我用同样的态度对待您的关于纲领的文章,您会说什么呢? 如果您的目的是想使我们的共同工作无法进行,那么您所选择的方法很快就会使您达到这个目的。至于非工作方面的关系,即私人关系,那已经被您完全破坏了,或者更确切些说,您已经使这种关系完全中断了。

尼·列宁

从伦敦发往日内瓦

载于 1925 年《列宁文集》俄文版
第 3 卷

译自《列宁全集》俄文第 5 版
第 46 卷第 186 页

133

致弗·威·林格尼克和
格·马·克尔日扎诺夫斯基

（5月23日）

总之，现在你们的任务就是，**自己**组成代表大会筹备委员会[258]，吸收那个崩得分子[259]参加这个委员会（**要从各方面**估计他的作用——这一点应该注意！），把自己人安插到绝大多数委员会中去，在代表大会召开以前，保护自己和自己人要甚于保护眼珠。这一切都非常重要！切记。在这方面应该更大胆、更泼辣和更机智，而在其他方面则要更沉着更谨慎。

灵巧像蛇，驯良（对委员会：崩得和彼得堡）像鸽子。

完全属于你们的　老头

从伦敦发往萨马拉

载于1928年《列宁文集》俄文版
第8卷

译自《列宁全集》俄文第5版
第46卷第187页

134

致柳·伊·阿克雪里罗得

1902年6月14日

尊敬的柳·伊·：

　　劳驾,请把附上的这封信转交或转寄给阿尔先耶夫(列·格里·)。

　　您的近况如何? 工作进行得怎样? 建议您在夏天休息一下;我非常羡慕您,因为我不能脱身去休息,而我的神经却感到极度疲劳。

　　紧紧握手!

您的　列宁

从伦敦发往苏黎世

载于1929年《列宁文集》俄文版
第11卷

译自《列宁全集》俄文第5版
第46卷第187页

135

致伊·伊·拉德琴柯

(6月22日)

　　现在我们告诉了**崩得分子**同您接头的暗语。是关于商谈代表大会的事。您同他(＋常设局或者再加其他什么人)应当组成一个代表大会国内筹备委员会。您要**显示威力**，要**谨慎小心**。您要多掌握几个进行筹备代表大会工作的地区，要用常设局（用别的称呼）的名义出面活动；一句话，要做到全部工作**完全掌握在您的手里**，至于崩得，就让它暂时还只是崩得吧。我们这里就要对这里的靠拢的问题进行一系列的商谈，情况将及时通知您。

总之，暂时您要做的，就是**拟定**最有利于我们的"代表大会国内筹备委员会"的人选（说您已经组成了这个委员会并且对崩得的**参加**等等感到很高兴，或许更适当）。这个委员会的书记职务您**一定要担负起来**。这是最初的步骤。以后再看情况。

我说"您要拟定"人选，就是要您有更多的自由：不要一下子就在崩得面前束缚住自己的手脚（比如，您可以说，同伏尔加河流域、高加索和中部地区的联系已经建立好了——我们有一个人从那里来，同南方的联系也建立好了——我们有两个人到那里去），并且要由自己来主宰这项工作。但是，这一切都要做得比较谨慎，免得引起非难。

请写一封信告诉我，您是否明白了您的使命？也许，我们还来得及函商。

请您一定把周报**按期**投寄到勒格纳处。我们必须十分准时地通信。我们也很想把每周的专刊寄去。请尽快把医生、技师、骑自行车人、演员等人和其他等人的地址告诉我。

完全属于您的……

从伦敦发往彼得堡

载于 1928 年《列宁文集》俄文版
第 8 卷

译自《列宁全集》俄文第 5 版
第 46 卷第 188 页

136

致柳·伊·阿克雪里罗得

1902年6月23日

尊敬的柳·伊·：

　　非常抱歉，我怎么也不能满足您的要求，不能到伯尔尼去。我的健康情况坏极了，说真的，我不知道是否能到巴黎作报告，因为我来不及准备，几乎完全不能工作，神经一点儿也不管用。假如可能的话，我最好连巴黎也不去，但言而无信是于心有愧的。[260] 如果我在巴黎不出丑，而在报告后又能稍稍休息一下的话，那么，我一定设法在什么时候到您那里走一趟（可能要在秋天了），而现在实在是不行。

　　紧紧握手并感谢您告知近况！

您的　列宁

　　附言：我的妻子要我问一下，给列·格里·的信以及后来她提到钱的那封信（要求把钱要回或汇给里希特）是否收到了？

从伦敦发往伯尔尼

载于1929年《列宁文集》俄文版
第11卷

译自《列宁全集》俄文第5版
第46卷第189页

137

致格·瓦·普列汉诺夫

1902年6月23日

亲爱的格·瓦·:收到您那封消除了"内讧"的想法的信[261]使我如释重负。我们愈是以为这种内讧不可避免,这种想法也就愈加沉重,因为这种内讧给党造成的后果是最可悲的……

我很高兴在会面时将和您谈谈慕尼黑"历史"的开端[262],当然这不是为了重提旧事,而是为了弄清楚当时是什么事情得罪了您。我根本没有想委屈您,这一点您当然是知道的。

维·伊·也给我看了您那封关于文章的信[263],即您提议让您在自己的纲领性文章中表明自己的观点的信。我个人倾向承认这个决定是最好的,并且认为,指出25%的差异的可能性(如果确认指出这种差异是完全必要的话)无论现在和过去对每个编辑都是存在的(正如您就在这篇文章中已经对国有化问题,——或者在《曙光》杂志第2—3期合刊上的评论中对自由派问题指出的稍有不同的提法一样)。当然,我准备现在和您再一次讨论我的文章中应有的修改,为此我寄上校样。随您任意选择。应当**尽快地**结束《曙光》杂志,不然的话,谈判就会大大拖延。无论如何,我现在就把您的初步看法通知亚·尼·和尤利。

我还没有您的文章的校样,因此对于您所提出的一处关于马克思的问题,我还不能回答。[264]

我认为,社会革命党人的信未必值得登载,因为他们不是有自己的机关报吗,让他们在那上面去论战好了(他们简直在进行论战了)。如果能很快做到的话,关于比利时问题最好能刊载罗莎·卢森堡的文章。

紧握您的手!

尼·列宁

附言:日内我将去德国看望母亲和休息[265]。我的神经"极度"疲劳,我感到自己完全病了。我想,我们很快能在伦敦见面吧?

从伦敦发往日内瓦

载于1925年《列宁文集》俄文版
第3卷

译自《列宁全集》俄文第5版
第46卷第189—190页

138

致格·瓦·普列汉诺夫

1902年7月2日

亲爱的格·瓦·:

信写得很仓促,请原谅。我已来布列塔尼休养(家里人也要来这里),在巴黎时贝尔格把他的一篇短评给了我,您寄来的署名老兵的文章也收到了。

我完全同意老兵的这篇文章。为了《火星报》上那篇关于勒克尔特的短评,我同贝尔格和维里卡·德米特里耶夫娜发生了一场小争执,他们俩照例非常急躁,并且开始谈到采取恐怖手段的不可避免以及我们(用某种方式)表示这一点的必要性。因此,《火星报》上那篇短评是妥协的文章,这是我所能**做到**的一切。[266]

现在贝尔格自己也比较坚决地反对采取恐怖手段,甚至反对勒克尔特之流了。

但问题是,发表您的署名老兵的文章是否合适?**当然,只要您愿意,这篇文章一定会登出来**(而且还赶得上最近一号登出来),——但是,如果您把这篇文章同贝尔格的《怎样斗争》一文合起来(姑且这样说)写成第22号的社论,是不是更好一些呢?现在附上这篇文章,我认为其中有些地方需要修改,如在勒克尔特问题上的不应有的模棱两可的地方。

现在一并附上一篇对神父的信的短评[267]。您的意见怎样?

总之,亲爱的格·瓦·,请尽速回信,并把所有这3篇东西直接寄回伦敦(伦敦　西中央区　彭顿维尔　霍尔福广场30号　雅科布·里希特)。请按这个地址给我写信。

我认为最好**就在社论中**发表您的意见,因为这样对说明问题的实质就更有帮助(**反对**《火星报》的"意见"就会缓和下来),人们得到的印象就更完整了。而对您来说,把您的文章写成社论以**代替**《怎样斗争》一文自然是轻而易举的。我认为这样代替是最好的办法。

紧紧握手!

　　　　　　　　　　　　　您的　　**列宁**

从洛居维(法国北滨海省)发往日内瓦

载于1928年《"劳动解放社"文集》
第6辑

译自《列宁全集》俄文第5版
第46卷第191—192页

139

致伊·伊·拉德琴柯

（7月9日和16日之间）

列宁给阿尔卡季的信

亲爱的朋友：

首先衷心祝贺您（和您的朋友们）的巨大成功，祝贺地方委员会改组的开始。这件事可能成为我们**整个**运动的转折点，因此把这个改组工作进行**到底**是最重要的和最迫切的任务。您要特别保重自己，好完成这个任务。

言归正传。您要求我帮您"根据全俄任务制定地方工作的具体计划草案"。为了立刻满足您的要求，我现在一个人先写封信给您（现在编辑部其他成员分散在各个地方，同他们联系，怕耽误事情；以后，他们自己大概也会给您写点什么的）。我对您的要求理解得是否正确，还没有十分把握。现在我手头的材料有：您在6月21日写出的信和2a 36关于（您、2a 36和克拉西科夫）同万尼亚（彼得堡协会）[268]两次会见的信。从这两份材料来看（特别是从第二份材料来看），万尼亚"公开地承认了自己以前立场的缺点，现在同我们的思想一致了"。根据这一情况，我以后还会写信给您和万尼亚，至于是现在就把我的信转交万尼亚（**和马尼亚＝工人组织**）还是稍缓些时候再转交，是全文交给他还是作一些修改再交给他（如果有必要，我也请您修改一下，当然尽可能把所有修改的地方告诉我们),完全请您斟酌处理。

严格说来,我现在当然无法给您一个"根据全俄任务制定地方工作的具体计划草案",因为不同万尼亚和马尼亚进行**多次详细的**磋商,这个任务我是完不成的。我只能提这样一个方案,既然万尼亚成了新的万尼亚,或者说他愿意事实上成为新的万尼亚,那他首先应当立即采取哪些实际步骤。而我认为,你们几位在同万尼亚第二次会见时提出的(也是在2a 36信上所写的)步骤是完全正确的。我完全同意"第一件事情就是要公开声明自己拥护某些观点"。这正是要做的第一件事情,并且只有用**公开的**声明才能办到。[269]我很清楚,万尼亚的多数同志或许多同志(那些委员会和委员会的委员)对作这种公开的声明抱有很大成见,或者至少是不习惯作这样的声明。从运动的以往阶段来看,从已经抛掉的错误来看,这个特点是完全可以理解的。但是正因为万尼亚占有这样重要的地位,正因为他在以前公开声明过自己同"火星派的"观点根本相反的旧观点,我特别热诚地劝告同志们(=万尼亚)克服这种不习惯和成见。直到现在,我们地方工作的最大缺点就是范围狭小,互不通气,地方工作者不愿意**积极地**和坚决地研究党的共同的问题。但愿万尼亚在转而拥护革命的社会民主党人的时候,能立刻同这种传统决裂,**公开**声明自己主要的**理论观点**和**组织思想是什么**,声明他现在自己在争取实现这种思想,并且请其他一切委员会也来这样做。这样的声明对万尼亚和全俄国将有重大的意义,这个声明本身就是一件大**事情**。不要怕得罪持有另一种观点的万尼亚的老朋友,只要万尼亚**自己**公开地和坦白地承认,环境和经验使他确信过去的同经济主义有某种联系的理论观点、策略原则和组织计划是错误的,就丝毫也不会得罪什么人。这方面丝毫也不会攻击这些旧观点,而只是老实地承认**自己的**转变。坦白直率地承认这一点,对于**实际上联合全体俄国社会民主党人和完全终止**他们之间的"论战"来说,其影响比对"论战"提出一百次抗议还要大十倍。

总之,首先的和主要的是公开发表书面声明(在地方小报上或在《火星报》上发表,最好在两处都发表)。必须立即采取这个步骤,一个星期也不应当拖延,因为**不采取这一步骤**,其他一切步骤**很容易会**毫无成效(失败等等),而**采取了这一步骤**就可以立刻确定新的道路。

在这个声明中应当说些什么呢? 如果万尼亚要我就这个问题提出同志般的忠告,我就这样回答(**当然,不能在他向我提出请求之前回答**):(1)承认自己放弃旧的观点(理论的、策略的和组织的),并对这些观点作最一般的说明(尽可能用一两句话)。(2)承认自己转变为《火星报》的拥护者,拥护《火星报》的理论、策略和组织观点;承认《火星报》是**领导机关报**(注意:所谓领导,决不是说必须在各方面都同意它的意见。这只是说同意这个机关报的**领导**原则。承认这一点以后,如果有局部的意见分歧,也**完全容许**指出这种分歧,指出我希望作某些改变,我现在作为《火星报》的拥护者要**进行**某些改变,力求《火星报》作这种改变等等)。(3)把统一问题,确切些说,把通过共同工作真正**恢复**统一的全俄社会民主工党的问题提到首要地位,这种共同的工作应当从集结在《火星报》周围开始,以便把《火星报》变为真正全民性的鼓动工具,这种共同的工作应当导致建立能够坚决地冲击专制制度的全俄的战斗组织。(4)承认(万尼亚已经做了,但还没有公布)必须改组万尼亚和马尼亚的组织结构和职能(他们之间的关系等等),宣布(如果可以这样说)重新审查组织结构。(5)承认必须更紧密地靠拢《火星报》国内组织**并**同它**合并**,以实现今后万尼亚和这个组织的共同任务。(6)派一个或几个(可以从万尼亚或马尼亚等处调派)彼得堡委员会的委员立即着手实际进行上述工作,即同《火星报》**合并**和**统一**党的工作。①

当然,这6条中,第6条是决不能公布的,其他还有几条也许也不能公布。声明可以用省略号,并且直接说明某几条(或"以下"几条)由于保密原因不能公布。但是我再说一遍,如果万尼亚真正成为我们的拥护者,他必须立即发表这个声明,**一个星期**也不要拖延。

这样,在彼得堡委员会的代表同索尼亚(《火星报》国内组织)和《火星报》编辑部(国外的)举行的会议上就会拟出真正具体的计划,不仅是改组彼得堡工作的计划,而且是真正统一党、组织筹备党的第二次代表大会的组织委员会等等的计划。

其次,在你们第二次会议上规定"在实行上述草案〈在7月里派代表到国外去〉以前,预先了解我们幅员广大的祖国的各个地区的情况,以便在代表大会上讨论时有所根据"。这个决定,我(坦率地说)认为是错误的,建议放弃这个决定。这样做就是耽误事情,就是同时追赶两只兔子。让我们先抓住第一只,即我们自己(我们同万尼亚)进行会谈。**这样做等**于万尼亚同索尼亚完全取得一致的意见。只要取得了一致的意见,**以后的**实际任务(巡视俄国)万尼亚∓索尼亚(＋还是＝?)是很容易完成的。但是现在同时铺开是不妥当的,首先(1)要完全**说服**万尼亚和马尼亚,其次(2)要公开

---

① 这第6条在你们第二次会议上**实际上**已经作了决定,即派人到国外去最后商议。

宣告自己的观点，再其次（3）要立刻同《火星报》（在国外，《火星报》已经有整套的关于幅员广大的祖国各地情况的资料档案，同志们！不要小看这套档案）进行会谈，（4）同索尼亚会谈，然后才是（5）巡视俄国，其直接的具体的目的就是把工作**真正统一**起来（和召开全党的代表大会）。

如果您需要的话，这也可以说是给您拟的最近实际任务的"具体计划草案"。如果第 2 条做起来有困难，第 3 条可以提前先做（这样当然不免有某些拖延，但在一定条件下，拖延是免不了的）。但是第 2 条和第 3 条无论如何都应当办到。同时，到这里来的万尼亚的成员应该有尽可能大的权力，并且最好能来两个人而不是一个人（当然，这完全取决于地方条件，这一点您更清楚），这是极端重要的。

看来，信可以到此结束了。请快一点把您的意见写来：我对您的要求理解得是否正确，我的"具体计划"是否可行？等等。我怕事情还不会那么顺利，万尼亚还不是彻底的拥护者。特别可疑的是，直到现在还没有把《怎么办？》[①]交给马尼亚。最好您再同万尼亚全体（即圣彼得堡委员会的**全体**成员）商谈一次，因为这对于**确切地弄清楚**是否有反对者，反对的究竟是些什么人，他们的主要论点是什么等等，是十分重要的。您直接同马尼亚会见也是同样重要的。**无论如何要尽快地**催促万尼亚（最好还有马尼亚！）到这里来（**直接**到伦敦来，**伦敦**的地址**一定**要给他们，并附上美舍利亚科夫在比利时的地址，以备万一）。如果您能办到这些，这已经是一个很大的成就，即使您现在遭到完全失败，您的工作成果也有了保

---

① 　见本版全集第 6 卷第 1—183 页。——编者注

障。请不要忘记,失败是非常可能的,因此必须毫不迟延地尽快争得**切实可行的**第一个步骤(声明和离开)。

只要万尼亚**真正完**全成了**我们的**万尼亚,我们过几个月就举行党的第二次代表大会,并把《火星报》变成党的双周刊甚至是周刊。请您竭力说服万尼亚:我们不要他们放弃**地方**工作,彼得堡是一个**直接**具有全俄意义的"地区",万尼亚和索尼亚的合并会大大加强地方工作,同时会使全党立刻摆脱半虚幻状态,不仅成为确实存在的党,并且成为头等重要的力量。

紧紧握手!

您的　**列宁**

从洛居维(法国北滨海省)发往彼得堡

载于 1924 年《无产阶级革命》杂志
第 3 期

译自《列宁全集》俄文第 5 版
第 46 卷第 192—197 页

140

致格·瓦·普列汉诺夫

1902 年 7 月 12 日

亲爱的格·瓦·:您的文章[270]收到了。非常感谢您作了修改。我刚才已把它寄往伦敦。至于贝尔格的那篇文章,维·伊·认为完全可以一起发表,但是,依我看,最好把它搁一下。我们将问问贝尔格。

来信请寄往伦敦,因为我不能肯定将在这里待多久。不过至少还要住一个星期，在这期间，万一您要给我写信，请用下列地址：

法国

北滨海省

洛居维（普卢巴兹拉内克）

勒居昂夫人（交奥列诺夫先生）

布鲁塞尔您为什么没有去成？[271]难道代表会议不开了吗？我希望无论如何能在伦敦同您见面，列・格里・计划把这次会见改为由我和贝尔格去瑞士住上 10—12 天（原话如此！），并在那里会见几个前来的俄国人，我认为这个计划很不妥当。10—12 天工夫能搞出什么名堂来呢？因为一定要认真地、一个一个地跟这些俄国人熟悉一下，再说我们自己还有许多事要商量。而在瑞士待很长时间（把工作丢下不管）又不可能。最后，这些俄国人必须研究我们同国内的全部（或部分）通信（如果他们是火星派分子的话），而这只有在伦敦才能做到。如不研究这些通信，会见将是盲目的，几乎是毫无意义的。根据上述理由，我坚决主张在伦敦举行会见。

紧紧握手！

您的……

附言：依我看，同"联合会会员"现在谈不上什么统一：他们蛮不讲理，并在巴黎大大"得罪了"贝尔格[272]。他也许会把我的信转寄给您的，我在那封信上详细地说明了必须严厉而又十分谨慎地对待他们的理由。在国内，我们的事业现在蒸蒸日上，而"联合会会员"却以闹独立来威胁！可不得了……

《曙光》杂志不知道为什么一直僵着。狄茨嘲笑说，它是命中注定出不来的。

从洛居维(法国北滨海省)发往
日内瓦

载于1925年《列宁文集》俄文版
第4卷

译自《列宁全集》俄文第5版
第46卷第197—199页

141

致娜·康·克鲁普斯卡娅

1902年7月16日

附上给阿尔卡季的信。①

今天收到了你寄来的信、校样和钱。谢谢。

要在瑞士召开"代表大会"**273**,简直是一种可恶的胡闹。谁(首先)想出这个"代表大会"的？**不是我们**。大概是波·尼·编造出来的,对他这种轻率行为(周游国外,同科列涅夫斯基空谈代表大会等等)应该严加申斥;如果你还没有这样做,那么请你**好好申斥**他一顿。我本想自己来做,但觉得由你做好些,否则,由我来做,火气是会很大的。

"代表大会"**谁也没有安排**:开代表大会是需要**全体到齐**的(而我们一点也不知道阿尔卡季和索尼亚的确切情况)。开"代表大会"也需要国外某些人参加(如季姆卡、小老头们,大概亚历山德罗娃等人也得参加),而**这一点过去连谈也没有谈过**。甚至连代表大

---

① 见下一号文献。——编者注

会的计划也没有人准备，而且谁也不知道在会上要谈些什么：谈《火星报》国内组织的问题吗？没有这个组织本身的代表参加就能谈吗？？这一切都仓促和草率得令人吃惊！！

　　现在连列・格里・自己也要把这件事延期"到秋季"去了。请你竭力亲自"驳斥"这种关于"代表大会"的胡说八道。现在**应当会见拉波季**：他去看一看在瑞士的那些人，然后**自己**到我们这里来。还要什么？其次，厨师①看来还需要学习，那就让他在苏黎世学吧；这是非常好的。也许，他和波・尼・一样还要在国外待**几个月**？！？为什么急于会见呢？只要他打算走，他**本人**就一定会到我们这里来，现在不必硬拉他来。波・尼・和维・瓦・写给贝尔格的信多么荒谬，他们说："没有帕・波・参加，就不能交谈。"不能同谁交谈？同厨师吗？——他在帕・波・那里。同 3 个人吗？——他们也在帕・波・那里。同拉波季吗？——他就要上帕・波・那里去。请你劝贝尔格对维・瓦・和波・尼・的这种胡说八道好好地申斥一顿，并来信告诉我，贝尔格是怎么看的，可不可以期望他对他们答复之后能打消这种胡说的兴致。帕・波・本人既然经常去慕尼黑，以后也会来伦敦的。至于格・瓦・也必须（**将要**）来，这一点谁也没有怀疑过。

　　我写信告诉过格・瓦・，我根本不知道什么"代表大会"的事情，至于**事务上的会晤**（同拉波季等人会晤）**必须**在伦敦举行，当然，他也要去。如果需要的话，我再写信给他。

　　请你**想尽办法**使列・格里・认识到，他自己都搞不清他设想的这个"代表大会"由**哪些人**参加，**为了什么**和**怎样**进行，因此还是

————————

①　费・伊・舍科尔金。——编者注

放弃这个主张好。

你的……

我看校样不必寄回了？是吗？

维·伊·的文章究竟怎么样了，难道还没有付排吗？

⎰⎱请别忘记：在我的土地问题的文章中有从布尔加柯夫著作中摘录的引文：卷？页？不能这样保留下来；如果我不能早日来到又不能再看到校样的话，那你就删掉，但不是删掉所有的附注，而只是这些字样："——卷——页"**274**。

从洛居维（法国北滨海省）发往伦敦

载于 1928 年《列宁文集》俄文版第 8 卷

译自《列宁全集》俄文第 5 版第 46 卷第 199—200 页

142

致伊·伊·拉德琴柯

（7 月 16 日）

给阿尔卡季的信

亲爱的朋友：您 6 月 6 日的长信也收到了，我想对我的上一封信①作一些补充。您报道的同工人谈话的消息使我们非常高兴。

---

①　见本卷第 139 号文献。——编者注

我们很少收到这种能真正鼓舞群众情绪的信。请务必把这一点转告您处的工人,并向他们转达我们的请求:希望他们也亲自给我们写些东西,**不只是为了在报刊上发表**,也是为了交流思想,使彼此不失掉联系并做到相互了解。同时,我个人特别感兴趣的是,工人们对《怎么办?》一书的反应如何,因为我还没有听到工人们的反应。

总之,请您使您处的工人小组以及马尼亚同我们直接取得联系,这一点很重要,而且将大大加强他们同《火星报》的接近以及您在他们中间的地位。其次,如果马尼亚的领袖中确实有能干的人,最好让其中一人到我们这里来一趟,请把这个意见转告他们,并请谈一下他们对这个问题的看法。

此外,再提出三点:

(1)如果万尼亚是我们的,那您怎样确定自己对他的态度? 您的意见怎样? 也许,如果万尼亚和马尼亚**完全**是我们的(如果他们要出版我曾经谈过的那份声明——这是非常重要的),那他们就会吸收您参加他们的中央委员会[275],**并**正式确定您专门负责全俄统一的工作? (就是说,"中央委托某某,即自己的成员和中央完全与之一致的《火星报》国内组织的成员,委托这个某某本着《火星报》的精神来筹备党的统一的工作"。)

也许,这可能采取另一个方案(当然,我不过是假定而已):"圣彼得堡委员会中央表示自己同《火星报》国内组织完全一致,经委员会一致同意,满意地把属于这个组织而专门从事运送《火星报》并把它散发到**俄国各地**的那个小组里的人吸收到委员会中。中央派遣某某委员帮助这个小组,拨给若干经费,同时这个小组的成员之一(阿尔卡季)参加圣彼得堡委员会中央,他仍然是《火星报》国内组织的成员，并且本着《火星报》的精神专门负责筹备全党统一的工作。"我所说的小组是指您派去取鱼[276]的那些人等等。我再说一遍，只是为了满足您要我提出"具体的计划草案"的请求，为了供您在这样或那样利用我的假设时作参考，我才提出各种可以接受的和可能实现的假设。现在工作进行得怎样，您在根据什么方针推动工作，务请来信告知。要趁热打铁，并请记住：关于坚定不移地争取"音叉"（＝圣彼得堡委员会＝万尼亚）的计划，我们双方应当尽可能在细节上协调一致。所以您同自己的青年朋友接触时应当灵巧像蛇！

如果能做到这一点，那就太好了。那时您就代表万尼亚参加组织委员会（筹备萨沙①），另外再有一个我们的人代表索尼亚。请尽快告诉我，您对这个问题的看法怎样？关于这一点，您**是否**同万尼亚和**马尼亚**谈过？

（2）您一定得把国内的组织委员会建立起来，并掌握到自己手里：您代表万尼亚，克莱尔代表索尼亚，另外再加上一个我们南方的人，这就很理想。对待崩得要特别小心审慎，不要摊牌，让**它**去进行崩得派的工作，**不要让它插手**国内的事务，要记住，这是个不可靠的朋友（**其实是个敌人**）。

（3）要到处向大家解释：所谓《火星报》编辑部自己想成为俄国党的中央的说法，是谣言，是无稽之谈。中央只能在行动的场所产生，所以我们希望它能从组织委员会和工人革命者当中成长起来。而《火星报》编辑部和中央的关系要根据分工（思想领导和**实际管理**）的原则来确定，同时，为了统一，最好召开定期的代表大会，或

---

① 第二次党代表大会的代号。——编者注

许,5个(假定)中央委员中有一人在这里做常任代表。这个谣言是"斗争"社散布的,必须加以揭露。我们不打算在报上回答这些坏蛋,最好用《火星报》的沉默来惩罚他们。

或许,万尼亚所以发生怀疑(如您所说的),是因为他对这一点的认识模糊不清? 您应设法使万尼亚,尤其是**马尼亚**有充分的了解。

紧紧握手! 希望您努力坚持下去!

您的 **列宁**

附言:如果万尼亚打算要求把他同马尼亚的关系、他的成员同马尼亚参加彼得堡中央委员会的成员的关系确定下来,那我认为这个问题最好**等到**在这里见面时再谈,并且**直接**告诉万尼亚:"二者必居其一,要么我们真正团结一致,那在一个月以内我们在共同的工作中步调一致,做到我们之间不存在一点误会,因为我们都将是火星派;要么就表现不一致,那我们干脆分道扬镳。我们不愿意再写什么条约之类的东西来自找没趣了!"从您6月6日的来信中可以看出,您开头是本着这种精神回答他们的,当然,这样做很好。

从洛居维(法国北滨海省)发往
彼得堡

载于1924年《无产阶级革命》杂志
第3期

译自《列宁全集》俄文第5版
第46卷第201—203页

143

致加·达·莱特伊仁

1902 年 7 月 24 日

亲爱的莱·：姐姐的地址是：北滨海省 **洛居维**（普卢巴兹拉内克）叶利扎罗夫夫人。阿尼亚和妈妈的确不大喜欢这个地方，她们可能迁居，但是还不知道迁到哪里去（信上可以写上发行处的地址）。明天我就要动身回家了。一般说来，我很喜欢这里，我在这里休息得不坏，但遗憾的是，我原先自以为身体康复了，忘了注意饮食，因此现在又闹卡他性胃炎了。不过这也算不了什么。

您在乡下还要住多久？您应当好好利用这个机会，既要过得愉快又要有所收获（职务），并且好好地多休息休息。回来时写一封短信谈谈自己的情况。

您对于同列·格里·和尤里耶夫谈判的结果是否感到满意？是否完全谈妥，您是否期望现在取得更好的结果。

国内传来关于各委员会，甚至**彼得堡**（原文如此！）委员会转向《火星报》的好消息。有个有趣的事情。他们给《工人事业》杂志寄了一本小册子。其中（在第 9 页上，他们确切地写信告诉我们的！）有一个注释："见列宁的卓越著作"[277]。这里的联合会会员就惊呼起来！他们写信给彼得堡说：请删去这句话，你们这样做既打击了自己也打击了我们。回答是：不要妨碍我们按新的方式工作，把小册子交给《火星报》好了。

当然，这暂时是我们之间的私话，然而这件事很值得注意！

不知道彼得堡是否能坚持新的立场。

紧紧握手!

您的　列宁

来信请寄伦敦

附言:差一点忘了。《社会主义者报》[278]通知我说,我的订单已于1901年12月期满。是否如此? 他们有没有弄错? 好像记得您有一次拿了尤尔丹诺夫的订单到那里去过? 如果是这样的话,那么您那里是不是留有什么单据,或者您记得是怎样的?

从洛居维(法国北滨海省)发往巴黎

载于1952年《列宁全集》俄文第4版
第34卷

译自《列宁全集》俄文第5版
第46卷第207—208页

144

致格·瓦·普列汉诺夫

1902年7月28日

亲爱的格·瓦·:给您寄上100马克作路费。我十分高兴地获悉,您准备来这里住两三个月,而不仅仅是作短暂的逗留,因为在这期间,俄国国内可能会来一些人。

您给我的信被转到法国去了,而我却很快离开了那里,这样,信和我就错开了,所以我至今还没有见到这封信。

握手并盼早日见面。

您的　**列宁**

从伦敦发往日内瓦

载于 1925 年《列宁文集》俄文版
第 4 卷

译自《列宁全集》俄文第 5 版
第 46 卷第 208—209 页

145

致弗·格·什克利亚列维奇

1902 年 7 月 29 日

我们收到了您关于"遗产"[279]问题的来信。其中有好多东西使我们感到"奇怪和不理解",——特别是要费克拉①找律师这件事。费克拉哪能办这件事呢？为什么那个继承人自己不去办呢？当然,试试并不遭罪,试试也是可以的,但毕竟要好好了解一下情况,否则空忙一场是会惹人笑话的。因此,请您采取一切可能的措施进行调查,并告诉我们怎样才能"让继承人听从我们的安排"？是叫他到国外来呢,还是怎么的？请把他的情况**详细**介绍一下。还有,为什么"您的"继承人不去找与共同继承人打过交道的那些律师呢？(很清楚,我们是不能在这件事情上花钱的。)

使我们同**南方工人组织**[280]建立切实和**直接**的联系是非常重要的。请您关心这件事,并把这个组织的情况写信详细告诉

---

①　费克拉是《火星报》编辑部的代号。——编者注

我们。①

从伦敦发往科列兹

载于1930年《列宁文集》俄文版
第13卷

译自《列宁全集》俄文第5版
第46卷第209页

146

致彼·格·斯米多维奇

1902年8月2日

亲爱的奇·:您的来信已经收到,暂时简复两句,因为我很不舒服,躺下了。

我没有看到**任何一封**信中有您提出的问题。因此我想是您误会了。谁会打算不增加和巩固工人的小组、团体和组织,而去"解散"它们呢?您说我没有指出极端秘密的组织怎样能和工人群众联系。事实并非如此,因为(虽然这是很自然的)您在第96页上援引的一个地方就谈到需要"其他许许多多〈注意!〉 许许多多!! 组织"(就是说除了职业革命家的中央组织以外),这些组织"**遍布各地**(黑体是列宁用的)履行各种不同的职能"。② 但是您在我规定了组织层次和指出这种层次的两极环节的界限的地方竟没有根据地看出了**绝对**对立面。从职业革命家非常秘密的狭小核心(中

---

① 手稿上这一段已被勾去。——俄文版编者注
② 见本版全集第6卷第120页。——编者注

央)直到群众性的"没有固定成员的组织"——这些环节构成一个完整的链条。我只想指出这些环节的变化性质中的趋向:**组织的"群众性"愈广泛,形式就必然愈不固定,秘密性也就必然愈少**——我的提纲就是如此。而您想把它理解成这样:在群众和革命者之间不需要中介!! 哪有这样的事! 整个关键就在于这些中介。既然我指出两极环节的特点,并着重指出(**正是我着重指出的**)中间环节的必要性,那么显而易见,这些中间环节将处于"**革命家组织**"和"**群众组织**"**两者之间**,而它的结构形式也是处于**两者之间**,就是说,中间环节不像中央那样狭小和秘密,但比"纺织工人联合会"等却要狭小和秘密一些。例如在"工厂小组"(**当然**,应当使每个工厂中都有中介小组)中必须建立"中心":一方面,整个工厂或几乎整个工厂应当**知道**某某先进分子,信任他,并倾听他的意见。另一方面,"小组"应当使别人**无法**知道它的**全体**成员,**无法**拿到证据抓捕密切联系群众的人,总之,**无法**告发他们。难道这不是从列宁所说的话中自然得出的结论吗?

　　"工厂小组"的标准非常明确:在一个小组中有四五个(我是举例来说)工人革命家,——他们不应当**都**让群众知道。大概群众只应当知道其中的一个,不过必须保护他,使他不受告发。人们谈起他的时候可以这样说:自己人,**虽然没有参加革命**(没有看见他参加过),但是聪明能干。一个人和中央进行联系。这两个人都要有一个候补人。他们领导**几个**小组(工会的、教育的、散发刊物的、做情报的、进行武装活动的等等小组),当然,捕捉奸细小组或者筹集武器小组的秘密性决不是那种阅读《火星报》小组或阅读合法书刊小组以及其他等等小组的秘密性可以比拟。秘密性同小组成员的多少成反比,而同小组参与**直接斗争**的程度则成正比。

我不知道，写这些是否特别必要，如果您认为对的话，那么把这封信寄还给我，因为我还要好好考虑一下这封信以及您的那封作为材料的信。我希望能会见彼得堡的同志并希望能在这里详细地谈一谈。

　　紧紧握手！

　　　　　　　　　　　　　　　　　　您的　**列宁**

从伦敦发往马赛　　　　　　　　　译自《列宁全集》俄文第5版
　　　　　　　　　　　　　　　　　第46卷第210—211页
载于1928年《列宁文集》俄文版
第8卷

147

致弗·亚·诺斯科夫

1902年8月4日

　　亲爱的波·尼·:收到了您的两封来信，从信中我很高兴地知道和看到，假想的"误会"确实是**一阵烟**，正如我已写信告诉厨师的那样（我向他说，我确信这一点）。

　　您原来抱怨我们的"代办员"。因此我想和您谈谈这个问题——这个问题使我非常忧虑。"任用代办员时太轻率了。"…… 我清楚而且很清楚这一点，从来没有忘记这一点，但是要知道，我们情况的悲剧性（实在是悲剧性，并非夸大其词！）就在于此，我们**不得不**这样做，我们**无力**消除我们工作中的全部紊乱现象。我很清楚，您的那些话不是指责我们。但是您应当竭力充分地了解我们的情况,并且**应当要求自己**:不要说"你们的代办员",而要说"**我们的代办员**"。您可以这样要求自己,而且(我认为)您必须这样做——只有这样,才能彻底消除产生误会的**一切**可能性。您应当把第二人称改成第一人称,您应当自己来监督"我们的"代办员,帮助物色、撤换和更换他们,——只有这样,您才不会说我们的代办员令人"讨厌"(这种话只能让人不可理解,因为人们普遍认为这种话是表示疏远,甚至我们那些没有可能同您弄清问题的编辑委员会的成员也这样认为),——而会说这是**我们共同事业的缺点**。这些缺点很多,这使我愈来愈感到苦恼。现在正是快到(我的感觉)直截了当提出问题的时候了:或者是国内派遣自己的人,选拔那些能帮助我们纠正工作的人,或者是……　虽然我知道而且看到,这种人正在不断被选拔出来,他们的数量也正在增多,但是很缓慢,经常中断,就像机器的"轧轧声"使人神经欲裂……　有时非常令人难以忍受。

　　"任用代办员时太轻率了。"是的,但是要知道,我们不能给自己制造"造人的材料",因此我们使用而且不能不使用**现有的人**。不然我们就过不下去。有人到俄国去,——他说,我想为《火星报》工作——这是正直的和忠于事业的人。当然他是去了,而且是以"代办员的身份"去的,虽然我们中间任何人都**从来**没有给过这种称号。我们能用什么方法来检查"代办员",领导他们,把他们调到别的地方去呢? 我们甚至经常收不到信件,——我们这里对"代办员"将来活动的一切设想,**十分之九**(我是根据经验说的)**在越过国境的第二天**都成为泡影,而代办员也就只好看情况行事了。请您相信,我对这里的设想、路线、计划等简直失去信心,因为我事先知道,这是毫无用处的。我们"不得不"苦苦挣扎,**去做**(因为没有别的人)不归自己管的事情。要知道,为了委派代办员,监督他们,对他们**负责**，**切实**联合和领导，——为此就需要到处去跑，在实际中即在工作中去观察一切人。为此需要一群**实际的组织者和领导者**，要知道我们没有这些人，当然有还是有的，但是很少、很少、很少……　这就是我们的全部苦处。当你看一下我们实际工作中的紊乱现象，你就常常会恼火得干不下去，唯一的安慰是：尽管一切非常混乱，但事情既然在**进展**并且明显地在进展着，那就是有生命力的事情。就是说，发一下酵，就会有好酒。

您现在是不是明白，为什么单是火星派分子所提的"'你们'的代办员是些马虎人"这一意见就几乎使我们痛苦万分？我们想说——你们自己可以尽快替换"马虎人"。我们一再反复地说，甚至在书中写道，全部不幸就在于："人很多，但又**没有人**"，大家都指责我们这种没有人才的现象。这里只有一条出路，可以毫不夸张地说，这条出路是**极端**必要和刻不容缓的——因为时间不等人，而敌人，无论是《解放》杂志[281]、社会革命党人，还是一切新的社会民主主义小组，从《生活》杂志的轻浮的人直到"斗争"社的阴谋家都在壮大。这条出路就是，国内火星派分子终于集中起来，**找到人才**，并**亲自掌握**《火星报》经营管理工作，因为说实在话：我们的土地辽阔富饶，但是很紊乱。**应当找到人才，因为人才还是有的**，——但是必须像爱护眼珠一样地爱护人才，不仅在直接的意义上要保护他们免受警察的迫害，而且为了这个刻不容缓的事业必须爱护他们，不要使他们热衷于其他一般说来是有益的但**不适时的任务**。如果我们由于没有足够人才而**不得不**依靠"马虎人"，——那也毫不奇怪，因为我们不能坐视别人把我们的事业"往后"推延。

如果**现有的**全部火星派分子毫不延缓地立刻负责《火星报》经营管理工作，负责**独立**安排运送、分发和搜集材料等，——那么我们就**会**有一个实际的**中央**了，即事实上领导"代办员"的(因为领导代办员的应当是中央，而不是编辑部)和**负责**一切实际工作的中央了。

有人说：如果没有人，中央委员会又到哪里去找呢？要知道我们虽然找到的是一些马虎人，但毕竟还是找到了。一个能干的人在十个马虎人中间无足轻重，然而经验是不会没有用的。人们在工作中学习：一些人走了，另外一些人来接替，**既然工作开始了**，——另外一些人**投身**于这个已经安排好了的工作就会容易十倍。我们现在成立了中央(非正式的)，——这个中央明天就将成为正式的，而且将以比现在大十倍的劲头从每个地方组织中**吸取**有能力的人。只有"从地方组织中吸取"才能使这些地方组织充分地**发挥**作用。

正因为如此，我**羡慕**，非常羡慕谢苗·谢苗内奇[282]，并且对于任何"袖手旁观"的观点(甚至是观点)非常激动。我不能采取另外的态度，因为如果火星派分子不说：这是**我的**事情，不大声地说这一点，不全力以赴地和坚决地担负这个任务，不去责骂其余的人不够坚决｜**您**一次曾对我说：责骂火星派分子吧！而我回答说：这不是我，而是**您**所应当做的，因为只有实际参加**这项**工作和知道工作底细的人才有权利责骂别**人**｜，如果火星派分子不这样做，那就意味着，他们**想**把我们"专门同马虎人"留在一起，而这就是结局的开始。

该停笔了。我非常希望您和厨师尽可能具体地了解我们的情况并设身处地考虑一下我们的处境，能够不说你们，而说**我们**。无论如何要使厨师经常给我们写信，并且要**直接**写来，使我们同谢苗·谢苗内奇和使谢苗·谢苗内奇同我们**更紧密地**保持联系。

至于您来这里的问题，如果您必须再在苏黎世待一阵，那就是另外一回事了。为什么您感到不舒服？您是否已完全康复？是否需要休息一下？

　　我时常闹小病，因此根本考虑不到旅行的事。

　　来信告诉我关于您对捷尔诺娃和萨宁的意见。我从不同的人那里听到过一些关于萨宁的意见，我得到的印象是，他不是个好工作人员，非常粗野（"wild"）。而关于捷尔诺娃，说她是一个不好的人，就是说，她不仅喜欢"猎奇"（这一点本身并没有什么了不起），而且是一个不可靠的人，对不对？

　　紧紧握手！

　　　　　　　　　　　　　　　　　您的　列宁

从伦敦发往苏黎世　　　　　　　　译自《列宁全集》俄文第5版
　　　　　　　　　　　　　　　　第46卷第212—215页
载于1925年《列宁文集》俄文版
第4卷

148

致卡尔塔夫采夫

8月4日

　　(1)还收到了您的两封来信，但一点也辨认不出来。您写信用的化学药水太淡。写信之前，每次都要先试一试。收到了信而不能把它读通，这是非常恼人的事。

　　(2)您是否收到了我们请您从我们现有款项中寄300卢布来的那封信？

　　(3)监狱里有些什么消息？

　　(4)艾尔格的地址您写得不对，应该是：①

---

　　①　手稿上没有写出地址。——俄文版编者注

(5)请告诉我们,你们委员会的情况如何。听说有个"列昂季"(波将金)到了柏林。他似乎给我们的一位柏林的同志转达了:(a)基辅委员会剥夺了"小老头们的支持者"的一切权力;(b)他对《火星报》的信表示愤慨,并将反对把《火星报》当做党的机关报;(c)委员会委托他同《生活》杂志取得联系,基辅人要想使它成为党的机关刊物;(d)委员会没有力量与社会革命党人相对抗,不敢说反对恐怖活动,它所想做的只是抵制《谁靠什么生活》之类书刊的流传。这里大概是有点不对头吧,因此我们请人转告列昂季,要他写信详细告诉我们这是怎么回事。但他没有写信给我们。请说明这是怎么回事。

我们恳切地、坚决地要求您在一切比较重要的事情上**直接**同我们联系,因为通过**柏林等地**转达,往往把事情搞乱。我们认为,这一回也乱了套。如果把任务交给某个到国外去的人,那就务必要求他不能只是同同盟的某个成员会面,而**一定要**或者亲自去找编辑部谈,或者**亲笔**写信(即要他自己写信,而不要委托同盟的某个成员写信)给编辑部(从国外寄挂号信到狄茨和其他人处**丝毫**没有危险)。上述措施是必要的,因为同盟的成员,甚至它的管理机关成员分散在欧洲各地,对于同俄国的联系,他们有很多情况不了解。

直到现在还是没有得到同您接头的地址。也许在一封无法辨认的信里寄来过,但我们没法弄清楚。等候回信。

请帮助我们同瓦卡尔取得联系。[①]

从伦敦发往基辅

载于1928年《列宁文集》俄文版
第8卷

译自《列宁全集》俄文第5版
第46卷第215—216页

---

① 此信中凡用小五号字排的是娜·康·克鲁普斯卡娅写的。——俄文版编者注

149

致伊·伊·拉德琴柯

(8月7日)

亲爱的朋友:不久前我们接到您的来信,说万尼亚的朋友——"联合会会员"(即《工人事业》杂志的拥护者)被释放了,这一消息使我们又产生了许多疑问。万尼亚现在是否要改变主意? 请您务必向他直截了当地提出问题,要他坦率地回答,如果回答是的,那要狠狠地挖苦他一下,至少要把情况立即告诉我们。如果这次万尼亚又从我们手中逃脱了(即使是正在逃脱),那您应当在马尼亚身上下加倍的功夫:如果有可能,就直接跟她谈;如果不可能,那就通过您新交的一些朋友,就是您在信中曾经十分详细、十分有意思地叙述了您同他们的谈话情况的那些朋友去谈。

只要万尼亚有**一丝一毫**不可靠或托词敷衍的表现,您就应当组织彼得堡的火星派同经济主义的残余展开斗争[①]。关于这场斗争,当然不必同他们说,但是应当全力以赴作准备,尽可能双管齐下。就是说,一方面,要竭力同我们在万尼亚的知识分子中间的朋友保持既有的私人关系,设法会见他们,影响他们,使他们觉得羞愧,会见他们的青年,帮助火星派脱离不坚定的分子。另一方面,也是特别重要的方面,就是要对工人进行工作。您的小组是一个最好的据点,应当首先在这个小组中培养、启发和形成对万尼亚的

---

　①　手稿上这段文字已用红色铅笔勾掉。——俄文版编者注

仇恨。设法让小组能看到《怎么办？》一书，争取达到观点**完全**一致（根据您的来信看，这绝不难做到），并且要特别强调，《怎么办？》这本书主要反对的正是"彼得**堡**"式的人物。同他们谈话要谈得透彻，要经常把万尼亚作为一个坏的典型、不足取的典型来引用。我很乐意尽我的力量帮助您进行这一切工作，比如说，给您的小组写些信。让这个小组一开始就自觉地、彻底地成为火星派的小组，自觉地、**无条件地**反对一切旧的"彼得堡习气"，反对《工人思想报》、《工人事业》杂志以及任何的不彻底性。**那时候（也只有那时候）**我们才能使您的小组作出您劝告万尼亚作的和我在信中向您详细叙述过的那种声明[①]。当然声明的形式会稍微有所改变，那时候您的小组将举起"义旗"去反对万尼亚的经济派，并宣布公开进军，以便把整个马尼亚争取过来。

我毫不怀疑，这次进军将很快取得彻底的胜利，我认为主要的困难不在于这种进军，而在于如何发动人们公开地进军，如何不再向万尼亚妥协，不再作任何一点让步，不再拖延等等。**决**不作任何妥协，**无情地**反对经济主义的和手工业方式的任何一点残余，——我认为这就是您应当为自己小组提出的任务。为了建立一个**战斗的火星派小组**，宁可用3个月、半年或者更多的时间去进行准备工作，也比把不很彻底的分子同万尼亚的那些玩弄外交手腕的、优柔寡断的人联合起来要强得多。

您要利用在小组中不受任何拘束的机会，坚决地实行自己的路线，让那些不完全是自己人的人离得远远的。

如果您能这样做，您就不会受万尼亚犹豫动摇的影响，您将有

---

① 见本卷第139号文献。——编者注

自己的立足点。如果您有时候因需要不得不同万尼亚玩弄一下政治手腕,那么你同小组千万不要玩弄政治手腕,在小组内对万尼亚应当始终采取不调和的态度。这样您的策略就很简单:如果万尼亚靠近我们,您就夸奖他一番,但是一定要存戒心,就是说要直言不讳地对他说,这是不够的,必须紧紧地靠拢我们,站到我们这边来,告诉他,你们不能满足于这一点微小的表现。如果万尼亚离开我们,您就不要放过他任何一个错误和过失。要抓住万尼亚的一切过错,在小组内(有时尽可能也在《火星报》上)加以无情地揭露和斥责,——这应当是您的主要任务之一。

总而言之,对万尼亚您一定要掌握这样一个原则:我愿意同你讲和平,为此我要尽一切力量作好同你作战的准备。

最后,我有一个实际的劝告。万尼亚是天生的耍外交手腕和咬文嚼字的人。他现在提出了改造陋室的问题,很可能在这种"修改组织结构"的漂亮幌子下,把事情耽搁下去,编造出成千上万种的妥协办法和其他办法。您别上这个当。对于爱好起草章程的表现要无情地加以嘲笑。问题不在于章程,谁认为根据某种策略思想和组织思想就可以写出模范章程,谁就是无知透顶,同这种无知的人应当斗争到底。如果万尼亚认为,他们将全面地讨论新的章程,把50条中的40条加以修改,然后就可以"举行体面的宴会,庆祝婚礼",就是说可以按照新的章程来进行新的工作,如果他(从一切迹象看得出)是这样认为的话,那就是说,他只是在口头上抛弃旧的偏见,实际上还保存着一大堆需要不断加以批判的愚蠢思想。要打击咬文嚼字和形式主义的现象,要证明问题不在于章程,而在于(1)经过深思熟虑达到观点上的一致和(2)在最实际的工作中的步调一致。

我们从这个观点出发，唾弃你们（万尼亚）玩弄章程的手法，并公开声明：我们是什么样的人，我们希望什么，我们是怎样进行工作的。这些你们不仅从书刊中，而且从国内外的个人接触（在革命事业中这样的接触是不可避免的）中都知道了，而且也应当知道。如果你们不愿意和我们携手并进，——那就公开声明，不要摇摇摆摆，请你们记住，对于任何的摇摆，我们都要采取"军事"行动来反对的。你们不要以为，你们玩弄修改章程等等手法，就能把自己的摇摆掩盖起来，不让我们看到。你们要和我们一同走，那就**立即**干起来，这样你们就会看到，这种有关全俄性报纸的、为这个报纸进行的、在报纸的基础上进行的工作本身将会表明，哪些新形式是需要的，也许（甚至是无疑）还会表明，在目前这种生气勃勃的事业中，没有任何章程，这些形式也是会自行产生的。只要我们有力量，我们将在国内一年举行四次会晤和代表会议，在国外一年举行两次（看情况，或者倒过来），我们将在这些代表会议上确定一切章程（简单地说，我们要摒弃任何的章程）。

紧紧握手！急切等待回音，请告诉我，我的信写得是否对头，是否符合您的需要。

您的　**列宁**

从伦敦发往彼得堡

载于 1926 年《红色史料》杂志
第 6 期

译自《列宁全集》俄文第 5 版
第 46 卷第 204—207 页

150

致伊·伊·拉德琴柯

（8月7日）

（6）我们深为阿尔卡季担心，让他保护好自己而不要吝惜钱，宁可不要寄给费克拉。

对第6点的补充：既然有人跟踪阿尔卡季，他一定得离开彼得堡。既然我们将在这里见到科利亚[283]，那么现在可以离开了。让阿尔卡季记住，现在我们几乎只有他一个人了，他**无论如何**应当保护好自己。①

从伦敦发往彼得堡

载于1928年《列宁文集》俄文版
第8卷

译自《列宁全集》俄文第5版
第46卷第217页

151

致格·瓦·普列汉诺夫

1902年8月8日

亲爱的格·瓦·：我们一直等着的那位同志[284]昨天已到达我

---

①　这是写在娜·康·克鲁普斯卡娅信上的附笔。——俄文版编者注

们这里，带钱给您的老朋友[285]是认识他的。那么，首先请您转告这位老朋友，让他来一趟，因为需要他来参加共同的会谈，而来的同志在这里待的时间只不过一个半到两个星期。

其次是来人同您会面的问题。他本人也想同您见见面，而这对于工作当然也是非常有益的。问题仅在于：您是否应争取早一点到这里来，以便准定能在这里见到他；或者相反，您是否在日内瓦等他，**他是要从我们这里到日内瓦去的**。昨天，他就已经要我给您写信了；他还不知道您也很快要到这里来。

还要请您考虑这样一件事：现在在瑞士（大概是在蒙特勒吧？）几乎聚集了所有的工人事业派分子（马尔丁诺夫、阿基莫夫和奥尔欣、克里切夫斯基**和其他人**也要去），我们的客人也要去**见见他们**。就初步的印象来说，这位客人是火星派分子，国内的朋友们也是这样介绍他的。但毕竟……　联合会会员（工人事业派分子）会不会对他说许多谎话呢？如果他**最后一次**到他们那里，也许顶不住某些新的谣言和诸如此类的东西，那总不好吧？因此，我们有这样一个想法：如果他能同您认识并在日内瓦同您见几次面，那就可能要好些。那时，也许您能在他同联合会会员会面期间和会面之后跟他谈谈。那时，也许能使某些新的谣言立即破产吧？如此等等。

请您（同老朋友一起）讨论一下这个设想，**请决定**您将在哪里会见来人，并望尽快回信。只是您千万不能和他在途中错过了，——在途中错过是最糟糕的了。

如果您决定在您那里会面（但无论如何要让老朋友到这里来），那么，我们还要给您写一封详细的信，把有关来人的全部情况都告诉您。

您的通信地址完全可靠吗？您能断定不会有人看到这些信吗？

紧紧握手！

您的　**列宁**

从伦敦发往日内瓦

载于 1925 年《列宁文集》俄文版
第 4 卷

译自《列宁全集》俄文第 5 版
第 46 卷第 217—218 页

152

致伊·伊·拉德琴柯

1902 年 8 月 12 日

　　我们刚才收到您 7 月 25 日的来信，并和公民[①]一起看了这封信。我们感到奇怪的是，您作为组织委员会[286]的委员，为什么不执行从马尼亚之外的工人中增补新委员这个原先的计划?公民认为，这是改变整个马尼亚面貌的唯一措施，因此应该尽快地实行这项措施。

　　您应该保护好阿尔卡季:您要为他对我们负责，如果您不在逮捕他之前把他赶出彼得堡，我们就要审判您。让他不要过于活跃地从事活动，不要忘记宪兵也还活着。我们在南方(在哈尔科夫或基辅!)不是非常需要人吗? 不能让阿尔卡季到那里去吗?

从伦敦发往彼得堡

载于 1928 年《列宁文集》俄文版
第 8 卷

译自《列宁全集》俄文第 5 版
第 46 卷第 218—219 页

---

　　① 弗·潘·克拉斯努哈。——编者注

153

致帕·波·阿克雪里罗得

1902年8月19日

亲爱的帕·波·:刚刚收到了电报,知道哥伦布①在您那里。向老朋友多多致意!附上一封给他的信。大概他要在您那里休息一下并熟悉一些情况,然后再同波·尼·一起到我们这里来吧?

格·瓦·来信说,最好是您到慕尼黑去。[287] 对此我完全同意,我还来不及跟其他人商量,但相信他们也会同意的。如果需要路费,请赶快来信。看来,我们又得去设法搞钱,因为会计处总共只有100卢布左右了。不过要搞显然是搞得到的。

我会把格·瓦·托办的事转告列·格—奇的。

您现在身体怎样?夏天好好休息了吗?

握手!

您的   列宁

从伦敦发往苏黎世

载于1925年《列宁文集》俄文版
第4卷

译自《列宁全集》俄文第5版
第46卷第219页

---

① 伊·克·拉拉扬茨。——编者注

154

致叶·雅·列文和叶·谢·列文娜

(8月22日以前)

　　亲爱的同志们:你们的来信告知了还存在的《南方工人报》编辑部[288]的观点和计划,使我们非常高兴。我们衷心赞同你们的建议:在《南方工人报》和《火星报》之间建立最紧密的联系和合作。必须立刻采取最有效的措施,以巩固这种紧密的联系,并采取由于我们的观点一致所决定的**一致的行动**。第一,我们为此同意你们的建议,同切尔内绍夫进行谈判。把他的地址告诉我们。他是否要到国外(我们听说)并到我们这里来小住?[①] 第二,把你们的正式代表也告诉我们。立刻把从国外**和从俄国**给你们去信的直接地址以及和你们秘密接头的地点告诉我们。我们已经采取措施,使《火星报》国内组织的成员同你们见面,详细商谈一切问题。为了不白白浪费时间,也希望你们能把情况详细地写信告诉我们。《南方工人报》编辑部当前的实际计划是什么? 他们同南方委员会有没有联系和正式的关系? 从你们的来信看来,你们打算像**在"南方各委员会和组织联合会"[289]成立以前**那样进行工作。我们认为,《南方工人报》现在的编辑部的人员和**方针**是不同于春天召开代表会议时那个编辑部的人员和方针的,是不是? 方针上的这种差别是什么,南方委员会在这里采取什么立场,就是说他们中间什么人

　　[①]　从国外写信给狄茨用**两个信封**,请他立刻转寄给《火星报》编辑部。

拥护"南方各委员会和组织联合会"的方针,什么人同意你们的方针? 你们认为这种差别是否大,它是否妨碍党的统一,为了尽快地达到团结,最好应当采取什么措施? 你们来信中谈到的那 6 个地方团体对南方委员会(以及对你们所谈到的两种方针)采取什么态度? 我们非常希望你们能帮助我们完全弄清所有这些问题,因为这是非常有助于你们的朋友和在南方工作的《火星报》国内组织成员间的接近的。

从伦敦发往波尔塔瓦

载于 1924 年《无产阶级革命》杂志
第 3 期

译自《列宁全集》俄文第 5 版
第 46 卷第 220—221 页

155

致俄国社会民主工党莫斯科委员会

(8 月 24 日)

列宁给莫斯科委员会的信

亲爱的同志们:我们接到了你们向《怎么办?》一书的作者表示感谢和决定从经费中拨款 20％资助《火星报》的来信。我衷心感谢你们的这种同情和支持。对于一个秘密作者来说,这一切尤其珍贵,因为他不得不在同读者非常隔绝的情况下进行工作。凡是交流思想,凡是告诉我们一些各个不同阶层的读者对某篇文章或某个小册子的印象,对我们都有特别重要的意义。如果今后你们写给我们的信不仅谈一些纯粹的事务,不仅是为了发表,而且还为了使作者不至于感到自己脱离了读者,那我们是非常感激的。

我们在《火星报》第 22 号上发表了你们关于从经费中拨款20％资助《火星报》的决定。你们对列宁的感谢我们不打算发表,一则因为你们的感谢是单独提出的,并没有表示希望发表;二则因为这种感谢的形式似乎也不宜于发表。但是请你们不要以为把各个委员会赞同某些观点的声明发表出来对我们是无足轻重的。相反,正是在现在,当我们大家都想把革命社会民主党联合起来的时候,**这是特别重要的**。如果莫斯科委员会能够以**声明**形式表示同意我那本书的观点,并且立即在《火星报》上发表,那是最好不过的了。各个委员会早就应该公开宣布自己的党的立场,早就应该同"第三个时期"普遍采用的默认策略实行决裂了。我对发表公开声明的问题,总的看法就是这样。至于我个人,有人**在报刊上责备**我(例如"**斗争**"社的《快报》[290]),说我想把《火星报》编辑部变成国内的中央委员会,想对"代办员""**发号施令**",等等。这是对《怎么办?》一书内容的露骨的歪曲,但是我并不想在报刊上一而再、再而三地声明:"你们在歪曲"。我认为,那些在国内进行实际工作的人现在应当出来讲话,因为他们**很清楚**,《火星报》的"发号施令"并没有越过提出忠告和表示自己意见的限度,他们**看到**《怎么办?》一书中所阐述的**组织**思想说出了当前**实际**运动中的迫切而棘手的问题。我认为这些从事实际工作的人应当要求自己讲话,要求自己大声地讲出**自己**对问题的看法,以及根据自己的工作经验而在组织任务方面怎样同我们的观点趋于一致。

你们对《怎么办?》一书所表示的感谢,我们是理解的,而且显然也只能这样理解:你们在这本书中找到了对**你们自己的**问题的答案，你们**自己**根据对运动的**直接**了解，确信必须更加团结在一个报纸中心的周围进行更勇敢、更巨大、更**统一**、更集中的工作，而这种信念在那本书中已经表述清楚了。既然如此，既然你们真正这样确信，那委员会最好就公开地、大声地发表声明，并邀请其他委员会一起循同一方向、按同一"路线"进行工作，提出党在组织方面的同一的最近目标。

同志们，我们希望你们能够在委员会的全体会议上宣读这封信，并把你们对上述问题的决定告诉我们。（附带说一点：彼得堡委员会也已经来信表示赞同我们的观点，并且现在正在考虑发表这种声明了。）

《怎么办？》这本书你们那里够吗？ 工人们有没有读过？ 他们的看法怎样？

紧握全体同志的手，并祝你们万事顺利！

你们的　**列宁**

从伦敦发出

载于 1922 年在彼得格勒出版的潘·尼·勒柏辛斯基《在转折关头》一书

译自《列宁全集》俄文第 5 版
第 46 卷第 221—223 页

156

致"南方工人"社

（9 月 16 日）

亲爱的同志们：你们详细的来信使我们大家感到非常高兴。

请把你们答应的补充材料快点寄来,并常常来信。我们希望很快就能派一位同志去同你们进行更详细更彻底的商谈,而目前我们只能忙于最重要的工作。

你们认为,我们应当尽快地、毫不迟疑地合并为一个全俄性的组织,以便使各委员会在思想上取得统一,使党在实际上和组织上取得统一,这是万分正确的。我们在这方面已经做了一些相当重要的工作,这是由于彼得堡委员会已经完全成了火星派的委员会,并就此发表了书面声明,同时,它把委员会中央小组中某些最有影响的位置让给了《火星报》国内组织的一些成员,从而事实上(当然这只能在我们之间来谈)已经同《火星报》国内组织合并了。如果我们同南方也能完全团结一致,完全合并,那党的实际统一问题就向实现方面前进了¾。应当抓紧这个工作。我们要立即采取一些措施,第一,派遣《火星报》国内组织的一些同志到你们那里去进行商谈;第二,同切尔内绍夫在这里建立联系。你们也要赶快把完全确定自己党的立场的原则性声明刊印出来(或者在《火星报》上发表出来),并采取一切措施同《火星报》国内组织真正合并到一起。

最后,就你们提出的几个问题来谈谈。关于农民和土地纲领问题,我们还不清楚,你们对我们土地纲领草案中的什么地方不满意,你们希望作哪些修改。请讲得确切些。你们看到了《曙光》杂志第4期上登载的那篇论述土地纲领的文章①吗? 一般说来,你们对《火星报》的疏忽提出的意见证实了:不断加强和调整我们之间的联系,以达到完全的一致,对我们来说是多么重要。现在我们的力量小得实在不像话,以至只有**全体**社会民主党人最紧密地联

---

① 见本版全集第6卷第281—320页。——编者注

合起来才能在反对"冒险主义者"和反对政府的斗争中取得胜利。然而，比如说关于你们的观点，关于你们的实际工作，至今我们几乎一点也不知道，难道这是正常的吗？再比如，现在在安排运输方面，你们在单干，我们也在单干，难道这也是正常的吗？（请更详细地告诉我们，你们如何采取措施，采取什么样的措施，在什么场合，现在有哪些手段可用，等等。）这种力量不够的情况，在讨论单独的机关报问题，讨论《南方工人报》是否继续存在或者把该报变为《俄国工人报》问题时应当考虑进去。应当非常慎重地权衡问题的各个方面。请想一下，我们明明知道，办一个机关报力量还不够，又哪有力量来办两个机关报呢？你们是否还要去推动彼得堡（彼得堡的非火星派分子），让它把《工人思想报》也作为一种"解释性的"、通俗的或这一类性质的机关报来出版呢？要知道现在彼得堡正准备停办《工人思想报》并认真地参加《火星报》的工作。你们的计划会不会妨碍你们从国内为《火星报》组织正常的撰稿工作？要知道没有正常的撰稿工作，《火星报》就不能成为真正的党的机关报。请你们不要忘记，要进行这种撰稿工作，除了你们以外，大概是别无他人的。如果火星派分子不来做这件事情，那谁来做呢？什么时候来做呢？最后，请认真地讨论一下这样一个问题：解释性的、宣传性的、通俗的、供"中等水平的人"（你们的说法）阅读的读物的任务和报纸的任务是否可以相容？供中等水平的人和群众阅读的专门读物应当出版，这是无可争辩的，但这只能是传单和小册子，因为要在报纸上真正把**每一个**问题都向中等水平的人**加以解释是不可能的**。要做到这一点，**首先**需要从基础知识开始，反复从各方面把问题解释透彻。即使稿件能够获得理想的供应，报纸也未必能够做到这一点。最后，别忘记，不管你们愿意不愿意，你们的工作将具有全国性的意义，你们关于"为知识分子"、"为工人"创办专门报纸的谈论、观念和理论会起极其有害的作用，这不仅不以你们的愿望为转移，而且是同你们个人的行动相违背的。要知道在俄国社会民主党人中，像你们这样的人只是很少一部分，而大批的俄国社会民主党人则还有很多各种各样的狭隘观念。当然，我们并不想在这个如此重要的问题上，只是仓促地提这些意见，但只是希望你们不要急于作出决定，而要全面地加以讨论。我们认为，把这个单独团体（《南方工人报》编辑部）保存下来至少在党的代表大会召开以前是**合适的**，但是这个团体不必忙于去出版它的报纸。

从伦敦发往哈尔科夫

载于1924年《无产阶级革命》杂志第3期

译自《列宁全集》俄文第5版第46卷第223—225页

157

致格·马·克尔日扎诺夫斯基和季·巴·克尔日扎诺夫斯卡娅①

（9月23日）

　　哥伦布托我在写给索尼亚②的信中问问玛尼亚莎。哥伦布一到国外就按给他的地址写信给她，但没有收到回信。这封信收到了没有？她是否在同哥伦布要她去联系的那位先生进行联系？哥

---

①　这封信是写在娜·康·克鲁普斯卡娅信上的附笔。——俄文版编者注

②　萨马拉火星派中心的代号。——编者注

伦布向大家致最热烈的敬礼！他已到日内瓦去了。

从伦敦发往萨马拉

载于1928年《列宁文集》俄文版
第8卷

译自《列宁全集》俄文第5版
第46卷第226页

158

致弗·潘·克拉斯努哈和
叶·德·斯塔索娃

（9月24日）

这是给万尼亚和瓦尔瓦拉·伊万诺夫娜的**私人信件**。请立即交给他们，并且交给他们亲收。

维希巴洛取得"胜利"的消息[291]使我们非常吃惊。难道卡西扬和簪子一走就足以使火星派的行动陷于瘫痪吗？维希巴洛的抗议，只会使你们向他建议**投票表决**，并立刻以多数宣布：第一，他实际上是最微不足道的少数；第二，他对有关违反章程的控诉[292]是荒诞无稽和强词夺理的（因为根据章程，应该询问所有在彼得堡的人，不应该把事情拖下，等着去询问已经离开彼得堡的人）。

假如维希巴洛提出（敢于提出）划分权限的问题，就一定要立刻以多数通过决定，把他开除出联合会。

非常明显，维希巴洛正在厚颜无耻地走"向战争"，如果火星派对此不最坚决和最勇敢地予以回击，那就会使自己永远丢脸。不要怕维希巴洛的任何威胁，也不要怕事情会宣扬出去，应当立刻像我们以前所说的那样用采取军事行动的姿态来布置工作①，尽快采取上面所说的决定。即使仍会有人跟着维希巴洛跑（即使你们的人只剩下一半或者**不到一半**），你们也要坚持到底，并要求无条件地把维希巴洛驱逐出去，丝毫不要怕联合会"分裂"。

最后，你们还应当向工人提出最后通牒：或者是联合会的分裂和斗争，或者是工人们起来坚决谴责维希巴洛，并把他赶走。

至于我们，我们马上就给 2a 36 写信。彼得堡的声明**293** 我们**晚一些**在《火星报》上发表。

再重复一遍：这个问题现在已经关系到彼得堡火星派的**荣誉**…… 当然，这一切你们现在只有在全体会议上做；一定要邀请维希巴洛参加，并把决定记录下来。把记录马上寄给我们。

从伦敦发往彼得堡

载于1924年《无产阶级革命》杂志
第3期

译自《列宁全集》俄文第5版
第46卷第226—227页

159

致亚·米·卡尔梅柯娃

1902年9月27日

您的来信收到了。非常感谢您的详细的复信。遵照您的意

---

① 见本卷第149号文献。——编者注

愿,在子爵①到来之前,只是大概谈一谈,我决不提财务方面的一般问题,**也决不宣布**您的来信,就是说,决不谈您是怎样决定了"支配者"名额,决不谈您究竟指明多少款子,也决不谈您可以多么快地(立刻把全部还是一部分款子)拿来。在一切最重要的问题上,我们同子爵反正是要进行秘密商谈的,因此,我最好把您的来信先给他看一看,以便同他一起决定将来宣布这封信的内容的范围。

我个人倒是同意:目前最好不向任何人宣布全部款数(自己掌握就是了),关于有可能马上得到全部款子问题,也绝对不告诉任何人,因为现在"可能的"开支、"可能的"事业**太多了**。大批的逃亡要使《火星报》"照管"一大堆人,**要维持他们大家的生活**,但是如果广泛地、轻易地、不加思索地就把这项工作担负起来,那么经过半年,我们就会"一无所有"。然而,"稍微抓紧一点",相当大一批地方事业"就可以自力更生了"。因此,最好**按照老办法办事**,即向全体参加者说:**您还可能拿出相当多的钱**,例如"一万**以上**",但是第一,不马上拿出来,第二,**您希望**只在十分必需的情况下才拿出来,并建议他们自己去寻找日常开支的经常来源。再说一遍,这不过是我个人的意见,我还不知道子爵的看法怎样。我想同子爵在这里提出关于某些"和睦的"、"友好的"分工问题,因为利用和平时机来建立持久的和睦相处的方式,要比拖到又发生"偶然的"冲突好得多。但是,能不能办到,我们是不是可以这样决定,提出这个问题妥当不妥当,——这一切暂时都还不知道。

现在我们的经济情况十分拮据,而且还有**急用**。因此,请您尽

---

① 亚·尼·波特列索夫。——编者注

可能马上寄来**2 000马克**：能寄多少就立刻寄多少，该写信要的请尽快写信索取（什么时候寄来，请告知）。依我看，应当多要一点：要**3 000卢布**，放在手头，需要时就可以很快地从您那里得到。不然我们简直无法摆脱困难：我们已经欠了150卢布的债，下星期要支付50卢布。路费（必要的）需要大约300卢布，这里的人马上需要大约200卢布，等等。请快来信告诉我们，您是怎样处理的，钱什么时候能收到，有多少。

我将转告布罗克。我们这里人很多，熙熙攘攘。而且近几天还有许多人要来！

您一点也没有提到您要来的计划，关于您的健康状况也写得很含糊，只说觉得不大舒服，到底是什么原因，情况怎样？还有一点使我不安的是家里没有信来。

好吧，祝您健康！

您的　**列宁**

从伦敦发往德累斯顿

载于1928年《列宁文集》俄文版第8卷

译自《列宁全集》俄文第5版第46卷第227—229页

160

致加·达·莱特伊仁

（10月5日以前）

亲爱的莱特伊仁：Ю.把你们为讨论措辞问题的会议所拟的决

议交给我了。我对"机密通知"感到完全满意，不过，依我看，判词应写得更有力，更肯定。我想特别提出以下几点：

第3节与第4节合并，因为第3节本身没完，也不说明什么问题。

第1节补充："委员会仔细审查了有关古罗维奇个人的全部材料，确认古罗维奇在道德品质方面完全不像一个真诚而忠实的革命者。"

第2节补充："因此，古罗维奇说了谎话，或者他不得不隐瞒了关于他的生活资料的许多情况。"

第3节。见上面（和第4节）。

第5节。委员会认为，如果说，甚至根据这些事例中的任何一个事例都可能作出这样的假定，即宪兵能通过某种其他的、偶然的和无人知道的途径掌握事实，那么，把所有这些事例放在一起加以对照，就绝对不可能作出这样的假定，也不容许对古罗维奇的叛变行为有怀疑。

第6节和第5节对调。

第7节。加上"一致地和坚决地"。补充："委员会认为，这一意见已为它所获悉的许多详尽事实所充分证实，由于保密原因，这些事实不能公布。但其中某些事实委员会将在它给各革命组织的秘密通告中加以说明。"

要把"考虑到"这一段从引言部分移到结论部分，因为许多条文之间没有联系，而且本身也不是很有分量。

考虑到上述种种情况，委员会认为，被告古罗维奇提出完全确切的罪证和确凿无疑的证据不足这一点，根本不能为他辩护。在政治警察局秘密供职这样的罪行，一般说来，除极个别情况外，是不可能以任何局外人所能核实的十分确切的罪证和十分具体的事实来证明的。在综合全部罪证加以研究并对革命者提供的大量声明仔细进行核实后,委员会确定无疑地认为,(写详细些)米哈伊尔·伊万诺维奇·古罗维奇(职务①等等,写详细些)充当了**保安处的特务**,是混入圣彼得堡革命组织的**奸细**。

因此,委员会吁请所有正直的俄国公民对古罗维奇实行最严厉的抵制,并坚定不移地把他作为叛徒和特务加以打击。

亲爱的莱·:这就是我的看法。请注意,我没有时间对措辞加以周密的考虑(因为ю.要我立即交出手稿),并且我只是提出了希望怎样进行修改的大致意见。为了使人获得更深刻的印象②,这样我才主张把判决书印成一种特殊的传单,上面附有照片,并加上《火星报》的序言,说明必须同奸细、特务进行坚持不懈的斗争和组织一些战斗队去揭露他们、跟踪他们、打击他们等等。

如果"斗士"要耍什么花招的话,那就请设法迫使他把不同的意见或类似的言论载入记录,以便使他的花招留下痕迹。

紧紧握手!

您的　**列宁**

从伦敦发往巴黎

译自《列宁全集》俄文第5版第46卷第229—231页

---

① 这里要补充:年龄、特征等等,并提出要翻印他的照片。

② 作为法庭的判决,判决书应写得十分详细,**绝不要怕重复**。

161

致彼·阿·克拉西科夫

(不晚于 11 月 9 日)

　　亲爱的朋友：我找不到我在我们这里的会议[294]上作的笔记。这些笔记也没有什么用处。那次会议本是协商性的，当时的情况你们两个人[295]当然会比我记得更清楚。让我回忆当时的情况并予以公开，我做不到，即使有那个片断的笔记我也做不到，那个笔记纯粹是供自己用的，它有时不是用文字而是用符号记的。如果有什么重要问题需要决定，就请把明确的意见和正式要求函告我们(编辑部)，我们将立即答复。如果不是这样，那就说明我们在总的策略方面已经取得了完全一致的意见。

　　听说您把组织委员会[296]的工作很快地开展起来，委员会由 6 人组成，我十分高兴。使我惊奇的只是，您**在**正式宣布委员会成立**之前**，**在**崩得提出号召**之前**，又增补了另一批人，是吗？ 这同预定的不是恰恰相反吗？ 不过要是您相信不会因此而造成不便，这一点也并不那么要紧。

　　对待崩得要格外严格！ 向国外(给崩得和《工人事业》杂志)写东西也要力求严肃，要把国外的职能缩小到最低限度，使它不起任何作用。关于代表大会的技术工作，您可委托给你们的特别代表或您的**特派员**：不要把这件事交给**任何人**，不要忘记，国外的人们在保密方面是很靠不住的。

代表大会的议事日程您可以大体拟定一下。给我们寄份邀请书来,请求我们把我们的(编辑部的)议事日程、我们的报告人和我们(编辑部)的代表名额通知你们。希望你们赶快全力筹备代表大会。

请尽量设法为跑来的人弄到代表证书,这样可以节省开支。

组织委员会的每一个正式步骤都应切实地通知我们。另外还有一件事:《工人事业》杂志正在垮台,您应(代表组织委员会)写信去教训它一顿,不要谩骂,但要严正,向它说明联合的重要性和和解的好处等等,这非常重要。

总之,立即行动起来吧! 如果需要钱,我们可以弄到一点。①

从伦敦发往彼得堡

载于1920年《红色史料》杂志
第2期(非全文)

全文载于1928年《列宁文集》
俄文版第8卷

译自《列宁全集》俄文第5版
第46卷第232—233页

162

致柳·伊·阿克雪里罗得

(11月11日)

星期二于日内瓦

尊敬的柳·伊·:

我考虑应当把报告安排**在星期六**。昨天我在洛桑作报告,今

---

① 手稿上最后一段已被勾掉。——俄文版编者注

天在这里作报告，后天还将在这里进行辩论。**297请尽量设法作好一切必要的安排，无论如何不能迟于**星期六。我原先想安排在星期五，但据说星期六比较好。对我来说最要紧的是尽快脱身，因此，如果需要辩论的话，我希望安排在星期日，而不要再迟。之后还要到苏黎世去，并在那里作报告。

我想星期五乘 12 时 45 分那班车，到您那里约 4 时过一点。从火车站直接去您处。请立即回信告诉我，报告是否确实安排在星期六。

紧紧握手！

您的   **弗雷**

发往伯尔尼

载于 1929 年《列宁文集》俄文版
第 11 卷

译自《列宁全集》俄文第 5 版
第 46 卷第 231—232 页

163

致柳·伊·阿克雪里罗得

1902 年 11 月 28 日

尊敬的柳·伊·：

来信收到，钱今天也收到了，谢谢。

《红旗》杂志**298**已收到，但还没有看过。

旅行之后，我感到相当疲劳，但目前已开始"恢复"，不过明天还得在这里再作一次报告。

真乏味！我还不知道，我是否要写一本反驳社会革命党人的小册子。

紧紧握手！

您的　列宁

从伦敦发往伯尔尼

载于1929年《列宁文集》俄文版
第11卷

译自《列宁全集》俄文第5版
第46卷第233—234页

164

致格·瓦·普列汉诺夫

1902年12月1日

亲爱的格奥尔吉·瓦连廷诺维奇：收到您的信时，我就想问您为什么沉默。委托的事我们一定办到。

您为什么对(1)《火星报》的题材以及(2)写一篇关于塔拉索夫的小品文的事[299]不作答复？难道您没有接到我从伯尔尼寄去的信？请速回信，您是否想就这样的题材或者类似的题材给《火星报》写一篇社论？请速回信，因为第28号已经排好，第29号也已开始付排。第28号的社论是维拉·伊万诺夫娜反驳社会革命党人的，因为他们歪曲历史，硬说在"民意党"[300]时期没有侮辱过政治家等等。标题是：《死人抓住了活人》。

您同"弗拉基米罗夫"的辩论进行得怎样？您的报告呢？拉拉扬茨等人的小组如何？"生活派"[301]如何？

握手！

您的   列宁

对了！我差点忘记，列夫^①

附函请交市邮局寄走。

从伦敦发往日内瓦

载于 1956 年《共产党人》杂志
第 16 期

译自《列宁全集》俄文第 5 版
第 46 卷第 234 页

165

致叶·雅·列文

（不早于 12 月 11 日）

列宁写：组织委员会的成就和毅力使我们非常高兴。现在最要紧的是立刻用一切力量把事情进行到底，而且要尽量快。请迅速设法撤换彼得堡的委员（最好换上伊格纳特），并来信详细告知各地（委员会）对组织委员会的态度。伊格纳特是否很快就能看到费克拉？必须尽快打听清楚。

我们拟定的问题清单，大体是这样的（按讨论顺序排列）：(1)如何对待波里斯^②？（如果只是个联盟，就立刻断绝关系，各开各的会。应当让大家对这点都有所准备。）(2)纲领。(3)党的机关报

---

① 句子到此中断。——俄文版编者注

② 指崩得。——编者注

(新的还是在原有的中间选择一种。应强调这个先决问题的重要性)。(4)党的组织(基本原则是:两个中央机关互不隶属。(a)中央机关报是思想领导。在国外?(b)中央委员会设在国内。处理一切实际问题。两个中央机关之间进行定期的和经常的接触,它们的成员有互相参加对方会议的一定权利,有时可以增补为对方的成员。尽早准备好条件,以便贯彻这一基本原则并让大家充分了解这一原则,这是极为重要的。最后:高度的集中。地方委员会对本地事务的自主权,中央委员会在特殊情况下的否决权。区域组织必须经过中央委员会的同意和批准)。(5)各种策略问题:恐怖、工会、工人运动合法化、罢工、游行示威、起义、土地政策、农民和军队中的工作、一般鼓动工作;传单、小册子**等等**(这里没有按次序)。(6)对待其他党派(《解放》杂志、社会革命党人、波兰人、拉脱维亚人等等)的态度。(7)代表们的报告(**非常重要的是**,每一个委员会都应有一份报告,并力求详细(报告应**立刻**准备,为了保险起见,各委员会应把抄件送交组织委员会寄给我们)。力求随时弄清**地方社会革命党人**的情况,并在报告中对他们的力量和联系作出估计)。(8)国外派别和组织("工人事业"社、"斗争"社、"生活社"、"自由社"**302**。委托专门工作委员会或中央委员会制定联合它们的计划)。(9)五一节。(10)1903 年阿姆斯特丹代表大会**303**。(11)内部组织问题:财务、各委员会的组织形式、委托中央委员会运输和散发书刊等。其中部分问题大概要在各工作小组中讨论。

我再说一遍,这只是一个大体规定,只有第 1—5 条的顺序在这里共同讨论过。当时在编辑部成员中,我主张把第 3 条放在前面(即列为第三),而另一个成员(帕霍米)则主张列到第 5 条后面。我认为首先解决第 3 条很重要,这样就能立刻在主要的和普遍性的问题上同一切反对者展开斗争,并弄清代表大会的全部情况(或者:在重大的问题上决裂)。

请说明你们是否准备作报告,报告要谈哪些问题(关于第5条——应详细一些)。

伊格纳特要求出版什么样的小册子？是不是给叶列马的信①?

请一定设法让**每一个**委员会(和小组)作正式的**书面**回答:它们是否承认组织委员会。必须立即办理。

关于组织委员会的通知我主张也在国内发表(就是说不仅在《火星报》上发表),即使用胶印也好,但要发表。

整个编辑部的提案和我们的报告人名单,待我们同散居各国的全体编辑部成员联系后即寄去。

请立即确定各主要中心(基辅、莫斯科、圣彼得堡)的组织委员会委员,并把同这些委员秘密接头的地点告诉我们,以便我们能使所有前往的人完全听从组织委员会的调遣。这一点非常非常重要。

最后还有一点:伊格纳特同费克拉的会见时间应该安排**在下述事情以后**:(1)他要尽可能见见所有的人;(2)你们得到所有的人对组织委员会的正式承认;(3)你们**也要正式通知**《工人事业》杂志,说组织委员会将给他们派去一位全权代表。只有在这种条件下,伊格纳特同费克拉的会见才会有助于今后采取认真的切实的步骤。所以,让伊格纳特为这些预备措施奔忙一番吧,让他不要忘记,在费克拉那里,他将作为一位拥有已被正式承认的、**最广泛的**

---

① 见本版全集第7卷第1—18页。——编者注

(注意!)代表权的人物。

从伦敦发往哈尔科夫

载于1928年《列宁文集》俄文版
第8卷

译自《列宁全集》俄文第5版
第46卷第235—237页

166

致格·瓦·普列汉诺夫

1902年12月14日

亲爱的格·瓦·:很久没有见到您的来信了,积下的事情和问题相当多。

首先要谈的是为《火星报》写文章的事。我们已为第30号报纸(第29号在明后天出版)准备好了一篇文章:尤利的《秋季总结》。另外还**需要**一篇。您的意思如何?请告诉我,您是否在写什么,打算什么时候寄出,——也请您告诉我关于小品文的事:您打算针对塔拉索夫的"一页"写一篇杂文,要是第30号报纸上发表这样一篇杂文就太好了。等候您的回信。

其次是关于反驳社会革命党人的小册子的事。列·格里·给我说过并写信告诉过您,最好由您来写,因为您除了给予"教条式的"批评外,还能与70年代作**历史对比**。我完全同意列·格里·的意见,这种对比非常重要;而我要作这种对比当然是办不到的。总之,如果您能写这个小册子我是非常高兴的。我也没有兴趣写这个小册子,况且目前除了日常的琐事外,还要准备在巴黎的讲演(尤利通知说要我到那里去作3—4次关于土地问题的讲演)。这样,种种情况都说明,这个小册子要由您来写。反驳社会革命党人,非常需要这个小册子,对这帮人必须认真地从各个方面进行透彻的剖析。他们严重地危害着我们和事业。请把您的决定来信告知。

列·格里·对《革命俄国报》一文的回答已刊入第29号,这一号本周末您就可以收到,校样您已经看到了。

我今天听说您将出席布鲁塞尔国际代表会议(大概是在12月底或1月初)[304],并将在那里作报告。望您务必来我们这里看看,好吗?反正路途很近,又逢节日,花费也不多。而且这里非常需要您作报告,因为这里许多**工人**都沾染了无政府主义(我对这点深信不疑,因为我在这里作了关于社会革命党人的报告,这里的听众并不感兴趣[305])。要是您来,一定可以影响他们。这是一。其次,也是主要的,我们积下了一些重要问题要谈一谈,特别是关于国内的事务:那里早就筹备的"组织委员会"终于成立了,它可以起**巨大**作用。而最重要的是,我们要共同回答该委员会**已经向我们提出的一系列**问题(如党实现统一的措施、代表大会的日程——Tagesordnung——问题,**我们**作哪些报告,等等。这是些极端重要的问题,现在更具有特别的意义)。请来信告知,布鲁塞尔代表会议在什么时候举行?开多少天?您是否能到这里来?其次,在这次代表会议上设法利用组织委员会成立这个事实,对您说来也许不是不恰当吧?请速来信,我们可以征询一下国内的意见,如果您需要,也许还来得及让那里寄个声明或信件给您。

您见到过生活派吗?同他们的"接近"进行得怎样?可能性如何?工人事业派怎样?您知道,依我看,让他们也参加您的"马克思主义小组"并开始同他们接近(非正式地)也是件好事。按目前

情况来说,同他们争论不上算,也没有必要:他们用《红旗》杂志代
替了《工人事业》杂志,实质上是采纳了我们的"出版分工"计划,马
尔丁诺夫的《工人与革命》那本小册子里(除了**愚蠢的**"先知者"),
没有什么是**有害的东西**。

　　紧紧握手!

您的　**列宁**

　　我很对不住那位保加利亚人。很抱歉。我没有写,因为没有
得到委托,另外也没猜想到您会不安。

从伦敦发往日内瓦　　　　　　　　　　译自《列宁全集》俄文第5版

载于1925年《列宁文集》俄文版　　　　　　第46卷第237—239页
第4卷

167

致　菲　特

12月16日

　　你们11月15日的来信收到了。

　　一、来信是用我们不知道的密匙写的,不过,除几个地址外,我们全都解
译出来了。(一定要整句整句写成密码,否则密匙很容易被识破。)请把那些
地址再重写一遍……

　　三、一定要参加委员会。要参加进去并从内部宣传加入全俄组织的必要
性。与此同时,也要按同一方针对南方联合会施加影响。在一个城市中存在
两个组织是不正常的,因此,必须使它们最终合并而组成一个火星派委员会;
应该怎样去做,你们自己当然更清楚。

（当然，必须在保证我们胜利的条件下进行合并。**306** 不然宁可等待一段时间，保留一个支持《火星报》的组织，而从内部去瓦解另一个组织。）①

四、关于组织委员会。

五、有人告诉我们说，《火星报》的一次运输在敖德萨遭到了失败。这是怎么回事？

从伦敦发往敖德萨

载于 1930 年《列宁文集》俄文版
第 13 卷

译自《列宁全集》俄文第 5 版
第 46 卷第 239—240 页

168

致柳·伊·阿克雪里罗得

1902 年 12 月 18 日

尊敬的柳·伊·：

刚才收到您的来信，现在赶紧写回信，对斯塔夫斯基的到来这样一个巨大收获表示祝贺。从顿河畔罗斯托夫给我们的来信中，常常提到他的名字，但我怕对他不利，把他的名字都去掉了。附上《火星报》第 29 号，这是给您的，也是**给他**的，好让他尽快地了解我们对事件**307**的报道。还附上一封给他的信，请他对编写关于罗斯托夫事件的小册子提供帮助。

下面谈谈"排字工人米沙"。我不知道这个绰号指的是谁，但

---

① 这是写在娜·康·克鲁普斯卡娅信上的一段话。后来这整个第三点已被勾掉。——俄文版编者注

我认识"米沙"提到的瓦西·安德列·舍尔古诺夫，我曾和他一起工作过。既然舍尔古诺夫在"米沙"面前谈起过我，那就请向"米沙"转达我本人的问候，并请他给我们写信，比较详细地谈谈各方面的情况，也就是说，既谈谈工作，也谈谈个人的情况：他是**谁**，他现在有些什么打算，是否要在国外待很久，等等。您真得给这些人做些工作，把他们完全争取过来是很重要的。如果您目前根本抽不出时间，那么就请把他们介绍到苏黎世或日内瓦我们的人那里去。也许我们不久就能从这里派一个年轻的、精力很充沛的能干的同志（绰号"笔尖"①）去帮助您。

关于敖德萨的情况，"米沙"是搞错了：我们有来自敖德萨"现场"的信件。那里有一个南方革命联合会（社会民主党人南方革命联合会）和一个委员会。后者是"斗争派的"，是反火星派的。前者比较接近《火星报》，但还**不完全**是"我们的"。敖德萨委员会出版了《工人言论》第3号（铅印报纸）。南方革命联合会正在印刷传单。"米沙"究竟属于哪一"派"？属于南方革命联合会、敖德萨委员会，还是别的什么派？

托办的有关彼得堡和莫斯科的各项事务，由我的妻子去办，就是说，她会写信给有关人员的。

握手！

您的　**列宁**

从伦敦发往伯尔尼

载于1929年《列宁文集》俄文版
第11卷

译自《列宁全集》俄文第5版
第46卷第240—241页

---

① 列·达·托洛茨基。——编者注

169

致格·瓦·普列汉诺夫

1902 年 12 月 19 日

亲爱的格·瓦·:您的来信收到了,现在我赶紧写回信。这么说来您是在写小册子了。这使我非常高兴。如果能在《火星报》的杂文栏里选登小册子的几个章节,其中也包括您提到的那一章,那该多好。希望在**下星期**能收到它,否则,就赶不上在第 30 号上刊出。最好能赶上,以便不停顿地向社会革命党人进攻。

您对塔拉索夫(第 3 期抽印本)难道不准备给予回击吗?请别放弃您的打算。一定要好好地教训他一顿。

请给我简单写几句:您在写文章吗?写什么?什么时候完成?——好让我对报纸的编排心中有数。

是否需要去布鲁塞尔,我不好判断,因为我不知道会议将出现什么情况。钱现在倒有(美国寄来了 5 000 法郎),这就是说,如果需要的话,是可以去的。派金兹堡代替您去,依我看,只能**作为例外,就只一次**,而无论如何不能经常这样,因为在那里也非常可能需要采取果断的行动。

如果决定去,那么,有关钱的问题请即来信或来电联系。

列文松扬言要离开,因为拉拉扬茨已被委任为印刷厂经理,而列文松与他不和。我已写信给拉拉扬茨,要他"搞好关系",请您也帮助劝慰列文松,并提醒拉拉扬茨在跟列文松相处时"要谨慎"。

考茨基小册子译文的开头部分和关于士兵生活的通俗小册子

我要寄去付排(寄给拉拉扬茨),那本通俗小册子请您看一遍,即使看看校样也好。

在彼得堡**抓走了**我们的**工人**,也抓走了我们的知识分子。于是经济派就煽动部分工人闹事。于是,纳杰日丁高兴了。对他的恶意煽动必须痛加驳斥。真混蛋!

勒柏辛斯基已被转押到要塞里,在那里一直要关押"到想要审讯的时候"。有被送高等法院(即服苦役)的危险。从他那里抄走了一封关于组织委员会的信。

罗斯托夫的工人演说家斯塔夫斯基现在在伯尔尼。柳·伊·同他建立了联系,他是个火星派分子。要使他更靠拢我们。

托木斯克人重印了我们的纲领草案,还加上了一个颂扬《火星报》和《曙光》杂志及其整个工作的序言。

不久我们将要得到有关组织委员会工作步骤的新消息。

紧紧握手!

您的 **列宁**

运输搞得不行,简直不行! 真糟糕!!

从伦敦发往日内瓦

载于 1925 年《列宁文集》俄文版
第 4 卷

译自《列宁全集》俄文第 5 版
第 46 卷第 241—242 页

170

致格·瓦·普列汉诺夫

1902年12月25日

亲爱的格·瓦·:现在刚收到您和亚·尼·的来信(不明白信怎么会在节日里送来!)。那么也好,看来这正如下象棋的人所说的那样是加快了步子吧。在这样的情况下,显然应该把邦契争取到我们这边来,而对您的做法(去邦契-布鲁耶维奇那里并"邀请"他参加同盟),想必大家是会赞同的。

但问题是下一步怎么办?据我看,如果您跟邦契-布鲁耶维奇的谈判将有(或者已经有)成效,那么应当首先(在您向他保证,您将推荐他参加同盟并且很有希望成功之后)要求他那一方也采取**正式步骤**。这就是要他正式公开声明《生活》杂志**分裂**,他**本人**愿意转到《火星报》方面来。

我认为,没有这样的步骤,我们就**不能正式**向同盟推荐他,因为邦契-布鲁耶维奇还没有正式退出《生活》杂志,把一个其他组织的人接收进来,那将是荒唐的。此外,如果邦契-布鲁耶维奇为了维护我们的利益,仅仅只是同波谢**交战**,仅仅只是跟他"**散伙**",——那还无法保证这种散伙将会出现什么结果!! **这一点不可忘记**。既然如亚·尼·信中所说,"邦契十分坚决地转向我们",那么您的要求就一点也不会使他为难,他自己也会承认,在他没有正式退出《生活》杂志,没有发表自己的声明之前,我们**同盟**是不能投票选举他的。如果《生活》杂志的分裂已成为**完全**肯定和**绝对**不

列宁和娜·康·克鲁普斯卡娅 1902—1903 年居住过的伦敦霍尔福广场 30 号

可避免的事情,那么**尽快**公开地,哪怕甚至用给《火星报》写信①的方式声明这一点,对邦契来说直接有好处,也是他应尽的义务。我们将把这封信立即刊登在第30号上,我们警告对方,"我们把邦契栓住了"(既然刊出了信,就把自己拴住了)。**308**说实在的,这样做最好,也最稳妥,否则可能会碰上……

总之,我的意见是,给邦契"这样那样的鼓励"(亚·尼·来信所说的和您现在所做的),我也认为是必要的,但是如果他邦契不采取正式步骤,或者在他采取这个步骤之前,只能局限于这些在形式上对同盟还没有约束力的鼓励,不能走得更远了。

至于下一步,那将不会再有什么困难了。在邦契-布鲁耶维奇发表声明退出《生活》杂志之后,在他的运输小组也同意这个声明之后,运输小组就能很容易地从我们的管理机关得到书刊并开展运输工作。如果连这个运输小组也需要吸收进来(如您,格·瓦·,所推测的),那么到那时我们就已经能从邦契那里了解全部情况,并讨论吸收哪些人和怎样吸收。

格·瓦·,您来信说:"我们正在等待跟运输小组谈判的指示"。但首先要让运输小组**把全部情况详细介绍一下**,不然谁能知道这个小组里的事情呢?

格·瓦·,关于您为《火星报》写一篇杂文的事,以及关于写一篇有关塔拉索夫的文章的事,怎么一句也不回答?

握手!

您的　**列宁**

---

① 就说《生活》杂志**因某种原因**分裂,我们几个人现已**退出**并**希望能**为《火星报》和《曙光》杂志工作,因为我们赞同或者十分接近……信就照这样写法。

附言:请把这封信转寄或转交给亚·尼·。

从伦敦发往日内瓦

载于 1930 年《列宁文集》俄文版
第 13 卷

译自《列宁全集》俄文第 5 版
第 46 卷第 243—244 页

171

致亚·尼·波特列索夫

1902 年 12 月 26 日

寄上第 29 号和《迫切的问题》一文[309]。其他两本小册子**还没有找到**:这里的"图书馆"**十分可怜**,它设在公社里,跟巢穴[310]一样乱七八糟。

昨天我给格·瓦·写信谈了《生活》杂志的问题,并请他把信转给您。①

请您跟萨宁认识一下(通过格·瓦·或拉拉扬茨)。他似乎是个厌世者,各方面都落后了,但是看来能写点东西。倘若能影响他,使他产生兴趣,并吸收他参加工作,是很有好处的。现在他正为我们翻译考茨基的书(《社会革命》)。

握手……

还寄上《一个**青年**革命者的生活片断》的手稿一份。请您**亲自**

---

① 见上一号文献。——编者注

把它寄回（只让格·瓦·看一看，以免遗失），并告知您的看法和关于这份稿子是否可用的意见。

从伦敦发往日内瓦

载于 1925 年《列宁文集》俄文版
第 4 卷

译自《列宁全集》俄文第 5 版
第 46 卷第 244—245 页

172

致 в.и.拉甫罗夫和叶·德·斯塔索娃

12 月 27 日

弗拉斯的信收到了。我们将尽可能地帮助你们。我们很早就看到你们的处境困难，也在考虑如何帮助你们。

但是你们一定要把彼得堡发生分裂的确切经过尽快写信告诉我们。请逐条答复下列问题：(1)组织委员会（夏天的）只是由斗争协会（＝知识分子委员会?)选举的，还是工人组织也参加了选举?(2)组织委员会是在什么时候选举的?(3)这个委员会的职权（即给它的委托）是否有确切的记载?(4)按照维希巴洛之流的意见，选举这个委员会的不妥之处表现在哪里?(5)在组织委员会里有没有工人组织的代表(2 人?)，由谁选出的?(6)维希巴洛最终是从哪里被赶出去的：从组织委员会、知识分子委员会还是从工人组织?(7)哪一个工人组织在写自己的声明? 是新成立的还是改组的? 在什么时候? 经过怎样?(8)为什么没有把工人组织委员会的九月传单寄给我们?(9)为什么你们没有散发回击他们的传单（即使是手写的）？是不是应该给我们寄来一份反声明？对他们的任何一个步骤都不应该不作答复。(10)现在这个中央委员会是什么样的中央委员会？还有组织委员会吗？在你们那一边有工人吗？为什么他们不成立一个反对组织呢？为什么你们的工人对维希巴洛派工人和他们的委员会没有提出抗议呢？

请立刻把回去的人接头的确切新地址寄给我们。千万不要把这些（我们的）接头地址交给别人。有一个人要隐蔽一下，请早点把住处找好。特别要尽量设法消灭他同老成员（苍鹭等）联系的痕迹，因为这些人大概都在被监视中。

从伦敦发往彼得堡

载于 1928 年《列宁文集》俄文版
第 8 卷

译自《列宁全集》俄文第 5 版
第 46 卷第 245—246 页

173

致弗·威·林格尼克

12 月 27 日

关于政变[311]的信收到了，现在马上回信。我们感到惊讶，扎林竟作出这种丑事！！这就是他不参加委员会的错误造成的结果！我们早就主张参加。我们暂不准备发表声明，因为我们没有接到关于反对的声明和信件。必须展开一场战斗，迫使扎林参加，要作好关于分裂(或者同意和反对的票数)的记录,并在当地印发说明分裂(或者分歧)原因的传单。如果没有这种说明你们每一个步骤的正式文件,发表声明是没有意义的。你们一定要把工人事业派的每一个步骤以及你们自己用来对付他们的每一个步骤写成文件,丝毫不要让步。无论如何要抓住一点,即他们是反对组织委员会的,而你们是拥护组织委员会的。正是要在承认(或者不承认)组织委员会的基础上立即**在各个地方**展开总体战。请果断地把这一点告诉扎林和他的亲密同志。

总之,让扎林拿出三倍的力量,捍卫基辅,这也是他的首要义务。

国内出版的书刊你们那里很快就会有。**必须给我们在彼得堡的人至少寄去2普特,一定要寄去**。

从伦敦发往基辅

载于1928年《列宁文集》俄文版第8卷

译自《列宁全集》俄文第5版第46卷第246—247页

174

致《火星报》俄国组织常设局[312]

(12月28日)

当前的主要任务是:巩固组织委员会,对凡是不承认这一组织委员会的人开战,然后尽快地筹备代表大会。请你们尽一切可能使所有的人正确理解这一任务,并坚决付诸实现。布鲁特现在该出场了吧！关于组织委员会必须尽快宣布。①

从伦敦发往萨马拉

载于 1928 年《列宁文集》俄文版
第 8 卷

译自《列宁全集》俄文第 5 版
第 46 卷第 247 页

---

① 　这封信是写在娜·康·克鲁普斯卡娅信上的附笔。——俄文版编者注

1903 年

175

致弗·德·邦契-布鲁耶维奇

1903 年 1 月 1 日

亲爱的同志：您 12 月 21 日的来信和 19 篇稿件[313]全都收到了。我想把其中几篇通讯稿（也包括关于教派信徒的通讯稿）刊登在最近几号《火星报》上，可能就登在约两周后出版的第 31 号上。

只是有一点我还不完全清楚：要不要印上"《生活》杂志供稿"的字样。一方面，这样做也许最为自然，习惯上都是这样做的；在国内也不会引起任何疑惑，——特别是假若再有一篇短文（或您给编辑部的信）说明《生活》杂志停刊的话。

另一方面，从您的来信中似乎可以得出这样的结论：《生活》杂志的组织不愿意把稿件转给《火星报》，这是您个人采取的步骤。如果属于后一种情况，您是否希望刊登这些稿件时**不加任何说明，又不指明来源**？

请您向我说明这是怎么回事，并告诉我，您认为怎样刊登为好。回信请寄下列地址，这个地址请您别告诉任何人，只供您一个人使用：

伦敦　西中央区　彭顿维尔　霍尔福广场30号

雅科布·里希特先生。

握手并祝一切都好!

列　宁

从伦敦发往日内瓦

载于1928年《十月》杂志
第8期

译自《列宁全集》俄文第5版
第46卷第248页

176

致亚·尼·波特列索夫

1903年1月1日

其他几本小册子(您要的)我们这里没有,找不到。

"一个青年革命者"的手稿在给普列汉诺夫看后(或者甚至不给他看了),请即退回。

为纪念涅克拉索夫逝世二十五周年,您能否为《火星报》写一篇短评、专论或杂文?能登点什么东西才好。请告诉我,您是否准备写。

关于邦契,他寄来的那封信以及那19篇《生活》杂志的稿件,已经在很大程度上满足了我的愿望。我所**要求做到的**,正是这样的正式步骤,而决不是"背弃"("背弃"什么呢??),我并不认为这是必须的条件。

(不过,波谢的阴谋还是要揭穿,我提出要促使邦契采取直接步骤,从而**迫使**波谢也采取直接步骤,这正是针对波谢,而不是针对邦契的。)

　　握手……

　　我对《生活》杂志的运输缺乏信心。钱我们当然**是非常需要的**,**假若**能得到一大笔款子的话,那么,**出于这个原因可以作许多让步**(更不用说作出承诺了)。但正是"出于这个原因"和"为了这一点"……

从伦敦发往日内瓦

载于1925年《列宁文集》俄文版
第4卷

译自《列宁全集》俄文第5版
第46卷第249页

177

致俄国社会民主工党
下诺夫哥罗德委员会

(1月2日)

致下诺夫哥罗德

　　关于上诉的问题,我(列宁)认为你们的决定是明智的[314],但是我还没有来得及(在某种程度上也还不能)同编委会的同志们商量①。下诺夫哥罗德工人所表现的那种大公无私的英勇精神,应

_____

　　①　或许我还会谈到这个问题。

该在《火星报》上予以表扬。最好你们给编辑部写一封信,谈一谈事情的经过。

我们接到了从柏林转来的《下诺夫哥罗德委员会给〈火星报〉编辑部的信》,信很长,谈的是关于恐怖、关于对恐怖的辩护(部分的和有条件的),但是没有结尾部分(看来如此)。**请速**来信告知:

(1)下诺夫哥罗德委员会是否正式发出了这封信?

(2)请把信的结尾部分说一遍(信中只有7段,最后一句是:"他们排除了常常出现的极端紧张气氛,他们教会了政府更慎重地对待革命者")。

(3)请告知,你们是否允许进行文字修饰(有些地方文字很不好,或许是出于誊写错误、匆忙和不清楚)。

大概我们会把信同我们的回答刊登出来。**315**

衷心地和**迫切地**希望经常来信,**一定要**及时把委员会的每个正式步骤(寄哪些带号码的文件……出哪些传单,给其他委员会或国外小组的回信,等等)通知我们。不然,就免不了发生误解①、错误和拖延。火星派分子应该齐心协力,迅速而全面地向《火星报》反映情况。

紧紧握手!

从伦敦发出

载于1930年《列宁文集》俄文版
第13卷

译自《列宁全集》俄文第5版
第46卷第276—277页

---

① 例如,关于委员会**反对**在庭审日举行游行示威的那份传单**316**,我们听到了许多流言蜚语。这份传单是不久以前我们**偶然**收到的,而且是从柏林寄来的,时间已经晚了。请做点好事吧!这是要不得的!把**关于传单的**事写信告诉我们,传单**一印出就马上**寄给我们一份,对委员会难道有困难吗?请千万采取一切办法纠正这些缺点。

178

致伊·瓦·巴布什金

（1月6日）

列宁致诺维茨卡娅

　　亲爱的朋友：关于"考试"³¹⁷的问题，必须说明，考试大纲不能由这里提出。让每一个宣传员书面谈谈他们现在阅读的或打算阅读的计划，那时我再作详细的答复。您请求多提些问题。好吧，请注意回答下列问题：（1）圣彼得堡委员会的现行章程是怎样的？（2）是否有"争论"？（3）这种争论对中央委员会和对工人组织有什么意义？（4）中央委员会对地区组织和对工人小组的态度怎样？（5）为什么火星派工人默许维希巴洛派工人自命为"工人组织委员会"？（6）是否已经采取了步步监视彼得堡祖巴托夫分子的措施？（7）在工人小组中是否有系统地举行关于组织问题和关于"革命家组织"的意义问题的讲演（或座谈）？（8）是否向**工人**广泛地宣传，他们，正是他们要尽可能更经常地、更广泛地转入地下？（9）是否采取了大力加强彼得堡通讯工作的措施？我们很久没有看到那里的报道了。（10）全体工人是否已经觉悟到，**正是他们**应当搞一个印刷传单的印刷所和经常散发传单？

　　这就是向您提出的10个问题。等候回信，紧紧握手！请注意,一旦发现有密探跟踪,您就必须躲起来。

从伦敦发往彼得堡

载于1928年《列宁文集》俄文版
第8卷

译自《列宁全集》俄文第5版
第46卷第249—250页

179

致格·瓦·普列汉诺夫

1903年1月10日

　　亲爱的格·瓦·:请把附上的信转交给柳博芙·伊萨科夫娜,因为她把您的地址给了我。这封信十分紧急和重要,因此,如果她不在,则请**立即**转寄;不过首先请您自己也看一看。问题在于有关罗斯托夫罢工的材料被耽搁了,而我们需要尽快赶出这本小册子。要是罗斯托夫人在日内瓦你们那里的话,**请您也催他们一下**。

　　第31号那篇杂文已排好,校样也已寄给您了。如有**重大的**改动,请您**立即**寄回。

　　那本小册子①的情况怎么样了? 您估计约莫有多大篇幅,何时脱稿? 这需要了解一下,哪怕是大致了解一下,以便考虑印刷问题。

　　其次,《无产阶级和农民》一文的续篇怎么样了? 您再写一篇文章能否把它结束? 能否把它寄来供第32号用?(如果不能寄来的话,那么,大概只好刊登尤利寄来的《当前的问题》一文了。这篇

_____

　　① 见本卷第166号文献。——编者注

文章也是反驳社会革命党人的，是针对《革命俄国报》第14号那篇社论的，也要分几次刊载。因此，最好能先把您的文章登完。）**请尽快回信。**

您7日的报告做得如何？《生活》杂志的事怎么样了？邦契-布鲁耶维奇给我寄来了一些材料，其中一部分用在第31号上。还寄来了一封关于运输问题的信，果然不出我所料，在这方面他们**几乎什么**也没有。在**钱和印刷所**的问题上，应当尽力向他们争取，使他们对我们的那种非物质性的好意在物质上有所体现。顺便问一句，关于表决邦契夫妇参加同盟的事，您给列·格—奇（他现在在巴黎）写信了没有？

紧紧握手！

您的……

附言：还想跟您商量一下我去巴黎高等学校[318]讲演（关于土地问题）的事。他们邀请我去，我答应了，不过……他们那儿有一伙人（切尔诺夫、菲力波夫、杜冈）。另一方面，"自己人"从巴黎来信说：您不用去管"那伙人"，为了抗衡起见，也去那里讲一讲是非常重要的。您以为如何？

从伦敦发往日内瓦

载于1925年《列宁文集》俄文版
第4卷

译自《列宁全集》俄文第5版
第46卷第250—251页

180

致《南方工人报》编辑部①

（1 月 10 日）

再说一遍：我们热切而坚决地要求和恳请热尼亚②更经常、更详细地给我们写信，特别是一定要在接到信的当天就立即回信，即使简单写几行也行，告诉我们是否收到了我们的前几封信，波里斯是如何答复的，对"声明"**319**有什么打算。这项声明直到现在我们还没有，真不像话！最后，恳切地建议你们尽快地印发声明。如果波里斯固执己见，那么没有他也行。急切地等待你们的回音。

从伦敦发往哈尔科夫

载于 1928 年《列宁文集》俄文版
第 8 卷

译自《列宁全集》俄文第 5 版
第 46 卷第 252 页

181

致弗·德·邦契-布鲁耶维奇

1903 年 1 月 12 日

亲爱的同志：收到了您寄来的全部信件和材料。谢谢。关于

---

① 这封信是写在娜·康·克鲁普斯卡娅信上的附笔。——俄文版编者注
② "南方工人"社的代号。——编者注

运送问题,我们会转告管理机关的。十分感谢您告诉我们有关那个巴黎人的消息:我们在经费方面有困难。

握手!

您的 **列宁**

从伦敦发往日内瓦

载于1928年《十月》杂志
第8期

译自《列宁全集》俄文第5版
第46卷第252页

182

致柳·伊·阿克雪里罗得

1903年1月15日

尊敬的柳·伊·:

收到了罗斯托夫人的材料(更确切地说,这不过是类似材料的东西!)和他们中三个人的一封信。登在第31号上是来不及了。而且,要知道,在我看来这封信不值得刊登——三个逃到国外的人发表自己的支持声明,这总有点不大对头吧!**320**

为什么他们不采用另外的做法——写信到顿河畔罗斯托夫,**让顿河区委员会**(它当然是了解他们并且相信他们的):(1)寄来支持的声明和(2)**正式**委托我们出版关于罗斯托夫事件的小册子?等一等**这样的**声明不是比刊登一封私人来信要好些吗?

也许是他们已无法使用罗斯托夫的地址?如果确实如此,那么就让他们提供一切线索,而由我们设法派人去恢复联系。

握手！

您的　**列宁**

从伦敦发往伯尔尼

载于1929年《列宁文集》俄文版
第11卷

译自《列宁全集》俄文第5版
第46卷第252—253页

183

致叶·德·斯塔索娃

(1月15日)

我们接到(由国外什么地方寄来的)维希巴洛分子1902年10月的一个新文件,什么组织纲领和组织原则,全是乱七八糟的、恶毒的东西。我们感到非常难受和生气,你们没有立刻把彼得堡的出版物直接寄给我们(按不同的地址寄两份)。维希巴洛分子的第一张传单(7月份——反对承认《火星报》的"抗议书")我们直到现在还没有见到,只是从《评论》中才知道了这件事[321],这简直不像话!! 送寄信件一直都很顺利,难道寄传单就有困难?? 更不像话的是,你们迟迟不作答复,伊格纳特说他老早就写了一篇回答维希巴洛分子谬论的传单,但是你们把它压下,不仅另写了一篇更冗长死板、空洞无味的东西,而且最后连一张也没印发!!! 如果不能印发,难道把它随信寄到这里也有困难吗?

究竟是什么缘故,千万请说个明白:是由于委员会某一个人(或整个委员会?)无能,还是有意地采取反对立场? 或是委员会内部发生了变故？

所有这些情况只能给我们留下这样一种印象:维希巴洛分子不断地排挤你们,欺骗你们,很快就会真正彻底地把你们"维希巴洛"①。

我们竭力建议选波格丹来递补组织委员会中的那位前彼得堡委员³²²,波格丹完全能胜任。一般说很明显,没有职业革命家,事情总是寸步难行。

从伦敦发往彼得堡

载于1928年《列宁文集》俄文版第8卷

译自《列宁全集》俄文第5版第46卷第253—254页

184

致俄国社会民主工党哈尔科夫委员会

1月15日(列宁寄)

亲爱的同志们:多谢你们来信详细介绍了工作情况。很少有人给我们写这样的信,虽然我们十分需要它们。要是我们真想建立国外编辑部与国内地方工作者的密切联系,使《火星报》能够充分地反映我国工人运动的整个情况和特点,那么这样的信就需要增加十倍。因此很希望你们继续保持这种精神,即使有时提供一些和工人谈话的素材(小组里在谈论什么？有哪些怨言？有哪些

---

① 维希巴洛(вышибало)是俄国经济派分子亚·谢·托卡列夫的别名,俄文的原意是"撵走",这里说"维希巴洛"就是"撵走"的意思。——编者注

疑虑和要求？话题是什么？以及其他等等)也是好的。

你们组织的计划看来是适合于革命者的合理的组织的,因为在人数如此不足的情况下,可以说这个计划是"合理的",因为这个计划简单明了。

关于独立派,请来信详细谈谈。最后还请回答几个问题:在哈尔科夫是不是还有"伊万诺沃-沃兹涅先斯克"学派和传统的工人?[323]是不是有人曾经直接参加过这种"经济"派和"反知识分子"派？或者只是他们的追随者？为什么根本没有提及《工人储金会小报》[324],而且也不寄给我们？我们这里只见到第2号小报的抄件。这是哪一伙人印发的？是一些狂热的经济派还是一些毛头小伙子？纯粹是工人组织还是受了经济派-知识分子的影响？

是否还有《哈尔科夫无产者》杂志[325]那伙人的痕迹？

工人小组中是否读《火星报》？是否有人解释文章的内容？哪类文章最受欢迎？需要作哪些解释？

在工人中,是否宣传秘密工作方法和广泛转入地下？

请多多利用彼得堡的祖巴托夫分子,并把工人的通讯寄给我们。

你们的 列宁

从伦敦发出

载于1924年《无产阶级革命》杂志
第3期

译自《列宁全集》俄文第5版
第46卷第254—255页

185

致叶·德·斯塔索娃

1903年1月16日

刚才收到了《工人思想报》第16号**326**(从日内瓦寄来)和从彼得堡寄来的《〈工人思想报〉专页》**327**第2号和第3号。现在已经很明显,维希巴洛分子说他们同《曙光》杂志和《火星报》是一致的,这是在欺骗你们,愚弄你们。请立即发表一个战斗性的抗议(如果你们没有力量印刷,请马上寄到这里,至少寄一份抄件来),展开坚决的斗争,并把斗争扩大到工人中去。现在,对斗争的任何迟延、对维希巴洛分子的任何迁就,都不仅是最愚蠢的,而且简直是可耻的。现在波格丹在你们那里,再不能埋怨没有人了(援助的人已经派去)。你们采取什么步骤,请马上告知。

从伦敦发往彼得堡

载于1928年《列宁文集》俄文版
第8卷

译自《列宁全集》俄文第5版
第46卷第255—256页

186

致伊·瓦·巴布什金

1月16日

我们收到了从日内瓦寄来的《工人思想报》第16号(看来是

由"自由社"即纳杰日丁印行的，甚至是他编写的），注明是"圣彼
得堡委员会"的机关报。报上刊载了维希巴洛分子的一封更正
信。更正的地方微不足道，实质上不是更正，而是对"自由社"的
吹捧。维希巴洛分子说他们同《曙光》杂志和《火星报》是一致
的，这明明是撒谎，是彻头彻尾的欺骗：这些人想赢得时间壮大
自己。所以我们恳切地建议你们现在马上以委员会的名义印发
一个传单（如果不能印就寄到这里来）提出抗议，断然拒绝任何
调和主义的讨好行为和做法，对维希巴洛分子展开坚决无情的
斗争，揭露他们脱离社会民主党投靠"革命社会主义的""自由
社"的行为。我们欢迎诺维茨卡娅的有力行动，并再次要求你们
保持同样的战斗精神，决不能有丝毫动摇。向维希巴洛分子宣
战，让一切调和主义分子、"观点捉摸不定的"人和优柔寡断的人
见鬼去吧!! 宁要好梨一个，不要烂梨一筐。宁要两三个积极肯
干和忠心耿耿的人，不要十个暮气沉沉的人。请尽可能多来信，
尽快使我们和你们的工人取得联系（把他们的情况告诉我们），
以便失败时我们不致一筹莫展。

从伦敦发往彼得堡

载于 1928 年《列宁文集》俄文版
第 8 卷

译自《列宁全集》俄文第 5 版
第 46 卷第 256 页

187

致弗·威·林格尼克

致库尔茨

1903年1月17日

昨天,我们通过局外人弄到了**11月**30日(原文如此!)的《基辅社会民主党小报》**328**第1号。这真丢脸,我们的火星派老是落在后边!为什么扎林不及时把这份小报寄来?为什么他对这件事情只字不提?我们诚恳地祈求扎林使我们同委员会的任何一个委员直接取得联系,只要这个人认真仔细、机智灵活、熟悉情况就行。每一种小报(不论是谁的)都要立即按两个不同的地址寄两份来,一份装在信封里,另一份卷在俄文报纸里。其次,必须马上使我们同**瓦卡尔**取得联系。我们非常担心,基辅的火星派会由于他们不努力和采取观望态度而遭到同彼得堡一样的命运。关于书刊是否收到以及如何**分配**(注意)的问题也只字不提!!真叫人无可奈何!

从伦敦发往基辅

载于1928年《列宁文集》俄文版
第8卷

译自《列宁全集》俄文第5版
第46卷第257页

188

致柳·伊·阿克雪里罗得

1903年1月27日

尊敬的柳·伊·：

　　可惜我不能把《唯心主义问题》马上寄给您,因为书在维·伊·那里。我去向她要来,但现在建议您先写信给亚·尼—奇(蒙特勒　皮利韦膳宿公寓　波特列索夫先生),因为他那里有,而且可能并不需用。

　　紧紧握手!

您的　列宁

从伦敦发往伯尔尼

载于1929年《列宁文集》俄文版
第11卷

译自《列宁全集》俄文第5版
第46卷第257页

189

致弗·德·邦契-布鲁耶维奇

1903年1月27日

　　亲爱的同志:您的全部材料都已收到。对刊登的问题我不可能一下子全部答复,因为要到准备第33号的时候才能具体研究。

《西皮亚金在外省被杀》将在杂文栏刊出。您妻子寄来的一个工人的来信也已收到。十分感谢。

　　握手!

您的　列宁

从伦敦发往日内瓦

载于1928年《十月》杂志
第8期

译自《列宁全集》俄文第5版
第46卷第258页

190

致格·马·克尔日扎诺夫斯基

1月27日

　　老头写:读到了您1月3日那封怒气冲冲的信,现在马上回复。关于通信和狗①等等,由秘书**329**在后面来回答。我不管究竟是谁不对,但是我们必须保持经常的联系,每月不少于两次,可是直到现在没有这样做,很久以来,我们得不到您的一点消息。不要忘记,接不到信,我们就没有办法,不知道人们是否还活着,只好,简直只好认为他们几乎已经不存在了。您没有回答我提出的调动布鲁特的问题,看来,不调动就很少有好转的希望。现在谈一谈工作。您在责备我们的同时,夸大了我们的力量和影响。关于组织委员会的问题,我们在这里已经谈妥了,坚持它召开代表大会,坚

---

① 《火星报》巴库小组的代号。——编者注

持邀请您,并已给您去信。① 只有这一些,别的我们根本做不到,也不能负什么责任。事情就糟糕在布鲁特不在组织委员会,后来所做的一切都没有他在场(我们也没有在场)。我们没有接受那位不出名的委员(他是一个迟钝而笨拙的人,我是在普斯科夫亲自认识他的,家庭和地方观念很深,很落后,做不了什么事,潘克拉特已为他受到责骂),我们并没迁移常设局②,我们也绝对没有给潘克拉特以任何"权力"。但是既然潘克拉特成了组织委员会唯一(注意　注意)能够活动的人,那也就不能没有权力。您来信说:人是有的,但我们没有这些人,既不知道他们,又没看见他们。我们因为组织委员会没有人这件事伤透了脑筋,组织委员会需要能够活动的、会飞的、自由的和进行地下活动的人。潘克拉特一个人转入地下,走了,开始飞了,开始熟悉一切了,他自然也就得到了军士的头衔。当然,我们没有阻挠,因为我们也不能阻挠,而且也不想阻挠:没有别的人!!! 最后请理解这一点。潘克拉特这个人懒惰而粗心,但聪明而知理,很内行,善于斗争,和他共事是可以的。他现在在外地 巴黎 不知要停留多久,我们时常去信骂他,赶他回国内去,不然组织委员会就等于零。"她"(阿基姆的哥哥)很快就走,我们尽量争取让她去组织委员会,看来"她"很能干。"笔尖"不想走。护照没有,抄件也没有。如果布鲁特搬到我们附近的热闹地方,我们就会帮助他把常设局争取回来,也许一切都会安排好的。否则一切就将按照真主的意志,按照潘克拉特的意志,按照"她的"意志进行(如果能进行下去的话),那时我们就将无能为力了。

---

① 见本卷第174号文献。——编者注
② 召集第二次党代表大会的组织委员会的常设局。——编者注

书刊已经寄去,运走了40普特以上。组织委员会的声明将在第32号上发表,后天就可出版。

叔叔也仍在袖手旁观(和布鲁特一样),甚至哪里也没去;如果他能够与布鲁特哪怕搬到**波尔塔瓦**,他们就会把常设局掌握在手里。

扎林使我非常生气:他总是写得很不清楚,无精打采,对基辅一点也不了解,亲眼看着分裂也不加干预。对本地的事情不关心到如此程度,简直莫明其妙!!在组织委员会的两个"平权的委员"中,扎林一贯"不声不响",潘克拉特不管如何总算动起来了,我们有什么过错?我以为(我确实不了解)扎林这个人主动性很差,而且被合法性和地位捆住了手脚。这种人现在采取旁观态度是很自然的,这的确不能归罪于我们,也不取决于我们的意志。①

从伦敦发往萨马拉   译自《列宁全集》俄文第5版
载于1928年《列宁文集》俄文版   第46卷第258—260页
第8卷

191

致亚·尼·波特列索夫

1903年1月27日

关于邦契的信收到了,明天就转给列·格·。看来,除了邦契这个"人物"(大婶认为他的**人品**极为差劲)之外,我们从"清理"中

---

① 手稿上最后两段已被勾掉。——俄文版编者注

真是一无所获,也丝毫没有"沾光"。根据《生活》杂志第 6 期判断,一切都掌握在库克林先生手中。

伯尔尼**在等着**尤利去——这是我们得到的最新消息。

祝一切都好!

列　宁

从伦敦发往蒙特勒(瑞士)

载于 1930 年《列宁文集》俄文版
第 13 卷

译自《列宁全集》俄文第 5 版
第 46 卷第 260 页

192

致格·瓦·普列汉诺夫

1903 年 1 月 28 日

亲爱的格·瓦·:

　　给您寄上组织委员会的声明(已刊登在第 32 号上)和笔尖为第 32 号写的文章。请您**尽快**把这两篇东西寄还给我:组织委员会的声明一定要保存(作为一份十分重要的文件),而对笔尖的文章则需商量再决定,因为反驳社会革命党人的文章多得很。罗斯托夫人在写抗议书。这是一。笔尖,这是二。亚·尼·大概已经写好了关于社会革命党人的文章(他曾来信说即将脱稿)。这是三。您的社论《无产阶级的假朋友》,这是四。为了不致搞得太多,需要商量。这事最好由您去商量,因为您与罗斯托夫人离得不远,亚·尼·又离您很近,您可以和他商量商量。依我看,社论(**起歼灭作**

用的）您无论如何要写出来，而且只能由您来写，因为您就这一问题公开辩论过，而且同罗斯托夫的同志们见过面。其次，罗斯托夫人的抗议书也要刊登在第33号上，但要尽可能**简短些**和精练些。笔尖的文章（篇幅不大）依我看也要刊登，因为这是对荒谬行径的有力答复。而亚·尼·的文章大概可以推迟，因为它既不是答复，又不针对当前的问题，而"无非是"温和的父辈和社会革命党后生小子那一套。

此事望通盘考虑一下，并尽快告知，你们是怎样决定的。

关于涅克拉索夫的文章将刊登在第33号上。

我这里收到一份亚美尼亚文的《无产阶级报》[330]（报头上有**俄国社会民主工党**的字样），已经有好几天了，还收到一份稿件（关于该报的短评），我想争取把它刊登在第33号上。

我把这份《无产阶级报》也寄给您。请您让拉拉扬茨或其他人把报上有关民族问题和**联邦制**问题的**所有材料全都翻译出来**，并**尽快**寄给我。一定要刊登一篇关于这些材料的短评（寄来的那篇短评要作修改，所以需要看看原文）。

至于邦契的事情呢!? 我们"沾光"不多——就是他们夫妇两个。清理人（请看《生活》杂志第6期）是库克林先生。请您通过邦契跟他认识一下。能不能弄到点什么东西？您好像以前也是认识他的吧？哪怕为俄国的代表大会弄到点什么？为组织委员会（国外有一个组织委员会委员，如果需要的话，甚至也可以派他去找库克林）? 库克林总不能把印刷厂一口吞掉吧？应当直接向他要1万捐款，因为我们没有骂过《生活》杂志（我只是说它轻率，我不是白白地为它辩护的!），或者为了不骂……

　　　　　　　　　　您的　**列宁**

附言:您见到过鲁金("社会革命党人")的小册子(《关于农民问题》)没有? 这批极其厚颜无耻的混蛋! 我为了鲁金和为了论社会化的第 15 号①真想同他们**狠狠**干一仗! **请**写信告诉我,您是不是在写小册子,多大篇幅,打算什么时候写完? 不应该把《火星报》的版面全用在他们身上,还是出一本**全面**分析问题的小册子好,现在运输通畅,**我们可以**用对事情的本质进行实事求是的、原则性的分析去**击溃他们**。我值得写文章去驳斥鲁金吗? 您以为如何? 我有这么个想法:写一篇驳斥鲁金的文章,并单独出版一本"批判社会革命党人论文集",其中包括《革命冒险主义》一文。**331**

关于这一点,您的意见如何?

从伦敦发往日内瓦

载于 1925 年《列宁文集》俄文版
第 4 卷

译自《列宁全集》俄文第 5 版
第 46 卷第 260—262 页

193

致叶·德·斯塔索娃

(1 月 28 日)

为什么您对于明明是由纳杰日丁在日内瓦出版的《工人思想报》第 16 号不作答复呢?② 难道连这件事也可以不提出抗议就罢休了吗? 把《工人思想报》专页第 1 号付之一炬,简直是胡闹。当然,在这一号中有些地方必须改正,而且要改得相当多,但是,为什

---

① 《革命俄国报》第 15 号。——编者注
② 见本卷第 185 号文献。——编者注

么不改正呢？真不明白,你们那里出了什么事情！为什么把印好了的纪念报刊创办二百周年的专刊³³²压下来？请您马上把各种小报——自己的和别人的、工人的和学生的——都一律寄来,并请注明,是否可以引证,是否已经散发。每种小报都按照两个地址寄两份来,或者索性装在信封内,或者裹在合法的报纸里,作为印刷品邮件寄来,但要捆得严实些。

为什么不把圣彼得堡委员会关于你们募捐情况的报告寄给《火星报》？请您务必寄来。彼得堡的工人通讯是很需要的,看在上帝面上,请大力组织这样的通讯吧,特别是谈失业情况的,其次是谈书刊影响的。

《工人思想报》专页第1号请改正,要写得更审慎、更切实些,而且必须公布委员会内部分裂的经过。您要懂得,对纳杰日丁的《工人思想报》,不公开提出抗议是**决不能罢休**的。

从伦敦发往彼得堡

载于1928年《列宁文集》俄文版
第8卷

译自《列宁全集》俄文第5版
第46卷第262—263页

194

致国外俄国社会民主党人联合会³³³

(2月4日或5日)

致俄国社会民主党人联合会

1903年2月4日我们接到了俄国社会民主党人联合会给俄

国革命社会民主党人同盟的信,我们现在马上通知俄国社会民主党人联合会,我们完全同意联合会关于必须成立俄国组织委员会国外分会的意见。诚然,我们无论如何也不能同意"俄国社会民主党人联合会"认为组织委员会"不正确地或不确切地把自己的产生说成是私人倡议的结果"这种意见,因为组织委员会是直接以代表会议的决定为根据的(成立组织委员会正是执行了决定)。而且组织委员会是由那些参加代表会议的组织成立的。如果组织委员会在征求其他党组织的意见以前,没有立即宣布自己是党的正式机关,我们认为这正是证明组织委员会对任务的理解是正确的,证明它是有分寸的和慎重的,而这对于严肃的党的事业是很重要的。

但是也要附带说明,我们绝不看重我们同俄国社会民主党人联合会的上述分歧,相反,我们完全相信,随着组织委员会工作的开展,这种分歧是容易消除的。

其次,"立刻着手成立组织委员会国外分会"的意见,从我们这方面来说,我们认为是不合理的,甚至是不完全正当的,因为俄国国内组织委员会还没有直接提出邀请。有人告诉我们说,组织委员会已经给国内的崩得和国外俄国社会民主党人联合会去信了。我们没有这两封信的原文。但是不管怎样,从这个事实中可以看出,俄国国内组织委员会已经在上述方面采取了一些步骤。就我们这方面说来,不等看到组织委员会这些步骤的结果,就开始行动,未必是明智的。

我们认为,我们有责任立即把俄国社会民主党人联合会的来信通知俄国国内组织委员会,同时把我们希望俄国国内组织委员会立即成立国外分会的意见告诉组织委员会。我们建议等候俄国国内组织委员会的答复。但是,如果崩得国外委员会和俄国社会民主党人联合会的同志认为在接到这个答复之前,就举行崩得国外委员会、俄国社会民主党人联合会和俄国革命社会民主党人同盟的代表的**非正式会议**是有益的,那么我们当然也不拒绝这样做。

俄国革命社会民主党人同盟

从伦敦发往巴黎

载于1930年《列宁文集》俄文版第13卷

译自《列宁全集》俄文第5版
第46卷第263—264页

195

致尤·奥·马尔托夫

1903年2月5日

现在寄去联合会来信的抄件和我们回信的初稿①。回信已寄给普列汉诺夫,他将等你从巴黎去信。你赶快同彼·安德·和波里斯一起商量一下,是同意这封回信还是要求修改,**请尽快**答复普列汉诺夫。当然,最好不拖延给联合会会员的回信,可是如果一有修改就进行表决,这样就会拖延很久,因此不重要的修改可以不管。当然,如果有本质上的分歧,应该把回信压下来(我也向普列汉诺夫去信说明这一点),并且提交所有人表决。

我认为(维·伊·和列·格里·也同意),最要紧的是:(1)组织委员会国外分会**334**只能是**俄国国内**组织委员会的国外分会。看来联合会会员想设立**两个**平权的分会:俄国国内分会和国外分

---

① 见上一号文献。——编者注

会，这种意见我们无论如何绝对不能接受或容许。俄国国内组织委员会应当慎重行事（它的通报在这方面很出色），同时它必须极郑重和极严肃地**对待一切**事情和别人对自己的**一切**要求，就是说俄国国内组织委员会应主管一切，在党内，**没有俄国国内组织委员会的委托**，谁也不能做**任何**涉及全党的事情，作出全党必须遵守的任何决定。

联合会会员在自己的信里毕竟承认了（或者几乎³⁄₄承认了）组织委员会，承认组织委员会的人愈多，它的行动就愈要严格和坚定。特别重要的是一开始就要有正确的态度和表明自己的鲜明的党的立场：**或者**是承认**这个**组织委员会并**服从**它的**领导**，**或者**是争斗。第三条道路是没有的。现在得到**普遍**承认的机会很多，可以不去刺激和触怒任何人，但是**也**不要有**一点**让步。

（2）必须使组织委员会把**自己**国外分会的职权缩小到最低限度。国外分会只"主管"（在筹备联合方面）**国外**事务和**协助**俄国国内组织委员会。在任何其他问题上，即使超出这个范围一点点，组织委员会国外分会也都**必须征求俄国国内组织委员会的意见并听从它的决定**。所以我坚决主张俄国国内组织委员会**尽快**写信给联合会、同盟和崩得，建议成立**自己的执行这种职权的分会**。必须由俄国国内组织委员会为自己的国外分会划定"主管范围"。下面我提出一个确定这些职权的方案，共**三条**，只能严格限于三条。迫切希望你尽快同彼·阿·和波里斯讨论一下这个方案，并且批准（或者通过表决修改）它。（我们也把所有这些材料寄给尤利①，并要他等着彼·阿·和波里斯，他们两人应当设法快去。）

---

① 尤利是"南方工人"社的代号。——编者注

（彼·阿·当然也可以在这里写信给同盟、联合会和崩得国外委员会，但是我认为这样做是最不好的了，因为这样会使人怀疑是暗地安排好的，是在弄虚作假。宁可等一两个星期，但是信一定要争取从俄国发出。）

另外，我认为应该考虑我们方面选谁当组织委员会（国外分会）的委员问题，需要事先付表决，因为编委会成员住地很分散，选举会花费很多时间，为此而等待是令人不愉快的。我本人投列·格里·一票。

我确实没有时间再给普列汉诺夫写信了。你把**这封信和给联合会的回信立刻转给他**，我再给他写几句话。

握手！

列　宁

从伦敦发往巴黎

载于1925年《列宁文集》俄文版
第4卷

译自《列宁全集》俄文第5版
第46卷第264—266页

196

致格·瓦·普列汉诺夫

1903年2月5日

亲爱的格·瓦·：

文章和您的来信都收到了。我还不知道这篇文章将登在哪一号上。日内就可以写信告诉您，不过，这也要取决于您对那篇关于涅克拉索夫的文章的回答。

为了快些答复联合会,我采取了以下做法。我同维・伊・和列・格里・在这里通过了一份回信的草稿,并把它寄给了尤利(重要的是在那里也要同彼・安德・讨论这份信稿)。尤利应**立即**把这封回信连同我的去信一起转寄给您。

如果您同意这封回信,那么就请您把它交给奥尔欣(并同他商定,让他或是**通过您**进行联系,或是请您把里希特的地址告诉他。最好是通过您进行联系)。

如果您不同意这封回信,那么就请赶快提出明确的修改意见(或另拟信稿)以供表决,而对奥尔欣则说,事情有所耽搁是因为"住地分散"的编委会成员需要表决通过。

十分高兴地获悉您正在写关于《无产阶级的假朋友》的社论,并在给图恩写的序言中把塔拉索夫(社会主义思想史的一页)痛骂了一顿。当然,在给图恩写的序言中这样做是最为合适的。

说《火星报》奥地利运输线遭到破坏,这是胡说八道。到目前为止,那里的**三条**运输线全都畅通无阻。杰缅季耶夫工作得非常出色并按时来信。

(假若您也能让亚・尼・对给联合会的回信,对组织委员会的整个策略,以及对我们方面选谁当组织委员会国外分会委员问题参加表决,那就好了。)

紧紧握手!

您的　**列宁**

附言:那么,这两天我就等您的社论了? 是不是这样?

请告诉我,您同奥尔欣达成了**哪些**协议? **是否考虑过关于联**

合的什么问题，具体是哪些？是否谈起过"斗争"社、"自由社"和《红旗》杂志？又及。

从伦敦发往日内瓦

载于 1925 年《列宁文集》俄文版
第 4 卷

译自《列宁全集》俄文第 5 版
第 46 卷第 266—267 页

197

致弗·德·邦契-布鲁耶维奇

1903 年 2 月 8 日

　　亲爱的同志：全部材料都已收到。谢谢。至于那篇小说，我还不知道是否要刊登。我打算把报道军队中教派信徒的稿件登在第 33 号上。对报道加利西亚罢工的稿件，我还不能说什么，因为篇幅太长。

　　关于募集捐款（供出版通俗书刊用）的问题（同所有的行政事务一样）要亲自同伦敦西中央区金斯-克罗斯路格兰维尔广场 26 号莱奥·阿勒曼先生接洽。我最近见到过他，他似乎也同意我的意见，认为新的认捐单是多余的，因为同盟已经有认捐单了，正需要更广泛地加以使用。至于《火星报》丛书的问题，这当然要由整个编辑委员会来决定。请您同普列汉诺夫谈一谈。说实在的，目前我不想投赞成票。出"丛书"要有一个专职的丛书编辑（我们没有这样的编辑）或一批专职的工作人员（我们没有这批人员）。要有一套按性质**选出的**书和小册子（我们没有这些书和小册子）。把考茨基、图恩等人的作品汇编成丛书,我看是太牵强了。

为什么要出"丛书"呢? 如果有好的小册子,不出丛书也可以出版。而现在小册子很少,**好的翻译人员没有**。(我正为**修改**译文累得精疲力竭),——为什么要大喊大叫地**说要出**"丛书"呢??

如果您能组织一些**好的**翻译人员和挑选一些好的作品供翻译,那么这项工作将**非常**有益并一定能获得成功。

握手!

您的   **列宁**

从伦敦发往日内瓦

载于 1928 年《十月》杂志第 8 期

译自《列宁全集》俄文第 5 版
第 46 卷第 268 页

198

致弗·德·邦契–布鲁耶维奇

1903 年 2 月 21 日

亲爱的同志:

好久没有写信给您了,请原谅。我很忙,正在准备到巴黎去作报告,并且日内即将到那里去。[335]

您的全部材料都已收到,编辑部的一位同志会给您写回信的,我已把材料交给他了。

紧紧握手!

您的   **列宁**

附言:您可以按原来的地址写信到这里。如果您有什么重要的事要写信到巴黎告诉**我**的话,请寄:

巴黎

波尔-鲁瓦雅尔林荫路 85 号

扎戈尔斯基先生

　　　内写:转列宁。

从伦敦发往日内瓦

载于 1928 年《十月》杂志第 11 期

译自《列宁全集》俄文第 5 版
第 46 卷第 275 页

199

致弗·威·林格尼克

(2 月 24 日和 28 日之间)

对 7ц. 6ф. 的信的几点意见

(列宁致扎林)

　　刚刚读完了您的来信,趁着印象很新,写几点意见。您来信没有好好考虑就絮絮叨叨,使我气愤,因此我忍不住要开诚布公地把我的意见讲出来。请把我的信转交给写信的人,并告诉他,不要怪我用词尖锐,因为这并不是用来发表的。

　　我认为,来信之所以应该回答,是由于它特别突出地表明了当前很多革命者情绪中的一个特点。这就是坐等指示,要求从上面、从旁边、从外面得到**一切**,每当由于不积极而在当地遭致失败,就一筹莫展,一天到晚怨声不绝,只想发明出一种药方,医起病来又便宜又容易。

先生们,你们用不着发明!如果**你们自己**缺乏积极性,容忍别人在自己鼻子底下制造分裂,过后又唉声叹气,怨天尤人,那是**任何药方也帮不了忙的**。为了这点向我们大发牢骚,也是十分愚蠢的。别以为我们会由于你们的责难和攻击而感到难堪,你们该知道,我们已经习惯了,已经非常习惯了,所以我们是不会感到难堪的!

"群众性的"书刊,"几十普特"的书刊——你们的这种战斗的号召正是你们为了借助外力医治自己缺乏积极性这个毛病而**发明的药方**。请你们相信吧,任何一个这类的药方都**永远是没有用的**!如果你们自己不努力、不机灵;那谁也没有办法帮你们的忙。一个劲儿嚷嚷**发给**我们这个,**送给**我们那个,真是岂有此理,**你们自己应当取得和弄到**。给我们写这些是没有用处的,因为这一点从我们这里是办不到的。而你们自己却能够做到而且应当做到——我所讲的是关于得到我们现有的和我们出版的书刊的问题。

某些地方"活动家"(正因为他们不进行活动才得了这个称号)一共只见到几号《火星报》;也没有积极设法去**大量地**获得和散发《火星报》,就为自己编了一个轻松的借口:这不是我们需要的。请给我们**群众性的**书刊来供给群众!你们先嚼碎,放到我们嘴里,咽下去我们自己大概还行。

这些地方"活动家"连自己现有的书刊都散发不出去,所以凡是知道和看到这种情况的人,都认为这些号叫是荒谬透顶的。你们连**5普特**的书刊都**不能够**弄到并加以分发,却要求供给你们几十普特的书刊,这岂不可笑吗?最可敬的"一时的幻想家"(因为第一次遭到失败就使你们放弃一切，甚至放弃了自己的一切信念！），请你们从头做起吧。你们如果做到了这一点，而且不是做了一次而是做了几十次，那时出版工作就会随着需要而**扩大**的。

我之所以说扩大，是因为你们关于群众性书刊的号叫（既不批判，又不考虑，就从社会革命党人、自由社分子和一切惊慌失措的"无所事事的人"那里照搬过来）是由于你们忘记了一件小事……一件很小的小事，就是说，忘记了你们**甚至连**我们现在出版的群众性书刊中的**百分之一**都没有本事拿到并加以散发。我手中有一份统计表，这是我国为数很少（少得可怜，少得不足道，少得令人感到惭愧）的运输机关之一最近编制的一个统计表。我只谈**下诺夫哥罗德的演说、罗斯托夫的斗争、关于罢工的小册子和迪克施坦写的书**①。4种，仅此4种！多么少啊！！

是的，是少得很！然而，我们所需要的是400种而不是4种。

但是请问你们一下，**即使仅此4种**材料，你们能不能散发几万份呢？没有，你们没能做到这一点。你们就连几百份也散发不了。**因此你们才叫喊：给我们几十普特吧！**（如果你们自己不能**弄到**，那任何人任何时候也不会**给**你们的，请记住这一点。）

你们能不能利用已经给你们**送到、运到**并放到嘴里的那几百份书刊呢？？没有，你们没能做到这一点。甚至在这样一件小事上你们

---

① 你们号叫道：这是旧东西！讲得对。凡是有**优秀**通俗书刊的政党都在散发旧**东西**：盖得和拉法格、倍倍尔、白拉克、李卜克内西以及**几十年以来**的其他人物的作品。你们听到了吗，几十年以来！通俗书刊中**只有那种几十年来**一直起作用的作品**才是优秀**的书刊，**才是有用的**书刊。因为通俗书刊就是许多**民众读本**，而读本所叙述的基本知识**在半世纪以内**是不会改变的。那种"自由社"和社会革命党人每月出版好几普特的、"迷住了"你们的"通俗"书刊，是一**种低级读物和江湖骗术**。走江湖的人一向故意装得忙忙碌碌，大叫大嚷，而一些天真的人则把这当做卖劲。

都没能使**群众**同社会民主党联系起来。我们每月都要从全国各个角落收到几十种、几百种传单、报道、通讯和书信，但是**没有一篇**（请你们好好地考虑一下"没有一篇"这几个确切的字眼所表达的确切意思吧！）报道谈你们在群众中散发这几百份书刊的情况，谈对群众影响如何、**群众**的反应如何，以及**群众**座谈<u>这些</u>书刊的情况！你们使我们处于这样一种境地：作家管写，读者（知识分子）管读[336]，然后这位粗心大意的读者就大发雷霆痛骂作家，说他（作家！！！）没有给任何地方都送去"几十普特"书刊。一位专门负责使作家同群众**发生联系**的人，却像竖起羽毛的火鸡那样坐着不动，只是号叫着：给我们群众性的书刊吧，而**同时却不会**利用他已有的书刊中的**百分之一**。

　　当然你们会说，**无法**，根本无法**把**《火星报》（这是我们努力的主要成果）同群众**联系起来**。我知道你们会这样说的。这话我已经听过几百次了，而任何时候我都回答说，这话不对，这是搪塞、规避、无能和怠惰的表现，是想吃现成饭的表现。

　　根据各种事实，我知道积极工作的人就**能够**使《火星报》（在那些不太好的知识分子看来，是纯知识分子的《火星报》）同**群众**"发生联系"，甚至同莫斯科附近各工业省份中那种落后的、不够开展的工人"发生联系"。我知道有这样的**工人**，他们自己在群众（当地的）中散发《火星报》，而他们只是说报纸少。不久以前我听到一位"来自战场的士兵"说：在俄国中部的这样一个偏僻的工厂区，在很多小组里，在一些 10—15 人的会议上都一起在读《火星报》，而那里的委员会和分委员会都预先**亲自**阅读了每一号《火星报》，并且一起**考虑**在鼓动性的报告中究竟怎样利用每一篇文章。由于在国境上活动的人蠢笨无能（这些人甚至从来不会给运输者安排好一个交接东西的地方，而只是希望作者不仅会给他们生产文章，而且还会给他们生产出办事的人来!)，送到它们手中的报纸只有寥寥 5—8 份（最多 **8 份!!**)，但是就连这样少的报纸它们也能加以利用。

请你们凭良心讲一讲：你们中间是不是有很多人都是**这样**在利用你们所得到的（送**给**你们的，运**给**你们的）**每一份**《火星报》呢？你们不愿意讲吗？那我就来讲给你们听：送往俄国的**每百份**报纸**中**，只有一份（由于命运不佳或者由于"读者"无能）是**这样**被利用的：先是讨论每篇短评的鼓动意义，然后在工人小组里，**在该城习**惯于聚在一起的**所有的**工人的**所有的**小组**里**阅读每篇短评。然而现在那些连所得书刊的百分之一都不能够**加以利用**的人却号叫道：请给我们几十普特书刊吧!! 谢德林的公式（作家管写）对"读者"的看法未免太乐观了!!

一位现代读者（他是一个知识分子社会民主党人）居然抱怨**作者们**，说地方上的知识分子都萎靡不振，只知道对工人"发号施令"，却不对工人进行任何工作。这种抱怨是公正的，是极其公正的，但是…… 没有找错对象吗？你们是不是可以允许我们把**这种抱怨加倍奉还给发出抱怨的人**呢?? 最可敬的怨天尤人的先生们啊，你们眼睛望着哪里呢？如果你们的朋友**不会把**《火星报》当做工人小组中阅读的材料，**不会拨出人**来取得和分送书刊，**不会**帮助工人自己组织起小组来进行这些工作，那**你们**为什么**不把**这样一些无能的朋友**轰走**呢?? 请你们想一下，当你们**向我们抱怨你们**自己无能的时候，你们所处的境地是多么妙啊!!

那些"实际工作者"连他们**所能取得**的百分之一都利用不了，这是**事实**。而实际工作者关于特种"群众性的"书刊的臆想只不过是一种搪塞和推脱责任的表现，这也是同样无疑的事实。比如在 7ц.6ф. 的信中，就向"我们"（当然是向我们）推荐了三种书刊：

(1)通俗报纸。要把每一个事实都嚼得很烂,使它用不着消化就能对身体有好处。这样,**我们**"活动家们"就根本不需要有胃了。

直到现在世界上还没有出现过这样一种"通俗""报纸",因为报纸要**反映一切**问题,而通俗书刊则只就**某些问题进行教育**,但是这没有什么关系。我国这种书刊的**一切**典型,从《工人思想报》到《前进报》、《工人事业》杂志、《红旗》杂志等等,都必然成了一种大杂烩,既不是通俗的书刊,也不是报纸,但是这没有什么关系。各种"工人"报纸的**一切**尝试只是助长了而且永远都要助长知识分子运动和工人运动之间互相分离的荒谬现象(这是由知识分子的蠢笨无能造成的,他们竟从十万八千里以外的**地方**来信抱怨自己无能!),这没有什么关系。各种"工人"报纸的**一切**尝试,在我国一直都在滋生并且还将永远滋生手工业方式和特殊的、深奥的、喀山式的和哈尔科夫式的理论,这没有什么关系。所有这一切都没有什么关系,因为**迷人的**"自由社"和**迷人的**("使人连气都喘不过来了")社会革命党人现在正出版——啊,可真多! ——通俗报纸和报纸性的杂志!!《人民事业》[337]、《红旗》杂志、《自由》杂志[338]——这些都是为工人办的杂志,《评论》是为工人办的报纸和杂志,《松明火》则是为农民办的,《工人思想报》是在日内瓦出版的彼得堡工人报纸!! 所有这些都是废物,这也没有关系,只要是**群众性的**废物就行了。

而你们一共只有一个《火星报》,多么单调啊!《火星报》一共才出了 31 号,可是那些迷人的人们,用这一种(废物)出版 2 期,就立即又得用另一种(废物)出版 3 期。这才有劲,这才痛快,这才新鲜呐! 而我们这些社会民主党人……

(2)"他们"的小册子出了一批又一批,每一本抽印本都要算小册子,招摇撞骗地把这一切向人大吹大擂说,小报也算数(小报有**100 万份**:见《革命俄国报》第 16 号。打破纪录! 冠军!)。

而我们呢! 抽印本不算小册子——真是知识分子习气,学究习气!! 虽然连巴黎和切尔尼戈夫所有的姑娘们都知道,**十本**新的小册子(废物)要比一本旧而好的小册子重要一百倍,但是我们还是把旧的、旧极了的迪克施坦的书拿来重版。

要知道只有德国人才这样做,比如在 1903 年,**第 11** 次重版了倍倍尔在 **34** 年以前写的《我们的目的》这本小册子!! 真是无聊。我国那些"迷人的"社会革命党人就是这样嗤笑的。而我国地方的"活动家们"既不善于利用**旧的**(20 年前的旧东西! 已经归档了的东西!)普列汉诺夫的小册子,也不善于利用"某"一本(一本!)论述罢工和维特记事的小册子!

至于地方"活动家"根本没有去逼流放中的著作家们写**优秀的**小册子,**去组织当地的著作家为《火星报》写稿**,这一点我就不说了。这是为什么呢? 抱怨总要比安排这种麻烦事情容易得多! 这位现代的读者不知害臊,竟因为写信抱怨过《火星报》就自称是"火星派分子"。他一点也不觉得害羞,《火星报》99%的文章,总共只有 3 个半人在写。他也无需去考虑,《火星报》是不能停刊的,两星期出 1.5—2 印张是需要一番劳累的。他仍然极其轻率地叫喊说一共只有 31 号,而地方上的傻瓜和无能的爱发牢骚的人何其多啊!! 论据的确是具有毁灭性的……只是毁灭谁和毁灭什么呢?

(3)小报

供给我们一些小报! 委员会不能给我们!! 请你们写出小报,给我们送来,运来(再加以散发,对吗?)吧!

嗯……好啊,这可真是彻底得很。我张开嘴,你们就往里塞:

这就是"著作家"和"火星派"实际工作者之间的关系的新公式！地方组织(是由那些爱看热闹的"活动家"组成的吗?)没有力量来出版地方小报,这些小报应当由国外供给,——他们竟说得出这种话来,真是**登峰造极**。对 7ц.6ф.整个一封信进行这样富丽堂皇的(在我看来)加冕礼,使我只能奉送这个"皇冠"作为结束。再作补充或评论只能使这个光彩夺目的皇冠减色。

从巴黎发往基辅

载于1924年《青年近卫军》杂志
第2—3期合刊

译自《列宁全集》俄文第5版
第46卷第269—275页

200

致格·瓦·普列汉诺夫

1903年3月2日

我向全体编辑部成员提议增补"笔尖"为编辑部的享有一切平等权利的成员。(我认为,对增补来说,需要的不是多数而是**全体一致的**决定。)

我们**非常需要**第7名成员,既是为了表决的方便(6是偶数),也是为了充实力量。

"笔尖"为每一号报纸写稿已不止一个月了。总的说来,他正干劲十足地为《火星报》工作,作报告(而且取得了很大成绩)等等。

就时事问题的评述专栏来说,他不但对我们十分有用,而且简直是不可缺少的。

毫无疑问,他是一个才华出众的人,一个有信念、有干劲的人,这个人是有发展前途的。在翻译和写通俗读物方面,他能做不少工作。

我们要吸收青年力量,这将鼓励他们,并促使他们把自己看做专业写作人员。而我们却缺少这样的人员,这是很清楚的(有必要回想一下:(1)难以找到翻译方面的编辑;(2)缺少国内评论方面的文章;(3)缺少通俗读物)。"笔尖"恰恰想在写通俗读物方面进行一些尝试。

可能提出的反对理由是:(1)年轻;(2)最近(**可能**)就要回俄国去;(3)文笔(没有引号的)带有杂文腔,而且过于花哨等等。

关于(1),我们不打算把"笔尖"安排在独立的工作岗位上,而是安排在编委会内。在编委会中他也会成为有经验的人。党内的人、派别内的人所具有的"嗅觉",他毫无疑问是有的,而知识和经验则是可以获得的东西。他将努力钻研和工作,这也是**毫无疑问**的。为了把他完全争取过来并鼓励他,增补是必要的。

关于(2),如果"笔尖"熟悉了所有的工作,那么他也可能不会很快就走。如果他走了,那么,他同编委会在组织上的联系和对编委会的从属关系,并没有什么坏处,而是有很大的好处。

关于(3),文体上的缺点不是大毛病。他会改进的。目前他正在默不作声地(和并不非常乐意地)接受"矫正"。在编委会中将展开争论,进行表决,"所作的指示"将更为明确,更具有约束力。

因此,我提议:

(1)全体6名编辑部成员对于把"笔尖"**完全**增补进来的问题进行表决;

(2)如果他被吸收进来,那下一步就要最后确定编辑部内部的关系和表决程序,并制定明确的规章。**这对我们是必要的**,对代表大会来说也是重要的。

　　附言:我认为把增补的事**搁下来**是**非常不妥当**和不合适的,因为就我所知,"笔尖"对他一直"悬在空中",大家总是把他当"小青年"看待(他感觉到是这样),早就**非常不满**了(当然没有直接表露出来)。

　　如果我们不马上吸收"笔尖",而他就要,比如说,在一个月后回俄国去的话,**那么我确信**,他会把这一点理解为我们**显然不愿意吸**收他到编辑部来。我们就可能"失手放过",而这将是极为糟糕的。

从巴黎发往日内瓦

载于1925年《列宁文集》俄文版
第4卷

译自《列宁全集》俄文第5版
第46卷第277—278页

201

致娜·康·克鲁普斯卡娅并拟
给组织委员会的信[339]

(3月5日或6日)

组织委员会的信收到了。

我建议这样回答:

　　"关于'日程'问题,我们的意见如下:'日程'这个问题应由**代表大会本身**,而且也只能由代表大会来最后**决定**。因此,关于这一点的表决权的争论是根本没有用处的。其次,**许多**委员会已经承认组织委员会有召集代表大会的'**特别**主动权'。由此可见,代表大会的**事先筹备工作**,其中包括日程的**事先筹备工作**(或者宣传),**完全由**组织委员会去办。因此,再向任何人提出对'**事先**'拟定的日程进行**表决**,那完全是多余的,因为这**不会有决定性**意义。再次,这只会**造成**时间的拖延和**引起**不满,因为总会有**叫屈的**委员会(未被征询的委员会),**必然**会有不满和抱怨的人。因此,不论从形式上遵守规定或掌握分寸来说,都不应当通过要某些委员会或某些人投票的**任何正式**决定。那样只能损害组织委员会的威信,使它放弃给予它的**特别**主动权。

如果已经十分不便改变所通过的(形式上无可责难的)决定,或许还可以找到这样的出路:把表决(委员会的表决)变成同它们**协商**,就是说组织委员会要尽量利用见面和座谈的方式进行**协商**。

最后,我们建议加紧筹备代表大会。愈快召集愈好。要立刻更积极地督促**各委员会的筹备工作**,指定代表,争取**尼古拉耶夫**和**敖德萨**。主要的是:保证有充分的信心使坚定的火星派赢得不容争辩的多数。"

涅夫佐罗夫昨天名誉扫地:沙尔·拉波波特也好,克里切夫斯基也好,都痛骂了他。火星派的人不在场。[340]

我大概星期日走。火车不是6时到,而是3时45分和10时45分到。不是这一趟车到,就是另一趟车到。

你的……

从巴黎发往伦敦

载于1928年《列宁文集》俄文版
第8卷

译自《列宁全集》俄文第5版
第46卷第279—280页

202

致组织委员会

（3月6日和9日之间）

给组织委员会的信

刚才接到代表大会的章程。你们上次来信问的是代表大会的**章程**，当时我们不懂你们的意思，因此就日程问题作了回答。现在赶紧告诉你们：一般说，我们对你们的草案非常满意，写得既细致又有道理。第19节曾引起争论，我们觉得这一节是合理的，因为不经大多数委员会同意的确不便于也不能把某些组织开除出代表大会（而章程归根到底正是有开除一部分组织和肯定另一部分组织的权利）。我们只建议规定一个硬性的和正式的期限，可尽量短一些（比方说不超过一个星期），在这期间，各委员会和各组织**必须**提出并送来自己对章程草案的修改意见。最可怕的是拖延，为了防止拖延，规定这一点是极端必要的。（伊格纳特大概就是由于怕拖延才提出了反对意见。他的担心我们是理解的，但是你们如果能很快结束征求意见的工作，事情就会得到补救。）

我们这方面将给火星派各组织去信，建议它们立即和完全接受你们的草案。恳切地希望你们发动现有的一切力量，以便在一个月内结束草案的分发和通知工作（根据第19节），结束仲裁法庭"开庭期"和确定代表人选。

　　同时,我们非正式建议你们向一切享有全权的组织提议,要它们**根据可能**从过去工作中大家熟知的国外同志中选派一个代表(从两个代表中),以免增加向国外派送代表的费用和麻烦。

　　我们正式建议:(1)在你们草案的第19节只加一条附注:"各个组织在接到本草案的一星期内,如不提出意见,即被认为已接受代表大会的章程草案"。(2)加上:如果在代表大会召开以前代表被捕,由候补代表递补。

从巴黎发往哈尔科夫

载于1928年《列宁文集》俄文版
第8卷

译自《列宁全集》俄文第5版
第46卷第280—281页

203

致格·马·克尔日扎诺夫斯基①

(3月15日)

　　关于狗熊的问题,老头很难答复:大概克莱尔能答复得好些。在这里要对工作提出什么意见是困难的,何况**我们就要搬到日内瓦去**[341],那里的一切都将是公开的。当然,要学点东西在国外可能是最合适的了。从这里谈选择当地工作的问题也非常困难。再说一遍,我认为,就我这方面来说,唯一明智的做法是把自己的表决权完全让给克莱尔,他直接了解所有的情况并

---

　　①　这封信是写在娜·康·克鲁普斯卡娅信上的附笔。——俄文版编者注

能提出最好的建议。

从伦敦发往萨马拉

载于1928年《列宁文集》俄文版
第8卷

译自《列宁全集》俄文第5版
第46卷第281—282页

204

致格·瓦·普列汉诺夫

1903年3月15日

亲爱的格·瓦·:您的信收到了。您在写《3月望日》,这太好了。**最迟的**期限——1903年3月25日这里必须收到这篇文章。**我们一定等着**。

马斯洛夫的书日内就可从巴黎寄来(我很着急),我会**马上**把它寄给您。那里有一些关于村社的害处的饶有趣味的材料。我在巴黎时曾引用过。

大卫的书我已经订了,现在正在看。空洞透了,既贫乏又庸俗。我尽量快点看完,给您寄去。您看过考茨基评这个"新蒲鲁东主义者"的文章吗?

我现在在为农民写一本关于我们土地纲领的通俗小册子[342]。我很想根据农村居民的四个阶层(地主、农民资产阶级、中等农民以及半无产者和无产者)的**具体**材料,来阐明我们关于农村阶级斗争的思想。您认为这个计划如何?

巴黎之行,使我相信,只有这样的小册子才能消除对割地等等的疑惑。

关于2月26日诏书，我写了一篇文章[343]，将在第34号报纸上发表。鉴于诏书**十分**重要，我坚决主张这篇文章作为社论发表，但是，看来，维·伊·**在动摇**(!)，他同尤·奥·作出一个相反的决定：先用关于马克思的文章。

我看，这毫无道理。

紧紧握手！

您的　列宁

从伦敦发往日内瓦

载于1925年《列宁文集》俄文版
第4卷

译自《列宁全集》俄文第5版
第46卷第282—283页

205

致组织委员会①

（3月31日）

我们建议立即设法由组织委员会和波兰社会民主党共同发表正式声明(要尽可能详细和确切)，表示波兰社会民主党完全赞同俄国社会民主工党并愿意加入党。根据这种正式发表的声明，组织委员会就能邀请波兰社会民主党参加代表大会。这样一来大概就不会有人提出抗议了。[344]

---

① 这封信是写在娜·康·克鲁普斯卡娅信上的附笔。——俄文版编者注

其次(附带提一下),我们衷心希望你们在各处、在所有人当中为在代表大会上同崩得进行斗争作好准备。不经过顽强的斗争,崩得不会交出自己的阵地。我们无论何时也不能接受崩得的主张。我们只有下定决心,坚持要把崩得驱逐出党,迫使崩得让步。

请赶紧把名单拟好,这一点非常重要,需要尽快办,不必等待各委员会的回信。顺便问一下,你们是否给各委员会规定了要在短期内回信?你们是否在编已确定的代表的名单?(为了保险起见,请寄给我们一份。)

从伦敦发往哈尔科夫

载于1928年《列宁文集》俄文版
第8卷

译自《列宁全集》俄文第5版
第46卷第283—284页

206

<h1 style="text-align:center">致格·马·克尔日扎诺夫斯基[①]</h1>

(4月3日)

(老头:)

这一次我能告诉的事情不多。我看,现在主要的是尽一切力量加速筹备代表大会,并保证多数代表是干练的(和"自己的")。几乎全部希望都落在布鲁特身上。要让他尽可能亲自料理**一切**,

---

① 这封信是写在娜·康·克鲁普斯卡娅信上的附笔。——俄文版编者注

特别是有关代表的事，力求使我们的人多一些。每一个委员会两票的规定对这一点非常有利。其次，崩得的问题极其重要。我们已经停止同崩得关于组织委员会的论战，但是原则性的论战当然没有结束。这是办不到的。要使所有的人都透彻地、完全"装进头脑"地了解到，要想同崩得和平，就必须准备同它作战。要在代表大会上进行斗争，甚至分裂也在所不惜。毫无疑问，只有如此崩得才会屈服。那种荒谬的联邦制我们绝对不能接受，而且永远也不会接受。顶多是按照1898年的老章程实行自治，由中央委员会派一个代表参加崩得的中央委员会，这是最大限度了。必须对大家进行工作，说明并指出攻击叶卡捷琳诺斯拉夫是荒谬的野蛮行为[345]，等等。请速来信告知，大家在这方面的情绪怎样？你们的宣传工作进行得怎样？是否有希望使大多数人坚持正确的观点？我们想给犹太工人出版一本小册子，说明紧密团结的必要性，揭露联邦制和"民族"政策的荒谬性。

从伦敦发往萨马拉

载于1928年《列宁文集》俄文版
第8卷

译自《列宁全集》俄文第5版
第46卷第284—285页

207

致组织委员会

1903年4月6日

转上组织委员会国外分会的质询，我们这一方面坚决主张，无论如何不要扩大组织委员会国外分会的职权,丝毫也不让它超越它的权限,尽管它总是竭力这样做。从工作的利益出发,组织委员会国外分会的职权无论如何不得超过筹备代表大会的秘密工作和筹集款项,至多再加上讨论国外社会民主党组织统一的条件,作为解决这个问题的**初步**准备。关于第1条(a):我们坚决反对把组织委员会国外分会的地址分发给各委员会。根据组织委员会国外分会现有的职权,这样做完全没有必要。它大有造成拖延和混乱的危险。关于是否发表的问题,必须直截了当地说,一切都将发表在《火星报》上(大多数委员会的承认是这样做的正式理由)。应当正式建议其他组织转载组织委员会在《火星报》上发表的一切声明。关于组织委员会和组织委员会国外分会的联系,我们建议由组织委员会用它现有的方法和**捷依奇**(**捷依奇**是组织委员会国外分会的书记,**亚历山大和洛霍夫**也是这个组织的成员)联系。而你们和捷依奇联系时可以像过去一样通过我们。这是很自然的,因为书记是由组织委员会国外分会选举,而由你们批准的。

　　第二个问题我们建议采纳,第三个问题应作解释,指出日程正着手准备,将来会提出来的。

从伦敦发往哈尔科夫

载于1928年《列宁文集》俄文版
第8卷

译自《列宁全集》俄文第5版
第46卷第285—286页

208
致格·瓦·普列汉诺夫

1903年4月10日

亲爱的格·瓦·:近日我又得了一点小病,因此没有给您写回信。关于布列什柯夫斯卡娅的短文收到了,但这一号已来不及刊用。准备登在下一号上。

关于连环保的文章您在写吗?(《圣彼得堡新闻》[346]我已托人给您寄去了。)下一号最好有一篇关于这方面的文章。来人已走。我不知道事情能否办好。但不管怎样,我已征得他的同意由组织委员会进行调停。

紧紧握手!

您的……

附言:关于我那本小册子[347]您一句也没有提及。请尽快把它发排,最要紧的是别耽搁。这样,以后要是还有谁想看,就可以给他看校样,而不必给原稿了。

从伦敦发往日内瓦

载于1925年《列宁文集》俄文版第4卷

译自《列宁全集》俄文第5版第46卷第286页

209

致叶·米·亚历山德罗娃

(5月24日)

列宁寄,私人信件

读了您的长信[348],非常感激。迟写总比不写好。您希望我不要过于生气。坦率地告诉您,一想起上次同那个雅克在"巢穴"门前的谈话,与其说生气,不如说觉得好笑,雅克那时(那时!)认为我们管得太少。组织委员会内的事情还不能立即上轨道,一片纷争和混乱,我知道这一点,也预料到这一点。对于这种病态,除了采用持续疗法(即时间与试验)和烈性药物(全党代表大会),别无他法。我早就说过,现在再说一遍,务必尽速采用这种方法,否则您的试验就有完全**落空**的危险。

关于(1)尤利问题,(2)常设局问题和(3)伊格纳特与崩得分子争论的问题我就不谈了,其中有的已经过时,有的需就地解决,而我对就地解决的问题提出的意见(和我的朋友雅克的意见相反),至多是毫无用处。这一部分的问题您(你们大家)要自行解决,不是应当解决,而是必须解决。

现在再谈一下崩得、波兰社会党[349]和"异教"。

我认为,对待崩得在形式上应该态度端正而且有分寸(不应破口斥责),同时也应高度冷静和慎重,根据正当的理由时刻无情地把他们压住，并且毫不畏惧地坚持到底。假如他们要退出，那就听便，但是我们一定不要被他们抓住一点分裂的口实。在代表大会召开以前形式上的一套当然需要遵守，但摊牌是用不着的。您来信说，崩得分子知道我们在为《火星报》斡旋，只是不吭声，虽然我们无权以组织委员会的名义这样做。我认为，这也不应当由组织委员会来做，而应当由每个成员**自己**来做，但不用组织委员会的名义，而用**承认《火星报》**的委员会的名义。这样做的效果完全一样，甚至更加有力（没有任何"代办员"），而在形式上又无可指责。使各委员会起来反对崩得是目前**最重要的**任务之一，这在不损害形式的情形下也是完全可以做到的。

和波兰社会党谈"组织委员会**成员**的信念"同样也是不必要的。关于组织委员会必须这样说：我们筹备代表大会，**由组织委员会**来决定，而对手"信念"问题则不应保持缄默，不过不要用组织委员会的名义，而用《火星报》，**特别是**承认《火星报》的委员会的名义。其次还需要取得波兰社会党的文件（书信），即使是简单的，但必须是正式的文件；不要向他们说"我们是反民族主义者"（为什么要无谓地吓人呢？），而要婉言相劝，使他们相信，我们的纲领（承认民族自决权）对他们也足够了，使他们发表明确的反声明，向组织委员会和代表大会**正式呼吁**。我们对付波兰社会党的主要王牌是我们原则上承认民族自决权，但是它不能超出无产阶级阶级斗争的统一所决定的合理界限。

不要忘记：我确实不知道参加组织委员会的《火星报》国内组织的代表。我也不知道为什么我要知道这个？为什么一定需要"代表"？？组织委员会不是老早就**增补了**根本不是"代表"的所有优秀人物吗？或者事情不是这样？

我认为，正是为了使手续上无可非难，利用《火星报》国内组织和组织委员会的区别是很重要的。

现在谈谈"异教"。要么是我误解了您的意思，要么这是个大错误。由于您的来信对这一点（非常重要）写得过于简单，我只好按字面来领会您的话。4 个当选者"组成"中央委员会和中央机关报！！ 请原谅我的直率，这简直可笑，因为您也应当知道，只有编辑部成员＋**个别**顾问才有资格（他们**精通业务**又有必要的经验）"组织"中央机关报，也只有经验丰富的实践家＋个别顾问（要是您知道有这样的人）才有资格组织中央委员会。也许，您所知道的那"4 个人"也具有做这种工作的**经验**和知识??? 如果是这样，就请您说明是谁，我这样说不是开玩笑，而是认真的，因为我写的是私人信件，弄清楚您的想法对我是很重要的。

如果我没有弄错，现在您正力图独揽大权，掌握"铁拳"。这是好事，您说我们正需要这样，这万分正确。不过，像您所认为的那种直截了当的做法，任何人都办不到。要料理目前 $\frac{9}{10}$ 的事务，两个中央机关是绝对必要的，它们会立刻自行建立起来，即使我们不希望这样。为了使事情井然有序，还须（1）确定这两个中央机关联合的正式办法（例如，两个中央机关各派代表组成委员会）；（2）减少两个中央机关的成员，或者两个中央机关各自成立执行委员会；（3）也是最重要的，严格和**正式地**划分两个中央机关各个成员的职权，让两个中央机关的全体人员都确切**知道**，哪个委员负责什么事情，哪个委员（两个中央机关的）对哪一类问题有权**决定**（以至发言）以及采取什么方法把问题提交一个中央机关或两个中央机关的全体会议。

我相信您会逐渐降低自己的要求，同意这是目前最能实现的全部希望。即使这样也是非常困难的，我**还没有找到**完全合适的有丰富知识和经验的人来进行这种职权划分。你们那里**和我们这里**都存在着大量的无人负责现象（组织委员会成员先生们，你们别只考虑自己，要知道你们在"组织"**整个**党），必须考虑的不是善良的愿望，而是切实的**坚定的**"最初步骤"。

我向您**坦率地**说明了我的看法，我很愿意和您继续通信。关于这类问题您的确应当经常地来信详谈。我不反对把这封信给组织委员会的所有成员看，甚至希望这样做，不过，这由您决定好了。您指出您的信是给**谁**的，这样做很好。

祝一切顺利！请降低要求，请赶快赶快采用"烈性药物"。紧紧握手！

您的　**列宁**

从日内瓦发往基辅

载于1928年《列宁文集》俄文版
第8卷

译自《列宁全集》俄文第5版
第46卷第287—290页

210

致格·马·克尔日扎诺夫斯基

（5月24日）

列宁寄，私人信件。

亲爱的朋友：你长时间的缄默使我极为苦恼。我充分理解你为什么不想动笔,要把成堆的琐事写出来是多么困难,甚至是不可能的,但是你还是不要忘记,关于这些(常常是荒谬的)琐事是会从别的渠道传到我们这里来的。哪怕简单写几句也好,哪怕把自己总的思路说明一下也好,这实在是必要的,否则,你会使我们因你的缘故也处于尴尬的境地。到处都有人向我们诉说**组织委员会内的纠纷**,同尤里的争吵,因莉莎而引起的争吵,等等。当然,我不乐意听这些事情,而且,在收到你的来信或同你会见之前,是决不会采取(就我本人而言)任何步骤的,但要是能得到一点消息,那该有多高兴啊。可是一连几个月音讯全无!总之,我将等待你的消息,而我自己只是简单地说几句:依我看(我不能断言),在莉莎的问题上,你花的精力多了一些(这个莉莎不是个办事的人,她不做本分工作,只是瞎忙);对尤里的指责过分了;而主要的,最最主要的,是**要抓紧代表大会的事**,要用一切办法来抓紧。

库尔茨怎么样了?不久前我了解到他的健康情况,这证明了我对他的不满是没有根据的(如有可能,请把这一点告诉他,但我们补充一句,他的缄默也是不对的)。你跟雅克和科斯佳相处得怎么样?雅克在鼓吹反对两个中央机关,太荒谬了,你能否说服这个并不糊涂但不够机灵的小伙子?小狗熊的情况如何?你给她出了什么主意?紧紧地、紧紧地握手!

　　　　　　　　　　　　　　　　　　　你的……

从日内瓦发往萨马拉

载于1928年《列宁文集》俄文版
第8卷

译自《列宁全集》俄文第5版
第46卷第290—291页

211

致卡尔·考茨基

1903 年 6 月 29 日

尊敬的同志:

寄上您的小册子(《社会革命》)俄译本一册。我仅在第 129—130 页上加了一条注释。[350] 根据俄国工业统计材料,我在注释中指出了,如果建立两班制或三班制的大企业(工人在 100 名以上的),关闭小企业,俄国也可以节约多少。

俄译本共印 5 000 册。

致最良好的祝愿!

列 宁

弗·乌里扬诺夫

日内瓦　塞舍龙区

福瓦耶小路 10 号

发往柏林

原文是德文

载于 1964 年《社会史国际评论》杂志
第 9 卷第 2 部分

译自《列宁全集》俄文第 5 版
第 54 卷第 351 页

212

致弗·德·邦契-布鲁耶维奇

1903 年 7 月 16 日

亲爱的弗·德·:格·瓦·告诉我,您能从您的一个熟人那里搞到布罗克豪斯和叶弗龙合编的百科词典。如果是这样的话,务请帮我搞到载有下列词条的各卷:

农民;

农奴制;

农奴制经济;

徭役制;

代役制。

我在赶写一篇文章[351],十分需要参考上述各卷。能否搞到?望告。

您的 列宁

刚才收到恩格斯的小册子[352],现把它寄给您。请让维·米·译出**全部**前言,并尽快把小册子还给我。

她大概什么时候能够还给我?

刚才收到您的报告[353]。谢谢!

写于日内瓦(本埠信件)

载于 1928 年《十月》杂志第 12 期

译自《列宁全集》俄文第 5 版
第 46 卷第 291 页

213

致阿·伊·叶拉马索夫

（9月6日）

亲爱的朋友：您的帮助，对于我们大家，特别是对于我，是非常宝贵的。我一次也没有向您提出过特别的请求，因为这在过去还没有十分必要，至于您的帮助，我是深信您只要有可能总是尽力而为的，现在已经到了十分必要的时候了，其严重程度已经到了我事先料想不到的地步。如果我们得不到至少半年的**特别经费的资助**，我们的事业简直就有破产的危险。而要维持下去，又不减少工作，每月用在编辑、出版、运送以及最必要的代办员的开支方面，至少就得2 000卢布。正因为如此，我现在向您提出十分迫切的请求，请接济我们，一定给我们找到这种支援。您能不能满足我们这个请求，请尽快告知。

从日内瓦发往俄国

载于1930年《列宁文集》俄文版
第15卷

译自《列宁全集》俄文第5版
第46卷第433页

214

致亚·米·卡尔梅柯娃

1903年9月7日

刚收到您的来信，赶紧作答。[354]我看出，您已了解全部情况，所有供您了解情况的消息也都染上了（当然不能不是这样）某种色彩。我也了解，新发生的事情不能不使您苦恼。

您说得对，知道是一回事，理解是另一回事。我深信，从"严重的神经过度疲劳的影响"上来考虑是无法理解所发生的事情的。神经过度疲劳只会使人暴躁、狂怒和失去理智而不顾后果，但是后果本身是完全不可避免的，它的来到早就是个时间问题。

您说这是"流氓"、"御用军队"。这不是事实。政治派别的划分大体上是这样的：5名崩得分子，3名工人事业派分子，4名南方工人派分子，6名"泥潭派"分子或动摇分子，9名坚持温和路线（或曲折路线）的火星派分子和24名坚持强硬路线的火星派分子；这就是表决权的分配情况，当然是大致的情况。也出现过另一种错综复杂的情况。然而，鸟瞰一下，派别概况正是这样。在人员重新调整规模最大的时候（关于使用语言平等的问题），很多火星派分子发生动摇，继续拥护我们的至少有23人（火星派总共33人），甚至这23人中"马尔托夫派"也占少数。您知不知道16人会议表决的结果？您知不知道16人都是《火星报》组织的成员，而不是"流氓"和"御用军队"？您知不知道马尔托夫在这方面，在曾是纷争根源的人选问题上，**在名单问题上也都是占少数吗？**

· · · · · · ·

　　坚持温和路线或者曲折路线的火星派少数派联合崩得＋泥潭派＋南方工人派击败了多数派(在章程问题上,而且不只一次)。但是当崩得和"工人事业派"一退出,火星派多数派就进行了报复。全部情况就是这样。如果崩得不退出,马尔托夫就会在中央机关里击败我们,这是任何人都不会怀疑的。于是就从这个结局产生了侮辱、怨恨和党的分裂! 这真是荒唐。他们捏造说,"御用军队"借诬蔑谴责别人为机会主义来进行打击,侮辱了和排挤了精明能干的人等等。这不是别的,而完全是虚构,是恼羞成怒的结果。没有,绝对没有"侮辱过"任何人,没有解除过任何人的工作,没有不许任何人去参与活动。只是没有让某个人进入**中央机关**,是不是因此就要恼怒? 因此就要破坏党? 因此就要提出超集权制的理论? 因此就要叫喊受到苛刻对待等等呢? 编辑部三人小组是**唯一的**真正干练的小组,我对这点过去丝毫也没有怀疑过,而且也不可能怀疑,它什么也没有破坏,而是促使旧的"家庭式的"编委会起着**负责人**的作用。正是六人小组的这种家庭式的关系使我们整整苦恼了3年,**这您很清楚**,但是从《火星报》变成了党,党变成了《火星报》的时候起,我们就**不得不**、就**必须**同六人小组决裂,断绝这种家庭式的关系。正因为如此,我在代表大会召开前就表示,我将要求有选举编辑部或者三人小组的自由,三人小组也是进行合理增补的唯一基础。

　　断绝"家庭式的关系"对事业是绝对必要的,我相信,如果没有因为章程第1条和因为中央委员会而发生吵架,整个六人小组就会平心静气地接受这个三人小组。**只是**这些吵架事件才使三人小组在他们的心目中带了"可怕的"绝对错误的色彩。**火星派多数派**(无论在代表大会上,或是在《火星报》组织内部)很清楚,没有什么"可怕的",限制曲折路线是必要的。

不,我再说一下,结局不是"意外的灾难",不是"整体的分裂"。这是不对的。以为"晋升"日[355]值得诅咒,或者我们以前的全部工作永远是难以忍受的痛苦,这种想法是不对的。在党内,在党的正式基础上,在**全体**服从党章①(我们曾为党章进行殊死的斗争,在一切大小问题上同当时**占了上风**的马尔托夫进行斗争,不是徒然的)的情况下,旧的家庭式的编辑部(3年中6个成员没有开过**一次会**,这是事实)已**不能**继续存在,更何况一些非火星派分子已根据正式理由依法立刻加入到党内来了。这种情况也正好要求坚定的彻底的路线,而不是曲折的策略。往事已不复返,只有神经失常的人才会以为别人要马尔托夫牺牲自己,而不是去和各持不同政治路线的同志一起工作。我再说一遍,实际上这个三人小组,**在过去3年中**,在百分之九十九的情况下都是在政治上具有决定意义的(不是写作上的)中心。

马尔托夫联合崩得**打击火星派多数派**,并且**全力准备好**依靠这种联合也在中央机关问题上击败火星派多数派,在这之后,"他们"还抱怨什么流氓、御用军队,为《火星报》编辑部的"精华"惋惜,我觉得这是非常可笑的。我说的是他联合崩得打击多数派,而不是说他勾结,我也没想指责他们**勾结**泥潭派和崩得,没有这回事。"他们"解释说,人们散布了侮辱他们的"流言蜚语"(说他们是崩得的同盟者),这样"他们"就重蹈了覆辙,把私人问题和政治问题混为一谈了。勾结就个人说是不光彩的。联合是**不以他们的意志**为转移的,他们的联合是由他们的错误决定的;不是他们去联合崩得+泥潭派,而是崩得+泥潭派+"南方工人"派等追随了他们,因为前者根据反火星

---

① 所以"彼此之间的宪法"现在**是不可能的**,不管从法律上讲或是从道德上讲都绝对是不可能的。

派的观点立刻了解到必须支持火星派中的哪些人。崩得＋泥潭派等只是从政治上**发现了**马尔托夫在组织上和策略上的错误。

凡是了解代表大会全部情况，尤其是火星派投票情况(无论在代表大会上和《火星报》秘密组织中)的人，都不会怀疑破镜决不能重圆。**火星派分裂了**，但是《火星报》不能脱离火星派而存在。我再说一遍，**在火星派中**马尔托夫是绝对少数，党的**分裂**(马尔托夫**必然**日益向这条道路走去)，从法律上说**尤其是从错误事情的实质上说**，就是由于少数派的捣乱造成的。

我们无论对马尔托夫还是对其他人，都没有因为他们犯了错误而加以"侮辱"，而是邀请他们**所有的人**来工作。

关于您提及的"经费"问题，我们目前的情况不太妙，毋庸置疑，加利福尼亚的财源[356]已经枯竭。但是，为了不使他们**因为对中央机关成员的不满**(因为从客观上看，"他们的"不满**只能**归结在这上面)而破坏多年来的全部工作，在必要时，我们也准备忍受极端的贫困。

您问："是否还要分水桶？"[357]我恐怕不能回答您这个问题，因为我没有公平的"劈分"的要求，您也不需要偏颇不公的答复。我相信没有任何"劈分的零碎部分"，而只有因在**一个问题上**(在这个问题上遭到失败的火星派分子是大错特错了)遭到失败而想分裂、破坏和瓦解整体(照您的说法，是另起炉灶)的荒谬**尝试**。

握手！

从日内瓦发往柏林

载于1927年《列宁文集》俄文版
第6卷

译自《列宁全集》俄文第5版
第46卷第292—295页

215

致弗·德·邦契-布鲁耶维奇

(9月10日)

亲爱的弗·德·:

　关于您那篇文章,情况是这样的:我看过一校样之后就把它送回去了,我不知道普列汉诺夫也托您了。如果您愿意的话,就请您在明天(星期五)3点45分到印刷所去,我将在那里,我们好一起看您的文章的版面。

您的　列宁

　附言:还望写一些短评。

写于日内瓦

载于1930年《列宁文集》俄文版
第13卷

译自《列宁全集》俄文第5版
第46卷第296页

216

致格·马·克尔日扎诺夫斯基

(9月10日和14日之间)

　感谢斯米特的长信。让他给叶戈尔去信,最后一次呼吁醒悟过来。让扎林获得处理叶戈尔所在地方的问题的全权(的的确确的全权)后,立刻到叶戈尔那里去。希望您比较完满、谨慎和准确地办好这个手续。您必须正式出面,必须准备同叶戈尔派①作坚决的斗争,必须尽量设法使他们想插手各委员会的尝试立即遭到坚决的回击。对这件事您要特别注意,务使各委员会有所准备。叶戈尔派仍然在进行抵制而且不断加以**扩大**,他们十分恶毒,自己捏造一大堆屈辱事件,自以为在拯救党,使党摆脱暴君的统治,并且到处宣扬,混淆视听。他们的捣乱活动已经使我们(不知是否会很久,**也许会永远**)失去了两个最大的经费来源。请用一切力量筹集经费,这点最重要。

总之,让斯米特不要再用老眼光看待叶戈尔。友谊已经完结了。抛弃一切温情吧!请准备作最坚决的回击,立即派扎林去,确定几个候补者(万一斯米特逝世②),即使在后一场合也要给他斯米特安排一条"走访叶戈尔"③的门路,请任命**总委员会的成员**358,一切事情在手续上都要搞得妥善一些,请您竭力办理。写作方面由我们来安排。我们对瓦季姆抱有很大希望。

从日内瓦发往基辅

载于1927年《列宁文集》俄文版
第6卷

译自《列宁全集》俄文第5版
第46卷第296—297页

---

① 即马尔托夫派,旅居日内瓦的孟什维克。——编者注
② 指被捕和失败。——编者注
③ 指出国。——编者注

217

致亚·尼·波特列索夫

致亚历·尼古拉耶维奇

1903年9月13日

前几天,当日益临近的分裂的迹象已经完全表露出来的时候,我同尤·奥·试谈过,我还想同您谈谈,希望您像尤·奥·一样,不拒绝这种解释清楚的要求。如果这种希望没有根据,您当然会通知我,不过我暂且还是做我认为需要做的事。

马尔托夫拒绝参加编辑部,他和党内的其他一些著作家拒绝撰稿,许多人拒绝在中央委员会工作,宣传抵制或消极反抗的思想,——所有这些都必然会,甚至违反马尔托夫和他的朋友们的本意,造成党的分裂。即使马尔托夫会坚持采取忠诚的立场(他在代表大会上十分坚决地采取了这一立场),其他人也不会坚持,——所以我所指出的那种结局将是不可避免的。(顺便提一下,无怪乎大姊来信说,"是另起炉灶"。)

因此我常常问自己:究竟为什么我们要各奔西东,成为永远不共戴天的敌人呢? 我反复回想代表大会上的所有事件和印象,感到自己的行动常常过于激动、"狂热"。如果说应当把当时的气氛、反应、责备和斗争等等自然引起的那些东西叫做过错,那我愿意向**任何人**认错。但是,现在当我完全冷静地观察已经达到的结果,观察通过狂热的斗争所实现的东西时,我根本看不出它们对党有任何危害的地方,对少数派有一丝一毫委屈或侮辱的地方。

当然,处于少数派的地位本身,就不能不使人感到委屈,但是我坚决反对认为我们"诋毁"某某人,认为我们**想侮辱**或贬低某某人这种看法。绝对没有这样的事。决不容许把政治上的分歧变成给对方加上所谓居心不良、行为卑鄙、耍弄阴谋以及在日益明显的分裂气氛中愈来愈流行的各种美妙的罪名,用这些来说明发生的事情。决不能容许这样做,因为这至少,说到底,是毫无道理的。

正像我们同马尔托夫发生过几十次分歧一样,我在政治上(和组织上)同他发生了分歧。既然我在党章第1条问题上遭到失败,就不能不极力设法利用我(以及代表大会)所剩下的机会来取得补偿。一方面,我不能不设法争取有一个完全是火星派的中央委员会,另一方面,我不能不设法争取有一个编辑部三人小组,这个小组能消除我们过去毫无结果的争吵的根源,把各个持有自己的政治路线,始终"不顾情面"而根据自己的坚定信念来处事的人联合起来。

我曾说(在代表大会召开前我同您和尤·奥·谈及三人小组的时候),我认为六人小组中有一个成员经常缺席[359]对事情特别有害;当时我还对查苏利奇过分地从个人出发对待问题的态度表示过极大的气愤(尽管尤·奥·已忘记了这点);我完全肯定地说过(当时您认为选举三人小组是**完全可能的**),我也认为选举三人小组是十分可能的,即使它永远**是个三人小组**,而不进行某种增补(虽然那时我们已经确定在可能的范围内进行一次增补),也没有什么不好。尤·奥·也忘记了我的这个最后声明,但我记得很清楚。当然，在这方面争论是没有益处的。重要的不是这一点，而是有了这样的三人小组，就不会再有折磨人的、无休止的、毫无结果的争吵，这种争吵我们在1900年创办《火星报》时就遇到了，以后还不断发生过，以致使我们**数月**无法工作，有了三人小组，就不可能有**任何这样的**争吵了。因此我认为**只有**这个三人小组才能成为干练的小组，才能成为负责的机关，而不是充满小圈子习气的散漫的小团体，它才能成为**唯一**真正的中央机关，我再说一遍，其中每个人可以随时从党的角度提出并坚持自己的观点，**丝毫**不考虑任何个人的意气、**任何**委屈、退出等等，等等。

在代表大会上的种种事件之后，这个三人小组无疑把在**一个方面**反对马尔托夫的政治和组织路线合法化了。这是毫无疑问的。因此就要破裂吗？因此就要破坏党吗？？在游行示威问题上，马尔托夫和普列汉诺夫不是反对过我吗？在纲领问题上我和马尔托夫不是反对过普列汉诺夫吗？**任何**三人小组中都不**总是**有一方反对另一方的情况吗？

如果火星派多数派无论在《火星报》组织内还是在代表大会上都认为马尔托夫的路线这一特别色彩在组织方面和政治方面是错误的，那么，企图用什么"暗算"和"挑唆"等等来解释这一点，岂不是愚蠢吗？？用"流氓"来**辱骂**这个多数派而回避这一事实，岂不是愚蠢吗？？

我再说一遍，我如同代表大会上的火星派多数派一样，深信马尔托夫采取了不正确的路线，认为必须予以纠正。由于这种纠正而觉得委屈，从而作出结论说受了侮辱等等，那是没有道理的。我们无论过去还是现在在任何问题上都没有"诋毁"任何人，都没有**解除**任何人的**工作**。由于没有进入**中央机关**而搞分裂，这在我看来是一种不可思议的愚蠢行为。

列　宁

写于日内瓦(本埠信件)

载于 1904 年在日内瓦出版的《进一步，退两步》一书(非全文)

全文载于 1927 年《列宁文集》俄文版第 6 卷

译自《列宁全集》俄文第 5 版第 46 卷第 297—300 页

218

致亚·米·卡尔梅柯娃

9 月 30 日

　　……您在信中说："我在世上活了这么多年，不会不知道，在这种情况下不会只是一方正确，而是双方都正确。"我认为这完全是可能的，不幸的只是另"一方"不正视新的情况和新的基础，要求过去容易取得(尽管也要经过整月整月的争执)而现在则不能实现的东西。基础已经**变了**，这是既成事实，可是他们仍然死抓住一点不放，说什么代表大会上某一点是带有侮辱性的，列宁的言行过于狂热等等。既是事实，就不必争辩，我在给斯塔罗韦尔的信中直截了当地承认自己的"狂热"。① 不过问题的实质是，"狂热"的斗争所造成的结果**一点也不狂热**，而另一方却因为狂热而一再反对结果本身，反对不可避免的必然的结果。事情结果如何，您早就知道。

---

① 见上一号文献。——编者注

您表示确信是一些"老头"在妨碍，这您是知道的，您当然也不会怀疑不幸的"三人小组"不是阴谋诡计，不是雅各宾派的革命，而是摆脱三年"痛苦"的直接的自然的和**最好的**（的确是最好的）出路。**三人小组**形成三足鼎立的局面，正消除产生痛苦的一切根源。您知道，当马尔托夫＋斯塔罗韦尔＋查苏利奇蓄意把纯粹的私事扯成**政治问题**来"责难"人时，他们对事情的偏激情绪和"私人的"（不是政治的）态度引起了什么结果。当时您毫不犹豫地站到"残忍者和恶棍"方面了。不过要知道，这是非常典型的事例。要知道就是现在，还是同一个根源，同样是把私人问题和政治问题混淆在一起，同样怀疑我们想进行人身**攻击**，尽管我们只是要在政治上疏远（和分开）。您提醒我说，我也**一定**有过错。我的回答是：我并没打算否认自己的过错，但不能因此要求作**政治上**的修正。正因为他们为了一大堆个人怨恨和对中央机关的成员的不满而要求作政治上的修正，所以才形成了进退维谷的处境。要什么都行，就是这点办不到！ 如果认为（像有些人所想的）**政治**分歧是原因，那么，**要求**增补更多的或至少等量的**政治上的**反对者来"讲和"，岂不是可笑的吗?? 可笑到极点了！

　　上面我从许多痛苦事件中所引用的一件小事，无论就其实质，还是从结局的形式来说都是典型的。您知不知道，当时我们是怎样占上风的？**我们当时是少数派**，我们占上风靠的是顽强精神和威胁说要诉诸"公众"。所以他们便想：我们**现在**也这样干。不幸的是，**现在**并不是**从前**。现在，正式的基础已**无法消除**。假使没有这个正式的基础，既然人们激怒到了极点，那又为什么不可以是 6 人呢？ 已经苦恼了 3 年，我们准备再苦恼 3 年。过去你们不是靠表决权而是靠顽强精神解决了问题，现在让我们也用这种顽强精神来解决问题。但是**现在**这样行不通了,问题的关键就在这里。而人们却顽固地不愿看到和了解这种改变。这就造成了僵局。**现在必须作出抉择:或者是**在人选问题上发生分歧,那么为了这点而在政治上胡闹和放弃工作是可笑的;**或者是**在政治上发生分歧,那么靠硬塞进某些带有别的色彩的人来"改正"这种状况,就更加可笑。

他们现在采取(好像采取)后一种做法。这样,就让马尔托夫加入三人小组并在党的面前**证明你的**同事中**其他两人**的错误,如果不参加编委会,你也不可能获得材料来揭露这些错误,使党预防这些错误。不然,你的责难将来就会变成党内的无谓争吵。

要是采取前者,就不应夸大自己的委屈,以致放弃工作,要知道,工作能很快使人忘却"狂热"。拒绝工作是条死胡同,是没有出路的。

从日内瓦发往策勒

载于 1927 年《列宁文集》俄文版
第 6 卷

译自《列宁全集》俄文第 5 版
第 46 卷第 300—302 页

219

致 K.Л.富特米勒

1903 年 9 月 30 日

尊敬的先生:

《火星报》编辑部收到了您写的关于宪兵上校彼得罗夫斯基的

通讯稿。假若能让编辑部知道 N.、M.、P. 和其他几位先生的姓氏，或者，至少能向编辑部说明不宜公布这些姓氏的原因，那么，在经过压缩后来稿也许合用。是否还能确切探听到彼得罗夫斯基先生现在任职的地点、他的名字和父名以及他调离博布鲁伊斯克（？）的时间？

听候您的回音，始终愿为您效劳！

代表编辑部　　尼·列宁

从日内瓦发往维也纳

载于 1930 年《列宁文集》俄文版
第 13 卷

译自《列宁全集》俄文第 5 版
　　第 46 卷第 302—303 页

220

致俄国社会民主工党敖德萨委员会

1903 年 10 月 1 日

致敖德萨委员会

亲爱的同志们：我们对敖德萨委员会和《火星报》在工厂的工长问题[360]上发生分歧同样深感遗憾。我们之所以对敖德萨委员会的来信迟未答复，主要是因为当时编辑部无人。一般说来，是受了党的第二次（例行）代表大会的妨碍（不管这有多么奇怪）。

至于问题的实质，代表大会已经通过了决议，**建议**参加工厂的工长的选举。

　引用决议第 **28** 号原文。

　　决议是由大多数人通过的，我们认为，事情是可以改正的，虽然不能马上做到。敖德萨委员会应在一切**有组织的**工人中**立即**散发（不公布）和解释这个决议。在决议公布时，希望敖德萨委员会印发传单，阐明**党**对这一问题的看法，号召工人支持这个全党一致赞同的策略。

　　就问题的实质而论，我们认为，**经常**进行关于工长选举的鼓动，比只作**一次**拒绝选举的鼓动更具有教育作用和组织作用。你们自己关于宗法制手段的报道就证明了这一点，这些报道说明必须对奸细法令和奸细手段进行**不断的斗争**。

　　我们完全支持你们的愿望：更经常地交换意见，以避免鼓动工作中的分歧和矛盾。请你们不仅要给刊物经常来稿，也请注意地址（给你们去信的地址）是否经常有效。

　　倘若其他工作容许，我们将尽力把说明经济斗争和政治斗争的关系的传单写出来。

　　正像你们所期望的那样，我们现在正在全文刊印"工人意志"的宣言[361]。

列　宁

从日内瓦发出

载于 1928 年 7 月 29 日《真理报》
第 175 号

译自《列宁全集》俄文第 5 版
第 46 卷第 303—304 页

221

致 B.M.斯米尔诺夫

1903 年 10 月 1 日

亲爱的同志：

您的信和两篇文章(关于芬兰事态和关于社会民主党代表大会一文的前半部分)我们都已收到。由于有关芬兰社会民主党代表大会³⁶²的消息到来已经迟了些,所以关于这次大会的文章将刊载在公历 10 月 15 日以前出版的《火星报》第 49 号上。至于芬兰事态一文,只好推迟刊登了。所以我把这篇文章寄还给您,请您在《火星报》第 50 号发排之前(最迟在第 51 号发排之前)再补充一些新的材料。这篇文章的第二部分,即第 3—4 页,我认为可以删掉,把开头部分稍作修改,使其同删节后的结尾部分衔接起来。

关于代表大会一文,最好能再写个续篇。另外,您提到的芬兰社会民主党人在他们的代表大会上批评芬兰议会时发表的"不谨慎的言论"一事要**比较详细地**阐述。这是一个十分重要的原则问题,必须充分加以说明。根据我的理解,部分工人不准备参加芬兰**资产阶级**为争取实行芬兰的资产阶级宪法制所进行的斗争,是吗？如果是这样,那么《火星报》必须用马克思主义的观点阐明这个问题,要向社会民主党指出,对资产阶级为争取自由而进行的斗争也**必须**支持,但绝对不要隐瞒自己的**社会主义**目标,而把自己同资产阶级等同起来。我们必须对这个问题加个注释。也许您来得及将续篇寄来？即使在 10 月 6 日前寄来也行。还必须引用芬兰工人政党承认社会民主党**全部**纲领这一决议,因为您译出的那部分纲领只是最低纲领,本身根本不是社会民主党的纲领。如果这是由于书报检查的缘故,那应该再作说明。

您如能为《曙光》杂志撰稿,我们将**十分感谢**。交稿期限**大致**在 11 月 15 日。《曙光》杂志第 5 期何时能出版,尚不知道;部分文章已在排版。

写一本反映"芬兰覆灭"的小册子,特别是**通俗性小册子**,那是**十分需要**的。篇幅不要太大,但要能讲清楚斗争的**全**过程。我们将在群众中广为散发这样的小册子。依我看,斗争的第一阶段,即到今年夏天之前这一段,值得一写。以后的事我们将来单独写。**363**

亲爱的同志,最后,我代表《火星报》编辑部对您经常撰稿表示感谢。对我们来说,正确地向俄国工人阶级报道芬兰发生的事,这样逐渐地有步骤地使俄国的和芬兰的社会民主工党相互接近和联合起来,是无比重要和极有价值的。

致社会民主党的敬礼!

代表《火星报》编辑部

尼·列宁(弗·乌里扬诺夫)

附言:您可用下面的地址**从国外直接**与编辑部联系,向编辑部寄稿:

瑞士　　**日内瓦**　　塞舍龙区福瓦耶小路 10 号
弗拉基米尔·**乌里扬诺夫**先生。

关于不要把《火星报》给您寄错一事,我已转告发行部。

我们期望您像过去一样,为每一号《火星报》撰稿,就是说,最好能在每月7日和21日(公历)以前寄出稿子。另外,希望稿子不要写得过密(隔行写,页边多空一些,而且只写一面),因为我们常常没有时间誊清,而改动文字又难于避免。

译自《列宁文集》俄文版第39卷
第47—49页

222

致格·马·克尔日扎诺夫斯基和
弗·亚·诺斯科夫

(10月5日)

老头致克莱尔和波里斯

亲爱的朋友们:库尔茨会写信告诉你们昨天开会的情况[364]。再也没有什么和平的希望了,完全没有了。马尔托夫分子在这里蛮不讲理的行为,你们连十分之一都想象不出来,他们造谣生事,把整个国外闹得乌烟瘴气,使得联系、**经费**和稿源等都中断了。现在已经宣战了,他们(柳巴、科斯佳、叶列马)已经动身回俄国去作战了。请准备参加一场完全公开的、然而是你死我活的斗争吧。一定要让自己人占领**所有的**委员会,毫无例外。要特别注意哈尔科夫、叶卡捷琳诺斯拉夫和罗斯托夫。听说基辅委员会通过了拥护少数派的决议,是真的吗? 会有这种事情吗? 为什么我们以前没有听说呢?

我建议你们务必把科尼亚加和伊格纳特增补进去。你们很快就会看到和认识科尼亚加的。关于伊格纳特我要谈几句:说实在的,在宣战的情况下,他是有用的和必要的;他会完全听话;可以不让他担负不合适的职务;关于他,有人散布了许多枉费心机的流言蜚语;用不着担心他会把鬼才知道的什么人增补进去,因为库尔茨要到这里逗留几天,我们会小心照料他的。再说一遍:我建议你们务必把伊格纳特增补进去,当然,这完全是你们的事情,而且伊格纳特已经向我严肃地保证绝对听从领导(我坦率地对他说,他也应当作好增补不上的准备)。

看在上帝的面上,使常设局正常工作吧,好让我们每周都能收到你们的来信。我特别恳切地请你们使布鲁特转入地下,因为轻易牺牲是不值得的。让他巡游两三个月,然后到这里来代替库尔茨。老实说,这样做是必要的。列别捷夫已经见到了。鲁边也在这里。

古尔维奇和欣丘克是马尔托夫分子。

关于总委员会的情况请快回信,应当立即从你们当中再正式委派一名委员,由他把表决权委托给库尔茨。请勿迟延。

从日内瓦发往基辅

载于1927年《列宁文集》俄文版
第6卷

译自《列宁全集》俄文第5版
第46卷第304—305页

223

致尤·奥·马尔托夫

（10 月 6 日）

俄国社会民主工党中央机关报编辑部致马尔托夫同志

尊敬的同志：中央机关报编辑部对您拒绝参加《火星报》和《曙光》杂志的工作（《曙光》杂志第 5 期现正准备付印）不得不正式表示遗憾。虽然我们在党的第二次代表大会刚闭幕，《火星报》第 46 号出版之前，就邀请您撰稿，之后又多次敦促，可是我们始终没有收到过您任何一篇稿件。

不仅如此，就连您的小册子《红旗》的再版工作，也因为没有接到手稿的结尾部分而拖延了好几个星期。

中央机关报编辑部声明，它认为您拒绝撰稿不是由编辑部方面引起的。

任何一种个人意气用事，当然都不应该成为您参加党中央机关报工作的障碍。

如果您拒绝参加工作是由于您和我们之间在观点上有某种分歧，那我们认为把这种分歧详细地说清楚对党是非常有益的。此外，我们还认为最好是尽快地在我们编辑的刊物上向全党讲清楚这些分歧的性质和深度。

最后，为了事业的利益，我们再一次通知您，我们现在仍然准备增补您为中央机关报的成员，以便您有充分可能在党的最高机关正式申述和坚持自己的一切观点。

列宁、普列汉诺夫

1903年10月6日于日内瓦[365]

发往日内瓦

载于1904年在日内瓦出版的《进一步，退两步》一书（非全文）

全文载于1927年《列宁文集》俄文版第6卷

译自《列宁全集》俄文第5版第46卷第305—306页

224

致加·达·莱特伊仁

1903年10月10日

亲爱的莱特伊仁：您的来信收到，依照您的请求我立刻回信。代表大会是否召开，什么时候召开，我不知道。听说，同盟管理机关在这里的3位委员多数反对召开代表大会，并决定征询不在这里的两位委员（即您和韦切斯洛夫）的意见，因此这一问题的解决推迟了。

至于我自己，我本人反对召开代表大会。您认为，同盟应当表示意见，它的分裂反正不可避免，而分为两个针锋相对的派别倒比合成一个有名无实的统一的同盟好。但问题在于，同盟的分裂不仅不可避免，而且**几乎已接近完成**；两个针锋相对的派别**已经形成了**，而在**党**还没有分裂的时候，这两个针锋相对的派别**必然要留在**同一个同盟之中。从另一方面说，党代表大会完全改变了同盟的整个组织基础：您所熟知的党的旧章程，在党代表大会召开以后，实际上就必然自行失去意义。同盟应当改组，当然将根据新的原则改组，由受托组织党的各个委员会和所有机构的党中央委员会来进行改组。

因此，代表大会要做的，可以说只是**为了解散而集合**。解散是从两方面来说的：第一是从我们和"马尔托夫派"之间的争吵来说的，第二是从旧同盟将被取消来说的。那么这是否值得召开代表大会呢？这样是治不好"分裂"（确切些说是：闹别扭）的，只能更激怒某些人。这又何必呢？既然现在同盟的40位成员中大约有35位几乎毫无疑问地**采取了**这一**立场**，多费唇舌有什么用呢？

难道是为了举行"**总演习**"？也就是要大致看一看，假使党发生分裂，我们将如何进行搏斗？代表大会的**这种**作用我不能否认，但是犯不着**那样**费心。

要了解同盟余下的5位（大约5位）成员的最后划分的情况是很容易的。

国外同盟反正要根据党中央委员会将制定的新的原则进行工作。**现在**召开同盟代表大会只会引起争吵，于事无补，就是说对国外工作没有任何好处。

———

得知您要到这里来，我们又将见面，非常高兴。来前请先通知一下，因为我打算出去休息三四天。工作很忙。

紧紧握手!

您的 **列宁**

从日内瓦发往博蒙(法国)

载于1929年《列宁全集》俄文
第2、3版第6卷

译自《列宁全集》俄文第5版
第46卷第307—308页

225

致格·马·克尔日扎诺夫斯基

(10月20日)

致克勒莱尔

亲爱的朋友:您最近告诉我的剥扁角鹿的皮①的计划使我非常高兴,早就该这样做了! 但是另一方面,从信中可以看出,扁角鹿和瓦季姆对情况的了解不正确,我们之间互相不了解。这是很可悲的(即使不郑重提出瓦季姆最近那封最后通牒式劝告的信**366**,科尔本人也会回答这点,因为我——再说一遍——难以把**这类**事情当真)。我认为,增补魔鬼和鹰等人是错误的一步,因为这些人没有足够的经验,不能独立工作。分配职务也很危险,因为这样难免要分散。这样一来,各委员会就会无人照管:基辅在干蠢事,可是很奇怪,无论安德列耶夫斯基、嘉金还是列别捷夫都没有

———————

① 剥皮,即转入地下。——编者注

到那个地方去进行斗争。哈尔科夫、叶卡捷琳诺斯拉夫、顿河、戈尔诺扎沃茨克等地区都掌握在造反者[367]的手里。无论如何要让自己的人到处占领阵地。哪怕往每个委员会里塞进一个完全可靠的自己人也好。高加索开始使人不安[①]，那里同样需要自己人的帮助。让我们的代办员在每个委员会里占据位置，然后再全力展开运输和分送工作，这不是比分配职务更重要吗。

要知道，运输是最主要的，归根到底，是问题的关键。不应只满足于一条路线，而要有两三条，使运输不再经常中断。

尽快地发出通知[368]，即通知国内，并将通知送到各地，这是十分重要的。请您务必赶紧进行这项工作，并把这方面的情况尽快来信准确地告诉我们。应当把布鲁特正式选入总委员会，而他则把表决权正式委托给科尔。这是不容迟缓的事情。

我认为，派扁角鹿到这里来待几个星期（哪怕只待一个星期也好）非常重要。这能使他获得很多东西，能鸟瞰一切，能看到炽热的斗争和取得相互之间的完全谅解。为此难道还舍不得 200 卢布和两三个星期的时间？难道不能为扁角鹿弄到一张合法的出国护照??这点请您好好考虑一下。我强烈地建议采取这个步骤，它特别有利于扁角鹿的计划。的确，在没有彻底谈妥之前，要步调一致是困难的。而扁角鹿的关于"从精神上影响老头"的说法完全表明（千万不要见怪!）彼此根本不了解。为什么扁角鹿丝毫不提**这点**呢？增补马尔托夫的计划简直可笑，这表明是多么无知，不知道这样做必然要陷入窘境和出丑。真的，我甚至不能认真地谈你们增补马尔托夫的事情。假使你们当真这样打算，那我们就没有共同语言!

---

① 　见下一号文献。——编者注

我们大家都笑（连科尔也笑）这个"计划"，甚至眼泪都笑出来了！！

列　宁

从日内瓦发往基辅

载于 1928 年《列宁文集》俄文版
第 7 卷

译自《列宁全集》俄文第 5 版
第 46 卷第 308—310 页

226

致俄国社会民主工党高加索
联合会委员会

（10 月 20 日）

致高加索

亲爱的同志们：我们从鲁边的口头报告和拉希德-别克的书面报告中得知你们的工作情况。你们决定在**中央委员会**把问题审查清楚以前暂时撤销伊萨里的职务，这点我们只能表示同意。关于他在代表大会上的所作所为的全部材料，完全把他否定了。代表大会证明他是十分不稳定的；一度动摇之后，他在决定性的时刻还是投票拥护多数派，帮助通过了现在中央机关报编辑部和中央委员会的人选。但是后来伊萨里突然转到另一边去了，他现在用来反对多数派的决议的手段很难说是正当的！！天晓得这是怎么回事。这样的活动家不配得到政治上的信任。无论如何，起码对他要多加小心，不给他负责的职位，我（列宁）和普列汉诺夫都深信应该如此。

　　希望高加索的同志们坚持他们已经开始的做法。希望他们不要听信诽谤多数派的谣言。代表大会的全部记录很快就要公布，那时真相就会大白。希望他们仍旧给予中央委员会以同志般的信任，同心协力地进行工作。我们相信，目前党内的"混乱"很快就会澄清的。

　　现在我们正在加紧筹划在此地出版格鲁吉亚文和亚美尼亚文的书刊。担负这一工作的都是内行的同志；希望能弄到钱。无论在写作或资金方面都需要帮助。

　　向高加索的同志们问好！热忱希望工作顺利！

列宁、普列汉诺夫

从日内瓦发往梯弗利斯

载于1928年《列宁文集》俄文版
第7卷

译自《列宁全集》俄文第5版
第46卷第310—311页

227

致俄国社会民主工党顿河区委员会

(11月1日以前)

　　同志们：来信和决议[369]都收到了。恳请你们回答以下几个问题：(1)少数派和多数派的报告你们是不是都听了(大概你们都知道，你们有一个代表是拥护多数派的)，或者只听了少数派的报告？(2)你们怎样理解"退出"一词？退出——退到哪儿去？你们是不是把这个词理解为某人由于某种原因(究竟什么原因？)被解职或自己离职？(3)你们听说的"不正常的选举条件"是指什么？(4)你们认为究竟应该把谁增补到中央委员会来？(5)究竟应该把谁增补到中央机关报编辑部来？

从日内瓦发往顿河畔罗斯托夫

译自《列宁全集》俄文第 5 版
第 46 卷第 311 页

载于 1904 年在日内瓦出版的尔·马尔托夫《同俄国社会民主工党内的"戒严状态"作斗争》一书

228

致矿业工人联合会

(11 月 1 日以前)

同志们：你们的决议[370]收到了，现在请你们回答下面几个问题。请把这些问题在委员会全体（如果所有的委员不在一起，请转达给他们）会议上讨论一下，这是党中央机关报编辑部的要求。

(1)委员会是不是听取了多数派代表在党的代表大会上的报告？

(2)在代表大会的记录没有公布以前，甚至在委员会还没有向中央委员会或多数派委员问清它所不明白的事情以前就作出了评价代表大会的行动和决定的决议，委员会认为这种做法是正常的吗？

(3)在组织问题上的这些分歧怎么能**破坏**《火星报》和组织委员会以前所做的一切呢？**破坏**表现在什么地方？**究竟破坏了什么**？这些我们一点也不清楚，如果你们想警告中央机关报的什么错误,那就该向我们说清楚,你们认为我们错在什么地方。请详细说明情况,我们将仔细讨论你们的意见。

(4)"在组织问题上的**尖锐分歧**"究竟是什么？我们不知道。(我们曾请马尔托夫和《火星报》的前任编辑部成员在**我们编辑的刊物**上说明这些分歧,但是我们的请求还没有受到重视①。)

(5)政客手腕和不信任的气氛表现在什么地方？来自哪一方面？请说得明白些。(如果过去**我们**不相信马尔托夫,我们就不会邀请他到《火星报》工作。)

(6)如果我们和前任编辑部成员之间真的存在着"组织问题上的尖锐分歧",我们两个人怎么会增补他们四个人呢？这岂不是使**他们**一派占了优势地位？但是代表大会不是曾表示赞成**我们**一派吗？这样看来,你们现在是想把代表大会的决定根据私人协议加以改变吧？

(7)想用分裂、抵制等威胁手段迫使党的负责人员(中央机关报编辑部和中央委员会)去做这些中央机构认为对党不利的事,你们认为这是正常的吗？

(8)少数派中现有的党员拒绝在中央机关报工作,不支持也不服从中央委员会,拒绝从资金等方面支持党,你们认为这样做是正常的、可以允许的吗？

从日内瓦发往顿河畔罗斯托夫

载于1904年日内瓦出版的尔·马尔托夫《同俄国社会民主工党内的"戒严状态"作斗争》一书

译自《列宁全集》俄文第5版
第46卷第311—313页

---

① 见本卷第223号文献。——编者注

229

致格·瓦·普列汉诺夫

1903年11月1日

亲爱的格·瓦·:那些激动着我们的问题,使我怎么也不能平静下来。这样迟延不决的做法真是可怕,真是一种折磨……

老实说,我非常非常了解您要向马尔托夫派让步的动机和想法。但是我深信,在目前让步是最下策,它的后果**很可能**是引起风波和吵闹,而不是和马尔托夫派斗争。这不是奇谈怪论。我不仅没有劝库尔茨离开,反而劝他留下,可是他(和卢)断然拒绝现在和马尔托夫的编辑部一起工作。结果会怎么样呢? 在国内,几十个代表已到处转了一圈,他们甚至从下诺夫哥罗德来信说,中央委员会做了很多事情,运输已安排妥帖,代办员已安置好,通知已**付印**,并已把索柯洛夫斯基安插在西部工作,贝尔格安插在中部,捷姆利亚奇卡和其他许多人也都安插好。现在库尔茨拒绝了。(代表大会和现在看来是大大扩大了的**整个**中央委员会会议)要有一个长时期的**休会**。以后,或者是中央委员会同马尔托夫的编辑部斗争,或者是**整个**中央委员会辞职。那时您和总委员会里的两个马尔托夫分子一定会**增补新的中央委员会**,而这是在不通过代表大会的选举,在国内**许多人**完全不赞同的情况下,在这些已分散的代办员莫名其妙、怨言满腹和不赞同的情况下进行的。这将使代表大会的声誉扫地,使**国内**混乱不堪,乌七八糟,这要比国外的诽谤性小册子可怕万倍,危险万倍。

涣散状态真令人讨厌！国内现在常常这么写和**这么叫**。而把事情交给马尔托夫派，正是意味着现在**把**国内的涣散状态**合法化**，因为**国内**根本还没有过抗命和骚乱的现象。您和我的任何意见现在都不足以约束党代表大会上多数派的代表。这些代表会惹起一场可怕的事端。

为了统一，为了党的巩固，请您不要承担这一责任，不要退出，不要把一切交给马尔托夫派。

您的　**尼·列宁**

写于日内瓦(本埠信件)

载于1926年《"劳动解放社"文集》
第4辑

译自《列宁全集》俄文第5版
第46卷第313—314页

230

致格·马·克尔日扎诺夫斯基

(11月4日)

亲爱的朋友：你想象不到我们这里发生了什么事，鬼知道是怎么回事。我恳求你无论如何要想尽一切办法**和波里斯一块来，并且事先征得其他人的同意**。你知道，我在党内事务上阅历较多，因而我可以肯定地说，任何拖延，稍微的迟缓和动摇，都有使党毁灭的危险。详细情况大概会有人告诉你。问题的实质是，在同盟代表大会[371]上争吵之后，普列汉诺夫突然变卦了，这样就使我、库尔茨和我们大家万分尴尬。现在他(没有我们参加)去和马尔托夫派讲价钱了。马尔托夫派看到他害怕分裂,就一而再、再而三地提出要求,不仅要求 6 个人,而且要求接受他们的人到中央委员会(还没说出人数和人名),接受他们的两个人到总委员会,还要求不承认中央委员会在同盟中的行动(这些行动都是完全得到普列汉诺夫的同意的)。普列汉诺夫太害怕分裂和斗争了!情况坏透了,敌人欢天喜地,蛮横无理,我们的人全都大为愤怒。普列汉诺夫威胁要马上抛掉一切,这一点他是做得出来的。我再说一遍,无论如何**你必须来一趟**。

从日内瓦发往基辅

载于 1928 年《列宁文集》俄文版
第 7 卷

译自《列宁全集》俄文第 5 版
第 46 卷第 314—315 页

231

致俄国社会民主工党中央委员会

(11 月 4 日)

他们的条件是:(1)增补 **4 人**进编辑部;(2)增补? 进中央委员会;(3)承认同盟是合法的;(4)总委员会里要有 **2 票**。我建议中央委员会向他们提出下列条件:(1)增补 **3 人**进编辑部;(2)同盟中维持战前状况;(3)总委员会里有 **1 票**。然后,我建议立刻确定(暂时不要通知作战的对方)一个**最后通牒**:(1)增补 4 人进编辑部;(2)由中央委员会选定 2 人增补进中央委员会;(3)同盟中维持战前状况;(4)总委员会里有 **1 票**。如果最后通牒也不接受,那就把战争进行到底。还有一个附加条件：(5)对党的第二次代表大会会上和会后的争吵不再进行任何评判、争议和谈论。

我自己的意见是，我退出编辑部，只能留在中央委员会里。我将采取**一切办法**，并出版一本关于疯狂的闹事者或被废黜的部长们的斗争的小册子**372**。

从日内瓦发往基辅

载于1928年《列宁文集》俄文版
第7卷

译自《列宁全集》俄文第5版
第46卷第315页

232

致弗·亚·诺斯科夫和
格·马·克尔日扎诺夫斯基

11月5日

(1)昨天拉拉扬茨到你们那里去了。

(2)我昨天已经写信谈到这里的争吵，谈到普列汉诺夫吓坏了，他去和他们谈判。①　他们提出的条件是：(1)恢复旧编辑部，(2)增补几个人进中央委员会；(3)总委员会里要有2票；(4)承认同盟代表大会是合法的。换句话说，只有在完全交出阵地，宣布撤回沃尔弗的声明，使现在的中央委员会"不能为害"等条件下，他们才同意讲和。我个人的意见是，中央委员会的任何让步都是一种

---

①　见本卷第230号文献。——编者注

屈辱行为,将完全败坏现在的中央委员会的声誉。应该让扁角鹿和尼尔尽快到这里来,现在是决定关头,如果中央委员会不准备坚决斗争,不准备斗争到底,倒不如干脆把一切都交给他们。容忍这种败坏行为,参与这些勾当,就是毁灭整个事业。我再说一遍,这是我个人的意见。无论如何请你们立刻来,以便共同决定该怎么办。

从日内瓦发往基辅

载于1928年《列宁文集》俄文版
第7卷

译自《列宁全集》俄文第5版
第46卷第316页

233

致格·瓦·普列汉诺夫

1903年11月6日

尊敬的格奥尔吉·瓦连廷诺维奇:昨天您声明说,如果我不同意劝告科尼亚金退出党总委员会,您将保有"完全的行动自由",我对您这个声明考虑了很久。我无论如何不能同意这一点。既然您说您理解的完全的行动自由并不排除您把编辑部交给马尔托夫分子,我也不认为,我也不可能再处于虽已辞职而实际上仍然当编辑这种非正式的地位。因此我只得把中央机关报编辑部的一切正式关系和全部材料交给您,用专门的包裹给您送去。如果需要对材料作某些说明,我当然愿意提供。有些材料已经交给同事们(列别捷夫、施瓦尔茨、鲁边),我会告诉他们全部交给您。

尼·列宁

附言：请不要把移交编辑部理解为声名狼藉的抵制。这样就和我在今年11月1日给您的声明①中公开表明的态度发生矛盾了。我退出编辑部的事自然现在要告知同志们。

包裹（明早派人送去）共3个，根据材料的重要性分为：aa、bb、cc。又及。

第52号预计在11月16日出版，载有中央委员会的通知②。为此需要从星期一开始印刷，从星期二开始也还来得及。

写于日内瓦（本埠信件）

载于1926年《"劳动解放社"文集》
第4辑

译自《列宁全集》俄文第5版
第46卷第316—317页

234

致格·马·克尔日扎诺夫斯基

1903年11月8日

致斯米特

亲爱的朋友：再次恳求你（正是你）和一两个中央委员来一趟。一定要马上动身。普列汉诺夫背叛了我们，在我们的阵营中斗争极其激烈；由于同盟中的争吵，普列汉诺夫允许更改党代表大会的决定，

---

① 见本版全集第8卷第60页。——编者注
② 指中央委员会关于俄国社会民主工党第二次（例行）代表大会的通知。——编者注

1903 年 11 月 8 日列宁给格·马·克尔日扎诺夫斯基的信

（按原稿缩小）

这激起了大家的愤怒。我完全退出了编辑部。《火星报》可能停刊。危机尖锐而可怕。不要忘记,我现在不是为中央机关报编辑部而斗争,我完全容忍普列汉诺夫所凑成的不包括我的5个人;但是我为中央委员会而斗争。普列汉诺夫怯懦地叛变以后,马尔托夫派更为嚣张,也想夺取中央委员会,要求把自己的人增补进中央委员会,甚至不说增补多少人!! 由于普列汉诺夫的叛变,争取中央机关报编辑部的斗争就不可挽回地失败了。媾和的唯一可能性就是把中央机关报编辑部交给他们,捍卫住中央委员会。这很不容易(或许甚至这样做已经晚了),但必须试一试。这里需要的正是斯米特,最好还有中央委员会中**两个**最有威望的(不是女的)国内委员(例如波里斯和医生①)。如果中央委员会不让步,普列汉诺夫就会以退出相威胁。千万不要相信他的威胁,必须对他施加压力,吓唬他。必须使国内坚决捍卫中央委员会,不要为交出中央机关报编辑部而不安。这里需要中央委员会中的新人,不然就完全没有人同马尔托夫派进行谈判。斯米特万不可少。我再说一下马尔托夫派的"条件":(1)以中央机关报编辑部和中央委员会的名义进行谈判;(2)中央机关报编辑部6人;(3)中央委员会? 人。停止增补中央委员;(4)总委员会里2席;(5)取消中央委员会关于同盟的决议,承认同盟代表大会是合法的。这就是战胜者向战败者提出的媾和条件!!

从日内瓦发往基辅

载于1928年《列宁文集》俄文版
第7卷

译自《列宁全集》俄文第5版
第46卷第317—318页

---

① 费·瓦·古萨罗夫。——编者注

235

致马·尼·利亚多夫①

1903年11月10日

亲爱的利金:我想把我们的"政治新闻"告诉您。

先按时间顺序谈谈最近发生的一些事件。星期三(10月27日或10月28日?),同盟代表大会的第三天。马尔托夫歇斯底里地号叫说,我们"对旧编辑部的死亡负有责任"(普列汉诺夫的说法),列宁在代表大会上玩弄某种阴谋诡计等等。我心平气和地用书面形式(向代表大会主席团提出声明②)要他**公开**向全党责难我,我负责**全部**刊印出来。否则这就是无理取闹。当然,马尔托夫"光明正大地退却了",提出诉诸(现在还这样)仲裁法庭;我仍然要求他拿出勇气公开进行责难,——否则,这一切我将当做可耻的诽**谤置之不理**。

由于马尔托夫的不体面行为,普列汉诺夫不愿发表意见。我们有10人向代表大会主席团提出声明,申斥马尔托夫把争论当做无谓争吵、猜疑等等的"不体面行为"。附带说一句,我所作的关于在党的代表大会上陷入泥潭的"马尔托夫同志的历史性的转变"这一长达两小时的发言③,甚至在马尔托夫派中间**也**没有一个人提出抗议,说我把问题变成无谓的争吵。

---

①　信上有列宁的批注:"信未发"。——俄文版编者注
②　见本版全集第8卷第49页。——编者注
③　同上书,第38—48页。——编者注

星期五。我们决定派 11 个新成员到同盟去；晚上同这些"掷弹手"(我们开玩笑地这样称呼他们)举行非正式会议，会上**普列汉诺夫排演了**我们如何给马尔托夫派当头一棒的一切步骤。这一表演，博得了雷鸣般的掌声。

星期六。中央委员会宣读了它关于不批准同盟章程和大会不合法的声明(这个声明事先曾同普列汉诺夫逐字逐句地详细讨论过)。我们全体在马尔托夫派呼喊"宪兵"等等号叫声中退出了代表大会。

星期六晚上。普列汉诺夫"投降了"：他不主张分裂。他要求开始和谈。

星期日(11 月 1 日)。我书面向普列汉诺夫提出辞职(我不愿意参加由于国外争吵的影响而改变党代表大会这类无耻勾当，何况即使单从战略观点来看，让步的时机也是选择得最愚蠢不过的了)。①

11 月 3 日。斯塔罗韦尔把同反对派媾和条件书面通知已开始谈判的普列汉诺夫：(1)由中央机关报编辑部和中央委员会进行谈判；(2)恢复《火星报》的旧编辑部；(3)增补中央委员，人数通过谈判确定。谈判开始后停止增补中央委员；(4)党总委员会里**2 席**(原文如此)；(5)承认同盟代表大会是合法的。

普列汉诺夫并没有感到难堪。他要求中央委员会让步(!!!)。中央委员会拒绝了，并写信到国内去。普列汉诺夫声称，如果中央委员会不让步，他就退出。我把编辑部的**一切**事务交给普列汉诺夫(11 月 6 日)，我相信普列汉诺夫不仅会把报纸，而且还会把**整个中央委员会**无代价地交给马尔托夫派。②

---

① 见本版全集第 8 卷第 60 页。——编者注
② 见本卷第 233 号文献。——编者注

现在的情况是：《火星报》未必能按期出版。马尔托夫派欢呼他们的"胜利"。我们所有的人（除了甚至在普列汉诺夫背叛之后仍忠于他的阿克雪里罗得两姊妹①之外）都离开普列汉诺夫，并在大会上（11 月 6 日或 7 日）向他说明了可悲的真情（论题是"第二个伊萨里"）。

这不是很好吗？我不参加编辑部，但还将写稿。我们的人要尽可能地保卫住中央委员会，并且要继续加强反对马尔托夫派的鼓动——我看，这种安排是正确的。

就让普列汉诺夫退出吧，那时党总委员会就会把《火星报》交给一个专门委员会代管，并召开党的紧急代表大会。难道真的能允许国外同盟以 3—4 票的多数来**改变**党的代表大会吗?? 在斗争已经公之于众，几乎要分裂的时候，鸣金收兵，接受马尔托夫派强加的媾和条件，难道是体面的吗??

我很想知道您的意见。

我认为，普列汉诺夫那样的行为是破坏党的代表大会、背叛它的多数派。我认为，我们应当在这里和国内全力展开鼓动，说明要服从的是党代表大会，而不是同盟代表大会。

当然，抵制《火星报》（尽管是马尔托夫的）是愚蠢的。而且将来《火星报》或许不是马尔托夫的，而是普列汉诺夫的，因为查苏利奇、阿克雪里罗得很快会使普列汉诺夫在 5 人中得到 3 票。这就是所谓的编辑部!! 为了补充您关于萨罗夫圣尸[373]的俏皮的说法，我作了一个小统计：在六人小组出的《火星报》45 号刊载的论文和小品文中，马尔托夫写了 39 篇，我 32 篇，普列汉诺夫 24 篇，

_____

① 伊·伊·阿克雪里罗得和柳·伊·阿克雪里罗得。——编者注

斯塔罗韦尔8篇,查苏利奇6篇,帕·波·阿克雪里罗得4篇。这
就是3年来的情况! 除了马尔托夫和我,谁也没有编过(从编排技
术工作来说)一号。而现在——为了奖励胡闹行为,为了奖励斯塔
罗韦尔断绝一个巨大的经济来源——却把他们容纳在编辑部里!
他们为"原则性分歧"而斗争,——这些"原则性分歧"在斯塔罗韦
尔11月3日给普列汉诺夫的信中如此富于表现力地变成了一种
计算:他们需要多少职位。而我们倒不得不使这种争权夺位的斗
争合法化,倒不得不同这一伙被废黜的将军们或部长们(像普列汉
诺夫所说的,将军们的总罢工)、或者同歇斯底里的胡闹分子做一
笔交易!! 如果用国外的徇私行为、歇斯底里和胡闹来裁决事务,
那么党的代表大会有什么用处呢??

　　再谈一谈轰动一时的"三人小组"。歇斯底里的马尔托夫认为
"三人小组"是我的"阴谋诡计"的中心。您一定还记得在代表大会
期间我所提出的代表大会纲领和我对这一纲领所作的说明。我十
分希望**全体党员都知道这个文件**,因此再一次地向您确切地引用
它。"第23条(日程)。**选举党的中央委员会和中央机关报编辑
部**"。

　　我的说明是:"代表大会选出**三人**为中央机关报编辑部成员,
选出**三人**为中央委员会委员。必要时,这六个人**在一起**,经三分之
二多数的同意,以增补的办法补充中央机关报编辑部和中央委员
会的成员,并向代表大会作出相应的报告。代表大会批准这个报
告以后,中央机关报编辑部和中央委员会再分别进行增补。"①

　　由此可见,编辑部不经中央委员会同意(6人中4人同意才得

---

　　① 见本版全集第7卷第377页。——编者注

增补)**不能实行改组**,而且关于扩大或保留原有三人小组的问题**尚
未解决**("**必要时**"才进行增补),这难道还不清楚吗? 在代表大会
以前,我曾把这个草案给**所有的人**(当然也包括普列汉诺夫)看过。
自然,由于对六人小组的不满(特别是对普列汉诺夫,他事实上取
得了几乎从未参加工作的帕·波·阿克雪里罗得和温顺的维·
伊·查苏利奇的赞成票)需要实行改组,自然,我在同马尔托夫的
私下谈话中,**激烈地**表示了这种不满,"**责骂**"普列汉诺夫(主要是
他)、阿克雪里罗得和查苏利奇反复无常,并要求把六人小组扩大
为七人小组等等。但是,现在把这些私下谈话翻出来,叫喊"三人
小组反对普列汉诺夫",叫喊我给马尔托夫设置了"圈套"等等,这
不是歇斯底里吗?? 自然,当我和马尔托夫一致时,三人小组就是
反对普列汉诺夫,但是当普列汉诺夫和马尔托夫一致时(例如关于
游行示威问题),三人小组就是反对我,等等。这些歇斯底里的叫
喊只是掩盖他们完全不能理解:在编辑部中的应当是真正的编辑,
而不是挂名的编辑;编辑部应当是一个实干的集体,而不是一个庸
俗的集体;其中**每一个成员**在**每一个**问题上都应当有**自己的**意见
(落选的三人从来就没有过自己的意见)。

马尔托夫本来**赞同**我的两个三人小组的计划,但是当他发现
这个计划**在一个**问题上反过来对他马尔托夫不利的时候,他就歇
斯底里地叫喊阴谋! 怪不得普列汉诺夫在同盟代表大会的走廊上
称他为"可怜的人"!

的确……正是令人不快的国外内讧战胜了大多数国内工作人
员的决定。普列汉诺夫的变卦,部分是由于害怕国外争吵,部分是
由于感觉到(**可能是这样**)在五人小组里他将拥有3票……

为捍卫中央委员会而斗争,为迅速召开(夏季)新的代表大会

而斗争，这就是我们所要做的。

———

请尽力寻找一下我的记事本[374]。波列塔耶夫（鲍曼）**只是把**它寄给韦切斯洛夫本人**一人**的。舍尔戈夫只有用欺骗手段，**只有用破坏信用的办法**才能拿到它。您愿念给谁听就给谁念，不要交到任何人的手里，要还给我。

您应当从所有的阵地上排挤掉韦切斯洛夫。带上中央委员会的信，向党执行委员会①说明自己是中央委员会的代办员，把德国的**一切**联系**完全**掌握在自己手里。

关于您的小册子，非常抱歉，我只来得及读了一遍。它需要改写一下，但改写计划我还没有来得及确定。

您的　**列宁**

写于日内瓦

载于 1928 年《列宁文集》俄文版
第 7 卷

译自《列宁全集》俄文第 5 版
第 46 卷第 318—325 页

236

致格·瓦·普列汉诺夫

1903 年 11 月 14 日

尊敬的格奥尔吉·瓦连廷诺维奇：

今天我妻子在寄新材料时已把各项事情详细地写信告诉您了。

———

①　德国社会民主党中央执行委员会。——编者注

我已着手写那篇土地问题的文章[375]。我想大约在星期二可以写完。

忠实于您的　**弗·乌里扬诺夫**

从日内瓦发往洛桑

载于 1928 年《"劳动解放社"文集》
第 6 辑

译自《列宁全集》俄文第 5 版
第 46 卷第 325 页

237

致格·瓦·普列汉诺夫

1903 年 11 月 18 日

尊敬的格奥尔吉·瓦连廷诺维奇:

非常抱歉,文章拖了一天,昨天不舒服,这些天工作起来十分勉强。

文章写长了,因此必须分两部分;在第二部分里,要详细分析诺沃勃兰策夫的观点并作出结论。

我认为文章必须署名,打算用笔名,因为不然的话,在声明公布以前这可能使您感到不方便。

在刊登代表大会的声明的那一号《火星报》上,请把我随信附去的声明①也登出来。如果党内建立了完全和平(这是我所希望的),如果您认为需要的话,除了其他的媾和条件之外,当然我可以

---

①　指《致俄国社会民主工党中央机关报编辑部》(见本版全集第 8 卷)。——编者注

考虑不刊登这个声明。

忠实于您的　**尼·列宁**

写于日内瓦（本埠信件）

译自《列宁全集》俄文第 5 版
第 46 卷第 326 页

载于 1904 年在日内瓦出版的尔·
马尔托夫《同俄国社会民主工党内
"戒严状态"作斗争》一书（非全文）

全文载于 1928 年《列宁文集》俄文版
第 7 卷

238

致尤·奥·马尔托夫

（11 月 29 日）

我致马尔托夫的声明

（大意，根据回忆追记）

我完全赞同马尔托夫同志通过甘斯同志表达的用互换声明的办法消除我们个人之间冲突[376]的意愿。现在我就从我这方面提出这样的声明。

我过去和现在都不怀疑马尔托夫的诚实和真挚。既然马尔托夫声明说，在他了解我的选举两个三人小组的方案并同意这一方案时，他本人始终认为扩大原来的编辑部三人小组是必要的，那么，我自己不怀疑也不认为有什么人会怀疑马尔托夫说的是实话。

如能证实他对我提出的指责是由于误会造成的，我将十分高兴。

尼·列宁

1903 年 11 月 29 日

写于日内瓦（本埠信件）

载于 1904 年在日内瓦出版的
瓦·瓦·沃罗夫斯基《俄国革命
社会民主党人国外同盟第二次
代表大会记录述评》一书

译自《列宁全集》俄文第 5 版
第 46 卷第 326—327 页

239

致费·伊·唐恩

回信的抄件

寄至波特列索夫处（转交唐恩）

1903 年 12 月 2 日

"尊敬的同志：同盟代表大会的记录附录可以证明我和马尔托夫之间的个人冲突已经消除了。在我这方面，对此当然只会感到高兴。但是，无论从形式上或者从道义上来说，任何人都没有权利删改代表大会记录中的任何东西，不能勾掉对曾经发生的一切的某些描述。

致同志的敬礼！

尼·列宁"

写于日内瓦（本埠信件）

载于 1929 年《列宁文集》俄文版
第 10 卷

译自《列宁全集》俄文第 5 版
第 46 卷第 327 页

240

致维·伊·查苏利奇

回信:

致中央机关报编辑部

1903 年 12 月 3 日

尊敬的同志:我当然认为信[377]刊登在第 53 号上好些;我只需要一份校样,以便在文字上作些润色。我打算给《火星报》写关于诺沃勃兰策夫和关于美舍尔斯基主编的《友好的话》杂志[378]的文章,给《曙光》杂志写关于土地问题的文章。

致社会民主党的敬礼!

尼·列宁

写于日内瓦(本埠信件)

载于 1929 年《列宁文集》俄文版
第 10 卷

译自《列宁全集》俄文第 5 版
第 46 卷第 328 页

241

致维·伊·查苏利奇

12 月 3 日

尊敬的同志:我忘了通知您,我所有的文章请都用尼·列宁署名,而不用"一撰稿人"署名。

如果给编辑部的信**或者**关于土地问题的文章**必须**推迟刊登的话,那么,我要求在第53号上刊登"信",而把关于土地问题的文章推迟。①

致社会民主党的敬礼!

列 宁

写于日内瓦(本埠信件)

载于1929年《列宁文集》俄文版
第10卷

译自《列宁全集》俄文第5版
第46卷第328页

242

致俄国社会民主工党中央委员会

(12月10日)

亲爱的朋友们:《**火星报**》从第53号起就完全表露出一种新的政治立场。显然,中央机关报五人小组想陷害列宁(甚至诬蔑他把南方工人派开除出党,卑鄙地影射他是施韦泽)、中央委员会和整个多数派。普列汉诺夫直截了当地说,中央机关报五人小组不害怕任何中央委员会。这里和国内(圣彼得堡关于马尔丁之行的来信)都在对中央委员会进攻。问题已经直接提出来了。如果放过斗争的时机和口号,那就必然会由于(1)《火星报》五人小组的激烈

---

① 见本卷第237号文献。——编者注

斗争和(2)国内我们人的被捕而遭到**完全失败**。**出路只有一条——召开代表大会**。口号是同瓦解组织分子作斗争。只有根据这一口号才能抓住马尔托夫派,才能吸引广大群众和保住阵地。我看,唯一可行的计划是:**暂时**不要对任何人谈召开**代表大会**,要绝对保守秘密。把所有一切力量**调到各委员会里去,派到各地去**。要为争取和解、停止瓦解组织和服从中央委员会进行斗争。要竭力以自己的人来加强各委员会。要竭力抓住马尔托夫派和南方工人派瓦解组织的活动,要有凭据,要作出反对瓦解组织分子的决议,并必须把各委员会的决议寄给中央机关报。然后把人员安插到不坚定的委员会里去。争取各委员会的口号是:反对瓦解组织活动——这就是**最主要的任务**。**代表大会至迟必须在1月召开**,因此,要坚决着手干,我们也在调动一切力量。召开**代表大会的目的是加强**中央委员会和总委员会,或许还能加强中央机关报,办法是或者用三人小组(在把普列汉诺夫争取过来的情况下,不过可能性很小),或者用六人小组,在对我们说来是光荣的和平条件下,**我将加入这个小组**。比较坏的情况是:**他们掌握中央机关报,我们掌握中央委员会和总委员会**。

我再说一遍:或者是**彻底的失败**(我们受到中央机关报的陷害),或者是**立即筹备召开代表大会**。代表大会的筹备工作起初(不超过一个月)**必须秘密进行**。然后在三个星期内收集½的委员会的要求,并召开代表大会。再说一遍,这就是唯一的出路。

从日内瓦发往基辅

载于1929年《列宁文集》俄文版第10卷

译自《列宁全集》俄文第5版第46卷第328—329页

243

致《火星报》编辑部^①

致中央机关报编辑部

1903 年 12 月 12 日

我作为中央委员会的代表今天收到了马尔托夫同志的来信，他问能不能刊登中央委员会同日内瓦反对派谈判[379]的材料。我认为可以，并恳请中央机关报编辑部的同志们再次考虑党内真正和平的问题。

保证这一和平还不晚，不再向群众和敌人提供分裂的详情，不再向他们谈混乱和假名单等类的话(这些话大概连《莫斯科新闻》[380]也会利用)还不晚。只要能保证党内的真正和平，我担保多数派非常乐意忘掉这一切丑事。

现在一切取决于中央机关报编辑部，因为它容纳以前拒绝中央委员会 1903 年 11 月 25 日和平建议[381]的反对派的代表们。同志们，我请求你们注意，中央委员会从那时起已经自动地继续作了两次让步，曾劝卢同志辞职，并试图"友善地"安排和同盟有关的事情。

但是，对中央委员会的抵制，进行反对中央委员会的鼓动和破

---

① 这封信是列宁以中央委员会国外代表弗·威·林格尼克名义写的。——俄文版编者注

坏国内的实际工作的行为,仍在继续。有人从国内写信告诉我们,反对派把那里搞成"地狱"。我们得到最可靠的消息,说少数派的代表到各委员会有系统地继续进行破坏活动。有人从彼得堡给我们来信说,马尔丁是带着上述的目的到那里去的。事情已经达到这种程度:反对派正在安排自己的运输工作,并且通过唐恩建议中央委员会共同运输。

我最后一次恳求中央机关报编辑部促使反对派根据双方真诚承认两个中央机关和停止有碍于共同工作的互相争吵的原则签订真正的和约,我认为这是我对党的义务。

写于日内瓦(本埠信件)　　　　　　　译自《列宁全集》俄文第5版

载于1929年《列宁文集》俄文版　　　　　第46卷第330—331页

第10卷

244

致尼·叶·维洛诺夫

(12月17日和22日之间)

亲爱的同志:收到您的来信我非常高兴,因为在这里,在国外,我们很少听到地方工作者的坦率和独立的意见。对于国外的社会民主党人著作家说来,同在国内活动的先进工人时常交换意见是非常重要的。您谈到我们的纠纷在委员会里的反映,我对这很感兴趣。如有机会,我甚至可能把您的信刊登出来。[382]

一封信回答不了您的所有问题,因为要详述多数派和少数派,得写整整一部书。现在我已把《给〈火星报〉编辑部的信(我为什么退出了编辑部?)》①印成传单,其中我简短地叙述了我们发生分歧的原因,竭力表明《火星报》第53号对事情的说明是怎样不正确的(从第53号起编辑部由4个少数派代表和普列汉诺夫组成)。我希望您很快就会看到这封信(一份8小页的传单),因为它已经送往国内去了,而分发大概不会发生困难。

再说一遍,这封信对事情只作了极简略的叙述。现在还不能作详细的叙述,因为党代表大会和同盟代表大会的记录还没有发表(《火星报》第53号宣称,这两次代表大会的记录全文很快就要发表。我知道,党代表大会的记录将是一本300多页的书;现在差不多有300页已经印好了;大概再有一星期,最多两星期这本书就要出版了)。当这些记录公布时,很可能还需要再写一本小册子**383**。

我个人认为,分裂首先是而且主要是由于不满意中央机关(中央机关报和中央委员会)的人选而引起的。少数派想保持中央机关报的原有六人小组,而代表大会却从这6人中选出3人,显然认为他们更适合于做政治领导工作。同样,少数派在中央委员会人选问题上也被击败了,就是说,代表大会没有选少数派意想中的人。

因此,心怀不满的少数派开始夸大非常细小的分歧,抵制两个中央机关,拉拢拥护者,甚至准备分裂党(这里接连不断地听到可能属实的传闻,说他们已经决定创办并且已经开始排印他们的报纸,报名叫《**叛逆报**》。《火星报》第53号的小品文采用党的印刷所

---

①   见本版全集第8卷第91—98页。——编者注

里所根本没有的字体，大概就不是没有道理的了！）。

普列汉诺夫为了避免分裂，决定把他们增补进编辑部，并且在《火星报》第52号上写了《不该这么办》这篇文章。自第51号以后，我退出了编辑部，因为我认为在国外胡闹分子的影响下改变代表大会是不正确的。当然，我个人不愿妨碍媾和，如果有可能媾和的话，因此我退出了编辑部（我不认为**现在**我本人有可能在六人小组里工作），但是并没有拒绝撰稿。

少数派（或反对派）还想把他们自己的人硬塞进中央委员会。中央委员会为了和平同意接纳两人，但是，少数派仍然不满足，继续散播有关中央委员会的坏话，说什么中央委员会不中用。我看，这是最可恨的破坏纪律和党员义务的行为。而且这完全是诽谤，因为中央委员会是代表大会从"《火星报》组织"中**多数人**所赞成的人员当中选出的。而"《火星报》组织"当然比任何人都知道得清楚，谁适合担负这种重要职务。代表大会选出3个人组成中央委员会，这3人老早就是"《火星报》组织"的成员，其中两个是组织委员会委员，另外一个曾被邀请参加组织委员会，只是因为本人不愿意而没有参加，但他长期为组织委员会做全党的工作。**384** 这就是说，选入中央委员会的是最可靠的和久经考验的人。我认为，当少数派自己**阻挠**中央委员会进行工作的时候，却叫喊中央委员"不中用"，这是最坏的举动。对中央委员会的一切非难（关于形式主义、官僚主义等等），不过是一些没有任何根据的恶意捏造。

您说，那些叫喊反对集中制和代表大会的人太不像话，他们过去说的是另一套，只是对代表大会在一个局部性问题上没有按照他们的意图行事表示不满，不用说，您的这些意见我完全同意。这些人不但不承认错误，现在反而在瓦解党！我看，国内同志应当坚决反对一切瓦解组织的活动,坚决主张执行代表大会的决定,而不是由于谁应选入中央机关报和中央委员会的无谓争吵妨碍工作。只有当俄国国内的委员会的领导者更加独立并坚决要求执行他们的代表在党的代表大会上作出的决定时,著作家们和所有其他将军们(您已经非常严厉地直接把他们叫做阴谋家了)在国外的无谓争吵才不会对党造成危险。

在谈到中央机关报对中央委员会的关系时,您说不要让任何一方永远占优势,这完全正确。我认为,代表大会本身每次都应当单独地解决这一问题。根据党章,现在党总委员会高于中央机关报和中央委员会。而总委员会的成员两个是中央机关报成员,两个是中央委员。第五人由代表大会选出。这就是说,代表大会本身已经决定了这次应当谁占优势。有人说我们想用国外的中央机关报来压服国内的中央委员会,这完全是谣言,没有一句是真的。当我和普列汉诺夫在编辑部工作的时候,在总委员会里甚至有三个国内的社会民主党人,**只有两个**是国外的。而马尔托夫派方面现在的情况恰恰相反!请根据这一点来判断他们的言论吧!

紧握您的手!恳请写信告诉我,是否收到了这封信,是否读过我给编辑部的信和《火星报》第52号和第53号,以及现在你们那边委员会的一般情况。

致同志的敬礼!

列　宁

从日内瓦发往叶卡捷琳诺斯拉夫

载于1929年《列宁文集》俄文版
第10卷

译自《列宁全集》俄文第5版
第46卷第331—334页

245

致格·马·克尔日扎诺夫斯基

(12月18日)

亲爱的朋友:我们必须把我们之间显然发生意见分歧的问题彻底弄清楚,我恳请你把这封信提交中央委员会(或执行委员会[385])全体委员讨论一下。分歧之点是:(1)你认为同马尔托夫派媾和是可能的(波里斯甚至庆贺这种和平! 既可笑又可怜!);(2)你认为立即召开代表大会将证实我们的无能。我肯定在这两个问题上你都大错特错了。(1)马尔托夫派在进行战争。马尔托夫在日内瓦一次会议上公开叫喊他们有力量。他们在报纸上攻击我们,卑鄙地偷换问题,对着你们大叫反对官僚主义来掩盖他们的阴谋诡计。马尔托夫继续到处叫喊中央委员会完全不中用。总之,马尔托夫派的目的是要以同样的阴谋诡计、抵制和争吵来夺取中央委员会,怀疑这一点是幼稚的,而且简直是不能允许的。我们无力在这种基础上同他们进行斗争,因为中央机关报是一个可怕的武器,而我们的失败是不可避免的,特别是由于我们许多人遭到了逮捕。如果放过时机,你们就会使整个多数派遭到必然的和完全的失败,就是默默地忍受国外(同盟)对中央委员会的侮辱,并招来新的侮辱。(2)代表大会将证明我们有力量,将证明我们不仅在口头上而且在行动上不许一帮国外的胡闹分子左右整个运动。正是现在,当提出反对瓦解组织这个口号的时候,需要召开代表大会。

只有提出这一口号才有理由召开代表大会,才能在整个俄国面前证实召开代表大会是正确的。如果你们放过这个时机,也就是放过这个口号,也就是证明你们无能地消极地屈服于马尔托夫派。在中央机关报进行攻击的情况下,在马尔托夫派实行抵制和煽动的情况下,幻想以有效的工作来巩固地位,简直是可笑的。这就等于在与阴谋家进行不光彩的斗争中慢慢地毁灭自己,这些阴谋家以后将会说(而且现在已经在说):看,这个中央委员会是多么不中用呀!再说一遍,不要用幻想来迷惑自己。要么你们在代表大会上迫使马尔托夫派接受和平,要么你们遭到初次挫折就被可耻地踢出去,被取而代之。现在召开代表大会有一个目标:结束不可容忍的瓦解组织活动,清除嘲笑任何中央委员会的同盟,牢牢掌握总委员会,并整顿中央机关报。怎样整顿呢?在**最坏的**情况下甚至保留五人小组(或恢复六人小组);不过如果我们牢靠地占有大多数,这种最坏的情况是不会有的。那时我们或者彻底战胜马尔托夫派(普列汉诺夫**现在已经在谈**新的《指南》,他认为不会有和平,并威胁要抨击争论的双方。我们正是需要这样!),或者我们就坦白地说,我们没有起领导作用的中央机关报,我们将使它成为一种辩论性的报纸,自由登载多数派和少数派署名的文章(如果同马尔托夫派的论战印成小册子,而《火星报》只用来反对政府和社会民主党的敌人,那就更好了)。

总之,要放弃在这种难以忍受的气氛中和平地工作的幼稚愿望。把**一切主要**力量派到各地去,让扁角鹿去,立即完全**把握住**你们自己的各委员会,然后对异己的委员会实行进攻……筹备代表大会,代表大会最迟在1月召开!

附言:如果马尔托夫向扁角鹿问到发表材料的事[386],请扁角鹿一定授权予科尔,否则就太不像话! 马尔托夫和唐恩当面对科尔说过十分无礼的话!

今天(18日),马尔托夫派又做了一件卑鄙的事情:他们拒绝在《火星报》第54号上发表我说明为什么退出编辑部的那封信[①],借口甘斯反对发表文件(真是说谎成性! 甘斯是在**和平**的条件下才反对这样做的)。在拒绝的同时,他们还卑鄙地说什么中央委员会企图把中央机关报拿到自己手里,说什么就恢复对中央委员会的信任进行了谈判,等等。他们的策略很明显:伪善地掩盖唐恩和马尔丁之流反对中央委员会的立场,同时在报上隐隐约约地诬蔑中央委员会。无论如何我对可耻的第53号不能不予回击。请马上来电说明:(1)在《火星报》**以外**发表我的信你们是否同意? 同意,则在电报中用股票203;(2)你们是否同意立刻集中一切力量筹备召开代表大会? 同意,则用股票204;如果两点都同意,用股票407;如果都不同意,则用股票45。

后天我把关于我为什么退出编辑部的信寄给你们。如果你们不同意立即召开代表大会,并打算默默地忍受马尔托夫的侮辱,我就很可能也不得不完全退出中央委员会。又及。

从日内瓦发往基辅

载于1929年《列宁文集》俄文版
第10卷

译自《列宁全集》俄文第5版
第46卷第334—337页

---

① 见本版全集第8卷第91—98页。——编者注

246

致尤·奥·马尔托夫

1903 年 12 月 19 日发出

尊敬的同志：

　　中央委员会授权中央机关报编辑部就邦契-布鲁耶维奇同志的小报[387]上的《编者的话》的文句和就文字审查的性质这两个问题向他作指示。在我们看来，不论前者或后者都属于中央机关报的职权范围，因而我们不能去向邦契-布鲁耶维奇同志作有关的指示。

　　关于文章的质量不高和邦契-布鲁耶维奇同志缺乏经验的问题，编辑部似不应向中央委员会，而应向邦契-布鲁耶维奇同志本人提出。

　　当然，中央委员会是会收到校样的，在特别重要的情况下它将尽量提出自己的建议。我们认为声明的文句问题并不十分重要，而中央机关报对邦契-布鲁耶维奇的小报这类出版物进行"专门审查"，在我们看来却是有益的。

　　对用哪一号铅字最为合适的问题，我们将进行研究。

　　我们同意邦契-布鲁耶维奇同志本人把材料送交印刷所，要是中央机关报编辑部不会遇到障碍的话。

写于日内瓦(本埠信件)

载于 1930 年《列宁文集》俄文版
第 13 卷

译自《列宁全集》俄文第 5 版
　　第 46 卷第 337 页

247

致俄国社会民主工党中央委员会

1903年12月22日

　　中央委员列宁给中央委员会的信。我见到了中央委员会散发给各委员会的通知,真使我感到惊讶。**388** 我不能想象还有比这更可笑的误会。甘斯由于轻信和易受影响而受到了严厉的惩罚。千万请他给我解释一下,当反对派(包括马尔托夫在内!)对中央委员会的最后通牒的答复是**正式拒绝和平**的时候,他怎么敢用如此温柔的声调来谈和平呢?? 马尔托夫今天忘记昨天说过的话,而且不能对整个反对派负责,在他正式拒绝和平之后,还相信他的空谈岂不是太幼稚了吗? 当反对派准备发动新的战争,在日内瓦的各次会议上吼叫他们强大,并在《火星报》第53号上开始卑鄙的攻击时,还谈论和平岂不是太天真了吗? 而且向各委员会说的根本不是真实的情况! ——例如,与同盟的冲突好像"完全解决了"?? 只字不提第一届总委员会(同卢的冲突)?

　　最后,要我离开这里的这些建议是荒谬的! 家人、亲属提出这些建议我还可以理解,但是中央委员会竟也来信说这些荒谬的话!! 是的,正是现在开始了笔战。第53号和我的印成传单的一封信①会向你们证明这一点。

　　你们给各委员会的通知使我十分生气,以致马上想不出你们

---

① 见本版全集第8卷第91—98页。——编者注

如何摆脱这种可笑处境的办法。我看是不是这样:声明《火星报》第53号,特别是《我们的代表大会》一文[389]的内容破坏了你们对和平的信心。别的出路我至少没有看到。

请答复各委员会(和马尔托夫本人),《我们的代表大会》这篇可恶的虚伪的文章挑起了笔战,你们(中央委员会)要竭力进行有效的工作。普列汉诺夫反对《我们的代表大会》这篇文章和马尔托夫的报告。

从日内瓦发往基辅

载于1929年《列宁文集》俄文版
第10卷

译自《列宁全集》俄文第5版
第46卷第338—339页

248

致《火星报》编辑部[①]

(12月24日和27日之间)

致中央机关报编辑部

尊敬的同志们:

关于中央机关报编辑部12月22日的决议,中央委员会国外代表认为必须向编辑部指出,这个决议非常糟糕,它只能是由于极端感情用事而作出的。[390]

---

①   这封信是列宁以中央委员会国外代表弗·威·林格尼克的名义写的。——俄文版编者注

如果你们认为,列宁(不是以中央委员的身份,而是以过去编辑的身份)有什么地方叙述得不正确,那么你们可以在报刊上指出来①。

甘斯同志没有代表中央委员会签订而且不经我们同意也不能签订关于不公布谈判材料的任何协议。编辑部不可能不知道这一点。很可能,甘斯同志提出过**在签订正式和约时**不公布谈判材料的设想。②

中央委员会国外代表曾经两次毫不含糊地、非常明确地通知中央机关报编辑部,说明他容许发表列宁的信③。

编辑部如果不是极端恼怒的话,就很容易发现,它的关于有多少中央委员在国外的说法是极不恰当的。中央委员会国外的代表对编辑部的这种不体面的行为以及其他类似的行为(如可笑地指出所谓"秘密地"刊印**391**)的唯一回答,就是号召不要忘记党员的义务和停止那些能够使出版物上的论战成为分裂借口的**行动**。

中央委员会国外代表

写于日内瓦(本埠信件)

载于1929年《列宁文集》俄文版
第10卷

译自《列宁全集》俄文第5版
第46卷第339—340页

---

① 手稿上这里接着还有一句被删掉的话:"(对列宁给编辑部的信的回答,一点也没有指出叙述不正确)"。——俄文版编者注
② 手稿上这里接着还有一句被删掉的话:"我们也认为在这种情况下公布谈判材料是不适宜的。"——俄文版编者注
③ 见本版全集第8卷第91—98页。——编者注

249

致俄国社会民主工党中央委员会

1903年12月30日

你们俄历12月10日的来信收到了。你们对于当前的重要问题不表示意见,你们不按时来信,引起了我们的惊讶和愤慨。这样做工作是不行的! 如果狗熊和母扁角鹿不能每星期写信,你们就叫秘书写。试想一下,扁角鹿直到现在还没有写过任何详细的信! 我们在公历12月10日发的信①直到现在(已经过了20天)还没有回音。无论如何必须结束这种糟糕的情况!

其次,我们坚决主张必须完全弄清楚我们在同马尔托夫派的斗争中的立场,我们自己必须取得一致,并采取十分明确的路线。

甘斯在这里时曾主张派波里斯到这儿来,为什么还不这样做? 如果波里斯到了这儿,他就不会写信向我们发表关于和平的可笑言论了。为什么甘斯不履行自己的诺言,把波里斯的情绪准确地写信告诉老头? 如果不能派波里斯来,就派米特罗范或野兽来,以便把事情弄清楚。

我再说一遍:甘斯的基本错误在于他相信最后的印象。第53号应该使他清醒过来了。马尔托夫派占领中央机关报是为了进行战争,现在战争已经全线展开:在《火星报》上中伤诽谤,在公开报告会上争吵(前几天马尔托夫在巴黎100个听众面前作了关于分

①　见本卷第242号文献。——编者注

裂的报告,并与列别捷夫吵起来了³⁹²),最无耻地煽动反对中央委员会。认为这一切不会蔓延到国内,那便是不可原谅的眼光短浅。在这儿,中央机关报和中央委员会之间的关系已经破裂(中央机关报12月22日的决议,已经寄给你们),中央机关报甚至刊登**谎言**(《火星报》第55号),说什么已**达成协议**不发表谈判的材料。

最后,请好好地想一想整个的政治立场,看得远一些,使自己从金钱和护照的日常琐事中抽出身来,不要把脑袋藏在翅膀底下,而要弄清楚你们在往哪里走,**为什么这样拖拖拉拉?**

如果我没有弄错,在我们中央委员会中有两种倾向(或许有三种?是哪些呢?)。在我看来,这些倾向是:(1)拖延事务,不召开代表大会,尽可能默默地忍受攻击和侮辱,而巩固国内的阵地;(2)作出一连串反对中央机关报的决议,集中**一切**力量争取动摇的委员会,准备两个月或至迟三个月内召开代表大会。我问你们,你们阵地的巩固表现在哪里呢?只是表现在:当敌人在这儿集合力量的时候(而国外的力量是有很大作用的!),你们却坐失时机,拖延作出决定,等待自己遭破坏。遭破坏是不可避免的,而且很快就会来到,——忽视这一点简直是幼稚的。

在遭破坏之后,你们将留给我们什么呢?马尔托夫派有新生的不断增长的力量。我们有溃败的队伍。他们有一个加强了的中央机关报。我们有一伙不能很好运送这个谩骂他们的中央机关报的人。要知道,这正是走向失败的必然道路;这只是可耻而愚蠢地推延**必然的**失败。你们只是闭起眼睛不看这些,而以为战争是缓慢地从国外向你们那儿蔓延。你们的策略的确就是:我们死后(在中央委员会的现有成员之后)哪怕洪水(多数派头上的洪水)滔天³⁹³。

　　我认为,即使失败不可避免,也必须坦率地、正直地、公开地退出,而这只能通过代表大会。但失败绝不是不可避免的,因为五人小组并**不**一致。普列汉诺夫与他们不一致,他**主张和平**,而召开代表大会能**抓住**普列汉诺夫和他们以及他们所谓的分歧。反对召开代表大会的唯一的重大理由是,它必然会使分裂合法化。我的回答是:(1)即便那样也比现在的处境好些,因为那时我们能够光明磊落地退出,不再拖长被侮辱者的可耻处境;(2)马尔托夫派已经错过了分裂的机会,他们不一定会退出第三次代表大会,因为现在的斗争和文件的完全发表,杜绝了分裂的可能性;(3)如果有可能同他们讲条件,代表大会正是最好的场所。

　　请严肃地考虑一下这个问题,并来信告知每一个(一定要每一个)中央委员的意见。

　　不要用传单的事情打扰我,我不是一架机器,我不能在当前这种难堪的情况下工作。

从日内瓦发往基辅

载于 1929 年《列宁文集》俄文版
第 10 卷

译自《列宁全集》俄文第 5 版
第 46 卷第 340—342 页

1904 年

250

致俄国社会民主工党中央委员会

（1月2日）

附言³⁹⁴：1904 年 1 月 2 日刚刚接到《火星报》第 55 号（第 55 号大约两天后出版）上阿克雪里罗得文章的校样。它比第 53 号上马尔托夫的文章（《我们的代表大会》）卑鄙得多。其中说什么为"关于施韦泽专政的传说所激发的"、"虚荣的妄想"。又责难"主管一切的中央""遵照个人〈原文如此！〉的意见支配""被变成了〈！！〉螺丝钉和齿轮的党员"。"设立无数形形色色的部、局、处、科、办公室和作坊"。把革命家（原文确是如此！）变成"科长、文书、上士、下士、士兵、卫士、工匠"（原文如此！）。说什么中央委员会（按照多数派的意见）"只应当是这种权力《火星报》编辑部的权力〉的集体代表，应当处于它的严密监护与警惕监督之下"。说什么这就是"神权制性质的有组织的乌托邦"（原文如此！）。"官僚主义集中制在党组织中的胜利——结果就是如此……"（原文确是如此！） 这篇文章使我一再向全体中央委员呼吁：难道对此可以不加抗议、不作斗争吗？难道你们没有感觉到，如果你们默默忍受这些，就正好成为谣言（关于施韦泽及其走卒）的散布者和诽谤（对于所谓官僚主义者即对于你们自己和整个多数派)的传播者吗？你们认为在这种"思想领导"之下能够进行"有效的工作"吗？或者你们除了召开代表大会以外还知道有其他进行正直斗争的方法吗??

((看来,马尔托夫派掌握的有基辅、哈尔科夫、戈尔诺扎沃茨克、罗斯托夫和克里木。这10票＋同盟＋中央机关报编辑部＋总委员会中的两票＝49票中占16票。如果我们立刻把一切力量集中于尼古拉耶夫、西伯利亚和高加索,就**完全**可以使他们只占⅓。))

从日内瓦发往俄国

载于1929年《列宁文集》俄文版
第10卷

译自《列宁全集》俄文第5版
第46卷第343—344页

251

致格·马·克尔日扎诺夫斯基

1904年1月4日

老头写:刚刚收到扁角鹿答复我12月10日的回信,现立即回复。我早就想批评扁角鹿的观点了! 我直截了当地说吧,扁角鹿的胆小怕事和天真幼稚使我愤怒万分。

(1)中央委员会从国内写信给中央机关报的做法,极不妥当。一切通知一定要**通过**中央委员会的国外代表。如果你不想大大丢丑,的确必须如此。必须向中央机关报彻底声明,在国外除了中央委员会的全权代表之外没有任何其他人。

（2）说有过某种有关同盟记录的协议，这是不正确的。你曾直截了当地说，你把关于公布全文或摘要问题提交我们解决。（而且**你**也不能对什么作出"协议"。甚至**整个**中央委员会也不能这样做。）你在这件事上糊涂透顶了，如果你写了一个不留神的字眼，报刊就会发表出来，这样就会大大丢丑。

（3）如果在给中央机关报的那封关于第53号的信里，你对关于施韦泽和官僚主义的形式主义等等卑鄙说法连一句抗议的话都没有说，那么我不得不说，我们彼此不能再相互理解了。那么我就沉默不语，并以私人著作家的身份来反对这种卑鄙说法。我将在报刊上把这些先生们叫做歇斯底里的滑头。

（4）当中央委员会含糊地说进行有效的工作时，叶列马和马尔丁就从它那里夺去了尼古拉耶夫。这是极大的耻辱，这是对你们的一百次甚至是一千次的警告。**或者是**争得各委员会并召开代表大会，**或者是**在不让我参加《火星报》的中央机关报的猛烈的卑鄙进攻下可耻地下台。

（5）谈论各委员会的某种代表会议和"最后通牒"（在他们已经**嘲笑**我们的最后通牒以后！！）简直是可笑的。而且马尔托夫派对这种"威胁"的回答只是大笑一通而已！！当他们直接扣压资金，陷害中央委员会，并**公开**说"我们等待马上垮台"的时候，最后通牒对他们起什么作用呢。

难道扁角鹿已经忘记马尔托夫是听凭老奸巨猾者支配的无用的人吗？？在此之后还谈什么马尔托夫和若尔日对待扁角鹿和尼尔的态度！读到这一幼稚可笑之处真令人难受。第一，无论是马尔托夫或若尔日都瞧不起扁角鹿和尼尔这样的人。第二，若尔日完全受马尔托夫派的排挤，他直截了当说，他们不听他的（而且这一点从《火星报》上也可看得很清楚）。第三，我一再反复地说，马尔托夫是无用之徒。为什么甘斯这样好心肠的人不和这里的托洛茨基、唐恩、纳塔莉娅·伊万诺夫娜交朋友呢？我的好心人，这是白白地放过了通向"真诚的"、"真正的和平"的"机会"（最后的机会）……　直接写信给这些"主人"不是比苦苦哀求无用的马尔土沙更聪明些吗？写封信试一试看，这会使你清醒过来！在你还没有写信给他们和亲自受到他们的侮辱以前，别向我们（或他们）唠叨什么"和平"。我们在这里看得很清楚，在马尔托夫派那里，谁说**空话**，谁当头子。

　　（6）上一次已经谈过了争取召开代表大会的理由。千万不要摇摆不定，正是拖延召开代表大会证明了我们无能为力。如果你们仍旧在和平问题上耗费时间，那么敌人将不光是夺走你们的尼古拉耶夫了。

　　二者必居其一：要么战争，要么和平。如果和平，这就是说，你们屈服于进行激烈的和诡计多端的战争的马尔托夫派。这样你们就是默默地忍受在中央机关报（＝党的思想领导！）上对你们的诽谤诬蔑。那我们就没什么好谈的。我过去在报刊上已经说过了，将来还要**全部**（确实是全部）说出来。

　　我明白，即便是我一个人掌握《火星报》，我们所怕的那种陷害现在也会出现，而我的嘴被堵住了。相信安德列耶夫斯基关于列宁名字的影响的说法是幼稚无知的。

　　要么战争，那我就请求给我解释一下，除了召开代表大会之外，还有什么是**真正的**、正当的战争的手段呢？

　　再说一遍，现在召开代表大会不是没有作用，因为普列汉诺夫同马尔托夫派是不一致的。公布文件（无论如何我要争取这样做)**395**最终会使他分离出来。现在他已经同马尔托夫派争吵起来。

关于六人小组,马尔托夫派在第三次代表大会上是不会谈到了。分裂总比他们现在用流言蜚语来玷污《火星报》的情况好些。但是,他们在第三次代表大会上也未必会进行分裂,而我们可以把《火星报》从双方手中解脱出来,把它交给中立的专门委员会。

(7)我将全力争取与同盟进行坚决的斗争。

(8)如果尼尔还要争取和平,那么就让他来一趟和唐恩谈一两次好了。这实在够了!

(9)我们需要钱。还够两个月用,过后就没有分文了。我们现在还"供养着"一群坏蛋,这些人在中央机关报上蔑视和侮辱我们。这叫做"有效的工作"。祝贺!

从日内瓦发往基辅

载于1929年《列宁文集》俄文版
第10卷

译自《列宁全集》俄文第5版
第46卷第344—346页

252

致《火星报》编辑部①

(1月8日)

作为中央委员会的代表,我认为有必要向编辑部指出,根据国

---

① 这封信是弗·威·林格尼克给马尔托夫的回信的草稿中的增补部分。——俄文版编者注

外作的报告中的过激言词或根据出版物上的论战来提出合法性等等问题，是没有任何道理的。正如《火星报》第53号十分公正地说明了的，中央委员会本身丝毫没有怀疑也从来没有怀疑过完全按照党章第12条增补的编辑部的合法性。如果需要，中央委员会准备公开声明这一点。如果编辑部认为论战是对自己的进攻，那它是有充分的而且是最充分的可能进行反驳的。当任何地方都没有提到抵制和其他某种不忠诚的（在中央委员会看来）活动方式的时候，因论战中的某些尖锐言词（在编辑部看来）而动怒，这是否理智呢？我们提醒编辑部，中央委员会**再三**表示完全同意并**直接建议**立即**出版**唐恩的信和马尔托夫的《又一次处在少数地位》，并没有因这些著作包含有最尖锐的责难而发窘。中央委员会认为，必须给全体党员以尽可能充分的自由来批评和责难中央机关，既然责难不会带来抵制，不会拒绝有效的工作和停付资金，中央委员会不认为这些责难有什么可怕。中央委员会现在仍然宣称：它将发表针对它的批评，认为自由交换……①

写于日内瓦（本埠信件）

载于1929年《列宁文集》俄文版
第10卷

译自《列宁全集》俄文第5版
第46卷第346—347页

---

① 这句话弗·威·林格尼克作了如下补充："意见是避免中央机关可能发生错误的保证"。——俄文版编者注

253

致格·瓦·普列汉诺夫①

(1 月 23 日)

尊敬的同志：

我们建议 1 月 25 日即星期一下午 4 时在兰多尔特饭店召开总委员会会议。如果您决定在别的地点,别的时间召开,请在星期日以前通知我们,因为我们有一位同志住处离日内瓦很远。

至于书记一职,我们认为只由马尔托夫同志担任就行了,因为他在总委员会第一次会议上就已经被指派为书记。

我们坚决反对布柳缅费尔德同志担任书记的职务,因为,第一,他不能严守机密(他把列宁是中央委员这一点告诉了德鲁扬);第二,他太感情用事,根本不可能保持冷静和实事求是的态度,甚至有争吵和封闭的危险;第三,我们也许还不得不向总委员会提出他本人收买党的书刊的问题**396**。

如果您认为必须由另外的人担任书记的职务,我们提议贝奇科夫同志,他是《火星报》组织的老成员,卓越的党的活动家(组织委员会委员),他会最公正、冷静地把一切情况记录下来。

总委员会委员……

---

① 这封信是列宁代表中央委员会国外代表弗·威·林格尼克写的。——俄文版编者注

附言：我必须特地到日内瓦去参加总委员会会议；邮件寄到莫内要相当长的时间，因此我恳求您，如果决定星期一开会，就请在星期日（白天）以前发信，否则我就接不到通知。

不然，就请您把会议延期到星期三召开。

我的地址是：莫内……

写于日内瓦（本埠信件）

载于 1929 年《列宁文集》俄文版
第 10 卷

译自《列宁全集》俄文第 5 版
第 46 卷第 347—348 页

254

致格·瓦·普列汉诺夫[①]

（1 月 27 日）

尊敬的同志：

非常遗憾，我们不得不坚决反对编辑部提议古尔维奇同志为书记的意见。

第一，中央委员会和他发生过一系列的冲突。

第二，他书面（我们可以转抄一份给您）表示过他对党的最高机关总委员会的态度，说他参加总委员会会议是根本不可能的事。[397]

第三，——也是主要的，我们大概在总委员会里要提出**古尔维**

---

① 这封信是列宁代表中央委员会国外代表弗·威·林格尼克写的。——俄文版编者注

奇同志个人的问题。他是同盟管理机关的代表,他对中央委员会采取了在我们看来是错误的态度。让一个行动是否正确尚待讨论的人来担任书记是不妥当的。①

我们也注意到总委员会的作用在于求得统一和协调(而不是制造分裂和争执),所以我们**立即**提议让一位**从未**参加过争执也不为另一方所反对的人来当书记。

我们相信另一方即中央机关报编辑部很容易就能提出这样一个候选人,他既没有参加过争执也不会成为总委员会审查的**对象**。

忠实于您的　**列·**

写于日内瓦(本埠信件)

载于1929年《列宁文集》俄文版
第10卷

译自《列宁全集》俄文第5版
第46卷第349页

255

致俄国社会民主工党中央委员会

(1月31日)

致中央委员会(转交某某)

党总委员会常会会议(三次)昨天结束了。这些会议彻底说明了党内的整个政治形势。普列汉诺夫与马尔托夫派一起行动,在

---

① 手稿上原先是这样写的:"在总委员会上谈论一个出席会议的人行动的正确与错误是不可能的,何况又是一个书记。"——俄文版编者注

一切稍微重要的问题上都用多数压倒我们。我们谴责抵制（**双方抵制**）等的决议案没有进行表决，只是在原则上通过了把可允许的和不可允许的斗争方式区分开来。然而普列汉诺夫提出的希望中央委员会增补相应（原文如此！）数量的少数派委员的决议案却被通过了。于是我们收回了我们的决议，并对总委员会内部采取这种本位主义做法提出抗议①。总委员会的3个委员（马尔托夫、阿克雪里罗得和普列汉诺夫）回答说，研究这个抗议"有损他们的尊严"。我们声明，唯一**正当的**解决办法是召开代表大会。总委员会否决了这个意见。3个委员通过决议：把编辑部不经中央委员会同意擅自派遣代表合法化（！），委托中央委员会按散发所需量供给编辑部书刊（！！）。这就等于把书刊交给他们转运和分发，因为他们正在连续派出"代办员"，这些人**拒绝**执行中央委员会的委托。此外，他们在运输方面也准备好了（他们提议平均负担运输）。

《火星报》（第57号）上登载了一篇普列汉诺夫的文章。该文称我们的中央委员会为**偏心的**中央委员会（其中没有少数派），并要求中央委员会增补委员。增补多少没有说明；据私人透露，至少要在一个人数不多（看来是5—6人）的名单中增补**三人**，还可能要求某某退出中央委员会。

只有瞎子才看不见现在事情的真相。总委员会将会用**一切办法**对中央委员会施加压力，要它完全向马尔托夫派让步。要么立即召开代表大会，立即收集11—12个委员会要求召开代表大会的决议，立即竭力进行召开代表大会的鼓动工作；要么整个中央委员会辞职，因为中央委员会里没有人会同意干这种既可耻又可笑

---

① 见本版全集第8卷第144—148页。——编者注

的事,即容纳那些**束缚**自己手脚的人,这些人不独揽一切就不会心满意足,这些人为了按他们的意愿办事,会把一切琐事都搬到总委员会去讨论。

我和库尔茨坚决要求中央委员会**无论如何立即开会**,解决问题,当然,要把我们的票数计算在内。我们坚决地一再重复:要么立即召开代表大会,要么辞职;我们请那些不同意我们意见的人到这里来,以便当场作出判断。让他们**实实在在地**尝试一下同马尔托夫派的和睦共处,不要光给我们讲和平有益的空话!

我们没有钱。中央机关报使我们负担过多的开支,显然是在促使我们垮台,指望我们财政破产,以便采取紧急措施搞垮中央委员会。

无论如何必须立即设法弄到2 000—3 000卢布。一定要立刻弄到,否则,一个月以后就会**完全破产**!

再说一遍:请好好考虑一下,**请派代表到这里**来亲眼看一看。我们的结论是:要么召开代表大会,要么整个中央委员会辞职。请马上答复我们,是否给我们表决权。如果不给,**我和库尔茨提出辞职,那该怎么办**,请一定来信告知。

从日内瓦发往俄国

载于1929年《列宁文集》俄文版第10卷

译自《列宁全集》俄文第5版第46卷第350—351页

256

致格·马·克尔日扎诺夫斯基

(2月2日和7日之间)

老头致甘斯

亲爱的朋友：我见到了**野兽**，从他那儿才知道你们的情况。我看，你必须叫扁角鹿立即离开，改头换面一下。他荒谬可笑地等着挨打。转入地下，分散去各地——这是唯一的出路。不错，他只是觉得这样做困难麻烦。但是应当试一试，很快就会发觉新的环境对扁角鹿是合适的。（我完全不理解也不能同意科尼亚加反对这样做的理由。）

其次是关于整个政治形势问题。情况乱得一塌糊涂。普列汉诺夫跑到马尔托夫派方面去了，并且在总委员会里对我们施加压力。总委员会希望增加中央委员（《火星报》第58号上刊登了这一消息）。总委员会准许编辑部有权派遣代办员和取得供散发用的书刊。

显然马尔托夫派有自己的军费，只是等待适当的政变机会（如我们没有钱因而财政破产或在国内垮台等机会）。我不怀疑这一点，我和库尔茨要求那些怀疑这一点的中央委员到这里来亲自看一看，否则继续维持这种各行其是的局面是可笑的不光彩的。

我认为，现在必须：(1)各委员会作出一连串最有战斗性的决议去反对中央机关报；（2）各委员会用传单同中央机关报展开论战；（3）在各委员会里通过召开代表大会的决议，并在当地印行；（4）叫施瓦尔茨、瓦卡尔等人为中央委员会起草传单。

应当预先通知甘斯，一定会有人要他作伪证来反对我，这是肯定的。如果甘斯不愿这样做，就请他马上寄来一个态度坚决的书面声明：（1）没有不公布谈判材料的协议；（2）1903年11月29日甘斯在总委员会里没有答应增补中央委员；（3）甘斯以为马尔托夫派承办中央机关报是为了和平，但是他们辜负了他的期望，从第53号起发动了进攻。这个声明**只是在**他们向我们进行挑衅的**情况下**我们才发表。

从日内瓦发往基辅

载于1929年《列宁文集》俄文版
第10卷

译自《列宁全集》俄文第5版
第46卷第351—352页

257

致波兰社会党中央委员会

（2月7日）

尊敬的同志们：

关于代表会议的性质，代表由哪些机构选出，会议计划在何时何地召开，请详告。另外，你们对波兰社会民主党人参加代表会议抱什么态度，亦请费神告知。

一俟收到你们的全部补充消息，我们即根据我党的章程把你们的提案提交党总委员会。①

致同志的敬礼!

代表中央委员会……

从日内瓦发出

载于1925年《列宁文集》俄文版
第4卷

译自《列宁全集》俄文第5版
第46卷第353页

258

致弗·德·邦契-布鲁耶维奇

1904年2月8日

亲爱的弗拉基米尔·德米特里耶维奇:

十分感谢您提供地址[398]。给您添了这么些麻烦,很抱歉。我没有估计到,您得为这些地址去跑一趟。

我大约今天走。请您把发行部完全抓到自己手里来:根据各方面的情况可以看出,莱·那边的事没有进展。至于如何抓法,到时候您会知道的。但我愈来愈相信,您不抓到手,是不会有好处的。这件事请再与瓦西里耶夫商量一下。

紧紧握手!

您的　尼·列宁

---

① 见列宁6月13日在俄国社会民主工党总委员会上的发言(本版全集第8卷第438—440页)。——编者注

附言:印刷厂的事,希望也寄托在您身上了!

谢拉金的书昨天已托伊格纳特带去了。收到了吗?

写于日内瓦(本埠信件)

载于1929年《新世界》杂志
第1期

译自《列宁全集》俄文第5版
第46卷第353—354页

259

致《火星报》编辑部

(2月26日)

兹通知中央机关报编辑部,中央委员会认为,把**它应收**的信件转交给中央机关报的做法是违法的无理的侵权行为,是破坏信任。

中央委员会同时声明,它已完全认清现在负责处理信件的布柳缅费尔德同志没有保守机密而且动不动就胡闹。

因此中央委员会把这种侵权行为及其对事业造成的不可避免的恶果通知全体党员。

中央委员会

写于日内瓦(本埠信件)

载于1930年《列宁文集》俄文版
第15卷

译自《列宁全集》俄文第5版
第46卷第354页

260

致俄国社会民主工党中央委员会

(2月)

老头写:我读了捷姆利亚奇卡和科尼亚金的信。他从哪儿得知我认为现在召开代表大会是无益的,真是天晓得。相反,我仍然深信这是唯一正当的出路,只有目光短浅的人或懦夫才会回避这个办法。我仍然主张,一定要派波里斯、米特罗范和洛沙季到这里来,一定要派他们来,因为应当让这些人亲眼看看这里的情况(尤其是在总委员会会议以后的情况),而不是在远处胡编乱造,把脑袋藏在翅膀底下,以为反正中央委员会鞭长莫及。

说什么为了召开代表大会在各委员会里进行鼓动工作,通过一些能够为人理解的果断的(不是软弱的)决议,就会**挤掉**"有效的"工作,或是和它相抵触,这种意见真是再荒谬不过的了。这种意见只不过是说明不善于理解目前党内出现的政治形势。

党事实上已分崩离析,党章已变成废纸,党组织横遭污辱,只有好心肠的波舍霍尼耶人才看不到这些事实。凡了解到这种情况的人就会懂得,必须以进攻(而不是庸俗地空谈和平等)来回答马尔托夫派的进攻。要进攻就得使用一切力量。技术、运输、收发等工作可**完全**交给辅助人员、助手和代办员去做。让中央委员去做这些工作是最愚蠢不过的。中央委员应当**抓住**所有的委员会,动员多数派,走遍俄国,团结自己的人,举行进攻(回击马尔托夫派),向中央机关报进攻,方法是通过决议:(1)要求召开代表大会;(2)

质问中央机关报编辑部,在编辑部成员的问题上是否服从代表大会;(3)痛斥新《火星报》,不要有"庸人的温情",就像最近阿斯特拉罕、特维尔和乌拉尔等委员会做的那样。这些决议应当在国内刊登出来,这一点我们已经说过一百遍了。

我认为在我们的中央委员会里,实际上都是些官僚主义者和形式主义者,而不是革命者。马尔托夫派吐他们一脸口水,他们擦干了竟来教训我说:"斗争没有益处!"……　现在只有官僚主义者才会看不见,中央委员会已不成其为中央委员会,勉强维持是可笑的。中央委员会或者成为**对中央机关报作战**(不是口头上的,而是行动上的作战,在各委员会里作战)的组织,或者成为一块理应扔掉的无用的破布。

你们千万要懂得,集中制已经被马尔托夫派无可挽回地破坏了。唾弃愚蠢的形式,抓住各个委员会,教**它们**捍卫党,反对国外的小组习气,给它们写传单(这并不妨碍为召开代表大会而进行的鼓动工作,而且会对它有帮助!),派辅助人员做技术工作。你们要么领导对中央机关报的作战,要么就干脆丢掉那种妄图以擦干口水来"领导"……的可笑想法。

克莱尔的行为是可耻的,科尼亚加对他的鼓励就更可耻。现在再没有什么比我们的"所谓"中央委员会更使我生气的了。再见!

老　头

从日内瓦发往俄国

载于1929年《列宁文集》俄文版
第10卷

译自《列宁全集》俄文第5版
第46卷第354—356页

261

致俄国社会民主工党中央委员会

(3月13日)

同志们:接到你们关于中央委员会多数人共同决定反对召开代表大会和希望停止"内讧"的通知,我们三人(库尔茨、野兽和列宁)讨论了这个通知,一致作出如下决定:

(1)在弄清我们和中央委员会多数人的分歧的真正性质以前,库尔茨和列宁**暂时**辞去总委员会委员的职务(保留中央委员的职务)。(我们在总委员会里曾经声明过,除了召开代表大会以外,我们简直看不到摆脱内讧的别的正当出路,因此我们赞成召开代表大会。)我们要强调指出,我们只是暂时地有条件地退出,绝不是放弃一切,殷切希望以同志式的态度来弄清我们之间的分歧和误解。

(2)鉴于:(a)必须有代表中央委员会的总委员会委员驻在国外;(b)必须同国内的中央委员面谈;(c)在库尔茨、野兽和列宁离开后(库尔茨和野兽回俄国,列宁按规定至少要有两个月的完全休假),国外必须有中央委员;(d)必须让**那些不同意**我们意见的中央委员来处理这里引起"内讧"的事情,因为我们除了同内讧作现在这样的斗争外,**无力**作别的**斗争**,——鉴于这一切,我们十分坚决请求中央委员会必须**立即**从国内至少派**一位**中央委员到这里来。

收到此信后,请马上通知我们并给以答复。

附言:为了避免流言蜚语和过早的歪曲,我们向总委员会提出了辞职书,全文如下:

"致党总委员会主席

尊敬的同志:鉴于我们之中一个人要离开,另一个要休假,我们不得不遗憾地暂时辞去代表中央委员会的总委员会委员的职务,特此函告。此事我们已通知中央委员会。

致社会民主党的敬礼!

库尔茨

列　宁"

从日内瓦发往俄国

载于 1929 年《列宁文集》俄文版
第 10 卷

译自《列宁全集》俄文第 5 版
第 46 卷第 356—357 页

262

致《火星报》编辑部

(3 月 18 日)

尊敬的同志们:《**火星报**》第 61 号上说:不仅信件,而且**连给《火星报》和《曙光》杂志的款项**,都应寄到阿克雪里罗得处,这大概是搞错了吧。

读者对上述通知可能会理解成这样:为出版《火星报》和《曙光》杂志设有专门的会计处,而事实上,出版《火星报》和《曙光》杂志的**全部**款项,都**一律**由中央委员会**专管**的党的中央会计处拨付。

我们要求尽快更正这一错误。

中央委员会国外代表的代理

附言:务请对这封信作出答复。

写于日内瓦(本埠信件)

载于1930年《列宁文集》俄文版
第15卷

译自《列宁全集》俄文第5版
第46卷第357页

263

致弗·威·林格尼克①

(5月26日)

我还要亲自对科尔再说几句,他无论如何也不要退出[399]。如果瓦连廷不愿商谈一切,不愿把全部消息都转告科尔,那就让瓦连廷退出。科尔要记住,现在整个事态都对我们有利,再忍耐和坚持一下,我们就会取得胜利。一定要让所有的人读读这本小册子[400],特别是布鲁特。让布鲁特读了小册子之后,还得逼他一下,布鲁特就会是我们的人。目前我不接受他退出的要求,您也不要接受,把他辞职的要求暂时搁一下。关于捷姆利亚奇卡辞职的问题就更谈不到了,要记住,尼尔甚至不希望她离开。请把此事通知捷姆利亚奇卡,要更沉着些。我再说一遍,我们将

---

① 这封信是写在娜·康·克鲁普斯卡娅的信上的附笔。——俄文版编者注

在中央委员会里取得胜利。

从日内瓦发往莫斯科

载于1930年《列宁文集》俄文版
第15卷

译自《列宁全集》俄文第5版
第46卷第358页

264

致列·波·克拉辛

(不早于5月26日)

老头致洛沙季(私人信件)

我还想和您谈谈寄给您文件(同尼尔签订的协议**401**和我给中央委员会的公函①)的事情,因为我不知道我们是否能见面。不久前您的一位"朋友"**402**到这里来,说您很可能来,但是尼尔否定了这个消息。假若您不来,那就太遗憾了。从各方面来说,绝对需要您来一趟,因为有许多误会,如果我们不详细面谈,这些误会将愈来愈多而且会妨碍整个工作。请您务必来信告诉我,您来不来,您对我的小册子的看法如何。您总是不常写信,这是难以原谅的。

我看,波里斯(看来还有科尼亚加)陷入显然落后的观点里了。他们还"生活在11月里",那时,我们的党内斗争尽是无谓的争吵,只要某些人作些让步等等,一切就可望"自然地对付过去"。现在

---

① 见本版全集第8卷第426—430页。——编者注

这种观点已经陈旧了,坚持这种观点要么成为毫无意义地重复同一个调子的鹦鹉;要么成为政治风向标;要么就放弃一切领导作用,变成聋哑的马车夫和听差。事态已经无可挽回地粉碎了这种陈旧的观点。马尔托夫派也竭力回避"增补";新《火星报》满篇原理原则的胡言事实上早已挤掉一切无谓的争吵(现在只有鹦鹉才会呼吁停止无谓的争吵),请您千万理解,由于情势所趋,现在的问题**只是**在于党对新《火星报》是否满意。如果我们不愿做傀儡,我们就必须了解当前的局势,并制定一个持久的、不屈不挠的、原则性的斗争的计划,以捍卫党性,反对小组习气,坚持革命的组织原则,反对机会主义。有人说,任何这类斗争都是分裂活动,现在已经是抛弃这种吓人的陈词滥调的时候了;有人把脑袋藏在翅膀底下,借口马车夫和听差的……"有效的工作"来推卸自己的党员义务。现在已经是结束这种做法的时候了;有人说,为召开代表大会进行鼓动是列宁的阴谋,现在已经是丢掉这种不久就会被孩子们讥笑的见解的时候了。

我再说一遍:中央委员大有成为十足落后的怪人的危险。稍有政治荣誉感和政治节操的人,就应当停止支吾搪塞和耍滑头(**连**普列汉诺夫也没有从支吾搪塞和耍滑头中得到什么,更不用说我们的好心的波里斯了!),就应当有明确的立场,坚持自己的信念。

紧紧握手并候回音!

您的   列宁

从日内瓦发往莫斯科

载于1930年《列宁文集》俄文版
第15卷

译自《列宁全集》俄文第5版
第46卷第358—360页

265

致格·马·克尔日扎诺夫斯基

(不早于 5 月 26 日)

　　亲爱的朋友:从我们同尼尔签订的协议中,你当然会了解问题的实质。千万不要急于作出决定,也不要悲观失望。你一定要先看看我的小册子和总委员会的记录。不要为自己暂时离开工作感到不安,最好对某些表决弃权,但是不要完全不管。[403]你要相信,将来非常非常需要你,所有的朋友就指望你在最近"复活"。我们党内仍然有许多人困惑不解和惊慌失措,他们不善于适应新形势,灰心丧气,对自己和正义事业失去信心。其实,我们在这里愈来愈清楚地看到,延期对我们有利,无谓的争吵在自行消失,事情的本质问题、原则问题不可避免地在提出来,而新《火星报》实在软弱得很。不要听信说我们力图搞分裂的鬼话,再忍耐一下,你就会很快看到,我们的仗打得很漂亮,我们靠信仰的力量获得了胜利。一定要给我回信。如果你能设法抽一个星期的时间到这里来,——不是因公,而只是为了休息和在山间某地和我见见面,那就最好不过了。的确,将来还很需要你,虽然科尼亚加错误地劝你放弃了你的一个计划,但这是延期,不是丧失! 一定要聚集力量,我们还要打仗!

　　　　　　　　　　　　　　　　　　你的　**列宁**

从日内瓦发往基辅

载于 1930 年《列宁文集》俄文版
第 15 卷

译自《列宁全集》俄文第 5 版
　第 46 卷第 360—361 页

266

致俄国社会民主工党中央委员会南方局

(不晚于 6 月 1 日)

敖德萨

中央委员会国外委员和总委员会委员列宁寄

同志们:我们从私人方面得知,尼古拉耶夫委员会的多数派被指责采取了错误的行动[404]。我很想弄清楚究竟是怎么一回事。有劳你们**立即**亲自给我回信(并请把我这封信转给现在在尼古拉耶夫委员会工作的同志,让他们也立即给我回信),谈谈以下几个问题:

(1)在 3 月 8—9 日被破获以前,尼古拉耶夫委员会的委员究竟是哪些人? 必须把秘密活动时使用的姓名全部列出。一共有多少委员? 几个少数派,几个多数派?

(2)尼古拉耶夫委员会的委员是不是在 3 月 8—9 日全部被捕了? 如果不是全部,还剩下多少人? 几个是多数派,几个是少数派?

(3)尼古拉耶夫委员会是不是正式作过任命候选人的决定(在 3 月 8—9 日被破获以前)? 如果作过,是什么时候通过的,究竟任命了几个人,这些候选人都是些什么人?

(4)3 月 8—9 日以后,尼古拉耶夫委员会是不是又被破获过? 每次被破获后尼古拉耶夫委员会的委员是怎样变动的?

（5）С.同志和 О.同志（少数派的委员同这两人发生过冲突）在被破获以前是不是尼古拉耶夫委员会的委员？他们以前是不是在尼古拉耶夫工作过？如果工作过，那么是在什么时候，工作了多久，以什么身份出现的，参加哪个小组，做什么工作，等等？С.和 О.究竟是什么时候到尼古拉耶夫的？

（6）Н.同志在大破获（3 月 8—9 日）以后过了几天来到尼古拉耶夫的？

（7）Н.同志有什么权利未经尼古拉耶夫委员会 В.同志和 А.同志的同意并且未征求他们的意见，就宣布 С.同志和 О.同志为该委员会的委员？

（8）С.同志和 О.同志是不是提出过什么要求，即他们不经任何任命和增补就成为尼古拉耶夫委员会的委员？如果提出过，请详细说明是根据什么理由？

（9）С.同志和 О.同志曾经把哪些关系转告 В.、Н.和 А.三同志？С.和 О.同志是从哪里取得这些关系的？是什么人在什么时候提供他们这些关系的？

（10）为什么 С.和 О.不承认 В.和 А.同志是委员会的委员？

（11）在 3 月 8—9 日被破获时，尼古拉耶夫委员会有哪些正式的机构？就是说，有哪些鼓动员小组、组织员小组、宣传员小组，等等？这样的小组共有多少？务必一一列举，并指出每个小组各有多少组员？几个是少数派，几个是多数派？

（12）鼓动员小组（该小组 10 个人举行的会议在 4 月 20 日通过了一项拥护多数派的决议）是什么时候成立的？是在破获以前还是以后？在破获以后该小组成分有没有改变，改变的情况究竟怎样？这个小组（或者别的小组）是不是有正式的或者默许的权利提出地方委员会委员候选人?

(13)你们是不是知道,C.和O.是从哪儿派去的,是靠了谁的帮助(经费等等)?

写于日内瓦
载于1930年《列宁文集》俄文版
第15卷

译自《列宁全集》俄文第5版
第46卷第361—363页

267

致叶·德·斯塔索娃和
弗·威·林格尼克

(6月19日)

刚刚收到绝对者关于召开代表大会[405]的来信,我们实在莫明其妙。代表大会是谁倡议召开的? 究竟将有哪些人参加,有没有尼基季奇、扁角鹿和瓦连廷? 必须尽可能详细地了解全部情况,因为可能发生这样的事情:扁角鹿、尼基季奇和米特罗范会把他们的表决权转让给尼尔或瓦连廷,这样他们就成了多数,就能实行变革;在国外要做这种事是轻而易举的,总委员会在旁边,它可批准他们的决定。 总之,这里的温和派委员[406]举行代表大会在目前非常危险。 根据尼尔所抱的态度,可以想见他什么都能做得出来。 例如,他在谈到普列汉诺夫的来信[407]时说:"必须回答,我们不同意列宁的政策,但是我们不想出卖他。"天晓得他所说的"列宁的政策"是指什么。 尼尔拒绝对鹰作任何解释,他说:"要知道我的意见,请问瓦连廷好了。"他和少数派谈得十分融洽,和多数派交谈时的情形完全不同。鹰本来打算今天动身,不过现在我们又拿不定主意。只要对"温和派"有利,他们就会独自决定不许转让表决权,在这种情况下鹰就不应该走,就会多一张选票,列宁也需要支持。如果代表大会的结果将是一场变革的想法没有根据,那么鹰就无须待在这里。如果是第一种情况,就来电说:"钱随即寄去"(即鹰立刻动身);如果是第二种情况,就来电说:"信随即寄去"(即鹰留在国外)。来电交:……①

也请立即来信回答我,并尽可能详细些。请规定一个比较确切的期限。您说请准备一套住宅,是什么意思? 您是否也以为所有的"坚定派"不等一切都落入动摇的"马特廖娜派"之手就能离开? 比如说,如果所有的人都离开,只让瓦连廷留下来,他就可能惹出许多事来。那时让鹰回俄国也许就必要了。请仔细地考虑这一切。我们暂且还不能同意您对中央委员会所抱的乐观态度,但是对于我们的胜利,我们是乐观的。

如果是举行全体代表大会,那就让科尔再次尽最大的努力把扁角鹿拉到这里来,并向扁角鹿说明,他(扁角鹿)把表决权转让给科尼亚加或波里斯,就可能意味着发生政变,就可能引起列宁的退出以进行激烈的斗争。

从日内瓦发往莫斯科

载于1930年《列宁文集》俄文版
第15卷

译自《列宁全集》俄文第5版
第46卷第363—364页

---

① 手稿上没有写明地址。——俄文版编者注

268

致《火星报》编辑部

1904年6月20日

致俄国社会民主工党中央机关报

尊敬的同志们：

中央委员会国外代表们已任命利亚多夫同志（地址是发行部）为中央委员会的会计。请把钱交付给他并从他那里取得收据。

中央委员　**尼·列宁**

波·格列博夫

写于日内瓦（本埠信件）

译自《列宁全集》俄文第5版
第46卷第364页

269

致俄国革命社会民主党人
国外同盟巴黎分部

（6月底和7月初之间）

致巴黎分部

因为分部来信所说的那个崩得分子没有来找中央委员会（根据

我们党的章程第……条的规定,他是完全有权利这样做的),所以中央委员会认为没有必要对看来纯粹出于误会的事情进行调查。**408**

写于瑞士

载于1930 年《列宁文集》俄文版
第 15 卷

译自《列宁全集》俄文第 5 版
第 46 卷第 365 页

270

致弗·德·邦契-布鲁耶维奇

1904 年 7 月 26 日

亲爱的弗拉基米尔·德米特里耶维奇:谢谢您 1904 年 7 月 23 日寄来谈工作的信。**409**现在依次答复如下。

关于总的政策,我仍旧主张武装的和平,主张边抗议边退却(就像我和尼娜·李沃夫娜谈的那样,当时您和马尔丁·尼古拉耶维奇都在场),总之,就是实行旧的策略。抗议一切破坏行为,公之于众,进行鼓动,但不给他们所期望的变革找到借口。至于个别措施的细节,您在当地会看得更清楚。

中央委员会代办员没有收到委托书**410**,这完全是波里斯的**过错**,他是最后一个离开的。我已经写信给马尔丁·尼古拉耶维奇,建议他向中央机关报编辑部**说清楚**要委托书是**没有道理的**:据说,已经给波里斯去过两次信了,**有消息说他已经被捕**,难道要等半年以后再听国内的答复吗?? 提出抗议吧,——实际上您一切都会做的。

在财务方面我有点担心,过去我们为图书馆**411**白忙了一阵,本来就不求发胖，只求活命。您还记得我过去对您说过这句话吗？
300 法郎都完了！！唉，要小心，您千万不要被图书馆迷住，请**通盘**
考虑一下吧。

代我热烈地向伊格纳特问好！他现在身体好吗？

很替尼娜·李沃夫娜担心。听到什么消息，请即来信。

对普列汉诺夫的答复，我认为，如果在提出种种抗议以后，中
央机关报仍然不发表，我们就一定要出版（出**小册子**，不出小报，并
且写一个简短的序言）。此事**请不要耽误**，否则就失去意义了。**412**

紧紧握手！并向维拉·米哈伊洛夫娜和所有的朋友问好！

您的　尼·列宁

来信（和报纸）请寄**迈林根**，留局待领。

从瑞士山区发往日内瓦

载于 1930 年《列宁文集》俄文版
第 15 卷

译自《列宁全集》俄文第 5 版
第 46 卷第 365—366 页

271

致尤·奥·马尔托夫

（8 月 10 日）

答马尔托夫同志

尊敬的同志：我在旅行期间收到了您一封没有注明日期的信，

当时我手头没有总委员会的记录。总委员会委员在总委员会会议以外擅自投票或者协商本属总委员会职权范围内的事情，我认为无论如何原则上是完全不能容忍的和非法的。因此我不能按照您的建议，投候选人的票。如果我没弄错的话，我记得总委员会曾决定，让总委员会全体委员代表我们党出席代表大会[413]。这就是说，这个问题已经解决了。如果总委员会某个委员不能前往，我认为，他可以请另一个人代替。当然，我不知道按照国际代表大会的惯例，这样代替是否允许，不过按照我们的党章和我们党的惯例，这样代替不是不允许的。我本人也不能前往，希望中央委员会委派利亚多夫同志和莫斯科委员会委员谢尔盖·彼得罗维奇同志代替我出席会议。

　　致社会民主党的敬礼！

　　　　　　　　总委员会委员　**尼·列宁**

　　附言：关于通知中央委员会的事，我将写信给在日内瓦的代办员，他们在我不在时处理一切事务。

从瑞士山区发往日内瓦

载于1930年《列宁文集》俄文版
第15卷

译自《列宁全集》俄文第5版
　第46卷第366—367页

272

致米·康·弗拉基米罗夫

(8月15日)

致弗雷德

亲爱的同志：收到您最近的来信。现在我还是照原来的地址写信给您，虽然我怕信寄不到。您的上一次来信我已经相当详细地回答过了。您所有的来信所表露的同志般的信任，使我不能不亲自给您写信。这封信我不是代表同事们写的，也不是写给委员会的。

你们的委员会苦于人手不足，书刊缺乏，消息闭塞，这种情况，整个俄国都一样。到处人手非常缺乏(在少数派委员会，这种情况比在多数派委员会里更严重)，组织完全涣散，情绪普遍低沉，狂暴易怒，实际工作停顿。从第二次代表大会以来，党被搞得四分五裂了，现在这种情况更严重了：少数派的策略严重地削弱了党。它竭力破坏中央委员会的威信，还在代表大会上就开始了对中央委员会中伤攻讦，又是写文章，又是发表讲话，干得十分起劲；它对中央机关报的威信破坏得更厉害，使它不再是党的机关报，而成为向多数派进行私人报复的工具。您只要读一读《火星报》，对这一点就没有什么可说的。为了竭力制造分歧，他们现在提出了"取消第四个(火星报)时期"的口号；他们完全歪曲形势，像火星派过去最凶恶的敌人那样来解释火星派,借以把昨日崇拜的一切付之一炬[414]。那些了解昨天所捍卫的事业的党的工作人员,都不追随中央机关报。绝大多数委员会都持代表大会多数派的观点,它们愈来愈和党的机关报断绝了精神上的联系。

可是目前的情况是如此影响和阻碍实际的工作,以致党的许多工作人员都流露出这样的情绪:完全摆脱党内的一切激烈斗争,埋头于实际工作。他们想闭上眼睛,塞住耳朵,把脑袋藏在实际工作的翅膀底下,逃避一切目前在党内无法逃避的事情。部分中央委员采取这样的"调和主义的"立场,企图回避日益增长的分歧,回避党内分化的事实。多数派(不是调和主义的)说:应当赶快找一条出路,应当设法进行商谈,应当试着划定一个范围,使得思想斗争比较正常地进行,需要召开新的代表大会。少数派反对召开代表大会,他们说:党内大多数人都反对我们,召开代表大会对我们不利;"调和主义的"多数派也反对召开代表大会,他们害怕大家日益增长的对中央机关报和中央委员会的愤懑。假若认为召开代表大会只能引起分裂,这就等于承认我们根本没有党,等于承认我们大家对党的感情如此淡薄,以致不能战胜过去的小组习气。在这方面我们对我们的敌人的看法,比他们对自己的看法还好些。当然,我们不能担保什么,不过必须力求按党的原则解决冲突,找到出路。多数派无论如何不愿意分裂,不过在目前这种条件下愈来愈无法工作下去。现在已经有10多个委员会(彼得堡、特维尔、莫斯科、图拉、西伯利亚、高加索、叶卡捷琳诺斯拉夫、尼古拉耶夫、敖德萨、里加、阿斯特拉罕)赞成召开代表大会[415],然而,即使绝大多数委员会赞成召开代表大会,它还是不能立即召开,因为中央机关报、中央委员会,也许还有总委员会都会反对国内大多数同志的愿望。

关于书刊问题,曾和中央委员会的一位同志谈过,他说书刊一直是按时寄给你们委员会的。显然,存在某种混乱。曾两度给你们派人,但他们到了国内都被派到别的地方去了。有机会尽量给你们寄新书刊去。

致同志的敬礼!

列　宁

从瑞士山区发往戈梅利

载于1934年《红色档案》杂志
第1期

译自《列宁全集》俄文第5版
第46卷第367—369页

273

致弗·德·邦契-布鲁耶维奇

(8月18日和31日之间)

亲爱的弗拉基米尔·德米特里耶维奇:接到您的来信,马上就写回信。我怎么也不明白,您那儿为什么发生争执[416],问题的实质何在。为什么不卖20—30份《曙光》杂志,为什么要"抢先",我都不明白。我认为,这是发行工作上的局部问题,完全应当由发行部主任即由您来处理。我今天就给马尔丁·尼古拉耶维奇去信,试着消除一下争执。您大可不必听了个别意见就过于激动,即使这些意见是尖锐的、不公正的。您难道没有看到,大家都太神经过敏了——这是由于中央委员会中新的叛徒造成的可恶局面所致。也许我们很快就会彻底摆脱这一切,开始新的工作,那时产生小冲突的基础就消失了。但是暂时还要尽量忍耐,我要是听了尖锐的话,就拿"惊人的鱼雷艇"的笑话来回敬。我完全了解您的气愤心情,但是除了一笑置之,是想不出别的办法的。再要发生争论,别忙于解决问题,给这里来封信就得了。请采取一切办法尽快出版:

　　(1)列兵和加廖尔卡的小册子;

　　(2)您的附有文件的声明;

　　(3)今天寄去的加廖尔卡的小册子。**417**

伊里亚怎样?他昨天到过我这里,我把事件**418**告诉了他,但是他还没有决定。是否给他看了:(1)我写的关于1904年5月26日协议的信;(2)我对中央委员会的宣言提出的抗议书**419**;(3)我写的关于抗议的信①。**一定要给伊里亚和全体排字工人读一下,请勿迟延。**

合作印刷所**420**的事办妥没有?请加紧进行。

伊里亚转告说,风闻特拉温斯基向格列博夫提出辞职了。我们要看一看**并核实一下**。

但是,这都是些什么家伙啊?5个人同4个人争论;5个人方面有**2个人**辞职,4个人方面有2个人被捕,结果剩下的3个人不再辞职,而搞政变**421**!!

您的　尼·列宁

从瑞士山区发往日内瓦

载于1930年《列宁文集》俄文版
第15卷

译自《列宁全集》俄文第5版
第46卷第369—370页

---

① 见本版全集第8卷第431—432、426—430页,第9卷第18—19、20—22页。——编者注

274

致《火星报》编辑部

致俄国社会民主工党中央机关报

1904年8月24日

尊敬的同志们：我离日内瓦相当远，所以今天才知道中央机关报编辑部打算发表所谓中央委员会通过的"宣言"。

我认为我有义务提醒中央机关报编辑部，还在1904年8月18日我就对这个宣言的合法性提出了异议①，即不承认中央委员会多数人就这个问题所作的决定是合法的。

现在有6个中央委员（因为米特罗范同志已辞职，另外风闻兹韦列夫和瓦西里耶夫不久前被捕）。

据我所知，很可能6个委员中只有3人敢代表整个中央委员会讲话，甚至不经两个国外代表的同意就这样做，这两个代表是受到1904年5月26日的正式协议②（这个协议由格列博夫、兹韦列夫和我签署）约束的。

随信附上我1904年8月18日的声明抄件，同时必须声明，在中央委员会内部解决我对这个决定的效力提出的异议以前，如果由于公布"宣言"**使整个事件和冲突**见诸报端，中央机关报编辑部

---

① 见本版全集第9卷第18—19页。——编者注
② 见本版全集第8卷第431—432页。——编者注

必须对此负责。

中央委员兼国外代表 尼·列宁

附言：据我所知，格列博夫同志今天将从柏林到日内瓦来，在我向他作最后解释以前，我认为"宣言"无论如何必须暂缓公布。我作为中央委员甚至根本不知道中央委员会关于公布这个宣言的决定。

如果编辑部要坚持公布宣言，那么我认为编辑部在道义上有责任同时发表我关于宣言是非法的抗议书。

从瑞士山区发往日内瓦

载于1930年《列宁全集》俄文版
第15卷

译自《列宁全集》俄文第5版
第46卷第371—372页

275

致莉·亚·福季耶娃并拟
给俄国国内多数派委员会委员和
所有多数派积极支持者的信

（不早于8月28日）

亲爱的莉迪娅·亚历山德罗夫娜：

请尽快（最好是今天）把下面这封信寄给国内的所有**我们的朋友**：

"请立即收集所有各种通讯，并按我们的地址寄来，注明列宁收。款项也非常需要。事态日益尖锐。少数派勾结部分中央委员,公然准备政变。我们等待出现最坏的情况。详情日内再告。"

请立即按下列地址把这封信寄出:(1)**彼得堡**耗子的地址;(2)**特维尔**;(3)**敖德萨**(两个地址);(4)**叶卡捷琳诺斯拉夫**;(5)西伯利亚;(6)乌拉尔;(7)**里加**(两个地址);(8)罗莎;(9)下诺夫哥罗德(寄信的地址:各阶层俱乐部图书馆,放在小册子里);(10)萨拉托夫(哥卢别夫的地址),一般按完全可以信赖的所有朋友的地址寄。

祝一切都好!

列昂不应当这样快就走,给她的文件将要送到,但最早也要过两天。①

从瑞士山区发往日内瓦

载于1930年《列宁文集》俄文版
第15卷

译自《列宁全集》俄文第5版
第46卷第372页

276

致弗·亚·诺斯科夫

致中央委员格列博夫同志

1904年8月30日

尊敬的同志:在收到您对我1904年8月18日的抗议②的书

---

① 用小号字排印的文字是娜·康·克鲁普斯卡娅写的。——俄文版编者注
② 见本版全集第9卷第18—19页。——编者注

面答复以前,在收到关于所谓中央委员会的决定的详细材料以前,我不能参加您建议的增补投票[422]。目前我不能到日内瓦去。

中央委员　列宁

从瑞士山区发往日内瓦

载于1930年《列宁文集》俄文版
第15卷

译自《列宁全集》俄文第5版
第46卷第373页

277

致弗·亚·诺斯科夫[①]

(8月30日或31日)

格列博夫同志:现在答复您1904年8月30日的来信,中央委员列宁同志不认为您引用的中央委员会的决定是合法的和有效的。我们作为了解中央委员会内部争执整个过程的中央委员会代办员,也对这个决定的合法性表示异议,我们声明,我们不能认为中央委员会的这个决定是合法的,因为它一开头所说的分明是不符合事实的:我们在国外亲眼看到有**两位**中央委员不知道中央委员会召开会议。由于您曾经给我们发来一个绝非事实的通知(说什么中央委员会禁止列宁同志的一本书[423]),所以我们对于您现在发出的声明更表怀疑。因而请您把审查中央委员会决定是否合

---

① 据《列宁全集》俄文第2、3版编者注:这封信是列宁以中央委员会国外代办员(潘·尼·勒柏辛斯基、马·尼·利亚多夫、弗·德·邦契-布鲁耶维奇)的名义写的。——编者注

法的确切材料(会议的成员①和各与会者的书面声明)立即告诉我们。我们绝不想反对中央委员会真正多数人的合法决定,但是在这种合法性未经证实以前,我们暂不考虑您的一切声明。

从瑞士山区发往日内瓦

载于1930年《列宁文集》俄文版
第15卷

译自《列宁全集》俄文第5版
第46卷第373—374页

278

致马·尼·利亚多夫

(9月1日)

对事情[424]的说明,我要补充:(1)说奥西波夫"在上次会议上辞职",这是明显的谎言,因为参加这次会议的格列博夫亲自签署了1904年5月的协议,协议中谈到了关于……中央委员会的委员,就是说,其中也包括奥西波夫在内。

(2)关于特拉温斯基的辞职,从来没有正式通知过我。

从瑞士山区发往日内瓦

译自《列宁全集》俄文第5版
第46卷第374页

---

① 为了避免误解,我们认为,在发表了有关会议成员的不真实的声明(在宣言中)后,除非弄清会议的成员,我们就绝不可能了解真相。

279

致尤·奥·马尔托夫

致马尔托夫同志

1904年9月2日

尊敬的同志:1904年8月31日您邀请我出席总委员会会议,对此我必须声明,在全体中央委员审查中央委员会成员及其最近召开的一次所谓例会是否合法以前,我认为我自己和格列博夫同志都无权在党总委员会里代表中央委员会。在审查以前,我认为格列博夫同志的一切正式行动(参加总委员会也是正式行动)都是**非法的**。

我现在只指出3个中央委员在他们7月……"会议"上"审查"中央委员会成员时的一个**显然虚假的和不正确的情况**。(1)关于米特罗范诺夫的辞职,我有奥西波夫同志的书面声明。关于特拉温斯基的辞职,我从来没有收到过任何人的明确的书面声明。3个中央委员至少事先没有征求其他委员的意见就接受了他们的辞职。(2)关于奥西波夫同志的所谓辞职,我只收到中央委员瓦西里耶夫的一份书面通知,其中谈到他和瓦连廷同志的争论和在中央委员会全体会议上审查这次争论的决定。关于奥西波夫辞职的问题我根本没有得到任何通知。3个中央委员关于奥西波夫在中央委员会上次例会上正式提出辞职的声明,是**明显的谎言**,1904年5月26日兹韦列夫和**格列博夫**签字的协议就有凭有据地驳倒了这种谎言。这个协议是在"中央委员会上次例会"召开后几个月在奥西波夫似乎加入了圣彼得堡委员会以后才签订的，协议中规定中央委员会由9人组成，**其中包括奥西波夫。**

中央委员　**尼·列宁**

从瑞士山区发往日内瓦

载于1930年《列宁文集》俄文版
第15卷

译自《列宁全集》俄文第5版
第46卷第374—375页

280

致弗·亚·诺斯科夫

答格列博夫同志

1904年9月2日

尊敬的同志：请告诉我，您是否打算答复我对所谓大多数中央委员通过的决定所提出的抗议？

奥西波夫同志是在怎样的"中央委员会上次例会"上声明辞职的？

这件事是在什么时候和由谁通知那些奥西波夫提出辞职时不在场的中央委员的？

瓦连廷同志是否向中央委员会报告了他向瓦西里耶夫同志解释奥西波夫同志假辞职的问题？

特拉温斯基同志在什么时候对什么人正式通知过他辞职的

事？请您把这个通知照抄一份给我，并告诉我一切详情。也许已经有人写信告诉我这件事，不过，是不是信弄丢了？

在**全体**中央委员"审查"（中央委员会成员及其7月……决定）的合法性以前，我认为我自己和格列博夫同志都无权在党总委员会里代表中央委员会。

中央委员　**尼·列宁**

从瑞士山区发往日内瓦

载于1930年《列宁文集》俄文版
第15卷

译自《列宁全集》俄文第5版
第46卷第375—376页

281

致党的印刷所的排字工人们

（9月2日或3日）

尊敬的同志们：我希望你们能毫不迟延地按照加廖尔卡同志的请求[425]去做。他对他那本小册子的权利问题是毫无疑义的，而且与目前的冲突毫无关系，因此，继续纠缠在这件事上我看是不必要的。

中央委员　**尼·列宁**

从瑞士山区发往日内瓦

译自《列宁全集》俄文第5版
第46卷第376页

282

致伊·谢·维连斯基

(9月5日和13日之间)

致党的印刷所经理伊里亚同志和党员排字工人们

不管格列博夫同志的要求是否合法(关于这一问题的全部材料,我已交给奥林、邦契-布鲁耶维奇和利亚多夫三位同志了),我认为有必要提出,经理和排字工人们**无论如何**必须把列兵和加廖尔卡的小册子交还给它的作者,理由如下:

(1)这本小册子完全由作者出钱印刷,因而它完全是作者的财产。

(2)小册子在党的印刷所排印,这是由中央委员会的一些代办员在格列博夫同志带着他的"改革措施"出现之前很久就安排了的。以后的决定,即使是由合法的中央委员会会议通过的,也决不能撤销作为中央委员会代办员的那些人已经作出的合法的安排。

(3)作者决不坚持要在小册子中印上党的印刷所的字样。

我认为,拒绝把小册子立即交还给作者,毫无疑问是直接侵占他人的财产。

中央委员　**尼·列宁**

从瑞士山区发往日内瓦

译自《列宁全集》俄文第5版
第46卷第377页

283

致尤·奥·马尔托夫

抄件

致马尔托夫同志

1904年9月7日

　　尊敬的同志:对于您的通知抄件,我必须说明,我既然已经回绝总委员会的邀请,那么它的再次邀请是徒劳的。我从来不希望把中央委员会内部的"冲突"搬到总委员会来审理。恰恰相反,我在给格列博夫同志和马尔托夫同志的信中公开声明:只有全体中央委员才有权审查中央委员会成员的合法性。党章也根本没有规定总委员会有权审理中央委员会的内部冲突。[①]

　　在国际代表大会执行局同意**我的**委托书转托给他人[426]以后,我没有责任向什么总委员会作任何汇报。对所有希望了解**某些**问题的人,我很乐意提供说明(书面或通过报刊)[②]。

中央委员　尼·列宁

从日内瓦郊区发往日内瓦

载于1930年《列宁文集》俄文版
第15卷

译自《列宁全集》俄文第5版
　　第46卷第377—378页

[①] 见本卷第279、280号文献。——编者注

[②] 列宁在信中注明:"已托人于1904年9月7日带往日内瓦。"——俄文版编者注

284

致弗·德·邦契-布鲁耶维奇

1904年9月13日

亲爱的弗拉基米尔·德米特里耶维奇:我认为,正像我们已经决定的那样,**不要提出任何申请书了。**[427]

这本小册子[428]要贴一张附页,上面刊印:(1)关于您的出版社的声明(也印在背面);(2)关于波里斯禁止刊印书刊的声明(已经付排);(3)波里斯(这封)9月12日的信[429],不印信末附言;(4)对这封信作一个简短补充,大意如下:

"这就是那些冠冕堂皇地对形式主义和官僚主义进行'原则性'斗争的人的政策!但是,我倒是很想知道,党章中哪一条规定禁止党员出版党的书刊?

弗·邦契-布鲁耶维奇"

向大家问候!星期四(后天)我就会到达。

您的 尼·列宁

附言:请转告谢尔盖·彼得罗维奇:(1)星期四请他搬一下家,我们将在他那里过夜;(2)4天以前先生写了关于萨姆索诺夫的文章。应该把这篇文章直接寄去!

从日内瓦郊区发往日内瓦

载于1930年《列宁文集》俄文版
第15卷

译自《列宁全集》俄文第5版
第46卷第378—379页

285

致 *И.И.*斯特拉申斯基①

(9月16日)

致安东(私人信件)

亲爱的同志：收到这封信后望能告知，哪怕简单写几句也行。我不知道您的地址是否可用，而捷姆利亚奇卡却要我用您的地址给她写信。还有，希望能建立正常的通信联系。这是非常非常重要的。为了使您的来信不至于意外地落入他人手中，请写上"给列·的私人信件"或"给娜·康·的私人信件"。您能否告诉我，托米奇(＝埃马努伊尔＝埃马)在哪里？同他的通信中断了。我们给他寄去了几封信，但不知道他是否收到。如果您知道他的地址，请告诉我们。

看来，各多数派委员会对中央委员会宣言的反应是不那么温和的。在高加索，这份宣言引起了极大的愤慨，在敖德萨、尼古拉耶夫和叶卡捷琳诺斯拉夫，人们对它完全持否定态度，一些老同志从监狱里寄来了愤怒的决议…… "调和派"用党内呈现着和平这类谎言蒙蔽了一些人。于是，据说图拉、萨拉托夫和阿斯特拉罕都撤回了他们关于召开代表大会的决议，但是，一旦他们了解到事实真相，他们当然又会坚持召开代表大会的。再说，我不知道上述委员会撤回他们决议的传闻有多大的真实性。"调和派"并不总是十分准确地报道消息的，而编辑部则以和平为借口不刊登一些委员

---

　　① 这封信是娜·康·克鲁普斯卡娅受列宁的委托写的。——俄文版编者注

会(彼得堡委员会、叶卡捷琳诺斯拉夫委员会)关于召开代表大会的决议。除 10 条条文之外,还有几条毫无秘密可言的条文,但"委员会"(利用它的某些最坚定的委员被捕和非法地开除了一个不同意它的观点的委员[430])为了避免不必要的争执,决定对党员隐瞒这几条。其中有撤销南方局和不公布不利于少数派的总委员会记录的决定,有未经"委员会"任命的特派员的许可不准列宁在党的印刷厂刊印他的著作的禁令……　多数派决定不允许伪造党的舆论,不让堵住自己的嘴,它已着手筹办多数派著作出版社,出版社的工作已由邦契-布鲁耶维奇承担起来。写作力量不成问题,只怕经费有困难。已经出版的有加廖尔卡的小册子《打倒波拿巴主义!》(评中央委员会的宣言)、加廖尔卡和列兵的文集,准备付印的有列兵论社会主义的通俗小册子,还准备出版其他许多材料。

　　如果您知道捷姆利亚奇卡的地址,请向她转达上述情况,还请告诉她,她的两封来信都已收到。

　　信收到后望即告知。

列　宁

　　附言:您的接头地点是否可用?

　　佩杰尔和季隆的地址是否可用? 岑斯基去过您那里吗? 您是否收到了我们的信? 请告诉捷姆利亚奇卡,她的亲属十分惦记她,并认为她一定是病了。信收到后望即告知,到那时将把我们的新地址寄上。

从日内瓦发往俄国

载于 1930 年《列宁文集》俄文版
第 15 卷

译自《列宁全集》俄文第 5 版
第 46 卷第 379—380 页

286

致马·莱博维奇^①

列宁致叶夫谢伊(马柳特金)(私人信件)

9月20日

亲爱的同志:我们收到了您用格里茨科的密匙写的信,由于您用的是另一种版本,我们费了很大的劲才把信解译出来。我们现在也用同一密匙写信给您。

调和派正在这里进行搞垮多数派的活动。中央委员会告诉各委员会说,党内呈现着和平,却忘了加上一句,它本身已转向少数派,并在开始排挤多数派。除中央委员会决议中已经公布的条文之外,还有一些不应公布的条文。这并非出于保密的原因,而是为了避免引人注意。中央委员会决定:撤销南方局⁴³¹,因为它鼓动召开代表大会;撤销发行部;向装订工人道歉;不公布总委员会的记录因为这些记录对少数派不利,它们说明,多数派(坚定的)在开展召开代表大会的鼓动工作之前,曾建议过真诚的和平,坚决主张双方停止一切抵制活动,中央机关报却对这个建议嗤之以鼻;对多数派的著作规定特别的检查制度;委派一个调和派分子为特派检查员,由他来决定列宁的这篇或那篇著作能否出版;剥夺列宁作为国外代表的一切权利。不仅如此,中央委员会还同少数派一

---

① 这封信是娜·康·克鲁普斯卡娅受列宁的委托写的。——俄文版编者注

起举行代表会议，而把多数派完全撇在一边。少数派当然兴高采烈，对中央委员会备加赞扬。**中央委员会的成员已发生变化，两个人被捕，两个人辞职，一个委员被完全非法地开除了**。在4月间还持多数派观点的中央委员会，现在却认为中央机关报十分称职。而如果说一开始没有原则分歧的话，那么现在原则分歧够多的了。少数派为了证明自己正确，不惜对旧《火星报》横加诬蔑。他们（唐恩在国际代表大会上的报告和托洛茨基的小册子）宣称，旧《火星报》与其说是社会民主党的机关报，不如说是民主派的机关报；他们说《火星报》所考虑的，不是组织工人阶级，而是组织知识分子；说阿克雪里罗得之所以不参加《火星报》，是因为它不是真正的社会民主党机关报。只有新《火星报》才提出了"面向群众"的口号，如此等等，不一而足。他们现在利用人们的无知和对运动的历史缺乏了解所散布的种种奇谈怪论，难以一一列举。中央委员会对这种情况一点也不感到气愤，而是沾沾自喜于以自己的宣言①取得了中央机关报的宽恕……　中央机关报借口党内呈现着和平，不刊登各委员会主张召开代表大会的决议，就这样，他们不刊登叶卡捷琳诺斯拉夫、彼得堡、莫斯科、下诺夫哥罗德和喀山的决议。

在20个俄国国内委员会（有表决权的）中，宣布赞成召开代表大会的已经有12个（圣彼得堡委员会、特维尔委员会、图拉委员会、莫斯科委员会、西伯利亚委员会、梯弗利斯委员会、巴库委员会、巴统委员会、叶卡捷琳诺斯拉夫委员会、尼古拉耶夫委员会、敖德萨委员会、下诺夫哥罗德委员会），此外，赞同召开代表大会的有里加委员会和喀山委员会。但新的中央委员会宣布，现在在有表

---

① 中央委员会《七月宣言》。——编者注

决权的委员会中,还要加上萨马拉委员会、奥廖尔-布良斯克委员会和斯摩棱斯克委员会。这三个委员会都是调和派的,它们的工作最差劲……

鉴于上述种种情况,多数派决定不让别人堵住自己的嘴,正在单独印行自己的著作,出版社的工作已由邦契-布鲁耶维奇承担起来。在梁赞诺夫和阿基莫夫出版他们的小册子时一声不吭的总委员会,现在却大吵大闹,要求小册子上不得刊印"俄国社会民主工党"的字样。在邦契-布鲁耶维奇出版的书刊中,已印行了加廖尔卡的小册子《打倒波拿巴主义!》及加廖尔卡和列兵的文集《我们之间的争论》。不日就要出版一本题为《为召开代表大会而斗争》的小册子,上面将刊出各委员会的决议,其中包括里加委员会的决议。里加人声明说:他们在争取使党的机构像代表大会决定的那样掌握在多数派手中,他们将在代表大会上力求达到这一点,但他们认为保证少数派的一定权利是必要的。彼得堡委员会和莫斯科委员会已经同意里加委员会的决议。

情况就是这样。

请您注意,我们已经被撤销了[432],因此,如果您想使您的信件寄到指定的收件人手里,那就请您注明:给沙尔科的私人信件。现寄上新的通信地址。

我们希望您对多数派的出版物给以各方面的支持。假如能就这一点作出相应的决议,那就好了。望经常寄通讯和各种材料来。

您上次寄来的那封信一直没有解译出来。请告诉我们,它是用哪种密匙写的。虽然信已失去时效,但它终究是有意义的。您是否知道叶卡捷琳诺斯拉夫和敖德萨的情况?少数派散布流言说,敖德萨委员会撤回了关于召开代表大会的决议。不知道为什么他们那里已经好久没有来信了,但这个消息是不太可靠的。请把格里茨科的情况告诉我们。

致以敬礼!

附言:所有的新书刊很快就会寄给您的。

从日内瓦发往尼古拉耶夫

载于1930年《列宁文集》俄文版第15卷

译自《列宁全集》俄文第5版第46卷第381—383页

287

致俄国社会民主工党下诺夫哥罗德委员会

9月21日

列宁写给马卡尔①

男爵来信说,下诺夫哥罗德委员会通过了关于召开代表大会的决议;但不知什么原因没有把这份决议寄来。请尽快按√——地址②把它寄来。一般说来,给列宁写信也可以用这个地址。有一位姑娘已动身到你们那里去了,她希望参加工作,她对党的情况了解不多,从来没有工作过。如果您能给她安排工作的话,可按下列地址②去找她。紧接下面的是写给奥丽珈·伊万诺夫娜·**查钦**

---

① 下诺夫哥罗德委员会的代号。——编者注
② 手稿上没有写明地址。——俄文版编者注

娜的私人信件。

从日内瓦发往下诺夫哥罗德   译自《列宁全集》俄文第 5 版
第 46 卷第 383—384 页

288

致叶·德·斯塔索娃、
弗·威·林格尼克等人①

（9 月 23 日）

亲爱的朋友们：你们的来信**433**使我们感到无限高兴。这封充满朝气的信，也给我们大家增添了力量。你们一定要把你们的计划付诸实现。这个计划极好，会有很大的意义。给那个德国人**434**写信也是极为必要的。我们急切地等待着你们继续来信。你们对出版工作的建议，有一半已经实现了。我们有写作人员，准备好的材料也很多。总而言之，现在我们大家都精神振奋，制定了许多计划，老头也已开始工作，同国内和国外的通信都很活跃，现在我想，人们很快就开始组合。目前少数派正在跟调和派调情，中央机关报打算出版一份通俗性的报纸，给了南方工人派一点好处。关于多数派出版社的详情，将由我们共同的熟人告诉你们，我们正在写信详细地向他们报道。**科尔的妻子和孩子身体健康**，他们住在叶**卡捷琳诺斯拉夫**。请把想要吸收参加写作的人员名单重写一遍

---

① 这封信是娜·康·克鲁普斯卡娅受列宁的委托写的。——俄文版编者注

来。**流浪者已到达**，少数派在拉拢他，他还没有采取明确的立场。约瑟芬在我们这里，他感到自己的体力很差。发行部已交给了中央委员会。好吧，要写的好像就是这些了。紧紧地拥抱你们，亲爱的朋友们，祝身体健康、精力充沛！

老头们

从日内瓦发往莫斯科

载于1930年《列宁文集》俄文版
第15卷

译自《列宁全集》俄文第5版
第46卷第384—385页

289

致加·达·莱特伊仁

1904年9月29日

尊敬的同志：

　　谢尔盖·彼得罗维奇和马尔丁·尼古拉耶维奇谈到您现在的政治立场，我听了以后十分惊喜。我不必再对您说，自从我们之间一向保持的良好关系中断以后，近一年来我的心情是多么沉重。根据上面的消息，我认为过去的事不必再提了，我们大概也只有在目前和今后共同的肯定的任务的基础上把旧的关系恢复起来。如果我在这方面有错误，当然希望您纠正，不过在同马尔丁·尼古拉耶维奇谈过话以后，我认为我的义务是首先直接坦率表明态度。

尊敬您的　**尼·列宁**

我的地址：……①

从日内瓦发往巴黎

载于 1930 年《列宁文集》俄文版
第 15 卷

译自《列宁全集》俄文第 5 版
第 46 卷第 385 页

290

致南方委员会代表会议参加者和
俄国社会民主工党中央南方局[435]

（10 月 5 日以后）

同志们：你们关于希望成立多数派组织委员会的决议收到了，现在赶紧答复你们：我们完全同意你们的主张。我们只是认为最好不称为组织委员会，而称为多数派委员会常务局。我们不能任命多数派委员会常务局，只能把马尔丁、魔鬼和 K.、男爵、谢尔盖·彼得罗维奇、费利克斯和列别捷夫各位同志介绍给你们，他们（正如你们知道的）实际上已经着手进行联合各多数派委员会的工作。我们认为，在若干委员会的直接支持下，这些同志能够组成独立小组，使多数派拥护者的活动统一起来。

（22 人会议[436]参加者）

从日内瓦发往敖德萨

载于 1930 年《列宁文集》俄文版
第 15 卷

译自《列宁全集》俄文第 5 版
第 46 卷第 386 页

---

① 手稿上没有写明地址。——俄文版编者注

291

致各多数派委员会[437]

(10月5日以后)

(1)写给我们的**所有**委员会:

"必须立即**正式请求**(把请求书抄件寄给我们)俄国国内中央委员会把新创办的邦契-布鲁耶维奇和列宁出版社[438]出版的一切书刊发给委员会,并且要按时发给。请设法取得中央委员会的回答并把它寄给我们。请利用同中央委员的私人会见,在有见证人的情况下当面要求他们作出回答。登载在《火星报》第73—74号附刊上的总委员会决定[439]收到没有?必须对这种不成体统的事提出抗议,这简直是伪造代表大会,是公然煽动外层组织反对各委员会并把争吵搬到总委员会去。如果没有收到这些决定,也请询问中央委员会并转告我们。我们即将详细分析总委员会的这些决定。"

(2)将22人关于组织委员会所作的答复**全文**发往**敖德萨**,并**约定**,答复来自何处,他们必须保守秘密。信中写:只给男爵、奥西普或列昂希。让敖德萨把答复、修正意见或赞同意见等等立刻通知我们、费利克斯和耗子。让敖德萨把尼古拉耶夫关于代表大会问题的决定立刻寄出。

从日内瓦发往俄国

载于1930年《列宁文集》俄文版
第15卷

译自《列宁全集》俄文第5版
第46卷第386—387页

292

致玛·彼·哥卢别娃

(10月5日以后)

密码

列宁致玛丽亚·彼得罗夫娜(私人信件)

亲爱的同志:从我们共同熟识的朋友那里(特别是从**野兽**那里——我不知道您认识她时她是否叫这个绰号)听说您还活着,并且跟我们采取一致的政治立场,我非常高兴。我们是很早以前(1892—1893年在萨马拉)见过面并相识的,如果不通过新朋友,我们很难重新恢复原来的友谊。而我是很愿意恢复的。因此,我按照地址给您寄去一封详谈我们工作的信,并衷心地请求您尽快亲自回信。如果不经常通信,要共同进行工作是不可思议的,而萨拉托夫到现在一直沉默了好几个月。请您扭转目前这种局面,开始亲自详细地写信吧。不收到您亲自写的详细信,就无法了解您个人的工作处境,也无法了解萨拉托夫的一般情况。请您不要怕每个星期花两三个小时。

致以热切的敬意并紧紧握手!

列 宁

从日内瓦发往萨拉托夫

载于1930年《列宁文集》俄文版第15卷

译自《列宁全集》俄文第5版第46卷第387—388页

293
致卡尔·考茨基

1904 年 10 月 10 日于日内瓦

尊敬的同志：

　　给您寄去我的文章[440]，这篇文章应该是对罗莎·卢森堡同志攻击的答复。我知道《新时代》杂志编辑部对我的对手们怀有好感，但我想，给我权利纠正罗莎·卢森堡文章中不正确之处，才是公平的。我的文章是利金同志翻译的。您曾经发表过他的一篇文章，因此您能判断他的德语水平。我自己不会用德文写作。我的文章写得很短，想使它占的篇幅少于罗莎·卢森堡的文章，对《新时代》杂志来说不显得过长。如果您仍然认为文章太长，我准备再作压缩，使文章达到编辑部要求的篇幅。但是有一点我不得不坚持：删节必须经我同意。

　　务请通知我，编辑部是否采用这篇文章。[441]

　　致社会民主党的敬礼！

尼·列宁

我的地址是：

瑞士　　日内瓦

达维德·迪富尔路 3 号

弗·乌里扬诺夫。

发往柏林

原文是德文

载于 1964 年《社会史国际评论》杂志
第 9 卷第 2 部分

译自《列宁全集》俄文第 5 版
第 54 卷第 351—352 页

294

致叶·德·斯塔索娃、
弗·威·林格尼克等人[①]

10月14日

亲爱的朋友们：约在3星期之前曾通过**伊林娜**寄给你们一封信[②]。**我们衷心赞同你们的计划。**请你们一有可能就来信。出版社的工作由邦契和列宁承担起来了。已经出版了《打倒波拿巴主义》、《我们之间的争论》、《告全党书》。即将出版《踏上新的道路》、《为召开代表大会而斗争》、《论社会主义》。据我们统计，宣布赞成召开代表大会的已有14个委员会，其中11个是享有全权的委员会。中央机关报、中央委员会和总委员会阻挠争取召开代表大会的鼓动工作的一切尝试都没有结果。中央委员会已经看到，对多数派也不得不加以考虑，看来是准备"溜之大吉"了。他们和少数派也没有取得完全的一致。总之，他们陷入了困境。

中央机关报原先唆使各委员会反对中央委员会，对中央委员会进行诽谤，现在又唆使外层组织反对各委员会，并力求证明，各委员会的意见并不就是党的意见，何况，说实在的，党也并不存在。他们使用了一切手段来分裂党，而现在却叫嚷什么党并不存在。

中央委员会的态度使我们不再受束缚了，现在日子比过去好

---

①　这封信是娜·康·克鲁普斯卡娅受列宁的委托写的。——俄文版编者注
②　见本卷第288号文献。——编者注

过得多了。当然,也有许多不愉快的事,比如说,**流浪者变成了少数派,萨姆索诺夫也如此**,但这已是既成事实。我们将继续工作,坚持自己的观点,以后会见分晓的。不久前出版了托洛茨基的一本新的小册子,据称是《火星报》负责编辑的。因此,它看来也就成了新《火星报》的《信条》。这本小册子满纸无耻谰言,完全歪曲事实。这竟是在中央机关报负责编辑的情况下干的。火星派的工作遭到百般诋毁,说什么经济派干的事要多得多,火星派缺乏主动性,他们不为无产阶级着想,而更关心资产阶级知识分子,弄得到处都是暮气沉沉的官僚主义,——他们的工作就是实现有名的《信条》这一纲领。用他的话来说,第二次代表大会是巩固小组组织方式的一种反动企图,等等。这本小册子是给现在的中央机关报编辑部,也是给全体党的工作者的一记耳光。读一读这样的小册子,就能清楚地看到"少数派"撒谎成性,弄虚作假,以致没有能力创造任何有生命力的东西;就会产生一种斗争的愿望,而且也确实有必要进行斗争。

科尔的妻子身体健康,她在叶卡捷琳诺斯拉夫。

向你们大家致热烈的敬礼!

老头们

从日内瓦发往莫斯科

载于1930年《列宁文集》俄文版第15卷

译自《列宁全集》俄文第5版第46卷第388—389页

295

致卡尔·考茨基

1904年10月26日

尊敬的同志：

　　两星期以前，我给您往《新时代》杂志编辑部寄去一篇文章（给罗莎·卢森堡的答复），同时还写了一封信①。请告诉我，是否采用这篇文章。如果采用，我要作几点小小的补充（有关俄国党的新决议）和修改。如果不采用，我将不得不另找途径，以便让德国社会民主党人了解罗莎·卢森堡文章中存在的不正确之处。

　　致社会民主党的敬礼！

尼·列宁

从日内瓦发往柏林

原文是德文

载于1964年《社会史国际评论》
杂志第9卷第2部分

译自《列宁全集》俄文第5版
第54卷第352—353页

---

① 见本卷第293号文献。——编者注

296

致阿尔卡季①

列宁致阿尔卡季(私人信件)。发往乌拉尔

10月28日

亲爱的同志:您的信收到了。请将乌拉尔委员会通过的决议寄来。少数派断言乌拉尔委员会已表态反对召开代表大会,《火星报》上则报道说,乌拉尔委员会赞同党内和平,支持中央委员会的行动。大家都渴望党内和平,而问题只是在于用什么方式来解决党所经受的危机,是用党的方式即召开代表大会的方式,还是用同少数派搞私人交易的方式。中央委员会在它的宣言中表示赞成用第二种方式。因而对《火星报》的报道,只能理解为乌拉尔委员会作出了反对召开代表大会的决议。

请用化学方法在信件上写明:"给列宁的私人信件"。

从来信中可以看出,您对党内情况一无所知。现扼要叙述如下。(还请参看给西伯利亚联合会的信②。)到目前为止,已宣布赞成召开代表大会的有:西伯利亚联合会委员会,高加索联合会委员会(已经是在第73—74号合刊附刊上登载的那项决议之后),梯弗利斯委员会,巴库委员会,明格列利亚-伊梅列季亚委员会,敖德

---

① 这封信是娜·康·克鲁普斯卡娅受列宁的委托写的。——俄文版编者注
② 见下一号文献。——编者注

萨委员会,尼古拉耶夫委员会,叶卡捷琳诺斯拉夫委员会,彼得堡
委员会,莫斯科委员会,特维尔委员会,北方委员会(已经是在中央
委员会的宣言之后),下诺夫哥罗德委员会,喀山、里加、图拉委员
会(13个享有全权的组织),按照惯例这本来是足够的了,但总委
员会又给了五个委员会以表决权(斯摩棱斯克委员会(?)、奥廖尔-
布良斯克委员会(?)、萨马拉委员会、阿斯特拉罕委员会,还有一
个,大概是克列缅丘格委员会)。所有这些委员会显然都会宣布反
对召开代表大会。其次,总委员会只承认它已收到决议的那些委
员会是赞成召开代表大会的(尼古拉耶夫委员会、北方委员会和下
诺夫哥罗德委员会的决议大概在邮寄途中丢失了)。再次,它要求
每两个月就得对决议确认一次,而在不能按时收到《火星报》和无
法正常通信的情况下,有些委员会可能并不知道这回事。它还要
求委员会的各个委员都得在决议上签名,以免有人两次投票赞成
召开代表大会(只有总委员会的委员才能三次投票反对召开代表
大会:一次在总委员会,一次在编辑部,一次在同盟)。鉴于总委员
会、中央委员会和中央机关报所采取的立场(迫害鼓动召开代表大
会的人),要求签名是具有十分明显的作用的。以上种种做法,其
目的都在于阻挠争取召开代表大会的鼓动工作。但是,因为各委
员会表示了十分明确的态度,所以现在少数派就转而攻击各委员
会。他们在地方团体和那些确实是因受到煽动而反对委员会的工
人面前,千方百计地力图破坏委员会的威信。特别是力图对外层
组织施加影响。由此而使工作造成怎样的紊乱,是可想而知的。
目前少数派正在围攻彼得堡。党内情况就是这样。这自然是令人
不愉快的。请把接头地点寄来,这里经常有人出去,可能也会到乌
拉尔去。

致同志的敬礼！

列·

附言：请向中央委员会索取多数派的出版物。

从日内瓦发出

载于 1930 年《列宁文集》俄文版
第 15 卷

译自《列宁全集》俄文第 5 版
第 46 卷第 389—391 页

297

致俄国社会民主工党西伯利亚委员会

1904 年 10 月 30 日于日内瓦

尼·列宁致西伯利亚委员会

尊敬的同志们：我想通过你们给西蒙诺夫同志一个答复,他曾作为西伯利亚联合会的代表在这里待过,并在离开之前留给我一封信(我当时不在日内瓦),表述了他的调和主义观点。该信的内容你们一定已经从西蒙诺夫同志那里了解到了,我想就这封信谈一谈。西蒙诺夫同志的观点可以归纳如下：他们(少数派)无疑是无政府主义者和瓦解组织分子,但对他们没有办法;必须"休战"(西蒙诺夫强调,他跟别的调和派不同,他讲的不是和平,而是休战),才能多少摆脱难以忍受的境况,养精蓄锐以便同少数派作进一步的斗争。

　　读了这位少见的**真心诚意地**拥护调和主义的西蒙诺夫同志的信，我受益匪浅。在调和派中间，伪善者比比皆是，所以读到一位想什么说什么的人的言论（虽然是不正确的）时就感到是一种休息。不过西蒙诺夫的见解无疑是错误的。他自己也懂得，同虚伪、混乱和无谓的争吵是不能**调和**的，但是**休战**的说法包含什么意思呢？还不是让少数派利用这种休战来巩固自己的阵地。派别的论战（虚伪的中央委员会在它最近给各委员会的信中虚伪地答应停止论战，这封信你们一定也收到了）没有停止，而是采取了那些连支持少数派的考茨基也加以斥责的特别卑鄙的形式。连卡·考茨基在给《火星报》的一封信中也宣称，"隐蔽的"论战比任何其他论战都坏，因为它使问题混淆不清，暗语不明不白，不能作直截了当的回答。就拿《火星报》来说，在第 75 号一篇主题和我们的分歧毫不相干的社论里，你们会看到其中夹杂着一些驴唇不对马嘴的对伊万诺夫文官[442]和不学无术之流等等的老一套的谩骂。在中央委员会中我们那些倒戈者看来，这大概不是派别的论战！我更不必从实质上谈社论作者（大概是普列汉诺夫）的下述论据了：马克思对待蒲鲁东分子**抱温和的态度**。还有比这更严重地盗用历史事实和历史伟人的名字的做法吗？如果有人拿抱温和态度这一口号来掩盖**对**马克思主义和蒲鲁东主义的分歧的**混淆**，马克思会说些什么呢？（然而新《火星报》难道不是在竭力混淆工人事业派和火星派之间的分歧吗？）如果有人以温和的态度来掩饰报刊上认为蒲鲁东主义比马克思主义正确的说法，马克思会说些什么呢？（然而普列汉诺夫难道现在不是在报刊上玩弄诡计，装模作样，说他认为少数派在原则上是正确的吗？）而光是作这样一个比较便使普列汉诺夫露出马脚，供认多数派和少数派的关系等于马克思主义和蒲鲁东主义的关系,也同样等于在《不该这么办》那篇不朽的文章中所提到的革命派和机会主义派的关系。拿党总委员会决定(第73号和第73—74号合刊附刊)来说,你们会看到,中央委员会在给各委员会的上述信件中宣布少数派秘密组织的活动已经停止,这正是说明中央委员会的3个委员转到了少数派的秘密组织。在**这个意义**上,秘密组织确实消失了……因为我们所有的3个所谓中央机关——不仅中央机关报和总委员会,而且中央委员会,现在都成了秘密组织(反党的)。他们以同形式主义和官僚主义作("原则的")斗争为名,现在向"标题"宣战,宣布多数派的出版社是非党的出版社。他们在伪造代表大会,虚报票数($16×4=61$。因为在61票总数中总委员会委员占5票,而在所有组织的半数中,总委员会作为一个组织只应占2票!!),向党隐瞒一些委员会的决议(隐瞒下诺夫哥罗德、萨拉托夫、尼古拉耶夫和高加索赞同召开代表大会。见我们的《告全党书》和《为召开代表大会而斗争》小册子[443]中加刊的这些委员会的决议)。他们引起总委员会中的无谓争吵,竭力歪曲参加阿姆斯特丹代表大会的代表资格一事[444],居然刊载北方委员会"受骗"的消息,而当时对这一事件不但没有作过调查(尽管中央委员会还在**7月**就决定调查这一事件),甚至到今天为止还没有**询问**受某个恶意中伤者非难的同志(该同志于8月、9月、10月三个月待在国外,并且见到了中央委员格列博夫,后者决定进行调查,可是他不肯对被告本人提出控诉!!)。他们用总委员会的名义鼓励破坏组织行为,唆使"外层组织"反对多数派委员会,故意编造关于彼得堡和敖德萨的谎言。他们谴责同一些同志在不同的委员会里投票是"滥用"投票权,而总委员会的3位委员普列汉诺夫、马尔托夫和阿克雪里罗得却**3**次投票**反对**召开代表大会:

一次在编辑部，一次在总委员会，一次在同盟！他们独揽召开代表大会的大权，宣布委托书无效。难道这不是伪造代表大会吗？难道西蒙诺夫同志也建议我们对**这种**策略休战吗？？

就拿刚出版的向阿姆斯特丹代表大会所作的报告[445]的俄文本来说，少数派用党的名义发表明明是违背党的意志的意见，隐蔽地重复马尔丁诺夫及其同伙一向渲染的而现在巴拉莱金[446]—托洛茨基又在散布的关于旧《火星报》的同一套谎言。也许是西蒙诺夫同志希望跟这位巴拉莱金（正如《火星报》公开声明的，他的小册子是**由《火星报》审订**出版的）休战？也许是他在这件事上听信了中央委员会关于停止派别论战的诺言？？

不能这样，认为可以跟伪善和破坏组织行为实行休战，这种意见是和社会民主党人不相称的，实质上是非常错误的，认为对那些著作家（哪怕是出名的）“没有办法”，认为对这班人只能采取加廖尔卡（《打倒波拿巴主义》）所提出的“打一把拉一把”的策略，这是怯懦的表现。对于党的所有中央机关之转为秘密的反党组织，对于总委员会伪造代表大会，多数派必须以自己进一步的团结来给予回答。多数派蔑视伪善行为，公开提出斗争纲领（见高加索联合会[447]和圣彼得堡、里加、莫斯科、敖德萨、叶卡捷琳诺斯拉夫和尼古拉耶夫这些委员会所拥护的22人会议的决议。中央机关报当然向党隐瞒了这个决议，虽然它在两个月前就收到了这份决议）。南方各委员会已经决定联合多数派委员会和成立组织委员会，以便同耍弄党的行为进行斗争。毫无疑问，多数派的这类组织马上就会成立，并且会公开活动。同中央委员会中那些倒戈者的种种骗人的谎言相反，多数派拥护者在俄国国内日益增加，年轻的著作家力量离开了混乱虚伪的《火星报》而从四面八方开始靠拢刚刚创办的多数派出版社(国外的邦契-布鲁耶维奇和列宁出版社),以便给予它各种支持,使之改进、扩大和发展。

不,西蒙诺夫同志用不着灰心丧气。他用不着急于认定:虽然可恶,但没有什么办法。有办法!他们愈是粗暴地嘲弄代表大会(由《火星报》审订的巴拉莱金—托洛茨基著的小册子已经把召开代表大会说成是巩固火星派计划的**反动企图**。梁赞诺夫比较真诚老实,他把代表大会叫做网罗的一伙),愈是粗暴地嘲弄党和国内的工作者,他们遇到的反击就会愈无情,多数派的团结也就会愈紧密,它把一切有原则的人联合起来,而把普列汉诺夫、马尔丁诺夫和托洛茨基反常的、本质上已经腐朽的政治联盟抛弃掉。我们现在认为新《火星报》和《曙光》杂志第 5 期(马尔丁诺夫的文章的抽印本已经印出)就是这样一种联盟。凡是不光看到自己鼻子下面的事情,不固执于眼前利益和暂时联盟的策略的人,都会明白,这个只会引起混乱和无谓争吵的联盟注定要死亡,拥护旧《火星报》的**方针**的人,即那些善于把这一方针与外国人(哪怕是有名的)的小组区别开来的人,一定会成为这一联盟的掘墓人。

同志们,如果你们能把收到这封信以及是否把信交给西蒙诺夫同志的消息告诉我,我将感到非常高兴。

致同志的敬礼!

尼·列宁

载于 1930 年《列宁文集》俄文版
第 15 卷

译自《列宁全集》俄文第 5 版
第 46 卷第 391—395 页

298

致俄国社会民主工党彼得堡组织

（10 月和 12 月之间）

　　彼得堡设有莫斯科祖巴托夫工人协会分会,它的会章(机器制造业工人)是原有的,甚至它的部分人员也是原有的,就是以前在彼得堡祖巴托夫协会中工作过的那些人(乌沙科夫、斯塔罗日洛夫、戈尔什科夫、皮库诺夫、莫赫纳特金和尼基福罗夫等人)。这个协会受到李维诺夫-法林斯基、契若夫和兰戈沃伊的保护。由于奸细的危险**很大**,有人竭力建议我们在同该协会往来中要**非常**小心。该协会目前微向左转,但它完全是为资产阶级和警察机关效劳的。

　　（这个消息来自一个熟悉情况的人。）

从日内瓦发出

载于 1925 年《无产阶级革命》杂志
第 3 期

译自《列宁全集》俄文第 5 版
第 46 卷第 401—402 页

299

致亚·亚·波格丹诺夫[①]

11 月 2 日

　　您 10 月 9 日(22 日)的来信收到了。那封无法辨认的信已重新写了。

---

　　① 这封信是同娜·康·克鲁普斯卡娅合写的。娜·康·克鲁普斯卡娅写的部分用小号字排印。——俄文版编者注

关于轻浮的鱼雷艇毫无消息。钱是用什么地址寄的？利金、阿列克谢耶夫、阿法纳西耶娃走了，波波娃那里没有音讯。

现在告诉您一些可以说是国外的，也可以说是国内的消息。

邦契-布鲁耶维奇和列宁出版社工作进展十分缓慢，小册子的出版慢慢吞吞。现在才出版了一本早就答应要出的《为召开代表大会而斗争》的小册子。工作停顿部分是由于印刷所的缘故，而主要是由于钱的关系。总之，钱的问题最伤脑筋，因为派人到俄国去(需要量很大)和搞运送要花很多钱。必须尽一切努力弄到一大笔款子。现在万事齐备，就只缺钱了。而没有这笔款子，我们目前在这里过这种无法忍受的、苦闷的、无所事事的日子就不可避免。就是拼命也要搞到一笔款子。要知道俄国正在组织起来并等待着我们采取决定性的步骤！里加委员会通过了支持这个出版社的决议，敖德萨委员会、尼古拉耶夫委员会、叶卡捷琳诺斯拉夫委员会也如此。好些人提出了问题：多数派为什么不提请批准。并且这些人完全无视于形势，忘记了邦契-布鲁耶维奇和列宁是作为个人，而不是以小组的名义行动的，虽然在俄国国内不了解这一点而通过了支持以邦契-布鲁耶维奇和列宁为首的小组的决议。真是够荒谬的了。中央委员会把多数派的书刊当做非党的书刊而拒绝运送。

事实上党已完全分裂。少数派和中央委员会之间已经达成协议，现在他们在推行一条路线，这就是伪造代表大会和"从下面"来搞垮各委员会。搞垮各委员会的做法是：把一批孟什维克派到那些富有战斗精神的多数派委员会去，这些人围攻委员会，制造舆论，千方百计地力图在社会上、在工人中、特别是在外层组织中动摇对委员会的信任。然后，他们在外层组织的帮助下找到立足点，就向委员会大吵大闹，要求交权。在中央委员会的热心参与下，目前在彼得堡正在发生这样的事件。中央委员会在各多数派委员会面前奉行伪善的政策，它宣称，如果与少数派不能取得和解，据说这是完全可能的(瞧这批伪君子！)，那么，中央委员会将召开代表大会，还说中央委员会并不反对召开代表大会，也没有改变自己的观点；他们认为可以与中央机关报编辑部搞交易，因为他们不把它看做党的机关报，而看做是一个小组的报纸。虽然中央委员会是多数派的，不过在代表大会上和代表大会之后，在选举中央委员会时考虑的只是某人或某人是不是一个很好的实际工作者，代表大会没有给中央委员会提出过任何行动方针，因此它可以有自己的方针，而没有义务持多数派的观点。总而言之,他们不知道在胡扯些什么。

俄国国内对他们十分痛恨。尼古拉耶夫委员会、敖德萨委员会和叶卡捷琳诺斯拉夫委员会举行了代表会议并通过了决议……　多数派代表对他们答复如下……　打算由我们自己的几个委员会选出候选人,之后就发布成立多数派委员会常务局的通知,然后到其他各委员会去走一趟,建议它们一起参加并提出一两个它们的人补充候选人的名单。

大胡子在哪里?请与高尔基约定一个暗号。您什么时候来?

请尽一切努力使轻浮的鱼雷艇行驶得快一点。拖延是无法解释和非常有害的。望赶快回信,并请写得详细些和具体些。

暂且确定魔鬼、费利克斯、男爵、利金、阿列克谢耶夫、古谢夫、巴甫洛维奇参加常务局。

从日内瓦发往俄国

载于 1930 年《列宁文集》俄文版
第 15 卷

译自《列宁全集》俄文第 5 版
第 46 卷第 396—397 页

300

致约·彼·戈尔登贝格

致梅什科夫斯基

11 月 2 日

亲爱的同志:获悉我们的信您收到了,同一封信还寄到玛丽亚·彼得罗夫娜处。让她在收到后来信告知。我们急切地等待着您的答复,请不要拖延下去。现在,进行正常的通信联系特别重要。我把几个通信地址再写一遍。各种通讯稿和传单都可以用这些地址寄。在下一封信中还将寄上一个地址。《火星报》第75号报道说,萨拉托夫委员会宣布赞同党内和平并"对中央委员会的行动表示支持"。党内和平是大家都盼望的,问题只在于是否容许中央委员会同少数派在下列这样一个协议的基础上搞交易:中央委员会将千方百计阻挠召开代表大会。发表在第73—74号合刊附刊上的总委员会的决定,提供了一幅说明这笔交易已导致何种结果的图景。《火星报》不再刊登多数派委员会的决议,或者只是把决议登在根本不出售的附刊上(在第74号后,从高加索——高加索联合会委员会、梯弗利斯委员会、巴库委员会和明格列里亚-伊梅列季亚委员会——寄来了关于召开代表大会的决议);还有从敖德萨监狱寄来的决议(有37人签名)和从莫斯科监狱寄来的决议。《火星报》辟了一个专栏,为了有利于党内和平,在这个专栏里刊登的是**反对**召开代表大会的决议。

说萨拉托夫委员会反对召开代表大会和赞成中央委员会的宣言,这话有些不可信。**请尽快**把萨拉托夫委员会所有的决议寄来,并写信告诉我们,《自由言论》杂志是什么样的刊物;少数派说所有的关系都在他们手中。请把最近几个月来委员会的所有出版物都寄给我们,或者,至少要把出版物的清单寄来,告诉我们工作进行得怎么样,是怎样组织的,有没有书刊,是否同农民联系。请寄一些通讯稿来,特别要吸收外层组织写稿,写稿的题材不是很多嘛。

您能否帮助我们同阿斯特拉罕和乌拉尔取得联系?

祝一切都好!

信是受列宁的委托写的。

从日内瓦发往萨拉托夫　　　　　　　　译自《列宁全集》俄文第5版
　　　　　　　　　　　　　　　　　　第46卷第397—398页

301

致爱·爱·埃森

列宁致男爵

1904年11月4日

　　亲爱的同志:我听到许多关于您的消息,因此我恳切地请您把工作暂时搁一下,来这里住上一个月。我很清楚,您被工作迷住了,脱不开身,但是应该从运动的整个计划着眼来考虑力量的部署。我们需要富有经验的工作人员,您应该从青年当中物色可以暂时代替您的人,您自己务必来这里处理一些共同的问题,汇报您巡视各地时得出的各种结论,商谈我们要采取的新步骤。这是绝对必要的,否则我们在下一个紧要关头就没有后备力量。请您赶快亲自写回信,千万不要耽搁动身时间,一个星期也不要耽搁。您早就打算来,但总是拖延下来。我知道这会有什么结果。紧紧握手并盼您早日到来!

您的　尼·列宁

从日内瓦发往敖德萨　　　　　　　　　译自《列宁全集》俄文第5版
　　　　　　　　　　　　　　　　　　第46卷第399页
载于1924年《红色史料》杂志
第1期

302

致亚·米·斯托帕尼

（11 月 10 日）

列宁致图—腊（私人信件）

亲爱的同志：接到您的来信我非常高兴。请您每星期按时来信，哪怕寥寥数行，您要注意所有地址是否有效并提供通信和秘密联系用的后备地址。多数派的拥护者是这样分散，这简直不像话！没有经常的联系，任何的共同事情都干不了，而我们半年多没有从您那里得到任何消息。

您谈到必须联合多数派，团结多数派委员会和筹备能坚持俄国国内工作人员意志的团结一致的代表大会，所有这些意见我完全同意。要做到这一切就需要最密切的联系，因为不这样我们就会各搞各的，而您对于共同事业也就一无所知。

中央委员会现在完全同少数派同流合污了，它**实际上**加入了旨在千方百计反对代表大会的少数派的秘密组织。最近的总委员会决定公开虚报票数，伪造各委员会的意志(《火星报》第 73—74号合刊附刊。见到了没有？)。目前必须为下述各点作好准备：他们绝对不会召开任何代表大会，也不会不再违背党章，更不会中止继续耍弄党。他们公开取笑我们，说你们的力量在哪里！我们如果只**信赖**代表大会，而不立刻准备以实力对付实力，那就幼稚无知了。为此我们必须：(1)立刻联合所有的多数派委员会,成立多数派委员会常务局(敖德萨＋尼古拉耶夫＋叶卡捷琳诺斯拉夫的委员会已经发起),以便同中央机关的波拿巴主义作斗争；(2)竭力全面地支持和扩大多数派的出版社(由邦契-布鲁耶维奇和我在这里创办的；邦契-布鲁耶维奇只负责出版)。一个俄国著作家小组已经着手从事这项工作,所以您应当立即收集各种材料、通讯、传单和简讯等等,特别是来自工人和有关工人运动的材料,并把它们寄来。这件事一定要立即办理。(如果您今后不每周寄来一篇报道,我们将同您断绝关系。)

关于成立常务局的问题已经做了一些工作。敖德萨＋尼古拉耶夫＋叶卡捷琳诺斯拉夫各委员会一致通过这样的决议(全文转引)……＝＝22 人对它们作了这样的回答：＝＝**448**

必须尽快去梯弗利斯传达上述两点。要它们快些加入。常务局当然可以增加高加索的委员名额。这样,就要高加索各委员会对常务局立即作出反应,也就是要它们回复我们并向彼得堡(或里加?)去信(地址……密匙……)：是否同意成立常务局,是否需要变动或增加候选人。千万努一把力,认真、明确、迅速地做好这项头等重要的事情。

有些同志要求召开国内多数派委员会代表会议。我们这里认为,这样做花费大,拖得久,效果小。而我们应该全力以赴赶快干。为了选举常务局,开会不值得,用通信或派一两位同志到各处进行协商的办法好得多。常务局一旦成立,而且叶卡捷琳诺斯拉夫＋敖德萨＋尼古拉耶夫＋圣彼得堡＋莫斯科＋里加＋高加索各委员会一一加入,那时常务局就将立刻以组织起来的多数派的代表身份出现了。

因此,请千万加紧办理,并尽速答复。

紧紧握手!

您的　尼·列宁

从日内瓦发往巴库

载于 1930 年《列宁文集》俄文版
第 15 卷

译自《列宁全集》俄文第 5 版
第 46 卷第 399—401 页

303

致奥·阿·皮亚特尼茨基

(11 月 16 日以前)

致星期五

列宁致"星期五"(私人信件)

亲爱的同志:我们共同的朋友告诉了我,有哪些信件掌握在您的手中[449](即一个国外中央委员写给几个国内中央委员的信件,信上说,国外的少数派已变得蛮不讲理,22 人的决议无疑是表达党的真正意志的)。我认为,您一定要立即把这些信件寄到我这里来。

第一,我是中央委员,因此我完全有权了解国外中央委员同国内中央委员的通信,何况这些通信谈到了少数派的立场这个与全党有关的问题。难道您将帮助那些倒向少数派的中央委员向党(甚至也向其他中央委员)隐瞒真实情况吗?

第二，从这些信件的内容中可以得出结论，有些中央委员（格列博夫、科尼亚金和尼基季奇）在他们给国内各委员会的信中说国外的少数派是肯让步的，这明明是在撒谎。既然我们和您已经公开向这种波拿巴主义，向这种欺骗党的行径宣战（加廖尔卡已在他的小册子中代表我们大家宣战），那么，向党揭穿那些中央委员的一切欺骗就是我们应尽的责任。如果我们掌握了这种欺骗的证据而不向党提供这些证据，我们就没有对党尽到自己的责任。如果我们将在书刊中和集会上评论波拿巴主义，而与此同时，却放过了有凭有据地证明这种波拿巴主义的机会，那我们就简直成了空谈家。不过要知道，我们使用波拿巴主义这个词，不是像马尔托夫和普列汉诺夫那样用来骂人的。

有时候人们说，不能把私人信件用于政治斗争。这话不对。当私人信件揭露党内负责人员滥用职权时，利用这些信件是必要的。普列汉诺夫甚至在不是对待负责人员时，也在他的《指南》中利用了私人信件。何况这里所说的那些信件根本不是私人信件，而是几个中央委员讨论中央委员会事务的通信。不管作为中央委员的我还是作为中央委员会代办员的您，都有义务阻止向党隐瞒真相的企图。

根据上述种种理由，我认为，您立即把这些信件，或者至少把这些信件的完整抄件寄给我是绝对必要的。当然，部分信件是要保密的，我们决不会把这一部分公之于众。但那些涉及到全党利益而又没有什么秘密可言的东西，则应当予以公布。怎么去做和什么时候去做，我们将在这里加以研究。

请您**一定要**尽快答复我的这封信。如果您的俄文写得不好，那不要紧。甚至也可以用依地文写。无论如何请赶快回信。

如果您不同意我要把那些信件寄来的意见,那么我们大家都请您赶快,**就在日内**,到这里来。这是一件非常重要的事,无论如何要讨论一下并加以解决。

握手!

您的　尼·列宁

附言:请务必告诉**尼古·伊一奇**、"**雅各宾党人**"和**日托米尔斯基**,让他们**立即**把自己的地址寄给我。大家都各奔东西,互不联系,太不像话了。

从日内瓦发往敖德萨　　　　　　　　　译自《列宁全集》俄文第 5 版
载于 1934 年《列宁文集》俄文版　　　　　　第 46 卷第 402—404 页
第 26 卷

304

致亚·亚·波格丹诺夫

(11 月 21 日)

亲爱的朋友:请立即转告拉赫美托夫,他实在对不起我们。他想象不到,这里所有的人是如何迫切地盼望从他那里得到肯定的、确切的、鼓舞人心的消息,而不是盼望他发来那样的电报。人们简直被没完没了的等待和含糊的语句弄得筋疲力尽了。拉赫美托夫绝对不可能没有东西可写,因为他经常会见很多人,跟捷姆利亚奇卡谈过话,跟大胡子、莫斯科的律师和著作家有来往以及其他等等。应该让我们随时了解情况;应该转接关系,告知新的地址,寄来通讯稿,谈谈事务上的和有意思的会见情况。拉赫美托夫没有寄给我们一个新的关系! 这太令人惊奇了。**既没有寄来一篇**通讯稿,也没有谈到莫斯科著作家小组的任何消息。要知道,假如拉赫美托夫明天失踪了,我们便什么也得不到,就像他没有活过一样!!这太不像话了,他本可以什么都写,而且毫无危险,可是他仅仅暗示了一下某些年轻的力量等等。(巴扎罗夫、弗里切、苏沃洛夫等人的情况如何呢?)每周至少要有一次(这的确不算多)花两三小时写10—15页的信,否则,真的,实际上是断绝任何联系,拉赫美托夫和他的不着边际的计划就会是不着边际的虚构,而这里的人们简直胡思乱想,惊恐地作出结论,说多数派不存在,说多数派是干不出什么名堂的。少数派的策略十分明显,它的新手法是:对多数派的报刊和多数派的存在根本不理不睬,取消中央机关报的论战,装出工作积极的模样(中央机关报编辑部不久前印发了一封"仅供党员阅读"的给党组织的信,谈到社会民主党人参加地方自治运动的计划,这是以非凡的庸俗行为来表现非凡的装腔作势。在这里出版了列宁分析和申斥该信的小册子[450])。多数派必须创办自己的机关报[451],但缺乏经费和通讯稿。必须加紧这两方面的工作,而没有十分详尽的信件,任何事情都不能顺利进行。现在关系没有交接,从四面夹攻一人做不到,许多布尔什维克走遍俄国,分散进行上述两方面的工作,没有取得一致步调。这种涣散现象比比皆是,各委员会又落在形势后面,一部分委员会不知道最近的总委员会决定(《火星报》第73—74号合刊附刊,一份10页的专门小报),另一部分委员会对此不加思考,不了解这些决议正是最彻底地最无耻地伪造代表大会。现在只有小孩子才看不到,总委员会和中央委员会为了**破坏代表大会**将不择手段。我们必须用**实力**＝机关报＋俄国国内多数派组织与之对抗，否则我们就会死亡。列宁还没有见到过轻浮人；奇怪的是，轻浮人退居一旁袖手旁观！

因此，请把我的加倍严厉的责骂转告拉赫美托夫，并罚他写日记。拉赫美托夫的太太为什么不到她答应的地方去？再说一遍：大家思绪紊乱(甚至加廖尔卡也长吁短叹起来)，因为感觉不到跟国内有任何联系，看不到拉赫美托夫是活着，在为共同的事业工作，在为工作焦急和操心。不通信，就只有极端的涣散！！

从日内瓦发往俄国

载于 1930 年《列宁文集》俄文版
第 15 卷

译自《列宁全集》俄文第 5 版
第 46 卷第 404—406 页

305

致俄国社会民主工党特维尔委员会①

11 月 26 日

亲爱的同志：您的两份决议都收到了，但没有转给中央机关报，因为不久前发生了这样一件事：尼古拉耶夫委员会寄来了一份决议，要求转给《火星报》，我们照办了。但马尔托夫把决议退了回来，还狠狠地臭骂了一顿，说什么中央委员会和中央机关报确切知道，在尼古拉耶夫不存在任何委员会，因而这份决议显然是由一些骗子和冒名顶替的家伙写的。由于在决议上没有签名，没有日期，

---

① 这封信是娜·康·克鲁普斯卡娅受列宁的委托写的。——俄文版编者注

也没有写明外层组织对决议抱什么态度,所以他说这份决议毫无价值;因此他马尔托夫甚至拒绝把它转交给中央机关报,因为他讨厌这种制造假决议的行径。显然,特维尔委员会的决议也势必遭到同样的命运。我们准备把它刊登在多数派的传单上。

请来信告知,工作进行得怎么样?

您是否收到了《火星报》关于地方自治运动给各党组织的信?为了追求"新的高级形式",编辑部在这封信中大发谬论,甚至荒唐到这种地步,说什么工人应该不使自由派感到害怕,工人的行动应该不引起他们的惊慌。这封信引起了激烈的争论,列宁写了《地方自治运动和〈火星报〉的计划》①这本小册子来驳斥它。

请把给您寄书刊的地址告诉我们。您寄决议用的那些地址完全可靠。罗戈娃将从彼尔姆到你们那里去,听说是个不错的工作者,我们自己并不了解她,您看吧,也许她会有用的,她的身份不公开,请帮助她安顿好。

同家长联系用甘必大密匙:美国南方各州346.,й在中间。家长要求把身份证和小锯条塞在靴底里,通过涅克拉索娃或亲属转交给他。

收到我们的信件后望即告知。致以敬礼!

列　宁

从日内瓦发出

译自《列宁全集》俄文第5版
第46卷第406—407页

---

① 见本版全集第9卷第59—78页。——编者注

306

致俄国社会民主工党
伊梅列季亚-明格列利亚委员会①

致明格列利亚-伊梅列季亚委员会

11月28日

　　亲爱的同志们：你们23日和28日的两封来信都已收到。第一封信（附有统计资料和几个地址）落到了少数派手中，直到今天才交给我们。地址都已解译出来，供寄书刊用的那个地址我们马上就要使用。你们赞成召开代表大会的决议已经收到，并已转给中央机关报。任何要再一次计算票数的说法我们都没有听到过，恐怕不会有这回事吧。

　　不久前收到了尼古拉耶夫委员会的决议，并转给了中央机关报。马尔托夫把决议退了回来并且大骂了一通，说什么中央机关报和中央委员会确切知道，在尼古拉耶夫不存在任何委员会（这是彻头彻尾的谎言，中央委员会带着它的宣言去找过尼古拉耶夫委员会，它十分清楚，在决议上签名的人都是尼古拉耶夫委员会的委员），还说决议是由一些冒名顶替的家伙和骗子寄来的，是这些人写了这份假决议……　高加索联合会委员会赞成召开代表大会的决议没有被刊登出来，而……寄来的反对召开

---

　　① 这封信是娜·康·克鲁普斯卡娅受列宁的委托写的。——俄文版编者注

代表大会的决议却被刊登出来了。报上说,萨拉托夫委员会、萨马拉委员会、乌拉尔委员会和阿斯特拉罕委员会都拥护中央委员会的政策(没有引用决议),而我们却在《火星报》这一号出版的同一天收到了乌拉尔的来信,信上说,他们已经有几个月没有听到中央委员会的任何消息,甚至根本不知道党还存在不存在。普列汉诺夫直截了当地说,代表大会是开不成的……　中央委员会则假惺惺地宣称,它现在并不反对召开代表大会,只是必须考虑到,要使代表大会真正反映党的意见……　中央委员会把各委员会的决议束之高阁,而在给党员同志的信上却说:"现在,当党为我们说话的时候……"

　　各委员会曾向中央委员会要多数派的书刊,中央委员会却拒绝发运,它宣称,第一,这不是党的书刊;第二,这些书刊对提高无产阶级的阶级觉悟不起任何作用。哼,这些伪君子! 大概新《火星报》编辑出版的,因而在一定程度上已成为其"信条"的托洛茨基的那本新的小册子,倒能够对提高无产阶级的阶级觉悟起很大的作用……　小册子宣称,在新旧《火星报》之间有一道很深的鸿沟,代表大会是巩固小组斗争方式的一种反动尝试,旧《火星报》与无产阶级毫不相干,火星派称无产阶级为糊涂虫等等。难怪司徒卢威称赞少数派的思想倾向是有生命力的……(见列宁印成单页的文章《一个热心效劳的自由派》[①])　你们是否收到了《火星报》关于地方自治运动给所有党组织的信? 为了追求一种新的、"高级的"宣传和鼓动形式,《火星报》大发谬论,甚至说什么举行游行示威要慎重,不要在地方自治人士中引起

---

① 见本版全集第9卷第55—58页。——编者注

惶恐。列宁写了小册子《地方自治运动和〈火星报〉的计划》来驳斥这封信……

目前,在中央委员会与中央机关报串通起来不允许召开代表大会的情况下,代表大会的召开不定会拖到什么时候。多数派决心不管怎样都要达到召开代表大会的目的,但它只有团结起来和组织起来才能达到这一目的。

好吧,信就写到这里。

祝一切都好!

列　宁

从日内瓦发出

载于 1930 年《列宁文集》俄文版
第 15 卷

译自《列宁全集》俄文第 5 版
第 46 卷第 407—409 页

307

致俄国社会民主工党莫斯科委员会

莫斯科

11 月 29 日

亲爱的同志们:你们的决议[452]已经收到。对你们答应提供帮助表示感谢。请将委员会的情况告诉我们。这个通信地址是否能用,我们没有把握[453],所以信写得很简短,而要谈的事情却很多。信收到后望即告知。

致同志的敬礼！

列　宁

从日内瓦发出

载于 1963 年 4 月 21 日《莫斯科
真理报》第 95 号

译自《列宁全集》俄文第 5 版
第 46 卷第 409 页

308

致俄国社会民主工党巴库委员会①

巴　库

11 月 29 日

亲爱的朋友们：我们将满足你们的要求，目前仅把我们自己出版的书刊先试寄半普特，免得去购买。如果试寄成功，以后就根据你们的要求寄。此外，我们已按照拉伊萨给的地址安排好寄邮包的事。听到列诺奇卡的消息，我们非常高兴。她为什么不写信来呢？其他人也不那么按时来信。我们 11 月 10 日发的信②是否收到了？

总委员会决不会允许召开代表大会，这已是愈来愈明显的了。普列汉诺夫竟这样直截了当地说：代表大会是开不成的！中央机关报把各委员会的决议扔进废纸篓，这还算是好的，要不就像对待

① 这封信是娜·康·克鲁普斯卡娅受列宁的委托写的。——俄文版编者注
② 见本卷第 302 号文献。——编者注

尼古拉耶夫委员会一样,把决议退回,并破口大骂一通。尼古拉耶夫委员会曾寄来过一份赞成召开代表大会的决议,但是没有按照总委员会规定的格式,为此,决议的起草人被骂为制造假决议的骗子和冒名顶替的家伙······ 为了**迫使**总委员会召开代表大会,多数派必须组织起来,关于这一点列宁在上一封信中已经谈到了。你们是否收到了《火星报》关于地方自治运动给党员的信?(请参看给明格列利亚-伊梅列季亚委员会的信①。)

好吧,信就写到这里。请把通讯稿寄来,多数派正在考虑出版自己的机关报。党的机关的伪善行为愈来愈促使人这样去做。

我们收到了高加索联合会委员会的来信(由中央机关报编辑部转来),即将回信。

敬礼!

列　宁

附言:巴统的情况如何?那里的情绪怎么样?

从日内瓦发出

载于1930年《列宁文集》俄文版
第15卷

译自《列宁全集》俄文第5版
第46卷第409—410页

---

① 见本卷第306号文献。——编者注

309

致　某　人

（12月2日以前）

尊敬的同志：

我的回信写迟了，请原谅。我很忙，而现在又要离开日内瓦数日[454]。回来后当争取尽快同您会面。

握手！

列　宁

译自《列宁全集》俄文第5版
第46卷第410—411页

310

致娜·康·克鲁普斯卡娅

1904年12月3日

今天寄给邦契一封公函，忘掉加上一件要紧的事：（莱特伊仁编的词典），需印**3 000**册，计算价格时一定要知道这一点。马上把这一点告诉邦契。

寄去拉伊萨今天收到的联合会委员会和中央委员会高加索代表的联合声明[455]。**我认为：必须立即由我们的出版社以传单形式**

翻印这个声明,务请速办;传单可附上尼古拉耶夫等委员会的决议,但篇幅要很小,2—4(至多)页(不需任何标题,只在下边注明哪一个出版社即可)。

你的信刚刚收到。我不了解利亚多夫和拉赫美托夫的"计划"是怎么一回事,但觉得有点不妙。**我争取尽快去**,也催鱼雷艇快去。

所附的纸条,烘了以后还是看不见。或者你用别的试剂试一试。

出乎意料,晚上有空。所以背面再写一信,请马上把它寄给这3人①亲收,用我个人名义,因为我没有征求意见;让这封信狠狠地刺激他们一下,如果所得消息有夸大的地方,那我们以后再加以分析,但涣散现象已经出现,这是事实,必须及时防止,并在一开始就给以严厉批评;务必用我个人的名义把这封信马上送给他们3人。明天同鱼雷艇谈一下,他大概会赞同我的主张,瓦西里·瓦西里耶维奇和施瓦尔茨也会同意,但是信由我亲自写好些。本想写信给马尔丁·尼古拉耶维奇,也骂他一下,然而想到这毫无用处;我准备找他谈谈,因为他在这里暂时没有害处。我的信会稍许制止已经产生的国内毒害的蔓延。你不让马尔丁·尼古拉耶维奇马上写信到巴黎告诉我各种情况,实在是多此一举,我很需要他来信。

又读了一遍给拉赫美托夫的信,也许可以删掉一些骂语,但是该信**迫切希望**你马上送去并毫不含糊地用我个人的名义。

我去过莱特伊仁那里。他向我念了普列汉诺夫给他的信。普

---

① 见下一号文献。——编者注

列汉诺夫责骂列宁，当然骂得很凶。信中说"托洛茨基的小册子像他本人一样坏透了"，并请莱特伊仁"不要跟随少数派，而跟随他"（普列汉诺夫），他抱怨"自己一生的惨痛遭遇"，说"20年之后竟没有一个同志信任他"，他说，他所祈求的是"同志般的信任，而不是屈从权威"，他"正在认真地考虑辞职"……这暂时只是我们之间私下说的。

前几天捷依奇写信给莱特伊仁，**要求**给以金钱**援助**，说他们没有分文。查苏利奇（更早一些）也给叶弗龙写过信，责骂加廖尔卡，并且把谢尔盖·彼得罗维奇（!!）当做加廖尔卡。

我希望后天星期一动身；星期二和星期三在苏黎世，星期四在伯尔尼作报告，星期五在家里。但可能还会拖延几天。**456**

往苏黎世给我写信由阿尔古宁转交（用两个信封，内信封粘得牢些，仔细些）。洛桑那边来信没有？是否请我去？告诉地址没有？

你的 尼·列宁

务必立即写信通知我们**所有的**委员会，要它们寄来**公开**翻印编辑部关于地方自治机关的公开信的**正式指示**。这是以防万一。希办此事，**不要有任何推托**。请弄到（或翻印）该信，套上信封分发给多数派委员会。

从巴黎发往日内瓦

载于1930年《列宁文集》俄文版
第15卷

译自《列宁全集》俄文第5版
第46卷第411—413页

311

致亚·亚·波格丹诺夫、
罗·萨·捷姆利亚奇卡和
马·马·李维诺夫

列宁致拉赫美托夫、捷姆利亚奇卡和老大爷(私人信件)

1904年12月3日

亲爱的朋友:我得到了马·尼·来到的消息(我自己没有见到他),从这些消息中断定,我们的事情非常不妙。国内和国外的布尔什维克之间又出现某种涣散。根据3年来的经验,我知道这种涣散对事业极为有害。我看涣散是在下述3点中:(1)有人阻碍拉赫美托夫来此;(2)有人把问题的重心从这里的机关报转移到其他方面,转移到代表大会和国内组织委员会等方面;(3)有人容忍甚至支持中央委员会同多数派的著作家小组的某种交易,容忍甚至支持在国内创办机关报的近乎愚蠢的举动。如果我对涣散的看法不错,那我应当说:多数派的凶恶敌人想不出比这更坏的事来的。阻留拉赫美托夫的起程简直是不可原谅的愚蠢,甚至是背叛行为,因为流言蜚语愈来愈多,而且由于要在国内现在就干出一些名堂的那些幼稚愚蠢的计划,我们就有丧失这里所需的力量的危险。拖延创办多数派国外机关报(为此只是缺少经费)更是不可原谅的。目前整个的关键在于这一机关报,没有它,我们就会走向不光彩的、必然的死亡。无论如何要不惜代价设法弄到一点钱,哪怕只有几千卢布,而且要立即筹集,不然我们便会葬送自己。只有十足的蠢人才把**一切**希望寄托在代表大会上面,因为很显然,总委员会将破坏任何的代表大会,还在召开之前就加以破坏。千万要很好地理解我的话:我不是主张放弃为召开代表大会而进行的鼓动工作,不是主张抛掉召开代表大会这一口号,现在只有小孩子才会只要求这一点,看不到关键在于**实力**。关于召开代表大会的决议依旧分发(为什么马·尼·到各地去的时候一次也没有重提决议的事,这是非常遗憾的),但是**问题的关键不在这里**,难道可以不看到这一点吗? 组织委员会或多数派常务局是需要的,但没有机关报,这将是一种毫无价值的东西,是一件可笑的事,是一个肥皂泡,一碰就破。无论如何要创办机关报,要筹集经费;寄钱来,不管你们想什么办法,但是要把钱寄来。组织委员会或多数派常务局应当给我们创办机关报的全权(快些快些),应当到各委员会去联络,但如果组织委员会打算**先**做"有效的工作"而**暂时放下**机关报,那么这个愚蠢的组织委员会就真是要我们的命了。最后,不管在国内出版什么,不管跟中央委员会中的坏蛋搞什么交易,都是直接的背叛行为。中央委员会想离间和分裂国内的布尔什维克和国外的布尔什维克,这是很明显的,这是它蓄谋已久的计划,只有最幼稚愚蠢的人才会落入这个圈套。指望靠中央委员会的帮助在国内创办机关报这是妄想,简直是妄想,或者说是背叛行为,根据事件的客观逻辑一定得出这种结果,因为机关报或通俗性的报刊的创办者必定会被中央委员会这类各式各样的害虫所愚弄。我坦率地预言这一点,**事先**对这伙人就完全不抱任何希望。

再说一遍:首先要做的是创办机关报,机关报,还是机关报,还有机关报的经费；现在把钱用在其他方面是极不恰当的。必须立即把拉赫美托夫拉到这里来，立即拉来。首先必须到各委员会去组织通讯工作（我们到今天还没有开展通讯工作，这是不可宽恕的和可耻的！！这简直可耻透顶，这是葬送事业！！），为召开代表大会而进行的一切鼓动工作只能作为**附带的**事情。多数派各委员会必须立即同中央委员会**真正决裂**，把一切关系转到组织委员会或多数派常务局；这个组织委员会**应当立即**在报刊上通告自己的成立，务必迅速发表这个通告。

如果我们不能消除多数派内部这一刚出现的涣散，如果我们不采取跟拉赫美托夫通信和会见（**主要的**）的办法商谈这件事，那么我们这里所有的人**简直就是听之任之，放弃全部事业**。假若你们愿意一道工作，就应该步调一致，彼此商量，按照协议行动（不是违背协议，也不是不要协议），有人本来是去为机关报筹集经费，可是鬼知道是在干什么龌龊的勾当，这简直是可耻的、岂有此理的事情。

近日我通过报刊更坚决地反对中央委员会。如果我们不跟中央委员会和总委员会决裂，我们将活该被人唾弃。

我等着回信和拉赫美托夫的到来。[457]

尼·列宁

从巴黎发往俄国

载于1930年《列宁文集》俄文版
第15卷

译自《列宁全集》俄文第5版
第46卷第413—415页

312

致俄国社会民主工党高加索
联合会委员会

12月5日

亲爱的同志:我们收到了:(1)俄国社会民主工党巴库委员会中觉悟工人的代表关于改组巴库委员会的声明;(2)巴拉哈内和比比-埃巴特工人10月20日的传单;(3)巴库委员会的传单《新的狐狸尾巴政策》;(4)必要的说明;(5)11月9日的声明。我们没有巴库委员会的决议,也没有高加索各委员会代表会议的决议,而后一个决议据说已给我们寄来了。

关于"声明"的问题,必须指出以下情况。当时(夏天),中央委员会驻高加索的代表寄来了一封关于少数派事件的十分详细的信。这封信立即转给了中央机关报,所以总委员会完全了解他的意见,参加调查这一事件的中央委员格列博夫也是了解他的意见的。

多数派正在出版小册子《反党的总委员会》,这本小册子将根据中央委员会驻高加索代表的意见详细阐明这一事件。**458**

请告诉我们,从索斯诺维茨可以寄出多大体积的邮包。望赶快回答这个问题。

目前在《火星报》编辑部和多数派之间正在对地方自治运动的问题展开激烈的争论。编辑部印发了一封"仅供党员阅读"的荒谬的信,这封信把如何对待地方自治人士的问题搞得极为混乱。列宁写了《地方自治运动和〈火星报〉的计划》①这本小册子来驳斥它。这个问题并没有什么秘密可言，同时这个问题又十分重要，需要进行公开讨论。

因此请你们要求把编辑部关于地方自治运动的信翻印出来公开发给大家。否则，在《火星报》上说的是一回事，而在给党员的信中说的又是另一回事，实在太不像话了。这个问题引起了普遍的不安。帕尔乌斯寄来了一封信，表示赞成列宁的观点，反对少数派的观点。《地方自治运动和〈火星报〉的计划》这本小册子已给你们寄去了。

请转告列诺奇卡，她的来信已经收到，这封信落到了少数派手中，转过来时已被拆开。日内我将给她去信，她真是一个十足的悲观主义者……

致同志的敬礼！

列　宁

从日内瓦发出

译自《列宁全集》俄文第 5 版
第 46 卷第 415—416 页

313

致马·马·李维诺夫

（12 月 8 日）

列宁致老大爷

亲爱的朋友：您的来信使我非常满意，现在赶紧回复。您说得

---

① 见本版全集第 9 卷第 59—78 页。——编者注

很对,必须坚决地、革命地行动,而且要趁热打铁。我也同意必须联合多数派委员会。现在我们大家都了解到,必须建立俄国国内中心和创办这里的机关报。我们已经为机关报尽了一切的力量。列兵正全力以赴,他带动了一些人,自己完全投入其中,并且千方百计地寻求大财主,成功的希望不小。最后,您也说得很对,必须公开行动。我们之间的争论所涉及的只是局部性问题,必须冷静地加以讨论。争论的问题是:召开委员会代表会议呢,还是直接成立起初只为多数派的几个委员会承认,以后再为所有委员会承认的"多数派委员会常务局"(我们觉得这个名称比组织委员会更好些,虽然问题自然不在于名称)。您赞成前一个方案,我们主张后一个方案。如果代表会议能够在国外召开,我就完全赞同。在俄国,这样做危险大,费时间,效果小。而敖德萨+尼古拉耶夫+叶卡捷琳诺斯拉夫已经取得了一致意见。它们委托"22人会议""任命组织委员会"。我们在回信中建议用"多数派委员会常务局"这一名称,并向它们推荐7位候选人(水妖、费利克斯、捷姆利亚奇卡、巴甫洛维奇、古谢夫、阿列克谢耶夫和男爵)。关于这件事我们正写信给敖德萨和圣彼得堡。阿列克谢耶夫已经去您那里了。采用下面的办法是否更好些,即先由里加、圣彼得堡+莫斯科选出候选人,然后马上**公开**通告此事(寄上通知的草案①),然后速去北方委员会、高加索、萨拉托夫、下诺夫哥罗德等地,请它们加入,并尽可能放宽尺度把**它们的**一两个候选人补充进常务局(虽然还不晓得新加入的委员会是不是要求大大增加常务局的人选)。我决不认为,我们会由于常务局的人选而碰到困难。

---

① 见本版全集第9卷第50—54页。——编者注

这一办法的好处是:迅速、简便、安全。这些好处十分重要,因为现在速度决定一切。常务局将是联合各委员会的正式机关,一旦发生分裂,它实际上将完全代替中央委员会。我们未来的中央机关报的著作家小组的人选也已全部指定:(5人或6人:列兵、加廖尔卡、我、施瓦尔茨+卢那察尔斯基,可能还有巴扎罗夫)。请您加紧着手运送工作。我们这里配备了一位以前的崩得分子,他曾在两条国境线上做过很多工作;他答应每月有200—300卢布就能办理此事。现在只是等待经费,一有经费,我们就让他同您联系。

你们的办法的不利地方是时间长。我认为向中央委员会和总委员会提出最后通牒是毫无用处的。中央委员会口是心非,我现在丝毫不怀疑他们已把自己完全出卖给少数派,并在彻底而无条件地伪造代表大会。不要抱幻想。目前,所有的中央机关都掌握在他们手里,他们拥有伪造代表大会的一切手段,而且他们已经开始这样做了。我们准备在报刊上通过对总委员会决议(《火星报》第73—74号合刊的附刊)的分析来证实这一点。当然,我们现在和将来都主张召开代表大会,但是必须到处大声疾呼:他们已在伪造代表大会,我们要揭发伪造行为。其实,我现在把召开代表大会放在最末位,而把创办机关报和建立俄国国内中央机关放在首位。当有人同少数派搞交易迫使我们走上这一步的时候,说我们这种做法不正当是可笑的。说少数派的秘密组织已经解散,这是谎言。没有解散,有3个中央委员加入了这个秘密组织,这就是问题的全部。现在,所有这3个中央机关组成一个反党的秘密组织。只有傻瓜才看不到这一点。我们应当用公开的组织来回答它们,并揭露它们的阴谋。

请您加强所有的人对我们的组织和未来的机关报的信心。在

列兵办完事情以前,只能再忍耐一下。请收集并寄来通讯稿(**始终写列宁收**)和材料,**特别是**来自工人的通讯稿和材料。我同您的分歧是局部性的,因为对于召开代表会议我自然只有感到高兴。可是,说实在的,这是不值得操心的事;立刻由常务局发通知要好得多,因为在常务局的人选方面,我们容易达成协议,不会发生争执。而常务局一旦宣告成立,就会很快得到承认,这样它就可以开始代表所有委员会讲话了。请您对此再好好考虑一下并从速答复。

从日内瓦发往俄国

载于1926年《列宁文集》俄文版
第5卷

译自《列宁全集》俄文第5版
第46卷第417—419页

314

致罗·萨·捷姆利亚奇卡

老头致捷姆利亚奇卡

1904年12月10日

我刚外出作报告归来,就接到了您的第1号信。我同水妖谈了。您是否收到我的一封骂人的信(该信也是给老大爷和司索伊卡的①)?关于组织委员会的人选,我当然接受总的决定。我看,不要把列兵也拉入,应该立即派他到这里来。其次,为了经常去各委员会和帮助它们建立相互间的联系,必须成立特别小组(或增加

① 见本卷第311号文献。——编者注

组织委员会的人员)。我们同各委员会和同国内的联系一般说来还非常不够,必须全力开展通讯工作和一般同志间的通信。为什么不使我们同北方委员会、同莫斯科印刷工人(十分重要!)、同里亚霍夫斯基、同图拉和下诺夫哥罗德取得联系呢?请速办此事。再次,为什么各委员会不把再一次通过的召开代表大会的决议寄给**我们**呢?必须寄来。我非常担心,您对代表大会和中央委员会过分乐观了,您从《反党的总委员会》这本小册子(已经出版)中可以看到,他们为了破坏代表大会,不顾一切,不择手段。我认为,组织委员会没有在报刊上发布通知,这是极端错误的。第一,必须发布通知,使我们的公开活动方式与少数派的秘密组织形成对照。不然中央委员会一定会抓住你们,利用司索伊卡的最后通牒,宣布你们是"秘密"组织,这对多数派来说将是耻辱,而过错完全在你们身上。第二,必须在报刊上发布通知,让广大的党的工作者知道新的中央机关。你们任何时候用任何信件都不能做到这一点,连大体上也做不到。第三,多数派委员会团结一致的声明对于安定并鼓舞那些消沉的(特别是在国外这里的)多数派,具有巨大的精神作用。忽视这一点将是极严重的政治错误。因此我一再坚持:北方代表会议一结束,多数派常务局(或多数派委员会组织委员会)马上在报刊上发表声明,同时说明声明得到敖德萨、叶卡捷琳诺斯拉夫、尼古拉耶夫、高加索4个、里加、圣彼得堡、莫斯科、特维尔和北方等地(也许是图拉+下诺夫哥罗德)12—14个委员会的同意,并且是在它们的**直接委托**下发表的。这不但不会妨碍,而是会大大有助于争取召开代表大会的工作。你们是否同意,请立即告我。

关于地方自治运动,我竭力建议在国内立即公开(不要加上"供党员阅读"这种愚蠢的标题)出版我的小册子和给《火星报》编辑部的信。或许我将再写一本小册子，但必须翻印跟《火星报》论战的文章。最后有一件特别紧急的要事：我能否代表多数派委员会组织委员会（或者代表多数派委员会常务局更好些）在这里所发表的关于新机关报的宣言①上签名？我能否在这里代表常务局发言？能否称**常务局**为新机关报的发行者和编辑部的组织者？这是极为紧急的要事。见到列兵，请告诉他，要再三向他说，如果他不愿葬送自己，不愿使工作遭到极大的损害，他应当马上动身，毫不踌躇地立即来此，见过他后，请立即回复。国外流言纷纷，我在巴黎和苏黎世等地作报告时亲自听到过。最后的告诫：或是马上赶到这里来，或是毁灭自己并使我们的整个工作推迟一年。我在这里不打算也不会向任何人提出关于召开代表大会的任何最后通牒，因为这只会引起人们的讥笑和嘲弄；虚张声势是不必要的。如果我们公开以多数派常务局的名义活动，公开主张召开代表大会，而不是进行至多只能拖延事情，只有利于格列博夫、科尼亚金、尼基季奇等等坏蛋策划新阴谋的任何隐蔽而愚蠢的谈判，我们的立场将会十倍地鲜明和正确。这里的多数派都为创办机关报奔忙、操心，都渴望着它的创立，到处在要求出版机关报。没有常务局的直接委托，就不能创刊，而创刊又是必需的。至于经费，我们在采取一切措施筹集，希望得到一些，请你们也设法筹集。千万尽快授予我们以常务局名义办报的全权，并请在国内印发关于此事的传单。

从日内瓦发往俄国

载于1930年《列宁文集》俄文版
第15卷

译自《列宁全集》俄文第5版
第46卷第419—421页

---

① 见本版全集第9卷第83—88页。——编者注

315

致加·达·莱特伊仁

1904 年 12 月 12 日

亲爱的莱特伊仁:今天我们最后地即**实际地**解决了机关报的问题。我们打算在 1 月 1—10 日之间开始出版;开本是旧《火星报》的一半(类似《解放》杂志);篇幅为 10 万字母,也就是说,大约相当于旧《火星报》的 4 版;出双周刊,最好是出周刊。**459**

每一号大约要花费 400 法郎。出一号的钱是有的,而往后呢,只有**诺言**…… 这是很不够的,而在最初阶段尤其难以维持。因此,我想起了您的建议,现在就写信给您,请您把这个问题更细致地跟人商量一下并写信告诉我们,您能提供多大数目的帮助;我们将在万不得已时指望您的帮助(除国内答应寄来"一大笔款子"外,我们还有些"希望"能在这里搞到几百法郎;是的,除此之外,到目前为止,在过去的三四个月内,出版小册子通常还得到一两千法郎)。最好能让我们知道,在无法从任何地方筹集经费、机关报面临夭折危险的万不得已的情况下,我们肯定能从您那里**最多**得到一笔多大的款子。

其次谈谈撰稿问题。我们指望您担任报道法国运动的常驻记者。打算两星期一次,刊登 8 000—12 000 个字母报道法国社会主义和工人运动等情况的材料。**请您务必在 1 月 1 日前寄来。**

再次,既然您熟悉法国的政治生活(正如您对我讲过的那样),并有可能了解新出书刊的情况,有时比从巴黎了解得还好,那么,也许您能向我们指出有意思的新书、杂志上的文章和短评以及其他资料,有时还能弄到一些寄给我们,或者写些评介文章等等。要知道,现在国外报刊都**大量**刊登有关俄国的消息。我们对好多情况永远无法知道,也无法听到,而您所看到的书报杂志却要多得多。举例来说,不久以前,我曾读到过一篇关于《卢布和机灵鬼》一书的介绍,书是一个战时逃离俄国的法国记者写的。为报纸随时了解这类新书并**写文章**加以评介,这是非常重要的。请您对此特别加以注意,并在写作上为我们提供**各方面**的帮助。还要请您介绍一些有意思的新的出版物,并从**社会主义的**报章杂志中作些摘录寄给我们,供译出登在报纸上,等等。您不是几乎对所有法国的(<u>和比利时的?</u>①)社会主义报刊都注意的吗?

您要知道,根据上述情况,我们是**十分认真地**把希望寄托在您身上的。

请您一定要在圣诞节期间到这里来。利用这个空暇详尽地、具体地谈谈,看来是非常重要的。

您是否已写信给普列汉诺夫谈了新《火星报》的"地方自治"观点? 他们的信是多么愚蠢,是不是? 而斯塔罗韦尔在第78号上写的东西,那简直妙极了。

您的　尼·列宁

顺便提一下,您是否能给我寄一些材料来,以便驳斥斯塔罗韦尔对克列孟梭的话的引用**460**。因为他引用错了。请您设法找到

---

① 我们在比利时没有记者。您能否担任这项工作或推荐一个人?

材料并寄来。用事实加以驳斥是大有教益的。

从日内瓦发出

载于 1963 年 4 月 21 日《莫斯科
真理报》第 95 号

译自《列宁全集》俄文第 5 版
第 46 卷第 421—423 页

316

致俄国社会民主工党高加索
联合会委员会

（12 月 12 日以后）

列宁致高加索联合会

亲爱的同志们：刚刚收到你们代表会议的决议[461]。必须再寄给我们一份较清晰的抄本，因为决议中好多地方看不清楚。同时必须尽快实现你们的极好的计划——派遣自己的特派代表到这里来。不这样，确实很难甚至几乎不可能互相谈通和消除相互间的误会。而在目前这样做极为必要。

你们远不了解总委员会和中央委员会的一切文件和一切卑鄙行为。毫无疑问，它们已经破坏了党的第三次代表大会，现正在分裂所有的委员会。必须立即（1）成立多数派委员会常务局，（2）把有关代表大会的一切事务和对各委员会的全部领导工作交给常务局，（3）支持我们的机关报《前进报》，（4）公布你们的决议（是否把这件事全权委托给我们？）和关于成立常务局的声明。

请尽快答复。

你们的　**列宁**

　　我们不了解,你们(高加索)局对全俄多数派委员会常务局持什么态度。尽快回信,最好派代表来。

从日内瓦发出

载于1926年《列宁文集》俄文版
第5卷

译自《列宁全集》俄文第5版
第46卷第424—425页

317

致罗·萨·捷姆利亚奇卡

回信

12月13日

　　第二封信收到了。头一封信没收到。祝贺您对字母①的进攻旗开得胜,请把这事进行到底。机关报已安排就绪,我们打算在1月份出版。(**急需钱用**。望立即采取一切措施,哪怕能寄1 000—2 000卢布来也好,否则我们就悬在空中,只好完全靠碰运气办事了。)请立即回答:(1)您什么时候能见到字母,打算什么时候最后把事情弄清楚;(2)字母答应每月究竟给多少? (3)您是否对字母谈过**司索伊卡**,谈了些什么? (4)字母同**查卢什尼科夫**的会见应该

---

　　① "字母"即马克西姆·高尔基。——编者注

是什么性质的（是要同司索伊卡谈话？是一般地认识一下？还是要交付一笔款子?)？这次会见是否举行过？您什么时候能知道会见的结果？

从日内瓦发往俄国

译自《列宁全集》俄文第 5 版
第 46 卷第 423—424 页

318

致列·波·加米涅夫

（12 月 14 日）

经高加索联合会委员会转
尤里

　　亲爱的同志：十分感谢您的来信和《〈火星报〉的军事行动》一文的**开头部分**（结尾部分还没有收到）。我们这里很少得到来自国内的消息，很少有人"不是为了应尽的义务"而是为了交流思想给我们写信，所以您的信特别使我感到高兴。请更经常地来信并与我们在最近就要出版的新机关报更紧密地合作（关于机关报的问题，我们写了一封详细的信给高加索联合会，请他们也转给您看看①；请把这封信要来，并尽可能广泛地使持多数派观点的同志们了解信的内容）。我感到，您的文章毫无疑问地证实了您的写作能

----

① 见本版全集第 9 卷第 83—88 页。——编者注

力,因此我恳请您不要放弃写作。就连这篇文章,在经过改写后用在报刊上也是完全可以的(像现在这个样子,您自己也已经指出,它是有些过时了)。请尽快地答复这封信,同我们建立直接的通信联系并经常来信。在很少收到国内来稿的情况下,这样做是绝对必要的。来信也请谈谈当地的情况。您看到过哪些多数派的书刊。

致同志的敬礼!

列　宁

从日内瓦发往高加索

载于1926年《列宁文集》俄文版
第5卷

译自《列宁全集》俄文第5版
第46卷第425—426页

319

致俄国社会民主工党高加索
联合会委员会

(12月20日)

亲爱的同志们:接到你们关于《无产阶级斗争报》[462]的来信。我将尽力写稿,并转告编辑部的同志们。我现在紧张地忙于新机关报的工作。关于这件事已经给你们去了一封详细的信①。请尽快告知你们的意见,请多多地寄来工人的通讯稿。机关报能否办

---

① 见本版全集第9卷第83—88页。——编者注

好现在特别取决于你们,因为开头总是特别困难的。

你们的 **尼·列宁**

从日内瓦发出

载于1930年《列宁文集》俄文版
第15卷

译自《列宁全集》俄文第5版
第46卷第426页

320
致俄国社会民主工党特维尔委员会

12月20日

　　亲爱的同志们:你们的来信收到了。纳德松的诗《麦菲斯托费尔之歌》。[①] 我们直接寄给你们的只有两封信,而你们却说收到了三封……　你们为什么对地方自治运动的问题避而不答,对当地的情况也只字不提。调和派断言,特维尔委员会已倒向他们一边,他们引用了《火星报》第79号上你们的一篇署名为“特维尔委员会”的通讯作为证明。我们通过一位同志寄给你们一封关于出版新的多数派报纸《前进报》的信。信中详细地说明了是什么原因迫使我们出版这份报纸的,并阐明了报纸的任务和其他问题。请告诉我们,你们是否收到了我们这封详细的信,你们对它抱什么态度。望务必把情况,把当地的工作写信告诉我们。我们一点也不知道现在特维尔的工作进行得怎么样了:有没有书刊和技术设备,是否在印发传单,印发什么样的传单,委员会的联系面广不广,地

----

　　① 这是用来解读这封信的密匙。——俄文版编者注

方自治运动是如何进行的,等等,等等。把关于(1)罗戈娃,(2)家长,(3)老爷爷的情况再写一遍来。——

列　宁

从日内瓦发出

译自《列宁全集》俄文第5版
第46卷第426—427页

321

致玛·彼·哥卢别娃

(1904年12月23日和1905年1月4日之间)

列宁致雅斯涅娃(私人信件)

我给您写过一封信,寄往萨拉托夫,但没有收到回信。[①] 请来信说明这是怎么回事:是您没有收到信呢,还是我们已经分道扬镳了? 如果属于前者,那么您的缄默也是不能原谅的,因为我们一直在设法同萨拉托夫取得联系,快有一年了。您总得写封回信来才是!

从日内瓦发往萨拉托夫

载于1930年《列宁文集》俄文版
第15卷

译自《列宁全集》俄文第5版
第46卷第427页

---

① 见本卷第292号文献。——编者注

322

致阿·伊·叶拉马索夫

(1904 年 12 月 23 日和 1905 年 1 月 4 日之间)

列宁致和尚(私人信件)

亲爱的同志:得知现在可以与您建立更正常的关系,我很高兴。如果您能借此机会亲自来信谈谈您的情绪和最近的打算,那就太好了。要不然直到现在,关于您的一切消息都是通过联络人得知的,这就往往对相互了解造成某些困难。

一年来,我们党的事业不像个样子,您大概也听到一些。少数派彻底破坏了第二次代表大会,创办了新《火星报》(您见过新《火星报》没有? 您对它的态度如何?),现在,当大多数已经表示意见的委员会起来坚决反对新《火星报》的时候,少数派又破坏了第三次代表大会。少数派非常明白,党不会容忍它们的机关报,因为后者在斗争中从事造谣诬蔑和进行无谓争吵,在原则方面重新投向工人事业派,即重又主张有名的组织-过程论。

现在立场明确了。多数派委员会联合起来了(高加索 4 个委员会和敖德萨、叶卡捷琳诺斯拉夫、尼古拉耶夫、圣彼得堡、莫斯科、里加、特维尔、北方及下诺夫哥罗德的委员会)。我在这里(同新的写作力量一起)开始出版《前进报》(预告已经发出,公历 1 月初出第 1 号)。请告诉我,您对它的态度如何,是否可以指望您的支持,您的支持对我们是极为重要的。

从日内瓦发往塞兹兰

载于1930年《列宁文集》俄文版
第15卷

译自《列宁全集》俄文第5版
第46卷第428页

323

致玛·莫·埃森

列宁致尼娜·李沃夫娜(私人信件)

1904年12月24日

　　亲爱的小兽:早就准备给您写信,由于忙乱耽误了。现在我们情绪高涨,大家都拼命干。昨天发表了我们《前进报》出版的广告。所有的多数派都空前地欢欣鼓舞。令人厌恶的无谓争吵终于被打断了,我们开始同那些愿意干事而不想胡闹的人齐心协力地工作! 著作家小组的人选很强,有新生力量;经费不够,不过很快就会有的。出卖我们的中央委员会完全丧失了信用,它自行增补了(卑鄙地——偷偷地)孟什维克分子,并忙于反对召开代表大会。多数派的委员会正在联合起来,已经选出了常务局,现在机关报将把它们完全联合在一起。乌拉! 不要泄气,现在我们会愈来愈有生气。不管怎样,我们相信迟早一定会见到您的。来信谈谈您的健康情况,主要的是要振作精神,要知道,我们还不算老,还大有可为。紧紧拥抱!

您的　**列宁**

从日内瓦发往俄国

载于 1926 年《列宁文集》俄文版
第 5 卷

译自《列宁全集》俄文第 5 版
第 46 卷第 429 页

324

致俄国社会民主工党高加索局

(不早于 12 月 25 日)

致高加索局

　　亲爱的同志们:你们的声明收到了。我们不知道局里写过什么。现在把我们所知道的告诉你们。我们曾给你们寄去了南方各委员会代表会议的几份决议和 22 人会议参加者的答复。你们说南方各委员会建议 22 人小组从**该小组**中任命多数派委员会常务局的成员,我们要对这一说法作一点小的更正。他们是建议把 22 人会议参加者认为凡是适合于常务局工作的同志都提出来。从 22 人会议参加者的答复中可以看出,他们决不认为自己有权"任命",因此,他们提出了一张名单,请各委员会斟酌后加以变动或补充。你们不是收到了这封信吗? 南方的同志们也是这样看问题的,因为他们不同意提出的名单,而提名**列兵和捷姆利亚奇卡**参加常务局(一点小小的说明:所有提出的候选人,除两人外,都在俄国国内,而且其中的一人刚从俄国回来,马上又要到那里去)。就我们所知,他们所提的人选同高加索局所提的人选是一致的。但这些人并不认为自己有权在北方各委员会代表会议之前采取任何步骤,这个会已经开过了。这就是它的决议①。这样,有13个委员会(高加索的4个委员会＋南方的3个委员会＋北方的6个委员会)已宣布赞成召开代表大会和成立多数派委员会常务局了。正如你们所看到的,现在所做的一切,都是为了使国内的各个委员会有可能达成协议。除上述13个委员会外,还有另一些委员会也表示赞成召开代表大会,中央委员会自己承认,已经有16个委员会赞成召开代表大会,但它宣布说,现在已经需要有19个委员会赞成才能召开代表大会(这是它对敖德萨委员会宣布的)。

无论如何多数派委员会要赶紧组织起来。日内你们将收到几份文件,从这些文件中你们可以看到,中央委员会同少数派的谈判是怎样开场的,谈判又取得了怎样的结果:由少数派保留技术机构的自治权和增补(暂时是非正式的)3名最激烈的孟什维克进入中央委员会,把这些人增补到中央委员会去是少数派从一开始就要求的。孟什维克开始为所欲为了。彼得堡事件就是一个证明。工人们急于要直接参加游行示威,委员会确定在28日游行,但在许多区里组织者是孟什维克(彼得堡委员会认为不能撤销孟什维克的工作),他们一直在加紧进行反对委员会的鼓动工作,中央委员会不给委员会书刊,孟什维克是有书刊的,但他们当然不会给委员会,孟什维克没有在他们的区里进行游行示威的准备工作。游行示威前3天,孟什维克搞垮了委员会召开的一次会议,他们利用3个布尔什维克缺席的机会破坏游行示威,15 000张传单被焚毁,当布尔什维

---

① 决议的文本没有抄录。——俄文版编者注

克大吃一惊,赶忙召开另一次会议时,已经迟了,什么也来不及做了,工人们几乎没有去参加游行示威。对委员会的愤慨情绪极为强烈,于是,干了所有这些坏事的孟什维克便分离出去,几乎把所有的区都抓过去了,而且得到了书刊、关系和经费方面的补充。现在在彼得堡有两个委员会。毫无疑问,在其他城市中也会搞这么一套的。孟什维克是不择手段的,他们利用掌握了中央委员会、中央机关报和总委员会的条件,要推行使多数派化为乌有的路线。这算什么原则斗争! 这是对党、对原则的最卑鄙无耻的嘲弄。正因为如此,我们已开始出版自己的机关报。党已经完全分裂,如果不愿意容忍党性沦为小组习气的牺牲品、党内长期充斥无原则性或党被推向经济主义和工人事业派的话,那就不能迟疑了。

从日内瓦发出

译自《列宁全集》俄文第 5 版
第 46 卷第 429—431 页

325

致罗·萨·捷姆利亚奇卡

列宁致捷姆利亚奇卡(私人信件)

1904 年 12 月 26 日

　　亲爱的朋友:接到了您的委任书。几天前,我在报刊上谈到您的事情①。几天前也收到了北方代表会议[463]的记录。乌拉! 您的

---

　　①　见本版全集第 9 卷第 98—106 页。——编者注

工作很出色,祝贺您(同老大爷和耗子等人)取得巨大成绩。在俄国的环境下,召开这样的代表会议是一件极其困难的事情,可是它召开了,而且看来开得很成功。代表会议的意义巨大;恰好在这个时候我们报纸(《前进报》)的第1号预告也搞好了。预告已经登出了。第1号将于公历1月初出版。现在的任务是:(1)尽快在俄国印发关于成立多数派委员会常务局的传单。千万别拖延这件事,哪怕是一个星期。这件事的重要性是难以估计的。

(2)再到南方(和伏尔加河流域)各委员会去一次,尽力告之千方百计地支持《前进报》的重要性。

有老大爷在,运送不成问题。希望他采取十分有力措施,万一被破获能把自己未办的工作交给他人。

赶快把拉赫美托夫从危险地点派到指定他去的地方。快些!

一旦有钱,我们就派去许多人。

关于彼得堡的丑事(少数派破坏游行示威),我们将在《前进报》第1号上登载①。

赶快公开通知常务局的成立,并且一定要列举所有的13个委员会464。愈快愈好!那时钱也会有了。

和全体朋友紧紧握手!

您的   列宁

从日内瓦发往俄国

载于1926年《列宁文集》俄文版
第5卷

译自《列宁全集》俄文第5版
    第46卷第431—432页

---

① 见本版全集第9卷第123—127页。——编者注

326

致 A.Я.伊萨延科

（12 月 26 日）

昨天我们听到了彼得堡分裂的消息。哼！他们干得很巧妙,可以看出,这班人是什么都干得出来的……

也许这终于会使布尔什维克受到震动并使他们懂得:必须积极地进行斗争,否则这批坏蛋将会分裂所有的委员会。①

从日内瓦发往彼得堡

译自《列宁全集》俄文第 5 版
第 46 卷第 432—433 页

---

① 这是写在娜·康·克鲁普斯卡娅信上的附笔。——俄文版编者注

附　　录

1

给俄国革命社会民主党人
国外同盟成员的公开信

（1903 年 10 月）

亲爱的同志们：

　　我们收到了捷依奇同志给俄国革命社会民主党人国外同盟成员的《公开信》。捷依奇同志是以同盟管理机关成员的身份给我们写信的；然而对有关同盟的问题，管理机关只能用集体的名义发表意见，所以，我们不承认捷依奇同志的信是正式的公函，而把它看做是同盟的一个同志写的私人信件，尽管如此，我们还是认为有必要就信中涉及的一些问题谈谈看法。由于捷依奇同志力图维护他所错误理解的同盟利益，不正确地叙述了同盟的过去和现在的状况，就更有必要这样做。

　　捷依奇同志对中央委员会的通告提出了不同意见，他声称，"未必……可以认为变化〈代表大会给同盟与俄国国内联系方面带来的变化〉是非常重大的。因此，中央委员会说这种'变化很大'，这是难于同意的。"我们就用从党章第 13 条与同盟旧章程的对比中必然会得出的结论，同捷依奇同志的这种毫无根据的说法作一比较。

根据旧章程，"由《曙光》杂志编辑部及其所属人员"组成的同盟（第1条），是总的《火星报》组织的一个独立的"国外"部。它的任务是"传播革命社会民主主义的思想，通过联合各种革命力量的途径**促进战斗的社会民主党组织的建立**"；它不仅主持国外的全部工作，包括与其他国外组织独立进行联系（《曙光》杂志编辑部，第4条），甚至"对一些重要问题"自行作出决定（《曙光》杂志编辑部和同盟管理机关，第4条），"而且甚至对本组织的运送事务、出版工作和会计处拥有总的管理权"，它是"通过《火星报》国内组织和主管行政和运送事务各职能部门的同盟成员进行管理的"（第4条）。这样，根据章程，《火星报》国内组织可以说是与主管各职能部门的同盟成员处于同等地位，即就其对同盟本身的关系而言处于次要地位。甚至在同盟的专门机构——它的管理机关的职责范围中，还包括参与俄国国内生活，例如，"协助编辑部执行运送任务"（第8条，l）和"关心保密策略①的安排"（第8条，m）。从同盟的章程中可以十分清楚地看出，根据赋予同盟的职能和权力，它在《火星报》组织中占主要地位，这一主要地位完全是由于它参与俄国国内生活而形成的。

党章第13条把同盟参与俄国国内生活这一部分整个去掉了，这是捷依奇同志也承认的。同盟与俄国国内各委员会的一切正式联系，现在都得通过中央委员会进行；同盟与俄国国内生活有关的一切主要职能（如运送、出版、财务和保密策略）都取消了；因此，同盟降低到国外委员会的地位，只具有国内各委员会的那些权力，而

---

① 看来"策略"是笔误，按意思应是"技术"。——俄文版编者注

且在与国内联系方面的权力是受限制的。

是的，从一个独立的中央组织的地位到党的一个地方机关的地位，这一变动确实是"很大"的。为了说明问题，我们附上一份同盟的旧章程，并在因撤销《火星报》组织及确定《曙光》杂志和《火星报》为党的机关报刊而删除或改动的条文上作了记号。

根据这些记号可以看出，构成章程基础的前8条，即基本的8条（另一些条文是关于组织方面的，是其他任何章程都有的），很大一部分被完全勾销了，其余条文中的各款绝大部分，而且是最重要的，也没有了。因此，**从实质上说**，整个原来的同盟章程已失去了意义和效力。

其次，捷依奇同志表示不同意中央委员会通告中的这样一段话："每一位同志都知道，以前国外同国内联系中的无组织状态造成了许多混乱，甚至时常造成严重的不幸事故"，他激动地说："这种说法是完全错误的。我认为，中央委员会无法证实这种说法，无法举出哪怕一个例子来说明由于过去同盟和国内联系中的'混乱'而经常发生的——用它的话来说——严重的不幸事故。"稍往下，在解释党章第6条时，捷依奇同志断言，根据这一条，中央委员会要"建立一些委员会"等等，"当然，这只是在那些没有这类机构或者机构处于**无组织状态**的地方"。捷依奇同志作为管理机关的成员，竟一点都不知道"混乱"、"严重的不幸事故"和"同盟的无组织状态"，这至少使得我们这些同盟成员感到奇怪。我们谈到同盟时，当然不是指那10—15个成员。这些成员是做专职工作的，或者，他们像**在**同盟成立**前**为社会民主主义运动的利益而工作那样为同盟工作，而假如同盟完全解体的话，他们还是会照样工作的；我们在这里谈的，包括每一个严肃地讨论问题而不是玩弄词句的人所应该谈的,是整个组织的活动,它的全体成员的活动,是由这一组织的体制本身和章程所规定的活动。而过去,在同盟中几乎是根本看不到这种活动的。

促进国内的运动是一项重大的任务,过去完全是由编辑部、管理机关和某些个别成员执行的。

所有这些人从切身经历中都十分清楚,在工作中曾出现过很多"混乱",以致造成了"严重的不幸事故"的后果。①

出版工作是另一项重大的任务,过去完全是由《火星报》编辑部执行的:由同盟选出的两名专职编辑所做的事,只是校订了图恩的半本书,而且这项校订工作拖延了好几个月;向国外读者介绍俄国革命运动的发展过程(第3条,5),只在两三期通报中得到反映,而且这几期通报办得很不成功;散发同盟的通报(第8条,e),向同盟成员传达俄国工作进程的报告(第8条,g),都没有实现;每三个月作一次总结(第8条,f),但总共只作了一个整个阶段的总结;在青年学生中建立协助小组(第8条,d),结果主要是在那些自发形成的小组和同盟之间起了一些中介作用;在同盟管理机关一些通告中宣布的吸收当地各小组的活动家共同讨论各种问题的方案,以及建立正常会费制度的方案,也都停留在通告的纸面上。顺便提一下,那些住在同一城市里的成员之间,没有**就同盟的工作**交换过任何意见,更谈不上在各城市之间交换意见了,这一点也是很突出的;同盟的不少工作是由同盟之外的人,例如从国内来的同志们

---

① 只要向捷依奇同志提醒一下一件事就足够了:柏林市给我们和俄国国内各委员会带来了许多麻烦,因为那里的一些同盟成员不通过编辑部自行同俄国国内建立联系。不久前管理机关派了一些同志到俄国去,但组织委员会却不接受这些同志,捷依奇同志大概还没有忘记这件最近发生的事吧!类似的实例我们可以举出不少。——管理机关成员**沙尔科**、**李维诺夫**注

进行的。看来，捷依奇同志把这一切全都忘记了。① 究竟是谁表现出"对同盟的过去显然毫无所知"——是中央委员会呢，还是同盟管理机关的成员捷依奇同志？捷依奇同志号召"全体同盟成员应尽快赶来参加代表大会"，他的这种焦急不安的情绪使我们感到奇怪。对服从党的第二次代表大会各项决议的每个同盟成员来说，他对中央通告和未来的同盟代表大会的态度是十分明确的。根据党章，同盟的作用改变了，同盟的旧章程已告失效。改组同盟以使它获得生命力，只有以党内通常采用的一般组织原则为基础，才是合适和可行的，而因为中央委员会最了解这些原则和党的整个组织计划，所以它把同盟新章程的要点交给我们研究，这是十分自然的事。以这些要点为基础而制定出来的章程，最终将使同盟有可能参加党的共同生活和活动。

最后，我们不能不对那些粗暴地破坏党的纪律的行为表示我们的抗议，同盟的一位负责人正是借助这种行为去阻挠党的机关的组织活动，并号召其他同志也去破坏纪律和章程。散布"我认为本人无权应中央委员会的邀请参加**这样的**工作"或"同志们！……我们决不应该让它〈中央委员会〉来为同盟制定新的章

---

① 我们向捷依奇同志提醒一下他自己说过的十分公道的话，他说，只有在那些没有同盟成员的地方，协助小组才能很好地工作。我们管理机关的另一位同志在他的一封关于即将召开的代表大会问题的信中提出的意见也是有代表性的。他说："代表大会能够消除同盟成员对组织内部情况的不满，因为到现在为止，同盟的盟籍仅仅是一种荣誉称号，因而只是建立了一个空头组织。最近一年的情况表明，同盟的工作在走下坡路，联系也在日益减弱。"借这个机会，我们也声明：原来的同盟组织涣散，毫无生气，这对我们来说是确凿无疑的事实。仅仅以上级机关下指示可能会侵犯我们的"权利"为理由而闭眼不看同盟的缺点，在我们看来，对同盟是不利的！——管理机关成员**沙尔科、李维诺夫**注

程"之类的言论,对任何一个稍微懂得一点什么是党、组织和党的纪律等概念的人来说,是只能使他们感到愤懑的一种鼓动手法。用这种手法来对付刚刚建立的党的机关,可见毫无疑问是企图破坏党员同志对党的机关的信任,而且又是打着"同盟管理机关成员"的招牌,背着中央委员会使用的,这就更加令人气愤。

正统派、邦契-布鲁耶维奇、佩罗娃、因萨罗娃、
因萨罗夫、科尼亚金、列宁、李维诺夫、彼得罗夫、
普列汉诺夫、索·萨拉夫斯基、沙尔科

于日内瓦

载于1904年《俄国革命社会民主党人国外同盟第二次代表大会记录》一书

译自《列宁全集》俄文第5版第46卷第437—442页

2

致弗·阿·布罗克豪斯书店

（1889年12月27日〔1890年1月8日〕）

阁下:

　　我很想同德国一家书店建立直接联系,以便购买一些德国书籍,因此请您对下列问题给我一个答复:

　　1.贵书店是否接收用俄国货币支付的书款? 现在俄国卢布在莱比锡的比价如何?

　　2.贵书店是否收到过俄国书报检查机关禁止运往俄国的图书清单?

3.图书寄往萨马拉的邮费是多少?

4.下列书籍的书价是多少:№1,Г.**罗斯科什内**《贫困的俄国》1889年版。№2,**马科莱**《英国史》陶赫尼茨出版社版。№3,《**卡尔·考茨基文集**》。№4,**卡尔·马克思**《资本论》第1卷第2版,《政治经济学批判》1859年柏林版。№5,《亨·威·布兰德斯文集》。№6,**弗·恩格斯**《英国工人阶级状况》和**他的其他著作**。如果有可能,请寄给我一份有关**政治经济学**和**哲学**的书目。

弗·乌里扬诺夫

从萨马拉发往莱比锡　　　　　　　　译自1986年《共产党人》杂志第1期第3页

3

弗·伊·乌里扬诺夫(列宁)
在彼得堡监狱期间受审笔录

(1895—1896年)

1

我,独立宪兵团克雷科夫中校,根据1883年公布的亚历山大二世皇帝审判条例的刑事诉讼条例第1035条第7款,于1895年12月21日在圣彼得堡市对被告进行审讯,出席的有圣彼得堡高等法院副检察官A.E.基钦。被告供述:

我叫弗拉基米尔·伊里奇·乌里扬诺夫。

我不承认犯有参加社会民主主义者的政党或其他任何政党的罪行。我根本不知道目前有什么反对政府的政党存在。我没有在工人中间进行过反对政府的宣传。我就搜查时从我那里搜去的和向我出示的一些物证作如下说明：告工人书和记述某工厂一次罢工的材料放在我那里是偶然的，是我从别人处拿来看看的，这个人的名字我记不得了。

向我出示的那份账单是某人开的，我不想说出他的名字；我受他的委托出售一批书籍：第一，别尔托夫的书（论一元史观）；第二，《为帮助圣弗拉基米尔大学贫苦学生而编印的文集》。至于这份账单中提到的伊万·尼古拉·（欠2卢布），那是指我的熟人伊万·尼古拉耶维奇·切博塔廖夫，他向我买了上面说过的别尔托夫的那部书中的一卷，书价2卢布。我不知道检查记录上编号第2号和第3号的手稿是谁的笔迹，第4号记述1895年雅罗斯拉夫尔的罢工的手稿，是我根据我得到的（上面已经说过）但已归还的手稿抄录的。对向我提出的是否跟大学生扎波罗热茨相识的问题，我的回答是：我根本不愿意谈自己相识的人，因为担心这会使所有那些跟我相识的人受到不利的影响。附带说一下，我出国时，曾买了一些法文、德文和英文书，其中我记得的有：布·舍恩兰克的《关于巴伐利亚工人阶级的状况》、阿·施塔特哈根的《劳动法……》和《农民们》等。我动身去国外时，随身携带箱子一只，这只箱子我现在没有了，放在什么地方，我记不得了。我那次出国，大概是5月1日过的国境线，9月上半月回来的。回国后，我直接去莫斯科我母亲那里，她当时的住址是：普列奇斯坚卡　曼苏罗夫斯基巷　洛斯科夫住宅，9月下旬离开那里，来到圣彼得堡，住在塔伊罗夫巷44/6号住宅30号。东西我是从车站运到住所的。这个住所是我到达当天找到的,还是过了几天才找到,我记不得了。我觉得,17日那天我还没有到达圣彼得堡,但关于日期,除上面所说的外,我不能作出确定的回答。

原本上有有关人员的签名。

经与原本核对无误:

局副官

多勃罗沃尔斯基中尉

2

我,独立宪兵团菲拉季耶夫中校,根据1883年公布的亚历山大二世皇帝审判条例的刑事诉讼条例第1035条第7款,于1896年3月30日在圣彼得堡市对被告进行审讯。出席的有圣彼得堡高等法院副检察官A.E.基钦。被告对他的供词补充如下:

我叫弗拉基米尔·伊里奇·乌里扬诺夫。

我没有去过涅瓦关卡和纳尔瓦关卡外的瓦西里岛上的工人住宅区。向我出示几份手稿(据审讯人员说是从阿纳托利·瓦涅耶夫处搜到的):(1)一份写有《工人事业》杂志字样、按栏列出了不同文章的传单;(2)一份记述伊万诺沃-沃兹涅先斯克纺织工人罢工的手稿;(3)一篇关于机制鞋厂罢工的材料;——对此我作如下说明:这些手稿是我抄写的;向我出示的那篇手写的《弗里德里希·恩格斯》(载于维也纳《新评论报》),也是我的笔迹。这是我在国外逗留期间所作的翻译,准备把它刊印在俄国的一个刊物上。① 关于(1)、(2)、(3)这几份手稿的实际情况,我无法加以说明。

---

① 这里提到的列宁的几份手稿至今尚未找到。——俄文版编者注

原本上有有关人员的签名。

经与原本核对无误：

局副官

多勃罗沃尔斯基中尉

3

我，独立宪兵团菲拉季耶夫中校，根据 1883 年公布的亚历山大二世皇帝审判条例的刑事诉讼条例第 1035 条第 7 款，于 1896 年 5 月 7 日在圣彼得堡市对被告进行审讯，出席的有圣彼得堡高等法院副检察官 A.E.基钦。被告对他的供词补充如下：

我叫弗拉基米尔·乌里扬诺夫。

我对本年 3 月 30 日的供词不能再作任何补充。关于那卷东西——据审讯人员说，里面有上次审讯时向我出示的我的几份手稿——我没有什么可说的。对向我指出的有几份揭发我的证词材料这一点，我要说明，我不能作实质性的解释，因为没有对我指明哪些人揭发我。关于我出国旅行的问题，我的说明是：我于 1895 年春在圣彼得堡得了肺炎，病愈后即去国外。同时，我利用这一机会，曾在巴黎和柏林，主要是在柏林皇家图书馆，从事我的专业科目的研究。我同侨民没有进行过任何联系。

原本上有有关人员的签名。

经与原本核对无误：

局副官

多勃罗沃尔斯基中尉

4

我，独立宪兵团菲拉季耶夫中校，根据 1883 年公布的亚历山大二世皇帝审判条例的刑事诉讼条例第 1035 条第 7 款,于 1896 年 5 月 27 日在圣彼得堡市对被告进行审讯,出席的有圣彼得堡地方法院副检察官 A.A.哥列梅金。被告对他的供词补充如下:

我叫弗拉基米尔·乌里扬诺夫。

对向我出示的那封由 A.波洛夫署名寄到喀山街(61 号住宅 11 号或括号内:11 号住宅 61 号)的信,我作如下说明:无论这封信的笔迹,还是给我写信的人的姓氏,我一点都不熟悉,这封寄到我从来没有住过的住所的信,显然不是写给我的。向我出示的那份于 1896 年 4 月 25 日从雷根斯堡发往圣彼得堡 3 号弗·乌里扬诺夫收的内容为……①的电报,按其内容判断,电报显然不是发给我的,而是发给某个商人的。由于上次审讯时向我指出,有材料证明我在国外同侨民普列汉诺夫来往,而没有告诉我,这是些什么样的材料以及这可能是哪一类性质的来往,所以我认为有必要说明:我听说,侨民普列汉诺夫住在日内瓦附近,而我既没有到过日内瓦,也没有到过日内瓦附近,因此我不可能同他有来往。

原本上有有关人员的签名。

经与原本核对无误:
局副官
多勃罗沃尔斯基中尉

载于 1927 年《列宁研究院院刊》
第 1 辑

译自《列宁全集》俄文第 5 版
第 46 卷第 443—447 页

---

① 抄件中的德文电报稿很不清楚,因而未能把电报的内容复原。——俄文版编者注

4

弗·伊·乌里扬诺夫(列宁)的申请书

(1896—1900 年)

1

致圣彼得堡地方法院检察官先生阁下

助理律师

　　弗拉基米尔·乌里扬诺夫(193 号囚室)　呈

申　请　书

谨请将附上的下列物件交给我的姐姐安娜·伊里尼奇娜·叶利扎罗娃：

(1)信件

(2)第 1 号手稿(《农民生活中新的经济变动》[1])和

(3)第 2 号手稿(《19 世纪初政治经济学概论》)

助理律师

弗·乌里扬诺夫

1896 年 12 月 2 日于圣彼得堡

译自《列宁全集》俄文第 5 版
第 46 卷第 448 页

---

[1]　见本版全集第 1 卷第 1—55 页。——编者注

2

致莫斯科保安处

助理律师

弗拉基米尔·乌里扬诺夫　呈

申　请　书

根据行政当局的决定,我必须从圣彼得堡市流放到东西伯利亚,为期3年。还在圣彼得堡时,警察司司长先生已批准我持通行证自费前往伊尔库茨克市,顺路到莫斯科我母亲处停留两昼夜。

我母亲鉴于自己的健康情况不佳,陪同我去伊尔库茨克对她极为困难,以及鉴于同案的其他流放者是官费乘火车出发的,所以已从莫斯科向警察司司长先生递交了一份申请书,请求批准我在她那里多待一些时间,并同大伙一起走。这份申请书已于2月18日星期二交特快车寄出,以便圣彼得堡能在星期三收到该件,使司长先生有时间作出决定。但因邮件往返毕竟太慢,我担心在收到复文之前,我在莫斯科的停留期限可能已经结束,所以就在第二天,2月19日星期三,由我母亲给圣彼得堡警察司司长先生发了一份电报(回电费付讫):因她患病,请求批准我再陪她一星期。经向电报局查询,获悉回电尚未收到,因为考虑到莫斯科保安处会先收到回电和申请书的复文,所以我决定向莫斯科保安处提出申请。

由于这一原因,目前我的行止不能确定,如果警察司司长先生不批准我同大伙一起官费乘火车出发,那么我在收到复文后,当立即遵照发给我的通行证中所载的规定,自费前往伊尔库茨克市。

　　根据上述情况,我十分恳切地请求莫斯科保安处发给我一份证明,以便留在莫斯科至收到警察司的复文为止。

助理律师

弗拉基米尔·乌里扬诺夫

1897 年 2 月 22 日于莫斯科

　　附上尼古拉铁路车站邮政支局 2 月 18 日的第 56 号收据一份。

载于 1934 年《红色文献》杂志　　　　　　译自《列宁全集》俄文第 5 版
第 1 期　　　　　　　　　　　　　　　　　第 46 卷第 449—450 页

3

致伊尔库茨克总督先生阁下

助理律师
弗拉基米尔·伊里奇·乌里扬诺夫　　呈

申　请　书

　　根据行政当局的决定,我因政治案件被流放到东西伯利亚,为期 3 年。经警察司批准,我持圣彼得堡市市长先生于 1897 年 2 月 17 日发给我的第 2560 号通行证自费到达了流放地。通行证中规定报到的地点为伊尔库茨克市,并规定向阁下的办公厅呈验通行证。

　　因业已向本地省当局(即叶尼塞斯克省省公署)查询,获悉目前尚无任何有关我的指令到达,又因根据警察司司长先生对我母亲谈话的总的意图判断,我的居住地点可能指定在叶尼塞斯克省境内,所以,在此情况下,到伊尔库茨克市报到将使我增加不胜负担的额外的往返开支。因此我十分恳切地请求阁下批准我留在克拉斯诺亚尔斯克市到指定我的居住地点的命令到达为止。

如果认为我须向阁下的办公厅探问此事,则我请求准许我用书信或甚至用电报进行必要的查询。

此外,因我身体衰弱,我请求把我的居住地点指定在叶尼塞斯克省境内,如果可能的话,请指定在克拉斯诺亚尔斯克或米努辛斯克专区。

助理律师

弗拉基米尔·乌里扬诺夫

1897 年 3 月 6 日于克拉斯诺亚尔斯克市

载于 1926 年 5 月 21 日《苏维埃　　　　译自《列宁全集》俄文第 5 版
西伯利亚报》第 115 号　　　　　　　　　第 46 卷第 450—451 页

4

致叶尼塞斯克省省长先生阁下

助理律师、政治案件行政流放者

弗拉基米尔·乌里扬诺夫　呈

申　请　书

因无生活资料,且被指定在我无法指望获得任何收入的舒申斯克村居住，谨请依法发给我生活、住宿和衣着补助费。

助理律师

弗拉基米尔·乌里扬诺夫

1897 年 4 月 29 日于克拉斯诺亚尔斯克市

　　此申请书委托女医助安东尼娜·马克西米利安诺夫娜·罗森贝格转递。

助理律师

弗拉基米尔·乌里扬诺夫

载于 1928 年《无产阶级革命》杂志　　　　　　译自《列宁全集》俄文第 5 版
第 11—12 期合刊　　　　　　　　　　　　　第 46 卷第 451—452 页

5

致米努辛斯克专区警察局局长先生阁下

助理律师、政治案件行政流放者

弗拉基米尔·乌里扬诺夫　呈

申　请　书

　　因被指定在舒申斯克村居住，我无法在那里获得任何收入，为此谨请依法发给我生活、衣着和住宿补助费。

弗拉基米尔·乌里扬诺夫

1897 年 5 月 7 日于米努辛斯克市

载于 1928 年《无产阶级革命》杂志　　　　　　译自《列宁全集》俄文第 5 版
第 11—12 期合刊　　　　　　　　　　　　　第 46 卷 452 页

6

(1898年1月8日)

给警察司司长先生阁下的电报
发往彼得堡

谨请批准我的未婚妻娜捷施达·克鲁普斯卡娅迁来舒申斯克村。

行政流放者　**乌里扬诺夫**

载于 1934 年《红色文献》杂志
第 1 期

译自《列宁全集》俄文第 5 版
第 46 卷第 453 页

7

致叶尼塞斯克省省长先生阁下

政治案件行政流放者、助理律师
弗拉基米尔·伊里奇·乌里扬诺夫
（现住米努辛斯克专区舒申斯克村）　呈

申　请　书

我的未婚妻、行政流放者娜捷施达·克鲁普斯卡娅已于本年(1898年)5月7日来到舒申斯克村。她原先的流放地点指定在乌法省,但内务大臣先生准许她在同我结婚的条件下,迁到舒申斯克村来住。

　　我的未婚妻到达后,我即于 1898 年 5 月 10 日向米努辛斯克专区警察局局长先生递交了一份申请书,要求把同意结婚的证明寄给我。由于没有收到这一申请书的复文,所以我于 5 月下旬在米努辛斯克市时,曾面谒警察局长先生,再次提出我的请求。局长先生答复我说,不能发给我证明,因为他那里没有我的档案材料,一俟收到我的档案材料,即可发给我所请求的证明。尽管如此,但至今我仍未收到这一证明。虽然从递交申请书的日期算起已经超过一个半月了。这种无法理解的拖延对我有特别的影响,因为在我的未婚妻与我结婚前,有关方面拒绝发给她补助费(她在今天——6 月 30 日收到的对她要求发给补助费的申请书的复文正是这样说的),这样就产生了非常奇怪的矛盾现象:一方面,上级管理机关根据我的请求,批准把我的未婚妻调到舒申斯克村来,并以她**立即**同我结婚作为批准的条件;另一方面,我却怎么也不能争取到地方当局发给我证明,没有证明就不能结婚;结果是我的未婚妻成了罪人,她至今还没有任何生活资料。

　　根据上述情况,我十分恳切地请求阁下作出在您权限之内的指示:

　　(1)找到我的档案材料或身份证明,或向有关政府机关进行查询;

　　(2)把按法律所要求的结婚证明或证件寄给我。

政治案件行政流放者、助理律师

弗拉基米尔·乌里扬诺夫

1898 年 6 月 30 日于舒申斯克村

载于 1929 年 4 月 23 日《克拉斯诺亚尔斯克工人报》第 92 号

译自《列宁全集》俄文第 5 版第 46 卷第 453——454 页

8

致叶尼塞斯克省省长先生阁下

政治案件行政流放者、助理律师

弗拉基米尔·伊里奇·乌里扬诺夫

（现住米努辛斯克专区舒申斯克村）　呈

申　请　书

我十分恳切地请求阁下批准我去克拉斯诺亚尔斯克市一个星期找牙科专家治病。本地的一位医生曾给我进行过几次治疗,未见效果,他承认自己在这方面不内行,而目前在米努辛斯克市又没有牙科医生。

助理律师

弗拉基米尔·乌里扬诺夫

1898 年 8 月 12 日于米努辛斯克市

此件由米努辛斯克专区警察局局长先生转递。

载于 1926 年 5 月 21 日《苏维埃西伯利亚报》第 115 号

译自《列宁全集》俄文第 5 版第 46 卷第 455 页

9

致警察司司长先生阁下

世袭贵族

　　弗拉基米尔·伊里奇·乌里扬诺夫（现住

　　普斯科夫市阿尔汉格尔斯克街切尔诺夫家）　呈

申　请　书

　　内务大臣先生决定禁止我在一些省份居住，其中包括乌法省。现在我的妻子娜捷施达·乌里扬诺娃住在乌法市，受公开监视；我的关于批准她迁来普斯科夫市的请求（在今年3月10日的申请书中提出），已被认为不应得到满足。根据最近我从妻子那里获得的消息，她得了病，正在当地一位妇科专家费多托夫大夫先生处诊治。我指出这位大夫的姓氏，是为了便于对我陈述的情况进行核实，如果认为有必要进行核实的话，我十分恳切地请求用电报查询。我妻子的病需作长期治疗，据大夫说，至少要6个星期，同时，由于她的母亲（目前在我妻子处）不久即将离开乌法市，所以就剩下我妻子一个人了，这种情况对治疗将会产生极其不利的影响。

　　根据上述情况，我十分恳切地请求批准我在乌法市居住一个半月。

世袭贵族

弗拉基米尔·乌里扬诺夫

1900年4月20日于普斯科夫市

载于1929年《无产阶级革命》杂志
第11期

译自《列宁全集》俄文第5版
第46卷第455—456页

5

致英国博物馆馆长

(1902 年 4 月 21 日和 24 日)

1

西中央区　彭顿维尔　霍尔福广场 30 号

先生:

兹恳请您发给我英国博物馆阅览室的阅览证一张。我是从俄国来研究土地问题的。随函附上米切尔先生的介绍信。

致深切的敬意!

雅科布·里希特

1902 年 4 月 21 日

2

西中央区　彭顿维尔　霍尔福广场 30 号

4332

先生:

兹奉上米切尔先生的一封新的介绍信,作为前信的补充和对您的第 4332 号通知的答复。

尊敬您的

雅科布·里希特

1902 年 4 月 24 日

载于 1957 年《外国文学》杂志
第 4 期

译自《列宁全集》俄文第 5 版
第 6 卷第 451 页

注　释

1　指尼·叶·费多谢耶夫的几篇文章,这几篇文章分析了俄国的经济和政治状况,并批判了民粹派的错误观点。文章的手稿当时在列宁那里。——1。

2　指列宁的《农民生活中新的经济变动》一文(见本版全集第 1 卷)。——1。

3　《俄国思想》杂志(《Русская Мысль》)是俄国科学、文学和政治刊物(月刊),1880—1918 年在莫斯科出版。起初是同情民粹主义的温和自由派的刊物。90 年代有时也刊登马克思主义者的文章。1905 年革命后成为立宪民主党右翼的刊物,由彼·伯·司徒卢威和亚·亚·基泽韦捷尔编辑。十月革命后于 1918 年被查封。后由司徒卢威在国外复刊,成为白俄杂志,1921—1924 年、1927 年先后在索非亚、布拉格和巴黎出版。——2。

4　《俄国财富》杂志(《Русское Богатство》)是俄国科学、文学和政治刊物。1876 年创办于莫斯科,同年年中迁至彼得堡。1879 年以前为旬刊,以后为月刊。1879 年起成为自由主义民粹派的刊物。1892 年以后由尼·康·米海洛夫斯基和弗·加·柯罗连科领导,成为自由主义民粹派的中心,在其周围聚集了一批政论家,他们后来成为社会革命党、人民社会党和历届国家杜马中的劳动派的著名成员。在 1893 年以后的几年中,曾同马克思主义者展开理论上的争论。为该杂志撰稿的也有一些现实主义作家。1906 年成为人民社会党的机关刊物。1914 年至 1917 年 3 月以《俄国纪事》为刊名出版。1918 年被查封。——5。

5 这里说的大概是列宁的著作《什么是"人民之友"以及他们如何攻击社会民主党人?》。柳·费·米洛维多娃当时住在瑞士,她打算在国外出版列宁的这部著作。她的计划未能实现。列宁为准备在国外出版这部著作,对该书的1894年胶印本作了许多文字修改。这个修改本于1936年被发现,成了《列宁全集》俄文第4、5版刊印这一著作的底本。——7。

6 这里说的显然是1894年在日内瓦用俄文出版的《弗里德里希·恩格斯论俄国》一书。该书收了恩格斯的《论俄国的社会问题》以及《〈论俄国的社会问题〉跋》(见《马克思恩格斯文集》第3卷和第4卷)。——7。

7 1894年6月14日(26日)列宁离开彼得堡去莫斯科,在莫斯科期间住在近郊(库兹明基)他姐姐安娜的别墅里。8月27日(9月8日)列宁由莫斯科回到彼得堡。——7。

8 列宁作这个脚注,是因为在信的原件中城市的名字为了保密都由他译成了密码。——9。

9 这里说的是准备在国外出版《工作者》文集。

《工作者》文集(《Работник》)是国外俄国社会民主党人联合会的不定期刊物,由劳动解放社编辑,1896—1899年在日内瓦出版,读者对象为马克思主义工人小组成员。列宁是出版这个文集的发起人。1895年5月,他在瑞士同格·瓦·普列汉诺夫、帕·波·阿克雪里罗得以及劳动解放社的其他成员商谈了出版这个文集的问题。1895年9月回国以后,他又多方设法为这个文集提供物质支援和组织稿件。到1895年12月被捕为止,他除为文集撰写《弗里德里希·恩格斯》(见本版全集第2卷)一文外,还给文集编辑部寄去了阿·亚·瓦涅耶夫、米·亚·西尔文、索·巴·舍斯捷尔宁娜等写的几篇通讯。这个文集一共出了6期(3册);另外,还出了附刊《工作者》小报10期。第1—8期由劳动解放社编辑。第9—10期合刊由经济派编辑,于1898年11月出版。——9。

10　指在莫斯科市和莫斯科省发生的逮捕社会民主党人的事件。——9。

11　《前进报》(《Vorwärts》)是德国社会民主党中央机关报(日报),1876年10月在莱比锡创刊。1878年反社会党人非常法颁布后停刊。1891年在柏林复刊。第一次世界大战期间持社会沙文主义立场。1933年停刊。——10。

12　关于强制反仪式派信徒迁移的报道,后来刊载于《工作者》文集第1—2期合刊。

　　　反仪式派是从俄罗斯正教会分离出来的精神基督派的一支,产生于18世纪后半期。该派否定正教的一切礼仪,不承认教会和神职人员,而视本派领导人为神圣;因违抗当局、拒服兵役而受到沙皇政府的迫害。19世纪末该派部分信徒移居加拿大。——11。

13　指关于1895年德国社会民主党布雷斯劳代表大会的报道。这里所谈的从国外寄来的通讯是封装在书籍硬封皮里寄送的。——11。

14　这里列举的材料后来刊载或部分刊载在《工作者》文集第3—4期合刊上。——12。

15　指1895年1月创立的第二民意社(青年民意党人小组)的秘密印刷厂。列宁为了利用这个印刷厂给工人们印刷书刊同该社进行谈判。1895年11月列宁的小册子《对工厂工人罚款法的解释》(见本版全集第2卷)交给了这个印刷厂印刷。信中说的"正在给我们印一种"就是指印这本小册子。——12。

16　指彼得堡工人阶级解放斗争协会根据同第二民意社的协议筹办的《工人事业报》。列宁编辑了该报的创刊号。这一号的主要文章,如《告俄国工人》(社论)、《我们的大臣们在想些什么?》、《弗里德里希·恩格斯》、《1895年雅罗斯拉夫尔的罢工》,也是他写的。创刊号还选用了彼得堡斗争协会成员格·马·克尔日诺夫斯基、阿·亚·瓦涅耶夫、彼·库·扎波罗热茨、尔·马尔托夫、米·亚·西尔文等人的文章。创刊号的全部稿件在报纸将要付排时被宪兵抄走,后来下落不明。1924

年1月,在警察司关于斗争协会的案卷里只找到了《我们的大臣们在想些什么?》一文(见本版全集第2卷)的抄件。列宁在《怎么办?》一书中提到过这件事(见本版全集第6卷第30页)。——12。

17 指《对工厂工人罚款法的解释》(见本版全集第2卷)。这本小册子于1897年由国外俄国社会民主党人联合会在日内瓦再版。——13。

18 列宁从流放地寄给帕·波·阿克雪里罗得的信,大部分是放在书脊里寄的。信经过几道手才寄到安·伊·乌里扬诺娃-叶利扎罗娃手里,当时她住在柏林,由她再把信转寄给阿克雪里罗得。这封信就是经她转抄后夹在她自己写给阿克雪里罗得的一封信中间寄给收信人的。——13。

19 看来是指当时被流放在米努辛斯克的谢·格·赖钦。——13。

20 指《新言论》杂志。1897年列宁在这个杂志上发表了两篇文章:《评经济浪漫主义》和《论报纸上的一篇短文》(见本版全集第2卷)。

　　《新言论》杂志(《Новое Слово》)是俄国科学、文学和政治刊物(月刊),1894—1897年在彼得堡出版。最初是自由主义民粹派刊物。1897年春起,在亚·米·卡尔梅柯娃的参加下,由合法马克思主义者彼·伯·司徒卢威等出版。撰稿人有格·瓦·普列汉诺夫、维·伊·查苏利奇、尔·马尔托夫和马·高尔基等。杂志刊载过恩格斯的《资本论》第3卷增补。1897年12月被查封。——13。

21 列宁这时正在写《俄国资本主义的发展》一书(见本版全集第3卷)。——13。

22 指《社会立法和统计学文库》杂志。

　　《社会立法和统计学文库》杂志(《Archiv für soziale Gesetzgebung und Statistik》)是德国刊物,1888—1933年先后在柏林、蒂宾根、莱比锡出版,创办人是亨·布劳恩。1904年改称《社会科学和社会政治文库》。

　　列宁在这里说的是该杂志1898年出版的第12卷,其中刊登了一篇匿名作者(可能是彼·伯·司徒卢威)的文章《俄国新的工厂立法》。
"卓越的政治经济学家"是该杂志编辑部在给文章加的按语中对这位匿
名作者的称呼。——16。

23　指彼·伯·司徒卢威的《俄国手工工业的历史地位和在分类学上的地
位》一文。——16。

24　学生们是指马克思和恩格斯的拥护者。这个用语在19世纪90年代被
用做马克思主义者的代称。——16。

25　指格·瓦·普列汉诺夫。——17。

26　列宁说的是谢·尼·布尔加柯夫同彼·伯·司徒卢威之间围绕着德国
新康德主义者鲁·施塔姆勒的书《从唯物史观看经济和法》展开的争
论。——17。

27　列宁指的是格·瓦·普列汉诺夫在《新时代》杂志第44期(1897—1898
年卷第2册)上发表的《伯恩施坦与唯物主义》和在《新时代》杂志第5
期(1898—1899年卷第1册)上发表的《康拉德·施米特反对卡尔·马
克思和弗里德里希·恩格斯》。
　　《新时代》杂志(《Die Neue Zeit》)是德国社会民主党的理论刊物,
1883—1923年在斯图加特出版。1890年10月前为月刊,后改为周刊。
1917年10月以前编辑为卡·考茨基,以后为亨·库诺。——17。

28　指格·瓦·普列汉诺夫发表在《新时代》杂志第7、8、9期(1891—1892
年卷第1册)上的《纪念黑格尔逝世六十周年》一文。
　　列宁信中写的"三十周年"显然是笔误。——17。

29　指帕·波·阿克雪里罗得在《新时代》杂志第30期和第31期(1897—
1898年卷第2册)上发表的文章《俄国社会民主主义的历史合理性》。
该文稍后曾在俄国出版单行本,标题是:《俄国自由主义民主派和社会
主义民主派的历史地位及其相互关系》。
　　列宁对阿克雪里罗得文章的评论见本卷第10号文献。——17。

30 列宁指的是流放地的马克思主义者和民粹派之间展开的热烈争论。亚·尼·波特列索夫在给列宁的信中谈到维亚特卡省奥尔洛夫市发生的一次这样的冲突。——18。

31 《开端》杂志(《Начало》)是俄国科学、文学和政治刊物(月刊),合法马克思主义者的机关刊物,1899年1—6月在彼得堡出版,由彼·伯·司徒卢威、米·伊·杜冈-巴拉诺夫斯基任编辑。——19。

32 这里说的是《我们拒绝什么遗产?》一文的一条注释(见本版全集第2卷第396页)。第237页是收载这篇文章的《经济评论集》的页码。——20。

33 奥吉亚斯的牛圈出典于希腊神话。据说古希腊西部厄利斯的国王奥吉亚斯养牛3 000头,30年来牛圈从未打扫,粪便堆积如山。奥吉亚斯的牛圈常被用来比喻藏垢纳污的地方。——20。

34 指帕·波·阿克雪里罗得《俄国社会民主主义的历史合理性》(俄译本题为《俄国自由主义民主派和社会主义民主派的历史地位及其相互关系》)中的以下论点:"只有两个极端能够不利地影响于有教养社会对工人运动的态度。第一个极端是,如果这一运动还未脱离工人同个别企业主的私人冲突的轨道。这会使它失去任何政治意义,从而导致旁边的社会各界对它漠然置之。但是另一个极端可能更糟。我指的是这样一个情况,即,如果我们的工人运动为巴枯宁派和布朗基派所迷惑,把无政府主义的或共产主义的革命作为自己的**直接的**实践目标。在这种情况下,它在实践中将表现为无秩序的轻率发动的罢工,这种罢工还伴随着暴力和对资本家与政府官员的暗杀,这样,无产阶级的力量就会白白地耗费掉,不论对反对专制制度的解放斗争来说,还是对狭义的无产阶级这一阶级的利益来说,都毫无益处地耗费掉。关于第一个极端,我们的沙皇制度是使我们不致陷入的保障。而预先防止我们的工人运动受巴枯宁派和布朗基派的影响则是在其中占统治地位的社会民主主义者的分内的职责。"——21。

35　帕·波·阿克雪里罗得的文章中唯一说到这个问题的地方是:"我绝没有减弱和冲淡我们运动的阶级性的意思。"——21。

36　《社会实践》杂志(《Soziale Praxis》)是德国的一种刊物(月刊),1895—1943年先后在柏林、莱比锡、慕尼黑和耶拿出版。

　　彼·伯·司徒卢威曾用 P.伊诺罗泽夫这一笔名在1896年《社会实践》杂志第2期上发表《俄国的工人运动》一文。文中说:"政治自由的必要性日益明显。总有一天,这种必要性将以这样巨大的力量推动社会的先进分子前进,以致任何的自由主义都不能使之满足。正是由于国家的工业落后和工业资产阶级的政治落后,政治上的追求便会穿上社会民主主义的服装。"——22。

37　指《开端》杂志。见注31。——23。

38　《世间》杂志(《Мир Божий》)是俄国的文学和科学普及月刊,1892—1906年在彼得堡出版。1906—1918年以《现代世界》为刊名继续出版。——24。

39　《科学评论》杂志(《Научное Обозрение》)是俄国科学刊物,1903年起是一般文学刊物。1894—1904年在彼得堡出版。开始为周刊,后改为月刊。杂志刊登各派政论家和科学家的文章,1900年曾把列宁列入撰稿人名单,曾发表过列宁的《市场理论问题述评》、《再论实现论问题》、《非批判的批判》(见本版全集第4卷和第3卷)等著作。——24。

40　这里说的是《再论实现论问题》一文(见本版全集第4卷)。这篇文章是答复彼·伯·司徒卢威的《论资本主义生产条件下的市场问题(评布尔加柯夫的书和伊林的文章)》一文的。——25。

41　指安·伊·乌里扬诺娃-叶利扎罗娃。——25。

42　指1898年10月出版的列宁的《经济评论集》(该书封面和扉页上印的是1899年)。——26。

43　谢·尼·布尔加柯夫在《论农业资本主义演进的问题》一文中声称:崩

溃的观念"是同科学的现状、首先是同唯物主义历史观不相容的"。
——26。

44 指爱·伯恩施坦的《社会主义的前提和社会民主党的任务》一书。
——26。

45 《法兰克福报》(《Frankfurter Zeitung》)是德国交易所经纪人的报纸(日
报),1856—1943年在美因河畔法兰克福出版。——26。

46 《生活》杂志(《Жизнь》)是俄国文学、科学和政治刊物(月刊),1897—
1901年在彼得堡出版。该杂志从1899年起成为合法马克思主义者的
机关刊物,实际领导者是弗·亚·波谢,撰稿人有米·伊·杜冈-巴拉
诺夫斯基、彼·伯·司徒卢威等。该杂志刊登过列宁的《农业中的资本
主义》和《答普·涅日丹诺夫先生》两文(见本版全集第4卷)。在小说
文学栏发表过马·高尔基、安·巴·契利夫、亚·绥·绥拉菲莫维奇、
伊·阿·布宁等的作品。该杂志于1901年6月被沙皇政府查封。

　　　1902年4—12月,该杂志由弗·德·邦契-布鲁耶维奇、波谢、
维·米·韦利奇金娜等组织的生活社在国外复刊,先后在伦敦和日内
瓦出了6期,另外出了《〈生活〉杂志小报》12号和《〈生活〉杂志丛书》若
干种。——26。

47 显然是指格·瓦·普列汉诺夫,列宁1895年在瑞士旅行时曾同他交谈
过。——26。

48 指1898年《工人思想报》第4号上的一篇关于德国社会民主党斯图加
特代表大会的报道,作者是П.赫拉莫夫。

　　　《工人思想报》(《Рабочая Мысль》)是俄国经济派的机关报,1897
年10月—1902年12月先后在彼得堡、柏林、华沙和日内瓦等地出版,
共出了16号。参加该报编辑部的有尼·尼·洛霍夫(奥尔欣)、康·
米·塔赫塔廖夫、弗·巴·伊万申、阿·亚·雅库波娃等人。——27。

49 指1898年11月在苏黎世(瑞士)召开的国外俄国社会民主党人联合会
第一次代表大会上的分裂。分裂的原因是,联合会的大多数成员(所谓

的"青年派")都附和"经济主义"。因此,劳动解放社声明,除《工作者》文集和列宁的两个小册子外,拒绝为联合会编辑出版物。1900 年 4 月,在日内瓦举行的联合会的第二次代表大会上,劳动解放社的成员以及与其观点一致的人正式退出联合会,成立了独立的"社会民主党人"革命组织。——27。

50　指《俄国资本主义的发展》(见本版全集第 3 卷)。——27。

51　彼·巴·马斯洛夫在这条注释里说:"弗拉基·伊林(《经济评论集》)认为无产业者的思想体系是来自 60 年代自由派'启蒙者'的'遗产',这是决不能同意的……　也许,被列入应受一切尊崇的启蒙者的'继承人'之中,是一种巨大的荣誉。可是,资产阶级的和非资产阶级的启蒙者之间的共同点仅仅在于他们两者都是进步分子并且向着同一个方向即西方,那又怎么办呢?"——28。

52　指《说明我国经济发展状况的资料》文集。这本文集载有列宁(用的是笔名克·土林)反对合法马克思主义的文章《民粹主义的经济内容及其在司徒卢威先生的书中受到的批评(马克思主义在资产阶级著作中的反映)》(见本版全集第 1 卷)。——28。

53　指德国社会民主党的理论刊物《新时代》杂志。见注 27。——28。

54　指《俄国资本主义的发展》(见本版全集第 3 卷)。——29。

55　指尼·—逊(尼·弗·丹尼尔逊)的书《我国改革后的社会经济概况》。
　　　　恩格斯在 1891—1893 年曾同丹尼尔逊通信,信中提到俄国经济发展问题,批评了丹尼尔逊的观点(参看《马克思恩格斯全集》第 1 版第 38 卷第 193 — 196、304 — 308 页和《马克思恩格斯文集》第 10 卷第 662—665 页)。——29。

56　《俄罗斯新闻》(«Русские Ведомости»)是俄国报纸,1863 — 1918 年在莫斯科出版。它反映自由派地主和资产阶级的观点,主张在俄国实行君主立宪,撰稿人是一些自由派教授。从 1905 年起成为右翼立宪民主党人的机关报。1917年二月革命后支持资产阶级临时政府。十月革命后被查封。——29。

57　指列宁的文章《农业中的资本主义(论考茨基的著作和布尔加柯夫先生的文章)》(见本版全集第4卷)。——30。

58　这里说的是米·伊·杜冈-巴拉诺夫斯基的《马克思的资本主义抽象理论的基本错误》一文。该文对马克思的利润率降低趋势规律表示异议并进行"批判"。——30。

59　这里说的亚·亚·波格丹诺夫的第一本书是《经济学简明教程》,列宁为该书写了书评(见本版全集第4卷第1—8页);第二本书是《自然史观的基本要素》。列宁当时还不认识波格丹诺夫,他曾怀疑波格丹诺夫是不是格·瓦·普列汉诺夫(一元论者)的笔名。——32。

60　指秘密的马克思主义书刊。——33。

61　无辜的罪人出典于俄国剧作家亚·尼·奥斯特罗夫斯基晚年写的一个同名剧本(1883年)。剧本描写了奥特拉金娜和她的非婚生子的不幸遭遇。按照当时的资产阶级道德标准,非婚的结合及私生子被认为是"有罪"的,因此作家称他们是"无辜的罪人"。——34。

62　在附言中谈到的对《农业中的资本主义》一文的结尾的意见,列宁在文章发表时已加以考虑。——34。

63　看来是指亚·尼·波特列索夫。——36。

64　《工人事业》杂志(《Рабочее Дело》)是俄国经济派的不定期杂志,国外俄国社会民主党人联合会的机关刊物,1899年4月—1902年2月在日内瓦出版,共出了12期(9册)。该杂志的编辑部设在巴黎,担任编辑的有波·尼·克里切夫斯基、帕·费·捷普洛夫、弗·巴·伊万申和亚·萨·马尔丁诺夫。该杂志支持所谓"批评自由"这一伯恩施坦主义口号,在俄国社会民主党的策略和组织问题上持机会主义立场。

　　列宁在《怎么办?》一书(见本版全集第6卷)中批判了《工人事业》

杂志的观点。——36。

65　指《〈工人事业〉杂志编辑部指南》。这是一本揭露俄国社会民主党人队伍中的机会主义、主要是国外俄国社会民主党人联合会及其机关刊物《工人事业》杂志编辑部的经济主义观点的资料汇编,由格·瓦·普列汉诺夫编辑、作序,劳动解放社于1900年2月在日内瓦出版。——36。

66　指1900年初印成单页发表的关于恢复劳动解放社出版物的声明(列宁在信中写的年份是笔误)。——38。

67　列宁的这封信是对尤·米·斯切克洛夫寄给他的达·波·梁赞诺夫的《评〈工人事业〉杂志的纲领》一文的意见。文章后来载于1901年4月《曙光》杂志第1期。

　　　《工人事业》杂志的纲领(《编辑部的话》)载于1899年4月《工人事业》杂志第1期,同年出了抽印本,标题是《俄国社会民主党人联合会的定期机关刊物〈工人事业〉杂志的纲领》。——39。

68　格里申先生的喽罗是格·瓦·普列汉诺夫1900年在日内瓦出版的《一个社会民主党人的札记》第1篇第6页附言中的用语(见《普列汉诺夫全集》1924年俄文版第12卷第59页)。格里申是崩得国外委员会成员、国外俄国社会民主党人联合会活动家季·M.科佩尔宗的党内别名。——40。

69　列宁在这里指的是1884年出版的(列宁在信中写的年份是笔误)劳动解放社纲领第一个草案的最后一段。这段话说:**"劳动解放社丝毫也不忽视构成俄国劳动人口最大部分的农民**。但它认为,知识界的工作,特别是在当前社会政治斗争条件下,首先应以劳动人口中觉悟较高的阶层即产业工人为对象……　自然,**如果在农民中爆发独立的革命运动**,我们社会党人的力量分配就应当改变,而且即使在现在,那些同农民有直接接触的人,也能够通过他们在农民中的活动而给予俄国社会主义运动以重要的帮助。劳动解放社不仅不把这些人从自己身旁推开,而且将尽一切努力同他们在纲领的基本论点上达成协议。"在这个纲领的第二个草案(1888年版)中,这段话被改成草案结尾处的一条专门注释(见《普列汉诺夫全集》1923年俄文版第2卷第362、404页)。——42。

70　1900年8月在伯勒里夫(日内瓦附近的一个小镇)举行会议,讨论了《火星报》和《曙光》杂志的纲领问题。参加会议的有列宁、尼·埃·鲍曼、维·伊·查苏利奇、格·瓦·普列汉诺夫、亚·尼·波特列索夫和尤·米·斯切克洛夫。

《火星报》(《Искра》)是第一个全俄马克思主义的秘密报纸,由列宁创办。创刊号于1900年12月在莱比锡出版,以后各号的出版地点是慕尼黑、伦敦和日内瓦。参加《火星报》编辑部的有:列宁、格·瓦·普列汉诺夫、尔·马尔托夫、亚·尼·波特列索夫、帕·波·阿克雪里罗得和维·伊·查苏利奇。

《火星报》在建立俄国马克思主义政党方面起了重大的作用。在列宁的倡议和亲自参加下,《火星报》编辑部制定了党纲草案,筹备了俄国社会民主工党第二次代表大会。这次代表大会宣布《火星报》为党的中央机关报。

俄国社会民主工党第二次代表大会后,从第52号起,《火星报》变成了孟什维克的机关报,人们称这以后的《火星报》为新《火星报》。

《曙光》杂志(《Заря》)是俄国马克思主义的科学政治刊物,由《火星报》编辑部编辑,1901—1902年在斯图加特公开出版,共出了4期(第2—3期为合刊)。第5期已准备印刷,但没有出版。杂志宣传马克思主义,批判民粹主义和合法马克思主义、经济主义、伯恩施坦主义等机会主义思潮。——42。

71　1900年9月6日列宁离纽伦堡赴慕尼黑,当时慕尼黑被选为《火星报》编辑部所在地。——43。

72　指由列宁、尔·马尔托夫和亚·尼·波特列索夫组成的小组。它是列宁1900年初从流放地返回后为了在国外创办全俄马克思主义秘密报纸而倡议建立的。——43。

73　指劳动解放社。——43。

74　指筹备出版《火星报》。——43。

75　指《火星报》。——44。

76　这些文献都出现在1899—1900年国外俄国社会民主党人联合会的出版物上。

"反信条"即《俄国社会民主党人抗议书》(见本版全集第4卷),是列宁在流放地接到姐姐安·伊·乌里扬诺娃-叶利扎罗娃从彼得堡寄来的一个经济派文件之后于1899年8月写的。列宁的姐姐称这个文件为"青年派的信条",它的作者叶·德·库斯柯娃当时是国外俄国社会民主党人联合会的成员。列宁在米努辛斯克专区叶尔马科夫斯克村召集被流放的马克思主义者开会讨论并通过了这个《抗议书》。列宁把《抗议书》寄到了国外。格·瓦·普列汉诺夫收到后立即将它发排,供《工人事业》杂志最近一期刊用。然而,参加该杂志编辑部的国外联合会青年派成员,没有通知普列汉诺夫,就于1899年12月将《抗议书》出了抽印本,并附一篇编后记,说《信条》只反映某些人的看法,这些人的立场对俄国工人运动并无危险,国外俄国社会民主党人联合会内部不存在经济派,等等。

对《指南》的答复即《工人事业》杂志编辑部对帕·波·阿克雪里罗得的信和格·瓦·普列汉诺夫编的《指南》一书(见注65)的答复。

《工人事业》杂志第6期是在联合会分裂以后出版的,该杂志编辑部在其《附录》中同退出联合会的劳动解放社及其他人展开论战。

《犹太工人运动的转折点》的序言是《工人事业》杂志编辑部写的,它把工人阶级的政治斗争解释为只是争取政治权利和自由的斗争,而不是争取完全消灭专制制度的斗争。——44。

77　"社会民主党人"革命组织是由国外俄国社会民主党人联合会分裂以后由劳动解放社成员以及与其观点一致的人于1900年5月成立的。——46。

78　指《曙光》杂志。见注70。——48。

79 柴可夫斯基小组是彼得堡的一个革命民粹派小组,以其成员之一尼·瓦·柴可夫斯基的姓命名,但他并不是小组的创始人或领导人。该小组成立于1871年,由马·安·纳坦松组织的医科大学学生小组与索·李·佩罗夫斯卡娅和维·伊·科尔尼洛娃、亚·伊·科尔尼洛娃姐妹的妇女小组联合组成。参加小组的还有谢·米·克拉夫钦斯基、彼·阿·克鲁泡特金、德·亚·克列缅茨等人。后来在莫斯科、敖德萨、基辅也成立了它的组织。柴可夫斯基小组以进行自学和在青年中开展革命宣传活动为自己的任务。他们出版和传播马克思、尼·加·车尔尼雪夫斯基、德·伊·皮萨列夫、恩·弗列罗夫斯基(瓦·瓦·别尔维)等人的著作;在瑞士有自己的印刷所。柴可夫斯基小组曾在工人中间进行革命宣传工作,以培养在农村进行工作的宣传员。他们向工人介绍国际无产阶级运动史,组织工人学习马克思的《资本论》第1卷。接受柴可夫斯基小组宣传的某些工人后来成了俄国第一批无产阶级组织的建立者。柴可夫斯基小组的活动因1874年初的大规模逮捕而中断。——48。

80 《家庭画报》(《Family Pictures》)是一种英文杂志。给《火星报》写的通讯和文章,有些是夹在这个杂志里邮寄的。——49。

81 阿列克谢即尔·马尔托夫,当时还在俄国。——49。

82 指《火星报》编辑部关于出版报纸的声明草案。这个草案是列宁于1900年3月底至4月初写成的(见本版全集第4卷第282—291页)。1900年8月同劳动解放社个别成员(格·瓦·普列汉诺夫、帕·波·阿克雪里罗得、维·伊·查苏利奇)协商以后,列宁在国外对草案作了修改。10月上半月,这个声明印成了单页(同上书,第311—318页)。

　　声明草案初稿同时说明两个机关刊物——报纸和杂志的纲领,印出来的声明则只谈《火星报》。关于《曙光》杂志的任务,决定另写,在该杂志第1期上发表。为了保密,还决定在声明没有送到俄国以前不在国外散发。——49。

83 这里说的是《曙光》杂志。根据德国出版法的要求,该杂志应有一个责任编辑。——50。

84　指帕·波·阿克雪里罗得写的悼念威·李卜克内西逝世的文章。他写
　　　的一篇短文《威廉·李卜克内西》，刊载于《火星报》创刊号。此外他还
　　　为《曙光》杂志写了一篇关于李卜克内西的长文。该文没有在《曙光》杂
　　　志上发表。李卜克内西于1900年8月7日逝世。——50。

85　指1900年9月在巴黎举行的第二国际代表大会和法国社会党代表大
　　　会。埃·李·古列维奇和尤·米·斯切克洛夫就这个题目写的文章没
　　　有在《火星报》和《曙光》杂志上刊载。——50。

86　23人决议大概是指被流放在维亚特卡省奥尔洛夫市的社会民主党人
　　　（瓦·瓦·沃罗夫斯基、尼·埃·鲍曼、亚·尼·波特列索夫等人）召开
　　　的一次会议通过的决议，它是对列宁起草的《17人抗议书》（即《俄国社
　　　会民主党人抗议书》）的声援。——51。

87　这里说的是同波兰王国和立陶宛社会民主党中央委员会委员斯·斯·
　　　特鲁谢维奇洽商经由波兰运送书刊的问题。尤·米·斯切克洛夫曾就
　　　这一问题写信给列宁。运送工作未能安排好。——52。

88　巴黎人是指当时住在巴黎的达·波·梁赞诺夫、尤·米·斯切克洛夫、
　　　埃·李·古列维奇。他们组成的团体后来称为斗争社（见注105）。
　　　　　　列宁在给帕·波·阿克雪里罗得的信中提到的"将同巴黎人发生
　　　'纠葛'"，看来是说约他们经常为《火星报》撰稿一事有困难，因为他们
　　　一定要参加编辑部（见本卷第42、45号文献）。——53。

89　《哈尔科夫的五月》这本小册子记述了哈尔科夫工人在1900年5月1
　　　日这一天举行的第一次群众性游行示威，作者是奥·阿·叶尔曼斯基。
　　　小册子在国外出版，附有列宁写的序言（见本版全集第4卷第324—
　　　332页）。——53。

90　帕·波·阿克雪里罗得在他1900年10月15日给列宁的信中谈到如
　　　何处理由俄国寄给《火星报》的通讯。信中说："我觉得，对那些过分枯

燥和千篇一律的通讯,您可以利用几篇和其他材料一起写内政评论或社论。这样,作者满意,读者也不感到沉闷,报纸的文风也会得益。"(见《列宁文集》俄文版第 3 卷第 66 页)——54。

91 沙皇俄国宪警机关很注意列宁和后来组成《火星报》编辑部的整个小组的踪迹。《1901 年宪兵侦讯概述》写道:列宁住在慕尼黑,在《火星报》工作。警察局也知道亚·尼·波特列索夫在慕尼黑。在这种情况下,波特列索夫要去俄国是危险的。——54。

92 指《火星报》和《曙光》杂志的出版遭到拖延。——54。

93 这是帕·波·阿克雪里罗得在 1900 年 10 月 15 日给列宁的信中提的一个意见。他反对挑选伦敦为《火星报》编辑部地址,而认为斯德哥尔摩较好,"离俄国近些,**离侨民远一些,这是极其重要的**"(见《列宁文集》俄文版第 3 卷第 65 页)。——55。

94 指关于出版《火星报》的声明。声明草案初稿和最后定稿都是列宁写的(见本版全集第 4 卷第 282—291、311—318 页)。声明曾打算寄给纽约的俄国社会民主党人协会,当时该协会的书记是谢·米·英格尔曼(见本卷第 30 号文献)。——56。

95 指格·瓦·普列汉诺夫。——57。

96 指列宁给格·瓦·普列汉诺夫的答复。普列汉诺夫曾写信给列宁,征求他对经济派建议为《工人思想报》撰稿一事的意见。——58。

97 显然是指尔·马尔托夫。——58。

98 古巴廖夫作风一词来自俄国 19 世纪作家伊·谢·屠格涅夫的小说《烟》中的人物古巴廖夫,此人不学无术,夸夸其谈。古巴廖夫作风就是不解决实际问题的空谈作风。——62。

99 指谢·瓦·安德罗波夫。

圣彼得堡社即工人旗帜社,于 1897 年下半年成立。该社不赞成经济主义,而以在工人中进行政治宣传为宗旨,曾出版《工人旗帜报》和一些小册子与传单。1901年1月,彼得堡的工人旗帜社与社会主义者社合并。工人旗帜社多数成员后来加入了《火星报》组织。——63。

100 特殊原因是指纯粹出于保密的考虑。《曙光》杂志由约·亨·威·狄茨在斯图加特的印刷厂排印,他担心如果明确该杂志同不合法的《火星报》有联系,警察会来找麻烦。排印《火星报》的印刷厂当时在莱比锡。——63。

101 圣彼得堡工人组织是经济派的组织,于1900年夏建立。1900年9月《工人思想报》第9号刊载了该组织的一篇告工厂工人书,号召工人们组织小组,以制定自己的纲领和进行互助。1900年秋该组织同被承认是俄国社会民主工党彼得堡委员会的彼得堡工人阶级解放斗争协会合并。1901年4月《工人思想报》第11号刊载了这个联合组织的纲领和章程。火星派在彼得堡党组织中取得胜利后,受经济派影响的一部分彼得堡社会民主党人于1902年秋从彼得堡委员会分离出去,重新建立了独立的"工人组织"。"工人组织"委员会对《火星报》及其建立马克思主义政党的组织计划持反对态度,认为工人阶级的主动性是开展工人运动和取得斗争成功的最重要条件。1904年初,在党的第二次代表大会以后,彼得堡"工人组织"加入全党的组织,不复独立存在。——64。

102 《前夕》杂志(《Накануне》)是俄国民粹派的刊物,由叶·亚·谢列布里亚科夫任主编,1899年1月—1902年2月在伦敦用俄文出版,共出了37期。——65。

103 指帕·波·阿克雪里罗得的《威廉·李卜克内西》一文。该文后来刊载于1900年12月《火星报》创刊号。——66。

104 这篇文章的作者是尔·马尔托夫。该文后刊载于1900年12月《火星报》创刊号。——66。

105 指斗争社。

斗争社是达·波·梁赞诺夫、尤·米·斯切克洛夫和埃·李·古列维奇于1900年夏在巴黎成立的一个团体,1901年5月取此名称。该社试图调和俄国社会民主党内革命派和机会主义派之间的矛盾,建议统一社会民主党各国外组织。

1901年秋,斗争社成为一个独立的著作家团体。它在自己的出版物(《制定党纲的材料》第1—3辑、1902年《快报》第1号等)中歪曲马克思主义理论,反对列宁提出的俄国革命的社会民主党的组织原则和策略原则。由于它背弃社会民主党的观点和策略,进行瓦解组织的活动,并且同国内的社会民主党的组织没有联系,因此未被允许参加1903年俄国社会民主工党第二次代表大会。根据第二次代表大会的决定,斗争社被解散。——67。

106 指尔·马尔托夫。他当时在俄国,同国内的组织主要是南俄的组织进行联络。——67。

107 普特曼(亚·尼·波特列索夫的笔名)的《发生了什么事情?》一文和过来人(鲍古查尔斯基即瓦·雅·雅柯夫列夫的笔名)的《论旧和新》一文,都刊载在1901年4月《曙光》杂志第1期上。德·柯尔佐夫(波·阿·金兹堡)关于巴黎国际代表大会的文章没有在《曙光》杂志上发表。——68。

108 指格·瓦·普列汉诺夫的文章《略论最近一次巴黎国际社会党代表大会(致委给我以全权的同志们的一封公开信)》。该文载于1901年4月《曙光》杂志第1期。——69。

109 维·伊·查苏利奇论十二月党人的文章没有在刊物上发表。1900年12月27日,格·瓦·普列汉诺夫在日内瓦的俄国政治流亡者会议上发表了题为《1825年12月14日》的演说。演说全文载于1901年4月《曙光》杂志第1期(见《普列汉诺夫全集》1924年俄文版第10卷第351—372页)。——70。

110 格·瓦·普列汉诺夫的短评《荒谬到了什么地步?》后来没有写,因为他把要写的内容都包括在《再论社会主义与政治斗争》一文中了。

——72。

111 指彼得堡工人阶级解放斗争协会,它是列宁于 1895 年 11 月创立的。
——72。

112 指《圣彼得堡工人阶级解放斗争协会的纲领》和《协会工人组织章程》。
这些文件中规定的原则是彼得堡工人阶级解放斗争协会和工人组织在
1900 年秋达成合并的协议的基础(参看注 101)。——73。

113 列宁说"照顾小孩的问题将会有一个重大的改革"是一种寓意。当时担
任《火星报》秘书的因·格·斯米多维奇-列曼大概生了孩子。——75。

114 《火星报》创刊号上没有达涅维奇(埃·李·古列维奇)谈法国情况的文
章。他的关于法国的第一篇文章《法国来信。第一篇》载于 1901 年 7
月《火星报》第 6 号。达涅维奇谈法国事态的文章没有在《曙光》杂志上
发表。——75。

115 说的是关于通过波罗的海沿岸地区把《火星报》和火星派书刊运往俄国
的事。这个工作是当时在苏黎世求学的拉脱维亚大学生恩·罗劳和
爱·斯库比克负责组织的。后来查明,宪兵已掌握了这个运送小组活
动情况的情报,因此他们在 1900 年 12 月和在 1901 年 6 月运送的两批
火星派书刊均遭没收。《火星报》的运送工作到 1901 年年中才安排好。
——75。

116 指约·索·布柳缅费尔德,他当时是在莱比锡的《火星报》的排字工人。
《火星报》和《曙光》杂志在国外出版的筹备工作由亚·尼·波特列
索夫负责,为此他还在 1900 年 4 月就出国了。《火星报》得到德国社会
民主党人的帮助,起先在莱比锡,后来在慕尼黑德国社会民主党人的印
刷所排印。《曙光》杂志由斯图加特狄茨出版社公开出版。
布柳缅费尔德需要写有努斯佩尔利名字的护照,显然是为了在莱
比锡办理居住手续。——76。

117 指克·格·拉柯夫斯基。——76。

118 指晚些时候刊登在《曙光》杂志第1期上的格·瓦·普列汉诺夫的一篇文章。——76。

119 列宁在这里说的是对他的《国外俄国社会民主党人联合会的分裂》一文（见本版全集第4卷）的修改意见。格·瓦·普列汉诺夫在1900年12月8日给《火星报》慕尼黑编辑部的信中要求删去提到《工人事业》杂志功绩的话（见《列宁文集》俄文版第3卷第116页）。——78。

120 指弗·阿德勒的关于奥地利情况的文章，这篇文章本来是为《火星报》写的。文章没有在《火星报》上刊登。——79。

121 列宁从慕尼黑到莱比锡去了一趟，是为了在《火星报》创刊号出版之前对它作最后的审订。——81。

122 指帕·波·阿克雪里罗得的文章《国际社会民主主义运动的总结》。该文载于1900年12月和1901年2月《火星报》创刊号和第2号。——81。

123 指格·瓦·普列汉诺夫的文章《对我们的批判者的批判。第一部分。马克思的社会发展理论的批判者彼·司徒卢威先生。第一篇论文》。该文载于1901年4月《曙光》杂志第1期。——81。

124 指恩格斯的《德国的革命和反革命》（见《马克思恩格斯文集》第2卷）。这里说的是工人旗帜社1900年在伦敦秘密印刷的该书俄译本。——83。

125 这里说的是卡·考茨基的《伯恩施坦与社会民主党的纲领。反批评》一书，列宁在流放地舒申斯克村读了这本书并在娜·康·克鲁普斯卡娅的协助下把它翻译成俄文，当时没有出版。1905年，李沃维奇出版社用《考茨基论文集》的书名出版了它的部分章节，没有署译者的名字。1906年该书再版时标明为列宁译。——83。

126 亨·迈·海德门的《社会主义、工联主义和政治斗争》一文原来是谢·瓦·安德罗波夫约作者给《工人旗帜报》第3号写的。该文由列宁从英文译成了俄文,但没有刊登出来。——84。

127 "阿列克谢"(马尔托夫)的名字、父名和姓按俄文旧式写法是 Юлій
　　　Осиповичъ Цедербаумъ。列宁在第 22 个字母前面漏掉了第 18 个字
　　　母,这就是"р",如果把这个字母加进去,那就得出"Смирновъ"。所以这
　　　里指的是米·B.斯米尔诺夫,他是彼得堡工人旗帜社的成员。——85。

128 指《火星报》编辑部同自由派在慕尼黑举行的关于出版名为《时评》的
　　　《曙光》杂志附刊的谈判。谈判是从 1900 年 12 月 16 日(29 日)开始的。
　　　这里说的"最后"谈判在 1901 年 1 月底举行,参加者有列宁、维·伊·
　　　查苏利奇、亚·尼·波特列索夫、帕·波·阿克雪里罗得和彼·伯·司
　　　徒卢威。在拟定协议草案时,司徒卢威拒绝了《火星报》编辑部提出的
　　　第 7 条,即《火星报》编辑部有充分自由利用《时评》获得的一切政治材
　　　料。随后,格·瓦·普列汉诺夫代表《火星报》和《曙光》杂志,司徒卢威
　　　代表"民主反对派"小组分别草拟了关于出版《时评》的声明。但是由于
　　　约·亨·威·狄茨以不符合书报检查制度的要求为由而拒绝刊印这些
　　　声明,出版未能实现。《火星报》代表与司徒卢威的进一步谈判以破裂
　　　告终,以后也未恢复(参看本版全集第 4 卷第 341—343、344—345 页,
　　　本卷第 42、43、47 号文献)。——86。

129 出典于圣经《旧约全书·创世记》第 25 章。故事说,一天,雅各熬红豆
　　　汤,其兄以扫打猎回来,累得昏了,求雅各给他汤喝。雅各说,须把你的
　　　长子名分让给我。以扫就起了誓,出卖了自己的长子权。这个典故常
　　　被用来比喻因小失大。——88。

130 格·瓦·普列汉诺夫没有支持列宁。他收到这封信后于 1901 年 2 月 2
　　　日答复说:"亲爱的朋友,明日详谈。现在暂且只把我的一个坚定的信
　　　念告诉你,即**必须谈妥**,但要在《**火星报**》使用材料问题上讨价还价以
　　　后。形势如此,破裂**现在**会毁掉我们的,**以后我们再看**。"(见《列宁文
　　　集》俄文版第 3 卷第 133 页)同一天他在给帕·波·阿克雪里罗得的信
　　　里还说:"诚然需要就《火星报》使用材料问题讨价还价,但即使他不同
　　　意,也还是不应当破裂的。"(见《格·瓦·普列汉诺夫和帕·波·阿克

雪里罗得通信集》1925年俄文版第2卷第144页）——88。

131　指斗争社。见注105。——91。

132　指大学生为抗议实行1899年7月29日的暂行条例和政府把基辅大学的183个学生送去当兵而举行的游行示威（参看列宁的《183个大学生被送去当兵》一文，本版全集第4卷）。1901年2月6日在伦敦的俄国侨民会议通过了反对政府这一行动的抗议书。该抗议书发表在《前夕》杂志第26—27期合刊上，标题是《伦敦的抗议》。——91。

133　指圣彼得堡工人旗帜社。见注99。——92。

134　指刊登在《火星报》创刊号"我们的社会生活"栏内的一篇短评，题为《危机》，未署名。短评提醒工人不要在发生危机的情况下举行无组织的罢工，因为工厂主经常利用这类罢工作为大批解雇工人的借口。——92。

135　《南方工人报》（《Южный Рабочий》）是俄国社会民主主义团体的秘密报纸，1900年1月—1903年4月出版，共出了12号。第1、2号由俄国社会民主工党叶卡捷琳诺斯拉夫委员会出版，以后各号由南方工人社（有叶卡捷琳诺斯拉夫、哈尔科夫等南方城市的俄国社会民主工党组织的代表参加）出版。报纸的印刷所先后设在叶卡捷琳诺斯拉夫、斯摩棱斯克、基什尼奥夫、尼古拉耶夫等城市。参加编辑和撰稿的有伊·克·拉拉扬茨、阿·扎·维连斯基（伊里亚）、奥·阿·科甘（叶尔曼斯基）、弗·尼·罗扎诺夫等。《南方工人报》反对经济主义和恐怖主义，但是不同意列宁和火星派关于把革命的社会民主人联合在《火星报》周围并在集中制原则基础上建立一个马克思主义政党的计划，而提出通过建立各区域社会民主党人联合会的途径来恢复俄国社会民主工党的计划。在1903年俄国社会民主工党第二次代表大会上，南方工人社的代表采取中派立场。根据这次代表大会的决议，南方工人社被解散，《南方工人报》停刊。

　　这里指的是报道普罗霍罗夫矿区（在顿涅茨）罢工的几篇通讯，这几篇通讯刊载在《火星报》第 2 号(1901 年 2 月)和《南方工人报》第 3 号(1900 年 11 月)上。——92。

136　维·巴·诺根认为,尔·马尔托夫的《俄国无产阶级的新朋友》一文的结尾,应在如何理解经济斗争的问题上,把谢·瓦·祖巴托夫的说教与《工人思想报》的纲领作更鲜明的类比。——92。

137　维·巴·诺根的信上说,《火星报》引用了十二月党人的话作为题词,但对 1825 年 12 月 14 日的起义却只字未提。——92。

138　《往事》杂志(«Былое»)是俄国历史刊物,主要研究民粹主义和更早的社会运动(十二月党人、彼得拉舍夫斯基派等)的历史。该杂志由弗·李·布尔采夫创办,1900—1904 年在伦敦和巴黎出版了 6 期。1906—1907 年,该杂志在彼得堡出版(月刊),编辑是瓦·雅·鲍古查尔斯基和帕·叶·晓戈列夫,布尔采夫也参加编辑工作。1907 年该杂志被沙皇政府查封后,为代替杂志第 11、12 期出版了历史文集《我们的国家》。1908 年改出《过去的年代》杂志,1909 年改为历史文集《过去》。1908年布尔采夫恢复了《往事》杂志的国外版(巴黎),一直出到 1912 年。在俄国,《往事》杂志于 1917 年 7 月在彼得格勒复刊。十月革命后由晓戈列夫担任编辑继续出版,1926 年停刊。——93。

139　《正义报》(«Justice»)是英国一家周报,1884 年 1 月至 1925 年初在伦敦出版。最初是英国社会民主联盟的机关报,从 1911 年起成为英国社会党的机关报。第一次世界大战期间,该报采取社会爱国主义立场,由亨·迈·海德门编辑。1925 年 2 月改名为《社会民主党人报》继续出版,1933 年 12 月停刊。——93。

140　看来是指谢·瓦·安德罗波夫。——93。

141　显然是指《哈尔科夫的五月》那本小册子,上面有列宁写的序言(见本版全集第 4 卷第 324—332 页)。——93。

142　1901 年 5 月维·巴·诺根动身去俄国,途中顺路到慕尼黑列宁处待了一个星期,同他研究了俄国国内当前的工作。——93。

143 指列宁《183个大学生被送去当兵》一文(见本版全集第4卷)。——95。

144 列宁到布拉格和维也纳去,是为了通过俄国领事馆给娜·康·克鲁普斯卡娅办理去德国的国外护照。——96。

145 莫洛托夫是亚·李·帕尔乌斯(格尔方德)的笔名,他写的《专制制度和财政》一文载于《火星报》第4号。——96。

146 指斗争社的代表对《火星报》创刊号所提的意见。——97。

147 《世界政策》即《世界政策问题小报》(《Aus der Weltpolitik》),是德国的一家周报,由亚·李·帕尔乌斯于1898—1905年在慕尼黑出版。——98。

148 指1881年3月1日(13日)沙皇亚历山大二世被民意党人刺死一事。——98。

149 指康·多勃罗贾努-格里亚(康·阿·卡茨)。——98。

150 指约·亨·威·狄茨的图书出版社。——99。

151 说的是打算作为《曙光》杂志第1期社论刊登的帕·波·阿克雪里罗得的文章。印在杂志封面上的一句话原来是:"在格·瓦·普列汉诺夫、维·伊·查苏利奇、帕·波·阿克雪里罗得和几个俄国社会民主党人的直接参加下出版。"约·亨·威·狄茨把"和几个俄国社会民主党人"几个字删掉了。——99。

152 指沙皇政府财政大臣谢·尤·维特的秘密记事。记事以《专制制度和地方自治机关》为题,由尔·恩·斯·(彼·伯·司徒卢威)作序和注释,于1901年由《曙光》杂志秘密出版。列宁在《地方自治机关的迫害者和自由主义的汉尼拔》一文(见本版全集第5卷)中,对记事和序言给予了严厉的批评。在《火星报》编辑部成员的通信中,围绕着这篇文章的争论延续了一个多月。列宁采纳了关于修改某些措辞的个别建议,但坚决拒绝改变文章的抨击性口吻和文章的方向(见本卷第80、82、84号文献)。——99。

153　指米·格·韦切斯洛夫。——101。

154　秘密刊物《火星报》和《曙光》杂志是装在箱子的夹底里运往俄国的。——101。

155　彼得堡工人阶级解放斗争协会早在90年代末就利用通过芬兰和通过斯德哥尔摩的运输线;这条运输线是在瑞典社会民主党人卡·亚·布兰亭、挪威社会民主党人哈尔德尔和瑞典工人 A.韦德尔的协助下(韦德尔为此迁居芬兰)安排的。1900年哈尔德尔被捕,联系中断,通过芬兰的运输线被破坏。1901年又安排了通过斯德哥尔摩—奥布和俄芬国境运送秘密书刊的路线。

　　这封信说明列宁对这一新尝试的结果十分关切。——101。

156　《在光荣的岗位上》文集是俄国民粹派为庆祝民粹主义思想家尼·康·米海洛夫斯基从事写作和社会活动40年(1860—1900)而出版的。文集收载了尼·费·安年斯基、尼·亚·卡雷舍夫、帕·尼·米留可夫、韦·亚·米雅柯金、阿·瓦·彼舍霍诺夫、尼·亚·鲁巴金、瓦·伊·谢美夫斯基、维·米·切尔诺夫、亚·伊·丘普罗夫、谢·尼·尤沙柯夫等人的文章。《曙光》杂志和《火星报》都没有登载过对该书的评论。——103。

157　列宁提到的"平安渡过风险"是指下面这件事:1901年4月5日,俄国大学生在日内瓦俄国领事馆门前举行了反对迫害政治流亡者的游行示威。俄国政府决定利用这一事件对瑞士当局施加压力,要他们把一些著名的政治流亡者,首先是把格·瓦·普列汉诺夫驱逐出瑞士国境。但是,普列汉诺夫却设法证明了自己与这次游行示威无关。《火星报》编辑部成员曾担心普列汉诺夫的努力能否有成效。——105。

158　《工业界报》(《Промышленный Мир》)是俄国的财经贸易和工业技术周报,1899年11月—1905年在彼得堡出版。——106。

159　此处是列宁就策略问题和表述在五一《〈火星报〉传单》中的1901年五一节口号问题给格·瓦·普列汉诺夫的答复。普列汉诺夫在1901年4月19日给《火星报》慕尼黑编辑部的信中谈到,在俄国庆祝五一节的那一天,不应该号召工人上街,因为政府蓄意制造一场大屠杀和流血事件,我们将被击溃。普列汉诺夫认为当前的主要任务是加强社会民主党地方组织的工作。从列宁的信中可以明显地看出,在这个问题上,在当时具体的历史情况下,列宁同意普列汉诺夫的意见。——106。

160　《国民经济》杂志(《Народное Хозяйство》)是一种社会经济刊物,1900—1905年在彼得堡出版,起先每月出一期,后来每两月出一期。——106。

161　指1900年秋在柏林成立的《火星报》协助小组。小组成员有:米·费·弗拉基米尔斯基、彼·格·斯米多维奇、Е.Э.曼德尔施塔姆、Р.А.格罗斯曼、费·伊·唐恩、威·阿·布赫霍尔茨等人;小组领导人是米·格·韦切斯洛夫。小组在组织《火星报》的运送工作和筹集经费方面起了重大作用。在日内瓦、苏黎世、巴黎等有俄国青年学生和革命侨民的欧洲其他大城市中,也成立了类似的《火星报》协助小组。——107。

162　指1900年秋以弗·亚·巴扎罗夫为中心成立的柏林社会民主党人中立小组。它的宗旨是消除国外俄国社会民主党人联合会第二次代表大会以后工人事业派和劳动解放社之间的分裂。米·格·韦切斯洛夫、约·波·巴索夫斯基等人也加入了这个小组。小组出版了3—4种政治性传单,存在到1901年夏天。——107。

163　苏黎世人是指住在苏黎世的一些拉脱维亚社会民主党人大学生,他们承担运送秘密报刊到俄国的工作。参看注115。——108。

164　指达·波·梁赞诺夫。——108。

165　《附刊》即《〈工人事业〉杂志附刊》(《Листок «Рабочего Дела»»)，是国外俄国社会民主党人联合会机关刊物《工人事业》杂志的不定期附刊，1900 年 6 月—1901 年 7 月在日内瓦出版，共出 8 期。

该刊第 6 期登载了波·尼·克里切夫斯基的《历史性的转变》一文，主张立即对专制制度发动冲击。列宁在《从何着手?》一文(见本版全集第 5 卷)中对它进行了批判。——108。

166　指柏林《火星报》协助小组的成员。——109。

167　列宁所说的计划于 1901 年 10 月付诸实现，当时成立了俄国革命社会民主党人国外同盟。在 1903 年召开的俄国社会民主工党第二次代表大会上，同盟被承认为享有党的地方委员会权利的唯一国外组织。俄国社会民主工党第二次代表大会以后，孟什维克的势力在同盟内增强。他们在 1903 年 10 月召开同盟第二次代表大会，反对布尔什维克。孟什维克把持的同盟还通过了同俄国社会民主工党党章相抵触的新章程(详见注 371)。同盟从此成为孟什维主义在国外的主要堡垒，直至 1905 年同盟撤销为止。——109。

168　打算出版通报的是柏林《火星报》协助小组。它的这项计划因经费和稿件不足而没有实现。——113。

169　从第 4 号(1901 年 5 月)开始，《火星报》定期出版，每月出 1—2 号。——113。

170　社会主义者社于 1900 年夏天在彼得堡成立。它是不满彼得堡斗争协会的经济主义倾向的团体之一，主张把政治斗争放在首要地位。1901 年 1 月该社与工人旗帜社合并。——115。

171　1901 年出版了两种五一节传单：4 月出版的署名"《火星报》组织"的《〈火星报〉传单》和 2 月初在几个南方委员会的代表会议上通过的全党的传单《五一节》。这两种 1901 年五一节传单的区别在于："全党的"传单总的目的是广泛宣传社会主义思想，而响应广泛的大学生运动(这个运动在工人的参加下具有革命的性质)的《〈火星报〉传单》，则提出了反对专制制度的政治斗争口号。——115。

172 1901年6月在日内瓦召开了国外社会民主党组织代表会议。会议作出了一项决议,认为必须在《火星报》革命原则的基础上团结俄国社会民主主义力量和统一社会民主党各国外组织。决议谴责了经济主义、伯恩施坦主义、米勒兰主义等形形色色的机会主义(参看《苏联共产党代表大会、代表会议和中央全会决议汇编》1964年人民出版社版第1分册第16——18页)。会后,国外俄国社会民主党人联合会及其机关刊物《工人事业》杂志却加紧宣扬机会主义,使火星派无法同工人事业派实现统一,从而使"统一"代表大会的失败事先就成为定局。——116。

173 列宁曾计划让《火星报》在国外排版,打成纸型,然后把纸型运到俄国浇铸铅版和印刷。——125。

174 指罗·爱·克拉松曾和列宁一起参加《说明我国经济发展状况的资料》文集的工作。该文集载有克拉松翻译的爱·伯恩施坦介绍刚出版的《资本论》第3卷的文章,标题是《〈资本论〉第3卷》。文集于1895年4月由公开的印刷所印了2 000册。沙皇政府先是禁止该文集发行,一年后又将其没收焚毁。保存下来的仅有100册,在彼得堡等城市的社会民主党人中秘密传阅。——126。

175 指列·波·克拉辛。同他谈话的大概是亚·尼·波特列索夫。——126。

176 杰博即革命民粹派弗·卡·杰博戈里-莫克里耶维奇。《曙光》杂志编辑部请求他把他的回忆录片段寄给他们,得到了他的同意。编辑部成员曾通信商讨这个问题。但是回忆录未在《曙光》杂志上刊出。——128。

177 列宁在这里说的是1901年5月4日和7日在彼得堡维堡区和奥布霍夫炼钢厂发生的事件。1901年6月《火星报》第5号发表的通讯《俄国的五一节》和列宁的文章《新的激战》(见本版全集第5卷)谈到了这些事件。

　　　　我们的好朋友是列宁对伊·瓦·巴布什金的称呼。《火星报》第5号发表了他的通讯《伊万诺沃-沃兹涅先斯克》。关于巴布什金在俄国社会民主主义运动中,在创办《火星报》以及向《火星报》提供工人通讯方面所起的作用,列宁在1910年12月31日《工人报》第2号上发表的悼念巴布什金的文章中作了详细的叙述(见本版全集第20卷第79—83页)。——129。

178　大概是指弗·尼·罗扎诺夫。——130。

179　指亚·尼·波特列索夫。——133。

180　列宁指的是他同伊·克·拉拉扬茨一起到莫斯科艺术剧院去看戏一事。他在1901年2月20日给母亲的信里也谈起过这件事(见本版全集第53卷第241页)。——133。

181　指柳·伊·阿克雪里罗得的《为什么我们不想后退?》一文的后记,这是针对自由派分子尼·亚·别尔嘉耶夫在1901年6月的《世间》杂志第6期上发表的《为唯心主义而斗争》一文而写的。

　　　　列宁和格·瓦·普列汉诺夫主张刊登这个后记,但编辑部多数成员(尔·马尔扎夫、维·伊·查苏利奇、亚·尼·波特列索夫)反对刊登,结果该文在1901年12月《曙光》杂志第2—3期合刊上发表时删去了后记。——135。

182　亲司徒卢威派是《火星报》编辑部内对亚·尼·波特列索夫和维·伊·查苏利奇的戏称。——135。

183　指列宁写的《我们的纲领》和《我们党的纲领草案》(见本版全集第4卷)。——136。

184　指《地方自治机关的迫害者和自由主义的汉尼拔》(见本版全集第5卷)。——136。

185　指《土地问题和"马克思的批评家"》(见本版全集第5卷)。——136。

186 《俄国革命主义的复活》是自由社的纲领性小册子。它的作者是尔·纳杰日丁(叶·奥·捷连斯基)。——136。

187 指涅夫佐罗夫(尤·米·斯切克洛夫)的文章《那么,从何着手呢?》,它是针对列宁的《从何着手?》一文(见本版全集第 5 卷)而写的。——136。

188 1901 年夏天,《火星报》编辑部根据列宁的提议,着手起草俄国社会民主工党纲领草案。俄国社会民主工党纲领草案在 1902 年 6 月 1 日《火星报》第 21 号上发表。——138。

189 指维·巴·诺根和谢·瓦·安德罗波夫。——139。

190 帕·波·阿克雪里罗得的短评《奥地利工人在最近一次选举中的胜利》(关于维·阿德勒当选为下奥地利州议会议员)发表在 1901 年 7 月《火星报》第 6 号上。——139。

191 指埃·王德威尔得的《比利时的土地所有制》1900 年巴黎版。——140。

192 指格·瓦·普列汉诺夫对列宁的《地方自治机关的迫害者和自由主义的汉尼拔》一文(见本版全集第 5 卷)的审订意见。——143。

193 《先驱》杂志(«Der Vorbote»)是第一国际德国支部的中央机关刊物(月刊),1866—1871 年在日内瓦出版。——144。

194 指维·米·切尔诺夫在他的《资本主义和农业的演进类型》一文中引用莫·里廷豪森关于社会把土地交给"同道者的村社"使用的建议。这个建议是里廷豪森 1869 年在巴塞尔第一国际第四次代表大会上向土地委员会提出的,并由委员会以多数票通过。——144。

195 《西里西亚的十亿》是威·沃尔弗的一组文章,用这个标题发表在 1849 年 3—4 月的《新莱茵报》上。1886 年这组文章作了一些修改后印成小册子,恩格斯为它写了导言《关于普鲁士农民的历史》(见《马克思恩格斯文集》第4卷）。

《新莱茵报》(«Neue Rheinishe Zeitung»)是德国和欧洲革命民主派
中无产阶级一翼的日报,1848年6月1日—1849年5月19日在科隆
出版。马克思任该报的主编,编辑部成员恩格斯、恩·德朗克、斐·沃
尔弗、威·沃尔弗、格·韦尔特、费·弗莱里格拉特等都是共产主义者
同盟的盟员。——145。

196　指《地方自治机关的迫害者和自由主义的汉尼拔》。——146。

197　《自由言论》杂志(«Вольное Слово»)是1881年8月—1883年5月在日
内瓦出版的俄国刊物,起初为周刊,从第37期起改为双周刊,总共出了
62期。该刊自称是俄国的立宪自由派"地方自治机关联合会"的机关
刊物,以联合反对派分子为目的,并鼓吹"根据个人自由和自治原则"改
造俄国社会制度的自由主义思想。实际上该刊是"神圣卫队"(以彼·
安·舒瓦洛夫公爵等为首的地主贵族上层和沙皇大臣的秘密组织)的
成员为搞奸细活动而创办的。它的编辑是警察局密探阿·巴·马尔申
斯基。1882年底"神圣卫队"瓦解,从1883年1月8日第52期起,该杂
志由米·彼·德拉哥马诺夫编辑出版。——147。

198　指《社会民主党人报》。

《社会民主党人报》(«Der Sozialdemokrat»)是反社会党人法施行
期间德国社会民主党的中央机关报(周报)。主要领导人是威·李卜克
内西。1879年9月—1888年9月在苏黎世出版,1888年10月—1890
年9月在伦敦出版。1879年9月—1880年1月格·亨·福尔马尔任
编辑,1881—1890年爱·伯恩施坦任编辑。反社会党人法废除后,《社
会民主党人报》停刊。——148。

199　指帕·波·阿克雪里罗得对列宁的文章《地方自治机关的迫害者和自
由主义的汉尼拔》(见本版全集第5卷)提出的意见。——148。

200　《俄国革命通报》杂志(«Вестник Русской Революции»)是俄国社会革命
党人的秘密刊物,1901—1905年先后在巴黎和日内瓦出版,共出了4

期。第1期由老民意党人小组出版,编辑是尼·谢·鲁萨诺夫(塔拉索夫)。从第2期起成为社会革命党的理论性机关刊物。撰稿人有米·拉·郭茨、伊·阿·鲁巴诺维奇、维·米·切尔诺夫(尤·加尔德宁)、叶·康·布列什柯-布列什柯夫斯卡娅等。——151。

201　指《地方自治机关的迫害者和自由主义的汉尼拔》(见本版全集第5卷)。——151。

202　指亚·米·卡尔梅柯娃在彼得堡开设的一个书店,这个书店是社会民主党人接头的地方。——152。

203　《地方自治机关的迫害者和自由主义的汉尼拔》一文发表时没有附这里说的补充说明。

　　　米·彼·德拉哥马诺夫的文章《你们叩门,门就会开》载于1883年3月《自由言论》杂志第56期和第57期。文章号召地方自治人士对沙皇政府"从下面"施加压力,"向它夺取"广泛的地方自治、政治自由和宪制。文章认为,"社会自己在60年代犯了根本性错误,没有集中火力来攻击沙皇专制的原则",结果"政府即沙皇和官僚……在一些次要问题上作了让步,而同时在主要问题上,即在保持甚至发展自己的专制上,却赢得了胜利"。——152。

204　指1901年9月21—22日(10月4—5日)在瑞士苏黎世举行的俄国社会民主工党国外组织"统一"代表大会。出席大会的有《火星报》和《曙光》杂志国外组织的6名成员、"社会民主党人"革命组织的8名成员、国外俄国社会民主党人联合会的16名成员和斗争社的3名成员,共33人。在代表大会召开以前,1901年春天和夏天,由斗争社倡议和从中斡旋,俄国社会民主工党各国外组织进行了关于协议和统一的谈判。为了筹备实行统一的代表大会,1901年6月在日内瓦举行了由上述各组织的代表参加的会议(见注172)。但是国外俄国社会民主党人联合会及其机关刊物《工人事业》杂志在代表会议以后却加紧宣扬机会主义。这突出地表现在1901年9月《工人事业》杂志第10期刊登的波·尼·克里切夫斯基的《原则、策略和斗争》和亚·马尔丁诺夫的《揭露性的刊物和无产阶级的斗争》两篇文章以及联合会第三次代表大会对六月代表会议决议的修正上。因此,在代表大会开幕以前就可看出,火星派同工人事业派的统一已不可能。在代表大会宣布了联合会第三次代表大会通过的对六月代表会议决议所作的修正和补充之后,《火星报》和《曙光》杂志国外组织以及"社会民主党人"革命组织的代表便宣读了一项特别声明,指出代表大会的机会主义多数不能保证政治坚定性,随即退出了代表大会。

列宁在大会上曾就议程上的第一个问题"原则协议和对各编辑部的指示"发言,尖锐地揭露了联合会的机会主义行为。这是他在国外俄国社会民主党人中第一次公开讲话。——154。

205　当时曾拟议走海路经亚历山大(埃及)运送《火星报》。——154。

206　波舍霍尼耶遗风一词由俄国作家米·叶·萨尔蒂科夫-谢德林的小说《波舍霍尼耶遗风》而来。波舍霍尼耶原为俄国北部一个偏僻的县城,自萨尔蒂科夫-谢德林的小说问世后便成了闭塞落后的穷乡僻壤的同义语。波舍霍尼耶遗风意为眼光狭小、愚昧无知。这样的人被称为波舍霍尼耶人。——157。

207　《工人旗帜报》(《Рабочее Знамя》)是布尔什维克的秘密报纸,1908年3—12月在莫斯科出版,共出了7号。第1号作为俄国社会民主工党中部工业区区域局机关报出版,第2—6号作为俄国社会民主工党莫斯科委员会和莫斯科郊区委员会的机关报出版,第7号作为俄国社会民主工党中部工业区区域局、莫斯科委员会和莫斯科郊区委员会的机关报出版。先后担任编辑的有索·雅·策伊特林、伊·伊·斯克沃尔佐夫-斯捷潘诺夫、德·伊·库尔斯基和弗·米·舒利亚季科夫(多纳特)。《工人旗帜报》从第5号起就党对杜马和对俄国社会民主杜马党团的态度问题开展讨论,在第5号上发表了一个召回派分子的信(署名:一工人),在第7号上发表了批评召回派的《一个党的工作者的信》。列宁对这两封信都作了分析(见本版全集第17卷第266—282、340—343页)。——160。

208　　指对莫斯科社会民主党组织成员的几次大规模逮捕。亚·尤·芬-叶
　　　诺塔耶夫斯基就是在大逮捕期间于1896年11月11日被捕的。奸细
　　　Л.Н.鲁马使组织遭到了破坏。——161。

209　　指《地方自治机关的迫害者和自由主义的汉尼拔》。——164。

210　　指俄国社会民主工党国外组织"统一"代表大会(见注204)。——164。

211　　指伊·瓦·巴布什金写的《为伊万诺沃-沃兹涅先斯克工人辩护》一文,
　　　该文后来载于1901年10月《火星报》第9号附刊,署名是"一个为工人
　　　说话的工人"。这篇文章是对1900年《俄国财富》杂志第12期发表的
　　　B.达多诺夫的《俄国的曼彻斯特(关于伊万诺沃-沃兹涅先斯克的信)》
　　　一文的回答。——165。

212　　列宁为《曙光》杂志第2—3期合刊写了《内政评论》(见本版全集第5
　　　卷)。
　　　　　　尔·马尔托夫写的关于德国社会民主党吕贝克代表大会的文章是
　　　这一期《曙光》杂志的国外评论。该文署名"Ignotus"。——165。

213　　当时参加彼得堡火星派小组的有从柏林来安排《火星报》发行工作的
　　　E.Э.曼德尔施塔姆、A.H.明斯卡娅、P.M.鲁宾奇克以及彼得堡社会主
　　　义者社留下的成员。小组由维·巴·诺根领导(至1901年10月2日
　　　他被捕为止)。该小组与彼得堡协会之间的联系是通过斯·伊·拉德
　　　琴柯进行的。1901年12月4日小组成员全体被捕。——168。

214　　指恩格斯《1891年社会民主党纲领草案批判》(见《马克思恩格斯文集》
　　　第4卷)。该文发表于1901年10月2日出版的《新时代》杂志第20年
　　　卷第1册第1期。——169。

215　　指列宁前往苏黎世参加俄国社会民主工党国外组织"统一"代表大会。
　　　——169。

216　　指《怎么办?(我们运动中的迫切问题)》一书(见本版全集第6卷)。
　　　——169。

217　指编辑《"统一"代表大会文件汇编》这本小册子。列宁为小册子写了序
言（见本版全集第 5 卷第 313—316 页）。小册子是在日内瓦俄国革命
社会民主党人同盟的印刷所刊印的。

　　　从列宁关于加·达·莱特伊仁和费·伊·唐恩的话可以断定，他
们两人在这个代表大会上担任《火星报》和《曙光》杂志组织方面的秘
书。——170。

218　指弗兰茨·梅林编辑的《卡尔·马克思、弗里德里希·恩格斯和斐迪
南·拉萨尔的遗著》第 1 卷《卡尔·马克思和弗里德里希·恩格斯的著
作。1841 年 3 月—1844 年 3 月》，1902 年约·亨·威·狄茨出版社斯
图加特版。

　　　下面说的第 4 卷是指这部书的第 4 卷。——171。

219　《火星报》和《曙光》杂志组织曾多次遇到经济上的困难。列宁在他的信
件中不止一次提到过经费问题。这里指的是从 Д.茹柯夫斯基那里收
到的供出版《火星报》用的钱。——174。

220　《现代工业危机》一文是亚·尤·芬-叶诺塔耶夫斯基写的。这篇文章
没有被刊用。——180。

221　指柳·伊·阿克雪里罗得的学位论文《托尔斯泰的世界观及其发展》，
1901 年在伯尔尼出版。——181。

222　指《怎么办？（我们运动中的迫切问题）》。——181。

223　说的是悉尼·韦伯和比阿特里萨·韦伯合著的《产业民主》一书。该书
俄译本《英国工联主义的理论和实践》第 1 卷由列宁和娜·康·克鲁普
斯卡娅翻译，于 1900 年出版；第 2 卷由列宁校订，于 1901 年 11 月出
版。——181。

224　《经济学家》杂志（«The Economist»）是英国的政治和经济问题刊物（周
刊），1843 年由詹·威尔逊在伦敦创办，大工业资产阶级的喉舌。
——183。

225 列宁曾被邀请到伯尔尼作报告,以纪念格·瓦·普列汉诺夫1876年12月6日在彼得堡喀山广场发表演说二十五周年。——184。

226 这里列举的五点是这封信的投递处。第四点列宁指的是特维尔的社会民主党组织,给这个组织的信是寄给阿·伊·巴枯宁的。列宁放在书名号里的第五点,是《火星报》的一个代表从俄国寄来的信的标题。列宁在他的《同经济主义的拥护者商榷》(见本版全集第5卷)一文中公布了这封信的全文。列宁在这一点中所指的就是给他写这封信的《火星报》代表。——185。

227 列宁所说的"国外的冲突"是指《火星报》、《曙光》杂志国外组织和"社会民主党人"革命组织的代表退出俄国社会民主工党国外组织"统一"代表大会一事(见注204)。——185。

228 《前进报》(《Вперед》)是经济派的报纸,1896—1900年在基辅出版。——187。

229 指格·瓦·普列汉诺夫前往参加社会党国际局的代表会议。他是在1900年第二国际巴黎代表大会上和波·尼·克里切夫斯基一同被选为国际局的成员。代表会议于1901年12月30日在布鲁塞尔召开。代表会议刚一闭幕,1902年1月15日(28日)的《火星报》第15号上就刊登了普列汉诺夫写的关于代表会议工作情况的报道,题为:《寄自布鲁塞尔。给〈火星报〉编辑部的信》(见《普列汉诺夫全集》1924年俄文版第12卷第193—198页)。——188。

230 指娜·康·克鲁普斯卡娅于1901年8月给列·伊·戈尔德曼和谢·奥·策杰尔包姆的信(见《列宁文集》俄文版第8卷第196—197页)。——193。

231 指基什尼奥夫印刷所、巴库印刷所和约·波·巴索夫斯基所组织的中央运送机关之间的联系。——193。

232 《火星报》曾在基什尼奥夫设立了一个秘密印刷所,把该报翻印出来在俄国散发。列宁在信中是指该印刷所翻印《火星报》第 10 号的消息。
——194。

233 大概是指约·波·巴索夫斯基。——194。

234 1901 年 12 月 20 日(1902 年 1 月 2 日)《火星报》第 13 号刊载了列宁所
写的社论《游行示威开始了》(见本版全集第 5 卷)。——194。

235 指马克思《哥达纲领批判。对德国工人党纲领的几点意见》中的下述论
点:"资产阶级的'**信仰自由**'不过是容忍各种各样的**宗教信仰自由**而
已,工人党则力求把信仰从宗教的妖术中解放出来。"(见《马克思恩格
斯文集》第 3 卷第 448 页)——196。

236 《康拉德年鉴》即《国民经济和统计年鉴》(«Jahrbücher für Nationalö
konomie und Statistik»),是德国资产阶级的经济学杂志,1862 年由布鲁
诺·希尔德布兰德创办,在耶拿出版,通常每年出两期。1872 — 1890
年由约翰奈斯·康拉德编辑出版(1872 年起协助编辑,1878 年正式出
任编辑)。1891 — 1897 年由威廉·莱克西斯编辑出版。——196。

237 《工商报》(«Торгово-Промышленная Газета»)是 1893 — 1918 年在彼得
堡出版的一家报纸(日报),1894 年以前是沙皇俄国财政部刊物《财政
与工商业通报》杂志的附刊。——196。

238 指《怎么办?(我们运动中的迫切问题)》。——196。

239 列宁把彼·司徒卢威和谢·尼·布尔加柯夫的文章从《新言论》杂志
(1897 年 5 月第 8 期)上剪下来寄给柳·伊·阿克雪里罗得。阿克雪里
罗得在她的那篇反驳司徒卢威和布尔加柯夫的文章《论某些"批评
家"的若干哲学习作》(载于 1902 年 8 月《曙光》杂志第 4 期)中使用了
寄来的这些材料。——197。

240 《社会主义月刊》(«Sozialistische Monatshefte»)是德国机会主义者的主
要刊物,也是国际修正主义者的刊物之一,1897 — 1933 年在柏林出版。
编辑和出版者为右翼社会民主党人约·布洛赫。撰稿人有爱·伯恩施

坦、康·施米特、弗·赫茨、爱·大卫、沃·海涅、麦·席佩耳等。第一次世界大战期间，该刊持社会沙文主义立场。——197。

241 列宁指的是格·瓦·普列汉诺夫起草的第二个纲领草案和《火星报》编辑部在慕尼黑的编委(列宁、维·伊·查苏利奇、尔·马尔托夫)提出的作为拟定共同纲领草案基础的协议草案。

　　这里说的"协商调处"就是由《火星报》编辑部组织一个协商委员会，把列宁拟定的纲领草案和普列汉诺夫拟定的第二个草案协调起来，以便拟就一个统一的俄国社会民主工党纲领草案。预定参加该委员会的有马尔托夫、查苏利奇和费·伊·唐恩(或列·格·捷依奇)(见《列宁文集》俄文版第 2 卷第 91 页)。

　　协议草案没有像列宁担心的那样"落空"，因为普列汉诺夫同意由委员会把两个草案协调起来。委员会草案是在 1902 年 4 月 14 日在苏黎世召开的《火星报》编辑部成员会议上批准的。列宁没有出席这次会议。由《火星报》和《曙光》杂志编辑部草拟的俄国社会民主工党纲领草案，于 1902 年 6 月 1 日在《火星报》第 21 号上发表。——199。

242 指帕·波·阿克雪里罗得的一篇文章，他打算把它印成单行本，作为《火星报》的附刊。这篇文章直到 1906 年才以《作为独立的革命力量的俄国资产阶级民主派的诞生》为题，载于阿克雪里罗得的论文集《俄国革命运动中的社会主义倾向和资产阶级倾向的斗争》。——199。

243 这场论战是由《曙光》杂志(1901 年第 2—3 期合刊)发表尔·马尔托夫的《德国社会民主党吕贝克代表大会》一文引起的。马尔托夫的文章批评《工人事业》杂志编辑波·尼·克里切夫斯基给德国社会民主党中央机关报《前进报》写的巴黎通讯有偏见，攻击盖得派而为亚·埃·米勒兰及其拥护者饶勒斯派进行宣传。《前进报》编辑部则庇护克里切夫斯基，指责马尔托夫。参加论战的有卡·考茨基、克·蔡特金、亚·李·帕尔乌斯以及法国工人党机关报《社会主义者报》。1902 年 3 月 10 日《火星报》第 18 号"党的生活"栏发表短评，阐述该报对这场论战的看法。——200。

244　关于《火星报》慕尼黑编辑部（列宁、维·伊·查苏利奇和尔·马尔托夫；亚·尼·波特列索夫因病留在瑞士）迁往伦敦的问题，《火星报》编辑部在 1902 年 3 月间讨论过，并于 3 月底作出了决定。迁移的原因是编辑部获悉，俄国和德国警察已探知《火星报》在德国出版的情况。列宁和娜·康·克鲁普斯卡娅于 4 月 12 日离慕尼黑前往伦敦。马尔托夫和查苏利奇稍晚些时候去伦敦。——201。

245　《革命前夜》（«Канун Революции»）是自由社（见注 302）的不定期刊物，由叶·奥·捷连斯基（尔·纳杰日丁）负责编辑。这封信中提到的对该刊第 1 期的评论没有在《曙光》杂志上发表。——201。

246　指亚·尼·波特列索夫。——201。

247　这里说的"代表大会"是指《火星报》编辑部成员的聚会。这是帕·波·阿克雪里罗得在 1902 年 3 月 25 日给列宁的信中提议的（见《列宁文集》俄文版第 2 卷第 99—101 页）。由格·瓦·普列汉诺夫、维·伊·查苏利奇、帕·波·阿克雪里罗得和尔·马尔托夫参加的编辑部成员会议于 1902 年 4 月 14 日在苏黎世举行（列宁当时已前往伦敦）。会上讨论和通过了协商委员会拟定的纲领草案。该委员会在拟定草案时，以普列汉诺夫的草案为基础，并根据列宁草案和意见的精神作了一些修改。——202。

248　《革命俄国报》（«Революционная Россия»）是俄国社会革命党人的秘密报纸，由社会革命人联合会于 1900 年底在俄国出版，创办人为安·亚·阿尔古诺夫。1902 年 1 月—1905 年 12 月，作为社会革命党的正式机关报在日内瓦出版，编辑为米·拉·郭茨和维·米·切尔诺夫。——202。

249　指《俄国社会民主党的土地纲领》（见本版全集第 6 卷）。《火星报》编辑部成员讨论这篇文章时提出的具体意见，见《列宁文集》俄文版第 3 卷。——204。

250　爱尔福特纲领是指 1891 年 10 月举行的德国社会民主党爱尔福特代表

大会通过的党纲。它取代了 1875 年的哥达纲领。爱尔福特纲领以马克思主义关于资本主义生产方式必然灭亡和被社会主义生产方式所代替的学说为基础,强调工人阶级必须进行政治斗争,指出了党作为这一斗争的领导者的作用。它从根本上说是一个马克思主义的纲领。但是,爱尔福特纲领也有严重缺点,其中最主要的是没有提到无产阶级专政是对社会实行社会主义改造的手段这一原理。纲领也没有提出推翻君主制、建立民主共和国、改造德国国家制度等要求。对此,恩格斯在《1891 年社会民主党纲领草案批判》(见《马克思恩格斯文集》第 4 卷)中提出了批评意见。代表大会通过的纲领是以《新时代》杂志编辑部的草案为基础的。——204。

251　指《对委员会的纲领草案的意见》(见本版全集第 6 卷)。《意见》中的一部分是列宁从慕尼黑去伦敦的途中在科隆逗留时写的。——208。

252　这一点添在列宁《俄国社会民主党的土地纲领》一文第 2 章的开头(参看《列宁文集》1925 年俄文版第 3 卷第 363—364 页)。——211。

253　《第聂伯河沿岸边疆区报》(《Приднепровский Край》)是科学、文学、政治和经济报纸(日报),1898 — 1918 年在叶卡捷琳诺斯拉夫出版。——212。

254　指费·伊·唐恩被捕。他是参加 1902 年 3 月 23—28 日(4 月 5—10 日)在比亚韦斯托克召开的俄国社会民主工党各委员会和组织代表会议的《火星报》编辑部的代表。除《火星报》编辑部外,俄国社会民主工党彼得堡委员会和叶卡捷琳诺斯拉夫委员会、俄国社会民主工党南方各委员会和组织联合会、崩得中央委员会及其国外委员会、国外俄国社会民主党人联合会也派代表出席了会议。会议选出了由唐恩、奥·阿·叶尔曼斯基和 К.Я.波尔特诺伊组成的筹备召开党的第二次代表大会的组织委员会。——212。

255　指在比亚韦斯托克召开的俄国社会民主工党各委员会和组织代表会议所批准的五一节传单。传单是以《火星报》编辑部的草案为基础拟定的

（参看《苏联共产党代表大会、代表会议和中央全会决议汇编》1964 年
人民出版社版第 1 分册第 22—27 页）。——213。

256　指筹备召开俄国社会民主工党第二次代表大会。——216。

257　指列宁《俄国社会民主党的土地纲领》一文的手稿。格·瓦·普列汉诺
夫对手稿提了一些过分尖刻和带侮辱性的意见，因此列宁写了这封抗
议信。参看列宁对普列汉诺夫意见的答复（本版全集第 6 卷第 321—
338 页）。——217。

258　指把筹备召开党的第二次代表大会的组织委员会恢复起来，因为在比
亚韦斯托克代表会议上选出的组织委员会成员已几乎全部被捕。娜·
康·克鲁普斯卡娅在同一天给弗·威·林格尼克写了一封信，告诉他
代表会议和选出的组委会的成员被捕情况。她写道："选入代表大会筹
备委员会（即组织委员会。——编者注）的人，只有一个崩得分子幸
免，我们让他去找您。您只好同他一起进行代表大会的筹备工作了，但
是对他应该讲究外交手腕，不要摊牌。"（见《列宁文集》俄文版第 8 卷第
238 页）这样，林格尼克就被增补进了组织委员会。关于这件事，列宁
在一个月以后写信告诉了在彼得堡的伊·伊·拉德琴柯（见本卷第
135 号文献）。——218。

259　指 К.Я.波尔特诺伊。——218。

260　1902 年 6 月 27 日列宁在巴黎俄国政治流亡者会议上作了关于社会革
命党人的纲领和策略的报告。——221。

261　指格·瓦·普列汉诺夫 1902 年 6 月 20 日给列宁的信。这封信里说：
"请您相信这样一点：我是很尊敬你的，并且认为，在 75％ 的问题上我
和您相互之间的接近是多于同'编委会'所有其余成员的，而在其余
25％ 的问题上有差别，但要知道 75 三倍于 25，因此为了**志同道合**应当
忘掉**分歧**。"（见《列宁文集》俄文版第 3 卷第 430 页）
　　关于列宁同普列汉诺夫之间的不和，参看本卷第 132 号文献。
——222。

262 列宁指的是由于起草党纲草案而引起的意见分歧的开端。该草案的第一次讨论于1902年1月21日在慕尼黑举行。在这次会议上,列宁尖锐地批评了格·瓦·普列汉诺夫起草的第一个纲领草案,并提出了自己的修正案和建议。——222。

263 指格·瓦·普列汉诺夫1902年6月21日给维·伊·查苏利奇的信。信里说:"我建议这么办:让弗·伊·不加修改地发表他的文章,但也授权我在我的纲领性文章中表明**我对割地的**观点。"(见《列宁文集》俄文版第3卷第432页)——222。

264 说的是格·瓦·普列汉诺夫收到维·伊·查苏利奇转达的列宁对他的《俄国社会民主党纲领草案》一文的一点意见(关于马克思对运动实际成就同纲领相对比的看法)后,在1902年6月20日的信中建议列宁给文章这个地方写一条注释(见《列宁文集》俄文版第3卷第429页)。普列汉诺夫的这篇文章后来刊载于《曙光》杂志第4期。普列汉诺夫自己在这个地方加了注(见《普列汉诺夫全集》俄文版第12卷第208页)。——222。

265 列宁同玛·亚·乌里扬诺娃会面不是在德国,而是在法国。从1902年6月下半月至7月25日,列宁同母亲和姐姐安·伊·乌里扬诺娃-叶利扎罗娃一起住在洛居维(法国北部)。——223。

266 指编辑部就一篇维尔纳通讯(报道对被捕的五一游行参加者施行鞭笞)写的短评(没有署名)。这篇短评是尔·马尔托夫和维·伊·查苏利奇合写的,载于1902年6月1日(14日)《火星报》第21号的"我们的社会生活"栏,文中评论了工人希·Д·勒克尔特(勒库赫)对下令鞭笞被捕者的维尔纳省省长维·威·冯·瓦尔行刺的事件。在这篇短评中,马尔托夫和查苏利奇表现出向个人恐怖方面的动摇。

　　下面说的是预定在这一号《火星报》上发表的格·瓦·普列汉诺夫就勒克尔特行刺事件所写的文章。普列汉诺夫同意列宁的建议,写了《俄国工人阶级与警察的鞭笞》一文,该文作为《火星报》第22号社论发表。——224。

267 指尔·马尔托夫写的题为《社会主义和教会》的短评。它是评论一封署名"神职人员"的彼得堡来信的。短评和信一起刊载于 1902 年 7 月《火星报》第 22 号。——224。

268 万尼亚是彼得堡工人阶级解放斗争协会的代号。协会是列宁于 1895 年 11 月创立的。从 1898 年下半年起，协会为最露骨的经济派——工人思想派所掌握。1900 年秋，斗争协会和彼得堡工人组织合并。协会被承认为俄国社会民主工党彼得堡委员会。由于火星派同经济派在彼得堡组织里开展斗争，俄国社会民主工党彼得堡委员会终于在 1902 年夏转到了《火星报》立场上来。——225。

269 俄国社会民主工党彼得堡委员会关于拥护《火星报》和《曙光》杂志并承认它们是俄国社会民主党的起领导作用的机关报的声明，于 1902 年 7 月以传单形式发表，以后载于 1902 年 10 月 15 日《火星报》第 26 号。——226。

270 指《对我们的批判者的批判》一文，此文后来载于《曙光》杂志第 4 期。——230。

271 看来这里是指格·瓦·普列汉诺夫参加社会党国际局会议之行，他是社会党国际局的成员。——231。

272 尔·马尔托夫(贝尔格)按照比亚韦斯托克代表会议决议的规定，曾在巴黎同俄国社会民主党人联合会成员就在国外成立筹备党代表大会的组织委员会分会问题进行过谈判。——231。

273 指同盟领导机关成员列·格·捷依奇打算组织的在国内工作过的火星派的代表大会。当时有几个做实际工作的火星派——潘·尼·勒柏辛斯基、弗·亚·诺斯科夫、费·伊·舍科尔金——在国外。发起召开代表大会的大概是俄国社会民主工党北方协会成员诺斯科夫和舍科尔金，他们在苏黎世提出了一系列有关《火星报》组织的建议(见本卷第 147 号文献)。勒柏辛斯基赞成召开代表大会。支持召开代表大会这一主张的有格·瓦·普列汉诺夫和帕·波·阿克雪里罗得。火星派代表大会结果没有举行。——232。

274　列宁在他的《俄国社会民主党的土地纲领》一文的附注中引用了谢·尼·布尔加柯夫的话(见本版全集第 6 卷第 296 页)。这篇文章预定发表在《曙光》杂志第 4 期(1902 年 8 月)上,当时正在看校样。这里说的是引文的出处问题。——234。

275　指把彼得堡斗争协会和工人组织联合在一起的彼得堡组织"中央委员会"。——235。

276　派去取鱼意指派遣到瓦尔德(挪威)去取书刊。从事这一工作的小组由哪些人组成,尚未查明。——236。

277　指《怎么办?(我们运动中的迫切问题)》。——238。

278　《社会主义者报》(《Le Socialiste》)是法国报纸(周报),1885 年由茹·盖得在巴黎创办。最初是法国工人党的机关报,1902—1905 年是法兰西社会党的机关报,1905 年起成为法国社会党的机关报。1915 年停刊。——239。

279　指的是一个死在国外的俄国臣民留下的遗产。弗·格·什克利亚列维奇在 1902 年 6 月 5 日的信中向列宁报告了这件事,他建议《火星报》编辑部找律师去办理这件事,说为此《火星报》可得到三分之一的遗产。《火星报》编辑部没有接受这项建议。——240。

280　指克里木的社会民主党组织,弗·格·什克利亚列维奇协助该组织同《火星报》编辑部建立了联系。刊登在《火星报》第 24 号和第 25 号上的发自辛菲罗波尔、费奥多西亚和雅尔塔的几篇通讯,报道了这个组织的一些活动情况。——240。

281　《解放》杂志(《Освобождение》)是俄国自由派资产阶级反对派的机关刊物(双周刊),1902 年 6 月 18 日(7 月 1 日)—1905 年 10 月 5 日(18 日)先后在斯图加特和巴黎出版,共出了 79 期。编辑是彼·伯·司徒卢威。该杂志反映资产阶级的立宪和民主要求,在资产阶级知识分子和地方自治人士中影响很大。1903年至1904年1月,该杂志筹备成立了俄国资产阶级自由派的秘密组织解放社。解放派和立宪派地方自治人士一起构成了1905年10月成立的立宪民主党的核心。——245。

282　谢苗·谢苗内奇(谢苗·谢苗诺维奇)是俄国社会民主工党北方协会(或北方工人协会)的代号。该协会是俄国弗拉基米尔、雅罗斯拉夫尔和科斯特罗马三省的社会民主党地区联合组织。它是根据奥·阿·瓦连佐娃和弗·亚·诺斯科夫的倡议于1900—1901年在沃罗涅日建立的。参加该协会的有一些是被流放的社会民主党人。协会的中央委员会(在1902年1月代表大会上选出)由瓦连佐娃、米·亚·巴加耶夫(伊万诺沃-沃兹涅先斯克工人)、H.H.帕宁(普梯洛夫工厂工人,因参加彼得堡工人阶级解放斗争协会被流放到西伯利亚)等组成。1901—1905年协会领导了这一工业地区的工人运动。北方协会成立之初就同《火星报》建立了联系,并赞同《火星报》的政治路线和组织计划。协会的代表积极参加了俄国社会民主工党第二次代表大会的筹备工作。协会出席代表大会的代表是莉·米·克尼波维奇和亚·米·斯托帕尼。

在俄国社会民主工党第二次代表大会以后,北方协会改组成为俄国社会民主工党北方委员会。1905年7月,在俄国社会民主工党北方各组织的代表会议上撤销了北方委员会,建立了独立的伊万诺沃-沃兹涅先斯克委员会、雅罗斯拉夫尔委员会和科斯特罗马委员会。——246。

283　科利亚是俄国社会民主工党彼得堡委员会的代号。这里大概是指1902年8月到伦敦去找列宁的彼得堡委员会委员弗·潘·克拉斯努哈。——253。

284　指弗·潘·克拉斯努哈。——253。

285　大概是指彼·阿·克拉西科夫。这笔为数500卢布的款项,是《火星报》代表在彼得堡筹集供出版报纸用的。——254。

286 指改组彼得堡委员会的委员会，这个委员会是 1902 年 7 月在《火星报》、彼得堡"斗争协会"和工人组织的代表联席会议上成立的。——255。

287 帕·波·阿克雪里罗得原拟去慕尼黑参加定于 1902 年 9 月 14 日开幕的德国社会民主党代表大会，结果没有去成。——256。

288 指 1902 年春大逮捕后保存下来的南方工人社和《南方工人报》编辑部成员。1902 年 8 月他们开始同《火星报》编辑部就恢复俄国社会民主党的统一的问题进行谈判。南方工人社发表了关于支持《火星报》的声明（刊载于 1902 年 11 月 1 日《火星报》第 27 号和 1902 年 12 月《南方工人报》第 10 号），这对团结俄国社会民主党的力量具有重大意义。1902 年 11 月，南方工人社同《火星报》俄国组织、俄国社会民主工党彼得堡委员会和俄国社会民主工党北方协会一起参加了筹备召开党的第二次代表大会的组织委员会。——257。

289 南方各委员会和组织联合会（俄国社会民主工党南方各委员会和组织联合会）是根据南方工人社的倡议 1901 年 12 月在俄国南方各社会民主党委员会和组织（叶卡捷琳诺斯拉夫、尼古拉耶夫、敖德萨、哈尔科夫、基什尼奥夫）的代表大会上成立的。代表大会选出"联合会"中央委员会，并宣布《南方工人报》为它的机关报。但是南方工人社这种通过建立各区域社会民主党人联合会的途径来恢复俄国社会民主工党的做法是不切实际的。在 1902 年春大逮捕后，"联合会"就瓦解了。——257。

290 指 1902 年 6 月出版的《"斗争"社快报》第 1 号。它的社论反对列宁在《怎么办？》一书中阐述的建党计划。——259。

291 指彼得堡经济派首领亚·谢·托卡列夫（维希巴洛）就彼得堡委员会关于承认《火星报》和《曙光》杂志为俄国社会民主党起领导作用的机关报的七月声明提出抗议。他还要求把《火星报》俄国组织的代表从彼得堡斗争协会委员会撵走。托卡列夫的活动造成了彼得堡组织的分裂。一部分受经济派影响的社会民主党人于1902年秋从彼得堡委员会分离出去,重新建立了独立的"工人组织"。1904年初,在党的第二次代表大会以后,"工人组织"才停止活动,加入了全党的组织。——264。

292 1902年9月中,亚·谢·托卡列夫召集彼得堡斗争协会委员会原来的成员开会,指责夏季决定不合法,其理由是,按照章程,解决这样的原则性问题必须斗争协会委员会全体成员在场(托卡列夫当时离开了彼得堡)。他还威胁说要把彼得堡委员会分裂的问题公诸报端。——264。

293 指俄国社会民主工党彼得堡委员会关于支持《火星报》和《曙光》杂志并承认它们是俄国社会民主党的起领导作用的机关报的声明。——265。

294 指1902年8月15日《火星报》编辑部同俄国社会民主工党彼得堡委员会、《火星报》俄国组织和俄国社会民主工党北方协会的代表举行的会议。在这次会议上成立了筹备召开党的第二次代表大会的组织委员会的火星派核心。——270。

295 指弗·潘·克拉斯努哈和彼·阿·克拉西科夫。——270。

296 组织委员会(组委会)即筹备召开俄国社会民主工党第二次代表大会的组织委员会,是根据列宁的倡议在1902年11月2—3日(15—16日)举行的普斯科夫会议上成立的,成员为俄国社会民主工党彼得堡委员会的弗·潘·克拉斯努哈、《火星报》俄国组织的伊·伊·拉德琴柯和南方工人社的叶·雅·列文。当时还增补了《火星报》俄国组织的彼·阿·克拉西科夫、弗·威·林格尼克、潘·尼·勒柏辛斯基、格·马·克尔日扎诺夫斯基和俄国社会民主工党北方协会的亚·米·斯托帕尼为委员。——270。

297 列宁指他于1902年11月10日在洛桑和11日在日内瓦作关于社会革命党人的纲领和策略的报告。——272。

298 《红旗》杂志(《Красное Знамя》)是经济派的机关刊物,1902年11月—

1903年1月由国外俄国社会民主党人联合会在日内瓦出版,以代替《工人事业》杂志,共出了3期。——272。

299 格·瓦·普列汉诺夫并没有给《火星报》写文章来分析 K.塔拉索夫(尼·谢·鲁萨诺夫)的《俄国社会主义思想的演变》一文。他在1903年给阿·图恩的《俄国革命运动史》一书写的序言(见《普列汉诺夫全集》1927年俄文版第24卷第113—121页)中对这篇文章作了分析。——273。

300 民意党是俄国土地和自由社分裂后产生的革命民粹派组织,于1879年8月建立。——273。

301 生活派是指社会民主主义团体生活社的成员。关于生活社,见注46。——273。

302 自由社是叶·奥·捷连斯基(尔·纳杰日丁)于1901年5月建立的,自称为"革命社会主义"的组织。自由社鼓吹恐怖主义和经济主义思想,与彼得堡经济派一起反对火星派的俄国社会民主工党彼得堡委员会。该社在瑞士出版过两期《自由》杂志(1901年第1期和1902年第2期)。此外,还出版过《革命前夜。理论和策略问题不定期评论》第1期和纲领性小册子《俄国革命主义的复活》等。1903年,该社不复存在。——275。

303 指原定在1903年召开的第二国际阿姆斯特丹代表大会。这次代表大会于1904年8月召开。——275。

304 指将于1902年12月29日在布鲁塞尔举行的社会党国际局会议。格·瓦·普列汉诺夫没有参加这次会议。——278。

305 列宁大概是指他于1902年11月29日在伦敦所作的关于社会革命党人的纲领和策略的报告。——278。

306 1902年底在敖德萨存在着两个组织:一个是带有反火星派倾向的社会民主党委员会,另一个是1902年9月成立的社会民主党人南方革命联

盟。1902 年 12 月南方联盟不再作为独立的组织存在。由于敖德萨
《火星报》拥护者(罗·萨·捷姆利亚奇卡、K.O.列维茨基等人)同经济
派和斗争派的顽强斗争,南方联盟于 1903 年 4 月同《火星报》组织合
并。列宁在 1902 年 12 月 18 日给柳·伊·阿克雪里罗得的信中分析
了这一问题(见下一号文献)。——280。

307　列宁指的是 1902 年 11 月 2—25 日的罗斯托夫罢工。关于这次罢工,
列宁为《火星报》第 29 号写了《新事件和旧问题》一文(见本版全集第 7
卷)。——280。

308　这封信没有在《火星报》上刊出。——285。

309　《迫切的问题》是民权党于 1894 年在斯摩棱斯克出版的一本小册子,作
者是安·伊·波格丹诺维奇。——286。

310　巢穴是格·瓦·普列汉诺夫对维·伊·查苏利奇、尔·马尔托夫和
约·索·布柳缅费尔德在伦敦住所的一个公用房间的谑称。他们在
这个住所里过公社式生活,而这个房间经常处于乱七八糟的状态。
——286。

311　指基辅委员会被经济派即工人事业派夺去一事。——288。

312　《火星报》俄国组织是指在俄国国内活动的火星派的组织。《火星报》俄
国组织常设局是 1902 年 1 月在萨马拉召开的火星派代表大会上成立
的。——289。

313　指《生活》杂志编辑部收集的一些俄国国内的通讯稿,该杂志停办后由
弗·德·邦契-布鲁耶维奇转给了《火星报》编辑部。——291。

314　指俄国社会民主工党下诺夫哥罗德委员会决定对 1900 年“五一”游行
案件中索尔莫沃和下诺夫哥罗德的工人被判刑一事不提出上诉。
——293。

315　俄国社会民主工党下诺夫哥罗德委员会的这封信没有在《火星报》上发

表。——294。

316 俄国社会民主工党下诺夫哥罗德委员会的传单《告下诺夫哥罗德全体市民》是在开庭审判工人前两天在市内散发的。审判在1902年10月29—31日进行。——294。

317 列宁收到伊·瓦·巴布什金的来信,信中请求提出一些问题,可以用来"考一考"宣传小组的成员,以了解他们对《火星报》的原则所持的立场。——295。

318 指在巴黎的俄国社会科学高等学校。它是由一批被沙皇政府逐出俄国高等学校的自由派教授于1901年创办的,学员主要是巴黎俄国侨民区的流亡革命青年和俄国大学生。该校校务委员会在拟定1902年讲演人名单时,邀请了社会革命党人维·米·切尔诺夫和卡·罗·卡乔罗夫斯基讲土地问题。巴黎火星派小组获悉这一情况后,决定为马克思主义观点的代表也争取一个在该校讲演的机会。他们要求聘请著名的马克思主义者、《俄国资本主义的发展》和《经济评论集》这两部合法著作的作者弗·伊林来校讲演。校务委员会在不知道弗·伊林就是列宁的情况下接受了这一建议并于1902年12月发出了正式邀请。——297。

319 指由筹备召开俄国社会民主工党第二次代表大会的组织委员会于1902年12月通过的声明(见本版全集第7卷第74—76页)。——298。

320 这里说的三个逃到国外的人是指伊·伊·斯塔夫斯基、A.C.莫恰洛夫和З.Г.米哈伊洛夫。1903年3月1日《火星报》第35号刊登了俄国社会民主工党顿河区委员会的一封来信,信中声明它在纲领、策略和组织等所有问题上都支持《火星报》和《曙光》杂志。——299。

321 列宁指的是刊登在1902年12月15日《火星报》第30号上的《彼得堡的分裂》一文中引用的工人组织委员会的两份传单(9月和10月各1份)。

　　　9月印发的一份传单原先发表在由自由社1902年12月在日内瓦出版的工人社会民主主义报刊《评论》第1期的附刊上。——300。

322　指1902年11月被捕的弗·潘·克拉斯努哈。——301。

323　哈尔科夫委员会于1903年2月1日给列宁回信说:"独立派和伊万诺沃-沃兹涅先斯克派是一回事。领导他们活动的是一个有文化的工人,他们同知识分子没有任何联系。"——302。

324　《工人储金会小报》是参加工会的工人出版的一种小册子。——302。

325　《哈尔科夫无产者》杂志(《Харьковский Пролетарий》)是胶印刊物,1901年10月出版。——302。

326　《工人思想报》第16号于1902年11—12月在国外出版。这一号报纸刊登了《工人组织委员会的抗议》,反对俄国社会民主工党彼得堡委员会关于承认《火星报》和《曙光》杂志是党的起领导作用的机关报的声明。报纸还发表了工人组织委员会给自由社和《评论》编辑部的信,信中表示感谢它们的同情和支持。——303。

327　《〈工人思想报〉专页》(《Листок «Рабочей Мысли»》)是火星派彼得堡委员会的刊物,1902年12月—1903年1月在彼得堡出版。
　　　《工人思想报》第15号于1902年4月出版。同年6月,当彼得堡委员会中的力量对比有利于《火星报》时,委员会决定本身改组,同时决定《工人思想报》停刊,而出版《〈工人思想报〉专页》来代替它。《〈工人思想报〉专页》第1号由于编排不恰当,委员会决定予以销毁(见本卷第193号文献)。——303。

328　《基辅社会民主党小报》(《Киевский Социал-Демократический Листок》)是俄国社会民主工党基辅委员会的秘密机关报,1902—1903年出版。——305。

329　指娜·康·克鲁普斯卡娅。——307。

330 《无产阶级报》(《Пролетариат》)是用亚美尼亚文出版的秘密报纸,亚美尼亚社会民主党人联合会的机关报,由斯·格·邵武勉创办。该报只在1902年10月出版了一号(出版地点是梯弗利斯,为保密起见印做日内瓦),另外出了《〈无产阶级报〉小报》第1、2号。——311。

331 列宁没有写驳斥亚·鲁金的文章。列宁的小册子《革命冒险主义》(见本版全集第6卷)出了单行本,但没有附载他批驳社会革命党人的其他文章(见本版全集第6卷第361—364页)。——312。

332 1703年1月2日在俄国开始定期出版第一家俄文报纸,名称是《莫斯科国和邻国发生的值得知道和记住的军事和其他事件的新闻报》。俄国社会民主工党彼得堡委员会借着纪念第一家俄文报纸问世二百周年的机会,于1903年1月3日出版了一份《出版不自由的二百周年》专刊。这份专刊痛斥了俄国的可耻的书报检查制度,叙述了争取言论自由的斗争(从亚·尼·拉吉舍夫开始并由亚·伊·赫尔岑继续),指出了19世纪末—20世纪初秘密的革命报刊广泛发展的情况,号召为消灭专制制度而斗争。——313。

333 列宁在写这封信的同时写了《俄国组织委员会告俄国革命社会民主党人国外同盟、国外俄国社会民主党人联合会和崩得国外委员会书的草案》(见本版全集第7卷)。1903年2月5日,列宁把草稿和草案一起寄给在巴黎的尔·马尔托夫,请他同当时已抵达巴黎的俄国组织委员会委员彼·阿·克拉西科夫和弗·亚·诺斯科夫共同讨论(见下一号文献)。——313。

334 组织委员会国外分会由下列成员组成:《火星报》编辑部的列·格·捷依奇、崩得的亚·约·克列梅尔和国外俄国社会民主党人联合会的尼·尼·洛霍夫(奥尔欣)。——315。

335 当时列宁正为在巴黎的俄国社会科学高等学校作题为《对欧洲和俄国的土地问题的马克思主义观点》(见本版全集第7卷)的讲演和作关于社会革命党人和社会民主党人的土地纲领的专题报告进行准备。1903

年2月底—3月初,列宁在巴黎作了讲演和专题报告。——320。

336　作家管写,读者管读一语出自俄国作家米·叶·萨尔蒂科夫-谢德林的特写集《五光十色的书信》。他在这本书里写道:"显然,俄国的读者认为他是他,文学是文学。作家管写,他这个读者管读。如此而已…… 作家一遇到困难,读者就溜之大吉,使作家感到如置身荒漠之中……"

萨尔蒂科夫-谢德林在这里主要是谴责自由派读者,一旦进步报刊受到迫害,他们便噤若寒蝉,同时也指出,"读者与作家之间没有建立起直接的联系"是出现这种"作家管写,读者管读"的局面的另一种原因。——324。

337　《人民事业》(《Народное Дело》)是俄国社会革命党的通俗机关刊物,1902—1904年在日内瓦出版,一共出了5期。该刊第1期采取报纸的形式,以后各期采取文集的形式。——326。

338　《自由》杂志(《Свобода》)是1901年5月成立的俄国革命社会主义自由社在瑞士出版的杂志,共出了两期,1901年和1902年各一期。——326。

339　这封信寄给了在伦敦的娜·康·克鲁普斯卡娅,请她把写在信文中的给组织委员会的信转寄到哈尔科夫。——330。

340　列宁指的是他于1903年3月3日在巴黎作关于社会革命党人和社会民主党人的土地纲领的专题报告后进行的辩论。涅夫佐罗夫(尤·米·斯切克洛夫)在辩论时站在列宁观点的反对者一边。——331。

341　指列宁和娜·康·克鲁普斯卡娅因《火星报》迁往日内瓦出版而从伦敦迁移到那里去。这次迁移是1903年4月底进行的。——333。

342　指《告贫苦农民》(见本版全集第7卷)。——334。

343　指《专制制度在动摇中……》一文(见本版全集第7卷)。——335。

344　波兰社会民主党关于赞同俄国社会民主工党的声明在《火星报》上没有

发表。波兰社会民主党出席俄国社会民主工党第二次代表大会的代表只有发言权。——335。

345 崩得对俄国社会民主工党叶卡捷琳诺斯拉夫委员会的攻击,列宁在《犹太无产阶级是否需要"独立的政党"》一文(见本版全集第7卷)中作了详细的叙述。——337。

346 《圣彼得堡新闻》(《С.-Петербургские Ведомости》)是1703年创办的第一家俄国报纸《新闻报》的续刊,1728年起在彼得堡出版。1728—1874年由科学院出版,1875年起改由国民教育部出版。1917年底停刊。——339。

347 指《告贫苦农民》这本小册子(见本版全集第7卷)。——339。

348 叶·米·亚历山德罗娃的信刊载于《列宁文集》俄文版第8卷第345—353页。——340。

349 波兰社会党是以波兰社会党人巴黎代表大会(1892年11月)确定的纲领方针为基础于1893年建立的。这次代表大会提出了建立独立民主共和国、为争取人民的民主权利而斗争的口号,但是没有把这一斗争同俄国、德国和奥匈帝国的革命力量的斗争结合起来。1906年该党分裂,左翼和右翼分别成立了波兰社会党"左派"和波兰社会党"革命派"("右派",亦称弗腊克派)这两个政党。——340。

350 卡·考茨基的小册子《社会革命》由 Н.卡尔波夫从德文译成俄文,于1903年在日内瓦由列宁编辑、俄国革命社会民主党人同盟出版。在第129—130页上加了编者注:"为使读者了解现代俄国工业集中的程度,特举下列两例。1894—1895年,在俄国欧洲部共有工厂(指使用机器发动机或有16名以上工人的企业)14 578个,这些工厂有工人885 555人,产值总额为134 500万卢布。其中大工厂,即拥有100名以上工人的工厂共1 468个,占总数的$\frac{1}{10}$,但这些工厂有工人656 000人,几乎占工人总数的$\frac{3}{4}$,其产值则为95 500万卢布,占总产值的$\frac{7}{10}$。据此可以判断,如果我们剥夺了所有的工厂主,关闭小企业,仅仅保留

1 500 个大工厂,实行两班制,每班工作 8 小时,或三班制,每班工作 5 小时,我们就能够以多么大的幅度提高劳动生产率,增加工资和缩短工作日! 另一个例子是,1890 年在俄国欧洲部分共有手工制革厂 9 500 个左右,它们有工人 21 000 人,产值是 1 200 万卢布。而同时 66 个蒸汽制革厂共有工人 5 500 人,也同样生产出价值 1 200 万卢布的产品!"——345。

351　指《答对我们纲领草案的批评》(见本版全集第 7 卷)。——346。

352　指恩格斯的著作《法德农民问题》(见《马克思恩格斯文集》第 4 卷)。1903 年 2 月,列宁为准备关于土地问题的讲演,曾将恩格斯这一著作的一部分译成俄文。恩格斯这一著作的第一个俄文单行本于 1904 年在日内瓦出版,由格·瓦·普列汉诺夫编辑并写序。——346。

353　指《俄国教会的分裂和教派运动》这个报告,它是弗·德·邦契-布鲁耶维奇根据列宁和格·瓦·普列汉诺夫的建议,为俄国社会民主工党第二次代表大会写的。报告后来发表于《黎明报》1904 年第 6 — 7 号合刊。

　　《黎明报》(《Рассвет》)是俄国社会民主工党为教派信徒办的小报,根据列宁起草的俄国社会民主工党第二次代表大会的决议(见本版全集第 7 卷第 293 页)由弗·德·邦契-布鲁耶维奇于 1904 年 1 月在日内瓦创办。党总委员会在 1904 年 6 月 18 日的会议上反对该报作为党的机关报继续出版,但保留了邦契-布鲁耶维奇以个人名义出版小报的权利。《黎明报》于 1904 年秋停刊,共出了 9 号。——346。

354　列宁答复的是 1903 年 8 月 31 日亚·米·卡尔梅柯娃的来信。该信刊载于《列宁文集》俄文版第 6 卷第 201—202 页。——348。

355　指中央机关报编辑部成员的选举。——350。

356　大概是指《火星报》的经常的经济来源。——351。

357　指《火星报》的经费。——351。

358 指根据俄国社会民主工党第二次代表大会通过的章程从中央委员会成员中任命两位代表为党总委员会委员。——353。

359 指帕·波·阿克雪里罗得。——355。

360 说的是如何对待沙皇政府1903年6月10日颁布的工长法问题。列宁在《改革的时代》(见本版全集第7卷)一文中详细地评论了这个法令。

下边说到的代表大会决议,是指俄国社会民主工党第二次代表大会通过的《关于工长的决议》(参看《苏联共产党代表大会、代表会议和中央全会决议汇编》1964年人民出版社版第1分册第54页)。决议的号数是根据第二次代表大会记录手写稿编的。——360。

361 《"工人意志"的宣言》是敖德萨社会民主党人联合会"工人意志"发表在1903年10月15日《火星报》第50号上的声明。这个声明承认《火星报》的观点和策略是正确的,表示愿意加入俄国社会民主工党敖德萨委员会并解散自己的联合会。敖德萨社会民主党人联合会"工人意志"是地方性组织,于1902年初成立。——361。

362 指芬兰社会民主党第二次代表大会。这次代表大会于1903年8月17—20日在福尔萨镇召开。来自48个工人联合会的96名代表参加了大会。代表大会通过了党的纲领和党的名称——芬兰社会民主党,选举了党的中央执行委员会。——362。

363 指沙皇政府的兵役法,它在芬兰引起了骚动。——363。

364 指《火星报》旧编辑部的全体成员(六人小组)在中央委员弗·威·林格尼克参加下就协议问题举行的会议。中央机关报编辑部方面(列宁、格·瓦·普列汉诺夫)数次试图吸收尔·马尔托夫参加编辑部,吸收《火星报》其他孟什维克的原编委和撰稿人为报纸写稿,但是由于孟什维克要求把4个原编委全部增补进编辑部,上述尝试没有成功。列宁非常清楚地看到这种要求是"不合理的",决心不再作任何谈判的尝试。但是在1903年10月4日普列汉诺夫又作了一次谈判的尝试。他建议再增补两名编委,这个建议也被拒绝了。关于10月4日会议以及以后的通信的详细情况,见本版全集第 8 卷第 352—354 页。——364。

365　这封信也寄给了帕·波·阿克雪里罗得、维·伊·查苏利奇、亚·尼·
波特列索夫(斯塔罗韦尔)和列·达·托洛茨基,但没有下面两段:"不
仅如此,就连您的小册子《红旗》……拖延了好几个星期"和"最后,为了
事业的利益,我们再一次通知您……坚持自己的一切观点"。

　　　　保存这一文献的信封上有列宁的手书:"很重要。我和普列汉诺夫
1903 年 10 月 6 日给马尔托夫等的信的抄件以及马尔托夫的回信。"
——367。

366　指弗·亚·诺斯科夫 1903 年 10 月 12 日的信。他在信中建议把尔·
马尔托夫增补进中央委员会,并把他召回俄国工作,指望这样来"夺去
反对派的主要王牌,并堵住他们的嘴"。——369。

367　指孟什维克。——370。

368　指中央委员会 1903 年 10 月发出的《关于俄国社会民主工党第二次(例
行)代表大会的通知》(见《俄国社会民主工党第二次代表大会。记录》
1959 年俄文版第 744—746 页)。通知草稿已寄回俄国。——370。

369　指俄国社会民主工党顿河区委员会通过的关于党的第二次代表大会的
总结的决议。决议全文如下:"注意到中央委员会和中央机关报的不正
常的选举条件,对于因此而造成的大批力量的离开表示极为惋惜,顿河
区委员会建议中央委员会和中央机关报把党的这些宝贵力量增补进
去。"——372。

370　指矿业工人联合会委员会通过的关于党的第二次代表大会的总结的决
议。决议全文如下:"听取了代表的报告以后,社会民主党矿业工人联
合会委员会通过如下决议:注意到:(1)在组织问题上的尖锐分歧和《火
星报》编辑部的分裂不仅没有促进党的统一和加强,而且破坏了《火星
报》和组织委员会以前所做的一切;(2)当前已造成的政客手腕和不信
任的气氛威胁着党的统一和完整;(3)由于发生的一切,中央机关注定
要降低它们在党内的威信,——社会民主党矿业工人联合会委员会请

求这些中央机关采取一切措施,来消除产生的分歧,并通过把离开的编委增补进来的办法来恢复原来编辑部班子。"——373。

371 指俄国革命社会民主党人国外同盟第二次代表大会。这次代表大会于1903年10月13—18日(26—31日)在瑞士日内瓦举行。大会是在孟什维克再三要求下召开的。他们想以这个代表大会对抗俄国社会民主工党第二次代表大会。列宁反对召开这次国外同盟代表大会。

列入大会议程的有下列问题:同盟领导机关的报告;出席第二次党代表大会的同盟代表的报告;同盟章程;选举同盟领导机关。

大会议程的中心问题是出席俄国社会民主工党第二次代表大会的同盟的代表列宁的报告。列宁在报告中对党的第二次代表大会的工作作了说明,并揭露了孟什维克的机会主义及其在代表大会上的无原则行为。反对派利用他们在同盟代表大会上的多数通过决议,让尔·马尔托夫在列宁报告之后作副报告。马尔托夫在副报告中为孟什维克辩护,对布尔什维克进行污蔑性责难。为此列宁和多数派代表退出了大会的这次会议。孟什维克就这一项议程通过了三项决议,反对列宁在组织问题上的立场,并号召不断地进行反对布尔什维克的斗争。

大会通过的国外同盟章程中有许多条文是违反党章的(如同盟出版全党性书刊、同盟领导机关不通过中央委员会和中央机关同其他组织发生关系等),孟什维克还对中央委员会批准同盟章程的权利提出异议。出席大会的中央委员会代表弗·威·林格尼克要求修改同盟章程使其符合党章规定。他在反对派拒绝了这个要求之后,宣布这个大会是非法的。林格尼克和多数派代表退出大会。党总委员会随后赞同了中央委员会代表的这一行动。——376。

372 指《进一步,退两步》(见本版全集第8卷)这本小册子,该书于1904年5月出版。——378。

373 看来是指以修士生活严肃著称的俄国萨罗夫男修道院保存的圣者遗体,它们是信徒崇拜的对象。这里显然是作为比喻使用的。——386。

374 指《俄国社会民主工党第二次代表大会记事》(见本版全集第8卷)。

　　——389。

375　指《民粹派化的资产阶级和惊慌失措的民粹派》一文（见本版全集第8
　　　　卷）。——390。

376　指列宁和尔·马尔托夫在俄国革命社会民主党人同盟第二次代表大会
　　　　上的冲突。经过情况是：马尔托夫指责列宁，说列宁在同盟代表大会的
　　　　报告中谈到党的第二次代表大会讨论中央机关报编辑部组织方式的问
　　　　题时，似把马尔托夫说成是阴谋家和说谎者，并向列宁提出要诉诸仲
　　　　裁法庭。列宁对这种斗争方式提出了抗议，接受了马尔托夫的挑战，也
　　　　向他提出要就这个问题诉诸仲裁法庭。1903年11月下半月，当格·
　　　　马·克尔日扎诺夫斯基在国外逗留期间，在他的调停之下，列宁和马尔
　　　　托夫用交换信件的办法消除了冲突。列宁希望把这些信件印在同盟代
　　　　表大会记录的附录中（见下一号文献：1903年12月2日给费·伊·唐
　　　　恩的信），但编者没有照办。编者只在记录的相应之处加了一个脚注，
　　　　证实列宁和马尔托夫之间的个人冲突已经消除。脚注内容是："由于列
　　　　宁同志和马尔托夫同志在同盟代表大会以后相互进行了解释，诉诸仲
　　　　裁法庭的问题已不存在。"（《俄国革命社会民主党人国外同盟第二次
　　　　（例行）代表大会记录》第66页）列宁和马尔托夫的信件后来载于1904
　　　　年在日内瓦出版的《对俄国革命社会民主党人国外同盟第二次代表大
　　　　会记录的述评》。——391。

377　指列宁《给〈火星报〉编辑部的信》（见本版全集第8卷）。这是列宁为回
　　　　答1903年11月7日《火星报》第52号上发表的普列汉诺夫的《不该这
　　　　么办》一文而写的。由于这封信的缘故，已经为《火星报》第53号排好
　　　　版的《民粹派化的资产阶级和惊慌失措的民粹派》一文（同上书）的上半
　　　　部分被转到第54号上。列宁打算在这一著作的下半部分里剖析彼·
　　　　诺沃勃兰策夫的《俄国革命纲领的基本问题》一文，但是这一部分没有
　　　　写成。这篇文章的准备材料，见本版全集第8卷第467—475页。
　　　　——393。

378　《友好的话》杂志（《Дружеские Речи》）是一种画报（周刊），由弗·彼·

美舍尔斯基公爵创办和主编,1903年—1917年2月在彼得堡出版。——393。

379 指中央委员会同孟什维克就第二次代表大会后党内状况举行的谈判。——396。

380 《莫斯科新闻》(《Московские Ведомости》)是俄国最老的报纸之一,1756年开始由莫斯科大学出版。1842年以前每周出版两次,以后每周出版三次,从1859年起改为日报。1863—1887年,由米·尼·卡特柯夫等担任编辑,宣扬地主和宗教界人士中最反动阶层的观点。1897—1907年由弗·安·格林格穆特任编辑,成为黑帮报纸,鼓吹镇压工人和革命知识分子。1917年10月27日(11月9日)被查封。——396。

381 指中央委员会的最后通牒。中央委员会的最后通牒是1903年11月12日(25日)向孟什维克提出的。这一天,中央委员会的4名委员(列宁、弗·威·林格尼克、格·马·克尔日扎诺夫斯基和列·叶·加尔佩林)在日内瓦举行会议,确定了对孟什维克采取的最后一次让步性非常措施。列宁还在1903年10月22日(11月4日)就给中央委员会写了一封信,建议确定一个暂不向孟什维克宣布的最后通牒方案,即让步的最终界限,其内容包括:(1)增补4位原来的编辑部成员到《火星报》编辑部里去;(2)由中央选定2名反对派成员增补到中央委员会里去;(3)恢复国外同盟过去的状况;(4)让孟什维克在党总委员会里占一个席位;(5)停止争吵(参看本卷第231号文献)。以上内容除第5条外,都写进了中央委员会的最后通牒。此外,通牒还提出允许反对派成员建立独立的著作家小组,并给予它以出席代表大会的权利。

在最后通牒发出的第二天,格·瓦·普列汉诺夫一人决定把全部原来的编辑部成员增补进了《火星报》编辑部,从而帮了孟什维克的大忙。于是,孟什维克便以嘲弄口吻拒绝了中央委员会的最后通牒(中央委员会的最后通牒和孟什维克对它的答复,见《列宁文集》俄文版第7卷第257—259、267—271页)。

列宁在《进一步,退两步》中对最后通牒作了评价(见本版全集第8卷第375页)。——396。

382 尼·叶·维洛诺夫的信,列宁稍加删节后附在他的《就我们的组织任务给一位同志的信》这本小册子的后记里(见本版全集第 8 卷第 107—109 页)。——397。

383 指《进一步,退两步》(见本版全集第 8 卷)。这本小册子于 1904 年 5 月出版。——398。

384 这三个人是格·马·克尔日扎诺夫斯基、弗·威·林格尼克和弗·亚·诺斯科夫,其中克尔日扎诺夫斯基和林格尼克是召开第二次代表大会的组织委员会的委员。——399。

385 中央执行委员会于 1903 年 10 月下半月成立,由三名中央委员格·马·克尔日扎诺夫斯基、列·波·克拉辛和费·瓦·古萨罗夫组成。——401。

386 指公布中央委员会同孟什维克国外(日内瓦)反对派谈判的材料。——403。

387 指《黎明报》。见注 353。——404。

388 在格·马·克尔日扎诺夫斯基从国外回来后,中央委员会根据他通报的同孟什维克谈判的结果,给各委员会发了一封信,信中抹杀党内的尖锐斗争,并鼓吹对孟什维克采取调和主义政策。——405。

389 《我们的代表大会》一文是尔·马尔托夫写的,刊载于《火星报》第 53 号。这篇文章原先是为反对派准备出的《叛逆报》写的,题为《又一次处在少数地位》,已经排了字。在格·瓦·普列汉诺夫帮助孟什维克篡夺了《火星报》后,文章换了标题并作了一些改动,刊载于《火星报》。——406。

390 指孟什维克新《火星报》编辑部就列宁的《我为什么退出了〈火星报〉编辑部?》(见本版全集第 8 卷)这封信印成单页出版而通过的决议。——406。

391　这句话是列宁看到《火星报》第55号"党内生活"栏里的《编辑部的话》后添加的。这篇《编辑部的话》里说列宁的信是"在党的印刷所(背着中央机关报编辑部秘密地)刊印"的。——407。

392　谢·伊·古谢夫(列别捷夫)从巴黎给列宁的信中详细地报道了尔·马尔托夫的报告(见《列宁文集》俄文版第10卷第105—110页)。——409。

393　我们死后哪怕洪水滔天这句话据说出自法国国王路易十五。路易十五在位期间横征暴敛,榨取全国钱财来维持宫廷的奢侈生活,根本不顾人民死活,曾说他这一辈子已经足够,死后管他洪水滔天。列宁此处借用这句话来批评一些人的得过且过,只顾眼前的观点。——409。

394　这封信是1903年12月30日那封信的附言,两封信于1904年1月5日一起发出。——411。

395　指公布中央委员会同孟什维克(日内瓦)反对派谈判的材料。——415。

396　大概是指约·索·布柳缅费尔德受《火星报》编辑部的委托,在归编辑部支配的党的书刊(《火星报》每号50份等等)以外再购买党的书刊。这样,编辑部就能掌握一批书刊,以便经过自己的代表自成体系地供应各地方委员会。——417。

397　指费·伊·唐恩(古尔维奇)1903年11月15日给弗·威·林格尼克的信(见《列宁文集》俄文版第7卷第184—185页)。——418。

398　由于在俄国社会民主工党第二次代表大会上的分裂,布尔什维克必须更换从俄国国内寄来的秘密信件的收信地址,以免这些信落入孟什维克手中。弗·德·邦契-布鲁耶维奇为此同住在瑞士各城市的他的政治上的朋友洽商使用他们的地址进行通信。——424。

399　指退出中央委员会。——430。

400　指《进一步,退两步》(见本版全集第8卷)这本小册子。——430。

401　指列宁同弗·亚·诺斯科夫签订的协议。当时诺斯科夫作为中央委员会国外代表和中央委员会参加总委员会的第二名委员到国外来接替已回俄国的弗·威·林格尼克。协议规定：诺斯科夫和列宁"以中央委员会名义正式发表言论和进行一切活动，都需意见一致，共同署名"。协议于 1904 年 5 月 26 日签字。当时在国外的中央委员会第三名委员玛·莫·埃森也签了字（见本版全集第 8 卷第 431—432 页）。——431。

402　指德·西·波斯托洛夫斯基。——431。

403　说的是格·马·克尔日扎诺夫斯基打算退出中央委员会一事。参看本卷第 263 号文献。——433。

404　列宁在党总委员会 1904 年 6 月 18 日讨论这一问题时阐述了尼古拉耶夫委员会冲突的实质（见本版全集第 8 卷第 447—448 页）。——434。

405　指在国外召开中央委员会会议。——436。

406　指调和派中央委员弗·亚·诺斯科夫、列·叶·加尔佩林和列·波·克拉辛。——436。

407　指载于《火星报》第 66 号的格·瓦·普列汉诺夫的文章《现在不能沉默！》（给俄国社会民主工党中央委员会的公开信）。文章建议中央委员会同列宁和他的小册子《进一步，退两步》划清界限。——436。

408　俄国社会民主工党伊尔库茨克布尔什维克委员会拒绝对一个从西伯利亚逃跑的崩得成员提供帮助。拒绝的原因是伊尔库茨克委员会的成员大批被捕，不可能对所有从流放地逃跑的人都提供帮助。关于这一点，这个崩得分子在逃跑之前就预先得到了通知。

　　费·伊·唐恩以俄国革命社会民主党人国外同盟巴黎分部的名义提请中央委员会对这一事件进行调查。这封信是列宁对唐恩所提要求的答复。——439。

409　1904 年 7—8 月，列宁一度离开日内瓦，和娜·康·克鲁普斯卡娅一起在瑞士山区休息。同时,中央委员会国外部成员弗·亚·诺斯科夫也离任回国。在此期间中央委员会国外部的全部日常实际工作便委托给了弗·德·邦契-布鲁耶维奇、马·尼·利亚多夫和潘·尼·勒柏辛斯基所组成的中央委员会国外代办员小组。他们三人中间,邦契-布鲁耶维奇领导中央委员会国外发行部,利亚多夫是国外的会计,勒柏辛斯基是同《火星报》编辑部联系的中央委员会国外代表的代理人。中央委员会国外代办员经常就一切最重大的问题同列宁联系,并且把来自俄国的通讯转寄给他。——439。

410　指中央委员会国外代表(列宁和弗·亚·诺斯科夫)委托中央委员会驻日内瓦国外代办员小组在他们离开期间负责处理中央委员会国外部全部工作的正式书面委托书。由于中央委员会国外代办员手中没有这种文件,《火星报》编辑部便拒绝把他们当做中央委员会国外代表的全权代理人来打交道。弗·德·邦契-布鲁耶维奇在信中向列宁报告了同编辑部发生的这一新的冲突。——439。

411　指日内瓦党的图书馆,这个图书馆直属中央委员会国外部,是靠自筹经费(党费和特别捐款)维持的。列宁提到的300法郎,是图书馆从党内会计处借支的,很快就归还了。——439。

412　指37个布尔什维克(日内瓦小组)写给格·瓦·普列汉诺夫的公开信。马·尼·利亚多夫曾就普列汉诺夫在1904年5月15日《火星报》第66号上发表的《现在不能沉默!》一文,在6月1日《火星报》第67号上发表了一封给他的公开信,要求他公布事实和文件,以证实他在文章中对中央委员会国外代表的工作的指责,并且要求他说明他在文章中要中央委员同列宁划清界限的真正理由。普列汉诺夫在《火星报》同一号上以粗暴的方式答复了利亚多夫,而对利亚多夫质问他为什么非难列宁和中央委员会的实质问题却不回答。37个布尔什维克的公开信就是针对普列汉诺夫的这一答复写的。公开信确认普列汉诺夫回避用文件和事实来证明他对中央委员会和中央委员会国外代表的非难,并对普列汉诺夫的这种行为以及他对俄国社会民主工党第二次代表大会多数派一贯采取的态度加以驳斥。——440。

413　指1904年6月13日党总委员会关于派代表参加即将举行的第二国际阿姆斯特丹代表大会的决议。列宁在总委员会会议上对这个问题的发言,见本版全集第8卷第442—443页。——441。

414　把昨日崇拜的一切付之一炬出自俄国作家伊·谢·屠格涅夫的长篇小说《贵族之家》,是书中人物米哈列维奇的诗句(原话是:"把自己过去崇拜的东西付之一炬"),后来常被人们引用来譬喻背叛自己过去的信念。——443。

415　这些委员会赞成召开俄国社会民主工党第三次代表大会的大部分决议,载于1904年出版的尼·沙霍夫的《为召开代表大会而斗争》一书(见《俄国社会民主工党第三次代表大会。文件和材料汇编》1955年俄文版第41—244页)。——443。

416　指弗·德·邦契-布鲁耶维奇根据《火星报》编辑部的要求,吩咐中央委员会发行部收现金发30份《曙光》杂志给《火星报》编辑部,而马·尼·利亚多夫反对这样做。——444。

417　这里提到的布尔什维克书刊和文件是:(1)加廖尔卡(米·斯·奥里明斯基)和列兵(亚·亚·波格丹诺夫)的小册子《我们之间的争论》,(2)弗·德·邦契-布鲁耶维奇关于已开办的布尔什维克社会民主党书刊出版社的声明,附有格列博夫(弗·亚·诺斯科夫)的一封拒绝在党的印刷所刊印这个声明的信,(3)加廖尔卡的小册子《打倒波拿巴主义!》(邦契-布鲁耶维奇的声明印在《我们之间的争论》一书1904年日内瓦版的最后一页)。——445。

418　指列宁同在中央委员会里占多数的调和派在日内瓦党的印刷所管理问题上发生的冲突。——445。

419　指列宁写给国内5个中央委员的信(见本版全集第9卷第18—19页),该信对中央委员会的《七月宣言》提出了抗议。

　　《七月宣言》即俄国社会民主工党中央委员会中的调和派分子列·波·克拉辛、弗·亚·诺斯科夫和列·叶·加尔佩林背着两个中央委员——列宁（当时在瑞士）和罗·萨·捷姆利亚奇卡——于1904年7月非法通过的决定。决定全文共26条，其中9条作为《中央委员会的声明》发表于1904年8月25日（9月7日）《火星报》第72号。在这个决定中，调和派承认了由格·瓦·普列汉诺夫增补的孟什维克《火星报》编辑部，并给中央委员会另外增补了三个调和派分子（阿·伊·柳比莫夫、列·雅·卡尔波夫和约·费·杜勃洛文斯基）。调和派反对召开党的第三次代表大会，解散了鼓动召开代表大会的中央委员会南方局。他们剥夺了列宁作为中央委员会国外代表的权利，并决定非经中央委员会的许可不得出版列宁的著作。《七月宣言》的通过，表明中央委员会中调和派完全背离了俄国社会民主工党第二次代表大会的各项决议，公开转到孟什维克方面去了。

列宁强烈抗议《七月宣言》。彼得堡、莫斯科、里加、巴库、梯弗利斯、伊梅列季亚-明格列利亚、尼古拉耶夫、敖德萨、叶卡捷琳诺斯拉夫等委员会都支持列宁，坚决谴责《七月宣言》（见本卷第285号文献）。——445。

420　指日内瓦的俄文合作印刷所。在列宁和国外著作家小组同调和派中央委员会实际上决裂以后，弗·德·邦契-布鲁耶维奇当即同该印刷所签订合同，出版布尔什维克的书刊。——445。

421　指七月会议上三个调和派中央委员（弗·亚·诺斯科夫、列·波·克拉辛和列·叶·加尔佩林）在中央委员会内搞政变（见注419）。——445。

422　弗·亚·诺斯科夫把中央委员会关于增补三个新的中央委员——列·雅·卡尔波夫、阿·伊·柳比莫夫和约·费·杜勃洛文斯基——的决定通知列宁，并要列宁在一周内对上述候选人投票。——449。

423　指《进一步，退两步》一书。——449。

424　列宁指的是关于中央委员会《七月宣言》和调和派中央委员背弃俄国社会民主工党第二次代表大会决议的问题。——450。

425 指交出已送到党的印刷所的加廖尔卡(米·斯·奥里明斯基)和列兵(亚·亚·波格丹诺夫)的小册子《我们之间的争论》。

　　弗·亚·诺斯科夫在1904年9月12日给弗·德·邦契-布鲁耶维奇的信中通知他,加廖尔卡的小册子将交出(见《列宁文集》俄文版第15卷第167页)。——453。

426 列宁没有出席阿姆斯特丹国际社会党代表大会,他把自己的委托书转托给了马·尼·利亚多夫和彼·阿·克拉西科夫。——455。

427 根据弗·亚·诺斯科夫的建议,弗·德·邦契-布鲁耶维奇打算向中央委员会提出书面申请,请求批准成立"弗·邦契-布鲁耶维奇和尼·列宁社会民主党书刊出版社"(见注438)。——456。

428 指加廖尔卡和列兵的小册子《我们之间的争论》。——456。

429 弗·德·邦契-布鲁耶维奇把弗·亚·诺斯科夫(波里斯)1904年9月12日给他的信(见《列宁文集》俄文版第15卷第167—168页)转给了列宁,列宁的这封信就是写在该信的空白地方上的。——456。

430 指弗·威·林格尼克、玛·莫·埃森和罗·萨·捷姆利亚奇卡。——458。

431 南方局(俄国社会民主工党中央委员会南方局)是在列宁的直接帮助下于1904年2月在敖德萨成立的,成员有瓦·瓦·沃罗夫斯基、伊·克·拉拉扬茨、K.O.列维茨基和普·伊·库利亚布科。南方局一成立就坚定地站在布尔什维克的立场上,同列宁保持直接的联系,成了团结俄国南方布尔什维克组织的中心。它向俄国社会民主工党各委员会解释第二次党代表大会后党内分歧的真正原因,使三个最大的委员会——敖德萨委员会、尼古拉耶夫委员会和叶卡捷琳诺斯拉夫委员会——统一起来,始终不渝地进行反对孟什维克和调和派的斗争,主张立即召开第三次党代表大会。1904年8月,南方局因鼓动召开代表大会而被调和派把持的中央委员会解散。1904年9月举行的南方布尔什维克各委员会代表会议恢复了南方局。南方局与北方局、高加索局一起构成了1904年12月成立的全俄多数派委员会常务局的核心。
——459。

432　这里说的是由于全部工作交弗·亚·诺斯科夫主持,中央委员会国外部原来班子和中央委员会国外代办员已被撤销。——461。

433　指弗·威·林格尼克等人于1904年8月22日从莫斯科塔甘卡监狱寄来的信(见《列宁文集》俄文版第15卷第159—167页)。——463。

434　指卡·考茨基。——463。

435　1904年9—12月间,多数派地方委员会分别召开了南方代表会议、高加索代表会议和北方代表会议。

南方区域代表会议(包括敖德萨、叶卡捷琳诺斯拉夫和尼古拉耶夫三个委员会)于1904年9月在敖德萨召开。会议支持22人告全党书(见注436),赞成召开党的第三次代表大会,建议成立筹备召开代表大会的组织委员会,并委托列宁确定组织委员会的组成。

高加索联合会委员会区域代表会议(包括巴库、巴统、梯弗利斯和伊梅列季亚-明格列利亚四个委员会)于1904年11月在梯弗利斯召开。会议表示不信任被孟什维克把持的党的中央机关,赞成立即召开党的第三次代表大会,并选出了一个为召开代表大会进行鼓动工作的地方常务局。高加索联合会委员会的代表很快被增补进了多数派委员会常务局。

北方区域代表会议(包括彼得堡、莫斯科、特维尔、里加、北方和下诺夫哥罗德六个委员会)于1904年12月在彼得堡附近的科尔皮诺召开。会议同样表示不信任党的中央机关,支持22人告全党书,坚决主张召开第三次代表大会。在这次会议上,最终完成了建立多数派委员会常务局的手续。常务局的成员是:列宁、亚·亚·波格丹诺夫、马·尼·利亚多夫、彼·彼·鲁勉采夫、罗·萨·捷姆利亚奇卡、马·马·李维诺夫和谢·伊·古谢夫。

根据列宁的建议,多数派委员会常务局的成员开始有系统地到各地方委员会和小组巡视。常务局得到绝大多数地方委员会的支持。到

1905 年 3 月,28 个地方委员会中已有 21 个赞成召开党的代表大会。在列宁的领导下,在对孟什维克和调和派进行的激烈斗争中,多数派委员会常务局及其机关报《前进报》筹备并召开了俄国社会民主工党第三次代表大会。——465。

436　指 1904 年 7 月 30 日—8 月 1 日(8 月 12—14 日)根据列宁的倡议在日内瓦郊区召开的布尔什维克的会议。出席会议的有列宁、亚·亚·波格丹诺夫、弗·德·邦契-布鲁耶维奇、维·米·韦利奇金娜、谢·伊·古谢夫、彼·阿·克拉西科夫、娜·康·克鲁普斯卡娅、伊·克·拉拉扬茨、米·斯·奥里明斯基、马·尼·利亚多夫、潘·尼·勒柏辛斯基、奥·波·勒柏辛斯卡娅、莉·亚·福季耶娃等 19 人。会议通过了列宁写的《告全党书》(见本版全集第 9 卷)的初稿——《我们争取什么?》(同上书)。会议的各项决定很快又得到另外 3 名布尔什维克——瓦·瓦·沃罗夫斯基、罗·萨·捷姆利亚奇卡和阿·瓦·卢那察尔斯基——的赞同。因此,列宁写的《告全党书》是以 22 名布尔什维克的名义发表的。这次会议也被人们称为 22 名布尔什维克会议。

《告全党书》是布尔什维克为争取召开俄国社会民主工党第三次代表大会而斗争的纲领。——465。

437　在手稿上有不知什么人写的批语:"发往:(1)莫斯科,(2)敖德萨,(3)萨拉托夫,(4)彼得堡,(5)里加,(6)巴库转高加索各委员会。"——466。

438　指弗·邦契-布鲁耶维奇和尼·列宁社会民主党书刊出版社。

弗·邦契-布鲁耶维奇和尼·列宁社会民主党书刊出版社是在孟什维克《火星报》编辑部拒绝刊登捍卫党的第二次代表大会的各项决议和要求召开党的第三次代表大会的党组织和党员的声明之后,由布尔什维克于 1904 年夏末创办的。

弗·德·邦契-布鲁耶维奇在关于出版社的声明中写道:"值此创办社会民主党书刊、特别是捍卫第二次党代表大会多数派原则立场的书刊出版社之际,敬请一切同情者对这一创举给予物质方面和稿件方面的支持。"这一声明首次刊登在加廖尔卡和列兵的小册子《我们之间的争论》的封皮上,后来在出版社陆续出版的每种小册子的封皮上一律加以刊登。弗·邦契-布鲁耶维奇和尼·列宁出版社曾得到各地多数派党的委员会的协助。——466。

439 在《火星报》第73号和第74号的附刊上公布了俄国社会民主工党总委员会的决定。列宁在这里说的是其中第一个决定,即关于召开第三次党代表大会程序的决定。这个决定的主要目的是采取一系列措施来阻难为召开代表大会而进行的鼓动和阻止最近召开代表大会(见本卷第294、296、297号文献)。——466。

440 指《进一步,退两步(尼·列宁给罗莎·卢森堡的答复)》一文(见本版全集第9卷)。列宁的这篇文章是针对卢森堡的《俄国社会民主党的组织问题》一文而写的。卢森堡的文章载于《新时代》杂志第22年卷(1904年)第2册第42期和第43期。——468。

441 1904年10月26日,列宁又给卡·考茨基写了一封信询问此事(见本卷第295号文献)。考茨基拒绝在《新时代》杂志上刊登列宁的文章,并退回了原稿。——468。

442 伊万诺夫文官是俄国作家米·叶·萨尔蒂科夫-谢德林的讽刺作品《一个城市的历史》中的人物,愚人城的一位市长,他身材矮小,脑袋退化。格·瓦·普列汉诺夫在1904年10月5日《火星报》第75号的社论《国际工人协会》中使用这一形象来影射攻击布尔什维克。——475。

443 小册子《告全党书》刊载了列宁写的《告全党书》(见本版全集第9卷);尼·沙霍夫的小册子《为召开代表大会而斗争》由列宁写了序言(同上书,第33—34页)。——476。

444 关于参加阿姆斯特丹代表大会的代表资格一事,情况如下:党总委员会在它的九月决定中谴责列宁、马·尼·利亚多夫和彼·阿·克拉西科夫,说他们就列宁把自己的参加代表大会的委托书转托他人的问题直接写信给社会党国际局,是违反了党的纪律。此外,总委员会断言,列宁要求他自己作为中央委员会代表在代表大会上有代表权,"而当时他已经同中央委员会发生了对抗"。事实上,列宁派遣代表参加代表大会是在 1904 年 8 月初,亦即在他同中央委员会里的调和派冲突之前,这次冲突是在 8 月下半月发生的。——476。

445　指《俄国社会民主工党代表团向阿姆斯特丹国际社会党代表大会(1904年 8 月 14—20 日)的报告》1904 年日内瓦版。报告的作者是费·伊·唐恩。——477。

446　巴拉莱金是俄国作家米·叶·萨尔蒂科夫-谢德林的讽刺作品《温和谨慎的人们》和《现代牧歌》中的人物,一个包揽词讼、颠倒黑白的律师,自由主义空谈家、冒险家和撒谎家。巴拉莱金这个名字后来成为空谈、撒谎、投机取巧、出卖原则的代名词。列宁此处用它来称呼列·达·托洛茨基。——477。

447　高加索联合会(俄国社会民主工党高加索联合会)是在 1903 年 3 月根据梯弗利斯和巴库两委员会的倡议在梯弗利斯举行的高加索各社会民主主义组织第一次代表大会上建立的。出席这次代表大会的有梯弗利斯、巴库、巴统、库塔伊西和外高加索的其他社会民主主义组织的 15 名代表。代表大会选出了联合会的领导机关——俄国社会民主工党高加索联合会委员会。

高加索联合会委员会一开始就同列宁建立了密切联系。它是布尔什维克同孟什维克进行斗争的可靠支柱。联合会积极为召开俄国社会民主工党第三次代表大会而斗争,并派代表参加了进行实际筹备工作的多数派委员会常务局。

1906 年 2 月,在俄国社会民主工党第四次(统一)代表大会举行的前夕,俄国社会民主工党高加索联合会因布尔什维克和孟什维克两派建立了联合委员会而停止活动。——477。

448　"＝＝"是列宁使用的特别符号,表示该处要增添相应的引文:前一个地方应增添南方委员会代表会议关于成立组织委员会(多数派常务局)的决议;后一个地方应增添 22 人会议参加者对该代表会议参加者的答复(见本卷第 290 号文献)。——485。

449 指弗·亚·诺斯科夫和被增补进中央委员会的孟什维克弗·尼·罗扎诺夫的一些信件。约·阿·皮亚特尼茨基当时就把这些信件寄到日内瓦列宁处。列宁在他的小册子《关于中央机关与党决裂的声明和文件》中引用了上述信件(见本版全集第9卷第103—106页)。

　　　"我们共同的朋友"是指罗·萨·捷姆利亚奇卡。——486。

450 指《地方自治运动和〈火星报〉的计划》(见本版全集第9卷)。——489。

451 布尔什维克的秘密报纸《前进报》过了不久1904年12月22日(1905年1月4日)在日内瓦创刊。——489。

452 指俄国社会民主工党莫斯科委员会1904年秋通过的决议。在这份决议中,莫斯科委员会表示完全拥护列宁的观点,高度评价列宁为"建立一个真正坚强的无产阶级的党"而进行的活动,并向列宁许诺,它将对组织布尔什维克书刊出版社的工作提供一切可能的帮助。——494。

453 1904年夏天和秋天,莫斯科党组织的许多成员遭到逮捕。因此列宁担心这个秘密通信地址还能不能用,他写的这封信会不会落入警察手里。——494。

454 看来列宁指的是他将于1904年12月初到巴黎、苏黎世和伯尔尼去作关于党内状况的专题报告。——497。

455 指高加索联合会委员会和中央委员会高加索代表反对载于《火星报》第73号和第74号附刊上的党总委员会决定的声明。——497。

456 列宁为作关于党内状况的专题报告在下列地方停留的时间是:巴黎,到12月5日;苏黎世,12月6—7日;伯尔尼,12月8日。——499。

457 列宁打算吸收亚·亚·波格丹诺夫(拉赫美托夫)参加筹备出版布尔什维克机关报《前进报》的工作。——502。

458 指俄国社会民主工党巴库委员会的一个孟什维克委员的非法行为,他擅自增补了几个孟什维克为委员会的新委员以代替被捕的委员。高加索联合会委员会主席同中央委员会代表根据高加索联盟的章程，宣布巴库委员会的组成不合手续，应予解散。关于这一事件的详细情况，见1904年日内瓦出版的奥尔洛夫斯基（瓦·瓦·沃罗夫斯基）的小册子《反党的总委员会》俄文版第24—30页。——503。

459　指出版布尔什维克的秘密报纸《前进报》。

《前进报》（《Вперед》）是第一个布尔什维克报纸，俄国社会民主工党多数派委员会常务局的机关报（周报），1904年12月22日（1905年1月4日）—1905年5月5日（18日）在日内瓦出版。——510。

460　在《火星报》第78号上发表的《我们的厄运》一文中，亚·尼·波特列索夫（斯塔罗韦尔）引用了以乔·邦·克列孟梭为领袖的法国激进党的纲领来反对列宁。——511。

461　指1904年11月在梯弗利斯召开的高加索联合会委员会区域代表会议的决议。根据高加索各委员会以前通过的关于同意22人决议和关于召开紧急党代表大会的决定，代表会议通过了关于为召开第三次党代表大会而组织广泛鼓动工作和进行斗争的决议，并为此选出了一个专门的常务局，委托它同22名布尔什维克小组联系。在本信的附言里，列宁要求弄清楚多数派委员会常务局和高加索各委员会代表会议所成立的常务局之间相互关系的组织形式，并要求派遣代表前来。——512。

462　《无产阶级斗争报》（《Пролетариатис Брдзола》，《Пролетариати Крив》，《Борьба Пролетариата》）是布尔什维克的秘密报纸，俄国社会民主工党高加索联合会的机关报。该报是根据高加索社会民主党组织第一次代表大会的决定，由亚美尼亚社会民主党人联合会机关报《无产阶级报》和格鲁吉亚社会民主党组织机关报《斗争报》合并而成的。1903年4—5月开始用格鲁吉亚文和亚美尼亚文出版（号数分别同上述两报相衔接），1905年7—8月增出俄文版，三种文字版内容完全相同。1905年10月停刊。格鲁吉亚文版和亚美尼亚文版各出了8号，俄文版出了3号。此外，该报还出了《〈无产阶级斗争报〉小报》共12号。该报先后在巴库和梯弗利斯的地下印刷所印刷。参加该报编辑部工作的有斯大林、米·格·茨哈卡雅、亚·格·楚卢基泽、斯·格·邵武勉、弗·谢·博勃罗夫斯基、米·尼·达维塔什维里、菲·耶·马哈拉泽等。该报编辑部同列宁和布尔什维克的国外中心保持着密切的联系,经常转载列宁的文章、列宁《火星报》的材料以及后来的布尔什维克报纸《前进报》和《无产者报》的材料。该报在从思想上和组织上团结外高加索的布尔什维克方面起了很大的作用。——515。

463 北方区域代表会议(6 个委员会:彼得堡、莫斯科、特维尔、里加、北方和下诺夫哥罗德)于 1904 年 12 月召开(见注 435)。——522。

464 指参加了选出多数派委员会常务局的几个代表会议的委员会:南方的3 个委员会;高加索的 4 个委员会;北方的 6 个委员会。——523。

人 名 索 引

A

阿德勒,弗里德里希(Adler, Friedrich 1879—1960)——奥地利社会民主党右翼领袖之一,"奥地利马克思主义"理论家,第二半国际和社会主义工人国际的组织者和领袖之一;维·阿德勒的儿子。1911 年起任奥地利社会民主党书记。第一次世界大战期间主张社会民主党对帝国主义战争保持"中立"和促使战争早日结束。1914 年 8 月辞去书记职务。1916 年 10 月 21 日因枪杀奥匈帝国首相卡·施图尔克伯爵被捕。1918 年 11 月获释后重新担任党的书记,走上改良主义道路。1923—1939 年任社会主义工人国际书记。——79、81。

阿德勒,维克多(Adler, Victor 1852—1918)——奥地利社会民主党创建人和领袖之一。1883 年和 1889 年曾与恩格斯会晤,1889—1895 年同恩格斯有通信联系。1886 年创办《平等》周刊,1889 年起任奥地利社会民主党中央机关报《工人报》编辑。1905 年起为议员。第一次世界大战期间持中派立场。1918 年 11 月短期担任奥地利资产阶级共和国外交部长。1914 年 7 月 26 日(8 月 8 日)列宁因受诬告被捕后,应娜·康·克鲁普斯卡娅的请求,为列宁作保。——139。

阿尔古宁(Аргунин)——499。

阿尔卡季——见拉德琴柯,伊万·伊万诺维奇。

阿尔卡季(Аркадий)——472—474。

阿尔卡诺夫,谢苗·米赫耶维奇(Арканов, Семен Михеевич)——俄国民粹派分子。19 世纪 90 年代在叶尼塞斯克省米努辛斯克专区叶尔马科夫斯克村当医生。——15、34。

阿尔先耶夫——见波特列索夫,亚历山大·尼古拉耶维奇。

阿法纳西耶娃，索菲娅·尼古拉耶夫娜（Афанасьева，Софья Николаевна 1876—1933）——19世纪90年代走上革命斗争道路。1898年因彼得堡工人阶级解放斗争协会案受审，流放哈尔科夫。1901年流亡德国，在柏林加入《火星报》协助小组。回国后在俄国社会民主工党基辅委员会工作。1902年初被捕，监禁两年后流放东西伯利亚，为期五年。1904年夏逃往瑞士后，结识了娜·康·克鲁普斯卡娅和列宁。同年秋秘密回国，在彼得堡和哈尔科夫工作。1905年身患重病，不再积极参加党的工作。——480。

阿基莫夫（**马赫诺韦茨**），弗拉基米尔·彼得罗维奇（巴哈列夫）（Акимов（Махновец），Владимир Петрович（Бахарев）1872—1921）——俄国社会民主党人，经济派代表人物。19世纪90年代中期加入彼得堡民意社，1897年被捕，1898年4月流放叶尼塞斯克省，9月逃往国外，成为国外俄国社会民主党人联合会领导人之一。1903年代表联合会出席了俄国社会民主工党第二次代表大会，是反火星派分子，会后成为孟什维克极右翼代表。斯托雷平反动时期脱党。——69、70、254、461。

阿基姆——见戈尔德曼，列夫·伊萨科维奇。

阿基姆的哥哥——见哥列夫，波里斯·伊萨科维奇。

阿克雪里罗得，柳博芙·伊萨科夫娜（柳·伊·；柳博·伊萨科；柳博芙·伊萨科夫娜；正统派）（Аксельрод，Любовь Исааковна（Л. И.，Люб. Исаак.，Любовь Исааковна，Ортодокс）1868—1946）——俄国哲学家和文艺学家，社会民主主义运动参加者。1887—1906年先后侨居法国和瑞士；曾加入国外俄国社会民主党人联合会。1903年俄国社会民主工党第二次代表大会后，起初加入布尔什维克，后转向孟什维克。在著作中批判了经济主义、新康德主义和经验批判主义，但同时又赞同普列汉诺夫的孟什维主义观点，重复他在哲学上的错误，反对列宁的哲学观点。第一次世界大战期间持社会沙文主义立场。1918年起不再积极参加政治活动，在一些高等院校从事教学工作。——75、131、135、138、140、143、167—168、170—171、181—182、184—185、197—198、219、221、271—273、280—281、283、296、299—300、306、386、530。

阿克雪里罗得，帕维尔·波里索维奇（帕·波·；帕·波—奇；帕维尔·波里索维奇）（Аксельрод，Павел Борисович（П. Б.，П. Б-ч，Павел Борисович）

1850—1928）——俄国孟什维克领袖之一。1883 年参与创建劳动解放社。
1900 年起是《火星报》和《曙光》杂志编辑部成员。在俄国社会民主工党第
二次代表大会上是《火星报》编辑部有发言权的代表，属火星派少数派，会
后是孟什维主义的思想家。斯托雷平反动时期和新的革命高涨年代是取
消派的思想领袖，参加孟什维克取消派的《社会民主党人呼声报》编辑部。
1912 年加入"八月联盟"。第一次世界大战期间表面上是中派，实际持社
会沙文主义立场；曾参加齐美尔瓦尔德代表会议和昆塔尔代表会议，属于
右翼。1917 年二月革命后任彼得格勒苏维埃执行委员会委员，支持资产
阶级临时政府。十月革命后侨居国外，敌视苏维埃政权，鼓吹武装干涉苏
维埃俄国。——9—12、13—14、17、21—22、38、49—50、51、53—57、64—
68、70、71、73—75、76—82、87、96—100、107—112、122—125、128—130、
136、137—139、140、143—145、146、148—151、153、160—165、166、188、
189—190、191—192、198—200、201—202、204、208—212、233、256、387—
388、411、420、429、460、476。

阿克雪里罗得，伊达·伊萨科夫娜（Аксельрод，Ида Исааковна 1872—
1917）——俄国社会民主党人，文学批评家和哲学家。开始参加革命时为
民意党人。1893 年起侨居国外，加入劳动解放社，后为俄国革命社会民主
党人国外同盟成员。俄国社会民主工党第二次代表大会后加入布尔什维
克，后追随普列汉诺夫转向孟什维克。——386。

阿克雪里罗得-古列维奇，维拉·巴甫洛夫娜（Аксельрод-Гуревич，Вера
Павловна）——帕·波·阿克雪里罗得的女儿。——65、79。

阿勒曼，莱奥——见捷依奇，列夫·格里戈里耶维奇。

阿列克谢——见马尔托夫，尔·。

阿列克谢的妹妹——见坎采尔，莉迪娅·奥西波夫娜。

阿列克谢耶夫，尼古拉·亚历山德罗维奇（Алексеев，Николай Александрович
1873—1972）——俄国社会民主党人，火星派分子，布尔什维克。1897 年
加入彼得堡工人阶级解放斗争协会。1898 年初被捕并流放维亚特卡省斯
洛博茨克市，为期四年，1899 年从流放地逃往国外。1900—1905 年住在
伦敦，先后加入国外俄国社会民主党人联合会和俄国革命社会民主党人国
外同盟。俄国社会民主工党第二次代表大会后是布尔什维克驻伦敦的代

表。十月革命后在苏维埃和党的机关工作。1921年7月起在克拉斯诺亚尔斯克任省政治教育委员会主任。——207、208、209。

阿列克谢耶夫(K.)(Алексеев(K.))——480、481、505。

阿尼亚——见乌里扬诺娃-叶利扎罗娃,安娜·伊里尼奇娜。

埃森,爱德华·爱德华多维奇(男爵)(Эссен,Эдуард Эдуардович(Барон)1879—1931)——俄国社会民主党人,1898年加入俄国社会民主工党,布尔什维克。起初是宣传员,后从事通过芬兰运送秘密书刊的工作。1903年在叶卡捷琳诺斯拉夫参与组织俄国南方的罢工斗争。1904年9月参加了俄国社会民主工党南方地区代表会议。此外还在哈尔科夫、敖德萨和彼得堡做过革命工作。十月革命后任副国家监察人民委员。1918年起从事教学工作。——462—463、465、466、481、483、505。

埃森,玛丽亚·莫伊谢耶夫娜(捷尔诺娃;尼娜·李沃夫娜;小兽;野兽;鹰;兹韦列夫)(Эссен,Мария Моисеевна(Зернова,Нина Львовна,Зверушка,Зверь,Сокол,Зверев)1872—1956)——俄国社会民主党人,火星派分子。1892年参加俄国革命运动。曾在敖德萨和叶卡捷琳诺斯拉夫等地从事革命工作,为基辅工人阶级解放斗争协会会员。1899年被捕,后流放雅库特州,1902年逃往国外,但很快回国。1903年俄国社会民主工党第二次代表大会后是布尔什维克,任彼得堡委员会委员,同年底被增补进党中央委员会。1905年和1906年先后任党的彼得堡委员会和莫斯科委员会委员。斯托雷平反动时期脱离党的活动。1917年二月革命后参加孟什维克国际主义派。1920年重新加入俄共(布)。1921—1925年在格鲁吉亚做党的工作。——247、369、408、422、428、436、437、439、440、446、451、457—458、467、519—520。

艾尔格(Illg)——247。

爱尔维修,克劳德·阿德里安(Helvétius,Claude-Adrien 1715—1771)——法国唯物主义哲学家和无神论者,18世纪法国的革命资产阶级的思想家之一。——32。

安德列耶夫斯基——见乌里扬诺夫,德米特里·伊里奇。

安德罗波夫,谢尔盖·瓦西里耶维奇(布·;布鲁斯科夫)(Андропов,Сергей Васильевич(Б.,Брусков)1873—1955)——俄国社会民主党人,火星派分子。1893 年走上革命道路。1898 年积极参加工人旗帜社的工作,为此于同年 12 月被捕。1901 年参加《火星报》工作,是该报首批代办员之一。1901 年 8 月流放东西伯利亚。1910 年脱党。——63、64、85、93、139、156、158、159。

安东——见斯特拉申斯基,И.И.。

奥尔沙——见拉德琴柯,柳博芙·尼古拉耶夫娜。

奥尔欣——见洛霍夫,尼古拉·尼古拉耶维奇。

奥里明斯基(**亚历山德罗夫**),米哈伊尔·斯捷潘诺维奇(加廖尔卡;瓦西里·瓦西里耶维奇)(Ольминский(Александров),Михаил Степанович(Галерка,Василий Васильевич)1863—1933)——19 世纪 80 年代初参加革命运动,曾为民意党人。1898 年加入俄国社会民主工党,1903 年起为布尔什维克。1904 年起先后任布尔什维克的《前进报》和《无产者报》编委。1905—1907 年为布尔什维克的《新生活报》、《浪潮报》、《我们的思想》杂志、《生活通报》杂志等撰稿,领导党的前进出版社编辑部。斯托雷平反动时期在巴库做党的工作。1911—1914 年积极参加布尔什维克的《明星报》、《真理报》和《启蒙》杂志的工作。1915—1917 年先后在萨拉托夫、莫斯科和彼得格勒做党的工作。1917 年二月革命后进入俄国社会民主工党(布)中央委员会俄国局,积极参加十月革命。十月革命后历任《真理报》编委、俄共(布)中央党史委员会领导人、老布尔什维克协会主席、《无产阶级革命》杂志编辑、列宁研究院院委会委员等职。——445、452、453、454、458、461、477、487、490、498、499、506。

奥林——见勒柏辛斯基,潘捷莱蒙·尼古拉耶维奇。

奥西波夫;奥西普——见捷姆利奇卡,罗莎丽亚·萨莫伊洛夫娜。

奥西普——见列维茨基,К.О.。

B

巴·——见诺根,维克多·巴甫洛维奇。

巴布什金,伊万·瓦西里耶维奇(波格丹;诺维茨卡娅;我们的好朋友)(Бабушкин,Иван Васильевич(Богдан,Новицкая,Наш близкий друг)1873—1906)——俄国工人,职业革命家,布尔什维克。1891 年起在彼得堡谢米扬尼科夫工厂当钳工。1894年加入列宁领导的工人马克思主义小组。从彼得堡工人阶级解放斗争协会建立时起，就是该协会最积极的会员和列宁最亲密的助手。参加列宁的《火星报》的组织工作，是该报首批代办员之一和通讯员。1902年受党的委派到工人团体中进行革命工作，参加反对经济派和祖巴托夫分子的斗争，使工人摆脱祖巴托夫"警察社会主义"的影响。多次被捕、流放和监禁。参加1905—1907年革命，是俄国社会民主工党伊尔库茨克委员会和赤塔委员会委员，赤塔武装起义的领导人之一。1906年1月从赤塔到伊尔库茨克运送武器时被讨伐队捕获，未经审讯即被枪杀。——129、165、295—296、301、303、304。

巴甫洛维奇——见克拉西科夫，彼得·阿纳尼耶维奇。

巴哈列夫——见阿基莫夫，弗拉基米尔·彼得罗维奇。

巴枯宁，阿列克谢·伊里奇（Бакунин，Алексей Ильич 生于1874年）——俄国立宪民主党人，地主；职业是医生。无政府主义理论家米·亚·巴枯宁的侄子。第二届国家杜马特维尔省代表。十月革命后侨居国外。——185。

巴拉莱金（Балалайкин）——477、478。

巴拉姆津，叶戈尔·瓦西里耶维奇（幼芽）（Барамзин，Егор Васильевич （Эмбрион）1868—1920）——俄国社会民主党人，火星派分子。1891年起领导马克思主义小组，1898年流放东西伯利亚，1899年和另外16名社会民主党人一起，在列宁起草的反对经济派《信条》的《俄国社会民主党人抗议书》上签了名。1902年作为《火星报》代办员在俄国社会民主工党萨拉托夫委员会工作。1905年为萨拉托夫市工商业职员工会的组织者之一。后在彼得堡继续从事工会工作，同布尔什维克党组织保持联系。十月革命后脱党。——216。

巴索夫斯基，约瑟夫·波里索维奇（杰缅季耶夫）（Басовский，Иосиф Борисович （Дементьев）生于1876年）——1896年加入俄国敖德萨社会民主主义小组，后为向国内秘密运送《火星报》的组织者之一。1902年2月因《火星报》和俄国社会民主工党基辅委员会案被捕，同年8月从监狱逃出，重新组织《火星报》的运输工作。俄国社会民主工党第二次代表大会后成为孟什维克。十月革命后脱离孟什维克，在莫斯科从事经济工作。——194、318。

巴伊诺娃——可能是指斯米多维奇，因娜·格尔莫格诺夫娜。

巴扎罗夫，弗·（鲁德涅夫，弗拉基米尔·亚历山德罗维奇）（Базаров，B.（Руднев，Владимир Александрович）1874—1939）——1896 年参加俄国社会民主主义运动。1904—1907 年是布尔什维克，曾为布尔什维克报刊撰稿。斯托雷平反动时期背弃布尔什维主义，宣传造神说和经验批判主义，是用马赫主义修正马克思主义的主要代表人物之一。1917 年是孟什维克国际主义者，《新生活报》的编辑之一；反对十月革命。1921 年起在国家计划委员会工作。晚年从事文艺和哲学著作的翻译工作。——489、506。

白拉克，威廉（Bracke，Wilhelm 1842—1880）——德国工人运动活动家，图书出版人和经销人。1865 年起是全德工人联合会会员。1869 年参与创建德国社会民主工党（爱森纳赫派）。——323。

邦契——见邦契-布鲁耶维奇，弗拉基米尔·德米特里耶维奇。

邦契-布鲁耶维奇，弗拉基米尔·德米特里耶维奇（邦契；弗·德·）（Бонч-Бруевич，Владимир Дмитриевич（Бонч，В.Д.）1873—1955）——19 世纪 80 年代末参加俄国革命运动，1896 年侨居瑞士。在国外参加劳动解放社的活动，为《火星报》撰稿。俄国社会民主工党第二次代表大会后是布尔什维克。1903—1905 年在日内瓦领导俄国社会民主工党中央委员会发行部，组织出版布尔什维克的书刊（邦契-布鲁耶维奇和列宁出版社）。以后几年从事布尔什维克报刊和党的出版社的组织工作。积极参加彼得格勒十月武装起义，是斯莫尔尼—塔夫利达宫区的警卫长。十月革命后任人民委员会办公厅主任（至 1920 年 10 月，其间曾兼任反破坏、抢劫和反革命行动委员会主席）、生活和知识出版社总编辑，后任莫斯科卫生局所属林中旷地国营农场场长，同时从事科学研究和著述活动。——177、284、285、291—292、293、297、298—299、306—307、309、311、319—321、346、352、404、424—425、439—440、444—445、454、456、458、461、466、469、478、480、485、497、530。

鲍古查尔斯基（雅柯夫列夫，瓦西里·雅柯夫列维奇；过来人）（Богучарский（Яковлев，Василий Яковлевич，Бывалый）1861—1915）——俄国革命运动史学家。早年同情民意党人，19 世纪 90 年代倾向合法马克思主义，后来成为自由派资产阶级的积极活动家。1902—1905 年积极参加彼·伯·司徒卢威领导的《解放》杂志的工作。1905年退出该杂志,参与出版《无题》周刊和《同志报》。1906—1907年在弗·李·布尔采夫的参与下出版《往事》杂志。1914—1915年任自由经济学会的学术秘书。写有许多有关19世纪俄国革命运动史方面的著作。——69、70。

鲍曼,尼古拉·埃内斯托维奇(波列塔耶夫;格拉奇;萨拉夫斯基,索·)(Бауман, Николай Эрнестович (Полетаев, Грач, Сарафский, С.) 1873 —1905)——19世纪90年代前半期在喀山开始革命活动,1896年积极参加彼得堡工人阶级解放斗争协会的工作。1897年被捕,在彼得保罗要塞监禁22个月后流放维亚特卡省。1899年10月流亡瑞士,加入国外俄国社会民主党人联合会。1900年在创办《火星报》的工作中成为列宁的亲密助手。1901—1902年作为《火星报》代办员在莫斯科工作,成为俄国社会民主工党莫斯科委员会委员。1902年2月被捕,同年8月越狱逃往国外。在俄国社会民主工党第二次代表大会上是莫斯科委员会的代表,属火星派多数派。1903年12月回到莫斯科,领导莫斯科党的布尔什维克组织,同时主持党中央委员会北方局,在自己的住宅创办了秘密印刷所。1904年6月再次被捕,1905年10月获释。1905年10月18日参加莫斯科委员会组织的示威游行时被黑帮分子杀害。—— 78、119 — 120、134 — 135、389、530。

贝尔格——见马尔托夫,尔·。

贝奇科夫——见勒柏辛斯基,潘捷莱蒙·尼古拉耶维奇。

倍倍尔,奥古斯特(Bebel, August 1840—1913)——德国工人运动和国际工人运动活动家,德国社会民主党和第二国际的创建人和领袖之一,马克思和恩格斯的朋友和战友。19世纪60年代前半期开始参加政治活动,1867年当选为德国工人协会联合会主席,1868年该联合会加入第一国际。1869年与威·李卜克内西共同创建了德国社会民主工党(爱森纳赫派)。90年代和20世纪初同党内的改良主义和修正主义进行斗争,反对伯恩施坦及其拥护者对马克思主义理论的歪曲和庸俗化。——99、197、323、327。

崩得分子——见捷尔多夫,亚历山大·米龙诺维奇。

彼·阿·;彼·安德·——见克拉西科夫,彼得·阿纳尼耶维奇。

彼·伯·;彼·伯—奇——见司徒卢威,彼得·伯恩哈多维奇。

彼得堡人——见斯米尔诺夫，米哈伊尔·В.。

彼得罗夫——见博勃罗夫斯基，弗拉基米尔·谢苗诺维奇。

彼得罗夫——即列宁，弗拉基米尔·伊里奇。

彼得罗夫斯基（Петровский）——沙俄宪兵上校。——359、360。

彼舍霍诺夫，阿列克谢·瓦西里耶维奇（诺沃勃兰策夫）（Пешехонов，
Алексей Васильевич（Новобранцев）1867—1933）——俄国社会活动家和政
论家。19世纪90年代为自由主义民粹派分子。《俄国财富》杂志的撰稿
人，1904年起为该杂志编委；曾为自由派资产阶级的《解放》杂志和社会革
命党的《革命俄国报》撰稿。1903—1905年为解放社成员。1906年起是
人民社会党领袖之一。1917年5—8月任临时政府粮食部长。十月革命
后反对苏维埃政权，1921年在乌克兰中央统计局工作。因参加反革命组
织"俄罗斯复兴会"于1922年被驱逐出境，成为白俄流亡分子。——
390、393。

"笔尖"——见托洛茨基，列夫·达维多维奇。

扁角鹿——见克日扎诺夫斯基，格列勃·马克西米利安诺维奇。

别尔嘉耶夫，尼古拉·亚历山德罗维奇（Бердяев，Николай Александрович
1874—1948）——俄国宗教哲学家。早期倾向合法马克思主义，试图将马
克思主义同新康德主义结合起来；后转向宗教哲学。1905年加入立宪民
主党。斯托雷平反动时期是宗教哲学流派"寻神说"的代表人物之一。曾
参与编撰《路标》文集。十月革命后创建"自由精神文化学院"。1921年因
涉嫌"战术中心"案而被捕，后被驱逐出境。——131、135、136、152、
197、198。

别尔林，帕维尔·阿布拉莫维奇（Берлин，Павел Абрамович 1877—1962）——
俄国历史学家，政论家，《教育》杂志的撰稿人。苏维埃政权时期侨居国外。
——31。

别尔托夫——见普列汉诺夫，格奥尔吉·瓦连廷诺维奇。

波·阿布拉——见柯尔佐夫，德·。

波·尼·；波·尼—奇——见诺斯科夫，弗拉基米尔·亚历山德罗维奇。

波波娃，奥丽珈·尼古拉耶夫娜（Попова，Ольга Николаевна 1848—
1907）——俄国图书出版家。在她出版的《新言论》杂志1897年4—7月第

7—10期上刊登了列宁的《评经济浪漫主义》；在10月第1期上刊登了列宁的《论报纸上的一篇短文》。她还出版了由列宁和娜·康·克鲁普斯卡娅在流放地翻译的韦伯夫妇的《产业民主》(俄译本名为《英国工联主义的理论和实践》)一书。——181。

波波娃，О.Ф.(Попова，О.Ф.)——俄国女大学生，后为医务工作者；同情布尔什维克。——480。

波尔塔瓦之友——见马尔托夫，尔·。

波格丹——见巴布什金，伊万·瓦西里耶维奇。

波格丹诺夫(**马林诺夫斯基**)，亚历山大·亚历山德罗维奇(拉赫美托夫；列兵；司索伊卡)(Богданов(Малиновский)，Александр Александрович(Рахметов，Рядовой，Сысойка)1873—1928)——俄国社会民主党人，哲学家，社会学家，经济学家；职业是医生。19世纪90年代参加社会民主主义小组。1903年成为布尔什维克。作为多数派委员会常务局成员参加了俄国社会民主工党第三次代表大会的筹备工作，在代表大会上当选为中央委员。曾参加布尔什维克机关报《前进报》和《无产者报》编辑部，是布尔什维克《新生活报》的编辑。斯托雷平反动时期和新的革命高涨年代领导召回派，是"前进"集团的领袖。在哲学上宣扬经验一元论。1909年6月因进行派别活动被开除出党。十月革命后是无产阶级文化派的思想家。——32、197、202—203、445、454、458、461、479—481、488—490、498、500—502、505、506、507、509、513、514、520、523。

波里斯；波里斯·尼古拉耶维奇——见诺斯科夫，弗拉基米尔·亚历山德罗维奇。

波列塔耶夫——见鲍曼，尼古拉·埃内斯托维奇。

波洛夫，А.(Полов，А.)——535。

波斯特尼柯夫，弗拉基米尔·叶菲莫维奇(Постников，Владимир Ефимович 1844—1908)——俄国经济学家和统计学家，自由经济学会会员。在农业和国家产业部任职，从事官地规划工作。著有《南俄农民经济》(1891)一书。——1—2、3—5、6。

波特列索夫，亚历山大·尼古拉耶维奇(阿尔先耶夫；朋友；普特曼；普特曼；书商；斯塔罗韦尔；兄弟；亚·波· ；亚·尼· ；亚·尼—奇；亚历山·尼古拉耶维奇;子爵)(Потресов, Александр Николаевич(Арсеньев, Друг, Путтман, Puttman, Книгопродавец, Старовер, Брат, А. П., А. Н., А. Н-ч., Алекс. Николаевич, Виконт) 1869 — 1934)——俄国孟什维克领袖之一。19 世纪 90 年代初参加马克思主义小组。1896 年加入彼得堡工人阶级解放斗争协会,后被捕,1898 年流放维亚特卡省。1900 年出国,参与创办《火星报》和《曙光》杂志。在俄国社会民主工党第二次代表大会上是《火星报》编辑部有发言权的代表,属火星派少数派,会后是孟什维克刊物的主要撰稿人和领导人。斯托雷平反动时期和新的革命高涨年代是取消派思想家,在《复兴》杂志和《我们的曙光》杂志以及孟什维克取消派的其他报刊中起领导作用。第一次世界大战期间是社会沙文主义者。十月革命后侨居国外,为克伦斯基的《白日》周刊撰稿,攻击苏维埃政权。——16 — 18、19 — 22、23 — 28、29 — 34、36、46、47、49、54、67、68、70、73、78、80、81、97、109、129、131、133、136、138、140、152、162、163、165、201、219、222、266、284 — 287、292 — 293、306、309 — 310、311、318、354 — 357、358、385、387、392、511。

波谢,弗拉基米尔・亚历山德罗维奇(Поссе, Владимир Александрович 1864 — 1940)——俄国新闻工作者和自由派资产阶级社会活动家。合法马克思主义者的《新言论》杂志和《生活》杂志编辑。《生活》杂志被沙皇政府查封后,1902 年在国外继续出版该杂志。十月革命后从事写作。写有一系列有关历史、文学等问题的著作。——284、292。

波伊斯,威廉・亨利希(Peus, Wilhelm Heinrich 1862 — 1937)——1890 年起为德国社会民主党人。1891 年创办《安哈尔特人民报》,编辑该报达十年之久。1896 — 1918 年(有间断)为帝国国会议员。——27。

伯恩施坦,爱德华(Bernstein, Eduard 1850 — 1932)——德国社会民主党和第二国际右翼领袖之一,修正主义的代表人物。1881 — 1890 年任党的中央机关报《社会民主党人报》编辑。从 90 年代中期起完全同马克思主义决裂。1896 — 1898 年以《社会主义问题》为题在《新时代》杂志上发表一组文章,1899 年发表《社会主义的前提和社会民主党的任务》一书,从经济、政治和哲学方面对马克思主义的理论和策略作了全面的修正。第一次世界大战期间持中派立场。1917 年参加德国独立社会民主党,1919 年公开转到右派方面。1918 年十一月革命失败后出任艾伯特—谢德曼政府的财政部长助理。——17、26—27、30、31、32、33、34、163、165、166。

博勃罗夫斯基，弗拉基米尔·谢苗诺维奇（彼得罗夫）（Бобровский，Владимир Семенович（Петров）1873—1924）——俄国职业革命家，布尔什维克。1900年在哈尔科夫社会民主党组织中工作，1901年在俄国社会民主工党基辅委员会工作。1902年被捕，被关进基辅卢基扬诺夫监狱，同年8月越狱潜逃。后又多次被捕。1904年在高加索工作，1906年在科斯特罗马组织农民委员会，1907年在伊万诺沃-沃兹涅先斯克创办秘密报纸和印刷所。十月革命后从事兽医方面的组织工作。——530。

博勃罗夫斯卡娅（**捷利克桑**），策齐利娅·萨莫伊洛夫娜（列诺奇卡）（Бобровская（Зеликсон），Цецилия Самойловна（Леночка）1876—1960）——1894年开始革命活动，1898年加入俄国社会民主工党。1900年在哈尔科夫被捕，监禁一年后流亡瑞士，在该地同《火星报》组织建立了联系，以《火星报》代办员身份在俄国社会民主工党北方协会地区工作。俄国社会民主工党第二次代表大会后为布尔什维克。1903年是党的特维尔委员会委员，后出国到日内瓦，在此结识了列宁。以后在一些城市做地下工作，多次被捕和流放。在莫斯科参加1905年和1917年革命。十月革命后在莫斯科和列宁格勒做党的工作并从事写作。1920年起在党中央机关、共产国际、马克思列宁主义研究院工作。——495、504。

布·——见安德罗波夫，谢尔盖·瓦西里耶维奇。

布尔加柯夫，谢尔盖·尼古拉耶维奇（Булгаков，Сергей Николаевич 1871—1944）——俄国经济学家、哲学家和神学家。19世纪90年代是合法马克思主义者，后来成了"马克思的批评家"。修正马克思关于土地问题的学说，企图证明小农经济稳固并优于资本主义大经济，用土地肥力递减规律来解释人民群众的贫困化；还试图把马克思主义同康德的批判认识论结合起来。后来转向宗教哲学和基督教。1905—1907年革命失败后追随立宪民主党，为《路标》文集撰稿。1918年起是正教司祭。1923年侨居国外。——17、23—26、28、29—34、103、164、165、166、197、234。

布赫霍尔茨，威廉·阿道福维奇（Бухгольц（Buchholz），Вильгельм Адольфович 生于1866年）——俄国社会民主党人。1887年因参加学潮被开除出彼得堡大学。1891年侨居瑞士。1895—1897年积极参加在柏林的俄国社会

民主主义小组的工作,是国外俄国社会民主党人联合会成员(直至 1900
年),负责同德国社会民主党人建立联系。俄国社会民主工党第二次代表
大会后为孟什维克。十月革命后在柏林编辑社会经济问题方面的定期刊
物,后侨居丹麦。——54、74。

布兰亭,卡尔·亚尔马(Branting, Karl Hjalmar 1860—1925)——瑞典社会
民主党和第二国际创建人和领袖之一,持机会主义立场。1887—1917 年
(有间断)任瑞典社会民主党中央机关报《社会民主党人报》编辑。1896 年
起为议员。1907 年当选为党的执行委员会主席。第一次世界大战期间是
社会沙文主义者。1917 年参加埃登的自由党—社会党联合政府,支持武
装干涉苏维埃俄国。1920 年、1921—1923 年、1924—1925 年领导社会民
主党政府,1921—1923 年兼任外交大臣。——104—105。

布列什柯-布列什柯夫斯卡娅,叶卡捷琳娜·康斯坦丁诺夫娜(布列什柯夫斯
卡娅)(Брешко-Брешковская, Екатерина Константиновна(Брешковская)
1844—1934)——俄国社会革命党的组织者和领导人之一,属该党极右
翼。曾参加 1905—1907 年革命。多次当选为社会革命党中央委员。十月
革命后反对苏维埃政权。1919 年去美国,后住在法国。——339。

布列什柯夫斯卡娅——见布列什柯-布列什柯夫斯卡娅,叶卡捷琳娜·康斯
坦丁诺夫娜。

布柳缅费尔德,约瑟夫·索洛蒙诺维奇(茨韦托夫;大家的朋友;费尔德;拉兹
诺茨韦托夫)(Блюменфельд, Иосиф Соломонович(Цветов, Общий друг,
Фельд, Разноцветов)生于 1865 年)——俄国社会民主党人,劳动解放社的
骨干分子,《火星报》组织成员;职业是排字工人。在劳动解放社和《火星
报》主管印刷所和运输站。1902 年 3 月运送《火星报》时在国境线上被捕,
同年 8 月越狱逃往国外。俄国社会民主工党第二次代表大会后成为孟什
维克。1903 年 12 月起任孟什维克《火星报》编辑部秘书,此后一直在国内
外的孟什维克组织中工作。十月革命后脱离政治活动。——71、76、96、
100、120、155、180、184、199、205、417、425。

布隆代,乔治(Blondel, Georges 1856—1948)——法国经济学家,教授。写有
一些关于德国经济状况的著作。——152。

布鲁斯科夫——见安德罗波夫,谢尔盖·瓦西里耶维奇。

布鲁特——见克尔日扎诺夫斯基,格列勃·马克西米利安诺维奇。

布罗克——见雅库波娃,阿波利纳里娅·亚历山德罗夫娜。

布罗克豪斯,弗里德里希·阿尔诺德(Brockhaus, Friedrich Arnold 1772—
　　1823)——德国出版家,1805年在阿姆斯特丹创办了布罗克豪斯出版公
　　司。曾与俄国印刷企业家伊·阿·叶弗龙合作,在彼得堡出版了俄国革命
　　前最大的一套百科全书——布罗克豪斯和叶弗龙《百科词典》。——346。

C

苍鹭——见斯塔索娃,叶列娜·德米特里耶夫娜。

策杰尔包姆,谢尔盖·奥西波维奇(帕霍米的兄弟;雅柯夫)(Цедербаум,
　　Сергей Осипович(Брат Пахомия, Яков)1879—1939)——1898年参加俄国
　　社会民主主义运动,在彼得堡工人旗帜社工作。后被捕,在警察公开监视
　　下被逐往波尔塔瓦。曾担任从国外运送《火星报》的工作。1904年秋侨居
　　国外,加入孟什维克。十月革命后脱离政治活动。——156—160、
　　185、187。

岑斯基(Ценский)——458。

查卢什尼科夫,亚历山大·彼得罗维奇(Чарушников, Александр Петрович
　　1852—1913)——俄国出版人,伏尔加河轮船公司视察员。1898—1899年
　　与С.П.多罗瓦托夫斯基一起出版了高尔基的《随笔与短篇小说集》,共三
　　卷。——513。

查钦娜,奥丽珈·伊万诺夫娜(Чачина, Ольга Ивановна 1872—1919)——19
　　世纪90年代末在俄国喀山参加社会民主主义运动。彼得堡工人阶级解放
　　斗争协会会员。1899年被逐往乌法,为期二年,在该地与娜·康·克鲁普
　　斯卡娅相识。1900—1904年任俄国社会民主工党下诺夫哥罗德委员会书
　　记。1905年在索尔莫沃参加十二月武装起义。1909年起任莫斯科果戈理
　　图书馆馆长,该图书馆曾被用作秘密接头、通信和会晤的地点。1918年起
　　在教育人民委员部工作。——462—463。

查苏利奇,维拉·伊万诺夫娜(大姐;大婶;基罗夫;姐姐;卡列林;维·伊·;
　　维·伊万·;维拉·伊万诺夫娜;维里卡;维里卡·德米·;维里卡·德米
　　特里耶夫娜)(Засулич, Вера Ивановна(Старшая сестра, Тетка, Kiroff,

Сестра，Карелин，В.И.，В.Ив.，Вера Ивановна，Велика，Велика Дм.，Велика Дмитриевна）1849—1919）——俄国民粹主义运动和社会民主主义运动活动家。1883年参与创建劳动解放社。1900年起是《火星报》和《曙光》杂志编辑部成员。在俄国社会民主工党第二次代表大会上是《火星报》编辑部有发言权的代表，属火星派少数派，会后成为孟什维克领袖之一，参加孟什维克的《火星报》编辑部。斯托雷平反动时期和新的革命高涨年代是取消派分子。第一次世界大战期间是社会沙文主义者。1917年是孟什维克统一派分子。对十月革命持否定态度。——13、14、25、27、28、29、49、53、56、57、64、65、68、69、70、76、77、80、96、98、105、109、112、131、136、138、146、151、152、153、162 — 163、164、165、172、174、180、181、199、204 — 206、207、222、223、230、234、273、306、315、318、335、355、358、386 — 387、393 — 394、499。

车尔尼雪夫斯基，尼古拉·加甫里洛维奇（Чернышевский，Николай Гаврилович 1828—1889）——俄国革命民主主义者和空想社会主义者，作家，文学评论家；俄国社会民主主义先驱之一，俄国19世纪60年代革命运动的领袖和思想鼓舞者。——20、71。

厨师——见舍科尔金，费多尔·伊万诺维奇。

茨韦托夫——见布柳缅费尔德，约瑟夫·索洛蒙诺维奇。

D

达多诺夫，В.（Дадонов，В.）——《俄国的曼彻斯特》一文（载于1900年《俄国财富》杂志第12期）的作者。——165。

达涅维奇——见古列维奇，埃马努伊尔·李沃维奇。

大胡子——见杰斯尼茨基，瓦西里·阿列克谢耶维奇。

大家的朋友——见布柳缅费尔德，约瑟夫·索洛蒙诺维奇。

大姐——见查苏利奇，维拉·伊万诺夫娜。

"大人物"——见米海洛夫斯基，尼古拉·康斯坦丁诺维奇。

大婶——见查苏利奇，维拉·伊万诺夫娜。

大婶——见卡尔梅柯娃，亚历山德拉·米哈伊洛夫娜。

大卫，爱德华（David，Eduard 1863—1930）——德国社会民主党右翼领袖之一，经济学家；德国机会主义者的主要刊物《社会主义月刊》创办人之一。

1893年加入社会民主党。公开修正马克思主义关于土地问题的学说,否认资本主义经济规律在农业中的作用。1903年出版《社会主义和农业》一书,宣扬小农经济稳固,维护所谓土地肥力递减规律。第一次世界大战期间是社会沙文主义者。1919年2月任魏玛共和国国民议会第一任议长。1919—1920年任内务部长,1922—1927年任中央政府驻黑森的代表。——334。

丹尼尔逊,尼古拉·弗兰策维奇(尼·—逊)(Даниельсон, Николай Францевич(Н. —он)1844—1918)——俄国经济学家,政论家,自由主义民粹派理论家。接替格·亚·洛帕廷译完了马克思的《资本论》第1卷(1872年初版),以后又译出第2卷(1885)和第3卷(1896)。在翻译该书期间同马克思和恩格斯有过书信往来。但不了解马克思主义的实质,认为马克思主义理论不适用于俄国,资本主义在俄国没有发展前途;主张保存村社土地所有制,维护小农经济和手工业经济。1893年出版了《我国改革后的社会经济概况》一书,论证了自由主义民粹派的经济观点。——29、148。

德·(Д.)——184。

德国人——见普列汉诺夫,格奥尔吉·瓦连廷诺维奇。

德拉哥马诺夫,米哈伊尔·彼得罗维奇(Драгоманов, Михаил Петрович 1841—1895)——乌克兰历史学家,民间创作研究家和政论家,资产阶级自由派代表人物之一。乌克兰民族解放运动温和派著名领导人之一,主张民族文化自治。——152。

德鲁扬(Друян)——417。

德斯特雷,茹尔(Destrée, Jules 1863—1936)——比利时社会党人;职业是律师。1894年被选入议院,追随工人党右翼。第一次世界大战期间是社会爱国主义者。1917年9月—1918年任比利时驻俄国公使。1919年12月—1921年10月任科学和艺术大臣。——140、152。

德文斯卡娅——见厄廷格尔-达维德松,叶夫根尼娅·萨莫伊洛夫娜。

狄茨,约翰·亨利希·威廉(Dietz, Johann Heinrich Wilhelm 1843—1922)——德国社会民主党人,帝国国会议员(1881—1918)。曾主持社会民主党出版社,出版过马克思和恩格斯的著作以及《曙光》杂志和列宁的著作《怎么办?》。——50、71、76、78、79、96、99、104、105、111、146、164、169、

172、177、180、205、209、210、231、248、257。

迪克施坦,西蒙(Dyksztajn,Simon 1858—1884)——波兰社会主义运动活动
　　家,作家。1877 年参加革命运动,1879 年加入波兰社会主义团体"平等
　　社",1882 年加入波兰工人阶级第一个革命政党"无产阶级"党,1884 年参
　　加该党中央机关报《无产阶级报》的出版工作。1881 年发表宣传性小册子
　　《谁以什么为生?》,通俗地叙述了《资本论》第 1 卷。该书后来被译成多种
　　文字。——323、327。

杜冈-巴拉诺夫斯基,米哈伊尔·伊万诺维奇(Туган-Барановский, Михаил
　　Иванович 1865—1919)——俄国经济学家和历史学家,19 世纪 90 年代是
　　合法马克思主义的代表人物。1905—1907 年革命期间加入立宪民主党。
　　十月革命后成为乌克兰反革命势力的骨干分子,1917—1918 年任乌克兰
　　中央拉达财政部长。——25、30—31、297。

E

厄廷格尔-达维德松(**厄廷格尔**),叶夫根尼娅·萨莫伊洛夫娜(德文斯卡娅)
　　(Эттингер-Давидсон(Эттингер), Евгения Самойловна(Двинская))——俄
　　国社会民主党人,火星派分子。1896—1898 年为基辅工人阶级解放斗争
　　协会会员和《工人报》小组成员。1898 年春基辅党组织遭到破坏后,流亡
　　国外,加入国外俄国社会民主党人联合会。1900 年参加《火星报》组织,是
　　俄国革命社会民主党人国外同盟成员。——74、109、137。

恩·恩·——即列宁,弗拉基米尔·伊里奇。

恩·格·——见日特洛夫斯基,哈伊姆·约瑟福维奇。

恩格贝格,奥斯卡尔·亚历山德罗维奇(Энберг, Оскар Александрович
　　1874—1955)——俄国普梯洛夫工厂工人。因参加革命活动,1897 年 10
　　月被流放东西伯利亚,与列宁同在舒申斯克村。1899 年和另外 16 名社会
　　民主党人一起,在列宁起草的反对经济派《信条》的《俄国社会民主党人抗
　　议书》上签了名。流放期满后,到维堡当旋工,帮助运送火星派的出版物。
　　——34、141—142。

恩格斯,弗里德里希(Engels,Friedrich 1820—1895)——科学共产主义创始
　　人之一,世界无产阶级的领袖和导师,马克思的亲密战友。——7、29、32、

145、147—148、152、169、171、346、531。

恩斯特——见罗劳，Э.Х.。

尔·恩·斯·——见司徒卢威，彼得·伯恩哈多维奇。

F

菲力波夫，米哈伊尔·米哈伊洛维奇（Филиппов，Михаил Михайлович 1858—
　　1903）——俄国学者，哲学家，作家；曾追随合法马克思主义者。1894年创
　　办《科学评论》杂志，并编辑该杂志至1903年。晚年致力于一项重要发明，
　　在进行远距离爆炸波输电实验时因发生爆炸而牺牲。——22、181、297。

菲特——见乌里扬诺夫，德米特里·伊里奇。

费多托夫（Федотов）——俄国医生。1900年在乌法给娜·康·克鲁普斯卡
　　娅治过病。——544。

费多谢耶夫，尼古拉·叶夫格拉福维奇（尼·叶·）（Федоссев，Николай
　　Евграфович（Н.Е.）1871—1898）——俄国最早的马克思主义宣传家之一，
　　马克思主义小组的组织者和领导人。1889年7月被捕。此后一生都在狱
　　中和流放地度过，但始终与各城市的马克思主义者保持联系。写有一些马
　　克思主义著作。在俄国马克思主义者中最先同自由主义民粹派思想家
　　尼·康·米海洛夫斯基展开论战；并由此开始和列宁通信，直至1898年自
　　杀。——1、2。

费尔德——见布柳缅费尔德，约瑟夫·索洛蒙诺维奇。

费利克斯——见李维诺夫，马克西姆·马克西莫维奇。

芬——见芬-叶诺塔耶夫斯基，亚历山大·尤利耶维奇。

芬-叶诺塔耶夫斯基，亚历山大·尤利耶维奇（"格—恩"）（Финн-Енотаевский，
　　Александр Юльевич（«Г-н»）1872—1943）——俄国社会民主党人，经济学
　　家。1903—1914年是布尔什维克。写有一些经济学著作。十月革命后为
　　半孟什维克的《新生活报》撰稿。1919年和1920年从事教学工作。——
　　160—162、163、175—176、178—179、182—183。

弗·德·——见邦契-布鲁耶维奇，弗拉基米尔·德米特里耶维奇。

弗·伊—申——见伊万申，弗拉基米尔·巴甫洛维奇。

弗拉基米尔·德米特里耶维奇——见邦契-布鲁耶维奇，弗拉基米尔·德米

特里耶维奇。

弗拉基米罗夫(**舍印芬克尔**)，米龙·康斯坦丁诺维奇(弗雷德)(Владимиров
(Шейнфинкель)，Мирон Константинович(Фрэд)1879—1925)——1903 年
加入俄国社会民主工党，布尔什维克。曾在彼得堡、戈梅利、敖德萨、卢甘
斯克和叶卡捷琳诺斯拉夫做党的工作。参加 1905—1907 革命，后被捕
和终身流放西伯利亚，1908 年从流放地逃往国外。1911 年脱离布尔什维
克，后加入出版《护党报》的普列汉诺夫派巴黎小组。第一次世界大战期间
参加托洛茨基的《我们的言论报》的工作。1917 年二月革命后回国，参加
区联派，在俄国社会民主工党(布)第六次代表大会上随区联派集体加入布
尔什维克党。十月革命后在彼得格勒市粮食局和粮食人民委员部工作。
1919 年任南方面军铁路军事特派员和粮食特设委员会主席。1921 年先后
任乌克兰粮食人民委员和农业人民委员。1922—1924 年任俄罗斯联邦财
政人民委员和苏联副财政人民委员。——273、442—444。

弗拉斯——见列里赫，亚历山大·爱德华多维奇。

弗兰克，谢苗·路德维霍维奇(Франк，Семен Людвигович 1877—1950)——
俄国唯心主义哲学家和资产阶级经济学家。曾撰文批评马克思的价值理
论。1906 年主编立宪民主党右翼的《自由和文化》杂志。1909 年参加《路
标》文集的工作。1912 年起任彼得堡大学讲师，1917 年起在其他高等院校
任教。1922 年被驱逐出境。——106、172。

弗雷——即列宁，弗拉基米尔·伊里奇。

弗雷德——见弗拉基米罗夫，米龙·康斯坦丁诺维奇。

弗里切，弗拉基米尔·马克西莫维奇(Фриче，Владимир Максимович 1870—
1929)——苏联文艺学家和艺术理论家。19 世纪 90 年代末开始参加社会
民主主义运动，曾为社会民主党的多个定期刊物撰稿。1917 加入俄国
社会民主工党(布)。十月革命后从事党和苏维埃工作。1922 年起领导语
言文学研究所；《文学百科全书》的主编。——489。

福季耶娃，莉迪娅·亚历山德罗夫娜(涅克拉索娃)(Фотиева，Лидия
Александровна(Некрасова)1881—1975)——1904 年加入俄国社会民主工
党。1904—1905 年在日内瓦和巴黎的布尔什维克支部工作，协助娜·
康·克鲁普斯卡娅同国内地下党组织进行通信联系。1905—1907 年革命

和十月革命的参加者。1918—1930 年任人民委员会和劳动国防委员会秘书,1918—1924 年兼任列宁的秘书。——447—448、491。

富特米勒,К.Л.(Фюртмиллер,К.Л.)——359—360。

<h1 style="text-align:center">G</h1>

盖得,茹尔(**巴西尔,马蒂厄**)(Guesde, Jules (Basile, Mathieu) 1845 — 1922)——法国工人运动和国际工人运动活动家,法国工人党创建人之一,第二国际的组织者和领袖之一。1901 年与其拥护者建立了法兰西社会党,该党于 1905 年同改良主义的法国社会党合并,盖得为统一的法国社会党领袖之一。1920 年法国社会党分裂后,支持少数派立场,反对加入共产国际。——323。

甘斯——见克尔日扎诺夫斯基,格列勃·马克西米利安诺维奇。

高尔基,马克西姆(**彼什科夫,阿列克谢·马克西莫维奇**;**字母**)(Горький, Максим(Пешков, Алексей Максимович, Буква)1868 — 1936)——苏联作家和社会活动家,社会主义现实主义文学的奠基人,苏联文学的创始人。——481、522。

戈比(**施尼特尼科娃**),莉迪娅·克里斯托福罗夫娜(**伊林娜**)(Гоби (Шнитникова), Лидия Христофоровна(Ирина)1878—1944)——1901 年参加俄国社会民主主义运动,从事散发秘密革命书刊的工作。1902—1904 年任彼得堡委员会事务秘书,1903 年担任中央同外省联络的特派员。后脱党。1923 年重新加入俄共(布),先后在全俄粮食出口联合公司和国民经济化学化委员会工作。——469。

戈尔德曼,列夫·伊萨科维奇(**阿基姆**)(Гольдман, Лев Исаакович(Аким) 1877—1939)——1893 年参加俄国革命运动。1899 年被捕,逃跑后在敖德萨工作,1900 年到国外,参加《火星报》组织。1901 年初在慕尼黑会见列宁,讨论在俄国建立《火星报》印刷所的计划。1901 年 5 月在基什尼奥夫创办秘密印刷所,印刷《火星报》和社会民主党的其他出版物。1902 年 3 月被捕,后流放西伯利亚。1905 年从流放地逃往日内瓦,加入孟什维克。1921 年起脱离政治活动,从事经济工作和编辑出版工作。——155—156、187、193—195。

戈尔登贝格,约瑟夫·彼得罗维奇(梅什科夫斯基)(Гольденберг,Иосиф Петрович(Мешковский)1873—1922)——俄国社会民主党人。俄国社会民主工党第二次代表大会后是布尔什维克。国外俄国社会民主党人联合会成员。1905—1907年革命期间参加了布尔什维克所有报刊编辑部的工作,是俄国社会民主工党中央委员会负责同其他党派和组织联系的代表。1907年在党的第五次(伦敦)代表大会上当选为中央委员。1910年进入中央委员会俄国局,对取消派采取调和主义态度。第一次世界大战期间是护国派分子。1917—1919年参加新生活派。1920年重新加入布尔什维克党。——481—483。

戈尔登达赫——见梁赞诺夫,达维德·波里索维奇。

戈尔什科夫,C.A.(Горшков,C.A.)——彼得堡祖巴托夫协会的组织者之一,后在莫斯科祖巴托夫组织中工作。——479。

哥列夫(**戈尔德曼**),波里斯·伊萨科维奇(阿基姆的哥哥;"她")(Горев (Гольдман),Борис Исаакович(Брат Акима,«Она»)1874—1937)——俄国社会民主党人。19世纪90年代中期参加革命运动,彼得堡工人阶级解放斗争协会会员。1897年被捕并被流放奥廖克明斯克。1905年是俄国社会民主工党彼得堡委员会委员,布尔什维克。1907年转向孟什维克。在俄国社会民主工党第五次(伦敦)代表大会上代表孟什维克当选为候补中央委员。曾为孟什维克取消派的《社会民主党人呼声报》和《我们的曙光》杂志撰稿。1912年参加托洛茨基在维也纳召开的反布尔什维克的八月代表会议,在会上被选入组委会。1917年二月革命后为孟什维克《工人报》编辑之一、孟什维克中央委员会委员和第一届中央执行委员会委员。1920年8月声明退出孟什维克组织。后在高等院校从事教学工作。——308。

哥卢别夫,瓦西里·谢苗诺维奇(Голубев,Василий Семенович 1867—1911)——1890年加入俄国工艺学院学生社会民主党人小组。因在工人中进行宣传,1891年被流放东西伯利亚,为期四年。流放期满后定居萨拉托夫,任地方自治局秘书,同俄国社会民主工党萨拉托夫委员会的委员们保持联系。后脱离社会民主党人,投靠自由派。——448。

哥卢别娃,玛丽亚·彼得罗夫娜(玛丽亚·彼得罗夫娜;雅斯涅娃) (Голубева,Марья Петровна(Марья Петровна,Яснева)1861—1936)——19

世纪80年代参加俄国革命运动,起初持民粹主义观点。1891年被流放萨马拉,在该地结识了列宁。1901年加入俄国社会民主工党,党的第二次代表大会后是布尔什维克;曾任俄国社会民主工党萨拉托夫委员会书记。1904年底到彼得堡,在筹备党的第三次代表大会的组织委员会中工作。十月革命后先后在工厂委员会中央理事会、司法人民委员部、彼得格勒肃反委员会和党中央机关工作。——467、481、517。

哥伦布——见拉拉扬茨,伊萨克·克里斯托福罗维奇。

格·——见格里申。

格·瓦·;格·瓦—奇;格奥尔吉·瓦连廷诺维奇——见普列汉诺夫,格奥尔吉·瓦连廷诺维奇。

"格—恩"——见芬-叶诺塔耶夫斯基,亚历山大·尤利耶维奇。

格—伊——见格里申。

格拉奇——见鲍曼,尼古拉·埃内斯托维奇。

格里戈里耶夫(Григорьев)——115。

格里申(**科佩尔宗,季莫费·М.**;格·;格—伊)(Гришин(Копельзон,Тимофей М.,Г.,Г-й))——崩得创建人之一。1901年加入崩得国外委员会,是国外俄国社会民主党人联合会成员。1905年后回国,组织崩得的合法出版社。1908年侨居美国。1923年底回到苏联,加入俄共(布),在国家图书杂志出版社联合公司工作。——40、43、46、109。

格列博夫——见诺斯科夫,弗拉基米尔·亚历山德罗维奇。

格罗伊利希,海尔曼(Greulich, Hermann 1842—1925)——瑞士社会民主党创建人之一,该党右翼领袖。1887—1925年任瑞士工人联合会书记。1902年起为联邦议会议员。第一次世界大战期间是社会沙文主义者,反对齐美尔瓦尔德左派。后来反对瑞士社会民主党左翼加入共产国际。——144。

格沃兹杰夫,罗曼(**齐默尔曼,罗曼·埃米利耶维奇**)(Гвоздев, Роман(Циммерман, Роман Эмилиевич)1866—1900)——俄国作家。在《俄国财富》、《生活》和《科学评论》等杂志上发表过一些短篇小说和经济论文。1896年是《萨马拉新闻》的领导人之一。《富农经济的高利贷及其社会经济意义》(1898)是其最出名的著作。——28。

公民——见克拉斯努哈,弗拉基米尔·潘捷莱蒙诺维奇。

狗熊——见乌里扬诺娃,玛丽亚·伊里尼奇娜。

古尔维奇——见唐恩,费多尔·伊里奇。

古尔维奇,伊萨克·阿道福维奇(Гурвич, Исаак Адольфович 1860 — 1924)——俄国经济学家。早年参加民粹派活动,1881 年流放西伯利亚。在流放地写了《农民向西伯利亚的迁移》一书。从流放地归来后,在工人中进行革命宣传,参加组织明斯克的第一个犹太工人小组。1889 年移居美国,积极参加美国工会运动和民主运动。20 世纪初成为修正主义者。——4。

古列维奇,阿布拉姆·格里戈里耶维奇(Гуревич, Абрам Григорьевич 生于 1872 年)——俄国社会民主党人,火星派分子;俄国社会民主工党第二次代表大会后是孟什维克。19 世纪 90 年代初加入下诺夫哥罗德第一批社会民主主义小组。1897 年出国,1899 年加入国外俄国社会民主党人联合会。1900—1902 年帮助《火星报》做发行和运输工作。是俄国革命社会民主党人国外同盟成员,参加了同盟 1903 年召开的第二次代表大会,站在孟什维克一边。——75、79、81、82。

古列维奇,埃马努伊尔·李沃维奇(达涅维奇)(Гуревич, Эммануил Львович (Даневич)生于 1865 年)——俄国政论家,1890 年以前是民意党人,后来成为社会民主党人;俄国社会民主工党第二次代表大会后是孟什维克。斯托雷平反动时期和新的革命高涨年代是取消派分子,为左派立宪民主党人的《同志报》撰稿;是孟什维克取消派的《我们的曙光》杂志的创办人之一和撰稿人。第一次世界大战期间是社会沙文主义者。——50、52、53、55、67、70、75、91、108、111、122、123、124、139、163、164、165、169、173—174。

古罗维奇,米哈伊尔·伊万诺维奇(Гурович, Михаил Иванович 1862 — 1915)——俄国保安处密探,潜入社会民主主义运动从事破坏活动。1902 年其内奸面目被彼得堡委员会揭穿,并得到俄国革命社会民主党人国外同盟、国外俄国社会民主党人联合会和斗争社三方代表组成的委员会的验证。此后便公开为彼得堡警察司效劳。曾主管高加索督办警察事务助理特别办公室。——268—269。

古萨罗夫,费多尔·瓦西里耶维奇(米特罗范;米特罗范诺夫;医生)(Гусаров, Федор Васильевич (Митрофан, Митрофанов, Доктор)1875 —

1920)——俄国社会民主党人,火星派分子,俄国社会民主工党第二次代表大会后是布尔什维克;专业是军医。1903年在维尔诺工作,同年秋被增补进党中央委员会,在中央委员会工作到1904年年中。1917年二月革命后在克拉斯诺亚尔斯克、伊尔库茨克和鄂木斯克做党和苏维埃的工作。——101、220、383、408、426、436、446、451。

古谢夫,谢尔盖·伊万诺维奇(**德拉布金,雅柯夫·达维多维奇**;列别捷夫)(Гусев, Сергей Иванови(Драбкин, Яков Давидович, Лебедев)1874——1933)——1896年在彼得堡开始革命活动。是1902年罗斯托夫罢工和1903年三月示威游行的领导人之一。1903年在俄国社会民主工党第二次代表大会上是顿河区委员会的代表,属火星派多数派。1904年8月参加了在日内瓦举行的22个布尔什维克的会议。1904年12月—1905年5月任多数派委员会常务局书记和党的彼得堡委员会书记,后为敖德萨布尔什维克组织的领导人之一。1906年起任党的莫斯科委员会委员。斯托雷平反动时期反对取消派和召回派。十月革命期间领导彼得格勒军事革命委员会秘书处。十月革命后历任一些集团军和方面军革命军事委员会委员、共和国革命军事委员会野战司令部政委、工农红军政治部主任、共和国革命军事委员会委员等职。——365、369、379、409、465、481、505。

郭茨,米哈伊尔·拉法伊洛维奇(拉法伊洛夫,米·)(Гоц, Михаил Рафаилович(Рафаилов, M.)1866—1906)——俄国社会革命党创建人和理论家之一。19世纪80年代中期参加莫斯科民意党小组,在工人中进行宣传,创办民意党的秘密印刷所。1901年侨居巴黎。在国外积极参与组织社会革命党及其机关报刊《俄国革命通报》杂志和《革命俄国报》的工作,任该党中央委员并加入党的战斗组织。——103。

过来人——见鲍古查尔斯基,瓦西里·雅柯夫列维奇。

H

哈尔贝施塔特,罗莎丽亚·萨姆索诺夫娜(科斯佳)(Гальберштадт, Розалия Самсоновна(Костя)1877—1940)——1896年在日内瓦加入普列汉诺夫领导的社会民主主义小组,回国后加入《火星报》组织。1903年2月被选入筹备召开俄国社会民主工党第二次代表大会的组织委员会,作为组织委员会有发言权的代表出席了代表大会。在会上属火星派少数派,会后成为孟什维克骨干分子。1905 年 12 月代表孟什维克进入统一的中央委员会。斯托雷平反动时期和新的革命高涨年代持取消派立场。1917 年二月革命后脱离政治活动。——344、364。

海德门,亨利·迈尔斯(Hyndman, Henry Mayers 1842—1921)——英国社会党人。1881 年创建民主联盟(1884 年改组为社会民主联盟),担任领导职务,直至 1892 年。1900—1910 年是社会党国际局成员。1911 年参与创建英国社会党,领导该党机会主义派。第一次世界大战期间是社会沙文主义者。1916 年英国社会党代表大会谴责他的社会沙文主义立场后,退出社会党。敌视俄国十月革命,赞成武装干涉苏维埃俄国。——84。

耗子——见库利亚布科,普拉斯科维娅·伊万诺夫娜。

和尚——见叶拉马索夫,阿列克谢·伊万诺维奇。

赫茨,弗里德里希·奥托(Hertz, Friedrich Otto 生于 1878 年)——奥地利经济学家,社会民主党人。在《土地问题及其同社会主义的关系。附爱德华·伯恩施坦的序言》(1899)一书中修正马克思主义关于土地问题的学说,企图证明小农经济稳固并具有对抗大经济竞争的能力。此书的俄译本被谢·尼·布尔加柯夫、维·米·切尔诺夫等人用来反对马克思主义。——146。

黑格尔,乔治·威廉·弗里德里希(Hegel, Georg Wilhelm Friedrich 1770—1831)——德国哲学家,客观唯心主义者,德国古典哲学的主要代表。根据唯心主义的思维与存在同一的基本原则,建立了客观唯心主义的哲学体系,并创立了唯心主义辩证法的理论。他的唯心主义辩证法是马克思主义哲学的理论来源之一。——17。

霍尔巴赫,保尔·昂利·迪特里希(Holbach, Paul-Henri Dietrich 1723—1789)——法国唯物主义哲学家,无神论者,18 世纪法国资产阶级启蒙运动思想家之一。——32。

霍普芬豪斯,玛丽亚·格尔曼诺夫娜(玛·格·霍·)(Гопфенгауз, Мария Германовна(М. Г. Г.)1862—1898)——尼·叶·费多谢耶夫的女友。列宁通过她同费多谢耶夫通信。她在得知费多谢耶夫自杀的消息后,也开枪自杀了。——6。

J

基罗夫——见查苏利奇,维拉·伊万诺夫娜。

基斯嘉科夫斯基,波格丹·亚历山德罗维奇(Кистяковский, Богдан Александрович 1868—1920)——俄国立宪民主党人,政论家;职业是律师。——131。

季隆(Дилон)——458。

季姆卡——见斯米多维奇,因娜·格尔莫格诺夫娜。

加蒂,杰罗拉莫(Gatti, Gerolamo)——意大利议员。——141。

加尔佩林,列夫·叶菲莫维奇(科尼亚加;科尼亚金;卢;瓦连廷,ъ/з)(Гальперин, Лев Ефимович(Коняга, Конягин, Ру, Валентин, ъ/з)1872—1951)——俄国社会民主党人。1898年参加革命运动。1901年春作为《火星报》代办员被派往巴库,从事创建俄国社会民主工党巴库委员会和地下印刷所以及从国外运进和在国内散发秘密书刊的工作。1902年初在基辅参加游行示威时被捕,同年8月越狱逃往国外,继续进行向国内运送党的书刊的组织工作。俄国社会民主工党第二次代表大会后是布尔什维克,曾代表中央机关报编辑部参加党总委员会,后被增补进中央委员会。对孟什维克采取调和主义态度,反对召开党的第三次代表大会。1906年起不再积极参加政治活动。1917年二月革命后加入孟什维克国际主义派,参加了国务会议。1918年起从事经济工作。——133—134、153—154、365、375、379、396、405、422、426、427、430、431、433、436、437、451、452、487、509、530。

加廖尔卡——见奥里明斯基,米哈伊尔·斯捷潘诺维奇。

加米涅夫(**罗森费尔德**),列夫·波里索维奇(尤里)(Каменев(Розенфельд), Лев Борисович(Юрий)1883—1936)——1901年加入俄国社会民主工党,党的第二次代表大会后是布尔什维克。曾在梯弗利斯、莫斯科、彼得堡从事宣传工作。1908年底出国,任布尔什维克的《无产者报》编委。斯托雷平反动时期对取消派、召回派和托洛茨基分子采取调和主义态度。1914年初回国,在《真理报》编辑部工作,曾领导第四届国家杜马布尔什维克党团。1914年11月被捕,在沙皇法庭上宣布放弃使沙皇政府在帝国主义战争中失败的布尔什维克口号。1917年二月革命后反对列宁的《四月提

莎;魔鬼)(Землячка(Залкинд),Розалия Самойловна(Осипов,Осип,Роза,Демон)1876—1947)——1893年参加俄国革命运动,1896年进入俄国社会民主工党基辅委员会。1901年起为《火星报》代办员,在敖德萨和叶卡捷琳诺斯拉夫开展工作。在俄国社会民主工党第二次代表大会上是敖德萨委员会的代表,属火星派多数派。会后代表布尔什维克被增补进中央委员会,积极参加同孟什维克的斗争。1904年8月参加了在日内瓦举行的22个布尔什维克的会议,被选入多数派委员会常务局。曾任彼得堡党组织书记,代表该组织出席了党的第三次代表大会。1905—1907年革命期间任党的莫斯科委员会书记。屡遭沙皇政府迫害。十月革命后担任党和苏维埃的负责工作。——369、375、426、430、448、450、451、452、457、458、465、466、481、486—487、488、500—502、505—506、507—509、513—514、520、522—523。

捷依奇,列夫·格里戈里耶维奇(阿勒曼;莱奥;列·格·;列·格里·;列·格—奇;叶夫根尼)(Дейч,Лев Григорьевич(Alleman,Leo,Л.Г.,Л.Гр.,Л.Г-ч,Евгений)1855—1941)——俄国社会民主主义运动活动家,孟什维克领袖之一。早年参加土地和自由社、土地平分社。1880年出国,1883年参与创建劳动解放社,从事出版和向国内运送马克思主义书刊的工作。1884年被判处服苦役。1901年从流放地逃走,来到慕尼黑,参加俄国革命社会民主党人国外同盟的工作,参与出版和散发《火星报》和《曙光》杂志。俄国社会民主工党第二次代表大会后成为孟什维克。斯托雷平反动时期是取消派分子。十月革命后脱离政治活动,从事普列汉诺夫遗著的出版工作,写有一些俄国解放运动史方面的论文。——201、209、211、212、219、221、231、233、238、256、277、278、297、309、315、317、318、319、338、499、525—530。

姐姐——见查苏利奇,维拉·伊万诺夫娜。

金臭虫——见茹柯夫斯基,Д.。

绝对者——见斯塔索娃,叶列娜·德米特里耶夫娜。

К

卡尔梅柯娃,亚历山德拉·米哈伊洛夫娜(大婶;大婶)(Калмыкова,Александра

Михайловна(Тетка,Тетушка)1850—1926)——俄国社会活动家。参加过民意党人运动，与劳动解放社和彼得堡工人阶级解放斗争协会有密切联系。曾参加合法马克思主义者的《新言论》杂志和《开端》杂志编辑部工作。1889—1902 年在彼得堡开办一家通俗读物书店，该书店成了社会民主党人的秘密接头点。为出版《火星报》和《曙光》杂志提供过物质帮助，并资助过布尔什维克。十月革命后在列宁格勒国民教育局和乌申斯基师范学院工作。——152、265—267、309、348—351、354、357—359。

卡尔塔夫采夫(Картавцев)——未查清是谁的假名。——247—248。

卡列林——见查苏利奇，维拉·伊万诺夫娜。

卡缅斯基——见普列汉诺夫，格奥尔吉·瓦连廷诺维奇。

卡西扬——见拉德琴柯，伊万·伊万诺维奇。

坎采尔(**策杰尔包姆**)，莉迪娅·奥西波夫娜(阿列克谢的妹妹)(Канцель(Цедербаум)，Лидия Осиповна(Сестра Алексея)1878—1963)——俄国社会民主党人，火星派分子，俄国社会民主工党第二次代表大会后是孟什维克；尔·马尔托夫的妹妹。1898 年加入彼得堡社会民主主义小组"工人旗帜社"。1901 年 3 月出国，一年后受《火星报》编辑部委派回到莫斯科工作，在莫斯科同其他人一起组织了《火星报》小组。1902 年 5 月被捕，1903 年流放雅库特州奥廖克明斯克，为期五年。1905 年特赦后移居国外。同年 11 月回国，在彼得堡孟什维克组织中工作，直到 1907 年夏，后再次侨居国外。第一次世界大战期间在国内居住。——138、139、151。

康德，伊曼努尔(Kant，Immanuel 1724—1804)——德国哲学家，德国古典唯心主义哲学奠基人。康德哲学的基本特点是调和唯物主义和唯心主义。它承认在意识之外独立存在的物，即"自在之物"，认为"自在之物"是感觉的源泉，但又认为"自在之物"是不可知的，是超乎经验之外的，是人的认识能力所不可能达到的"彼岸的"东西，人只能认识他头脑里固有的先验的东西。——30、32。

考茨基，卡尔(Kautsky，Karl 1854—1938)——德国社会民主党和第二国际的领袖和主要理论家之一。从 19 世纪 80 年代到 20 世纪初写过一些宣传和解释马克思主义的著作。1883—1917 年任德国社会民主党理论刊物《新时代》杂志主编。俄国社会民主工党分裂后支持孟什维克。1910 年以后逐渐转到机会主义立场,成为中派领袖。第一次世界大战前夕提出超帝国主义论,大战期间打着中派旗号支持帝国主义战争。1918年后发表《无产阶级专政》等书,攻击俄国十月革命,反对无产阶级专政。——22、23—25、26、28、30、33、68、70、83、85、103、111、136、138、151、166、171、282、286、320、334、345、468、471、475。

柯尔佐夫,德·(**金兹堡,波里斯·阿布拉莫维奇**;波·阿· ;波·阿布拉·)(Кольцов,Д.(Гинзбург,Борис Абрамович,Б. А.,Б. Абр.)1863—1920)——俄国社会民主党人,孟什维克。1893年初侨居瑞士,接近劳动解放社。1895—1898年任国外俄国社会民主党人联合会书记,为联合会出版物积极撰稿。俄国社会民主工党第二次代表大会后成为孟什维克骨干分子,为一些孟什维克报刊撰稿。1905—1907年革命期间在彼得堡参加工会运动,1908年起在巴库工作。斯托雷平反动时期和新的革命高涨年代持取消派立场。第一次世界大战期间是社会沙文主义者。敌视十月革命。1918—1919年在合作社组织中工作。——50、68、69、111、129、137、147、180、196、282。

科·(К.)——465。

科尔——见林格尼克,弗里德里希·威廉莫维奇。

科列涅夫斯基,米哈伊尔(托米奇＝埃马努伊尔＝埃马)(Кореневский,Михаил(Томич＝Эммануил＝Эмма))——俄国社会民主党人,俄国社会民主工党第二次代表大会后是布尔什维克;职业是医生。俄国革命社会民主党人国外同盟成员,参加了同盟1903年召开的第二次代表大会。——232、457。

科尼亚加;科尼亚金——见加尔佩林,列夫·叶菲莫维奇。

科热夫尼科娃(**古尔维奇**),维拉·瓦西里耶夫娜(维·瓦·)(Кожевникова(Гурвич),Вера Васильевна(В. В.)1873—1940)——1894—1895年参加彼得堡工人阶级解放斗争协会的工作。1901年因工人旗帜社和社会主义者社案受审。后到国外,任《火星报》编辑部事务秘书。1902年秋被《火星报》组织派往莫斯科重建俄国社会民主工党莫斯科委员会。同年12月被捕,流放东西伯利亚,为期六年;1904年逃往国外。此后在孟什维克组织中工作。1915年背离孟什维主义。——233。

社会民主工党各委员会和组织代表会议。1902年11月参加社会民主党
各委员会普斯科夫会议,被指定为负责筹备召开俄国社会民主工党第二次
代表大会的组织委员会委员。会后第二天被捕。1905年被选为尼古拉耶
夫工人代表苏维埃主席。因从事革命活动多次被捕,1908年被判处终身
流放西伯利亚;后逃往奥地利和塞尔维亚。——253——254、264——265、
274、305。

克拉松,罗伯特·爱德华多维奇(Классон, Роберт Эдуардович 1868——
1926)——俄国动力工程专家。19世纪90年代为俄国合法马克思主义
者,参加过彼得堡马克思主义小组。后脱离政治活动,投身动力学研究。
根据他的设计并在他的领导下,在俄国建成了许多发电站,其中包括世界
上第一座泥炭发电站。泥炭水力开采法的发明者之一;十月革命后,这一
方法在列宁的积极支持下得到了实际应用。积极参与制定俄罗斯国家电
气化计划,曾任莫斯科第一发电站站长。——126。

克拉西科夫,彼得·阿纳尼耶维奇(巴甫洛维奇;彼·阿·;彼·安德·;—
拉——;潘克拉特;谢尔盖·彼得罗维奇;伊格纳特;音乐家;簪子)
(Красиков, Петр Ананьевич(Павлович, П.А.、П.Анд.——Р——、Панкрат,
Сергей Петрович, Игнат, Музыкант, Шпилька)1870——1939)——1892年在
俄国彼得堡开始革命活动。1893年被捕,次年流放西伯利亚,在流放地结
识了列宁。1900年到普斯科夫,成为《火星报》代办员。1902年被选入筹
备召开俄国社会民主工党第二次代表大会的组织委员会。在代表大会上
是基辅委员会的代表,属火星派多数派;和列宁、普列汉诺夫一起进入大会
常务委员会。会后积极参加同孟什维克的斗争。1904年8月参加了在日
内瓦举行的22个布尔什维克的会议。代表国外组织出席了俄国社会民主
工党第三次代表大会。1905——1907年革命期间任彼得堡工人代表苏维埃
执行委员会委员。屡遭沙皇政府迫害。1917年二月革命后任彼得格勒工
兵代表苏维埃执行委员会委员。十月革命后任彼得格勒军事革命委员会
所属肃反侦查委员会主席、司法人民委员部部务委员、副司法人民委员、小
人民委员会委员、苏联最高法院检察长等职。——120、121、127——128、
225、254、255——256、264、270——271、274、276、300、308、309、315——317、
318、332、340、365、425、440、441、456、464、465、481、499、505。

克拉辛,列昂尼德·波里索维奇(洛沙季;尼基季奇)(Красин,Леонид Борисович(Лошадь,Никитич)1870—1926)——1890 年参加俄国社会民主主义运动。1900—1904 年在巴库当工程师,与弗·扎·克茨霍韦利一起建立《火星报》秘密印刷所。俄国社会民主工党第二次代表大会后加入布尔什维克党,被增补进中央委员会。参加了党的第三次代表大会,在会上当选为中央委员。俄国第一次革命的积极参加者。1905 年是布尔什维克第一份合法报纸《新生活报》的创办人之一。1905—1907 年革命期间作为中央代表参加彼得堡工人代表苏维埃,领导党中央战斗技术组。在党的第四次(统一)代表大会上当选为中央委员,第五次(伦敦)代表大会上当选为候补中央委员。曾主管党的财务和技术工作。1908 年侨居国外。一度参加反布尔什维克的"前进"集团,后脱离政治活动。1918 年参加了同德国缔结经济协定的谈判,后任红军供给非常委员会主席、最高国民经济委员会主席团委员、工商业人民委员、交通人民委员。1919 年起从事外交工作。1920 年起任对外贸易人民委员,先后兼任驻伦敦的苏俄贸易代表团团长、驻英国全权代表和商务代表。—— 126、426、431 — 432、436、487、509。

克莱尔——见克尔日扎诺夫斯基,格列勃·马克西米利安诺维奇。

克里切夫斯基,波里斯·尼古拉耶维奇(Кричевский,Борис Николаевич 1866—1919)——俄国社会民主党人,政论家,经济派领袖之一。19 世纪 90 年代初侨居国外,加入劳动解放社,参加该社的出版工作。90 年代末是国外俄国社会民主党人联合会的领导人之一。1899 年任该会机关刊物《工人事业》杂志的编辑,在杂志上宣扬伯恩施坦主义观点。1903 年俄国社会民主工党第二次代表大会后不久脱离政治活动。—— 122、124、188、200、254、331。

克列梅尔,亚伦·约瑟福维奇(亚历山大)(Кремер,Арон Иосифович(Александр)1865—1935)——崩得创建人和领袖之一。作为崩得代表参加了俄国社会民主工党第一次代表大会,当选为中央委员;会后不久被捕。在党的第二次代表大会上是崩得有发言权的代表,反火星派分子;会后成为孟什维克。1905—1907 年革命后退出崩得中央委员会,脱离政治活动。曾侨居意大利和法国。1921 年起在波兰参加崩得组织的工作。—— 212 — 213、338。

克列孟梭，若尔日（Clemenceau，Georges 1841—1929）——法国国务活动家。1876 年起为众议员，80 年代初成为激进派领袖，1902 年起为参议员。1906 年 3—10 月任内务部长，1906 年 10 月—1909 年 7 月任总理。维护大资产阶级利益，镇压工人运动和民主运动。1917—1920 年再度任总理，在国内建立军事专制制度，积极策划和鼓吹经济封锁和武装干涉苏维埃俄国。——511。

克列斯托夫，B.C.（Клестов，B.C. 1875—1933）——俄国社会民主党人。1896 年因进行鼓动活动被捕并被逐往斯摩棱斯克，为期三年。1900—1901 年在斯摩棱斯克参与出版《南方工人报》（第 2—4 号）并运送火星派出版物。后在敖德萨和莫斯科社会民主党组织中工作。1908 年脱离政治活动。——130。

克鲁普斯卡娅，娜捷施达·康斯坦丁诺夫娜（**乌里扬诺娃，娜捷施达·康斯坦丁诺夫娜**；娜·康·；娜嘉；沙尔科）（Крупская，Надежда Константиновна（Ульянова，Надежда Константиновна，Н. К.，Надя，Шарко）1869—1939）——列宁的妻子和战友。1890 年在彼得堡大学生马克思主义小组中开始革命活动。1895 年参与组织彼得堡工人阶级解放斗争协会。1896 年 8 月被捕，后被判处流放三年，先和列宁一起在舒申斯克服刑，后来一人在乌法服刑。1901 年起侨居国外，任《火星报》编辑部秘书。曾参加俄国社会民主工党第二次代表大会的筹备工作，作为有发言权的代表出席了大会。1904 年起先后任布尔什维克的《前进报》和《无产者报》编辑部秘书。曾参加党的第三次代表大会的筹备工作。1905—1907 年革命期间在国内担任党中央委员会秘书。斯托雷平反动时期和新的革命高涨年代积极参加反对取消派和召回派的斗争。1911 年在隆瑞莫党校工作。1912 年党的布拉格代表会议后协助列宁同国内党组织保持联系。第一次世界大战期间参加国际妇女运动和布尔什维克国外支部的活动。1917 年二月革命后和列宁一起回国，在党中央书记处工作，参加了十月武装起义。十月革命后任教育人民委员部部务委员，领导政治教育总委员会。——30、33、36—39、53—54、99、106、112、146、160—162、190、221、232—234、281、307、330—331、389、457、461、497—499、528、529、530、541—542、544。

克罗赫马尔，维克多·尼古拉耶维奇（美男子；扎戈尔斯基）（Крохмаль，

Виктор Николаевич(Красавец, Zagorsky)1873 — 1933)——俄国社会民主党人,孟什维克。19 世纪 90 年代中期参加基辅社会民主主义小组。1901年起是《火星报》代办员,在基辅工作。1902 年被捕,同年 8 月越狱逃往国外,加入俄国革命社会民主党人国外同盟。在俄国社会民主工党第二次代表大会上是乌法委员会的代表,属火星派少数派。1904 年底代表孟什维克被增补进党中央委员会。十月革命后在列宁格勒的一些机关中工作。——187、195、321。

克尼波维奇,莉迪娅·米哈伊洛夫娜(嘉金;老爷爷;叔叔;X)(Книпович,
Лидия Михайловна(Дядин, Дедушка, Дяденька, Х)1856 — 1920)——俄国社会民主党人,布尔什维克。19 世纪 70 年代末参加赫尔辛福斯民意党小组的革命活动,90 年代成为社会民主党人。在《火星报》同俄国各地方组织建立联系方面起过重要作用。在俄国社会民主工党第二次代表大会上是北方协会的代表,属火星派多数派。1905 年任党的敖德萨委员会书记;是党的第四次(统一)代表大会的代表。1911 — 1913 年在波尔塔瓦省流放。——125 — 126、133、309、369、517。

克努尼扬茨,波格丹 · 米尔扎江诺维奇(鲁边)(Кнунянц, Богдан
Мирзаджанович(Рубен)1878 — 1911)——俄国社会民主党人,布尔什维克。1897 年参加彼得堡工人阶级解放斗争协会。1901 年被逐往巴库,不久成为俄国社会民主工党巴库委员会和高加索联合会委员会委员。1902年参与创建亚美尼亚社会民主党人联合会及其秘密机关报《无产阶级报》。在俄国社会民主工党第二次代表大会上是巴库委员会的代表,属火星派多数派,会后作为中央代办员在高加索和莫斯科工作。1905 年 9 月被增补进党的彼得堡委员会并代表布尔什维克参加彼得堡第一届工人代表苏维埃执行委员会。1905 年 12 月被捕,被判处终身流放西伯利亚。1907 年从流放地逃往国外,参加了第二国际斯图加特代表大会和在赫尔辛福斯举行的俄国社会民主工党第四次代表会议(第三次全俄代表会议)的工作。1907 年底起在巴库工作。1910 年 9 月被捕,死于巴库监狱。——365、371、379。

库尔茨——见林格尼克,弗里德里希·威廉莫维奇。

库克林,格奥尔吉 · 阿尔卡季耶维奇(Куклин, Георгий Аркадьевич 1877 —

1907)——俄国社会民主党人,社会民主党书刊出版家。1901年加入国外
社会民主主义团体"生活社"。1903年起在日内瓦出版《俄国无产者丛
书》。1905年成为布尔什维克。在日内瓦创建了一所大型革命文献图书
馆,该图书馆自1902年起开放。他死后,依照其遗嘱,将图书馆转交给布
尔什维克党。——310、311。

库利亚布科,普拉斯科维娅·伊万诺夫娜(耗子;因萨罗娃)(Кулябко,
　　Прасковья Ивановна(Мышь, Инсарова)1874—1959)——1893年在萨马
　　拉参加革命运动,结识了列宁和伊·克·拉拉扬茨等马克思主义小组成
　　员。曾参与创建叶卡捷琳诺斯拉夫工人阶级解放斗争协会。1898年加入
　　俄国社会民主工党。1900年流放东西伯利亚。1902年夏移居日内瓦;是
　　俄国革命社会民主党人国外同盟成员。俄国社会民主工党第二次代表大
　　会后是布尔什维克。曾参加党的第三次代表大会的筹备工作。十月革命
　　后做党的工作。——448、466、523、530。

库列曼,B.(Кулеман,В.)——《工会运动。世界各国工人和企业主的工会组
　　织概要》一书的作者。——152。

奎尔奇,哈里(Quelch,Harry 1858—1913)——英国和国际工人运动活动家,
　　英国社会民主联盟及在其基础上成立的英国社会党的创建人和领导人之
　　一;职业是排字工人。1886年起编辑联盟的机关报《正义报》和《社会民主
　　党人》月刊。积极参加工会运动,在工人群众中宣传马克思主义。第二国
　　际多次代表大会的代表;社会党国际局成员。1902—1903年列宁的《火星
　　报》在伦敦出版期间,积极协助报纸的印行工作。——206。

L

—拉————见克拉西科夫,彼得·阿纳尼耶维奇。

拉波波特,沙尔(Rappoport,Charles 1865—1941)——法国社会党人,在哲学
　　上是康德主义者。因主张修正马克思主义哲学,受到保·拉法格的批评。
　　1883年起在俄国参加革命运动,1887年从俄国移居法国。曾倾向孟什维
　　克护党派。1910—1911年在俄国社会民主工党中央机关报《社会民主党
　　人报》上发表过文章。写有许多哲学和社会学方面的著作。——331。

拉波季——见勒柏辛斯基,潘捷莱蒙·尼古拉耶维奇。

拉德琴柯,柳博芙·尼古拉耶夫娜(奥尔沙;柳巴;帕沙)(Радченко,Любовь Николаевна(Орша,Люба,Паша)1871—1962)——19世纪80年代末参加俄国民粹派小组,90年代初参加社会民主主义小组;是彼得堡工人阶级解放斗争协会会员。1896年被捕,1898年流放普斯科夫三年。1900年8月加入波尔塔瓦《火星报》协助小组,是《火星报》代办员。俄国社会民主工党第二次代表大会后成为孟什维克,在莫斯科、顿河畔罗斯托夫和敖德萨工作。1918年起脱离政治活动,在一些机关当统计员。——142—143、187、364。

拉德琴柯,斯捷潘·伊万诺维奇(Радченко,Степан Иванович 1868—1911)——1890年参加俄国社会民主主义运动,在彼得堡工人小组中担任宣传员。1893年是列宁、格·马·克尔日扎诺夫斯基等人参加的工艺学院学生马克思主义小组的组织者之一。1895年参与组织彼得堡工人阶级解放斗争协会,是协会的领导核心成员。1898年参加俄国社会民主工党第一次代表大会,当选为中央委员,领导《俄国社会民主工党宣言》的起草和出版工作。1900年3月出席了列宁组织的讨论在国外出版秘密报纸问题的普斯科夫会议。1901年被捕,1904年流放沃洛格达省。1905年10月大赦获释,后脱离政治活动。——114—115。

拉德琴柯,伊万·伊万诺维奇(阿尔卡季;卡西扬)(Радченко,Иван Иванович (Аркадий,Касьян)1874—1942)——1898年加入俄国社会民主工党,彼得堡工人阶级解放斗争协会会员。1901—1902年是《火星报》代办员,对在俄国散发《火星报》起着重要作用。1902年参加筹备召开党的第二次代表大会的组织委员会。十月革命后是苏联泥炭工业的组织者和领导人之一。1918年起任泥炭总委员会主席和林业总委员会副主席。1921—1922年兼任对外贸易人民委员部部务委员。——215、219—220、225—230、232、234—237、249—252、253、255、264。

拉法格,保尔(Lafargue,Paul 1842—1911)——法国和国际工人运动活动家,法国工人党和第二国际创建人之一;马克思的女儿劳拉的丈夫。1865年初加入第一国际巴黎支部,1866年当选为国际总委员会委员。1905年统一的法国社会党成立后为党的领袖之一。——323。

拉法伊洛夫,米·——见郭茨,米哈伊尔·拉法伊洛维奇。

拉甫罗夫，В.И.（Лавров，В.И. 生于 1877 年）——俄国社会民主党人，工艺工程师。1902 年 11 月起是叶·德·斯塔索娃在彼得堡委员会的继任人，以防斯塔索娃万一被捕。1903 年主管彼得堡委员会的技术工作；同《火星报》有通信联系。俄国社会民主工党第二次代表大会后是孟什维克。——287—288。

拉赫美托夫——见波格丹诺夫，亚历山大·亚历山德罗维奇。

拉柯夫斯基，克里斯蒂安·格奥尔吉耶维奇（Раковский，Христиан Георгиевич 1873—1941）——生于保加利亚。从 19 世纪 90 年代初起参加保加利亚、罗马尼亚、瑞士、法国的社会民主主义运动。第一次世界大战期间是中派分子。1917 年二月革命后到彼得格勒，加入俄国社会民主工党（布）。十月革命后从事党和苏维埃的工作。1918 年起任乌克兰人民委员会主席，1923 年派驻英国和法国从事外交工作。在党的第八至第十四次代表大会上当选为中央委员。——69、77。

拉拉扬茨，伊萨克·克里斯托福罗维奇（哥伦布；因萨罗夫；ZZ）（Лалаянц，Исаак Христофорович（Колумб，Инсаров，ZZ）1870—1933）——俄国社会民主主义运动的积极参加者。1888—1889 年是喀山费多谢耶夫马克思主义小组成员。1893 年在萨马拉参加列宁领导的马克思主义者小组。1895 年参与创建叶卡捷琳诺斯拉夫工人阶级解放斗争协会。1900 年春参加了第一份秘密的社会民主党报纸《南方工人报》的创刊和编辑工作。1900 年 4 月被捕，1902 年 3 月流放东西伯利亚，两个月后从流放地逃往国外，加入俄国革命社会民主党人国外同盟，在日内瓦主管《火星报》印刷所。俄国社会民主工党第二次代表大会后任中央驻国内代办员，1904 年参与组织党中央委员会南方局。1905 年代表布尔什维克进入统一的中央委员会。不久再次被捕，1913 年底被终身流放伊尔库茨克省，后来脱离政治活动。1922 年起在俄罗斯联邦教育人民委员部政治教育总委员会工作。——133、256、263、273、282、283、286、311、378、530。

拉钦斯基，齐格蒙德（Raczynski，Zygmunt 生于 1882 年）——波兰社会党党员，曾在克拉科夫、华沙、罗兹进行活动。1905 年是波兰社会党战斗队队员。1905 年 10 月被捕，被判处在西伯利亚服苦役，为期十五年。1910 年起为外贝加尔的流刑移民。——166。

赖钦,谢苗·格里戈里耶维奇（Райчин, Семен Григорьевич 生于 1864
年）——俄国社会民主党人。19 世纪 80 年代加入劳动解放社。1891 年底
受劳动解放社委托,回国与社会民主党人组织建立联系。1892 年 4 月被
捕并流放东西伯利亚,为期十年。1898 年从米努辛斯克流放地逃跑,后脱
离社会民主主义运动。——13、14。

兰戈沃伊,尼古拉·彼得罗维奇（Ланговой, Николай Петрович 1860 —
1920）——俄国教授,纺织业专家。1885 年在工厂任工艺工程师,1888 年
起任彼得堡工艺学院教授。1894 年被任命为财政部工商业司副司长。是
彼得堡祖巴托夫协会的庇护人之一。——479。

朗格,弗里德里希·阿尔伯特（Lange, Friedrich Albert 1828 — 1875）——德
国哲学家和经济学家,新康德主义创始人之一。拥护生理学唯心主义,歪
曲唯物主义,认为唯物主义作为研究自然界的方法是有效的,作为一种哲
学理论是站不住脚的,并必然导致唯心主义。在以资产阶级自由派观点所
写的著作中,歪曲工人运动的实质,站在社会达尔文主义立场上,把生物学
规律搬用于人类社会,拥护马尔萨斯的人口过剩律,把资本主义看做是人
类社会"自然的和永恒的"制度。——32。

老兵——见普列汉诺夫,格奥尔吉·瓦连廷诺维奇。

老大爷——见李维诺夫,马克西姆·马克西莫维奇。

老头;老头辈——即列宁,弗拉基米尔·伊里奇。

老爷爷——见克尼波维奇,莉迪娅·米哈伊洛夫娜。

勒柏辛斯基,潘捷莱蒙·尼古拉耶维奇（奥林;贝奇科夫;拉波季;2а 3б）
（Лепешинский, Пантелеймон Николаевич（Олин, Бычков, Лапоть, 2а 3б）
1868 — 1944）——1898 年加入俄国社会民主工党。1895 年被捕,后流放
西伯利亚,在流放地结识列宁。1900 年流放期满后为《火星报》驻普斯科
夫代办员。1902 年再次被捕和流放西伯利亚。1903 年底逃往国外,在瑞
士参加了俄国社会民主工党第三次代表大会的筹备工作。1905 — 1907 年
革命期间在叶卡捷琳诺斯拉夫和彼得堡进行革命工作。积极参加 1917 年
二月革命和十月革命。1918 年起任俄罗斯联邦教育人民委员部部务委
员、土耳其斯坦副教育人民委员。党史委员会创建人和领导人之一。——
115、127 — 128、215、225、226、233、265、283、417、449、454。

勒格纳，菲力浦(Rögner, Philipp)——45、51、60、84、213、220。

勒克尔特(**勒库赫**)，希尔施·Д.(Леккерт(Лекух)，Герш Д. 1879—
1902)——崩得分子;制鞋工人。1902年因刺杀鞭笞5月游行被捕者的维
尔纳省省长维·威·瓦尔被处死刑。——223、224。

李卜克内西，威廉(Liebknecht, Wilhelm 1826—1900)——德国和国际工人运
动活动家,德国社会民主党的创建人和领袖之一,马克思和恩格斯的朋友
和战友。第一国际成立后,成为国际的革命思想的热心宣传者和国际的德
国支部的组织者之一。1869年与奥·倍倍尔共同创建了德国社会民主工
党(爱森纳赫派),任党的中央机关报《人民国家报》编辑。1875年积极促
成爱森纳赫派和拉萨尔派的合并。在反社会党人非常法施行期间是党的
地下工作和斗争的领导人之一。1890年起任党的中央机关报《前进报》的
主编,直至逝世。1867—1870年为北德意志联邦国会议员,1874年起多
次被选为德意志帝国国会议员,利用议会讲坛揭露普鲁士容克反动的内外
政策。是第二国际的组织者之一。——50、56、65、78、79、140、144、
150、323。

李维诺夫,马克西姆·马克西莫维奇(费利克斯;老大爷)(Литвинов, Максим
Максимович(Феликс, Папаша) 1876—1951)——1898年加入俄国社会民
主工党。1900年任党的基辅委员会委员。1901年被捕,在狱中参加火星
派,1902年8月越狱逃往国外。作为《火星报》代办员,曾担任向国内运送
《火星报》的工作。是俄国革命社会民主党人国外同盟的领导成员,出席了
同盟第二次代表大会。1903年俄国社会民主工党第二次代表大会后是布
尔什维克。1905年参加了布尔什维克第一份合法报纸《新生活报》的出版
工作。1908年起任布尔什维克伦敦小组书记。1914年6月起为俄国社会
民主工党中央委员会驻社会党国际局的代表。十月革命后在外交部门担
任负责工作。——465、466、481、500—502、504—507、509、523、528、
529、530。

李维诺夫-法林斯基,弗拉基米尔·彼得罗维奇(Литвинов-Фалинский,
Владимир Петрович 生于1868年)——俄国工艺工程师,工厂视察员。彼
得堡祖巴托夫协会的组织者之一。第一次世界大战期间是国防特别会议
(1915—1917)成员。——479。

里特迈耶尔,格奥尔格(Rittmeyer,George)——德国慕尼黑社会民主党人。1900—1901年列宁曾化名迈耶尔住在他家,1900年12月—1901年7月底写给列宁的信件也邮寄到此。——77、86、98、100、112、144。

里廷豪森,莫里茨(Rittinghausen,Moritz 1814—1890)——德国小资产阶级民主主义者。1848—1849年为《新莱茵报》撰稿,后加入爱森纳赫派,是第一国际会员。曾当选为帝国国会议员。1884年因不服从哥本哈根代表大会关于党纪的决定,被开除出德国社会民主党。——144。

里希特;里希特·雅科布——即列宁,弗拉基米尔·伊里奇。

里亚霍夫斯基,尼古拉·安德列耶维奇(Ряховский,Николай Андреевич 生于1872年)——1894年因参加讨论修改教学章程问题的同学会会议,被开除出莫斯科大学并被逐往外地。1895年考入哈尔科夫大学,继续进行革命活动。不久移居沃罗涅日,是当地社会民主党人小组最早的领导人之一。1897年被捕并流放西伯利亚叶尼塞斯克省。1916年起在农学院(现季米里亚捷夫农学院)任助教和教授。——508。

利金——见利亚多夫,马尔丁·尼古拉耶维奇。

利亚多夫(**曼德尔施塔姆**),马尔丁·尼古拉耶维奇(利金;马·尼·;马尔丁;马尔丁·尼古拉耶维奇;水妖)(Лядов(Мандельштам),Мартын Николаевич(Лидин,М. Н.,Мартын,Мартын Николаевич,Русалка)1872—1947)——1891年参加俄国民粹派小组。1893年参与创建莫斯科工人协会。1895年被捕,1897年流放上扬斯克,为期五年。从流放地返回后在萨拉托夫工作。在俄国社会民主工党第二次代表大会上是萨拉托夫委员会的代表,属火星派多数派;会后是党中央代办员。1904年8月参加了在日内瓦举行的22个布尔什维克的会议,被选入多数派委员会常务局。是布尔什维克出席第二国际阿姆斯特丹代表大会的代表。积极参加1905—1907年革命。斯托雷平反动时期是召回派分子,卡普里党校的讲课人,曾加入"前进"集团。1917年二月革命后持孟什维克立场。1920年重新加入俄共(布),在最高国民经济委员会工作。——384—389、438、439、441、444、449、450、454、464、465、468、480、481、498、500、501、505、507。

莉迪娅·亚历山德罗夫娜——见福季耶娃,莉迪娅·亚历山德罗夫娜。

莉莎——见列曼，米哈伊尔·尼古拉耶维奇。

梁赞诺夫（**戈尔登达赫**），达维德·波里索维奇（Рязанов（Гольдендах），Давид Борисович 1870—1938）——1889 年参加俄国革命运动。曾在敖德萨和基什尼奥夫开展工作。1900 年出国，是著作家团体斗争社的组织者之一。1903 年俄国社会民主工党第二次代表大会后是孟什维克。1909 年是"前进"集团的卡普里党校的讲课人。第一次世界大战期间是中派分子，为孟什维克的《呼声报》和《我们的言论报》撰稿。1917 年二月革命后参加区联派，在俄国社会民主工党（布）第六次代表大会上随区联派集体加入布尔什维克党。十月革命后从事工会工作。1921 年参与创建马克思恩格斯研究院，担任院长直到 1931 年。——48—49、53、55、67、71、89、90—91、108、121、122、123、124、147、151、164—165、172、173、461、478。

列·——即列宁，弗拉基米尔·伊里奇。

列·格·；列·格里·；列·格—奇——见捷依奇，列夫·格里戈里耶维奇。

列昂（Леон）——未查清指谁。——448。

"列昂季"（波将金）（«Леонтий»（Потемкин））——未查清指谁。——248。

列昂希（Леоншь）——466。

列别捷夫——见古谢夫，谢尔盖·伊万诺维奇。

列兵——见波格丹诺夫，亚历山大·亚历山德罗维奇。

列里赫，亚历山大·爱德华多维奇（弗拉斯）（Рерих，Александр Эдуардович（Влас）生于 1876 年）——俄国火星派分子。曾在彼得堡工人阶级解放斗争协会工作。1901 年 1 月 30 日被捕并流放维亚特卡省。1902 年秋从流放地逃走，在火星派彼得堡组织中工作。——287。

列曼，卡尔（Lehmann，Carl）——德国社会民主党慕尼黑组织的成员，医学博士。《火星报》编辑部设在慕尼黑期间曾得到他的协助，并利用过他的通信地址。——50、71、79、95、101、140、144、150、167。

列曼，米哈伊尔·尼古拉耶维奇（莉莎）（Леман，Михаил Николаевич（Лиза）1872—1933）——俄国社会民主党人，布尔什维克。19 世纪 90 年代参加革命运动。1895 年在彼得堡工人阶级解放斗争协会工作。1896 年 8 月被捕，1901 年 4 月出国。1902 年底曾建议《火星报》采用赛璐珞版的特别印刷术，1903 年 1 月为采用这种印刷术专程回国。1905 年党的第三次代表大会后前往高加索传达代表大会和彼得堡1月9日事件的情况。斯托雷平反动时期脱离政治活动。十月革命后在国内生活和工作。——344。

列宁,尼·——即列宁,弗拉基米尔·伊里奇。

列诺奇卡——见博勃罗夫斯卡娅,策齐利娅·萨莫伊洛夫娜。

列维茨基,К.О.(奥西普)(Левицкий,К.О.(Осип)1868—1919)——俄国布尔什维克。积极参加俄国社会民主工党敖德萨委员会的工作,1901—1907年(有间断)是该委员会领导人之一。曾和该组织的其他成员一起,在列宁代表敖德萨委员会出席俄国社会民主工党第三次代表大会的当选证书上签名。1904年为多数派委员会南方局成员。1905年被捕并流放彼尔姆省,1907年又被流放阿斯特拉罕省。1910年流放期满后在叶列茨、莫尔尚斯克等城市工作。十月革命后脱党,在苏维埃机关工作。——466。

列文,叶弗列姆·雅柯夫列维奇(Левин,Ефрем Яковлевич 生于1873年)——俄国社会民主党人,南方工人社领导人之一。曾参加《南方工人报》编辑部,是筹备召开俄国社会民主工党第二次代表大会的组织委员会委员。在代表大会上是南方工人社的代表,持中派立场;会后成为孟什维克。1903年9月在哈尔科夫被捕,后脱离政治活动。——257—258、274—277。

列文娜,叶夫多基娅·谢苗诺夫娜(Левина,Евдокия Семеновна 1874—1905)——俄国社会民主党人。19世纪90年代参加哈尔科夫社会民主主义小组,1898年因在哈尔科夫印刷工人中进行宣传案被捕,次年被逐往波尔塔瓦。曾为《南方工人报》撰稿。积极参加南方工人社的活动,反对南方工人社和《火星报》组织的联合。在俄国社会民主工党第二次代表大会上是哈尔科夫委员会的代表,持中派立场,会后成为孟什维克。不久脱离政治活动。——257—258。

列文松(Левинсон)——俄国《火星报》印刷所工作人员。1904—1905年是布尔什维克柏林协助小组成员。——282。

林格尼克,弗里德里希·威廉莫维奇(科尔;库尔茨;瓦西里耶夫;沃尔弗;扎林;7ц.6ф.)(Ленгник,Фридрих Вильгельмович(Кол,Курц,Васильев,Вольф,Зарин,7ц.6ф.)1873—1936)——1893年参加俄国社会民主主义运动,1896年因彼得堡工人阶级解放斗争协会案被捕并流放。1899年8月在列宁起草的反对经济派《信条》的《俄国社会民主党人抗议书》上签了名。流放归来后加入《火星报》组织,是筹备召开俄国社会民主工党第二次代表大会的组织委员会委员,在代表大会上被缺席选入党中央委员会和党总委员会。1903—1904年在国外积极参加反对孟什维克的斗争。1904年2月回国,是党中央委员会北方局成员。1905—1907年革命后在俄国南方、莫斯科和彼得堡做党的工作。在彼得格勒参加十月革命。十月革命后担任负责工作。1921年起任对外贸易人民委员部部务委员。——216、218、288—289、305、309、321—328、344、352、353、365、370、375、376、378、396、403、406、415、417、418、421、422、424、428、429、430—431、436—437、446、451、452、457—458、463—464、469—470。

流浪汉;流浪者——见西尔文,米哈伊尔·亚历山德罗维奇。

柳·伊·——见阿克雪里罗得,柳博芙·伊萨科夫娜。

柳巴——见拉德琴柯,柳博芙·尼古拉耶夫娜。

柳博芙·伊萨科夫娜——见阿克雪里罗得,柳博芙·伊萨科夫娜。

卢——见加尔佩林,列夫·叶菲莫维奇。

卢那察尔斯基,阿纳托利·瓦西里耶维奇(轻浮人;鱼雷艇)(Луначарский, Анатолий Васильевич(Легкомысленный, Миноносец)1875—1933)——19世纪90年代初参加俄国社会民主主义运动。俄国社会民主工党第二次代表大会后是布尔什维克。曾先后参加布尔什维克的《前进报》《无产者报》和《新生活报》编辑部。斯托雷平反动时期脱离布尔什维克,参加"前进"集团;在哲学上宣扬造神说和马赫主义。第一次世界大战期间持国际主义立场。1917年二月革命后参加区联派,在俄国社会民主工党(布)第六次代表大会上随区联派集体加入布尔什维克党。十月革命后任教育人民委员、苏联中央执行委员会学术委员会主席等职。——480、481、490、498、506。

卢钦斯基(Лучинский)——10。

卢森堡,罗莎(Luxemburg, Rosa 1871—1919)——德国、波兰和国际工人运动活动家,德国社会民主党和第二国际左翼领袖和理论家之一。生于波兰。1893年参与创建波兰王国社会民主党,为党的领袖之一。1898年移居德国,积极参加德国社会民主党的活动,反对伯恩施坦主义和米勒兰主义。曾参加俄国第一次革命(在华沙)。1907 年在伦敦参加俄国社会民主工党第五次(伦敦)代表大会,在会上支持布尔什维克。斯托雷平反动时期和新的革命高涨年代对取消派采取调和主义态度。1912 年波兰王国和立陶宛社会民主党分裂后,曾谴责最接近布尔什维克的所谓分裂派。第一次世界大战期间持国际主义立场,是建立国际派(后改称斯巴达克派和斯巴达克联盟)的发起人之一。参加领导了德国 1918 年十一月革命,同年底参与领导德国共产党成立大会,作了党纲报告。1919 年 1 月柏林工人斗争被镇压后,于 15 日被反革命军队逮捕和杀害。—— 111、139、223、468、471。

鲁边——见克努尼扬茨,波格丹·米尔扎江诺维奇。

鲁金,亚·(波塔波夫,亚历山大·伊万诺维奇)(Рудин, А. (Потапов, Александр Иванович)1869—1915)——早年是俄国民粹派分子,1896 年流放库尔干两年。曾为《俄国财富》杂志和《教育》杂志撰稿。后加入社会革命党,1903—1905 年为该党中央委员。在有关土地问题的论文和小册子中反对马克思主义。1914—1915 年在莫斯科担任保健医生。——312。

鲁马,Л.Н.(Рума,Л.Н.)——俄国经济主义的拥护者,在莫斯科工人协会工作过。1895 年被捕,后被宪兵上校谢·瓦·祖巴托夫收买为奸细。——161—162、176、179。

鲁勉采夫,彼得·彼得罗维奇(Румянцев, Петр Петрович 1870—1925)——1891 年参加俄国社会民主主义运动。俄国社会民主工党第二次代表大会后是布尔什维克,为多数派委员会常务局成员。是沃罗涅日委员会出席党的第三次代表大会的代表。1905 年 6 月被增补进党中央委员会。1905 年是布尔什维克第一份合法报纸《新生活报》的撰稿人和编辑。斯托雷平反动时期脱党,从事统计工作。死于国外。——142。

鲁萨诺夫,尼古拉·谢尔盖耶维奇(塔拉索夫)(Русанов, Николай Сергеевич (Тарасов)1859—1939)——俄国政论家,民意党人,后为社会革命党人。侨居国外时会见过恩格斯。1905 年回国,编辑社会革命党的报纸。十月革命后为白俄流亡分子。——273、277、282、285、318。

吕贝克(Любек)——171。

旅行家——见马尔托夫,尔·。

合会加入组织委员会国外部。俄国社会民主工党第二次代表大会后脱离革命活动。——254、318、338。

洛津斯基，叶夫根尼·尤斯京诺维奇（Лозинский，Евгений Иустинович 生于 1867 年）——俄国政论家和哲学家。——197。

洛沙季——贝克拉辛，列昂尼德·波里索维奇。

M

马·尼·；马尔丁——见利亚多夫，马尔丁·尼古拉耶维奇。

马尔丁——见罗扎诺夫，弗拉基米尔·尼古拉耶维奇。

马尔丁·尼古拉耶维奇——见利亚多夫，马尔丁·尼古拉耶维奇。

马尔丁诺夫，亚历山大（**皮凯尔，亚历山大·萨莫伊洛维奇**）（Мартынов，Александр（Пиккер，Александр Самойлович）1865—1935）——俄国经济派领袖之一，孟什维克著名活动家。19 世纪 80 年代初参加民意党人小组，后成为社会民主党人。1900 年侨居国外，参加经济派的《工人事业》杂志编辑部，反对列宁的《火星报》。在俄国社会民主工党第二次代表大会上是国外俄国社会民主党人联合会的代表，反火星派分子，会后成为孟什维克。斯托雷平反动时期和新的革命高涨年代是取消分子，参加取消派的机关报《社会民主党人呼声报》编辑部。第一次世界大战期间持中派立场。1917 年二月革命后为孟什维克国际主义者。十月革命后脱离孟什维克。1923 年加入俄共（布），在马克思恩格斯研究院工作。——254、279、477、478。

马尔土沙——见马尔托夫，尔·。

马尔托夫，尔·（**策杰尔包姆，尤利·奥西波维奇**；阿列克谢；贝尔格；波尔塔瓦之友；旅行家；马尔土沙；帕霍米；我的朋友；兄弟；叶戈尔；尤·奥·；尤利）（Мартов，Л.（Цедербаум，Юлий Осипович，Алексей，Берг，Полтавский друг，Путешественник，Мартуша，Пахомий，Мой друг，Брат，Егор，Ю. О.，Юлий）1873—1923）——俄国孟什维克领袖之一。1895 年参与组织彼得堡工人阶级解放斗争协会。1900 年参与创办《火星报》，为该报编辑部成员。在俄国社会民主工党第二次代表大会上领导机会主义少数派，反对列宁的建党原则；会后成为孟什维克领袖之一。斯托雷平反动时期和新的革命高涨年代是取消派分子,编辑《社会民主党人呼声报》。参与组织"八月联盟"。第一次世界大战期间是中派分子。1917 年二月革命后领导孟什维克国际主义派。十月革命后反对镇压反革命和解散立宪会议。1919 年当选为全俄中央执行委员会委员,1919 — 1920 年为莫斯科苏维埃代表。1920 年 9 月侨居德国,在柏林创办和编辑孟什维克杂志《社会主义通报》。——23、46、49、51、52、54、58、60、61、62、63、67、68、71、72、78、80、81、83、84、85、95、97、98、100、102、103、105、108、109、112、124、135、136、138、140、147、148、151、156、157、158、159、161、162、163、164、165、171、172、177、182、184、188、190、196、198、206、207、208、209、210、222、223、224、230、231、233、275、277、296、310、315 — 317、318、335、340、350、351、352、353、354 — 356、358、359、366 — 367、370、374、375、384、387、388、391 — 392、396、401、402、403、404、405、406、408、411、413 — 415、416、417、420、440 — 441、451 — 452、455、476、487、490、491、492。

马赫林,拉扎尔·达维多维奇("排字工人米沙";索柯洛夫斯基)(Махлин,Лазарь Давидович("Миша наборщик",Соколовский)1880 — 1925)——1900 年参加俄国社会民主主义运动,在国外加入《火星报》组织。1902 年为《火星报》代办员,在国内工作。1903 年在叶卡捷琳诺斯拉夫进行宣传工作,参加俄国社会民主工党叶卡捷琳诺斯拉夫委员会,代表该委员会出席了俄国社会民主工党第二次代表大会。在会上属火星派多数派,会后成为孟什维克。1905 — 1907 年革命后侨居国外。1919 年回国,1920 年加入俄共(布),在列宁格勒做工会工作和经济工作。——280 — 281、375。

马卡尔——见诺根,维克多·巴甫洛维奇。

马科莱——531。

马克思,卡尔(Marx,Karl 1818 — 1883)——科学共产主义的创始人,世界无产阶级的领袖和导师。——25、26、30、171 — 172、196、222、335、475、531。

马斯洛夫,彼得·巴甫洛维奇(Маслов,Петр Павлович 1867 — 1946)——俄国经济学家,社会民主党人。写有一些土地问题著作,修正马克思主义政治经济学原理。1896 — 1897 年编辑合法马克思主义的《萨马拉新闻》,后去彼得堡,为《生活》、《开端》和《科学评论》等杂志撰稿。俄国社会民主工党第二次代表大会后是孟什维克。曾提出孟什维克的土地地方公有化纲

领。斯托雷平反动时期和新的革命高涨年代是取消派分子。第一次世界
大战期间是社会沙文主义者。十月革命后脱离政治活动,从事教学和科研
工作。——1—2、3—7、28、334。

马耶夫斯基,叶夫根尼(**古托夫斯基,维肯季·阿尼采托维奇**;西蒙诺夫)
(Маевский, Евгений(Гутовский, Викентий Аницетович, Симонов)1875 —
1918)——俄国社会民主党人,孟什维克。19世纪90年代末参加社会民
主主义运动,是俄国社会民主工党西伯利亚联合会的组织者之一。斯托雷
平反动时期和新的革命高涨年代是取消派分子,为《我们的曙光》杂志、《光
线报》及孟什维克取消派的其他报刊撰稿。第一次世界大战期间是护国派
分子。十月革命后反对苏维埃政权。——474、475、477、478。

玛·格·霍·——见霍普芬豪斯,玛丽亚·格尔曼诺夫娜。

玛丽亚·彼得罗夫娜——见哥卢别娃,玛丽亚·彼得罗夫娜。

玛尼亚莎——见乌里扬诺娃,玛丽亚·伊里尼奇娜。

迈耶尔——即列宁,弗拉基米尔·伊里奇。

梅林,弗兰茨(Mehring, Franz 1846 — 1919)——德国工人运动活动家,德国
社会民主党左翼领袖和理论家之一,历史学家和政论家,德国共产党创建
人之一。1891年加入德国社会民主党,担任党的理论刊物《新时代》杂志
撰稿人和编辑,1902 — 1907年任《莱比锡人民报》主编,反对第二国际的机
会主义和修正主义,批判考茨基主义。第一次世界大战爆发后是国际派的
组织者和领导人之一。欢迎俄国十月革命,撰文驳斥对十月革命的攻击,
维护苏维埃政权。在整理出版马克思、恩格斯和拉萨尔的遗著方面做了大
量工作。——29。

梅什科夫斯基——见戈尔登贝格,约瑟夫·彼得罗维奇。

美男子——见克罗赫马尔,维克多·尼古拉耶维奇。

美舍尔斯基,弗拉基米尔·彼得罗维奇(Мещерский, Владимир Петрович
1839 — 1914)——俄国政论家,公爵。曾在警察局和内务部供职。1860年
起为《俄罗斯通报》和《莫斯科新闻》撰稿。1872 — 1914年出版黑帮刊物
《公民》杂志,1903年创办反动杂志《慈善》和《友好的话》,得到沙皇政府大
量资助。在这些报刊上,不仅反对政府向工人作任何让步,而且反对政府
向自由派资产阶级作任何让步。——393。

美舍利亚科夫,尼古拉·列昂尼多维奇(Мещеряков, Николай Леонидович
　　1865—1942)——1885年参加俄国革命运动。1893年到比利时完成学
　　业。1901年加入俄国革命社会民主党人国外同盟。1902年作为《火星报》
　　代办员返回莫斯科,任俄国社会民主工党莫斯科委员会委员。十月革命后
　　担任党和苏维埃一些机关报刊的编辑工作,1918—1922年任《真理报》编
　　委。1920—1924年任国家出版社编辑委员会主席。——229。

米海洛夫斯基,尼古拉·康斯坦丁诺维奇("大人物")(Михайловский,
　　Николай Константинович(«Шишка»)1842—1904)——俄国自由主义民粹
　　派理论家,政论家,文艺批评家,实证论哲学家,社会学主观学派代表人物。
　　1892年起任《俄国财富》杂志编辑,在该杂志上与俄国马克思主义者进行
　　激烈论战。——5、27、30、103、147。

米勒兰,亚历山大·埃蒂耶纳(Millerand, Alexandre Étienne 1859—1943)——
　　法国国务活动家,法国社会党和第二国际的机会主义代表人物。1885年
　　起多次当选议员。原属资产阶级激进派。90年代初参加法国社会主义运
　　动,领导运动中的机会主义派。1899年参加瓦尔德克-卢梭内阁,任工商
　　业部长。1909—1915年先后任公共工程部长和陆军部长等职。1920年
　　1—9月任总理兼外交部长,1920年9月—1924年6月任法兰西共和国总
　　统。——69、200。

米洛维多娃(**彼得罗娃**),柳博芙·费多罗夫娜(Миловидова (Петрова),
　　Любовь Федоровна)——认识许多彼得堡社会民主主义运动著名活动家
　　(其中也有列宁)。侨居瑞士期间,曾打算在国外印行列宁的《什么是"人民
　　之友"以及他们如何攻击社会民主党人?》一书,但未成功。——7—8。

米切尔,艾萨克(Mitchell, Isaac 生于1867年)——英国工会运动活动家,独
　　立工党党员。1899年工会总联合会成立时当选为总联合会总书记。
　　——545。

米特罗范;米特罗范诺夫——见古萨罗夫,费多尔·瓦西里耶维奇。

缅库斯,麦克斯(Менкус, Макс)——此人情况不详,可能曾参与越境运送秘
　　密出版物。——83。

魔鬼——见捷姆利亚奇卡,罗莎丽亚·萨莫伊洛夫娜。

莫赫纳特金,И.И.(Мохнаткин, И.И.)——俄国工人。彼得堡祖巴托夫协会

组织者之一，参加协会理事会，任财务主任。——479。

莫克里耶维奇——见杰博戈里-莫克里耶维奇，弗拉基米尔·卡尔波维奇。

莫洛托夫——见帕尔乌斯，亚历山大·李沃维奇。

默格利（Mögli）——10。

母扁角鹿——见克尔日扎诺夫斯卡娅-涅夫佐罗娃，季娜伊达·巴甫洛夫娜。

木头——见唐恩，费多尔·伊里奇。

N

纳德松，谢苗·雅柯夫列维奇（Надсон，Семен Яковлевич 1862—1887）——俄国诗人。曾为《祖国纪事》杂志撰稿。19世纪80年代前半期——残酷的政治反动时期是其创作的极盛时期。其诗歌表达了对祖国的热爱、对美好未来和正义必胜的信念。——516。

纳哈姆基斯——见斯切克洛夫，尤里·米哈伊洛维奇。

纳杰日丁，尔·（**捷连斯基，叶夫根尼·奥西波维奇**；索柯洛夫斯基）（Надеждин，Л.（Зеленский，Евгений Осипович，Соколовский）1877—1905）——早年是俄国民粹派分子，1898年加入萨拉托夫社会民主主义组织。1899年被捕并被逐往沃洛格达省，1900年流亡瑞士，在日内瓦组织了"革命社会主义的"自由社（1901—1903）。在《自由》杂志上以及在他写的《革命前夜》（1901）、《俄国革命主义的复活》（1901）等小册子中支持经济派，同时宣扬恐怖活动是"唤起群众"的有效手段；反对列宁的《火星报》。俄国社会民主工党第二次代表大会后为孟什维克报刊撰稿。——151、283、304、312、313。

纳塔莉娅·伊万诺夫娜——见亚历山德罗娃，叶卡捷琳娜·米哈伊洛夫娜。

娜·康·；娜嘉——见克鲁普斯卡娅，娜捷施达·康斯坦丁诺夫娜。

男爵——见埃森，爱德华·爱德华多维奇。

尼·—逊——见丹尼尔逊，尼古拉·弗兰策维奇。

尼·叶·——见费多谢耶夫，尼古拉·叶夫格拉福维奇。

尼尔——见诺斯科夫，弗拉基米尔·亚历山德罗维奇。

尼古·伊—奇（Ник. И-ч）——488。

尼古拉——见罗劳，Э.Х.。

尼基福罗夫（Никифоров）——俄国彼得堡祖巴托夫协会的组织者之一。
——479。

尼基季奇——见克拉辛，列昂尼德·波里索维奇。

尼娜·李沃夫娜——见埃森，玛丽亚·莫伊谢耶夫娜。

涅夫佐罗夫——见斯切克洛夫，尤里·米哈伊洛维奇。

涅克拉索夫，尼古拉·阿列克谢耶维奇（Некрасов，Николай Алексеевич
1821—1878）——俄国诗人，革命民主主义者。他的诗歌鲜明地体现了农
民的革命民主主义思想。——292、311、318。

涅克拉索娃——见福季耶娃，莉迪娅·亚历山德罗夫娜。

涅日丹诺夫——见切列万宁，涅·。

牛犊——见司徒卢威，彼得·伯恩哈多维奇。

诺根，维克多·巴甫洛维奇（巴·；马卡尔；诺沃谢洛夫；雅布洛奇科夫）
（Ногин，Виктор Павлович（П.，Макар，Новоселов，Яблочков）1878—
1924）——1898年加入俄国社会民主工党，布尔什维克。曾在国内外做党
的工作，是《火星报》代办员。积极参加1905—1907年革命。1907年在党
的第五次（伦敦）代表大会上当选为中央委员。斯托雷平反动时期对孟什
维克取消派采取调和主义态度。第一次世界大战期间在莫斯科和萨拉托
夫的地方自治机关工作，为《莫斯科合作社》等杂志撰稿。1917年二月革
命后先后任莫斯科苏维埃副主席和主席。十月革命后历任工商业人民委
员、副劳动人民委员、最高国民经济委员会主席团委员、纺织企业总管理委
员会主席、全俄纺织辛迪加管理委员会主席、红色工会国际国际执行局成
员、全俄中央执行委员会土耳其斯坦事务委员会委员等职。曾任苏联中央
执行委员会主席团委员。——51—52、62—64、83—86、91—93、95—96、
102—103、139、142、156、158、160、161、462—463。

诺斯科夫，弗拉基米尔·亚历山德罗维奇（波·尼·；波·尼—奇；波里斯；
波里斯·尼古拉耶维奇；格列博夫；尼尔；瓦季姆）（Носков，Владимир
Александрович（Б. Н.，Б. Н-ч，Борис，Борис Николаевич，Глебов，Нил，
Вадим）1878—1913）——俄国社会民主党人。19世纪90年代参加革命运
动。1898年因彼得堡工人阶级解放斗争协会案被捕，先后流放雅罗斯拉
夫尔和沃罗涅日。1900年是俄国社会民主工党北方协会组织者之一。

1902年侨居国外,1902—1903年负责向国内运送社会民主党秘密出版物的组织工作,参与筹备俄国社会民主工党第二次代表大会。在代表大会上是有发言权的代表,属火星派多数派;是党章起草委员会主席,当选为中央委员。会后对孟什维克采取调和主义态度,反对召开党的第三次代表大会。1905年被捕。斯托雷平反动时期脱离政治活动。——209、211、232、233、243—247、256、298、315、316、353、364—365、369、376、378—379、383、399、401、408、413、415、426、430、431—432、433、436、437、439、445、446、447、448—450、451、452—453、454、455、456、476、487、503、509。

诺维茨卡娅——见巴布什金,伊万·瓦西里耶维奇。

诺沃勃兰策夫——见彼舍霍诺夫,阿列克谢·瓦西里耶维奇。

诺沃谢洛夫——见诺根,维克多·巴甫洛维奇。

P

帕·波·;帕·波—奇——见阿克雪里罗得,帕维尔·波里索维奇。

帕尔乌斯(**格尔方德,亚历山大·李沃维奇**;莫洛托夫)(Парвус（Гельфанд,Александр Львович, Молотов）1869—1924)——生于俄国,19世纪80年代移居国外。90年代末起在德国社会民主党内工作,属该党左翼;曾任《萨克森工人报》编辑。写有一些世界经济问题的著作。20世纪初参加俄国社会民主工党的工作,为《火星报》撰稿。俄国社会民主工党第二次代表大会后支持孟什维克的组织路线。1905年回到俄国,曾担任彼得堡工人代表苏维埃执行委员会委员,为孟什维克的《开端报》撰稿;同托洛茨基一起提出"不断革命论",主张参加布里根杜马,坚持同立宪民主党人搞交易。斯托雷平反动时期脱离俄国社会民主工党,后移居德国。第一次世界大战期间是社会沙文主义者和德国帝国主义的代理人。从事投机买卖,靠供应军需品发了财。1915年起在柏林出版《钟声》杂志。1918年脱离政治活动。——22、96、112、136、139、140、143、144、172、504。

帕霍米——见马尔托夫,尔·。

帕霍米的兄弟——见策杰尔包姆,谢尔盖·奥西波维奇。

帕沙——见拉德琴柯,柳博芙·尼古拉耶夫娜。

帕维尔·波里索维奇——见阿克雪里罗得,帕维尔·波里索维奇。

"排字工人米沙"——见马赫林,拉扎尔·达维多维奇。

潘克拉特——见克拉西科夫,彼得·阿纳尼耶维奇。

佩杰尔(Педдер)——458。

佩罗娃——见韦利奇金娜,维拉·米哈伊洛夫娜。

朋友——见波特列索夫,亚历山大·尼古拉耶维奇。

皮库诺夫,В.И.(Пикунов,В.И.)——俄国彼得堡祖巴托夫协会的组织者之
　　一,参加协会理事会。他是由祖巴托夫保安处密探 М.А. 乌沙科夫于 1906
　　年成立的所谓独立社会工党的党员,该党由于得不到工人的支持,到 1908
　　年就退出了政治舞台。——479。

皮亚特尼茨基(塔尔希斯),约瑟夫·阿罗诺维奇(星期五)(Пятницкий
　　(Таршис),Иосиф Аронович(Пятница)1882—1938)——1898 年加入俄国
　　社会民主工党,1901 年起是《火星报》代办员。侨居国外期间,主持运送秘
　　密书刊和把党内同志从国外送回俄国的工作。积极参加了召开俄国社会
　　民主工党第二次和第三次代表大会的工作。俄国第一次革命的参加者。
　　1912 年参与俄国社会民主工党第六次(布拉格)全国代表会议的筹备工
　　作。曾在敖德萨、莫斯科、沃利斯克、萨马拉等地工作,是萨马拉布尔什维
　　克委员会的组织者之一。因从事革命活动多次被捕、监禁和流放;1914 年
　　被流放叶尼塞斯克省。十月革命期间是领导起义的莫斯科党总部成员。
　　十月革命后做党的工作,曾任党的莫斯科委员会书记和共产国际执行委员
　　会书记。——486—488。

普拉夫金,弗·——见瓦卡尔,弗拉基米尔·维克多罗维奇。

普列汉诺夫,格奥尔吉·瓦连廷诺维奇(别尔托夫;德国人;格·瓦·;格·
　　瓦—奇;卡缅斯基;老兵;若尔日;沃尔金;一元论者;X)(Плеханов,
　　Георгий Валентинович (Бельтов,Немец,Г.В.,Г.В—ч,Каменский,
　　Ветеран,Жорж,Волгин,Монист,X)1856—1918)——俄国早期的马克思
　　主义理论家,后来成为孟什维克和第二国际机会主义领袖之一。1883 年
　　在日内瓦创建俄国第一个马克思主义团体——劳动解放社。翻译和介绍
　　了马克思和恩格斯的许多著作,对马克思主义在俄国的传播起了重要作
　　用;写过不少优秀的马克思主义著作,批判民粹主义、合法马克思主义、经
　　济主义、伯恩施坦主义、马赫主义。20 世纪初是《火星报》和《曙光》杂志编

辑部成员。曾参与制定俄国社会民主工党纲领草案和参加党的第二次代
表大会的筹备工作。在代表大会上是劳动解放社的代表,属火星派多数
派,参加了大会常务委员会,会后逐渐转向孟什维克。1905—1907年革命
时期反对列宁的民主革命的策略,后来在孟什维克和布尔什维克之间摇
摆。斯托雷平反动时期和新的革命高涨年代反对取消主义,领导孟什维克
护党派。第一次世界大战期间持社会沙文主义立场。1917年二月革命后
支持资产阶级临时政府。对十月革命持否定态度,但拒绝支持反革命。
——7、13、14、17、26、27、29、30、31、32、33、37、38、42、44、45、57、58、66、
68—73、75、76、81、86—88、103、105—106、108、110、111、112、122、125、
129、131、135—137、138、140—141、143、146—148、149、151、152—153、
155、162、163、165、166、169、171—172、174—175、176、177、180、182、
183、184、188—189、190—191、193、196—197、198、199、200、201、204—
207、210、217、222—224、230—232、233、239—240、253—255、256、273—
274、277—279、282—285、286、287、292、296—297、310—312、315、317、
319、327、328—330、334—335、339、346、352、356、371、375—376、377、
378、379—380、383、384、385、386、388、389—391、394、395、398、399、402、
406、410、413、414、417—419、420、422、432、436、440、475、476、478、487、
493、495、498—499、511、530、532、535。

普特曼——见波特列索夫,亚历山大·尼古拉耶维奇。

Q

奇·——见斯米多维奇,彼得·格尔莫格诺维奇。——44

契若夫,С.П.(Чижов,С.П.)——俄国工厂视察长,彼得堡祖巴托夫协会的
　　庇护者之一。——479。

切博塔廖夫,伊万·尼古拉耶维奇(Чеботарев,Иван Николаевич 1861—
　　1934)——俄国民意党人,1886年参加革命运动;曾因亚·伊·乌里扬诺
　　夫案被捕。早在辛比尔斯克时就是乌里扬诺夫一家的好友。在彼得堡时,
　　列宁曾利用他的住址同家里人通信和转寄秘密书刊。1906—1922年在波
　　波夫卡车站一所学校工作。——532。

切尔内绍夫,伊拉里昂·瓦西里耶维奇(Чернышев,Илларион Васильевич)——

俄国社会民主党人,动摇于经济派与火星派之间。1894—1895 年领导彼
得堡社会民主党人小组"青年派",1896 年与该小组一起加入彼得堡工人
阶级解放斗争协会。1897 年 2 月被捕,流放沃洛格达省三年,后参加南方
工人社。1902 年 8 月到国外,同《火星报》编辑部就为实现党的统一采取
共同行动问题进行谈判。自称是国外俄国社会民主党人联合会的拥护者,
1903 年 4 月转向经济派。——257、261。

切尔诺夫,维克多·米哈伊洛维奇(Чернов, Виктор Михайлович 1873 —
1952)——俄国社会革命党领袖和理论家之一。1902—1905 年任社会革
命党中央机关报《革命俄国报》编辑。曾撰文反对马克思主义,企图证明马
克思的理论不适用于农业。第一次世界大战期间持社会沙文主义立场,曾
参加齐美尔瓦尔德代表会议和昆塔尔代表会议。1917 年 5—8 月任临时
政府农业部长,对夺取地主土地的农民实行残酷镇压。十月革命后参与策
划反苏维埃叛乱。1920 年流亡国外,继续反对苏维埃政权。—— 103、
136、140、141、144—145、146、147、197、297。

切列万宁,涅·(利普金,费多尔·安德列耶维奇;涅日丹诺夫)(Череванин,
Н.(Липкин, Федор Андреевич, Нежданов)1868—1938)——俄国孟什维克
领袖之一,取消派分子。取消派报刊的撰稿人,16 个孟什维克关于取消党
的"公开信"的起草人之一。1912 年反布尔什维克的八月代表会议后是孟
什维克领导中心——组委会成员。第一次世界大战期间是社会沙文主义
者。1917 年是孟什维克中央机关报《工人报》编辑之一和孟什维克中央委
员会委员。敌视十月革命。——31。

轻浮人——见卢那察尔斯基,阿纳托利·瓦西里耶维奇。

R

日特洛夫斯基,哈伊姆·约瑟福维奇(恩·格·)(Житловский, Хаим
Иосифович(Н.Г.)1865—1943)——俄国政论家,早年是民意党人。19 世
纪 80 年代末侨居瑞士,1894 年在伯尔尼参与组织俄国社会革命党人联合
会。后来继续与社会革命党保持密切联系,并成为犹太小资产阶级民族主
义运动的思想家,参与组织犹太社会主义工人党,是该党的领袖和理论家
之一。1908 年起在美国出版《新生活》杂志。以后住在美国,为一些进步

的犹太人杂志撰稿。——16—17。

日托米尔斯基，雅柯夫·阿布拉莫维奇（Житомирский，Яков Абрамович 生于
　　1880年）——俄国人，奸细。20世纪初在柏林大学学习时充当德国警察局
　　侦探。1902年起在沙俄警察司国外侦探科供职，主要负责密告布尔什维
　　克国外组织的活动，1917年奸细面目被揭穿。——488。

茹柯夫斯基，Д.（金臭虫）（Жуковский，Д.（《Золотой клоп》））——哲学书籍的
　　出版人。动摇于各种不同的世界观和派别之间，但比较倾向于马克思主
　　义；后又脱离了马克思主义。——99。

若尔日——见普列汉诺夫，格奥尔吉·瓦连廷诺维奇。

S

萨尔蒂科夫-谢德林，米哈伊尔·叶夫格拉福维奇（**萨尔蒂科夫，米·叶·**；谢
　　德林，尼·）（Салтыков-Щедрин，Михаил Евграфович（Салтыков，М. Е.，
　　Щедрин，Н.）1826—1889）——俄国讽刺作家，革命民主主义者。——325。

萨拉夫斯基，索·——见鲍曼，尼古拉·埃内斯托维奇。

萨姆索诺夫——见瓦连廷诺夫，尼·。

萨宁，阿列克谢·阿列克谢耶维奇（Санин，Алексей Алексеевич 生于1869
　　年）——俄国马克思主义著作家，《萨马拉新闻》的撰稿人和《无产阶级斗
　　争》文集出版工作的参加者。曾把伊·古尔维奇的《俄国农村的经济状况》
　　一书从英文译成俄文。——247、286。

沙尔科——见克鲁普斯卡娅，娜捷施达·康斯坦丁诺夫娜。

沙霍夫斯科伊，尼古拉·弗拉基米罗维奇（Шаховской，Николай Владимирович
　　1856—1906）——俄国彼得堡书报检查委员会主席，出版总署主任，公爵。
　　著有《外出做农业零工》(1896)和《农民外出做农业零工》(1903)。在后一
　　本书所附的文献目录中列入了列宁的《俄国资本主义的发展》。——136。

绍埃尔，М. М.（Шоуэр，М. М.）——俄国社会民主党人，火星派分子。1900
　　年流放乌法，同年夏出国，侨居苏黎世；是俄国革命社会民主党人国外同盟
　　成员，参加了同盟1903年召开的第二次代表大会，站在孟什维克一边。
　　——98。

舍恩兰克，布鲁诺（Schönlank，Bruno 1859—1901）——德国社会民主党人，

新闻工作者。1882 年起在慕尼黑和纽伦堡担任社会民主党报刊的编辑。
1891—1893 年任《前进报》编辑，1894—1901 年任《莱比锡人民报》主编。
1893—1901 年为德意志帝国国会议员。——532。

舍尔戈夫，М.И.（Шергов，М.И.）——俄国社会民主党人；职业是医生。《火
星报》柏林协助小组和俄国革命社会民主党人国外同盟的成员。俄国社会
民主工党第二次代表大会后是孟什维克。十月革命后在国内生活和工作。
——389。

舍尔古诺夫，瓦西里·安德列耶维奇（Шелгунов，Василий Андреевич 1867—
1939）——俄国工人，职业革命家，布尔什维克。1886 年参加革命运动，先
后加入社会民主主义的托奇斯基小组和布鲁斯涅夫小组。1892 年起在彼
得堡工人小组中宣传马克思主义。彼得堡工人阶级解放斗争协会的组织
者和活动家之一，因该协会案被捕和流放。流放期满后，在叶卡捷琳诺斯
拉夫、巴库、梯弗利斯和彼得堡等地做党的工作。1905 年 12 月再次被捕，
1906 年在狱中失明，但出狱后继续做党的工作。1910 年和 1912 年先后参
与创办《明星报》和《真理报》。十月革命后参加莫斯科河岸区党组织的工
作。——281。

舍科尔金，费多尔·伊万诺维奇（厨师）（Щеколдин，Федор Иванович（Повар）
1870—1919）——俄国社会民主党人，火星派分子；为伊万诺沃-沃兹涅先
斯克社会民主党组织培养了一批积极分子。1900 年是北方工人协会的组
织者之一，1902 年进入协会的领导核心。1902—1903 年担任运送火星派
书刊的工作。曾积极参加俄国社会民主工党第二次代表大会的筹备工作。
1904 年以中央代办员的身份在彼得堡工作。1905 年 2 月被捕。1905—
1907 年革命后脱离政治活动。——233、243、246。

"生活的教师"——见斯庞季，叶夫根尼·伊万诺维奇。

施米特，康拉德（Schmidt，Conrad 1863—1932）——德国经济学家和哲学家，
新康德主义者。活动初期赞同马克思的经济学说，后成为修正主义者。恩
格斯在一些书信中曾批评他在政治上的消极被动。格·瓦·普列汉诺夫
在 1898—1899 年所写的《康拉德·施米特反对卡尔·马克思和弗里德里
希·恩格斯》等著作中对他的哲学观点给予了唯物主义的批评。1908—
1930 年曾编辑《社会主义月刊》。——17、31。

施涅尔松,阿纳托利·阿布拉莫维奇(叶列马)(Шнеерсон, Анатолий Абрамович (Ерема)1881—1945)——俄国社会民主党人。1902年9月加入彼得堡委员会宣传小组,与《火星报》编辑部有过通信联系。曾拟定《圣彼得堡革命党的组织》草案,并寄给列宁征求意见。1902年11月因《火星报》彼得堡组织案在基辅被捕,1903年4月在警察特别监视下押送到彼得堡。俄国社会民主工党第二次代表大会后加入孟什维克,在顿河畔罗斯托夫、基辅、敖德萨和彼得堡工作。斯托雷平反动时期脱离政治活动。——276、364、413。

施塔姆勒,鲁道夫(Stammler, Rudolf 1856—1938)——德国法学家和哲学家,教授,新康德主义者。把资产阶级社会理想化,批判马克思主义,把它等同于经济决定论。颠倒经济和法的关系,认为法决定经济。他的关于民族统一的学说,后来成为法西斯主义的理论基础之一。——31。

施塔特哈根,阿尔图尔(Stadthagen, Arthur 1857—1917)——德国律师(1884—1892),工人立法和社会立法专家。1892年因在演说中要求废除军事法庭并批评了许多法官和律师而被开除出律师界;后从事写作,著有著名的《劳动法》一书。1889年起是柏林市议会议员,1890年起是帝国国会议员;在市议会和帝国国会中属社会民主党。——532。

施瓦尔茨——见沃罗夫斯基,瓦茨拉夫·瓦茨拉沃维奇。

施韦泽,约翰·巴蒂斯特(Schweitzer, Johann Baptist 1833—1875)——德国工人运动活动家,拉萨尔派代表人物之一;职业是律师。政治活动初期是自由主义者,在拉萨尔的影响下参加工人运动。1864—1871年任全德工人联合会机关报《社会民主党人报》编辑,1867年起任联合会主席。执行拉萨尔主义的机会主义路线,支持俾斯麦所奉行的在普鲁士领导下"自上而下"统一德国的政策。在联合会内实行个人独裁,引起会员不满,1871年被迫辞去主席职务。1872年因同普鲁士当局的勾结被揭露而被开除出全德工人联合会。——394、411、413。

什克利亚列维奇,弗拉基米尔·格里戈里耶维奇(Шклляревич, Владимир Григорьевич 1877—1921)——俄国社会民主党人,火星派分子。积极参加学生运动,在奥布霍夫工厂做党的工作。多次被捕。在克里木社会民主党组织同《火星报》编辑部之间建立了联系。——240—241。

叔叔——见克尼波维奇,莉迪娅·米哈伊洛夫娜。

水妖——见利亚多夫,马尔丁·尼古拉耶维奇。

司索伊卡——见波格丹诺夫,亚历山大·亚历山德罗维奇。

司徒卢威,彼得·伯恩哈多维奇(彼·伯 ;彼·伯—奇;尔·恩·斯· ;牛
犊;伊诺罗泽夫;犹大)(Струве, Петр Бернгардович(П. Б., П. Б-ч, Р. Н. С.,
Теленок, Inorodzew, Иуда)1870—1944)——俄国经济学家,哲学家,政论
家,合法马克思主义主要代表人物,立宪民主党领袖之一。19 世纪 90 年
代编辑合法马克思主义者的《新言论》杂志和《开端》杂志。在 1894 年发表
的第一部著作《俄国经济发展问题的评述》中,在批判民粹主义的同时,对
马克思的经济学说和哲学学说提出“补充”和“批评”。20 世纪初同马克思
主义和社会民主主义彻底决裂,转到自由派营垒。1902 年起编辑自由派
资产阶级刊物《解放》杂志,1903 年起是解放社的领袖之一。1905 年起是
立宪民主党中央委员,领导该党右翼。第一次世界大战爆发后鼓吹俄国的
帝国主义侵略扩张政策。十月革命后敌视苏维埃政权,是邓尼金和弗兰格
尔反革命政府成员,后逃往国外。——16、17、22、25、26、27、31、32、81、
86—88、97、99、111、138、140、149、152、163、181、197、493。

斯卡尔金(叶列涅夫,费多尔·巴甫洛维奇)(Скалдин(Еленев, Федор
Павлович)1827—1902)——俄国作家,政论家。1859—1861 年是筹备
1861 年农民改革的起草委员会的秘书。1868—1896 年是出版事务委员
会委员。1890 年起是内务大臣办公会议成员。60 年代是资产阶级自由派
代表人物,曾为《祖国纪事》杂志撰稿。70 年代成为黑帮反动派。在 80 年
代和 90 年代所写的关于学潮、中学教育、书报检查和芬兰问题的小册子
中,反对革命运动和民主运动。——20、28。

斯库比克(斯库比基斯),爱德华·П.(Скубик(Скубикис), Эдуард П.
1874—1944)——19 世纪 90 年代参加拉脱维亚革命民主主义运动,拉脱
维亚社会民主党人西欧联合会成员。1900—1903 年旅居苏黎世期间,同
《火星报》出版社建立了联系;担任向俄国运送《火星报》及其他秘密出版物
的工作。1903 年被捕,后脱离社会民主党。1913 年回到拉脱维亚,在一些
资产阶级团体中活动。1923 年起脱离政治活动。——75、82。

斯米多维奇,彼得·格尔莫格诺维奇(奇·)(Смидович, Петр Гермогенович

（ч.）1874—1935）——俄国社会民主党人，火星派分子，俄国社会民主工党第二次代表大会后是布尔什维克；职业是电气工程师。1898 年加入俄国社会民主工党。起初倾向经济主义，后参加火星派。1900 年底被捕，1901 年被驱逐出境；是俄国革命社会民主党人国外同盟成员。1905 年在党的莫斯科郊区委员会工作，是莫斯科十二月武装起义的积极参加者。1906 年任俄国社会民主工党莫斯科郊区委员会委员，1907—1908 年任莫斯科委员会委员。屡遭沙皇政府迫害。积极参加 1917 年二月革命和十月革命。十月革命后历任莫斯科苏维埃主席、最高国民经济委员会主席团委员、莫斯科省国民经济委员会主席、党的中央监察委员、全俄中央执行委员会和苏联中央执行委员会主席团委员等职。——241—243。

斯米多维奇，因娜·格尔莫格诺夫娜（巴伊诺娃；季姆卡；扎戈尔斯卡娅）（Смидович，Инна Гермогеновна（Байнова，Димка，Загорская））——俄国社会民主党人，火星派分子。从《火星报》创办起到 1901 年 4 月娜·康·克鲁普斯卡娅到日内瓦时一直担任编辑部秘书，后从事书报运送工作。1902 年被捕入狱，1903 年 1 月从基辅宪兵司令部逃出，不久流亡国外。1903 年参加俄国革命社会民主党人国外同盟第二次代表大会，站在孟什维克一边，任同盟领导机关的秘书。斯托雷平反动时期脱离政治活动。——53、55、56、66、67、74、77、187—188、232。

斯米尔诺夫，米哈伊尔·Вор.（彼得堡人）（Смирнов，Михаил Вор.（Петербуржец）生于 1871 年）——俄国社会民主党人，彼得堡工人旗帜社成员。1899 年被捕，1900 年被逐往乌法省。——85。

斯米尔诺夫，В.М.（Смирнов，В.М.）——1900 年加入俄国社会民主工党，执行党的彼得堡委员会的任务，从事通过瑞典向芬兰运送秘密书刊的工作。1903 年起定居赫尔辛福斯，其住所是党的秘密接头点。1905—1907 年间列宁曾在他家住过。1917 年和 1918 年初为在赫尔辛福斯出版的布尔什维克的《浪潮报》和《波涛报》撰稿。1918 年底起从事苏维埃工作和外交工作。——362—364。

斯米特——见克尔日扎诺夫斯基，格列勃·马克西米利安诺维奇。

斯庞季，叶夫根尼·伊万诺维奇（"生活的教师"）（Спонти，Евгений Иванович（《Учитель жизни》）1866—1931）——俄国社会民主党人。19 世纪 90 年

代初开始革命活动,1894—1895 年是莫斯科工人协会活动家之一。为了同劳动解放社建立联系,1895 年春和列宁一起去过国外。1895 年 12 月被捕,1897 年被逐往阿尔汉格尔斯克省。1905 年 12 月参加铁路罢工,被捕入狱。十月革命后先后在下诺夫哥罗德省和明斯克省从事土地规划工作。——9。

斯切克洛夫,尤里·米哈伊洛维奇(纳哈姆基斯;涅夫佐罗夫)(Стеклов, Юрий Михайлович(Нахамкис, Невзоров)1873—1941)——1893 年参加俄国社会民主主义运动,是敖德萨第一批社会民主主义小组的组织者之一。1903 年俄国社会民主工党第二次代表大会后是布尔什维克。斯托雷平反动时期和新的革命高涨年代为布尔什维克的一些报纸和杂志撰稿。1917 年二月革命后当选为彼得格勒苏维埃执行委员会委员;最初持"革命护国主义"立场,后转向布尔什维克。十月革命后任全俄中央执行委员会和苏联中央执行委员会主席团委员、《全俄中央执行委员会消息报》和《苏维埃建设》杂志的编辑。—— 39 — 42、47 — 48、50、52 — 53、55、67、71、89、91、111、121、122、123、124、136 — 137、162、163、165、331。

斯塔夫斯基,伊万·伊万诺维奇(Ставский, Иван Иванович 1877—1957)——1898 年加入俄国社会民主工党,布尔什维克;1902 年顿河畔罗斯托夫十一月罢工的领导人之一。出国以后同 З.米哈伊洛夫和 А.莫恰洛夫一起给《火星报》编辑部写了一封信,表示拥护《火星报》的纲领。—— 280、283、299 — 300。

斯塔罗日洛夫,Д.В.(Старожилов,Д.В.)——俄国彼得堡祖巴托夫协会的组织者之一,参加协会理事会。是由祖巴托夫保安处密探 М.А.乌沙科夫于 1906 年成立的所谓独立社会工党的党员,该党由于得不到工人的支持,到 1908 年就退出了政治舞台。——479。

斯塔罗韦尔——见波特列索夫,亚历山大·尼古拉耶维奇。

斯塔索娃,叶列娜·德米特里耶夫娜(苍鹭;绝对者;瓦尔瓦拉·伊万诺夫娜)(Стасова, Елена Дмитриевна(Цапля, Абсолют, Варвара Ивановна)1873—1966)——1898 年加入俄国社会民主工党,1901 年起为《火星报》代办员。曾在彼得堡、莫斯科做党的工作,1904—1906 年任党中央委员会北方局、彼得堡委员会和中央委员会俄国局书记。1907—1912 年为党中央驻梯弗

利斯的代表。1912年在党的第六次（布拉格）全国代表会议上当选为候补
中央委员。1917年2月—1920年3月任党中央书记。1920—1921年先
后在彼得格勒和巴库担任党的负责工作。1921—1926年在共产国际工
作。——264—265、287—288、300—301、303、312—313、436—437、
463—464、469—470。

斯特拉申斯基，И.И.（安东）（Страшинский，И.И.（Антон））——俄国社会民主
工党维尔纳委员会委员。——457—458。

斯托帕尼，亚历山大·米特罗范诺维奇（图—腊）（Стопани，Александр
Митрофанович(Ту—ра)1871—1932）——1892年在俄国喀山开始革命活
动，1893年组织马克思主义小组。1899年起在普斯科夫工作，1900年结
识列宁。曾参加筹备出版《火星报》的工作，是俄国社会民主工党北方协会
的组织者之一。1902年11月被选入筹备召开俄国社会民主工党第二次
代表大会的组织委员会。在代表大会上是北方协会的代表，属火星派多数
派。代表大会后受党中央委托在雅罗斯拉夫尔工作，建立秘密印刷所。印
刷所被破坏后，1904年夏到巴库，是布尔什维克巴库委员会的组织者之
一。十月革命后担任党和苏维埃的领导工作。——484—486。

苏沃洛夫，谢尔盖·亚历山德罗维奇（Суворов，Сергей Александрович 1869—
1918）——俄国社会民主党人，著作家和统计学家。19世纪90年代开始
革命活动时是民意党人，1900年起为社会民主党人。1905—1907年在俄
国一些城市的布尔什维克组织中工作。1905—1907年革命失败后，参加
党内马赫主义者知识分子集团，攻击马克思主义哲学。在该集团编纂的
《关于马克思主义哲学的论丛》（1908）中发表了他的《社会哲学的基础》一
文。1910年以后脱党，从事统计工作。1917年加入孟什维克国际主义派。
十月革命后在莫斯科和雅罗斯拉夫尔工作。在1918年7月雅罗斯拉夫尔
发生反革命暴动时死去。——489。

索柯洛夫斯基——见马赫林，拉扎尔·达维多维奇。

索柯洛夫斯基——见纳杰日丁，尔·。

索洛维约夫，弗拉基米尔·谢尔盖耶维奇（Соловьев，Владимир Сергеевич
1853—1900）——俄国唯心主义哲学家，非理性主义者和神秘主义者。
——70。

索洛维约夫，叶夫根尼·安德列耶维奇（Соловьев，Евгений Андреевич 1866—1905）——俄国文学批评家和文学史家，写过一些关于维·格·别林斯基、亚·伊·赫尔岑、列·尼·托尔斯泰和阿·马·高尔基的评传著作。曾为《科学评论》杂志等撰稿。——22。

T

"她"——见哥列夫，波里斯·伊萨科维奇。

塔拉索夫——见鲁萨诺夫，尼古拉·谢尔盖耶维奇。

唐恩（**古尔维奇**），费多尔·伊里奇（**木头**；**希望**）（Дан（Гурвич），Федор Ильич（Дерево，Надежда）1871—1947）——俄国孟什维克领袖之一；职业是医生。1894 年参加俄国社会民主主义运动，加入彼得堡工人阶级解放斗争协会。1896 年 8 月被捕，1898 年流放维亚特卡省。1901 年夏逃往国外，加入《火星报》柏林协助小组。1902 年作为《火星报》代办员参加了在比亚韦斯托克举行的筹备召开俄国社会民主工党第二次代表大会的代表会议，会后再次被捕，流放东西伯利亚。1903 年 9 月逃往国外，成为孟什维克。斯托雷平反动时期和新的革命高涨年代在国外领导取消派，编辑取消派的《社会民主党人呼声报》。第一次世界大战期间是社会沙文主义者。1917 年二月革命后任彼得格勒苏维埃执行委员会委员和第一届中央执行委员会主席团委员，支持资产阶级临时政府。十月革命后在卫生人民委员部系统当医生。因反对苏维埃政权，1922 年被驱逐出境，在柏林领导孟什维克进行反革命活动。——100—101、170、212、215、216、365、392、397、403、414、415、416、418—419、460。

特拉温斯基——见克尔日扎诺夫斯基，格列勃·马克西米利安诺维奇。

同志——见叶尔曼斯基，奥西普·阿尔卡季耶维奇。

图—腊——见斯托帕尼，亚历山大·米特罗范诺维奇。

图恩，阿尔丰斯（Thun，Alphons 1853—1885）——德国历史学家，《俄国革命运动史》一书的作者。——318、320、528。

托卡列夫，亚历山大·谢尔盖耶维奇（维希巴洛）（Токарев，Александр Сергеевич（Вышибало）生于 1874 年）——俄国经济派分子，从彼得堡工人阶级解放斗争协会分离出来的所谓"工人组织"的领导人。1902 年曾对彼得堡委员会发表的关于承认《火星报》和《曙光》杂志为俄国社会民主党的领导机关报的七月声明提出抗议。在其影响下，1902 年 10 月"工人组织"委员会散发传单，宣称该委员会是彼得堡斗争协会的领导机关。十月革命后在中央消费合作总社、教育人民委员部及其他苏维埃机关工作。——264—265、287。

托洛茨基（**勃朗施坦**），列夫·达维多维奇（"笔尖"）（Троцкий（Бронштейн），Лев Давидович（«Перо»）1879—1940）——1897 年参加俄国社会民主主义运动。在俄国社会民主工党第二次代表大会上是西伯利亚联合会的代表，属火星派少数派。1905 年同亚·帕尔乌斯一起提出和鼓吹"不断革命论"。斯托雷平反动时期和新的革命高涨年代，打着"非派别性"的幌子，实际上采取取消派立场。1912 年组织"八月联盟"。第一次世界大战期间持中派立场，先后任孟什维克取消派的《我们的言论报》的撰稿人和编辑。1917 年二月革命后参加区联派，在党的第六次代表大会上随区联派集体加入布尔什维克党，当选为中央委员。参加十月武装起义的领导工作。十月革命后任外交人民委员、陆海军人民委员、共和国革命军事委员会主席和交通人民委员等职。曾被选为党中央政治局委员和共产国际执行委员会委员。1918 年初反对签订布列斯特和约。1920—1921 年挑起关于工会问题的争论。——281、308、310、328—330、414、459、470、478、493、499。

托米奇＝埃马努伊尔＝埃马——见科列涅夫斯基，米哈伊尔。

托普里泽，季奥米德·亚历山德罗维奇（伊萨里）（Топуридзе，Диомид Александрович（Исари）1871—1942）——俄国社会民主党人，孟什维克。曾参加格鲁吉亚第一个社会民主主义团体"麦撒墨达西社"。在俄国社会民主工党第二次代表大会上是梯弗利斯委员会的代表，属火星派多数派，但表现动摇，大会结束时又赞同火星派少数派。会后成为孟什维克，反对代表大会选出的党的中央机关，因此于 1903 年 10 月初被党的高加索联合会委员会解除党内职务。1921 年格鲁吉亚建立苏维埃政权后，在财政委员部工作，从事学术评论活动。——371、385—386。

W

瓦·沃·——见沃龙佐夫，瓦西里·巴甫洛维奇。

瓦尔瓦拉·伊万诺夫娜——见斯塔索娃,叶列娜·德米特里耶夫娜。

瓦季姆——见诺斯科夫,弗拉基米尔·亚历山德罗维奇。

瓦卡尔,弗拉基米尔·维克多罗维奇(普拉夫金,弗·)(Вакар, Владимир
Викторович(Правдин, В.)1878—1926)——19世纪90年代前半期开始革
命活动。1899年在基辅大学因积极参加学生运动被捕。1902年起为俄国
社会民主工党基辅委员会委员。俄国社会民主工党第二次代表大会后是
布尔什维克。1906年被判处在要塞监禁一年。获释后脱党。十月革命后
从事工会、司法和文教工作。——248、305、423。

瓦连廷——见加尔佩林,列夫·叶菲莫维奇。

瓦连廷诺夫,尼·(**沃尔斯基,尼古拉·弗拉基斯拉沃维奇**;萨姆索诺夫)
(Валентинов, Н.(Вольский, Николай Владиславович, Самсонов)1879—
1964)——俄国孟什维克,新闻工作者,马赫主义哲学家。1898年参加革
命运动。1903年被捕,获释后不久逃往国外。俄国社会民主工党第二次
代表大会后站在布尔什维克一边,1904年底转向孟什维克,编辑孟什维克
的《莫斯科日报》,参加孟什维克的《真理》、《我们的事业》和《生活事业》等
杂志的工作。斯托雷平反动时期是取消派分子。在哲学上,用马赫和阿芬
那留斯的主观唯心主义观点来修正马克思主义。十月革命后在最高国民
经济委员会的《工商报》任副编辑,后在苏联驻巴黎商务代表处工作。——
248、305、423、456、470。

瓦涅耶夫,阿纳托利·亚历山德罗维奇(Ванеев, Анатолий Александрович
1872—1899)——俄国社会民主党人。1892年在下诺夫哥罗德加入马克
思主义小组。1895年参与组织和领导彼得堡工人阶级解放斗争协会,在
工人社会民主主义小组中担任宣传员,主持《工人事业报》出版的技术准备
工作。因斗争协会案与列宁等人同时被捕,1897年流放东西伯利亚。
1899年8月在列宁起草的反对经济派《信条》的《俄国社会民主党人抗议
书》上签了名。因患肺结核死于流放地。——533。

瓦塞贝格,Э.А.(Вассерберг, Э.А.生于1874年)——1903年是俄国社会民主
工党巴黎协助小组的成员。俄国社会民主工党第二次代表大会后动摇于
布尔什维克和孟什维克之间。1907年获医生称号,后在彼得堡行医。
——175。

瓦西里·瓦西里耶维奇——见奥里明斯基,米哈伊尔·斯捷潘诺维奇。

瓦西里耶夫——见林格尼克,弗里德里希·威廉莫维奇。

瓦西里耶夫,H.B.(Васельев,H.B. 1857—1920)——俄国孟什维克;职业是医生。1878年因参加罢工被流放,不久从流放地逃往瑞士;曾积极参加瑞士的社会民主主义运动。1905年回国。十月革命后在消费合作总社工作。——81。

万尼亚——见克拉斯努哈,弗拉基米尔·潘捷莱蒙诺维奇。

王德威尔得,埃米尔(Vandervelde,Émile 1866—1938)——比利时工人党领袖,第二国际的机会主义代表人物。1900年起任第二国际常设机构——社会党国际局主席。第一次世界大战爆发后成为社会沙文主义者,是大战期间欧洲国家中第一个参加资产阶级政府的社会党人。1918年起历任司法大臣、外交大臣、公共卫生大臣、副首相等职。俄国1917年二月革命后到俄国鼓吹继续进行战争。敌视俄国十月革命,支持武装干涉苏维埃俄国。——140、152。

韦伯,比阿特里萨(Webb,Beatrice 1858—1943)——英国经济学家和社会活动家;悉尼·韦伯的妻子。——181。

韦伯,悉尼·詹姆斯(Webb,Sidney James 1859—1947)——英国经济学家和社会活动家,工联主义和所谓费边社会主义的理论家,费边社的创建人和领导人之一。与其妻比阿特里萨·韦伯合写的关于英国工人运动的历史和理论的许多著作,宣扬在资本主义条件下和平解决工人问题的改良主义思想,但包含有英国工人运动历史的极丰富的材料。主要著作有《英国社会主义》(1890)、《产业民主》(1897)等。——181。

韦尔内特(Vernet)——105。

韦尔特,O.A.(Верт,O.A.)——22。

韦利奇金娜(邦契-布鲁耶维奇),维拉·米哈伊洛夫娜(维·米· ;维拉·米哈伊洛夫娜;佩罗娃)(Величкина(Бонч-Бруевич),Вера Михайловна(В.М.,Вера Михайловна,Перова)1868—1918)——弗·德·邦契-布鲁耶维奇的妻子。19世纪90年代开始革命活动。1902年侨居国外,参加俄国革命社会民主党人国外同盟的工作。1903年加入俄国社会民主工党。党的第二次代表大会后是布尔什维克;为《前进报》和《无产者报》撰稿,翻译马克思

和恩格斯的著作;把党的出版物运往俄国。1905 年是布尔什维克驻日内
瓦政治红十字会的代表。斯托雷平反动时期参加第三届国家杜马社会民
主党党团的工作。十月革命后在教育人民委员部和卫生人民委员部工作。
——297、307、346、440、530。

韦切斯洛夫,米哈伊尔·格奥尔吉耶维奇(尤里耶夫)(Вечеслов, Михаил
Георгиевич(Юрьев)1869 — 1934))——俄国社会民主党人;职业是医生。
1900 年组织和领导《火星报》柏林协助小组,负责把《火星报》通过西部边
界运往俄国的组织工作。俄国革命社会民主党人国外同盟的成员。俄国
社会民主工党第二次代表大会后是孟什维克。1908—1917 年为俄国细菌
学医学专家。十月革命后领导交通人民委员部卫生处的工作。1918 年 6
月加入俄共(布)。1919 年起在卫生人民委员部工作。—— 101、106 —
107、113—114、117—118、132、238、367、389。

韦特林斯卡娅——见雅库波娃,阿波利纳里娅·亚历山德罗夫娜。

维·米·——见韦利奇金娜,维拉·米哈伊洛夫娜。

维·瓦·——见科热夫尼科娃,维拉·瓦西里耶夫娜。

维·伊·;维·伊万·——见查苏利奇,维拉·伊万诺夫娜。

维拉·巴甫洛夫娜——见阿克雪里罗得-古列维奇,维拉·巴甫洛夫娜。

维拉·米哈伊洛夫娜——见韦利奇金娜,维拉·米哈伊洛夫娜。

维拉·伊万诺夫娜;维里·德米·;维里·德米特里 ;维里卡;维里卡·
德米· ;维里卡·德米特里耶夫娜——见查苏利奇,维拉·伊万诺夫娜。

维连斯基,伊里亚·谢苗诺维奇(伊里亚)(Виленский, Илья Семенович
(Илья)1873—1931)——俄国社会民主党人。1897 年是叶卡捷琳诺斯拉
夫工人阶级解放斗争协会会员。1900 年被捕和流放;从流放地逃往日内
瓦,参加《火星报》组织,在劳动解放社印刷所工作,后领导党的印刷所。
1906 年在维堡为《社会民主党人报》筹建印刷所。1918 年在最高国民经济
委员会印刷局工作。1919 年在东方战线加入俄共(布)。高尔察克叛乱被
粉碎后在西伯利亚的印刷工业部门工作,后在彼得格勒和莫斯科工作。
——445、454。

维洛诺夫,尼基福尔·叶弗列莫维奇(Вилонов, Никифор Ефремович 1883 —
1910)——俄国社会民主党人。1901 年在卡卢加开始革命活动,1902 年加

入基辅社会民主党组织。1903年被捕,流放叶卡捷琳诺斯拉夫,参加当地的火星派委员会,是1903年8月总罢工的组织者之一。俄国社会民主工党第二次代表大会后是布尔什维克。在伏尔加河流域和乌拉尔积极参加1905—1907年革命。1906年3月被捕,7月越狱潜逃,在莫斯科做党的工作。再次被捕后流放阿斯特拉罕省,1908年底从那里出国。是卡普里党校的组织者之一,在认清学校的反党性质后,带领一批列宁派学员应列宁的邀请到了巴黎。因患结核病于1910年5月1日在瑞士去世。——397—400。

维特,谢尔盖·尤利耶维奇(Витте,Сергей Юльевич 1849—1915)——俄国国务活动家。1892年2—8月任交通大臣,1892—1903年任财政大臣,1903年8月起任大臣委员会主席,1905年10月—1906年4月任大臣会议主席。在财政、关税政策、铁路建设、工厂立法和鼓励外国投资等方面采取了一系列措施,促进了俄国资本主义的发展。同时力图通过对自由派资产阶级稍作让步和对人民群众进行镇压的手段来维护沙皇专制制度。——99、111、136、138、149、327。

维希巴洛——见托卡列夫,亚历山大·谢尔盖耶维奇。

我的朋友——见马尔托夫,尔·。

我们的好朋友——见巴布什金,伊万·瓦西里耶维奇。

沃多沃佐娃,玛丽亚·伊万诺夫娜(Водовозова,Мария Ивановна 1869—1954)——彼得堡的图书出版人。1895年和尼·瓦·沃多沃佐夫一起创办图书出版社,促进了马克思主义书刊在俄国的传播。列宁的《俄国资本主义的发展》一书于1899年由该出版社出版。——181。

沃尔弗——见林格尼克,弗里德里希·威廉莫维奇。

沃尔弗,威廉(Wolff,Wilhelm 1809—1864)——德国无产阶级革命家和政论家,马克思和恩格斯的朋友和战友。1834—1839年被关在狱中;1846—1847年为布鲁塞尔共产主义通讯委员会委员,1848年3月起任共产主义者同盟中央委员会委员,1848—1849年是《新莱茵报》的编辑之一,法兰克福国民议会议员。——145。

沃尔金——见普列汉诺夫,格奥尔吉·瓦连廷诺维奇。

沃龙佐夫,瓦西里·巴甫洛维奇(瓦·沃·)(Воронцов,Василий Павлович

(B.B.)1847—1918)——俄国经济学家,社会学家,政论家,自由主义民粹派思想家。曾为《俄国财富》、《欧洲通报》等杂志撰稿。认为俄国没有发展资本主义的条件,俄国工业的形成是政府保护政策的结果;把农民村社理想化,力图找到一种维护小资产者不受资本主义发展之害的手段。19世纪90年代发表文章反对俄国马克思主义者,鼓吹同沙皇政府和解。主要著作有《俄国资本主义的命运》(1882)、《俄国手工工业概述》(1886)、《农民经济中的进步潮流》(1892)、《我们的方针》(1893)、《理论经济学概论》(1895)。——3、4。

沃罗夫斯基,瓦茨拉夫·瓦茨拉沃维奇(施瓦尔茨;先生;约瑟芬)(Воровский, Вацлав Вацлавович(Шварц, Пан, Жозефина)1871—1923)——1890年在大学生小组中开始革命活动。1902年侨居国外,成为列宁《火星报》的撰稿人。俄国社会民主工党第二次代表大会后是布尔什维克。1904年初受列宁委派,在敖德萨建立俄国社会民主工党中央委员会南方局;8月底出国,赞同22个布尔什维克的宣言。1905年同列宁等人一起参加《前进报》和《无产者报》编辑部,后在布尔什维克的《新生活报》编辑部工作。1907—1912年领导敖德萨的布尔什维克组织。第一次世界大战初期在彼得格勒做党的工作,1915年去斯德哥尔摩,1917年4月根据列宁提议进入党中央委员会国外局。1917—1919年任俄罗斯联邦驻斯堪的纳维亚国家的全权代表,1919—1920年领导国家出版社,1921—1923年任驻意大利全权代表。1923年5月10日在洛桑被白卫分子杀害。——379、423、456、464、498、506。

乌里扬诺夫,德米特里·伊里奇(安德列耶夫斯基;菲特)(Ульянов, Дмитрий Ильич(Андреевский, Фит)1874—1943)——列宁的弟弟,医生。1894年参加莫斯科大学生马克思主义小组。1900年起为《火星报》代办员。1903年在俄国社会民主工党第二次代表大会上是图拉委员会的代表,属火星派多数派,会后任中央代办员。屡遭逮捕和监禁。1905—1907年任布尔什维克辛比尔斯克委员会委员,后在谢尔普霍夫和费奥多西亚当医生,同布尔什维克的一些中央组织保持经常联系。1914年被征入伍,在士兵中进行革命工作。十月革命后任克里木人民委员会副主席和党的克里木州委员会委员等职。1921年起在卫生人民委员部工作。——279—280、

369、414。

乌里扬诺夫，弗·　；乌里扬诺夫，弗拉基米尔——即列宁，弗拉基米尔·伊
里奇。

乌里扬诺娃，玛丽亚·伊里尼奇娜（狗熊；玛尼亚沙；小狗熊）（Ульянова，
Мария Ильинична（Медведь，Маняша，Медвежонок）1878—1937）——列
宁的妹妹。早在大学时代就参加了革命运动，1898年加入俄国社会民主
工党。曾在彼得堡、莫斯科、萨拉托夫等城市以及国外做党的工作。1900
年起为《火星报》代办员。俄国社会民主工党第二次代表大会后是布尔什
维克。1903年秋起在党中央秘书处工作。1904年在布尔什维克彼得堡组
织中工作。1908—1909年在日内瓦和巴黎居住，积极参加布尔什维克国
外小组的工作。因从事革命活动多次被捕和流放。第一次世界大战期间
在莫斯科和彼得格勒做宣传鼓动工作，执行列宁交办的任务，同党中央委
员会国外局进行通信联系等。1917年3月—1929年春任《真理报》编辑和
责任秘书。曾任中央监察委员会委员、苏维埃监察委员会委员、苏联中央
执行委员会委员。——99、263、333、344、408。

乌里扬诺娃-叶利扎罗娃，安娜·伊里尼奇娜（阿尼亚）（Ульянова-Елизарова，
Анна Ильинична（Аня）1864—1935）——列宁的姐姐。1886年参加大学
生革命运动。1898年任俄国社会民主工党第一届莫斯科委员会委员。
1900—1905年在《火星报》组织和布尔什维克的一些秘密报刊工作，曾任
《前进报》编委。积极参加列宁著作的出版工作。曾在彼得堡、莫斯科和萨
拉托夫从事革命工作。1913年起在《真理报》工作，任《启蒙》杂志秘书和
《女工》杂志编委。多次被捕。1917年二月革命后为党中央委员会俄国局
成员、《真理报》编辑部秘书和《织工》杂志编辑，参加了十月革命的准备工
作。1918—1921年领导社会保障人民委员部儿童保健司，后到教育人民
委员部工作。是党史委员会和列宁研究院的组织者之一。写有一些回忆
列宁的作品和其他文学著作。——25、49、56、57、64、141、160、162、164、
238、536。

乌沙科夫，М.А.（Ушаков，М.А.）——沙俄祖巴托夫保安处密探。最初在彼
得堡祖巴托夫协会工作，后成立所谓独立社会工党；用政府的经费出版《工
人报》，并与警察司有密切联系；激烈反对社会民主党人。1908年，他的党

由于得不到工人支持而退出政治舞台。——479。

X

西尔文，米哈伊尔·亚历山德罗维奇（流浪汉；流浪者）(Сильвин, Михаил Александрович (Бродягин, Бродяга) 1874—1955)——俄国社会民主党人。1891年参加革命运动，1895年参与组织彼得堡工人阶级解放斗争协会，是协会的中心小组成员。1896年被捕，1898年流放东西伯利亚三年。1899年8月在列宁起草的反对经济派《信条》的《俄国社会民主党人抗议书》上签了名。不久应征入伍，先后在西伯利亚和里加服役。1901年为《火星报》代办员。1902年被捕，后流放伊尔库茨克省，从流放地逃往国外。1904年被增补进俄国社会民主工党中央委员会，曾一度转向孟什维克。1905—1908年为一些布尔什维克报纸撰稿。1908年脱离政治活动并退党。十月革命后在俄罗斯联邦教育人民委员部、苏联驻英国商务代表处等单位工作。——216、464、470。

西蒙诺夫——见马耶夫斯基，叶夫根尼。

希望——见唐恩，费多尔·伊里奇。

先生——见沃罗夫斯基，瓦茨拉夫·瓦茨拉沃维奇。

小狗熊——见乌里扬诺娃，玛丽亚·伊里尼奇娜。

小兽——见埃森，玛丽亚·莫伊谢耶夫娜。

谢德林，尼·——见萨尔蒂科夫-谢德林，米哈伊尔·叶夫格拉福维奇。

谢尔盖·彼得罗维奇——见克拉西科夫，彼得·阿纳尼耶维奇。

谢拉金——见罗斯，威廉·斯图亚特。

谢苗·米赫耶维奇——见阿尔卡诺夫，谢苗·米赫耶维奇。

辛格尔，保尔(Singer, Paul 1844—1911)——德国社会民主党领袖之一，第二国际中马克思主义派的著名活动家。1878年加入德国社会民主党。1887年起任德国社会民主党执行委员会委员，1890年起任执行委员会主席。1884—1911年是帝国国会议员，1885年起为社会民主党党团主席。1900年起是社会党国际局成员，属于左翼，始终不渝地同机会主义进行斗争。——99。

欣丘克，列夫·米哈伊洛维奇(Хинчук, Лев Михайлович 1868—1944)——

1890年参加俄国社会民主主义运动。1919年以前是孟什维克,曾任孟什维克中央委员。1920年加入俄共(布)。1917—1920年任莫斯科工人合作社理事会理事。1921年起历任中央消费合作总社理事会主席、苏联驻英国商务代表和驻德国全权代表、俄罗斯联邦国内商业人民委员。——365。

星期五——见皮亚特尼茨基,约瑟夫·阿罗诺维奇。

兄弟——见波特列索夫,亚历山大·尼古拉耶维奇。

兄弟——见马尔托夫,尔·。

Y

雅布洛奇科夫——见诺根,维克多·巴甫洛维奇。

雅柯夫——见策杰尔包姆,谢尔盖·奥西波维奇。

雅克——见亚历山德罗娃,叶卡捷琳娜·米哈伊洛夫娜。

雅库波娃,阿波利纳里娅·亚历山德罗夫娜(布罗克;韦特林斯卡娅)
(Якубова, Аполлинария Александровна(Брок, Ветринская)1869—1913)——1893年参加俄国社会民主主义运动,是经济派著名代表人物。曾加入彼得堡工人阶级解放斗争协会。1897—1898年是经济派的《工人思想报》的创办人之一。1898年流放东西伯利亚,1899年夏流亡国外。曾协助组织俄国社会民主工党第二次代表大会,并作为有发言权的代表出席大会;会后同情孟什维克。1905年后脱离政治活动,在工人教育组织中工作。——57—62、72、267。

雅斯涅娃——见哥卢别娃,玛丽亚·彼得罗夫娜。

亚·波·;亚·尼·;亚·尼—奇;亚历山·尼古拉耶维奇——见波特列索夫,亚历山大·尼古拉耶维奇。

亚历山大——见克列梅尔,亚伦·约瑟福维奇。

亚历山德罗娃,叶卡捷琳娜·米哈伊洛夫娜(纳塔莉娅·伊万诺夫娜;雅克)
(Александрова, Екатерина Михайловна(Наталья Ивановна, Жак)1864—1943)——19世纪80年代末加入俄国民意党组织,1890年起在彼得堡工人小组中进行宣传活动,加入民意社。1894年被捕,流放沃洛格达省五年;流放期间成为社会民主党人。1902年在国外加入《火星报》组织,后作为该组织代办员在俄国工作。1903年2月被选入筹备召开俄国社会民主工党第二次代表大会的组织委员会。在代表大会上是组织委员会有发言权的代表，属火星派少数派，会后成为孟什维克骨干分子。1904 年代表孟什维克被增补进中央委员会。1905 年 10 月起任孟什维克组织委员会秘书。1910—1912 年加入托洛茨基的维也纳《真理报》。十月革命后在文教机关工作。——232、340—343、344、414。

野兽——见埃森，玛丽亚·莫伊谢谢耶夫娜。

叶尔曼斯基(科甘)，奥西普·阿尔卡季耶维奇(同志)（Ерманский(Коган)，Осип Аркадьевич(Genosse)1866—1941）——俄国社会民主党人。19 世纪 80 年代末参加革命运动。1899—1902 年在俄国南方工作。俄国社会民主工党第二次代表大会后是孟什维克。1918 年是孟什维克中央委员，孟什维克中央机关刊物《工人国际》杂志编辑之一。1921 年退出孟什维克，在莫斯科从事学术工作。——216。

叶尔莫拉耶夫，伊万·索西帕托维奇（Ермолаев，Иван Сосипатович）——俄国叶尼塞斯克省米努辛斯克专区舒申斯克村农民。奥·亚·恩格贝格流放期间在他家住过。娜·康·克鲁普斯卡娅在回忆录中写道，他是个贫苦农民，大家叫他索西帕梯奇，列宁经常和他一起去打猎。——34—35。

叶菲莫夫（Ефимов）——德国社会民主党人约·狄茨领导的一家印刷厂排字工人。——79。

叶夫根尼——见捷依奇，列夫·格里戈里耶维奇。

叶夫谢伊(马柳特金)——见莱博维奇，马·。

叶弗龙，伊里亚·阿布拉莫维奇（Ефрон，Илья Абрамович 1847—1917）——俄国印刷企业家。1890—1907 年与德国布罗克豪斯出版公司合作，在彼得堡出版了一套大型百科全书——布罗克豪斯和叶弗龙《百科词典》，1911—1916 年又出了新的版本。——346。

叶弗龙，尤利·阿法莫维奇（Ефрон，Юлий Афамович 1855—1917）——俄国侨民；职业是医生。拥护劳动解放社。后为巴黎火星派组织的成员。——179、346、499。

叶戈尔——见马尔托夫，尔·。

叶戈罗夫，И.И.(家长)（Егоров，И.И.(Большак)1874—1937）——俄国社会民主党人；钳工。19 世纪 80 年代参加革命运动，俄国社会民主工党第二次代表大会后是布尔什维克。俄国社会民主工党特维尔委员会委员。1903年11月底隐藏在叶卡捷琳诺斯拉夫,加入当地的社会民主党组织。1904年春在日内瓦,后回到俄国,同年7月5日(18日)在索尔莫沃被捕,关入特维尔监狱。1908年脱党。十月革命后从事经济工作。1925年加入联共(布)。——491、517。

叶拉马索夫,阿列克谢·伊万诺维奇(和尚)(Ерамасов, Алексей Иванович (Монах)1869—1927)——俄国社会民主党人,火星派分子。从《火星报》创刊至十月革命,在物质上经常帮助布尔什维克党。十月革命后加入俄共(布),在国民教育博物馆工作。——347、518—519。

叶利扎罗夫,马尔克·季莫费耶维奇(Елизаров, Марк Тимофеевич 1863—1919)——列宁的姐夫。1893年参加俄国社会民主主义运动,布尔什维克。曾在彼得堡、莫斯科和伏尔加河流域做党的工作。积极参加1905—1907年革命,是1905年铁路员工大罢工的领导人之一。多次被捕和流放。十月革命后历任交通人民委员、保险事务委员会主任委员、工商业人民委员部部务委员。——100、238。

叶利扎罗娃,安·伊·——见乌里扬诺娃-叶利扎罗娃,安娜·伊里尼奇娜。

叶列马——见施涅尔松,阿纳托利·阿布拉莫维奇。

一元论者——见普列汉诺夫,格奥尔吉·瓦连廷诺维奇。

医生——见古萨罗夫,费多尔·瓦西里耶维奇。

医师——见罗扎诺夫,弗拉基米尔·尼古拉耶维奇。

伊格纳特——见克拉西科夫,彼得·阿纳尼耶维奇。

伊里亚——见维连斯基,伊里亚·谢苗诺维奇。

伊林——即列宁,弗拉基米尔·伊里奇。

伊林娜——见戈比,莉迪娅·克里斯托福罗夫娜。

伊诺罗泽夫——见司徒卢威,彼得·伯恩哈多维奇。

伊萨里——见托普里泽,季奥米德·亚历山德罗维奇。

伊萨延科,А.Я.(Исаенко, А.Я.)——524。

伊万申,弗拉基米尔·巴甫洛维奇(弗·伊—申)(Иваншин, Владимир Павлович(В.И—н)1869—1904)——俄国社会民主党人,经济派领袖之一,统计学家。1896年在彼得堡工人阶级解放斗争协会工作。曾被捕,

1898 年流亡国外。是国外俄国社会民主党人联合会机关刊物《工人事业》杂志的编辑,同时又与彼得堡经济派的《工人思想报》保持密切联系。在自己的文章中把工人的直接经济利益同社会民主党的政治任务对立起来。1901 年 10 月作为俄国社会民主党人联合会的代表出席了国外社会民主党人组织"统一"代表大会。1903 年初同工人事业派决裂,加入俄国革命社会民主党人国外同盟。俄国社会民主工党第二次代表大会后成为孟什维克。——38、39、122。

音乐家——见克拉西科夫,彼得·阿纳尼耶维奇。

因萨罗夫——见拉拉扬茨,伊萨克·克里斯托福罗维奇。

因萨罗娃——见库利亚布科,普拉斯科维娅·伊万诺夫娜。

鹰——见埃森,玛丽亚·莫伊谢耶夫娜。

英格尔曼,谢尔盖·米哈伊洛维奇(Ингерман, Сергей Михайлович 1868— 1943)——俄国最早的社会民主党人之一,19 世纪 80 年代中期加入劳动解放社。80 年代末侨居美国,从美国先后向劳动解放社和《火星报》的出版活动提供经费,并在侨民中积极开展社会民主党的工作,组织了一些俄国社会民主党的协助小组。俄国社会民主工党第二次代表大会后成为孟什维克。在美国曾任美国社会主义协会书记;当过医生。——112。

尤·奥·——见马尔托夫,尔·。

尤尔丹诺夫——见约尔丹斯基,尼古拉·伊万诺维奇。

尤里——见加米涅夫,列夫·波里索维奇。

尤里耶夫——见韦切斯洛夫,米哈伊尔·格奥尔吉耶维奇。

尤利——见马尔托夫,尔·。

尤沙柯夫,谢尔盖·尼古拉耶维奇(Южаков, Сергей Николаевич 1849— 1910)——俄国政论家和社会学家,自由主义民粹派思想家。1868 年起为《知识》、《祖国纪事》和《事业》等杂志撰稿。1894—1898 年任《俄国财富》杂志编委,参加民粹派同马克思主义者的论战。提出以扶持村社和劳动组合为目的的改革方案,认为村社和劳动组合可以成为农业和手工业生产社会化的基础;在社会学方面是主观唯心主义者,否认阶级斗争,认为"伦理因素"在社会进步中起主要作用。——103。

犹大——见司徒卢威,彼得·伯恩哈多维奇。

幼芽——见巴拉姆津，叶戈尔·瓦西里耶维奇。

鱼雷艇——见卢那察尔斯基，阿纳托利·瓦西里耶维奇。

约尔丹斯基，尼古拉·伊万诺维奇（尤尔丹诺夫）（Иорданский, Николай Иванович（Юрданов）1876—1928）——1899 年参加俄国社会民主主义运动。1903年俄国社会民主工党第二次代表大会后是孟什维克。1904 年为孟什维克《火星报》撰稿人。斯托雷平反动时期接近孟什维克护党派。第一次世界大战期间支持战争。1917 年二月革命后是临时政府派驻西南方面军多个集团军的委员。1921 年加入俄共（布）。1922 年在外交人民委员部和国家出版社工作，1923—1924 年任驻意大利全权代表。1924 年起从事写作。——239。

约瑟芬——见沃罗夫斯基，瓦茨拉夫·瓦茨拉沃维奇。

Z

扎波罗热茨，彼得·库兹米奇（Запорожец, Петр Кузьмич 1873—1905）——俄国社会民主党人。1891 年参加马克思主义小组，1895 年参与组织彼得堡工人阶级解放斗争协会，同年底因斗争协会案被捕，被判处流放东西伯利亚五年。监禁时病重，获准监外就医，受到警察当局的公开监视。死于肺结核。——532。

扎戈尔斯基——见克罗赫马尔，维克多·尼古拉耶维奇。

扎戈尔斯卡娅——见斯米多维奇，因娜·格尔莫格诺夫娜。

扎克拉德内，米哈伊尔·列昂季耶维奇（Закладный, Михаил Леонтьевич）——俄国工艺学院学生。——10。

扎林——见林格尼克，弗里德里希·威廉莫维奇。

簪子——见克拉西科夫，彼得·阿纳尼耶维奇。

正统派——见阿克雪里罗得，柳博芙·伊萨科夫娜。

兹韦列夫——见埃森，玛丽亚·莫伊谢耶夫娜。

子爵——见波特列索夫，亚历山大·尼古拉耶维奇。

字母——见高尔基，马克西姆。

祖巴托夫，谢尔盖·瓦西里耶维奇（Зубатов, Сергей Васильевич 1864—1917）——沙俄宪兵上校，"警察社会主义"（祖巴托夫主义）的炮制者和鼓吹者。

1896—1902 年任莫斯科保安处处长,组织政治侦查网,建立密探别动队,破坏革命组织。1902 年 10 月到彼得堡就任警察司特别局局长。1901—1903 年组织警方办的工会——莫斯科机械工人互助协会和圣彼得堡俄国工厂工人大会等,诱使工人脱离革命斗争。由于他的离间政策的破产和反内务大臣的内讧,于 1903 年被解职和流放,后脱离政治活动。1917 年二月革命初期自杀。——92、161、162。

祖拉博夫,阿尔沙克·格拉西莫维奇(拉希德-别克)(Зурабов, Аршак Герасимович(Рашид-Бек)1873 — 1920)—— 1892 年参加俄国革命运动。1896 年加入彼得堡工人阶级解放斗争协会。1902 年是亚美尼亚社会民主党人联合会及其机关报《无产阶级报》的组织者之一。1903 年加入俄国社会民主工党高加索联合会委员会。党的第二次代表大会后是布尔什维克,1906 年参加孟什维克。1917 年二月革命后被选入彼得格勒工兵代表苏维埃执行委员会。十月革命后在外高加索工作,反对孟什维克和达什纳克党人,为建立苏维埃政权并与苏维埃俄罗斯建立密切联系而积极斗争。——371。

————

2а 3б——见勒柏辛斯基,潘捷莱蒙·尼古拉耶维奇。

7ц.6ф.——见林格尼克,弗里德里希·威廉莫维奇。

ъ/3——见加尔佩林,列夫·叶菲莫维奇。

А.——435。

В.——435。

К.——465。

Н.——435。

Н.М.А.——3。

О.——435、436。

С.——435、436。

Ю.——267、269。

————

Х——见克尼波维奇,莉迪娅·米哈伊洛夫娜。

Х——见普列汉诺夫,格奥尔吉·瓦连廷诺维奇。

ZZ——见拉拉扬茨,伊萨克·克里斯托福罗维奇。

文 献 索 引

阿尔先耶夫——见波特列索夫，亚·尼·。

[阿基莫夫，弗·彼·]《在受审时应当如何表现》（[Акимов, В. П.] Как держать себя на допросах. Изд. Союза русских социал-демократов. Женева, тип. «Союза», август 1900. 48 стр. (РСДРП). После загл. авт. : В. Бахарев）——69—70。

阿克雪里罗得，柳·伊·《托尔斯泰的世界观及其发展》（Axelrod, L. E. Tolstois Weltanschauung und ihre Entwicklung. Inaugural-Dissertation zur Erlangung der Doktorwürde einer hohen philosophischen Fakultät der Universität Bern. Bern, 1901）——181。

[阿克雪里罗得，柳·伊·]《论某些"批评家"的若干哲学习作》（[Аксельрод, Л. И.] О некоторых философских упражнениях некоторых «критиков». —«Заря», Stuttgart, 1902, №4, август, стр. 46 — 70. Подпись: Ортодокс）——197—198。

—《为什么我们不想后退？》（Почему мы не хотим идти назад? —«Заря», Stuttgart, 1901, №2-3, декабрь, стр 38—59. Подпись: Ортодокс）——75、131、135、138、140、143。

阿克雪里罗得，帕·《俄国社会民主主义的历史合理性》（Axelrod, P. Die historische Berechtigung der russischen Sozialdemokratie. —« Die Neue Zeit», Stuttgart, 1897—1898, Jg. XVI, Bd. II, Nr. 30, S. 100—111; Nr. 31, S. 140—149）——17、21—22、28。

[阿克雪里罗得，帕·波·]《奥地利工人在最近一次选举中的胜利》（[Аксельрод, П. Б.] Последняя избирательная победа австрийских рабочих. —«Искра», [Мюнхен], 1901, №6, июль, стр. 7, в отд. : Иностранное обозрение）——139。

редакции. 28 июля 1901 г. Рукопись)——151。

—《关于恢复"劳动解放社"出版物的声明》(Объявление о возобновлении изданий группы «Освобождение труда». Изд. «Союза русских социал-демократов». Под ред. группы «Освобождение труда». Женева, тип. «Союза», 1900. 8 стр. (РСДРП))——38。

—《国际社会民主主义运动的总结》(Итоги международной социал-демократии.—«Искра», [Лейпциг], 1900, №1, декабрь, стр. 7 — 8; [Мюнхен], 1901, №2, февраль, стр. 5, в отд.: Иностранное обозрение) ——74—75、76—77、78—79、80。

—《论俄国社会民主党人的当前任务和策略问题》(К вопросу о современных задачах и тактике русских социал-демократов. Изд. «Союза русских социал-демократов». Женева, тип. «Союза русских социал-демократов», 1898. 34 стр.)——17。

—《威廉·李卜克内西》(Вильгельм Либкнехт.—«Искра», [Лейпциг], 1900, №1, декабрь, стр.1 — 2)——50、53、56、65、66 — 67、78、79。

阿列克谢——见马尔托夫,尔·。

[奥里明斯基,米·斯·]《打倒波拿巴主义!》([Ольминский, М. С.] Долой бонапартизм! Женева, кооп. тип., 1904. 23, 1 стр. (РСДРП). Перед загл. авт.: Галерка)——445、453、458、461、469、477、486—487。

—《踏上新的道路》(На новый путь. Женева, кооп. тип., 1904. 54 стр. (РСДРП). Перед загл. авт.: Галерка)——469。

[奥里明斯基,米·斯·和波格丹诺夫,亚·]《我们之间的争论》([Ольминский, М. С. и Богданов, А.] Наши недоразумения. Изд. авторов. Женева, кооп. тип., 1904. 91, 1 стр. (РСДРП). Перед загл. авт.: Галерка и Рядовой)——444、454、456、458、461、469。

奥西波夫——见捷姆利亚奇卡,罗·萨·。

[巴布什金,伊·瓦·]《为伊万诺沃-沃兹涅先斯克工人辩护》([Бабушкин, И. В.] В защиту иваново-вознесенских рабочих.—«Искра», [Мюнхен], 1901, №9, октябрь. Приложение к №9 «Искры», стр. 1 — 24. Подпись: Рабочий за рабочих)——165。

——《伊万诺沃-沃兹涅先斯克》(Иваново-Вознесенск.—«Искра», [Мюнхен], 1901, №5, июнь, стр. 4, в отд.: Первое мая в России)——129。

巴哈列夫——见阿基莫夫,弗·彼·。

[巴赫, А. Н.]《沙皇—饥饿》([Бах, А. Н.] Царь-голод. [Спб., изд. «Группы народовольцев»], 1895. 79 стр.)——12。

[邦契-布鲁耶维奇,弗·德·]《俄国教权主义的力量》([Бонч-Бруевич, В. Д.] Силы русского клерикализма.—«Искра», [Женева], 1903, №47, 1 сентября, стр. 2—4)——352。

——《[关于成立布尔什维克的社会民主党书刊出版社的]声明》(Заявление [о предпринятом издательстве большевистской социал-демократической литературы].—В кн.: [Ольминский, М. С. и Богданов, А.] Наши недоразумения. Изд. авторов. Женева, кооп. тип., 1904 стр. 2 [вклейки]. (РСДРП). Перед загл. кн. авт.: Галерка и Рядовой)—— 444—455、456。

[鲍古查尔斯基,瓦·雅·]《论旧和新》([Богучарский, В. Я.] О старом и новом.—«Заря», Stuttgart, 1901, №1, апрель, стр. 137—142. Подпись: Бывалый)——68—70。

贝尔格——见马尔托夫,尔·。

贝瓦雷——见鲍古查尔斯基,瓦·雅·。

倍倍尔,奥·《我们的目的》(Bebel, A. Unsere Ziele. Eine Streitschrift gegen die «Demokratische Korrespondenz». 11. Aufl. Berlin, Exped. der Buchh. Vorwärts, 1903. 56 S.)——327。

"笔尖"——见托洛茨基,列·达·。

别尔嘉耶夫,尼·亚·《为唯心主义而斗争》(Бердяев, Н. А. Борьба за идеализм.—«Мир Божий», Спб., 1901, №6, стр. 1—26, в отд.: I)—— 135、152。

别尔林,帕·《[书评:]卡尔·迪尔教授〈论卡尔·马克思经济体系中的价值和价格的关系〉》(Берлин, П. [Рецензия на книгу:] Prof. Karl Diehl. Über das Verhältnis von Wert und Preis im ökonomischen System von Karl Marx. Jena 1898.—«Жизнь», Спб., 1899, №5, февраль, кн. 2, стр. 116—119, в отд.: Библиография)——31。

波格丹诺夫，亚·《经济学简明教程》(Богданов, А. Краткий курс экономической науки. М., Муринова, 1897, VIII, 290 стр.)——32。

——《论社会主义》(О социализме. (Отдельный оттиск из «Рассвета» №8-9). Женева, кооп. тип., 1904. 18 стр. (РСДРП). Перед загл. авт.: Рядовой)——458、469。

——《自然史观的基本要素》(Основные элементы исторического взгляда на природу. Спб., «Издатель», 1899. 254 стр.)——32。

[波格丹诺维奇，安·伊·]《迫切的问题》([Богданович, А. И.] Насущный вопрос. Изд. партии «Народного права». [Смоленск], 1894. 41 стр. (Вып.1))——286。

波里斯——见诺斯科夫，弗·亚·。

波斯特尼柯夫，弗·叶·《南俄农民经济》(Постников, В. Е. Южнорусское крестьянское хозяйство. М., 1891. XXXII, 392 стр.)——2、3—4、5、6。

[波特列索夫，亚·尼·]《当代贞女》([Потресов, А. Н.] Современная весталка. (Из этюдов о современной журналистике).—«Заря», Stuttgart, 1901, №2-3, декабрь, стр. 226—258. Подпись: Ст.)——136、138、152、162—163、165。

——《发生了什么事情?》(Что случилось? —«Заря», Stuttgart, 1901, №1, апрель, стр. 47—74. Подпись: Старовер)——68。

——《给格·瓦·普列汉诺夫的信》(1903 年 11 月 3 日)(Письмо Г. В. Плеханову. 3 ноября 1903 г. Рукопись)——377—378、379、383、385—387。

——《关于"遗产"和"继承人"的杂志短评》(Журнальные заметки о «наследстве» и «наследниках».—«Начало», Спб., 1899, №4. Подпись: А. П.)——27、32—33。

——《论两面性的民主制》(О двуликой демократии.—«Искра», [Лондон], 1903, №35, 1 марта, стр. 3—4)——310—311。

——《论无谓的幻想》(О бессмысленных мечтаниях.—«Искра», [Мюнхен], 1901, №5, нюнь, стр.1)——129。

—《我们的厄运》(Наши злоключения. I. О либерализме и гегемонии.— «Искра»,〔Женева〕, 1904, №78, 20 ноября, стр. 2 — 6. Подпись: Старовер)——511。

—《最迫切的问题》(Не в очередь. Критические наброски.—«Начало», Спб., 1899, №4, стр. 121 — 149, в отд.: II. Подпись: А. К-р-ий) ——33。

伯恩施坦,爱·《历史唯物主义》(Бернштейн, Э. Исторический материализм. Пер. Л. Канцель. 2-е изд. Спб., «Знание», 1901. 332 стр.)——163。

—《社会主义的前提和社会民主党的任务》(Bernstein, E. Die Voraussetzungen des Sozialismus und die Aufgaben der Sozialdemokratie. Stuttgart, Dietz, 1899. X, 188 S.)——26、32、34。

布尔加柯夫,谢·尼·《论农业资本主义演进的问题》(Булгаков, С. Н. К вопросу о капиталистической эволюции земледелия.—«Начало», Спб., 1899, №1-2, стр. 1—21; №3, стр. 25—36)——23—25、26。

—《论社会现象的规律性》(О закономерности социальных явлений.— «Вопросы Философии и Психологии», М., 1896, кн. 5 (35), ноябрь— декабрь, стр. 575—611)——17、31。

—《〔书评:〕卡尔·考茨基〈土地问题〉》(Bulgakoff, S.〔Рецензия на книгу:〕 Kautsky, Karl. Die Agrarfrage.—«Archiv für soziale Gesetzgebung und Statistik», Berlin, 1899, Bd. 13, S. 710—734)——30。

—《因果律和人类活动的自由》(Закон причинности и свобода человеческих действий.—«Новое Слово», Спб., 1897, кн. 8, май, стр. 183 — 199) ——17、31、32、197。

—《资本主义和农业》(第 1 — 2 卷)(Капитализм и земледелие. Т. I — II. Спб., тип. Тиханова, 1900. 2 т.)——234。

布隆代,乔·《关于德国农村人口和农业危机的研究》(Blondel, G. Études sur les populations rurales de l'Allemagne et la crise agraire. Paris, Larose et Forcel, 1897. XII, 522 p.)——152。

布罗克豪斯,弗·阿·和叶弗龙,伊·阿·《百科词典》(第 3 卷、第 16 卷 (上)、第 21 卷(上))(Брокгауз, Ф. А. и Ефрон, И. А. Энциклопедический

словарь. Тт. III, [полут. 5], XVI[a], [полут. 32], XXI[a], [полут. 42].
Спб., 1893, 1895, 1897. 3 т.)

—第3卷(T. III, [полут. 5]. 1893, стр.122—135)——346。

—第16卷(上)(T. XVI[a], [полут. 32]. 1895, стр. 675—725)——346。

—第21卷(上)(T. XXI[a], [полут. 42]. 1897, стр. 574)——346。

[查苏利奇,维·伊·]《粗鲁举动引起的令人气愤的事件》([Засулич, В. И.]
«Возмутительный по своей дерзости случай». — «Искра», [Лондон],
1902, No22, июль, стр.2—4. Под загл.: Фельетон)——234。

—《让·雅克·卢梭》(Жан Жак Руссо. Опыт характеристики его
общественных идей. Спб., Струве, 1898. 156 стр. Перед загл. авт.: Н.
Карелин. На обл. дата: 1899)——27、28。

—《社会主义中的唯心论因素》(Элементы идеализма в социализме.—
«Заря», Stuttgart, 1901, No2-3, декабрь, стр. 303—323)——136、138、
152、163、165。

—《[书评:]〈俄国革命主义的复活〉、〈自由〉杂志》([Рецензия на книгу:]
«Возрождение революционизма в России». Издание революционно-
социалистической группы «Свобода». «Свобода». Журнал для рабочих.
Издание той же группы.—«Заря», Stuttgart, 1901, No2-3, декабрь,
стр. 349—354, в отд.: Библиография. Подпись: В.З.)——172。

—《死人抓住了活人》(«Мертвый хватает живого». (Le mort saisit le
vif).—«Искра», [Лондон], 1902, No28, 15 ноября, стр. 1)——273。

—《协议草案》(Проект соглашения. Рукопись)——199。

达多诺夫, В.《俄国的曼彻斯特(关于伊万诺沃-沃兹涅先斯克的信)》
(Дадонов, В. Русский Манчестер. (Письма об Иваново-Вознесенске).—
«Русское Богатство», Спб., 1900, No12, стр. 46—67)——165。

达涅维奇, В.——见古列维奇,埃·李·。

大婶——见卡尔梅柯娃,亚·米·。

大卫,爱·《社会主义和农业》(David, E. Sozialismus und Landwirtschaft. Bd.
1. Die Betriebsfrage. Berlin, Verl. der Sozialistischen Monatshefte, 1903.
703 S.)——334。

［丹尼尔逊，尼·］《俄国农民解放后的国民经济》（［Danielson, N.］Die Volkswirtschaft in Rußland nach der Bauernemanzipation. Autoris. Übersetzung aus dem Russischen von G. Polonsky. München, Lukaschik, 1899. XVI, 240 S. Перед загл. авт.: Nicolai—on）——29。

［德拉哥马诺夫，米·彼·《你们叩门，门就会开》]（［Драгоманов, М. П. Толщыте и отверзется].—«Вольное Слово», Женева, 1883, №56, 1 марта, стр. 1—3; №57, 15 марта, стр. 1—3）——152。

德斯特雷，茹·和王德威尔得，埃·《比利时的社会主义》（Destrée, J. et Vandervelde, E. Le Socialisme en Belgique. Paris, Giard et Brière, 1898. 515 p.）——140、152。

迪克施坦，希·《谁以什么为生?》（Дикштейн, С. Кто чем живет. Изд. «Союза русских социал-демократов». Женева, тип. «Союза русских социалдемократов», 1898. 39 стр. (Рабочая б-ка, вып. 2-ой)) —— 323、327。

杜冈-巴拉诺夫斯基，米·伊·《经济因素在历史上的意义》（Туган-Барановский, М. И. Значение экономического фактора в истории.—«Мир Божий», Спб., 1895, №12, стр. 101—118）——31。

　——《马克思的资本主义抽象理论的基本错误》（Основная ошибка абстрактной теории капитализма Маркса.—«Научное Обозрение», Спб., 1899, №5, стр. 973—985）——30、31。

恩·格·——见日特洛夫斯基，哈·约·。

恩格斯，弗·《德国的革命和反革命》（Энгельс, Ф. Революция и контрреволюция в Германии. (Пер. с англ.). ［Лондон, «Рабочее Знамя»], 1900. 87 стр. Перед загл. ошибочно указан авт.: К. Маркс）——83、85。

　——《德国农民》（德文版）（Engels, F. Der deutsche Bauer. Was war er? Was ist er? Was könnte er sein? ［Оттиск из «Der Sozialdemokrat»]. Zürich, ［1883]. 16 S.）——145、147。

　——《德国农民》（俄文版）（Немецкий крестьянин. Чем он был? Что он есть? Чем он мог бы быть? Пер. с нем.—«Русское Богатство», Спб., 1900, №1, стр. 181—194）——145、147—148、152。

—《法德农民问题》(Die Bauerfrage in Frankreich und Deutschland.—«Die Neue Zeit»,Stuttgart,1894—1895,Jg. XIII, Bd. I, Nr. 10, S. 292—306)——346。

—《弗里德里希·恩格斯论俄国》(Фридрих Энгельс о России. Пер. с нем. В. Засулич. Женева, тип. «Социал-Демократа», 1894. 38 стр. (Б-ка современного социализма. Сер. II.—Вып. III))——7。

—《[〈论俄国的社会问题〉]跋》(Послесловие [к работе «О социальном вопросе в России».—В кн.: [Энгельс, Ф.] Фридрих Энгельс о России. Пер. с нем. В. Засулич. Женева, тип. «Социал-Демократа», 1894, стр. 21—38. (Б-ка современного социализма. Сер. II.—Вып. III))——7。

—《论住宅问题》(Zur Wohnungsfrage. Separatabdruck aus dem «Volksstaat».[Hft.1—3].Leipzig,Exped.des «Volksstaat»,1872.23,32, 24 S.)——7。

—《马尔克》([《社会主义从空想到科学的发展》小册子]附录)(Die Mark. Anhang [zur Arbeit: «Die Entwicklung des Sozialismus von der Utopie zur Wissenschaft».—In: Engels, F. Die Entwicklung des Sozialismus von der Utopie zur Wissenschaft. 4. unveränderte Aufl. Zürich, 1894, S. 48—63)——145、147—148。

—《马尔克》(载于1883年3月15日《社会民主党人报》第12号)(Die Mark.—«Der Sozialdemokrat», Zürich, 1883, Nr. 12, 15. März, S. 2; Nr. 13, 22. März, S. 2; Nr. 14, 29. März, S. 1—2; Nr. 15, 5. April, S. 1—2; Nr. 16, 12. April, S. 3; Nr. 17, 19. April, S. 2—3)——145、147—148。

—《社会主义从空想到科学的发展》(Die Entwicklung des Sozialismus von der Utopie zur Wissenschaft. 4. unveränderte Aufl. Zürich, 1894. 63 S.)——145、147—148。

—《[〈社会主义从空想到科学的发展〉小册子]序言》(Vorwort [zur Arbeit: «Die Entwicklung des Sozialismus von der Utopie zur Wissenschaft».—In: Engels, F. Die Entwicklung des Sozialismus von der Utopie zur Wissenschaft. 4. unveränderte Aufl. Zürich, 1894, S. 3—5)——148。

—《[威·沃尔弗的小册子〈西里西亚的十亿〉]的导言》(Einleitung [zur

Arbeit：《Die schlesische Milliarde》von W. Wolff].—In：Wolff，W. Die schlesische Milliarde. Abdruck aus der 《Neuen Rheinischen Zeitung》 März—April 1849. Mit Einleitung von F. Engels. Hottingen—Zürich， Verl.der Volksbuchh.，1886，S.3 — 23. （Sozialdemokratische Bibliothek. VI))——148。

—《1891 年社会民主党纲领草案批判》（Zur Kritik des sozialdemo-kratischen Programmentwurfes 1891.—《Die Neue Zeit》，Stuttgart，1901—1902，Jg.XX，Bd.I，Nr.1，2.Oktober，S.5—13)——169、171。

尔·恩·斯·——见司徒卢威，彼·伯·。

尔·姆·《我国的实际情况》（P. M. Наша действительность. （Рабочее движение, самодержавие, общество с его слоями [дворянство, крупная и мелкая буржуазия, крестьяне и рабочие] и общественная борьба).—В кн.：Отдельное приложение к 《Рабочей Мысли》. Изд. Петербургского 《Союза》. Пб., тип. Киршбаума, сентябрь 1899, стр. 3—16)——71。

[费杜洛夫，安·]《关于沙皇的演说》（[Федулов, А.] По поводу речи царя. Радикалы и поссибилисты. [Спб.], изд. 《Группы народовольцев》, 1 марта 1895. 8 стр.)——12。

弗兰克，谢·路·《马克思的价值论及其意义》（Франк, С. Л. Теория ценности Маркса и ее значение. Критический этюд. Спб., Водовозова, 1900. VI, 371 стр.)——106、172。

弗雷——见列宁，弗·伊·。

格·瓦·——见普列汉诺夫，格·瓦·。

格沃兹杰夫，罗·《富农经济的高利贷及其社会经济意义》（Гвоздев, Р. Кулачество-ростовщичество, его общественно-экономическое значение. Спб., Гарин, 1898. 161 стр. На обл. год изд.：1899)——28。

古尔维奇——见唐恩，费·伊·。

古尔维奇，伊·阿·《俄国农村的经济状况》（Hourwich, I. A. The Economics of the Russian Village. New Jork, 1892. VI, 184 p. （Studies in history, economics and public law. Ed. by the University faculty of political science of Columbia college. Vol. II. No.1))——4。

[古列维奇,埃·李·]《法国来信》(第二封信)([Гуревич, Э. Л.]Письма из Франции. Письмо второе.—«Искра», [Мюнхен], 1901, №8, 10 сентября, стр.5—6, в отд.: Иностранное обозрение)——164、165。

古托夫斯基,维·阿·《给弗·伊·列宁的信》(1904 年 9 月 4 日)(Гутовский, В. А. Письмо В. И. Ленину. 4 сентября 1904 г. Рукопись)——474—475、476、477—478。

果戈理,尼·瓦·《钦差大臣》(Гоголь, Н. В. Ревизор)——426—427。

赫拉莫夫,П.《德国工党斯图加特年度代表大会》(Храмов, П. Годичный съезд (партейтаг) немецкой рабочей партии в Штутгарте. Письмо 1-ое.—«Рабочая Мысль», Берлин, 1898, №4, октябрь. Приложение к №4 «Рабочей Мысли», стр. 1—2. Под общ. загл.: Германия)——27。

加蒂,杰·《土地问题和社会主义。农业上的新流派》(Gatti, G. Agricoltura e socialismo. Le nuove correnti dell'economia agricola. Milano—Palermo, Sandron, 1900. VIII, 516 p.)——141。

加尔佩林,列·叶·《以中央名义给弗·伊·列宁和弗·威·林格尼克的信》(1904 年 2 月 16 日(29 日))(Гальперин, Л. Е. Письмо от имени ЦК В. И. Ленину и Ф. В. Ленгнику. 16 (29) февраля 1904 г. Рукопись)——428。

加廖尔卡——见奥里明斯基,米·斯·。

加米涅夫,列·波·《给弗·伊·列宁的信》(1904 年 12 月 14 日以前)(Каменев, Л. Б. Письмо В. И. Ленину. Декабрь, до 14, 1904 г. Рукопись)——514。

捷贾科夫,尼·伊·《赫尔松省农业工人及其卫生监督组织》(Тезяков, Н. И. Сельскохозяйственные рабочие и организация за ними санитарного надзора в Херсонской губернии. (По материалам лечебно-продовольственных пунктов в 1893—1895 гг.). (Доклад XIII губернскому съезду врачей и представителей земских управ Херсонской губ.). Изд. Херсонской губ. земской управы. Херсон, тип. Ходушиной, 1896. II, 300 стр.)——136、152。

捷姆利亚奇卡,罗·萨·《给弗·伊·列宁和娜·康·克鲁普斯卡娅的信》

(1904 年 8 月 1 日)(Землячка, Р. С. Письмо В. И. Ленину и Н. К. Крупской. 1 августа 1904 г. Рукопись)——451。

捷依奇，列·格·《反驳还是退却?》(Дейч, Л. Г. Опровержение или отступление? —«Искра», [Лондон], 1902, №29, 1 декабря, стр. 2—3)——277。

——《给俄国革命社会民主党人国外同盟成员的公开信》(Открытое письмо членам Заграничной лиги русской рев. соц.-демократии.—В кн.: Протоколы 2-го очередного съезда Заграничной лиги русской революц-ионной соц.-демократии. Под ред. И. Лесенко и Ф. Дана. Изд. Заграничной лиги русской революц. социал-демократии. [Женева, 1903], стр. 10—13. (РСДРП))——525、526、527、528—530。

卡尔梅柯娃，亚·米·《给弗·伊·列宁的信》(1903 年 8 月 31 日)(Калмыкова, А. М. Письмо В. И. Ленину. 31 августа 1903 г. Рукопись)——348—351、354、357。

——《给弗·伊·列宁的信》(1903 年 9 月 21 日)(Письмо В. И. Ленину. 21 сентября 1903 г. Рукопись)——357。

卡列林——见查苏利奇，维·伊·。

考茨基，卡·《伯恩施坦与社会民主党的纲领。反批评》(Kautsky, K. Bernstein und das sozialdemokratische Programm. Eine Antikritik. Stuttgart, Dietz, 1899. VIII, 195 S.)——83。

——《回忆录》(Каутский, К. Воспоминания. Пер. с рукописи К. Каутского.—«Заря», Stuttgart, 1901, №1, апрель, стр. 33—46)——68。

——《考茨基论我们党内的意见分歧》(Каутский о наших партийных разногласиях.—«Искра», [Женева], 1904, №66, 15 мая, стр. 2—4)——475。

——《社会革命》(德文版)(第 1 编：社会改良和社会革命)(Die soziale Revolution. I. Sozialreform und soziale Revolution. Berlin, Exped. der Buchh. «Vorwärts», 1902. 56 S.)——286、345。

——《社会革命》(德文版)(第 2 编：社会革命后的第二天)(Die soziale Revolution. II. Am Tage nach der sozialen Revolution. Beriln, Exped. der Buchh.

«Vorwärts»,1902.48 S.)——286、345。

——《社会革命》(俄文版)(第 1 编:社会改良和社会革命。第 2 编:社会革命后的第二天)(Социальная революция. I. Социальная реформа и социальная революция. II. На другой день после социальной революции. [С двумя прил.]. Пер. с нем. Н. Карпова. Под ред. Н. Ленина. Изд. Лиги русской революционной социал-демократии. Женева, тип. Лиги, 1903.207, 204, 4 стр. (РСДРП))——282、286、320、345。

——《社会主义和农业》(Sozialismus und Landwirtschaft.—«Die Neue Zeit», Stuttgart,1902—1903,Jg.21,Bd.1,Nr.22,S.677—688;Nr.23,S.731—735;Nr.24,S.745—758;Nr.25,S.781—794;Nr.26,S.804—819)——334。

——《土地问题》(Die Agrarfrage. Eine Übersicht über die Tendenzen der modernen Landwirtschaft und die Agrarpolitik der Sozialdemokratie. Stuttgart,Dietz,1899.VIII,451 S.)——22、23—25、30、103。

——《唯物主义历史观和"心理因素"》(Материалистическое понимание истории и «психологический фактор».—«Жизнь», Спб., 1899, №2, январь, кн. 2, стр. 50—59)——26。

——《修改奥地利社会民主党纲领》(Die Revision des Programms der Sozialdemokratie in Österreich.—«Die Neue Zeit»,Stuttgart, 1901—1902,Jg. XX,Bd.I,Nr.3,16.Oktober,S.68—82)——171。

克尔日扎诺夫斯基,格·马·《给弗·威·林格尼克和弗·伊·列宁的信》(1903 年 9 月 31 日(10 月 13 日))(Кржижановский, Г. М. Письмо Ф. В. Ленгнику и В. И. Ленину. 31 сентября (13 октября) 1903 г. Рукопись)——369—370。

——《给伦敦〈火星报〉编辑部的信》(1903 年 1 月 3 日(16 日))(Письмо редакции «Искры» в Лондон. 3 (16) января 1903 г. Рукопись)——311。

克雷洛夫,伊·安·《狐狸和葡萄》(Крылов, И. А. Лисица и Виноград)——17。

——《音乐家们》(Музыканты)——422。

[克里切夫斯基,波·尼·]《〈工人事业〉杂志编辑部对格·瓦·普列汉诺夫

的〈指南〉的答复》（［Кричевский，Б. Н.］ Ответ редакции «Рабочего Дела» на «Vademecum» Г. Плеханова.—В кн.：［Кричевский，Б. Н.］ Ответ редакции «Рабочего Дела» на «Письмо» П. Аксельрода и «Vademecum» Г. Плеханова. Изд. Союза русских социал-демократов. Женева, тип. «Союза», 1900, стр. 28—69. (РСДРП))——44。

—《〈工人事业〉杂志编辑部对帕·阿克雪里罗得的〈信〉和格·普列汉诺夫的〈指南〉的答复》（Ответ редакции «Рабочего Дела» на «Письмо» П. Аксельрода и «Vademecum» Г. Плеханова. Изд. Союза русских социал-демократов. Женева, тип. «Союза», 1900. 80 стр. (РСДРП))——44。

—《历史性的转变》（Исторический поворот.—«Листок «Рабочего Дела»», Женева, 1901, №6, апрель, стр. 1—6. Подпись: Редакция «Рабочего Дела»)——108。

克鲁普斯卡娅，娜·康·《给列·伊·戈尔德曼和谢·奥·策杰尔包姆的信》(1901 年 8 月)（Крупская，Н. К. Письмо Л. И. Гольдману и С. О. Цедербауму. Август 1901 г. Рукопись)——193。

库尔茨——见林格尼克，弗·威·。

库列曼，B.《工会运动。世界各国工人和企业主的工会组织概要》（Кулеман, В. Профессиональное движение. Очерк профессиональной организации рабочих и предпринимателей во всех странах. В прил. лекции проф. В. Зомбарта: Во что бы то ни стало! Из теории и истории профессионального движения. Пер. с нем. Спб., Гончаров и Фосс, 1901. XXIV, 413, 108 стр.)——152。

拉法伊洛夫，米·《公正的制度和我们的社会关系》（Рафаилов, М. Система правды и наши общественные отношения.—В кн.: На славном посту (1860—1900). Литературный сборник, посвященный Н. К. Михайловскому. ［Спб.］, тип. Клобукова, ［1900］, стр. 198—230)——103。

拉赫美托夫——见波格丹诺夫，亚·。

［拉柯夫斯基，克·格·］《巴黎国际社会党人代表大会》（［Раковский, Х. Г.］ Международный социалистический конгресс в Париже.—«Искра», ［Лейпциг］, 1900, №1, декабрь, стр. 8)——69、77、78、80。

拉特涅尔,马·波·《关于〈资本论〉第 1 卷新版》(Ратнер, М. Б. По поводу нового издания 1 тома «Капитала».—«Русское Богатство», Спб., 1898, No7, стр. 1—24, в отд.: II)——17。

朗格,弗·阿·《唯物主义史及当代对唯物主义意义的批判》(Lange. F. A. Geschichte des Materialismus und Kritik seiner Bedeutung in der Gegenwart. Buch 1—2.5. (wohlfeile und vollst.) Aufl. Leipzig, Baedeker, 1896. 2 Bde.)——31、32。

李卜克内西,威·《论土地问题》(Liebknecht, W. Zur Grund-und Bodenfrage. 2. vervollständ. Aufl. I. Leipzig, Druch und Verl. der Genossenschaftsbuchdruckerei, 1876. 200 S.)——140、144、150。

利金,马·《俄国工人的状况》(Die Lage der russischen Arbeiter.—«Die Neue Zeit», Stuttgart, 1903—1904, Jg. 22, Bd, 1, Nr. 22, S. 695—699)——468。

[梁赞诺夫,达·波·]《给弗·伊·列宁的信》(1900 年 9 月 6 日)([Рязанов, Д. Б.] Письмо В. И. Ленину. 6 сентября 1900 г. Рукопись)——48。

——《评〈工人事业〉杂志的纲领》(Замечания на программу «Рабочего Дела».—«Заря», Stuttgart, 1901, No1, апрель, стр. 118 — 136. Подпись: Н. Рязанов)——39—42、47、48、88、90—91、108。

——《破灭了的幻想》(论我们党内危机的根源问题)(Разбитые иллюзии. К вопросу о причинах кризиса в нашей партии. Изд. автора. Женева, 1904. 116 стр. (РСДРП). Перед загл. авт.: Н. Рязанов)——478。

——《沙皇的酒吧间》(Царский кабак.—«Искра», [Мюнхен], 1901, No8, 10 сентября, стр. 1—2)——165。

列·格里——见捷依奇,列·格·。

林格尼克,弗·威·《给弗·伊·列宁的信》(1904 年 5 月 10 日(23 日))(Ленгник, Ф. В. Письмо В. И. Ленину. 10 (23) мая 1904 г. Рукопись)——451。

——《给弗·伊·列宁和娜·康·克鲁普斯卡娅的信》(1904 年 8 月 22 日(9 月 4 日))(Письмо В. И. Ленину и Н. К. Крупской. 22 августа (4 сентября) 1904 г. Рукопись)——463。

——《给格·马·克尔日扎诺夫斯基和弗·亚·诺斯科夫的信》(1903 年 10

月 5 日）（Письмо Г. М. Кржижановскому и В. А. Носкову. 5 октября 1903 г. Рукопись）——364。

列宁，弗·伊·《［奥·阿·叶尔曼斯基〈哈尔科夫的五月〉小册子］序言》（Ленин，В. И. Предисловие ［к брошюре О. А. Ерманского «Майские дни в Харькове»］.—В кн.：［Ерманский, О. А.］ Майские дни в Харькове. Изд. «Искры». ［Лейпциг］, тип. «Искры», январь 1901, стр. III—VI.（РСДРП). Подпись: Редакция «Искры»）——73。

——《编辑部的话》（［《火星报》编辑部声明。传单］）（От редакции. ［Заявление редакции «Искры». Листовка］. Б. м., тип. «Искры», 1900. 2 стр. (РСДРП)）——49、53、56、63、64、67、68、89。

——《从何着手？》（С чего начать? —«Искра», ［Мюнхен］, 1901, №4, май, стр. 1)——136。

——《答对我们纲领草案的批评》（Ответ на критику нашего проекта программы. Июнь—июль, ранее 15 (28), 1903 г.)——346。

——《地方自治机关的迫害者和自由主义的汉尼拔》（Гонители земства и Аннибалы либерализма.—«Заря», Stuttgart, 1901, №2–3, декабрь, стр. 60—100. Подпись: Т. П.)——136、138、140、143、146、148—150、151、152、164。

——《地方自治人士代表大会》（Земский съезд.—«Искра», ［Мюнхен］, 1901, №8, 10 сентября, стр. 2, в отд.：Из нашей общественной жизни）——164—165。

——《地方自治运动和〈火星报〉的计划》（Земская кампания и план «Искры». Изд-во соц.-дем. партийной литературы В. Бонч-Бруевича и Н. Ленина. Женева, кооп. тип., 1904. 26 стр. (Только для членов партии. РСДРП).Перед загл. авт.：Н. Ленин）——489、491、494、504、508—509。

——《对罚款法的解释》（Объяснение закона о штрафах. Изд. «Союза борьбы за освобождение рабочего класса». Женева, тип. «Союза русских социал-демократов», 1897. 48 стр.)——13。

——《对纲领草案的三个修正案》（Три поправки к проекту программы. Не

загл.авт.: Владимир Ильин)——13、27、29—30。

——《[《俄国资本主义的发展》]序言》(Предисловие [к «Развитию капитализма в России»].—В кн.: [Ленин, В. И.] Развитие капитализма в России. Процесс образования внутреннего рынка для крупной промышленности. Спб., Водовозова, 1899, стр. I—IV. Перед загл. кн. авт.: Владимир Ильин)——27。

——《俄国组织委员会告俄国革命社会民主党人国外同盟、国外俄国社会民主党人联合会和崩得国外委员会书的草案》(Проект обращения русского Организационного Комитета к Лиге, Союзу и ЗКБ. 22 или 23 января (4 или 5 февраля) 1903 г.)——316。

——《告贫苦农民》(向农民讲解社会民主党人要求什么)(К деревенской бедноте. Объяснение для крестьян, чего хотят социал-демократы. Первая половина марта 1903 г.)——334—335、339。

——《告全党书》(К партии. [Отдельный листок]. Б. м., тип. Рижского к-та, август 1904, 2 стр. (РСДРП))——476—478、486—487。

——《革命冒险主义》(Революционный авантюризм.—«Искра», [Лондон], 1902, №23, 1 августа, стр. 2—4; №24, 1 сентября, стр. 2—4)——312。

——《给编辑部的信》(载于 1903 年 11 月 25 日《火星报》第 53 号)(Письмо в редакцию.—«Искра», [Женева], 1903, №53, 25 ноября, стр.8, в отд.: Из партии)——393。

——《给〈火星报〉编辑部的信》[《我为什么退出了〈火星报〉编辑部?》](Письмо в редакцию «Искры». [Почему я вышел из редакции «Искры»?] Женева, тип. партии, декабрь 1903. 8 стр. После загл. авт.: Н. Ленин)——398、400、405、407。

——《给同志们的信(关于党内多数派机关报的出版)》(1904 年 11 月 29 日 (12 月 12 日))(Письмо к товарищам. (К выходу органа партийного большинства). 29 ноября (12 декабря) 1904 г.)——508—509、514—515、516—517。

——《给拥护党的第二次代表大会多数派的俄国社会民主工党各中央代办员

社会民主党人国外同盟第二次代表大会上）》］（［Заявление по поводу доклада Мартова, сделанное 15（28）октября 1903 г. на II съезде Заграничной лиги русской революционной социал-демократии].—В кн.: Протоколы 2-го очередного съезда Заграничной лиги русской революционной соц.-демократии. Под ред. И. Лесенко и Ф. Дана. Изд. Заграничной лиги русской револю. социал-демократии. ［Женева, 1903］, стр. 66.（РСДРП））——384。

——《关于召开党的第三次代表大会的决议草案（［1904 年］1 月 17 日（30 日）［在俄国社会民主工党总委员会会议上提出]）》（Проект резолюции о созыве III съезда партии,［внесенный на заседании Совета РСДРП］17（30）января［1904 г.]）——419。

——《关于中央机关与党决裂的声明和文件》（Заявление и документы о разрыве центральных учреждений с партией. №13. Изд-во «Вперед». Женева, кооп. тип., 1905. 13 стр.（РСДРП）. Перед загл. авт.: Н. Ленин）——486、487、523。

——《国外俄国［社会民主党人］联合会的分裂》（Раскол в заграничном Союзе русских［социал-демократов].—«Искра»,［Лейпциг], 1900, №1, декабрь, стр. 8, в отд.: Из партии）——78。

——《〈火星报〉编辑部声明》——见列宁,弗·伊·《编辑部的话》。

——《进一步,退两步》（尼·列宁给罗莎·卢森堡的答复）（Шаг вперед, два шага назад. Ответ Н. Ленина на Розе Люксембург. Позднее 2（15）сентября 1904 г.）——468、471。

——《进一步,退两步》（我们党内的危机）（Шаг вперед, два шага назад.（Кризис в нашей партии）. Женева, тип. партии, 1904. VIII, 172 стр.（РСДРП）. Перед загл. авт.: Н. Ленин）—— 378、398、430、431 — 433、449。

——《经济评论集》（Экономические этюды и статьи. Спб., тип. Лейферта, 1899. 4, 290 стр. Перед загл. авт.: Владимир Ильин）——20、26、28。

——《就我们的组织任务给一位同志的信》（1902 年 9 月 1 日和 11 日（14 日 和 24 日）之间）（Письмо к товарищу о наших организационных задачах.

Между 1 и 11 (14 и 24) сентября 1902 г.)——275—276。

—[《论亚美尼亚社会民主党人联合会的宣言》]([О манифесте «Союза армянских социал-демократов»].—«Искра», [Лондон], 1903, №33, 1 февраля, стр. 7—8, в отд.: Из партии)——311。

—《民粹派化的资产阶级和惊慌失措的民粹派》(Народничествующая буржуазия и растерянное народничество.—«Искра», [Женева], 1903, №54, 1 декабря, стр. 1—2. Подпись: Н. Ленин)——390、393。

—《内政评论》(Внутреннее обозрение.—«Заря», Stuttgart, 1901, №2-3, декабрь, стр. 361—403. Подпись: Т. Х.)——165、169、171。

—《农民生活中新的经济变动》(评弗·叶·波斯特尼柯夫《南俄农民经济》一书)(Новые хозяйственные движения в крестьянской жизни. По поводу книги В. Е. Постникова «Южнорусское крестьянское хозяйство». Весна 1893 г.)——1、2、3、4、5、6、536。

—《农奴主在活动》(Крепостники за работой.—«Искра», [Мюнхен], 1901, №8, 10 сентября, стр. 1)——164—165。

—《农业中的资本主义》(论考茨基的著作和布尔加柯夫先生的文章)(Капитализм в сельском хозяйстве. (О книге Каутского и о статье г. Булгакова). Между 4 (16) апреля и 9 (21) мая 1899 г.)——24、30、34。

—《三个中央委员的声明》(1904 年 5 月 13 日 (26 日))(Заявление трех членов ЦК. 13 (26) мая 1904 г.)—— 430—431、433、445、446、447、450、451。

—《什么是"人民之友"以及他们如何攻击社会民主党人?》(Что такое «друзья народа» и как они воюют против социал-демократов? (Ответ на статьи «Русского Богатства» против марксистов). Весна—лето 1894 г.)——6—7。

—《市场理论问题述评》(评杜冈-巴拉诺夫斯基先生和布尔加柯夫先生的论战)(Заметка к вопросу о теории рынков. (По поводу полемики гг. Туган-Барановского и Булгакова).—«Научное Обозрение», Спб., 1899, №1, стр. 37—45. Подпись: Владимир Ильин)——24—25。

—《是结束的时候了》(Пора кончить.—«Вперед», Женева, 1905, №1, 4

внесенное 17 （30） января ［1904 г. на заседании Совета РСДРП]）
——419。

—《专制制度在动摇中》(Самодержавие колеблется.—«Искра», ［Лондон］,
1903，№35，1 марта，стр. 1—2)——335。

卢森堡，罗•《俄国社会民主党的组织问题》(Luxemburg, R. Organisations-
fragen der russischen Sozialdemokratie.—«Die Neue Zeit», Stuttgart,
1903—1904，Jg.22，Bd.2，Nr.42，S.484—492；Nr.43，S.529—535)——
468、471。

—《法国的社会主义危机》(Die sozialistische Krise in Frankreich.—«Die
Neue Zeit», Stuttgart, 1900—1901，Jg. XIX，Bd. I，Nr. 16，S. 495—499；
Nr.17，S.516—525；Nr. 18，S.548—558；Nr. 20，S. 619—631；Nr. 22，S.
676—688)——111。

鲁金，亚•《关于农民问题》(Рудин, А. К крестьянскому вопросу. Изд.
Аграрно-социалистической лиги. 1902)——312。

［鲁萨诺夫，尼•谢•]《俄国社会主义思想的演变》(载于 1903 年《俄国革命
通报》杂志第 3 期)(［Русанов, Н. С.] Эволюция русской социалист-
ической мысли.—«Вестник Русской Революции», б. м., 1903，№3，стр.
1—37，в отд.：I)——277、318。

—《俄国社会主义思想的演变》(载于［1903 年]《俄国革命通报》杂志第 3
期抽印本)(Эволюция русской социалистической мысли. Б. м., ［1903].
37 стр. (Отд. оттиск из №3 «Вестника Русской Революции», изд.
партии социалистов-революционеров))——282。

［罗扎诺夫，弗•尼•《给弗•亚•诺斯科夫的信》(1904 年 9 月 4 日)](［Розанов,
В. Н. Письмо В. А. Носкову. 4 сентября 1904 г.].—В кн.：［Ленин, В.
И.] Заявление и документы о разрыве центральных учреждений с
партией. №13. Изд-во «Вперед». Женева, кооп. тип., 1905，стр. 10—11.
(РСДРП). Перед загл. кн. авт.：Н. Ленин)——486、487。

洛津茨基，叶•《社会主义的宗教问题》(Losinsky, E. Das religiöse Problem
im Sozialismus.—«Sozialistische Monatshefte», Berlin, 1902，Jg. VI，Bd.
1，Nr.2，S.123—131)——197。

马尔丁诺夫,亚·《工人和革命》(Мартынов, А. Рабочие и революция. Изд. Союза русских социал-демократов. Женева, тип. Союза, 1902. 47 стр. (РСДРП))——279。

——《社会民主主义的胜利和资产阶级民主主义的报复》(Социал-демократические победы и буржуазно-демократические реванши. Оттиск из №5 «Зари». Изд. РСДРП. Женева, тип. партии, 1904. стр. 37—61. (РСДРП))——478。

[马尔托夫,尔·]《当前的问题》([Мартов, Л.] Вопросы дня. Кое-что о терроре. Как иногда люди «поворачивают».—«Искра», [Мюнхен], 1901, №4, май, стр. 2—4)——112。

——《德国社会民主党吕贝克代表大会》(Любекский партейтаг германской социал-демократии.—«Заря», Stuttgart, 1901, №2-3, декабрь, стр. 404—424. Подпись: Ignotus)——163、164、171。

——《对弗·伊·列宁的俄国社会民主工党纲领草案的修改》(Поправки к проекту программы РСДРП В. И. Ленина. Рукопись)——196。

——《俄国无产阶级的新朋友》(Новые друзья русского пролетариата.—«Искра», [Лейпциг], 1900, №1, декабрь, стр. 2—3)——66、92。

——《给弗·伊·列宁的信》(1902 年 4 月 20 — 21 日)(Письмо В. И. Ленину. 20 — 21 апреля 1902 г. Рукопись)——209。

——《给弗·伊·列宁的信》(1904 年 8 月 3 日前后)(Письмо В. И. Ленину. Около 3 августа 1904 г. Рукопись)——440。

——《给弗·伊·列宁的信》(1904 年 8 月 31 日)(Письмо В. И. Ленину. 31 августа 1904 г. Рукопись)——451。

——《给弗·伊·列宁的信》(1904 年 9 月 5 日)(Письмо В. И. Ленину. 5 сентября 1904 г. Рукопись)——455。

——《红旗在俄国》》(Красное знамя в России. Очерк истории русского рабочего движения. Изд. ЦК РСДРП. Б. м., тип. ЦК, 1904. 72 стр. (РСДРП))——366。

——《犹太工人运动史上的转折点》》(Поворотный пункт в истории еврейского рабочего движения. Изд. Союза русских социал-демократов. Женева,

1900. 22 стр. (РСДРП))——44。

—《庆祝喀山广场游行示威和格·瓦·普列汉诺夫的革命活动二十五周年》（Празднование 25-летия демонстрации на Казанской площади и революционной деятельности Г. В. Плеханова.—«Искра», [Мюнхен], 1901, №13, 20 декабря, стр. 1)——184。

—《秋季总结》（Осенние итоги.—«Искра», [Лондон], 1902, №30, 15 декабря, стр. 1)——277。

—《社会主义和教会》（Социализм и церковь.—«Искра», [Лондон], 1902, №22, июль, стр. 1—2)——223。

—《[书评:]〈俄国革命通报〉杂志,社会政治述评》（[Рецензия на книгу:] «Вестник Русской Революции», социально-политическое обозрение. Под редакцией К. Тарасова. №1. 1901 г. Июль.—«Заря», Stuttgart, 1901, №2-3, декабрь, стр. 334—343, в отд.: Библиография. Подпись: Л. М.)——171。

—《[书评:]〈革命俄国报〉,社会革命党人联合会机关报第 2 号》（[Рецензия на книгу:] «Революционная Россия», издание Союза социалистов-революционеров, №2. -«Заря», Stuttgart, 1901, №2-3, декабрь, стр. 331—334, в отд.: Библиография. Подпись: Л. М.) ——173。

—《[书评:]〈往事〉》（[Рецензия на книгу:] «Былое». Историко-революционный сборник №2, Лондон.—«Заря», Stuttgart, 1901, №2-3, декабрь, стр. 343—346, в отд.: Библиография. Подпись: Л.М.)——173。

—《我们的代表大会》（Наш съезд.—«Искра», [Женева], 1903, №53, 25 ноября, стр. 1—2)——398、399、405—406、411。

—《永远处在少数地位》（Всегда в меньшинстве. О современных задачах русской социалистической интеллигенции.—«Заря», Stuttgart, 1901, №2-3, декабрь, стр. 180—203)——136、138、147、163、165。

—《又一次处在少数地位》（Еще раз в меньшинстве. Без тит. л. Б. м. и г. 2 стр. Стеклограф)——416。

—[《在 1904 年 1 月 17 日(30 日)俄国社会民主工党总委员会会议上通过

的决议》］（［Резолюции, принятые на заседании Совета РСДРП 17（30）января 1904 г.］. Рукопись）——419、422。

——［《针对弗·伊·列宁在 1904 年 1 月 17 日（30 日）俄国社会民主工党总委员会会议上提出的不同意见的决议案》］（［Резолюция, направленная против особого мнения, внесенного В. И. Лениным на заседании Совета РСДРП 17（30）января 1904 г.］. Рукопись）——419。

马克思,卡·《对德国工人党纲领的几点意见》（Marx, K. Randglossen zum Programm der deutschen Arbeiterpartei.—«Die Neue Zeit», Stuttgart, 1890—1891, Jg. IX, Bd. I, Nr. 18, S. 563—575. Под общ. загл.: Zur Kritik des sozialdemokratischen Parteiprogramms. Aus dem Nachlaß von Karl Marx）——196。

——《路易·波拿巴的雾月十八日》（Die achtzehnte Brumaire des Louis Bonaparte. 3. Aufl. Hamburg, Meißner, 1885. VI, 108 S.）——42。

——《资本论》（Маркс, К. Капитал. Критика политической экономии. Полный пер. с нем. под ред. В. Д. Любимова. ［Т. 1］. Процесс производства капитала. Спб., изд. кн. склада Аскарханова, ［1898］. VII стр., 862 стлб.）——17。

［马利宁,尼·伊·］《为召开代表大会而斗争》（文件汇编）（［Малинин, Н. И.］ Борьба за съезд. (Собрание документов). Женева, кооп. тип., 1904. 111 стр. (РСДРП). Перед загл. авт.: Н. Шахов）——372、373、443、444—445、446、447、448—449、451—452、457、458、461、469、473、476、477、478、482、483、492—494、495。

马斯洛夫,彼·巴·《俄国农业发展的条件》（Маслов, П. П. Условия развития сельского хозяйства в России. Опыт анализа сельскохозяйственных отношений. Ч. I—II. Спб., Водовозова, 1903. VIII, 493 стр.）——334。

——《美化自然经济》（Идеализация натурального хозяйства.—«Научное Обозрение», Спб., 1899, №3, стр. 620—640）——28。

米海洛夫斯基,尼·康·《文学和生活》（载于 1896 年《俄国财富》杂志第 1 期）（Михайловский, Н. К. Литература и жизнь. ［О статье М. И. Туган-Барановского «Значение экономического фактора в истории»].—

«Русское Богатство», Спб., 1896, №1, стр. 52 — 66, в отд.: II; №2, стр. 132 — 162, в отд.: II; №4, стр. 120 — 124, в отд.: II; №5, стр. 142 — 149, в отд.: II) —— 31。

—《文学和生活》（载于 1897 年《俄国财富》杂志第 10 期）(Литература и жизнь. О совести г. Минского, страхе смерти и жажде бессмертия. — О наших умственных течениях за полвека. — О новых словах и «Новом Слове». — О речи проф. Светлова. — О г. Волынском и скандалистах вообще. — «Русское Богатство», Спб., 1897, №10, стр. 161 — 195) —— 27。

[米克拉舍夫斯基，И. Н.]《代役制》([Миклашевский, И. Н.] Оброк. — В кн.: Брокгауз, Ф. А. и Ефрон, И. А. Энциклопедический словарь. Т. XXIª, [полут. 42]. Спб., 1897, стр. 574. Подпись: И. Н. М.) —— 346。

米留可夫，帕·尼·《俄国的农民》(Милюков, П. Н. Крестьяне в России. — Там же, т. XVIª, [полут. 32]. Спб., 1895, стр. 675 — 725) —— 346。

莫洛托夫——见帕尔乌斯。

纳德松，谢·雅·《麦菲斯托费尔之歌》(Надсон, С. Я. Песни Мефистофеля) —— 516。

[纳杰日丁，尔·]《俄国革命主义的复活》([Надеждин, Л.] Возрождение революционизма в России. Изд. рев.-соц. группы «Свобода». Б. м., 1901. IV, 80 стр.) —— 136, 150。

尼·—逊——见丹尼尔逊，尼·。

涅夫佐罗夫——见斯切克洛夫，尤·米·。

涅日丹诺夫，普·——见切列万宁，涅·。

[诺斯科夫，弗·亚·《给弗·德·邦契–布鲁耶维奇的信》(1904 年 9 月 12 日）([Носков, В. А. Письмо В. Д. Бонч-Бруевичу. 12 сентября 1904 г.]. — В кн.: [Ольминский, М. С. и Богданов, А.] Наши недоразумения. Изд. авторов. Женева, кооп. тип., 1904, стр. 1 [вклейки]. (РСДРП). Перед загл. кн. авт.: Галерка и Рядовой) —— 456。

—《给弗·威·林格尼克和弗·伊·列宁的信》(1903 年 9 月 29 日(10 月 12 日))(Письмо Ф. В. Ленгнику и В. И. Ленину. 29 сентября (12 октября) 1903 г. Рукопись)——369。

—《给弗·伊·列宁的信》(1904 年 8 月 28 日) (Письмо В. И. Ленину. 28 августа 1904 г. Рукопись)——449。

—《给弗·伊·列宁的信》(1904 年 8 月 31 日) (Письмо В. И. Ленину. 31 августа 1904 г. Рукопись)——451、452。

—[《给中央委员会委员的信》]([1904 年]9 月) ([Письмо членам ЦК]. Сентябрь [1904 г.].—В кн.: [Ленин, В. И.] Заявления и документы о разрыве центральных учреждений с партией. №13. Изд-во «Вперед». Женева, кооп. тип., 1905, стр. 8. (РСДРП). Перед загл. кн. авт.: Н. Ленин)——486—488。

[帕尔乌斯]《专制制度和财政》([Парвус]. Самодержавие и финансы.— «Искра», [Мюнхен], 1901, №4, май, стр. 1—2)——96—97、112。

潘捷莱《一次罢工事件》(Пантелей. История одной стачки.—«Работник», Женева, 1897, №3-4, стр. 68—78, в отд.: II)——12。

普列汉诺夫, 格·瓦·《伯恩施坦与唯物主义》(Plechanow, G. Bernstein und der Materialismus.—«Die Neue Zeit», Stuttgart, 1897—1898, Jg. XVI, Bd. II, Nr. 44, S. 545—555)——17、31。

—《布列什柯夫斯卡娅女士和契吉林案件》(Плеханов, Г. В. Г-жа Брешковская и чигиринское дело.—«Искра», [Лондон], 1903, №38, 15 апреля, стр. 3—4)——339。

—《Cant 反对康德或伯恩施坦先生的精神遗嘱》(Cant против Канта или Духовное завещание г. Бернштейна.—«Заря», Stuttgart, 1901, №2-3, декабрь, стр. 204—225)——163、166。

—《对我们的批判者的批判》(载于 1901 年 4 月《曙光》杂志第 1 期) (Критика наших критиков. Ч. I. Г. П. Струве в роли критика марксовой теории социального развития. Статья первая.—«Заря», Stuttgart, 1901, №1, апрель, стр. 75—117)——81。

—《对我们的批判者的批判》(载于 1901 年 12 月《曙光》杂志第 2—3 期合刊) (Критика наших критиков. Ч. I. Г. П. Струве в роли критика марксовой теории социального развития. Статья вторая.—«Заря», Stuttgart, 1901，№2-3，декабрь，стр. 101—155)——111、163、165。

——《对我们的批判者的批判》(载于 1902 年 8 月《曙光》杂志第 4 期) (Критика наших критиков.—«Заря»，Stuttgart, 1902，№4，август，стр. 1—31，в отд.：I)——230。

——《俄国社会民主工党第二个纲领草案》(Второй проект программы РСДРП. Рукопись)——199、201。

——《纪念黑格尔逝世六十周年》(Zu Hegel's sechzigstem Todestag.—«Die Neue Zeit»，Stuttgart, 1891—1892，Jg. X，Bd. I，Nr. 7，S. 198—203；Nr. 8, S. 236—243；Nr. 9，S. 273—282)——17。

——《卡尔·马克思》(Карл Маркс.—«Искра»，［Лондон］，1903，№35，1 марта，стр. 1)——335。

——《康拉德·施米特反对卡尔·马克思和弗里德里希·恩格斯》(Konrad Schmidt gegen Karl Marx und Friedrich Engels.—«Die Neue Zeit», Stuttgart, 1898—1899，Jg. XVII，Bd. I，Nr. 5，S. 133—145)——17、31、33。

——《可悲的误解》(Грустное недоразумение.—«Искра»，［Женева］，1904, №57，15 января，стр. 1—3)——420。

——《论一元论历史观之发展》(К вопросу о развитии монистического взгляда на историю. Ответ гг. Михайловскому，Карееву и комп. Спб.，1895. 287 стр. Перед загл. авт.：Бельтов)——532。

——《罗斯托夫罢工的意义》(Значение ростовской стачки.—«Искра», ［Лондон］，1903，№32，15 января，стр. 1—2)——310—311。

——《3 月望日》(Мартовские иды.—«Искра»，［Лондон］，1903，№36，15 марта，стр. 1)——334。

——《唯物主义史论丛》(Beiträge zur Geschichte des Materialismus. I. Holbach. II. Helvetius. III. Marx. Stuttgart，Dietz, 1896. VIII, 264 S.)—— 17、26、31。

——《我们为什么要感激他呢？（致卡·考茨基的公开信)》(Wofür sollen wir ihm dankbar sein? Offener Brief an K. Kautsky.—«Sächsische Arbeiter-Zeitung»，Dresden, 1898，Nr. 253，30. Oktober. 2. Beilage, S. 1；Nr. 254，2. November. Beilage, S. 1；Nr. 255，3. November. Beilage, S. 1. Под общ.

загл.：Erörterungen über die Taktik)——26、33。

——《一个社会民主党人的札记》(Из записной книжки социал-демократа. Листок первый. Женева, тип. «Социал-Демократа», 1900. 6 стр.) ——40。

——《再论罗斯托夫的罢工》(Еще о ростовской стачке.—«Искра»,[Лондон], 1903, №33, 1 февраля, стр. 1—2)——318。

——《再论社会主义与政治斗争》(Еще раз социализм и политическая борьба.—«Заря», Stuttgart, 1901, №1, апрель, стр. 1—32)——71、72。

[普列汉诺夫,格·瓦·]《[阿·图恩〈俄国革命运动史〉一书]俄文版序言》 ([Плеханов, Г. В.] Предисловие к русскому изданию [книги А. Туна «История революционных движений в России»].—В кн.: Тун, А. История революционных движений в России. Пер. с нем., с предисл. Г. Плеханова. С 4-мя прил.... Изд. Лиги русск. революционной социал-демократии. Женева, тип. Лиги, 1903, стр. VII—LXVIII. (РСДРП)) ——273、282、285、318。

——[《编辑部对弗·伊·列宁〈给编辑部的信〉的答复》]([Редакционный ответ на «Письмо в редакцию» В. И. Ленина].—«Искра», [Женева], 1903, №53, 25 ноября, стр. 8, в отд.: Из партии)——394—395。

——《不该这么办》(Чего не делать.—«Искра», [Женева], 1903, №52, 7 ноября, стр. 1—2)——399、476。

——《对俄国社会民主党的新进攻》(Новый поход против русской социал-демократии. Изд. «Союза русских социал-демократов». Женева, тип. «Союза русских социал-демократов», 1897. 55 стр.)——72。

——《俄国工人阶级和警察的鞭笞》(Русский рабочий класс и полицейские розги.—«Искра», [Лондон], 1902, №22, июль, стр. 1)—— 223 —224。

——《俄国社会民主工党纲领草案》(Проект программы Российской социал-демократической рабочей партии.—«Заря», Stuttgart, 1902, №4, август, стр. 11—39, в отд.: А.)——217、222。

——《废除连环保》(Отмена круговой поруки.—«Искра», [Лондон], 1903,

——37、38。

—《今后怎样?》(Что же дальше? —«Заря», Stuttgart, 1901, №2-3, декабрь, стр. 1—37)——111、131、138。

—《旧皮囊里装新酒》(Новое вино в старых мехах.—«Искра», [Мюнхен], 1901, №5, июнь, стр. 2—4)——129。

—《略论最近一次巴黎国际社会党代表大会》(Несколько слов о последнем парижском Международном социалистическом конгрессе. (Открытое письмо к товарищам, приславшим мне полномочие).—«Заря», Stuttgart, 1901, №1, апрель, стр. 231—246)——68—69。

—《论一般策略,包括尼古拉的将军列阿德的策略,特别是论波·克里切夫斯基的策略》(О тактике вообще, о тактике николаевского генерала Реада в частности и о тактике Б. Кричевского в особенности.—«Искра», [Мюнхен], 1901, №10, ноябрь, стр. 2—4)——171、177。

—《社会民主主义的劳动解放社纲领》(Программа с.-д. группы «Освобождение труда». Женева, тип. группы «Освобождение труда»,1884.10 стр.)——42。

—《[书评:]波里斯·契切林》([Рецензия на книгу:] Борис Чичерин. Польский и еврейский вопросы. Ответ на открытые письма Н. К. Рененкампфа. Второе издание. Берлин. Издание Гуго Штейница. 1901.—«Заря», Stuttgart, 1901, №2-3, декабрь, стр. 359 — 360, в отд.: Библиография. Подпись: Г. П.)——222—223。

—《[书评:]论卡尔·马克思、弗里德里希·恩格斯和斐迪南·拉萨尔的遗著》([Рецензия на книгу:] Aus dem literarischen Nachlaß von Karl Marx, Friedrich Engels und Ferdinand Lassalle. Herausgegeben von Franz Mehring. I. Gesammelte Schriften von Karl Marx und Friedrich Engels. Von März 1841 bis März 1844. Stuttgart, Verlag von J. H. W. Dietz Nachf. 1902.—«Заря», Stuttgart, 1901, №2-3, декабрь, стр. 346—349, в отд.: Библиография. Подпись: Г. П.)——171、172。

—《[书评:]谢·弗兰克〈马克思的价值论及其意义〉》([Рецензия на книгу:] С. Франк. Теория ценности Маркса и ее значение. Критический этюд. С.-Петербург 1900.—«Заря», Stuttgart, 1901, №2-3, декабрь, стр. 324—331, в отд.: Библиография. Подпись: Г. П.)——172。

——《无产阶级的假朋友》——见普列汉诺夫，格·瓦·《罗斯托夫罢工的意义》和《再论罗斯托夫的罢工》。

——《无产阶级和农民》(Пролетариат и крестьянство.—«Искра», [Лондон], 1903, №32, 15 января, стр. 2—4; №33, 1 февраля, стр. 3—5; №34, 15 февраля, стр. 2—3; №35, 1 марта, стр. 2; №39, 1 мая, стр. 2—4)——282、285、296、311—312。

——《西皮亚金之死和我们的鼓动任务》(Смерть Сипягина и наши агитационные задачи.—«Искра», [Мюнхен], 1902, №20, 1 мая, стр. 1)——210。

——《现在不能沉默！》(给俄国社会民主工党中央委员会的公开信)(Теперь молчание невозможно! (Открытое письмо к Центральному Комитету Российской социал-демократической рабочей партии).—«Искра», [Женева], 1903, №66, 15 мая, стр. 9—10)——436。

普特曼——见波特列索夫，亚·尼·。

切尔诺夫，维·米·《经济制度范畴的农民和工人》(Чернов, В. М. Крестьянин и рабочий, как категории хозяйственного строя.—В кн.: На славном посту (1860—1900). Литературный сборник, посвященный Н. К. Михайловскому. [Спб.], тип. Клобукова, [1900], стр. 157—197)——103。

——《社会学中的主观方法及其哲学前提》(Субъективный метод в социологии и его философские предпосылки.—«Русское Богатство», Спб., 1901, №7, стр. 231—256; №8, стр. 219—262; №10, стр. 107—156; №11, стр. 115—162; №12, стр. 123—175)——197。

——《资本主义和农业的演进类型》(Типы капиталистической и аграрной эволюции.—«Русское Богатство», Спб., 1900, №4, стр. 127—157, в отд.: I; №5, стр. 29—48, в отд.: I; №6, стр. 203—232, в отд.: I; №7, стр. 153—169, в отд.: I; №8, стр. 201—239, в отд.: I; №10, стр. 212—258, в отд.: I)——140、144、147、152。

[切列万宁，涅·]《论资本主义生产条件下的市场问题》([Череванин, Н.] К

вопросу о рынках при капиталистическом производстве. По поводу статей гг. Ратнера, Ильина и Струве.—«Жизнь», Спб., 1899, т. 4, апрель, стр. 297—317. Подпись: П. Нежданов)——31—32。

〔日特洛夫斯基，哈·约·〕《唯物主义和辩证逻辑》（〔Житловский, Х. И.〕 Материализм и диалектическая логика.—«Русское Богатство», Спб., 1898, №6, стр. 59—82; №7, стр. 83—103. Подпись: Н. Г.）——16。

萨尔蒂科夫-谢德林，米·叶·《波舍霍尼耶遗风》（Салтыков-Щедрин, М. Е. Пошехонская старина）——157、426。

——《五光十色的书信》（Пестрые письма）——324、325。

——《现代牧歌》（Современная идиллия）——477、478。

沙霍夫斯科伊，尼·《外出做农业零工》（Шаховской, Н. Сельскохозяйственные отхожие промыслы. М., 1896. VII, 253, II стр.）——136。

舍恩兰克，布·《关于巴伐利亚工人阶级的状况》（Schönlank, B. Zur Lage der arbeitenden Klasse in Bayern. Eine volkswirtschaftliche Skizze. Nürnberg, Wörlein, 1887. 80 S.）——532。

施塔姆勒，鲁·《从唯物史观看经济和法》（Stammler, R. Wirtschaft und Recht nach der materialistischen Geschichtsauffassung. Eine sozialphilosophische Untersuchung. Leipzig, Veit, 1896. VIII, 668 S.）——31。

施塔特哈根，阿·《劳动法》（Stadthagen, A. Das Arbeiterrecht. Rechte und Pflichten des Arbeiters in Deutschland aus dem gewerblichen Arbeitsvertrag der Unfall-, Kranken-, Invaliditäts- und Alters-Versicherung. Mit Beispielen und Formularen für klagen Anträge... Berlin, Baake, 1895. 352 S.）——532。

施泰因贝格，C.《论述历史唯物主义的一本新书》（Штейнберг, С. Новая книга об историческом материализме.—«Жизнь», Спб., 1899, т. 3, март, стр. 358—371）——26、27。

司徒卢威，彼·伯·《俄国手工工业的历史地位和在分类学上的地位》（答帕·尼·米留可夫）（Струве, П. Б. Историческое и систематическое место русской кустарной промышленности. (Ответ П. Н. Милюкову).—«Мир Божий», Спб., 1898, №4, стр. 188—200, в отд.: I）——16。

—《论资本主义生产条件下的市场问题(评布尔加柯夫的书和伊林的文章)》(К вопросу о рынках при капиталистическом производстве. (По поводу книги Булгакова и статьи Ильина).—«Научное Обозрение», Спб., 1899, №1, стр. 46—64)——25、31。

—《社会民主党分裂的文献》(Литература социал-демократического раскола.—«Освобождение», Париж, 1904, №57, 15 (2) октября, стр. [2, обл.], в отд.: Библиографический листок «Освобождения»)——493。

—《[谢·尤·维特〈专制制度和地方自治机关〉一书]序言》(Предисловие [к книге С. Ю. Витте «Самодержавие и земство»].—В кн.: Витте, С. Ю. Самодержавие и земство. Конфиденциальная записка министра финансов статс-секретаря С. Ю. Витте (1899 г.). С предисл. и примеч. Р. Н. С. Печатано «Зарей». Stuttgart, Dietz, 1901, стр. V—XLIV)——136、138、140、143、146、149、152。

—《再论自由和必然性》(Еще о свободе и необходимости. (Ответ на предыдущую статью С. Н. Булгакова).—«Новое Слово», Спб., 1897, кн. 8, май, стр. 200—208)——17、31、32、197、198。

—《专制制度和地方自治机关》(Самодержавие и земство.—«Искра», [Мюнхен], 1901, №4, май, стр. 2—3)——112。

—《自由和历史必然性》(Свобода и историческая необходимость.—«Вопросы Философии и Психологии», М., 1897, кн. 1 (36), январь—февраль, стр. 120—139)——17、31。

[司徒卢威,彼·]《俄国的工人运动》([Struve, P.] Die Arbeiterbewegung in Rußland.—«Soziale Praxis», Berlin, 1896, Nr. 2, 8. Oktober, S. 25—30. Подпись: P. Inorodzew)——22。

—《俄国新的工厂立法》(Die neue Fabrikgesetzgebung Rußlands.—«Archiv für soziale Gesetzgebung und Statistik», Berlin, 1898, Bd. 12, S. 475—510)——16。

斯卡尔金《在穷乡僻壤和在首都》(Скалдин. В захолустье и в столице. Спб., 1870. 451 стр.)——20。

[斯切克洛夫,尤·米·]《社会民主党是民族解放的体现者》([Стеклов, Ю.

М.］Социал-демократия, как носительница национального освобождения.—
«Заря», Stuttgart, 1901, №2-3, декабрь, стр. 156—179. Подпись: Ю.
Невзоров）——48、111、162—163、165。

斯塔罗韦尔——见波特列索夫，亚·尼·。

斯维特洛夫，A.《西皮亚金在外省被杀（纪念4月2日一周年）》（Светлов, А.
Убийство Сипягина в провинции. (К годовщине второго апреля).—
«Искра», ［Женева］, 1903, №37, 1 апреля, стр. 2—4）——307。

塔拉索夫，K.——见鲁萨诺夫，尼·谢·。

［唐恩，费·伊·］《俄国社会民主工党代表团向阿姆斯特丹国际社会党代表
大会的报告》（［Дан, Ф. И.］ Доклад делегации Российской соц.-дем.
рабочей партии Амстердамскому международному социалистическому
конгрессу (14 — 20 августа 1904 г.). Изд. РСДРП. Женева, тип.
партии, 1904. 108 стр. (РСДРП)）——460、477。

—《给弗·威·林格尼克的信》（1903年11月2日（15日））（Письмо Ф. В.
Ленгнику. 2 (15) ноября 1903 г. Рукопись）——418。

—《给弗·亚·诺斯科夫的信》（1904年6月）（Письмо В. А. Носкову.
Июнь 1904 г. Рукопись）——439。

—［《关于反对派口号的信》］（［Письмо о лозунгах оппозиции].—В кн.:
Мартов, Л. Борьба с «осадным положением» в Российской социал-
демократической рабочей партии. ［С прил. писем Н. Ленина, Г.
Плеханова и Ф. Дана]. (Ответ на письмо Н. Ленина). Женева, Pfeffer,
1904, стр. 85—96. (РСДРП)）——416。

图恩，阿·《俄国革命运动史》（Тун, А. История революционных движений в
России. Пер. с нем., с предисл. Г. Плеханова. С 4-мя прил.... Изд.
Лиги русск. революционной социал-демократии. Женева, тип. Лиги,
1903.LXVIII, 308 стр. (РСДРП)）——273、281—282、285—286、318、
320、528。

屠格涅夫，伊·谢·《父与子》（Тургенев, И. С. Отцы и дети）——443。

［托洛茨基，列·达·］《高尚气度代替纲领，神经过敏代替策略》（［Троцкий,
Л. Д.］ Благородство, вместо программы, и нервность, вместо тактики.—

«Искра», [Лондон], 1903, №33, 1 февраля, стр. 3—4)——310。

—《我们的政治任务(策略问题和组织问题)》(Наши политические задачи. (Тактические и организационные вопросы). Изд. РСДРП. Женева, тип. партии, 1904. XI, 107 стр. (РСДРП). Перед загл. авт.: Н. Троцкий) ——459—460、470、477、478、493。

瓦·沃·——见沃龙佐夫,瓦·巴·。

瓦西里耶夫——见林格尼克,弗·威·。

王德威尔得,埃·《比利时的土地所有制》(Vandervelde, E. La Propriété foncière en Belgique. Paris, Schleicher, 1900. 327 p. (Bibliothèque internationale des sciences sociologiques))——140、152。

韦伯,悉·和韦伯,比·《英国工联主义的理论和实践(产业民主)》(Вебб, С. и Вебб, Б. Теория и практика английского тред-юнионизма. (Industrial Democracy). Т. 2. Пер. с англ. В. Ильина. Спб., Попова, 1901. Стр. 367—770. (Экономическая б-ка. Под общ. ред. П. Струве))——181。

[维洛诺夫,尼·叶·《给弗·伊·列宁的信》(1903年11月20日(12月3日))]([Вилонов, Н. Е. Письмо В. И. Ленину. 20 ноября (3 декабря) 1903 г.].—В кн.: [Ленин, В. И.] Письмо к товарищу о наших организационных задачах. Изд. ЦК РСДРП. Женева, тип. партии, 1904, стр. 29—31. (РСДРП). После загл. кн. авт.: Н. Ленин)—— 397、399。

维特,谢·尤·《专制制度和地方自治机关》(Витте, С. Ю. Самодержавие и земство. Конфиденциальная записка министра финансов статс-секретаря С. Ю. Витте (1899 г.). С предисл. и примеч. Р. Н. С. Печатано «Зарей». Stuttgart, Dietz, 1901. XLIV, 212 стр.)——99、111、136、138、140、143、146、149、152、327。

维·伊·——见查苏利奇,维·伊·。

沃尔弗,威·《西里西亚的十亿》(载于1849年3—4月《新莱茵报》)(Wolff, W. [Die schlesische Milliarde].—«Neue Rheinische zeitung», Köln, 1849, Nr. 252, 22. März, S. 1—2; Nr. 255, 25. März. 2. Ausgabe, S. 1; Nr. 256, 27. März, S. 1; Nr. 258, 29. März, S. 1—2; Nr. 264, 5. April, S. 1; Nr.

——103。

正统派——见阿克雪里罗得，柳·伊·。

————

Г—дь.《［书评：］〈经济学简明教程〉作者亚·波格丹诺夫的〈自然史观的基本
要素〉》（Г—дь. ［Рецензия на книгу：］ А. Богданов. Автор «Краткого
курса экономической науки ».—Основные элементы исторического
взгляда на природу. Природа. Жизнь. Психика. Общество. Спб., 1899 г.
Ц. 2 р.—«Начало», Спб., 1899, №5, стр. 121 — 123, в отд.: II)
——32。

*　　　*　　　*

《罢工》(1895 年)(Стачки. 1895 год.—«Работник», Женева, 1897, №3—4,
стр. 88—89, в отд.: II)——12。

《罢工的材料》——见《罢工》(1895 年)。

《北高加索宗派主义分子的生活片断》(Из жизни сектантов на Сев.
Кавказе.—«Искра», ［Лондон］, 1903, №31, 1 января, стр. 3 — 4, в
отд.: Из нашей общественной жизни)——291、296—297。

《编辑部的话》(载于 1899 年 4 月《工人事业》杂志第 1 期)(От редакции.—
«Рабочее Дело», Женева, 1899, №1, апрель, стр. 1—10)——40、47。

《编辑部的话》(载于 1903 年 12 月 15 日《火星报》第 55 号)(От редакции.—
«Искра», ［Женева］, 1903, №55, 15 декабря, стр. 10, в отд.: Из
партии)——409。

《编辑部的话》(载于 1904 年《黎明》杂志第 1 期)(От редакции.—«Рассвет»,
Genève, 1904, №1, стр.23 — 24)——433—434。

《布鲁塞尔国际工人协会第三次代表大会》(Dritter Kongreß der Internationalen
Arbeiterassoziation in Brüssel.—«Der Vorbote», Genf, 1868, Nr. 9, S.
129—135; Nr.10, S.145—152; Nr.11, S.161—165)——144、150。

《［参加同盟代表大会主席团的布尔什维克同盟成员抗议马尔托夫在代表大
会上的不体面的行为的］声明［1903 年 10 月 16 日(29 日)在俄国革命社
会民主党人国外同盟第二次代表大会会议上宣读］》(Заявление

[членов Лиги—большевиков в Бюро съезда Лиги с протестом против недостойного поведения Мартова на съезде, зачитанное на заседании II съезда «Заграничной лиги русской революционной социал-демократии» 16 (29) октября 1903 г.].—В кн.: Протоколы 2-го очередного съезда Заграничной лиги русской революционной соц.-демократии. Под ред. И. Лесенко и Ф. Дана. Изд. Заграничной лиги русской революц. социал-демократии. [Женева, 1903], стр. 75. (РСДРП))——384。

[《筹备召开俄国社会民主工党第二次代表大会的组织委员会关于吸收崩得为组织委员会成员和关于承认组织委员会为地方委员会成员的通知》] ([Извещение Организационного Комитета по созыву Второго съезда РСДРП о вхождении в его состав Бунда и о признании ОК рядом местных комитетов].—«Искра», [Лондон]. 1903, №34, 15 февраля, стр. 6, в отд.: Из партии)——331。

《出版不自由的二百周年》》[传单] (Двухсотлетие подневольной печати. [Листовка]. Спб., 3 января 1903. 2 стр. (РСДРП). Подпись: Спб. комитет РСДРП. Гект.)——313。

《代役制》——见米克拉舍夫斯基，И. Н.《代役制》。

《党代表大会记录》——见《俄国社会民主工党第二次（例行）代表大会》。

"党内生活"(Из партии.—«Искра», [Женева], 1904, №75, 5 октября, стр. 8)——472—473、482、493。

[《党总委员会关于不发表它的会议记录的决定》](1904 年 6 月 5 日(18 日)) ([Решение Совета партии о неопубликовании протоколов его заседаний. 5 (18) июня 1904 г.]. Рукопись)——457—458、459。

[《党总委员会关于弗·邦契-布鲁耶维奇和尼·列宁的出版社的说明》] ([Разъяснение Совета партии об издательстве В. Бонч-Бруевича и Н. Ленина].—«Искра», [Женева], 1904, №73, 1 сентября, стр. 8, в отд.: Из партии)——476。

《德国社会民主党布雷斯劳代表大会会议记录》(1895 年 10 月 6—12 日) (Protokoll über die Verhandlungen des Parteitages der Sozialdemokratischen Partei Deutschlands. Abgehalten zu Breslau vom 6. bis 12. Oktober

1895.Berlin, die Exped.des «Vorwärts», 1895.223 S.) ——11。

《德国社会民主党纲领(1891 年爱尔福特代表大会通过)》(Programm der Sozialdemokratischen Partei Deutschlands, beschlossen auf dem Parteitag zu Erfurt 1891.—In: Protokoll über die Verhandlungen des Parteitages der Sozialdemokratischen Partei Deutschlands.Abgehalten zu Erfurt vom 14.bis 20.Oktober 1891.Berlin, «Vorwärts», 1891, S.3—6) ——204。

《第聂伯河沿岸边疆区报》(叶卡捷琳诺斯拉夫)(«Приднепровский Край», Екатеринослав) ——212。

《"斗争"社快报》(出版地址不详)(«Летучий Листок группы «Борьба»», б. м., 1902, №1, июнь, стр. 1) ——237、259。

[《"斗争"社在"统一"代表大会上作的声明》(1901 年)]([Заявление группы «Борьба», сделанное на «объединительном» съезде. 1901 г.].—В кн.: Документы «объединительного» съезда. Изд. Лиги русской революционной социал-демократии. Женева, тип. Лиги, 1901, стр. 6—7) ——167、170。

《俄国财富》杂志(圣彼得堡)(«Русское Богатство», Спб.) ——5、136、145、147、152。

　　—1896, №1, стр. 52—66, в отд.: II; №2, стр. 132—162, в отд.: II; №4, стр. 120—124, в отд.: II; №5, стр. 142—149, в отд.: II.——31。

　　—1897, №10, стр. 161—195.——28。

　　—1898, №6, стр. 59—82; №7, стр.83—103, 1—24, в отд.: II.——16、17。

　　—1900, №1, стр. 181—194.——145、147—148、152。

　　—1900, №4, стр. 127—157, в отд.: I; №5, стр. 29—48, в отд.: I; №6, стр. 203—232, в отд.: I; №7, стр. 153—169, в отд.: I; №8, стр. 201—239, в отд.: I; №10, стр. 212—258, в отд.: I. —— 140、145、147—148、152。

　　—1900, №12, стр. 46—67.——165。

　　—1901, №7, стр. 231—256; №8, стр. 219—262; №10, стр.107—156; №11, стр. 115—162; №12, стр.123—175.——197。

《俄国的五一节》(Первое мая в России.—«Искра», [Мюнхен], 1901, №5, июнь, стр. 4)——129。

《俄国革命社会民主党人国外同盟第二次(例行)代表大会记录》(Протоколы 2-го очередного съезда Заграничной лиги русской революционной соц.-демократии. Под ред. И. Лесенко и Ф. Дана. Изд. Заграничной лиги русской революц. социал-демократии. [Женева, 1903]. VIII, 136 стр. (РСДРП))——176、367—368、384—385、392、398、412—413、525—527、528—530。

《俄国革命通报》杂志(日内瓦—巴黎)(«Вестник Русской Революции», Женева—Paris, 1901, №1, июль. 4, 260, 112 стр.)——151。

　—б. м., 1903, №3, стр. 1—37, в отд.: I.——278、318。

《俄国社会民主党人国外同盟章程(1901 年)》(Устав Заграничной лиги русской революционной социал-демократии (1901 г.).—В кн.: Протоколы 2-го очередного съезда Заграничной лиги русской революционной соц.-демократии. Под ред. И. Лесенко и Ф. Дана. Изд. Заграничной лиги русской революц. социал-демократии. [Женева, 1903], стр. 126—128, в отд.: Приложения)——176、367—368、525—528、529。

《俄国社会民主党人国外同盟章程(1903 年)》(Устав Заграничной лиги русской революционной социал-демократии (1903 г.).—Там же, стр. 129—131)——529。

[《俄国社会民主党人联合会对日内瓦决议的修正(1901 年在"统一"代表大会上提出)》]([Поправки Союза русских социал-демократов к женевским резолюциям, внесенные на «объединительном» съезде. 1901 г.].—В кн.: Документы «объединительного» съезда. Изд. Лиги русской революционной социал-демократии. Женева, тип. Лиги, 1901, стр. 7—8)——167、170。

[《俄国社会民主党人联合会关于崩得的声明(在 1901 年"统一"代表大会上)》]([Заявление Союза русских социал-демократов о Бунде, сделанное на «объединительном» съезде. 1901 г.].—Там же, стр. 5)——167、170。

[《俄国社会民主党人联合会、〈火星报〉和〈曙光〉杂志国外组织、"社会民主党

人"革命组织的代表会议决议(1901 年 6 月于日内瓦)》](《Резолюция конференции представителей Союза Р. С.-Д., заграничной организации «Искры» и «Зари» и революционной организации «Социал-демократ». Женева, июнь 1901 г.].—Там же, стр. 1—3)——167、170。

《俄国社会民主党在历史上的准备》——见斯切克洛夫,尤·米·《社会民主党是民族解放的体现者》。

《[俄国社会民主工党]阿斯特拉罕委员会[关于对《火星报》编辑部改组的态度]的决议》(Резолюция Астраханского комитета [РСДРП об отношении к перемене редакции «Искры»].—«Искра», [Женева], 1904, №62, 15 марта. Приложение к №62 «Искры», стр.1)——427。

《[俄国社会民主工党]敖德萨委员会决议》(Резолюция Одесского комитета [РСДРП].—«Искра», [Женева]. 1904, №64, 18 апреля. Приложение к №64 «Искры», стр. 1—2)——443、460、469。

《[俄国社会民主工党]敖德萨委员会决议[对中央委员会宣言的答复和关于22 名党员的决议]》(Резолюция Одесского комитета [РСДРП, принятая в ответ на декларацию ЦК и по поводу резолюции 22-х членов партии].—В кн.: [Малинин, Н. И.] Борьба за съезд. (Собрание документов). Женева, кооп. тип., 1904, стр. 104—106. (РСДРП). Перед загл. кн. авт.: Н. Шахов)——460、461、472—473、477、482。

《俄国社会民主工党北方委员会代表会议决议》(Резолюции конференции северных комитетов РСДРП. Рукопись)——521。

[《俄国社会民主工党彼得堡委员会关于召开党的第三次代表大会的决议》](《Резолюция Петербургского комитета РСДРП о созыве III съезда партии].—В кн.: [Малинин, Н. И.] Борьба за съезд. (Собрание документов). Женева, кооп. тип., 1904, стр. 61—63. (РСДРП). Перед загл. кн. авт.: Н. Шахов)——460、469。

《[俄国社会民主工党]彼得堡委员会决议》(Резолюция Петербургского комитета [РСДРП].—Отдельное приложение к №73—74 «Искры», [Женева, 1904, №73, 1 сентября; №74, 20 сентября], стр. 3)——443。

《[俄国社会民主工党]彼得堡委员会决议[对中央委员会宣言的答复和关于

22 名党员的决议]》(Резолюция Петербургского комитета [РСДРП, принятая в ответ на декларацию ЦК и по поводу резолюции 22-х членов партии].—В кн.: [Малинин, Н. И.] Барьба за съезд. (Собрание документов). Женева, кооп. тип., 1904, стр. 107. (РСДРП). Перед загл. кн. авт.: Н. Шахов)——460、473、477。

《俄国社会民主工党第二次代表大会通过的主要决议》(Главнейшие резолюции, принятые на Втором съезде Российской соц.-дем. рабочей партии.—В кн.: Второй очередной съезд Росс. соц.-дем. рабочей партии. Полный текст протоколов. Изд. ЦК. Genève, тип. партии, [1904], стр. 12—18. (РСДРП))——399—400、529。

《俄国社会民主工党第二次代表大会章程草案(组织委员会制定的)》(Проект устава II-го съезда Росс. соц.-дем. раб. партии, выработанный Орг. Ком.—Там же, стр. 379—381. (РСДРП))——332—333。

《俄国社会民主工党第二次(例行)代表大会》(记录全文)(Второй очередной съезд Росс. соц.-дем. рабочей партии. Полный текст протоколов. Изд. ЦК. Genève, тип. партии, [1904]. 397, II стр. (РСДРП))——332—333、348、349、354—356、360、372、373、398、399、400、416、427、439、441、442、455、484—485、525、526、529。

《[俄国社会民主工党第一次]代表大会的决定》(Решения [Первого] съезда [РСДРП].—В листовке: Манифест Российской социал-демократической рабочей партии. Б. м., тип. партии, [1898], стр. 2)——124、337。

《俄国社会民主工党顿河区委员会决议[关于必须对中央委员会和中央机关报编辑部进行增补]》(Резолюция Донского комитета РСДРП [о необходимости кооптации в ЦК и в редакцию ЦО].—В кн.: [Малинин, Н. И.] Борьба за съезд. (Собрание документов). Женева, кооп. тип., 1904, стр. 8. (РСДРП). Перед загл. кн. авт.: Н. Шахов)——372。

《俄国社会民主工党纲领(党的第二次代表大会通过)》(Программа Российской соц.-дем. рабочей партии, принятая на Втором съезде партии.—В кн.: Второй очередной съезд Росс. соц.-дем. рабочей партии. Полный текст протоколов. Изд. ЦК. Genève, тип. партии, [1904], стр.

1—6.（РСДРП））——356。

［《俄国社会民主工党纲领草案》（《火星报》和《曙光》杂志编辑部制定的）》（附前言。传单。1902 年托姆斯克版）]（［Проект программы РСДРП, выработанный редакцией «Искры» и «Зари». С предисл. Листовка. Томск, 1902]. 8 стр. Гект.)——283。

《俄国社会民主工党纲领草案》（《火星报》和《曙光》杂志编辑部制定的）（载于 1902 年 6 月 1 日《火星报》第 21 号）（Проект программы Российской социал-демократической рабочей партии. (Выработанный редакцией «Искры» и «Зари»).—«Искра», [Мюнхен], 1902, №21, 1 июня, стр. 1—2)——211。

《俄国社会民主工党高加索各委员会决议》（Резолюции кавказских комитетов РСДРП. Ноябрь 1904 г. Рукопись)——503、512、520—521。

《俄国社会民主工党高加索联合会和梯弗利斯委员会［关于 22 名党员的决议通过的］决议》（Резолюция Кавказского союза и Тифлисского комитета РСДРП, [принятая по поводу резолюции 22-х членов партии].—В кн.: [Малинии, Н. И.] Борьба за съезд. (Собрание документов). Женева, кооп. тип., 1904, стр. 100—101. (РСДРП). Перед загл. кн. авт.: Н. Шахов)——460、469、472、476、477、482、492—493。

《［俄国社会民主工党］高加索联合会委员会决议》（Резолюция Кавказского союзного комитета [РСДРП].—«Искра», [Женева], 1904, №64, 18 апреля. Приложение к №64 «Искры», стр. 2, в отд.: Из партии)——443、460、492—493。

［《俄国社会民主工党里加委员会关于 22 名党员的决议通过的决议》]（[Резолюция Рижского комитета РСДРП, принятая по поводу резолюции 22-х членов партии].—В кн.: [Малинин, Н. И.] Борьба за съезд. (Собрание документов). Женева, кооп. тип., 1904, стр. 80. (РСДРП). Перед загл. кн. авт.: Н. Шахов)——460、469、477。

《俄国社会民主工党里加委员会［关于召开党的第三次代表大会］的决议》（Резолюция Рижского комитета Рос. соц.-дем. раб. партии [о созыве Ш съезда партии].—Там же, стр. 69)——460、469、473。

《俄国社会民主工党里加委员会决议》(Резолюция Рижского комитета Рос.
соц.-дем. раб. партии.—«Искра», [Женева], 1904, №68, 25 июня.
Приложение к №68 «Искры», стр.4)——443。

[《俄国社会民主工党莫斯科委员会关于把全部收入的20%拨给〈火星报〉的
决定》]([Постановление Московского комитета РСДРП об отчислении в
кассу «Искры» 20% со всех доходов].—«Искра», [Лондон], 1902,
№22, июль, стр. 8, в отд.: Из партии)——258。

《[俄国社会民主工党]莫斯科委员会决议(对由中央代办员个人作出说明的
中央委员会宣言的答复和关于 22 名党员的决议)》(Резолюция
Московского комитета [РСДРП], принятая в ответ на декларацию ЦК,
лично мотивированную агентом его, и по поводу резолюции 22-х членов
партии.—В кн.: [Малинин, Н. И.] Борьба за съезд. (Собрание
документов). Женева, кооп. тип., 1904, стр. 102 — 103. (РСДРП).
Перед загл. кн. авт.: Н. Шахов)——460、473、477、482、494。

《[俄国社会民主工党]尼古拉耶夫委员会[关于召开党的第三次代表大会]的
决议》(Резолюция Николаевского комитета [РСДРП о созые III съезда
партии].—В кн.: [Воровский, В. В.]Совет против партии. №11. Изд-во
соц.-дем. партийной литературы В. Бонч-Бруевича и Н. Ленина.
Женева, кооп. тип., 1904, стр. 40. (РСДРП). Перед загл. кн. авт.:
Орловский)——443、460、469、473、476、477、490、492、496。

《[俄国社会民主工党]特维尔委员会的来信》(Письмо Тверского комитета
[РСДРП].—«Искра», [Женева], 1904, №60, 25 февраля, стр. 8, в
отд.: Из партии)——427。

《[俄国社会民主工党]特维尔委员会决议》(Резолюция Тверского комитета
[РСДРП].—«Искра», [Женева], 1904, №66, 15 мая, стр. 10, в
отд.: Из партии)——443、460、469、473。

[《俄国社会民主工党图拉委员会关于立即召开党的第三次代表大会的决
议》]([Резолюция Тульского комитета РСДРП о немедленном созыве III
съезда партии].—В кн.: [Малинин, Н. И.] Борьба за съезд. (Собрание
документов). Женева, кооп. тип., 1904, стр. 61. (РСДРП). Перед

俄国革命社会民主党人国外同盟第二次代表大会会议上宣读]》
（Заявление ЦК РСДРП［о необходимости утверждения устава Лиги
Центральным Комитетом РСДРП, зачитанное Ф. В. Ленгником на
заседании II съезда «Заграничной лиги русской революционной социал-
демократии» 18（31）октября 1903 г.]—В кн.: Протоколы 2-го
очередного съезда Заграничной лиги русской революционной соц.-
демократии. Под ред. И. Лесенко и Ф. Дана. Изд. Заграничной лиги
русской революц. социал-демократии.［Женева, 1903］, стр. 124.
（РСДРП））——384。

《俄国社会民主工党总委员会关于派代表出席即将举行的阿姆斯特丹第二国
际代表大会的决定（1904 年 5 月 31 日（6 月 13 日）通过）》（Решение
Совета РСДРП о представительстве на предстоящем Амстердамском
конгрессе II Интернационала, принятое 31 мая（13 июня）1904 г.
Рукопись）——441。

《俄国社会民主工党总委员会会议记录》（1904 年 1 月 15 日（28 日）—17 日
（30 日））（Протоколы заседаний Совета РСДРП. 15（28）—17（30）
января 1904 г. Рукопись）——419、428、433。

《俄国社会民主工党总委员会会议记录》（1904 年 5 月 31 日（6 月 13 日）和 6
月 5 日（18 日））（Протоколы заседаний Совета РСДРП. 31 мая（13
июня）и 5(18)июня 1904 г. Рукопись）——441、457—458、459。

《俄国社会民主工党总委员会决定》（Постановление Совета Рос. соц.-дем.
раб. партии.—«Искра»,［Женева］, 1904, №58, 25 января, стр. 8, в
отд.: Из партии）——419、422。

《俄国社会民主工党总委员会决议》（Решения Совета РСДРП.—Отдельное
приложение к №№73 — 74 «Искры»,［Женева, 1904, №73, 1
сентября；№74, 20 сентября］, стр. 1—3）——466、473、476、482、484、
489、506。

《俄国社会民主工党组织章程（党的第二次代表大会通过）》（Организационный
устав Российской соц.-дем. рабочей партии, принятый на Втором съезде
партии.—В кн.: Второй очередной съезд Росс. соц.-дем. рабочей партии.

Полный текст протоколов. Изд. ЦК. Genève, тип. партии, [1904], стр. 7—9. (РСДРП))——348—350、354—355、400、416、423、426、439、441、455、484—485、526、529。

《俄国思想》杂志（莫斯科）(«Русская Мысль», М.)——2、3。

——1894, №2, стр. 53—73.——3、4。

《俄罗斯新闻》(莫斯科)(«Русские Ведомости», М.)——29。

《22人的决议》——见列宁，弗·伊·《告全党书》。

《法兰克福报》(美因河畔法兰克福)(«Frankfurter Zeitung», Frankfurt a. M., 1899)——26、29。

[《反对派对中央委员会最后通牒的答复(1903年11月13日(16日))》] ([Ответ оппозиции на ультиматум Центрального Комитета. 13 (26) ноября 1903 г.].—В кн.: [Воровский, В. В.] Комментарий к протоколам второго съезда Заграничной лиги русс. революционной социал-демократии. Женева, тип. партии, 1904, стр. 28—34. (РСДРП))——405。

《反信条》——见列宁，弗·伊·《俄国社会民主党人抗议书》。

《弗拉基米尔省土地估价材料》(第1—5卷)(Материалы для оценки земель Владимирской губернии. Т. I—V. Владимир на Клязьме, 1898—1901. 9 кн.)——215。

——第5卷。戈罗霍韦茨县。第3编。农民的手工业(Т. V. Гороховецкий уезд. Вып. III. Промыслы крестьянского населения. 1901. 81 стр. (Оценочно-экономич. отд. Владимирской губ. зем. управы))——215。

《纲领问题》(Программные вопросы. IV. Социализация земли и кооперация в сельском хозяйстве.—«Революционная Россия», [Женева], 1903, №15, январь, стр. 5—8)——311—312。

《告读者》(К читателям.—«Заря», Stuttgart, 1901, №1, апрель, стр. 1)——99。

《告全党书》(К партии. [Собрание документов партийного большинства]. Женева, кооп. тип., 1904. 16 стр. (РСДРП))——469、476。

《告全体俄国工人书》(Ко всем русским рабочим. Товарищи! Наступает день 1-го мая (по русскому стилю 18 апреля)... [Листовка. Мюнхен], тип.

«Искры», [апрель 1902]. 2 стр. (РСДРП))——213。

《告所有俄国社会民主党组织》[俄国社会民主工党圣彼得堡委员会声明] (1902 年 7 月)[传单](Ко всем российским соц.-дем. организациям. [Заявление С.-Петербургского комитета РСДРП]. Июль 1902 г. [Листовка]. Спб., июль 1902. 1 стр. Подпись: Спб. комитет РСДРП— Союз борьбы за освоб. раб. класса)——259—260，300。

《告下诺夫哥罗德全体市民》[传单](Ко всем нижегородцам. [Листовка]. Изд. Нижегородского комитета РСДРП. [Нижний Новгород], октябрь 1902. 1 стр.)——293—294。

《革命俄国报》(库奥卡拉—托木斯克—日内瓦)(«Революционная Россия», Куоккала—Томск—Женева)——223、278。

　　—[Женева], 1902, №4, февраль. 24 стр.——202。

　　—1902, №14, декабрь, стр. 1—4.——297。

　　—1903, №15, январь, стр. 5—8.——311—312。

　　—1903, №16, 15 января, стр. 18—19.——327。

《革命前夜。理论和策略问题不定期评论》(Канун революции. Непериодическое обозрение вопросов теории и тактики. Под ред. Л. Надеждина. №1. [Женева], 1901. 132 стр. (Изд. революционно-социалистической группы «Свобода»))——201。

《给俄国社会民主党机关刊物的一封信》(Письмо в русские социал-демократические органы.—«Искра», [Мюнхен], 1901, №12, 6 декабря, стр. 2, в ст.: [Ленин, В. И.] Беседа с защитниками экономизма)——185。

《给各党组织的信》[第一封信。传单](Письмо к партийным организациям. [Письмо 1-е. Листовка]. Б. м., [ноябрь 1904]. 4 стр. (Только для членов партии))——489、491、493、496、499、503、508—509、511。

《工人储金会小报》(哈尔科夫)(Листок рабочих касс. Вып. 2. Харьков, 1902)——302。

工人阶级解放斗争协会(Союз борьбы за освобождение рабочего класса. петербургский комитет Росс. с.-д. раб. партии. Группе «Свобода» и редакции «Откликов».—«Рабочая Мысль», [Женева], 1902, №16, ноябрь—декабрь, стр. 14. Подпись: Комитет рабочей организации) ——304。

《工人旗帜报》（比亚韦斯托克—伦敦）（«Рабочее Знамя», Белосток— Лондон)——160。

《工人社会民主主义报刊〈评论〉附刊》[日内瓦]（Приложение к рабочей социал-демократической газете-журналу «Отклики», [Женева], 1902, №1, декабрь, стр. 1)——300。

《工人事业报》（1895 年未能出版）（«Рабочее Дело» (неосуществленное издание 1895 г.))——12、533。

《工人事业》杂志（日内瓦）（«Рабочее Дело», Женева)—— 36、38、40、47、70、71、78、108、116、124、129、137、163、181、183、186、238、249、250、270、271、276、279、326、349。

—1899,№1, апрель, стр. 1—10, 139—142.——38、40、47。

—1900, №6, апрель. 88, 69, 3 стр.; 2 прил.——44。

《〈工人事业〉杂志编辑部。[尔·马尔托夫的小册子〈犹太工人运动史上的转折点〉]序言》（Редакция «Рабочего Дела». Предисловие [к брошюре Л. Мартова «Поворотный пункт в истории еврейского рабочего движения»].—В кн.: [Мартов, Л.] Поворотный пункт в истории еврейского рабочего движения. Изд. Союза русских социал-демократов. Женева, 1900, стр. 3—6. (РСДРП))——44。

《〈工人事业〉杂志编辑部。[弗·伊·列宁《俄国社会民主党人抗议书》一书编后记]》（Редакция «Рабочего Дела». [Послесловие к книге В. И. Ленина «Протест российских социал-демократов»].—В кн.: Ленин, В. И. Протест российских социал-демократов. С послесл. от ред. «Рабочего Дела». Изд. Союза русских социал-демократов. Женева, тип. «Союза», 1899, стр. 12—15. (РСДРП. Оттиск нз №4-5 «Рабочего Дела»)) ——44。

《〈工人事业〉杂志附刊》（日内瓦）（«Листок «Рабочего Дела»», Женева, 1901,№6, апрель, стр. 1—6)——108。

—1901，№7，апрель. 40 стр.——129。

《〈工人事业〉杂志纲领》——见《编辑部的话》。

《工人思想报》（圣彼得堡—柏林—华沙—日内瓦）（«Рабочая Мысль»，Спб.—
  Берлин—Варшава—Женева）——41、58—60、72、92、93、253、266、331。

—Берлин，1898，№4，октябрь. Приложение к №4 «Рабочей Мысли»，стр.
  1—2.——27。

—1900，№8，февраль. 12 стр.——71。

—1900，№8，февраль. Приложение к «Рабочей Мысли»，№8，стр. 1.
  ——71。

—1900，№10，ноябрь. 8 стр.——92。

—[Женева]，1902，№16，ноябрь—декабрь. 14 стр.——303、312、313。

《〈工人思想报〉增刊》（圣彼得堡）（Отдельное приложение к «Рабочей
  Мысли». Изд. Петербургского «Союза». Пб.，тип. Киршбаума，сентябрь
  1899. 38 стр.）——71。

《〈工人思想报〉专页》（圣彼得堡）（«Листок «Рабочей Мысли»»，Спб.，1902，
  №1，декабрь. 7 стр.）——313。

—1902，№2，декабрь. 2 стр.——303。

—1902，№3，декабрь. 2 стр.——303。

《工人言论》[敖德萨]（«Рабочее Слово»，[Одесса]，1902，№3，15 ноября. 18
  стр.）——281。

《“工人意志”的宣言》（Манифест «Рабочей Воли».—«Искра»，[Женева]，
  1903，№50，15 октября，стр. 7—8，в отд.：Из партии）——361。

《工人运动新闻和工厂来信》（载于1901年5月《火星报》第4号）（Хроника
  рабочего движения и письма с фабрик и заводов.—«Искра»，[Мюнхен]，
  1901，№4，май，стр. 5）——111—112。

《工人运动新闻和工厂来信》（载于1901年6月《火星报》第5号）（Хроника
  рабочего движения и письма с фабрик и заводов.—«Искра»，[Мюнхен]，
  1901，№5，июнь，стр. 3—4）——129。

《工人运动新闻和工厂来信》（载于1901年7月《火星报》第6号）（Хроника
  рабочего движения и письма с фабрик и заводов.—«Искра»，[Мюнхен]，

в отд. : Из нашей общественной жизни)——165。

[《关于禁止出版〈生活〉杂志的通告》]([Извещение о прекращении издания
журнала «Жизнь»].—«Жизнь», Genève, 1902, №6, сентябрь—декабрь,
стр. 1)——310、311。

《关于雅罗斯拉夫尔的罢工(一个工人的来信)》——见潘捷莱《一次罢工事
件》。

《关于一个周年纪念日》(По поводу одной годовщины.—«Революционная
Россия», [Женева], 1902, №14, декабрь, стр. 1—4)——296—297。

《关于"组织委员会"成立的通告》(Извещение об образовании «Организац-
ионного Комитета».—«Искра», [Лондон], 1903, №32, 15 января, стр.
1. Подпись: Организационный Комитет)——307—309、314、315—316。

[《关于最近出版俄国社会民主工党第二次代表大会记录和同盟第二次代表
大会记录的公告》]([Объявление о выходе в свет в ближайшее время
протоколов Второго съезда РСДРП и протоколов 2-го съезда Лиги].—
«Искра», [Женева], 1903, №53, 25 ноября, стр. 8. Под загл. :
Почтовый ящик)——398。

《国民经济》杂志(圣彼得堡)(«Народное Хозяйство», Спб.)——106。

《国民经济和统计年鉴》(Jahrbücher für Nationalökonomie und Statistik.
Gegründet von B. Hildebrand. Hrsg. von J. Conrad. III. Folge. Bd. 23—24.
Jena, Fischer, 1902. 2 Bde.)——196。

《哈尔科夫的日子》——见叶尔曼斯基,奥·阿·《哈尔科夫的五月》。

《哈尔科夫无产者》杂志(«Харьковский Пролетарий», 1901, октябрь. Гект.)
——302。

《红旗》杂志(日内瓦)(«Красное Знамя», Женева)——272、279、319、326。

《火星报》[旧的、列宁的][莱比锡—慕尼黑—伦敦—日内瓦](«Искра»,
[старая, ленинская], [Лейпциг—Мюнхен—Лондон—Женева])——
44、47、50、52、54、63、64、66、68、69—71、74—75、83、86、87、88、89、91、
94、95、96、99、104、105、106、107、108、109、110、111、112、113、114、116、
117、119、121、123、124、125、126、128、129、133、136、151、154、155、156、
158、159、161、164—165、169、171、173、174、183、184、185、186—187、

—1902，№21，1 июня，стр. 1—2，4—5.——211、223。

—[Лондон]，1902，№22，июль，стр. 1—4，8.——224、234、259。

—1902，№23，1 августа，стр. 2—4；№24，1 сентября，стр. 2—4.
——312。

—1902，№28，15 ноября. 6 стр.——273。

—1902，№29，1 декабря. 8 стр.——273、277、278、280、286。

—1902，№30，15 декабря. 6 стр.——277、282、285。

—1903，№31，1 января. 6 стр.——291、296、297、299。

—1903，№32，15 января，стр. 2—4；№33，1 февраля，стр. 3—5；№34，
15 февраля，стр. 2—3；№35，1 марта，стр. 2；№39，1 мая，стр. 2—4.
——281—282、285—286、298、312。

—1903，№32，15 января，стр. 1—2.——309、310、311—312、313、315—316。

—1903，№33，1 февраля. 8 стр.——306、311、318、319。

—1903，№34，15 февраля. 6 стр.——331、335。

—1903，№35，1 марта，стр. 1—2，3—4.——310—311、335。

—1903，№36，15 марта，стр. 1.——334。

—1903，№37，1 апреля. 8 стр.——307、339。

—1903，№38，15 апреля. 8 стр.——339。

—[Женева]，1903，№46，15 августа. 8 стр.——366。

—1903，№47，1 сентября，стр. 2—4.——352。

—1903，№50，15 октября，стр. 7—8.——362。

—1903，№51，22 октября. 8 стр.——399。

《火星报》[新的、孟什维克的]（日内瓦）(«Искра»，[новая，меньшевистская]，
[Женева])——383、385、386、390、393、394、396、398、400、401、402、403、
406、408、409、411、412、413、414—416、419、421、422、425、427、429、432、
433、438、438—440、442、444、446—447、460、463、470、472、473、475、477、
478、482、489、490、491、492、493、496、503、504、508、509、511、518、522。

—1903，№52，7 ноября. 8 стр.——379—380、386、399、400、475。

—1903，№53，25 ноября. 8 стр.——393、394、398、399、400、403、405—
406、408、411、413、416、423。

—1903，№54，1 декабря，стр. 1—2.——388—389、390、394、403。

—1903，№55，15 декабря. 10 стр.——409、411、412。

—1904，№57，15 января，стр. 1—3.——420。

—1904，№58，25 января. 8 стр.——420、422。

—1904，№60，25 февраля，стр. 8.——427。

—1904，№61，5 марта，стр. 10.——429。

—1904，№62，15 марта. Приложение к №62 «Искры», стр. 1——427。

—1904，№63，1 апреля. Приложение к №63 «Искры», стр. 1—2. ——427。

—1904，№64，18 апреля. Приложение к №64 «Искры», стр. 1—2.—— 444、460、470、492—494。

—1903，№66，15 мая，стр. 2—4，9—10. —— 436、444、460、470、 472、475。

—1904，№68，25 июня. Приложение к №68 «Искры», стр. 4.——444。

—1904，№70，25 июля. Приложение к №70 «Искры», стр. 3.——444、 460、470、472。

—1904，№72，25 августа，стр. 9，10.——446、447、448—449、452、457、 458、459、460、472、473、476、477、478、482、492。

—1904，№73，1 сентября，стр. 8.——475。

—1904，№74，20 сентября. 10 стр.——482。

—Отдельное приложение к №№73—74 «Искры»，[Женева，1904，№73， 1 сентября；№74，20 сентября]. 10 стр. —— 444、466、472—473、475、 482、484、489、506。

—1904，№75，5 октября，стр. 1—2，8. —— 472—473、474—476、482、 493—494。

—1904，№78，20 ноября，стр. 2—6.——511。

—1904，№79，1 декабря，стр. 10.——516。

《〈火星报〉编辑部的变动》（Изменения в редакции «Искры».—«Искра»， [Женева]，1903，№53，25 ноября，стр. 1. Подпись: Редакция） ——416。

《〈火星报〉传单》(出版地点不详)(«Листок «Искры»». Б. м., тип.«Искры», апрель 1901. 2 стр. Подпись: Организация «Искры»)——107、115。

《〈火星报〉第 1—3 号。俄国社会民主工党》[评论](«Искра». Российская социал-демократическая рабочая партия. №№1 — 3. [Рецензия].— «Вестник Русской Революции», Женева—Paris, 1901, №1, июль, стр. 80—85, в отд.: Библиография)——151。

《基辅社会民主党小报》(«Киевский социал-демократический листок», 1902, №1, 30 ноября. 2 стр.)——305。

《纪念车尔尼雪夫斯基逝世十周年(10 月 17 日)》(К десятилетию смерти Чернышевского— 17-го октября.—В кн.: Отдельное приложение к «Рабочей Мысли». Изд. Петербургского «Союза». Пб., тип. Киршбаума, сентябрь 1899, стр. 17—29)——71。

《解放》杂志(斯图加特—巴黎)(«Освобождение», Штутгарт—Париж) 245、275、510。

——Париж, 1904, №57, 15(2) октября, стр. [2, обл.].——493。

《经济学家》杂志(伦敦)(«The Economist», London)——183。

《卡·马克思、弗·恩格斯和斐·拉萨尔的遗著》(第 1 卷)(Aus dem literarischen Nachlaß von K. Marx, F. Engels und F. Lassalle. Hrsg. von F. Mehring. Bd. I. Gesammelte Schriften von K. Marx u. F. Engels. von März 1841 bis März 1844. Stuttgart, Dietz, 1902. XII, 492 S.)——171、172。

《卡·马克思、弗·恩格斯和斐·拉萨尔的遗著》(第 4 卷)(Aus dem literarischen Nachlaß von K. Marx, F. Engels und F. Lassalle. Hrsg. von F. Mehring. Bd. IV. Briefe von F. Lassalle an K. Marx und F. Engels. 1849 bis 1862. Stuttgart, Dietz, 1902. XVI, 367 S.)——171—172。

《开端报》(圣彼得堡)(«Начало», Спб.)——19、23、24、27、30、33、34。

——1899, №1-2, стр. 1—21; №3, стр. 25—36.——23—25、26。

——1899, №4. 240, 262 стр.——27、33。

——1899, №5, стр. 121—123, в отд.: II.——32。

《科学评论》杂志(圣彼得堡)(«Научное Обозрение», Спб.)——24。

——1899, №1, стр. 37—45, 46—64.——25、26、31。

—1899，№3，стр. 620—640.——28。

—1899，№5，стр. 973—985.——30、31。

—1899，№6，1071—1243，288 стр.——31。

—1899，№8，стр. 1564—1579.——25、31。

《库尔斯克通讯》(Из Курска.—«Искра»，[Мюнхен]，1901，№8，10 сентября，стр. 2，в отд.：Из нашей общественной жизни)——165。

《矿业工人联合会决议[关于必须对中央机关报编辑部进行增补]》(Резолюция Союза горнозаводских рабочих [о необходимости кооптации в редакцию ЦО]—В кн.：[Малинин，Н. И.] Борьба за съезд. (Собрание документов). Женева，кооп. тип.，1904，стр. 9. (РСДРП). Перед загл. кн. авт.：Н. Шахов)——373、374。

《"劳动解放社"告俄国社会民主党书》——见阿克雪里罗得，帕·波·《关于恢复"劳动解放社"出版物的声明》。

《黎明报》(日内瓦)(«Рассвет»，Genève)——404。

—1904，№1，стр. 23—24.——404。

《里加委员会给中央委员会日内瓦全权代表的答复[关于运送多数派的书刊]》(Ответ Рижского комитета женевскому уполномоченному ЦК [о доставке литературы большинства]. 2 ноября 1904 г. Рукопись)——493。

《里廷豪森的报告》(Rapport de Rittinghausen.—In：Compte-rendu de IVᵉ Congrès International，tenu a Bâle，en septembre 1869. Bruxelles，Brismée，1869，p. 91—92. (Association Internationale des Travailleurs))——144。

《6 月 8 日法令》——见《关于把西伯利亚官地拨给私人的法令》。

《罗斯托夫的斗争》——见《罗斯托夫工人的斗争》。

《罗斯托夫工人的斗争》(载于《罗斯托夫工人同沙皇政府的斗争》一书)(Борьба ростовских рабочих.—В кн.：Борьба ростовских рабочих с царским правительством. (Отд. оттиск из №29 «Искры»). Б. м.，тип. «Искры»，[1902]，стр. 7—14. (РСДРП))——323。

《罗斯托夫工人的斗争》(载于 1902 年 12 月 1 日《火星报》第 29 号)(Борьба

ростовских рабочих. —«Искра», [Лондон], 1902, №29, 1 декабря, стр. 3—5)——280。

《洛桑国际工人协会代表大会》(载于 1867 年《先驱》杂志第 9 期)(Kongreß der Internationalen Arbeiterassoziation in Lausanne. —«Der Vorbote», Genf, 1867, Nr. 9, S. 137—143; Nr. 10, S. 153—156; Nr. 11, S. 169—171; Nr. 12, S. 182—192)——144、150。

《洛桑国际工人协会代表大会》(载于 1868 年《先驱》杂志第 1 期)(Kongreß der Internationalen Arbeiterassoziation in Lausanne. —«Der Vorbote», Genf, 1868, Nr. 1, S. 7—16; Nr. 2, S. 17—23; Nr. 3, S. 38—43; Nr. 4, S. 53—61; Nr. 5, S. 73—76)——144、150。

《孟什维克提出的条件》——见波特列索夫,亚·尼·《给格·瓦·普列汉诺夫的信》(1903 年 11 月 3 日)。

《"民意社"快报》(圣彼得堡)(«Летучий Листок «Группы народовольцев»», Спб., 1895, №3, 1 апреля. 32 стлб.)——12。

《莫斯科新闻》(«Московские Ведомости»)——396。

《南方各委员会——敖德萨委员会、尼古拉耶夫委员会和叶卡捷琳诺斯拉夫委员会以及俄国社会民主工党中央委员会南方局代表会议决议》[1904 年 9 月底](Резолюции конференции южных комитетов—Одесского, Николаевского и Екатеринославского и Южного бюро ЦК РСДРП. [Конец сентября 1904 г.]. Рукопись)——465、477、485、505、520—521。

《南方工人报》(叶卡捷琳诺斯拉夫等地)(«Южный Рабочий», Екатеринослав и др.)——157、159、257、262、263。
——1900, №3, ноябрь, стр. 34—35.——92。

《尼·加·车尔尼雪夫斯基》(Н. Г. Чернышевский. —«Рабочая Мысль», Берлин, 1900, №8, февраль. Приложение к «Рабочей Мысли» №8, стр. 1)——71。

《农民》——见米留可夫,帕·尼·《俄国的农民》。

《农业衰落问题女王陛下调查委员会总结报告附录》(Appendix to the Final Report of her Majesty's Commissioners appointed to inquire into the Subject of Agricultural Depression. Presented to both Houses of Parliament by Command of her Majesty. London，1897. 146 p.（Royal commission on agriculture））——152。

《评论》(日内瓦)（«Отклики»，Женева）——326。

《迫切的问题》——见波格丹诺维奇，安·伊·。

《普列汉诺夫的决议》——见《俄国社会民主工党总委员会的决定》。

《普罗霍罗夫矿区的罢工》（Стачка на прохоровских рудниках. — «Искра»，[Мюнхен]，1901，№2，февраль，стр. 5，в отд.：Хроника рабочего движения и письма с фабрик и заводов）——92。

《前进报》(柏林)（«Vorwärts»，Berlin）——10、65、145、197、200。

《前进报》(基辅)（«Вперед»，Киев）——187、326。

《前进报》(日内瓦)（«Вперед»，Женева）——489、495、500—502、505—506、508—509、510、511、512、514、515、516、518、519、522、523。

　——1905，№1，4 января（22 декабря 1904）. 4 стр.——518、523。

《〈前进报〉发刊预告》[单页，日内瓦. 1904 年 12 月]（Объявление об издании газеты «Вперед». [Отдельный листок. Genève，декабрь 1904]. 2 стр. （РСДРП））——518、519、523。

《前夕》杂志(伦敦)（«Накануне»，Лондон）——65、95。

《人民事业》(日内瓦)（«Народное Дело»，Женева）——326。

《日内瓦国际协会代表大会》（Der Kongreß der Internationalen Arbeiterassoziation in Genf. — «Der Vorbote»，Genf，1866，Nr. 9，S. 125—140；Nr. 10，S. 141—155；Nr. 11，S. 161—174）——144、150。

《萨克森工人报》(德累斯顿)（«Sächsische Arbeiter-Zeitung»，Dresden，1898，Nr. 253，30. Oktober. 2. Beilage，S. 1；Nr. 254，2. November. Beilage，S. 1；Nr. 255，3. November. Beilage，S. 1）——26、33。

《[37 个布尔什维克]给格·瓦·普列汉诺夫同志的公开信》(1904 年 7 月) [传单]（Открытое письмо [37-ми большевиков] тов. Г. В. Плеханову. [Листовка]. Б. м.，июль 1904. 2 стр.）——440。

[《沙皇尼古拉二世 1903 年 2 月 26 日的诏书》]（[Манифест царя Николая II. 26 февраля 1903 г.]. — «Правительственный Вестник»，Спб.，1903，№46，27 февраля（12 марта），стр. 1）——237—238。

《社会革命党宣言》(Манифест партии социалистов-революционеров.(Выработан на съезде представителей объединенных групп с.-р.)., Б. м., тип. партии с.-р., 1900. 12 стр.)——129。

《[社会革命党]在1902年的出版工作》(Издательская деятельность партии [с.-р.] за 1902 год.—«Революционная Россия», [Женева], 1903, №10, 15 января, стр. 18—19, в отд.: Из партийной деятельности)——332。

《社会立法和统计学文库》(柏林—蒂宾根—莱比锡)(«Archiv für soziale Gesetzgebung und Statistik», Berlin—Türingen—Leipzig)——16。

　　—Berlin, 1898, Bd. 12, S. 475—510.——16。

　　—1899, Bd. 13, S. 710—734.——29。

《社会民主党人报》(日内瓦)(«Социал-Демократ», Женева)——463。

《社会民主党人报》(苏黎世)(«Der Sozialdemokrat», Zürich, 1883, Nr. 12, 15. März, S. 2; Nr. 13, 22. März, S. 2; Nr. 14, 29. März, S. 1—2; Nr. 15, 5. April, S. 1—2; Nr. 16, 12. April, S. 3; Nr. 17, 19. April, S. 2—3)——145、148。

《社会民主党1902年历书》(Социал-демократический календарь на 1902 год. Изд. гр. «Борьба». Женева, 1902. 228 стр. (РСДРП))——202。

《社会实践》杂志(柏林)(«Soziale Praxis», Berlin, 1896, Nr. 2, 8. Oktober, S. 25—30)——22。

《社会主义月刊》(柏林)(«Sozialistische Monatshefte», Berlin, 1902, Jg. VI, Bd. 1, Nr. 2, S. 123—131)——197。

《社会主义者报》(巴黎)(«Le Socialiste», Paris)——239。

《社会主义知识分子的任务》——见马尔托夫,尔·《永远处在少数地位》。

《生活》杂志(日内瓦)(«Жизнь», Genève)——284、285、286、291、292、297、311。

　　—1902, №6, сентябрь—декабрь, стр. 1.——310、311。

《生活》杂志(圣彼得堡)(«Жизнь», Спб.)——26、30、33。

　　—1899, №2, январь, кн. 2, стр. 50—59.——26。

　　—1899, №5, февраль, кн. 2, стр. 116—119.——31。

　　—1899, т. 3, март, стр. 358—371.——26。

　　—1899, т. 4, апрель, стр. 297—317.——31。

《世界政策问题小报》(慕尼黑)(«Aus der Weltpolitik», München)——98。

《[书评:弗·伊·列宁](俄国社会民主党人的任务)》([Рецензия на книгу:
　　Ленин, В. И.] Задачи русских социал-демократов. С предисл. П.
　　Аксельрода. Женева, 1898.—«Рабочее Дело», Женева, 1899, №1,
　　апрель, стр. 139—142)——38。

《曙光》杂志(斯图加特)(«Заря», Stuttgart)——47、48、50、52、63、65、67、68、
　　69、70、71、72、74—75、87、88、90、94、96、99、104、105、107、109、110、111、
　　121、122—123、124、126、162—163、165、172、174、190、196、200、201、
　　283、285、303、304、366、393、429、478、526、527。

　　—1901, №1, апрель. 288 стр.——39—42、47、48、67、68、69、70、71、72、
　　78—79、81、88、89—91、98、99、100、101、102—103、104—105、107、112。

　　—1901, №2—3, декабрь. 4, 428 стр.——48、74—75、102—103、111、
　　124—125、129、131、135、136、137—138、139、140、143、147、148—150、
　　151、152、162—164、165—166、169、171、172、191、222。

　　—1902, №4, август. 381 стр.——172、180、189、197—198、204、205、210—
　　211、217、222、230、232—234、261、444。

[《〈曙光〉杂志编辑部关于收到 250 法郎的报道》]([Сообщение редакции
　　«Зари»о получении 250 франков].—«Искра», [Мюнхен], 1901, №3,
　　апрель, стр. 8)——112。

[《〈曙光〉杂志和〈火星报〉国外组织、"社会民主党人"革命组织对俄国社会民
　　主党人联合会声明的答复》]([Ответ заграничной организации «Зари» и
　　«Искры» и революционной организации «Социал-демократ» на заявление
　　Союза русских социал-демократов].—В кн.: Документы«объединительного»
　　съезда. Изд. Лиги русской революционной социал-демократии. Женева,
　　тип. Лиги, 1901, стр. 5)——167—168、170。

[《〈曙光〉杂志和〈火星报〉组织国外部、"社会民主党人"革命组织的宣言(在
　　"统一"代表大会上提出)(1901 年)》]([Декларация заграничного отдела
　　организации «Зари» и «Искры» и революционной организации «Социал-
　　демократ», внесенная на «объединительном» съезде. 1901 г.].—В кн.:
　　Документы «объединительного» съезда. Изд. Лиги русской революционной

социал-демократии. Женева, тип. Лиги, 1901, стр. 8 — 10) —— 167、168、170。

《说明我国经济发展状况的资料》(Материалы к характеристике нашего хозяйственного развития. Сб. статей. Спб., тип. Сойкина, 1895. 232, 259, III стр.) —— 28、126。

《松明火》(«Лучина») —— 326。

特维尔 (Тверь. — «Искра», [Женева], 1904, №79, 1 декабря, стр. 10, в отд.: Хроника рабочего движения и письма с фабрик и заводов) —— 516。

《统一》(Объединение. — «Летучий листок группы «Борьба»», б. м., 1902, №1, июнь, стр. 1) —— 201 — 202、259 — 260。

《"统一"代表大会文件》(Документы «объединительного» съезда. Изд. Лиги русской революционной социал-демократии. Женева, тип. Лиги, 1901. IV, 11 стр.) —— 167 — 168、170、180。

《往事》杂志(伦敦)(«Былое», Лондон) —— 93。

《危机》(Кризис. — «Искра», [Лейпциг], 1900, №1, декабрь, стр. 5, в отд.: Из нашей общественной жизни) —— 92。

《唯心主义问题》文集 (Проблемы идеализма. Сб. статей. Под ред. П. И. Новгородцева. М., изд. Московского психологич. общ-ва, б. г. IX, 521 стр.) —— 306。

《维尔纳通讯》(Из Вильны. — «Искра», [Мюнхен], 1902, №21, 1 июня, стр. 4—5) —— 223 — 224。

《委员会的纲领草案的草案》(Комиссионный проект проекта программы. Рукопись) —— 206。

《"委员会调解"草案》—— 见查苏利奇, 维·伊·《协议草案》。

《为帮助圣弗拉基米尔大学贫苦学生而编印的文集》(Сборник в пользу недостаточных студентов университета св. Владимира. Спб., тип. Стасюлевича, 1895. 8, 340 стр.) —— 532。

"我们的社会生活"(1900年12月《火星报》创刊号)(Из нашей общественной жизни. — «Искра», [Лейпциг], 1900, №1, декабрь, стр. 4 — 5) —— 92。

"我们的社会生活"（1901 年 2 月《火星报》第 2 号）(Из нашей общественной
　　жизни.—«Искра», [Мюнхен], 1901, №2, февраль. стр. 2—5)——92。

"我们的社会生活"（1901 年 5 月《火星报》第 4 号）(Из нашей общественной
　　жизни.—«Искра», [Мюнхен], 1901, №4, май, стр. 3—5)——112。

"我们的社会生活"（1901 年 6 月《火星报》第 5 号）(Из нашей общественной
　　жизни.—«Искра», [Мюнхен], 1901, №5, июнь, стр. 2—3)——129。

"我们的社会生活"（1901 年 7 月《火星报》第 6 号）(Из нашей общественной
　　жизни.—«Искра», [Мюнхен], 1901, №6, июль, стр. 1—4)——
　　137—138。

《我们的纲领》(Наша программа.—«Вестник Русской Революции», Женева—
　　Paris, 1901, №1, июль, стр. 1—15)——151。

《无产阶级报》[梯弗利斯](«Пролетариат», [Тифлис], 1902, №1, октябрь.
　　24 стр. На газ. место изд.: Женева. На армянск. яз.)——311。

《无产阶级斗争报》(梯弗利斯)(«Борьба Пролетариата» («Пролетариатис
　　Брдзола»), Тифлис. На грузинск. яз.)——515。

《五一节》(Первое мая. Всем рабочим и работницам России ко дню всемирного
　　рабочего праздника Российская социал-демократическая рабочая партия
　　шлет братский привет. [Листовка]. Б. м., тип. «Искры», 1901. 1 стр.
　　(РСДРП))——100、115。

《西伯利亚联合会的声明》[1904 年 5 月](Заявление Сибирского союза. [Май
　　1904 г.].—«Искра», [Женева], 1904, №70, 25 июля. Приложение к
　　№70 «Искры», стр. 3, в отд.: Из партии)——443、460、469、472。

《西伯利亚通讯》(Из Сибири.—«Искра», [Мюнхен], 1901, №8. 10 сентября,
　　стр. 2, в отд.: Из нашей общественной жизни)——165。

《西皮亚金在外省被杀》——见斯维特洛夫, A.《西皮亚金在外省被杀》。

《下诺夫哥罗德的演说》——见《下诺夫哥罗德工人在法庭上》。

《下诺夫哥罗德工人在法庭上》(Нижегородские рабочие на суде. (Отдельный
　　оттиск из №29 «Искры»). Б. м., тип. социал-демократов, [1902]. 8
　　стр.)——323。

《先驱》杂志(日内瓦)(«Der Vorbote», Genf, 1866, Nr. 9, S. 125—140; Nr. 10,

—1903—1904，Jg.22，Bd.1，Nr.22，S.695—699.——468。

—1903—1904，Jg.22，Bd.2，Nr.42，S.484—492；Nr.43，S.529—535.——468、471。

《新言论》杂志（圣彼得堡）（«Новое Слово»，Спб.）——13、24。

—1897，кн. 8，май，стр. 183—199，200—208.——16、31、32、197、198。

《信条》（Credo.—В кн.：［Ленин，В. И.］Протест российских социал-демократов. С послесл. от ред. «Рабочего Дела». Изд. Союза русских социал-демократов. Женева，тип. «Союза»，1899，стр. 1—6.（РСДРП. Оттиск из №4-5 «Рабочего Дела»））——51、59、88、470。

《信箱》（Почтовый ящик.—«Искра»，［Женева］，1904，№61，5 марта，стр. 10）——429。

［《序言》］（［Предисловие］.—В листовке：［Проект программы РСДРП，выработанный редакцией «Искры»и «Зари». С предисл. Томск，1902］，стр. 1—7. Гект.）——283。

《徭役制》（Барщина.—В кн.：Брокгауз，Ф. А. и Ефрон，И. А. Энциклопедический словарь. Т. III，［полут. 5］. Спб.，1893，стр. 122—135）——346。

《1898 年章程》——见《俄国社会民主工党第一次代表大会的决定》。

《1904 年 5 月 26 日的协议》——见列宁，弗·伊·《三个中央委员的声明》。

尤佐夫卡（Юзовка.—«Южный Рабочий»，［Екатеринослав］，1900，№3，ноябрь，стр. 34—35）——91—92。

《由巴库寄给国外布尔什维克中央的信》（1904 年 11 月 1 日）（Письмо из Баку заграничному большевистскому центру. 10 ноября 1904 г. Рукопись）——497—498。

《友好的话》杂志（圣彼得堡）（«Дружеские Речи»，Спб.）——393。

《在光荣的岗位上（1860—1900）》（На славном посту（1860—1900）. Литературный сборник，посвященный Н. К. Михайловскому. ［Спб.］，тип.Клобукова，［1900］. VI，229，516 стр.）——103、106、136、147。

《哲学和心理学问题》杂志（莫斯科）（«Вопросы Философии и Психологии»，М.，1896，кн. 5(35)，ноябрь—декабрь，стр. 575—611）——17、31。

—1897，кн. 1(36)，январь—февраль，стр. 120—139.——17、31。

《正义报》(伦敦)(«Justice»，London)——93。

《政府通报》(圣彼得堡)(«Правительственный Вестник»，Спб.，1901，№167，
　31 июля (13 августа)，стр. 1)——164—165。

—1903，№46，27 февраля (12 марта)，стр. 1.——335。

《致俄国社会民主工党中央委员会》[中央机关报编辑部的信(1903 年 12 月 9
　日(22 日))](В Центральный Комитет РСДРП. [Письмо редакции ЦО.
　9 (22) декабря 1903 г.]. Рукопись)——406、408、409。

《中央机关报编辑部 12 月 22 日的决议》——见《致俄国社会民主工党中央委
　员会》。

《中央委员会的声明》[俄国社会民主工党中央委员会七月宣言(1904 年)]
　(载于[马利宁，尼·伊·]《为召开代表大会而斗争》一书)(文件汇编)
　(Заявление Центрального Комитета. [Июльская декларация ЦК
　РСДРП. 1904 г.].—В кн.：[Малинин，Н. И.] Борьба за съезд.
　(Собрание документов). Женева，кооп. тип.，1904，стр. 90. (РСДРП).
　Перед загл. кн. авт.：И. Шахов)——445、446、447、448—449、451—
　453、457、458、459、460、461、472—473、482、492。

《中央委员会的声明》[俄国社会民主工党中央委员会七月宣言(1904 年)]
　(载于 1904 年 8 月 25 日《火星报》第 72 号)(Заявление Центрального
　Комитета. [Июльская декларация ЦК РСДРП. 1904 г.].—«Искра»，
　[Женева]，1904，№72，25 августа，стр. 9，в отд.：Из партии)——445、
　446、447、451—453、457、458、459、460、461、472—473、482、492。

《中央委员会的宣言》——见《中央委员会的声明》。

[《中央委员会给地方组织的信》]([Письмо ЦК к местным организациям].—
　В кн.：[Воровский，В. В.] Совет против партии. №11. Изд-во соц.-дем.
　партийной литературы В. Бонч-Бруевича и Н. Ленина. Женева，кооп.
　тип.，1904，стр. 30. (РСДРП). Перед загл. кн. авт.：Орловский)——
　474—476。

《中央委员会给斯塔罗韦尔同志的信》[1903 年 11 月 12 日(25 日)](Письмо
　ЦК к тов. Староверу. [12(25) ноября 1903 г.].—В кн.：[Воровский，В.

В.] Комментарий к протоколам второго съезда Заграничной лиги русс. революционной социал-демократии. Женева, тип. партии, 1904, стр. 26—28.(РСДРП))——396、405、413。

《中央委员会关于和平的建议(1903 年 11 月 25 日)》——见《中央委员会给斯塔罗韦尔的信》。

《专制制度与罢工。财政部关于解决罢工问题的报告书》(Самодержавие и стачки. Записка министерства финансов о разрешении стачек. С прилож. статьи: «Новая победа русских рабочих»Л. Мартова. Изд. Лиги русской революционной социал-демократии. Женева, тип. Лиги, 1902. 68, [2], XXVI стр. (РСДРП))——323、327。

《自由》杂志(日内瓦)(«Свобода», Женева)——326。

《自由言论》杂志(日内瓦)(«Вольное Слово», Женева)——147。

　　—1883, №56, 1 марта, стр. 1—3; №57, 15 марта, стр. 1—3.——152。

《总结报告》——见《农业衰落问题女王陛下调查委员会总结报告附录》。

《组织委员会的声明》——见《关于"组织委员会"成立的通告》。

编入本版相应时期著作卷的
信件和电报的索引

第8卷第81页。

俄国社会民主工党中央委员会给国外同盟领导机关、国外党的协助小组和全体党员的信（不早于1903年11月16日〔29日〕）——见第8卷第83—85页。

给《火星报》编辑部的信（1903年11月25日〔12月8日〕）——见第8卷第86—90页。

我为什么退出了《火星报》编辑部？给《火星报》编辑部的信（1903年11月25日和29日〔12月8日和12日〕之间）——见第8卷第91—98页。

告党员书（1904年1月4日和10日〔17日和23日〕之间）——见第8卷第110—113页。

告全党书（不早于1904年1月18日〔31日〕）——见第8卷第164—168页。

告俄国无产阶级书（1904年2月3日〔16日〕）——见第8卷第171—173页。

关于退出《火星报》编辑部的一些情况（1904年2月20日）——见第8卷第174—180页。

《关于退出〈火星报〉编辑部的一些情况》一信的片断异文（不晚于1904年2月7日〔20日〕）——见第8卷第497页。

给中央委员的信（1904年5月13日〔26日〕）——见第8卷第426—430页。

三个中央委员的声明（1904年5月13日〔26日〕）——见第8卷第431—432页。

告全党书（1904年5月下半月）——见第8卷第435—436页。

我们争取什么？（告全党书）（1904年7月底）——见第9卷第1—9页。

告全党书（1904年7月底）——见第9卷第10—17页。

致五个中央委员（1904年8月5日〔18日〕）——见第9卷第18—19页。

给拥护党的第二次代表大会多数派的俄国社会民主工党各中央代办员和各委员会委员的信（1904年8月5日〔18日〕）——见第9卷第20—22页。

致格列博夫（弗·亚·诺斯科夫）（1904年8月29日〔9月11日〕）——见第9卷第25—32页。

给同志们的信（关于党内多数派机关报的出版）（1904年11月29日〔12月12日〕）——见第9卷第83—88页。

《列宁全集》第二版第 44 卷编译人员

译文校订：陈　山　林　扬
资料编写：丁世俊　张瑞亭　刘方清　王丽华
编　　辑：许易森　韦清豪　钱文干　江显藩　韩　英　阎殿铎
　　　　　李京洲
译文审订：崔松龄　何宏江

《列宁全集》第二版增订版编辑人员

李京洲　高晓惠　翟民刚　张海滨　赵国顺　任建华　刘燕明
孙凌齐　门三姗　韩　英　侯静娜　彭晓宇　李宏梅　付　哲
戢炳惠　李晓萌　王昕然

审　　定：韦建桦　顾锦屏　柴方国

本卷增订工作负责人：戢炳惠　李京洲　王昕然

项目统筹：崔继新
责任编辑：崔继新
装帧设计：石笑梦
版式设计：周方亚
责任校对：吕　飞

图书在版编目(CIP)数据

列宁全集.第44卷/(苏)列宁著；中共中央马克思恩格斯列宁斯大林著作编译局编译.
　—2版(增订版)-北京：人民出版社，2017.3(2024.7重印)
ISBN 978-7-01-017129-6

Ⅰ.①列…　Ⅱ.①列…②中…　Ⅲ.①列宁著作-全集　Ⅳ.①A2

中国版本图书馆 CIP 数据核字(2016)第 316437 号

书　　名	**列宁全集**	
	LIENING QUANJI	
	第四十四卷	
编 译 者	中共中央马克思恩格斯列宁斯大林著作编译局	
出版发行	人民出版社	
	(北京市东城区隆福寺街 99 号　邮编 100706)	
邮购电话	(010)65250042　65289539	
经　　销	新华书店	
印　　刷	北京新华印刷有限公司	
版　　次	2017 年 3 月第 2 版增订版　2024 年 7 月北京第 2 次印刷	
开　　本	880 毫米×1230 毫米 1/32	
印　　张	25.375	
插　　页	3	
字　　数	669 千字	
印　　数	3,001—6,000 册	
书　　号	ISBN 978-7-01-017129-6	
定　　价	61.00 元	

ISBN 978-7-01-017129-6

9 787010 171296 >